Egypt — Temple of the Whole World

—

Ägypten — Tempel der Gesamten Welt

NUMEN BOOK SERIES

STUDIES IN THE HISTORY
OF RELIGIONS

EDITED BY

W.J. HANEGRAAFF

VOLUME XCVII

Egypt — Temple of the Whole World

Ägypten — Tempel der Gesamten Welt

Studies in Honour of Jan Assmann

EDITED BY

SIBYLLE MEYER

BRILL

LEIDEN · BOSTON

2003

This book is printed on acid-free paper.

Library of Congress Cataloging-in-Publication Data

Egypt : temple of the whole world : studies in honour of Jan Assmann = Ägypten : Tempel der gesamten Welt / edited by Sibylle Meyer.
  p. cm. — (Studies in the history of religions, ISSN 0169-8834 ; v. 97)
English and German.
Includes bibliographical references and index.
ISBN 90-04-13240-6 (alk. paper)
  1. Egypt—Religion. I. Title: Ägypten. II. Assmann, Jan. III. Meyer, Sibylle. IV. Studies in the history of religions ; 97.

BL2445.E39 2003
299'.31—dc21

2003050329

ISSN 0169-8834
ISBN 90 04 13240 6

PRINTED IN THE NETHERLANDS

CONTENTS

PREFACE

Robert Meyer

"Even today, some 160 years after the decipherment of Egyptian hieroglyphs by Jean-François Champollion"—as Jan Assmann once wrote in the introductory chapter to *Ägypten. Theologie und Frömmigkeit einer frühen Hochkultur* (1984)—"the intellectual heritage of Ancient Egypt can hardly be said to have become part of our cultural memory. It is a subject of fascination, not of understanding."

When I first met Jan in Heidelberg, this seemingly quite negative diagnosis lay less than a year behind. I was a fresh student back then, having not yet decided whether I should place the emphasis of my studies on Mesopotamia or Egypt. After a brief time of getting acquainted with Jan and his already remarkable scholarly achievements, however, the irresistible attraction of his most ambitious project somehow swept me along, if only as a relatively neutral observer. In the course of the next 15 years I had the privilege to witness his steady attempt at performing a grand cultural anamnesis of Ancient Egypt, piece by piece, though by no means without system. His goal, as I now believe to understand it, was to push back in time the limits of cultural memory inherent to western self-understanding, which essentially draws its normative definition from a corpus of Judaeo-Christian and Greco-Roman sources dating back no further than 800 B.C.E., to include memories of a far more ancient past that isn't merely reduceable to magic, idolatry and oriental despotism, but on the contrary quite meaningful for the history and genesis of our own cultural identity. Jan Assmann's strategy aimed at making the intellectual heritage of Ancient Egypt accessible to western understanding by relating Egyptian conceptions of society, state, religion and afterlife to some of the central aspects of our political, theological and philosophical discourses. From a biblical point of view, this ambitious project amounts to no less than a translation of that most 'idolatrous' of all states, as Egypt has essentially always been and largely still *is* remembered, into a surprisingly rational and self-reflecting cultural system prefiguring at least some of what *we* had long 'remembered' (and also cherished) as our own cognitive achievements. Citing cultural parallels from Nietzsche, Spinoza, Augustin, Josephus, Paulus and the Bible, Jan's amazingly rich *oeuvre* retraces several lines of western tradition, prolonging them beyond the symbolic figure of remembrance embodied by 'Moses', with whom our cultural memory really begins. The history of religion and culture he attempts to rewrite, however, should not be confused with a mere history of hard facts. It is, for instance, quite unimportant for our cultural memory (and for the identity derived therefrom), whether the Exodus ever took place or whether Moses ever existed or not. In the long term, the way things are remembered often proves more powerful than what really happened. Memories of the past, irrespective of the hermeneutical work performed upon them, conditioned our particular way of seeing things and undoubtedly contributed to the shaping of the present itself. 'Mnemohistory' was the term Jan introduced to describe this phenomenon, a concept in which one might choose to recognize a revitalized neo-Kantian interest in 'subjectivity', the fundamental difference being that Jan is not a philosopher, but a historian. For what else but a strong fascination for subjectivity could have motivated him to compose a history of meaning (*Ägypten. Eine Sinngeschichte*, 1996) or even to write the hermeneutical history of Moses the (sometimes called) Egyptian (*Moses der Ägypter*, 1998, engl. *Moses the Egyptian*, 1997), risky endeavours for any lesser scholar, but superb testimonies of his outstanding academic achievement.

The impact of Jan Assmann's *oeuvre* on the scholarly world in the past three decades has been no less than enormous. Having revolutionized the field of Egyptology in the seventies and early eighties, he then moved on into other discourses, influencing the work of his colleagues the world over and shaping the scholarly perception of an entire generation of aspiring academics. We have no doubt that he will continue to do so for many years to come and wish him all the best for his 65th birthday. We hope that this modest collection of essays, selected from the wide scope of academic fields in which his many friends and former students now work, will please him and bring to his memory some of the fine moments that we all had together in Heidelberg.

REMEMBERING THE DESERT

Moshe Barasch

The study of Cultural Memory has shown that we remember, or recall what we believe we remember, by means of certain configurations. For such a configuration Jan Assmann has coined the felicitous term *Erinnerungsfigur*.[1] How does such a configuration persist? Does it, qua *Erinnerungsfigur*, have a history of its own? Some reflections on these subjects will perhaps be made easier by what may be described as a "case study."

Memory is always concrete and specific. The events, beliefs, and even the moods that we retain in the memory of our culture, of any culture, may be abstract, lacking a real body, and thus incapable of being perceived by the senses. The configurations by which they are stored in memory and recalled to mind, however, are always concrete and specific, they can be conjured up and experienced by the senses. The "memorial configuration," the *Erinnerungsfigur*, it has correctly been said, is a fusion of a concept and an image. The concrete aspect, the image-part, can be everything, every view, creature, or object, known to us from physical reality.

The desert is an *Erinnerungsfigur* of wide implication in European culture. Its history qua "memorial configuration" may shed some light on one aspect of what cultural remembering actually is.

European imagery, we are used to believing, especially religious imagery, has two main roots, the Bible and Greco-Roman mythology. It so happens that the attitude to the desert was very different in these two cultures. In the culture of Greece and Rome the desert does not play a crucial part, and hence Classical Antiquity did not bequeath to posterity an image of the wilderness. Though this conclusion may be somewhat exaggerated, the modern student feels that "classical" literature and art had no knowledge of, and no experience with or in, the desert. To them the desert was a matter of distant lands, known from legends or hearsay.

---

[1] Jan Assmann, *Das kulturelle Gedächtnis: Schrift, Erinnerung und politische Identität in frühen Hochkulturen* (Berlin, 1992), pp. 37 ff.

The case is altogether different with the other source of religious imagery in Europe. The Bible, especially the Old Testament, gives pride of place to the desert. The desert is of course not the only landscape to play a major part in the biblical imagination. In the Old Testament there are also descriptions of lush vegetation and, most important, of cities. Jacques Le Goff, in a thought-provoking essay, "The Wilderness in the Medieval West," suggested that in the Hebrew Bible the two landscapes, that of the desert and that of the city, particularly of Jerusalem, roughly balance each other.[2] However that may be, the medieval West, and even later periods in emerging European imagery, derived ideas of the desert primarily from the Old Testament.

In the Old Testament the desert has, of course, various connotations. The main version is suggested at the beginning of the Book of Genesis. The territory into which Adam and Eve are expelled is presented in phrases that almost read like a modern description of the desert. "Cursed is the ground for thy sake" says God to Adam in driving him out of Eden (Genesis 3:17). Dryness and barrenness are the characteristic features of the land, as hardship and danger characterize human life in it. The thorns and thistles mentioned here ("thorns and thistles shall it [the ground] bring forth to thee" Genesis 3:18) intimate the character of the desert as a whole.

Two connotations of the desert stand out in the Hebrew Bible. One is that the desert is perceived as hostile to life, a stretch of land causing hardships and dangers. Living in the desert is considered a punishment. "Give them according to their deeds," says the psalmist, "and according to the wickedness of their endeavors: give them after the work of their hands; render to them their desert" (28:4) The main danger, a mortal one, is dryness, the lack of water. Life saving miracles can therefore be conjured up as wells or streams of fresh water miraculously appearing in the dry desert. The thorns and thistles that grow on the land into which Adam and Eve are expelled convey and epitomize both the dryness of the desert as a region, and the pain and toil that life in the wilderness unavoidably brings with it. These thistles are an objective description of, as well as an emblematic metaphor for, the wilderness.

---

[2] I use the English translation of the essay. See Jacques Le Goff, "The Wilderness in the Medieval West," reprinted in the Le Goff, *The Medieval Imagination* (Chicago and London, 1988).

Another connotation of the desert, evoked with equal power in the Old Testament, is that it is the place of meeting God and of the founding of a collective identity. The wandering in the desert, the collective endurance of the hardships and dangers of desert life, are far from "rootless straying," and are presented both as preparation for divine revelation and as part of the process of forming a common identity. This is how the wandering in the desert was remembered. "To him which led his people through the wilderness; for his mercy endureth for ever." (Psalm 136:16)

In the New Testament the desert also plays a part as a symbolic landscape. Though here its role is more limited than in the Hebrew Bible, the connotations it evokes are no less articulate. But the idea of the desert in the New Testament is very different from that in the Old. At some specific points the two concepts of the wilderness sharply diverge.

Perhaps the basic difference is that in the New Testament the desert is conceived as a place to which an individual goes, a single person. While in the Old Testament it is the tribe, the community as a whole, that wanders in the desert, in the New Testament it is always the solitary individual who remains there, and even that only for a limited, usually short, period of time. Being in the desert therefore primarily means being detached from society. It also means being tested.

The sense of isolation from society is emphasized by juxtaposing the desert with the city. "... Jesus could no more openly enter the city, but was without in desert places ..." (Mark 1:45) Even for Jesus, remaining in the desert is a temporary condition. "And he said unto them, Come ye yourselves apart into a desert place, and rest a while; for there were many coming and going, and they had no leisure so much as to eat." (Mark 6:31) And when a crowd followed Jesus into the wilderness, they had to leave on the same day. "And when the day was now far spent, his disciple came unto him, and said, This is a desert place, and now the time is far passed: Send them away, that they may go into the country round about, and into the villages, and buy themselves bread." (Mark 6:35-36)

Besides being a place of solitude, the desert is imagined as the country of trial and danger. The nature of the dangers of the wilderness reveals something of the spirit of late Antiquity. The desert is the abode of demons; evil spirits, hostile to humans dwell in its arid vastness. Christ's encounter with the demons takes place in the desert. "Then was Jesus led up of the spirit into the wilderness to be tempted by the devil." (Matthew 4:1) The desert as a place of trial—by horror or temptation—of the lonely individual became an important topos in Western religious imagination. The many Christian hermits who went into the desert, and struggled there with the demons in their dwelling place, shaped the image of the barren land for many centuries to come.[3]

So far we have briefly mentioned some general connotations of the desert. But what does it look like? What could a reader or artist in the Middle Ages and in the early modern period learn from Scripture as to the visual character of the wilderness? The thorns and thistles that grow on the ground may convey something of the ominous, sinister nature of the desert, and of the hardships of life in it; they do not suggest, however, the overall physical shape of the barren land, they do not tell us how the desert appears to the eye. The reader of later periods, living in altogether different natural environments, could not have found in the biblical texts anything that would have made it possible for him to construct in his mind the image of the desert.

We should also remember that the great art of the desert countries, mainly Egypt and Mesopotamia, does not yield a pictorial image of the desert. It is an interesting fact (and one that, so far as I know, has not been sufficiently studied) that there is such a striking contrast between the natural reality of the Near Eastern countries and the artistic imagery they produced in the course of millennia. While very large parts of these countries consisted, then as now, of arid soil, of dry and barren land, the art created in them in Antiquity usually shows flourishing vegetation, abundant water, of palm trees and fruit. I shall not speculate on the causes of this divergence between the art created there and the nature of large parts of the region. It would be futile to debate the possible reasons of this contrast between natural reality and art. Perhaps the vast emptiness that is so characteristic of the desert is more difficult, or perhaps impossible, to show to the eye than rivers and fertile vegetation. Perhaps art conjures up a world of dreams and wishes rather than showing the hard reality. At all events, whatever the reasons, spectators in

---

[3] The large and sometimes very good literature on the early Christian hermits who spent their lives in the desert yields surprisingly little about how these ascetics viewed the desert as an environment and a landscape. But see Derwas Chitty, *The Desert a City* (Oxford, 1966).

later periods could not draw a picture of the desert from ancient images. To be sure, most early Near Eastern images were not known in medieval and Renaissance Europe, but even had they been encountered, they could not have contributed much to the desert image in the European mind.

Turning from Scripture to the few early pictorial renderings of the desert, we ask what the images can tell the spectator about the wilderness. Early Christian art, as we know, was the first to depict biblical themes, and in some of them the desert plays an important part. It is well known that early Christian art did not indulge in the rendering of landscape, not even as a mere modest background. However, some of the biblical themes prominent in the imagery of the Early Christian world, demand an evocation of the desert not simply as a background. One such scene, perhaps the earliest that confronted the painter with the need of suggesting the desert in some way, was Moses hitting the dry rock and making the water flow from it.

The story of this miracle, as told in chapter 17 of the Book of Exodus, conveys something of the character of the desert as an environment, and what it means to live in it. The desert, we here learn, is a dry place; the dearth of water is a mortal danger for man. "And all the congregation of the children of Israel journeyed from the wilderness of Sin, after their journeys, according to the commandment of the Lord, and pitched in Rephidim; and there was no water for the people to drink. ... And the Lord said unto Moses, Go on before the people, and take with thee three elders of Israel; and the rod, wherewith thou smotest the river, take in thy hand, and go on. Behold, I will stand before thee there upon the rock in Horeb; and thou shalt smite the rock, and there shall come water out of it, that the people may drink. And Moses did so in the sight of the elders of Israel." (17:5-6)

In early Christian thought, as we know, the water Moses made to flow from the rock was a "type" of redemption, of salvation from death. Whether the water gushing forth from the arid rock was understood as a *figura* of Baptism or was interpreted otherwise, in the communities for whom the catacombs were painted it was understood as a life-giving agent. The subject was thought particularly appropriate for catacombs, and was frequently painted on their walls. Already by the end of the nineteenth century the pioneering

Fig. 1. *Moses strikes a rock*. Domitilla Catacombs. In: Sybel, Ludwig von, *Christliche Antike: Einfuehrung in die altchristliche Kunst* (Marburg, 1906-1909) 2 vols. in 1, p. 155.

scholar Joseph Wilpert recorded sixty eight pictures representing that scene in the catacombs of Rome.[4]

What precisely do we see in these paintings? How is the desert here represented or evoked by pictorial means? One of the earliest representations of the subject in Christian art is the mural in the Domitilla Catacomb (fig. 1). Moses stands on a low and narrow stretch of land that obviously represents the desert. The horizon shows some irregular elevations, perhaps an attempt to suggest some hills in the distant background. Moses casts a visible shadow on the ground on which he stands. The narrative tendency of this mural, reminding the modern spectator of some illusionistic trends in Roman painting, is disclosed in the irregular ground line and in the shadow the figure casts on it.[5] It is paralleled by Moses' lively gesture as he turns to the rock he is striking with his rod.

---

[4] Among early presentations of the subject in catacomb painting, see also Ludwig von Sybel, *Christliche Antike: Einführung in die altchristliche Kunst* (Marburg, 1906), especially pp. 229 ff.

[5] For cast shadows as an indication of natural landscapes in Early Christian art, see especially Miriam Schild-Bunim, *Space in Medieval Painting and the Forerunners of the Perspective* (New York, 1940), pp. 27-39. Cast shadows have recently attracted the attention of students. See E. H. Gombrich, *Shadows: The Depiction of Cast Shadows in Western Art* (London, 1995); V. I. Stoichita, *A Short History of Shadow*

It is interesting to compare this image with another mural rendering of the same subject, done more than a century later in another catacomb, in the "coemeterium maius" in Rome (fig. 2). In a sense, the comparison of this mural with the former one (fig. 1) sums up the development of the desert image in Early Christian imagination. In the later painting, Moses, still beardless, holds the rod in his outstretched hand, but he only lightly touches the rock, from which a stream of water gushes forth. Whatever narrative, suggestive elements could be found in the earlier painting have disappeared in the later. The second mural manifestly does not narrate a story, it is what we today sometimes call a "pictograph." It presents to the beholder, in a synchronic, timeless fashion, the essential components of the story. Among these components, however, one is missing—the desert. Moses stands on the "frame" of the mural, and except for his figure and the rock there is sheer emptiness.

Is the emptiness an attempt to represent the desert? We know, of course, that in the pictographic tradition of Early Christian painting, the space within which a scene takes place, particularly if it is a landscape, plays a subordinate role. But in our theme, Moses miraculously bringing water to the thirsting Children of Israel, the desert is not a mere background. Hence any attempt to depict or suggest it cannot be considered merely as a stylistic feature. In the biblical story, and in the way it was understood in Early Christianity, the desert embodies the very forces against whom the miracle Moses performs is directed. In the Bible exegesis of that world, the desert appears as one of the emblems of death. The water Moses brought forth from the rock, the water that saved the Children of Israel from death, was interpreted as the "waters of life," a visible, tangible symbol of ultimate redemption from an unredeemed world..

Now, does the sheer emptiness presented to us in the catacomb mural (fig. 2) really suggest such a reading? Admittedly, to perceive such a meaning in the non-figurative background of the catacomb image is a speculative reading of what we see, yet perhaps it cannot be altogether discounted. It is usually the submerged contents, the half articulate connotation, that permeate an image with meaning, and give it its evocative, expressive power. The barren desert, epit-

(London, 1997); Hans Belting, "Bild und Schatten," in idem, *Bild Anthropologie: Entwürfe für eine Bildwissenschaft* (Munich, 2001), pp. 189-211.

Fig. 2. *Moses strikes a rock*. Major Cemetery. In: Sybel, Ludwig von. *Christliche Antike: Einfuehrung in die altchristliche Kunst* (Marburg, 1906-1909) 2 vols. in 1, p. 154.

omized in the lack of drinking water, adumbrates the domain of nothingness, of death. In the mural the yawning emptiness, as juxtaposed to the cascading water, symbol of the life giving power, may have conveyed to visitors to the catacomb, in an immediate if equivocal way, that the sheer emptiness, the nothingness, is like the look of death. Some of them may have recalled that the Bible itself proposes such a comparison. "And the people thirsted there for water; and the people murmured against Moses, and said, Wherefore is this that thou hast brought us out of Egypt, to kill us and our children and our cattle with thirst?" (Exodus 17:3) Keeping such texts and considerations in mind, the emptiness in the mural may be assumed to carry meaning.

Catacomb painting did not formulate a definitive image of the desert. Early Christian art continued the search for a visual configuration to convey this extreme aridity and the character of human life in such surroundings. I shall briefly mention only two of these images, both from the last stage of the Early Christian period. One may be seen among the mosaics adorning the walls of S. Maria Maggiore in Rome, made close to the middle of the fifth century (440-

Fig. 3. *Joshua and the Angel*. The Mosaic in nave of S. Maria Maggiore. In: Kitzinger, Ernst. *Byzantine Art in the Making* (Cambridge, MA., 1980), p. 119 the upper part.

450 AD). Particularly illuminating in our context is the scene of Joshua and his warriors encountering a celestial figure, the "captain of the host of the Lord" (Joshua 5:13-15) (fig. 3). The text in which the story of the encounter is related stresses several times that the Children of Israel wandered in the desert, dwelt in the wilderness, and the older people (those who themselves had come out of Egypt) found their death in the desert. Now, the background of the mosaic is made up of large horizontal bands; the central one, composed of yellow, earth-colored, and brightly shining gold cubes, may represent a sandy desert.[6] Above the shining strip are irregular darker shapes, probably indicating a distant row of hills.

We cannot be sure, of course, that the golden band in the background of our scene does at all have a representational meaning. The shaping of space in horizontal layers or bands may be seen in Early Christian images that have nothing to do with the desert, or with any kind of natural space known to us from experience. But considering the residue of impressionistic Roman painting in the mosaics of S. Maria Maggiore and in other fifth century works, such a reading cannot be excluded. Yet whether or not the bright horizontal stripe in the scene of Joshua's encounter with the angel was origi-

---

[6] The literature on the mosaics in S. Maria Maggiore does not pay much attention

nally intended as a depiction of the desert, it *does* suggest, however vaguely, such a landscape.

In the same decade in which the mosaics of S. Maria Maggiore were produced, and at only a short walking distance from that great church, another visual formula for the desert was shaped. The basilica of S. Sabina in Rome dates from the years 422-432, and its famous wooden doors, though we don't know their precise date, cannot be much later. The doors, as we now have them, are one of the earliest works of Christian art explicitly conveying to the beholder the "typological" relationship between the Old and the New Testament. Consisting of symmetrical panels, they emphasize the parallels between Old and New. One of the doors was devoted to Old Testament subjects, the other to the corresponding Gospel themes. Among the Old Testament scenes we again see Moses striking water from the desert rock (fig. 4). This was one of the earliest representations showing the desert rock as an antetype of the Crucified Christ. The water flowing from the rock suggested to the spectator both the blood flowing from Christ's side and the waters of Baptism.

In spite of the somewhat coarse style of the portrayal of the figure, this scene on the door of S. Sabina is "spiritualized." Moses does not strike the rock; the magic rod, explicitly called for by the biblical text, is not represented at all. Moses performs a rhetorical gesture; he *speaks* to the rock. Opposite the rock from which Moses makes the water flow, on the other side of his figure, there is some kind of large object. This object or configuration, probably a large heap of stones, stands here for the desert. The angular forms of this heap, devoid of any indication of vegetation, manifest something of the hard edginess and barren dryness of the desert. These forms differ profoundly from the shining, golden layer in the mosaics of S. Maria Maggiore.

The final dissolution of the desert image inherited from late Antiquity can be observed in some monuments of the transitional period between the early and the medieval era. Particularly interesting for us is the Ruthwell Cross, a monument created in the late seventh century at the English-Scottish border. The Ruthwell Cross, a work

---

to this particular background. The possibility that the bright band in the background of our scene depicts the desert was suggested to me by Gombrich. See also his old review of the dissertation by J. Bodonyi, "Entstehung und Bedeutung des Goldgrundes in der spätantiken Bildkomposition," *Kritische Berichte zur kunstgeschichtlichen Literatur*, 5, 1932-3, pp. 65-75.

Fig. 4. *Moses strikes a rock.* Wood Doors of S. Sabina. In: Jeremias, Gisela. *Die Holtztuer der Basilika S. Savina in Rom* (Rome, 1980), pl. 32b.

of what we sometimes call the "Northumbrian Renaissance," combines classical and Celtic elements, and is thus a true forerunner of medieval imagery. Meyer Schapiro has shown (convincingly to my mind) that this Cross was meant as an artistic expression of insular asceticism, and that it transfers the idea and images of the Egyptian desert fathers to that distant corner of North-Western Europe.[7] Most of the subjects represented form part of the legends of early Christian saints. In the center we see the Temptation of Christ and his treading on, or being adored by, the beasts. Other images include St. John the Baptist, the hermits Anthony and Paul, Mary Magdalene, and further themes linked to repentance in the desert. An inscription explicitly speaks of the desert.[8]

But where is the desert? No indication of it can be seen in the

---

[7] The Religious Meaning of the Ruthwell Cross, now reprinted in Meyer Schapiro, *Late Antique, Early Christian and Medieval Art: Selected Papers III* (New York, 1979), pp. 151-195. The second part of Schapiro s article deals with a brief study by Kantorowicz of the figure of an archer on the Ruthwell Cross. The latter study is now reprinted in Ernst H. Kantorowicz, *Selected Studies* (New York, 1965), pp. 95-99.

[8] The inscription, which is not simply a quotation from Scripture, reads: HIS XPS: JUDEX AEQUITATES: BESTIAE ET DRACONES COGNOVERUNT IN DESERTO SALVATOREM MUNDI (after Schapiro).

carvings on the Ruthwell Cross. It is true, of course, that there are no landscape features in any of the scenes, but one asks again whether stylistic trends are sufficient to explain the disappearance of an important motif. Another observation imposing itself on the spectator is that the yawning emptiness we found in some catacomb paintings has also disappeared.

In sum: the image of the desert is a theme of some importance in Early Christian art, but its history has not been sufficiently studied to permit us to draw any conclusions. Two points, however, should be made. One is that in the early Christian world no single, preponderant visual model for wilderness crystallized, as some visual models did take shape for other—imaginary or generic—sites, such as the city as a cluster of buildings, often within walls, or paradise as a garden with luxuriant vegetation. That in fifth century Rome two representations of the desert could emerge that differ as widely as the mosaic in S. Maria Maggiore and the relief on the door of S. Sabina shows that no single formula was available or even dominant. The other point, I believe, is that although early Christian artists could not rely on an established tradition, they tried, though in different ways, to show the essential character of the desert in nature, that is, its vast empty spaces and its barren dryness.

In the history of our subject, the representation of the desert in the pictorial arts, the Middle Ages, particularly in the Western countries, may be described, if with some exaggeration, as one long lacuna. Not a single significant attempt to depict the wilderness, as it was still understood in the fifth century, comes to the mind of the student of art. When in the early Renaissance artists again tried to portray the wilderness, they had to start from the beginning, as their works show. The reason for this neglect of the desert by medieval painters probably has little to do with the specific subject, the arid land. The various schools of painting in the western Middle Ages usually detached scenes, narrative or otherwise, from any natural environment, often replacing landscape with an abstract, non-representational pattern. It is only in the art of the fifteenth or sixteenth century that we find an articulate, crystallized image of the wilderness. What does it look like, and what are its spiritual connotations?

To grasp the character of the new desert image, we shall look at its fully developed Renaissance version. The panel in Grünewald's Isenheim altarpiece representing the *Temptation of St. Anthony* (fig. 5) is a good example. Here Grünewald manifestly tried to impress upon the spectator that the desert was a place inspiring anxiety and endangering life; it seems natural that the demons attacking the saint should dwell in this stretch of wilderness. To bring out this character of the desert, Grünewald depicted in the upper part of the painting dried up trees that stretch out their demonic boughs like huge fangs. Yet the spectator, remembering the images we have briefly mentioned, cannot help being surprised. What he sees in the Renaissance representation seems to be the very opposite of the desert. It is a piece of landscape with abundant, in fact overabundant, vegetation. Behind the dry boughs we see dark fir trees. In the lower part of the painting, where the saint is being tormented by the demons, the vegetation is dark, dense, and chaotic. To be sure, there are some ruins, but they are overgrown with wild vegetation, and house beasts and beast-like demons. Instead of a stretch of arid land, scorched by the sun, we see thickets, shrubbery, and tall trees; instead of gray or yellow colors, the vegetation is intensely green (encroaching even on the color of the demons). All this, in short, suggests a dynamic, perhaps even dangerous, luxuriance bursting forth, not the aridity of stone and sand. Grünewald obviously could not have thought of the desert as an altogether empty space.

He was not alone in such a representation of the desert. A pictorial subject pertinent to our theme is "The Penitent St. Jerome in the Wilderness," popular in Renaissance painting.[9] Let me only mention the painting by Lucas Cranach, now in the Kunsthistorisches Museum in Vienna (fig. 6), done only a few years before the Isenheim altarpiece. Otto Benesch was correct in saying that St. Jerome, of whom we know that he stayed in the desert, had here become a forest dweller.[10] In Cranach's painting the penitent saint is seen kneeling in the clearing of a dense forest. Ragged pine and fir trees grow high, creating anxiety by their shapes and the deep shades they cast even on the clearing. Between the tall, dark trees one occasionally catches a glimpse of a tower in a distant city. The dominant color tone in the painting enhances the atmosphere of a forest; it is a deep, fully saturated green, the color of lush vegetation. The shadows cast

---

[9] For St. Jerome in Italian literature and art, see Eugene F. Rice, Jr., *St. Jerome in the Renaissance* (Baltimore and London, 1988).

[10] Otto Benesch, *The Art of The Renaissance in Northern Europe: Its relation to the Contemporary Spiritual and Intellectual Movements* (Hamden, CT, 1964; first edition Cambridge, Mass., 1945), p. 46.

Fig. 5. Matthias Grünewald, Temptation of St. Anthony. Ziermann, Horst, Matthias Grünewald (Munich, 2001), pl. 87.

Fig. 6. Lucas von Cranach, *The Penance of St. Jerome*. Vienna, Kunsthistorisches Museum. Friedlaender, Max J. und Rosenberg Jakob. *The paintings of Lucas Cranach* (London, 1978), Pl. 4.

by the huge trees form a dark cover enveloping the lonely and forlorn forest dweller, and suggesting unknown dangers for the human being who is almost lost in the dense, fear inspiring forest.

Desert representations in Renaissance art have not been system-

16 MOSHE BARASCH

atically studied, and it is difficult to say how the subject was depicted in the various countries, schools, and artistic traditions of the period. Looking at some pictures, however, certain variations become manifest, though such observations are of course tentative. In sixteenth century painting in Venice painters seem to have been aware of the barren character of the desert, its lack of fertile soil and hence the absence of vegetation, and they attempted to show this character of the landscape in their pictures. In works of Venetian art, these barren stretches are, however, usually isolated from the rest of the painting. Characteristically, the stretches of dry land are imagined as rocks, and around them we see plenty of vegetation.

In 1520-22, Paris Bordone painted *St. Jerome in the Wilderness*, a picture now in Philadelphia. Here too are stretches of ground not covered by trees or shrubs, but surrounded by abundant vegetation; a river even flows nearby. At about the same time , in 1525-27, when Polidoro da Caravaggio painted *Scenes of the Life of Mary Magdalene*, he conjured up in his mind an enormous and totally barren rock placed next to splendid Roman buildings (not in any way in a state of ruin) as an image of the desert. At the foot of the huge rock, however, that is, at the level where Mary Magdalene was assumed to have spent her days in repentance, the soil must have been fertile; in Polidoro's painting a dense forest grows there, the trees having a harmonious, garden-like appearance.[11]

Only a few years later, probably in 1531, Titian painted the magnificent *St. Jerome in Penitence*, now in the Louvre (fig. 7). In this painting, as in the others we have mentioned, we see slabs of rock, meant to visualize the desert. The dark shadows that cover large parts of the painting also suggest a mass of rocks. The rock is barren, and

---

[11] It would be interesting, and feasible, to trace the gradual replacing of the desert by the forest in Italian painting. In a painting by Giovanni di Francesco Toscani, *The Penitent St. Jerome* (Museum of Princeton University), painted in the late 1420s, both the empty space and the barren soil are suggested; only two small trees are symmetrically arranged on either side of the saint. In a picture by Sano di Pietro, *The Penitent St. Jerome in the Wilderness* (Louvre), probably of 1444, two groups of trees grow between the arid rocks and mountains; these are well pruned trees, planted in straight lines. When in the very early seventeenth century an engraving was done (by Stefano Maggiore) after Domenichino's *St. Jerome in the Wilderness* (Rice, fig. 4), the lump of rock behind which the saint hides is overgrown with vegetation that threatens to cover his head. This development, of course, should not be taken as a precise description of what happened in history, but it does indicate, I believe, what the central trend was.

Fig. 7. Titian, *St. Jerome in Penitence*. Paris, Louvre. Wethey, Harold, E. The paintings of Titian: complete edition (London, 1969-71). Vol. 1: The religious paintings. 1969, Pl. 155.

this may have been meant to represent something of the desert's character. But a central motif in the painting is a giant tree, whose spreading boughs and luxuriant foliage cast a shadow over large parts of the landscape. The color of the tree (which also tinges other parts of the surrounding nature) is again that deep, succulent green, often warm and partly golden, that strikes us as an emblem of life. It is far removed from what we usually understand by desert.

In sum, then, even where the Renaissance artist included in his work the imagery of rocky nature and barren land, powerful and often uncontrolled vegetation remained the dominant characteristic.

The juxtaposition of the two types of desert representation, the early Christian and the Renaissance, raises several questions. I shall concentrate on one, the question of memory, and it is for this purpose that the previous observations were made. The comparison of the two kinds of landscape can help us to separate what was remembered from what was forgotten, and help us to understand better how the desert was kept alive in memory.

As far as the intellectual interpretation of the desert, and of the desert experience, are concerned, the Renaissance paintings clearly express one specific tradition of understanding the wilderness. What is shown in these works of art is the Christian interpretation of the desert. It is the Christian concept, already intimated in the Gospels and then further developed in a continuous tradition of hermits, a tradition that overshadowed the thought and imagery of the first centuries of our era. The hagiography of many centuries elaborated and deepened this reading of the barren land, and engraved it upon the mind and memory of generations to come. The wilderness is the place into which the ascetic saint retires and where he remains in solitude. This is what the literary legacy of the early Christian centuries conveyed to the Middle Ages and the Renaissance. Fifteenth and sixteenth century paintings expound the desert by visual means as a place of ascetic solitude and trial.

The literary legacy of the Desert Fathers, and particularly the life stories of the hermits who retired into the desert, as the Middle Ages and the Renaissance knew them, do not abound in detailed descriptions of the physical nature of the wilderness territory. For people in those centuries living in Syria and Egypt, and in the Middle East in general, it was probably not necessary to describe the desert in detail. But occasionally we do find in some popular texts (and they were popular also in the Renaissance) suggestions as to what the desert looks like. The best known of these texts, Athanasius's *Life of St. Anthony*, frequently mentions the desert, but rarely describes it. What comes out clearly is that the desert shelters no people, and therefore is a place appropriate for solitary life. For people in early Christian times, both artists and audiences, we may assume some general acquaintance with what the desert meant in terms of nature and living conditions. That this acquaintance must have been very general and vague obviously follows from simple considerations: the depictions we have adduced, and the many others that belong to the same type, were made in the great urban centers of the ancient world, where people could not have had any direct experience, however small and fragmented, of the desert. Nor could artists— painters and makers of mosaics, wood carvers and other craftsmen— be trained in the desert. In Late Antiquity, a pale familiarity with the desert landscape, though not derived from actual experience, should perhaps be considered as an element of the general culture. Moreover, specific features of the desert's nature are occasionally stressed. Thus, from time to time the dryness, the lack of water, and the mortal danger that dearth involves, are forcefully impressed upon the reader.

In the Renaissance, as we have seen, such familiarity with the desert, however vague and general, totally disappeared. Renaissance artists and audiences had no occasion to get any direct experience of desert land, and no familiarity of any kind with dry and barren wilderness could emerge. In medieval and early modern Europe, hostile nature and dangers inherent in the environment were, of course, well known, no less than in Antiquity. For medieval man and in his imagination, however, such a hostile and dangerous environment was embodied in the forest, with the anxiety of getting lost in it, of rampant, uncontrolled vegetation spreading darkness and chaos, and the fear of wild beasts dwelling in it. The desert, in a precise and specific sense, as it actually looks in nature, was not even an indistinct element of the cultural atmosphere.

Yet Renaissance art and imagination, immersed as they were in Christian lore, did remember the desert, as the iconography of the period clearly shows. The many representations of the Temptation of Christ in the Desert, the many depictions of Anthony, Jerome, Mary Magdalene, all of them repenting in the wilderness, abundantly illustrate how much the "memory" of the desert was alive. Our question, then, is not whether or not Renaissance artists and audiences remembered the desert as a highly charged landscape, a symbolic site, but rather *what specifically* they remembered of the desert, and how they translated what was retained in their memory into the language of forms and motifs with which they were familiar.

Now, we *can* say, at least to some extent, what the Renaissance remembered of the desert. It was primarily the nature of the *human* experience of being in the wilderness that was retained in memory rather than the physical nature of the wilderness. In addition to the feeling of being tested, of solitude and loneliness, perhaps the sense of being lost, cut off from society and human help, it was also the perception that the natural environment was hostile to human survival and filled with known and unknown dangers. This cluster of symbolic and emotional meanings was, of course, the inherited Christian idea of the desert. The visual shape was not among the desert features that European culture remembered.

This may have something to do with the developments in artistic imagery. While Late Antiquity, and especially the Early Christian mind, bequeathed to the Middle Ages and the Renaissance a distinctly outlined meaning of wilderness, they did not leave a visual model, a concise form, one that can easily be held in the mind, of the desert. This discrepancy between the literary and the visual is also seen in the post-antique history of the literary and pictorial media: while there was a continuous tradition of stories about living in the desert, there was, as we have already pointed out, no continuity of the artistic rendering of the hermit in the wilderness. When the Renaissance turned to the subject, the representation of the desert's physical nature, it had to create the image of the wilderness as if there had never been any previous attempts to do precisely this. The Renaissance *Erinnerungsfigur* of the desert is, in fact, an altogether new image, an image that shows the inherited meaning in a completely new form.

ZWEI GRÄBERENSEMBLES IN KHOKHA–SÜD ZUR KONZEPTION DER BILDER IN SEITENANLAGEN AM GRABHOF DER 18. DYNASTIE

Barbara Engelmann-v. Carnap

In der Ebene von Khokha östlich der 'Lower Enclosure' liegen zwei Höfe nebeneinander, die jeweils das Zentrum einer Gruppe von Gräbern bilden. Das ältere[1] Gräberensemble: TT 294, 254 und 253[2] ist der Enclosure näher, das jüngere: TT 365, 296 und 178[3] ist ein wenig davon entfernt im Südosten angelegt.[4]

Beide Gräbergruppen (Abb. 1) verbindet ein 18. Dynastie-Grab an der Hofnordseite, die Seitengräber von Ensemble 1 werden in die 2. Hälfte der 18. Dynastie—TT 253 unmittelbar vor und TT 254 kurz nach Amarna—datiert. Die Bilder der Seitenanlagen von Gräberensemble 2, TT 296 und TT 178 sind durch Kartuschen der Regierungszeit von Ramses II. zuzuordnen.[5]

Alle 6 Anlagen sind Kleingräber. Ihr Hallenmaß liegt unter 10m.[6] Die Größe und Proportionen von TT 365 sind nicht bekannt. Dieses Grab der ersten Hälfte der 18. Dynastie ist aber aufgrund seiner Lage und der Position seines Grabherrn den Kleingräbern zuzurechnen.[7]

---

[1] Älter und jünger bezieht sich nicht auf das Hauptgrab (Hofnordseite), sondern auf die Seitengräber der Höfe.

[2] N. Strudwick, *The Tombs of Amenhotep, Khnummose, and Amenmose at Thebes (Nos. 294, 253, and 254)*, (Oxford, 1996).

[3] Erika Feucht, *Das Grab des Nefersecheru (TT 296)*, THEBEN II, (Mainz, 1985) und E. Hofmann, *Das Grab des Neferrenpet, gen. Kenro (TT 178)*, THEBEN IX, (Mainz, 1995). Das Grab des Nefermenu (TT 365) ist unpubliziert.

[4] B. Porter/ R. Moss, *Topographical Bibliography of Ancient Egyptian Hieroglyphic Texts, Reliefs and Paintings* I, The Theban Necropolis, Part 1, Private Tombs, (Oxford, 1960), Karte IV. Eine Orientierungshilfe bieten die skizzierten Karten von Strudwick, *The Tombs of Amenhotep, Khnummose, and Amenmose at Thebes*, S. 6 und Kampp, in: Hofmann, *Das Grab des Neferrenpet, gen. Kenro*, S. 6.

[5] Siehe Hofmann, *Das Grab des Neferrenpet, gen. Kenro*, S. 16 und J. Assmann, in: Feucht, *Das Grab des Nefersecheru*, S. 154.

[6] Zu 'Kleingräbern's. B. Engelmann-v.Carnap, "Zur zeitlichen Einordnung der Dekoration thebanischer Privatgräber der 18. Dynastie anhand des Fisch- und Vogelfang-Bildes", in: Festschrift Stadelmann, *Stationen*, (Mainz, 1998), S. 252.

[7] TT 365 ist durch die Kartusche von Thutmosis III. auf dem Türsturz in der Grabfassade datiert. Die Lage des Grabes in der Ebene und der Titel des Grabherrn, *sš pr ḥḏ n Jmn* und *ḥrj nbdw n Jmn* (Perückenmacher) sprechen für ein Kleingrab,

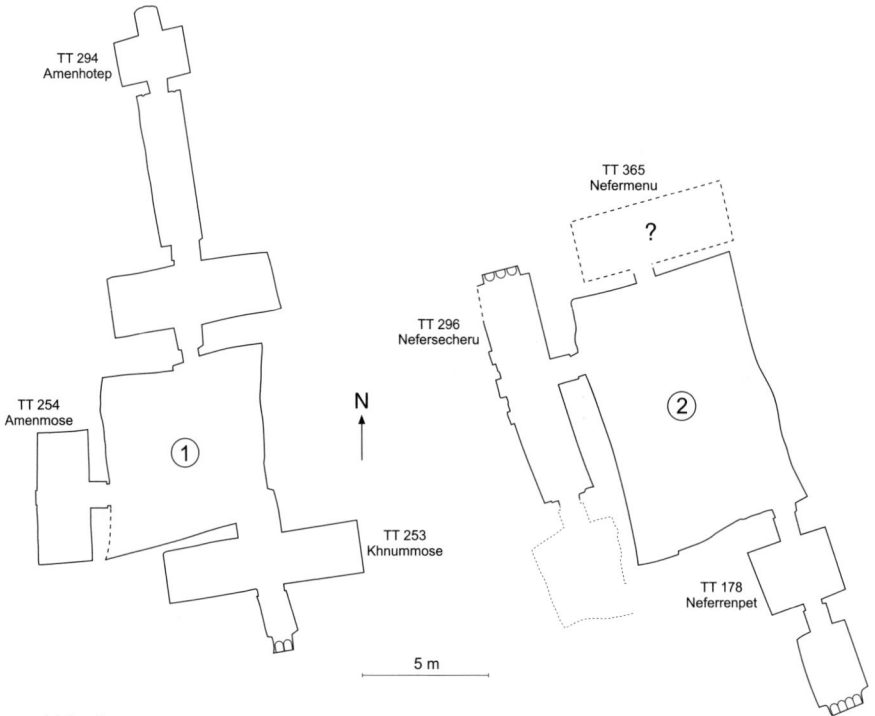

Abb. 1

Alle Besitzer der Gräber an Hof 1 waren in der gleichen Institution tätig.[8] Dies könnte auch für die Grabinhaber der Anlagen von Hof 2 gelten, die alle im *pr ḥḏ* tätig waren, wobei allerdings zu klären wäre, ob es sich in allen 3 Fällen um das gleiche *pr ḥḏ* handelt.[9] So ist Nefermenu (TT 365) *sš pr ḥḏ n Jmn*,[10] Neferrenpet (TT 178) *sš pr ḥḏ n Jmn* und Nefersecheru (TT 296) u. a. aber *jdnw n pr ḥḏ n nb-t3wj*.

---

d.h. ein Grab der Gruppe 3 oder 4. Hierzu B. Engelmann-v.Carnap, *Die Struktur des Thebanischen Beamtenfriedhofs in der ersten Hälfte der 18. Dynastie*, ADAIK 15, (Berlin, 1999), S. 403. Auch der Grabherr von TT 254 (Gräberensemble 1) trägt diesen Titel. Das Hallenmaß liegt im Allgemeinen nur wenig über dem Maß der Fassade (Fassade 6,60m); Engelmann-v.Carnap, op. cit., S. 56 u. Abb. 38A, S. 53—55.

[8] H. Guksch, Rezension: "The Tombs of Amenhotep, Khnummose, and Amenmose at Thebes (Nos. 294, 253, and 254", by N Strudwick, *JEA* 85, (1999), S. 250.

[9] Zur Position der Grabinhaber K. J. Seyfried, in: Hofmann, *Das Grab des Neferrenpet, gen. Kenro*, S. 92 ff. Zum Tempelschatzhaus und zivilem Schatzhaus vgl. S. Eichler, *Die Verwaltung des "Hauses des Amun" in der 18. Dynastie*, SÄK (Beiheft 7), (Hamburg, 2000), S. 139.

[10] Vgl. Eichler, op. cit., S. 293, Nr. 351.

Die Gestaltung der Grabgrundrisse weisen in beiden Beispielen Gemeinsamkeiten auf. Während die Nordgräber, d.h. TT 294 und vielleicht auch TT 365 den klassischen Grundriss in der Gestalt eines T's[11] aufweisen und zum Berg hin orientiert sind, beschränken sich die beiden Seitengräber auf der Hofwestseite, TT 254 und TT 296 auf den ersten Raum, die Halle.[12] Bei den Südgräbern TT 253 und 178, die ins Tal ausgerichtet sind, reihen sich 2 Räume auf der Grabachse hintereinander.

Die beiden ältesten Anlagen, für die der Hof zunächst in den Felsboden eingetieft wurde, sind zum Gebirge hin ausgerichtet, das man—obwohl hier im Norden—mit dem Westgebirge verband.[13] Der reale Westen liegt jedoch auf der linken Seite der Gräberensembles (Abb. 2).

Wirft man einen Blick auf die beiden dem Westen, d.h. einerseits Berg-West und andererseits Real-West zugewandten Orte der Seitenanlagen der beiden Höfe, so ergibt sich folgendes Bild (Abb. 2).

In TT 254 ist sowohl die Wand im Berg-Westen als auch die auf der wirklichen Westseite in der Mitte mit einer Osirisverehrung versehen. In dem mit TT 254 vergleichbaren jüngeren Grab TT 296 wird Berg-West durch die Statue des Grabherrn markiert, während Real-West ebenso wie in TT 254 durch Osiris, in diesem Fall durch eine Halbplastik dieses Gottes, hervorgehoben ist. Bei den aufgrund ihrer Orientierung vergleichbaren Gräbern TT 253 und TT 178 ist die Westseite in Gräberensemble 1 mit der Scheintür versehen. In Ensemble 2, d.h. bei TT 178, fällt zunächst der Zugang zur Sargkammer auf.[14]

Stellt man das Südgrab von Hof 1, TT 253, einem typischen Kleingrab der ersten Hälfte der 18. Dynastie gegenüber[15]— vergleichbar

---

[11] TT 365 ist offenbar nicht fertig geworden. Die Proportionen und Maße des Grundrisses von TT 365 sind nicht bekannt, aber auch hier wäre ein Grab des T-Typs zu erwarten. Strudwick, der das Grab über TT 253 erreichen konnte, gibt in seiner Skizze ausschließlich einen Querraum an. Strudwick, op. cit., S. 6.

[12] Bei dem Annex im Süden von TT 296 handelt es sich um die Abstiegskammer. Der Raum ist undekoriert; vgl. F. Kampp, Die Thebanische Nekropole, THEBEN XIII, (1996), S. 5.

[13] TT 294 weist nicht exakt nach Norden, sondern nach Nord-Westen. Dass dies die angestrebte Ausrichtung ist, zeigen die Nachbargräber von TT 294; vgl. Grab A, B, C in der Skizze in Strudwick, op. cit., S. 6.

[14] Hierzu K. J. Seyfried, in: Hofmann, *Das Grab des Neferrenpet, gen. Kenro*, S. 101.

[15] Kleingrab TT 343 vgl. Engelmann-v.Carnap, *Die Struktur des Thebanischen*

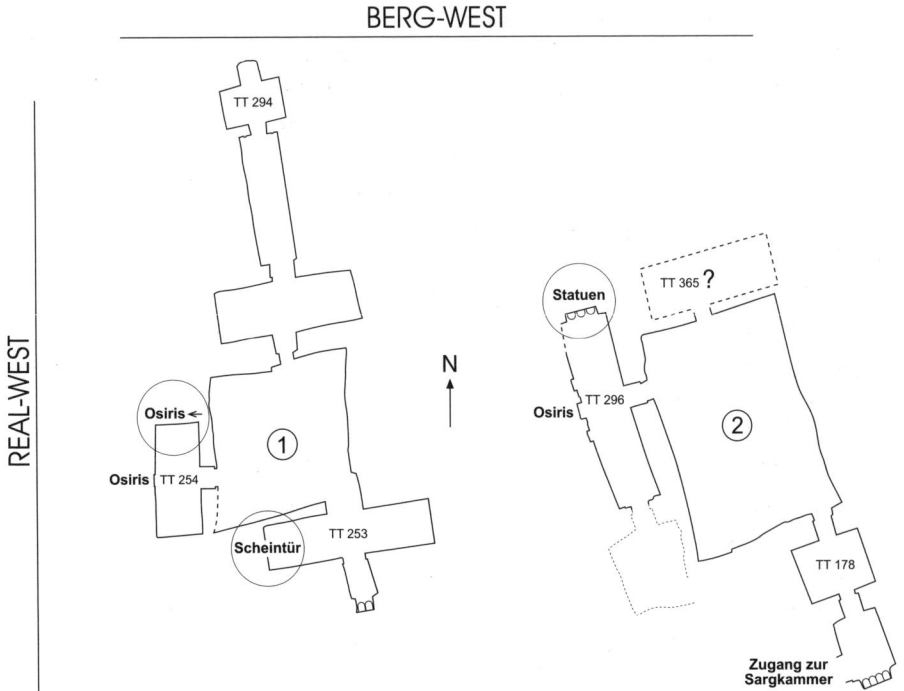

Abb. 2

mit dem sehr zerstörten Nordgrab TT 294—, so fällt auf, dass die abweichende Ausrichtung—Orientierung zum Tal—von TT 253, dazu geführt hat, dass die Scheintür nicht wie üblich die linke[16] Schmalwand der Halle, sondern die rechte markiert (Abb. 3).[17]

Der Fall scheint einleuchtend: Wird das Grab in die entgegengesetzte Richtung orientiert,[18] können gewisse Elemente der Dekoration nicht mitgedreht werden, da sie an Himmelsrichtungen gebunden sind (Abb. 3). Das gilt bei TT 253 für die Scheintür. Die Scheintür gehört auf die Westseite.[19] Dies hat nun zur Folge, dass

---

Beamtenfriedhofs, S. 403 (Gräbergruppe 3 und 4). Wie in dieser Zeit üblich, hat das Grab im Gegensatz zu TT 253 die gewünschte Ausrichtung zum Berg.

[16] Links und rechts im Grab ist hier—von einer Ausnahme abgesehen—immer vom Eingang aus gesehen. Nur die Eingangswände der beiden Hallenflügel werden von innen gesehen, d.h. die rechte Eingangswand liegt im linken Hallenflügel und die linke im rechten Hallenflügel; Engelmann-v.Carnap, op. cit., S. 9, Abb. 1A.

[17] Im Kleingrab der 18. Dynastie befindet sich die Scheintür auf der linken Schmalwand, im Großgrab auf der Rückwand, der Westwand des Grabes; Engelmann-v.Carnap, op. cit., S. 356 f. Abb. 234, 235.

[18] In diesem Fall nach Süden orientiert.

[19] Die Scheintür befindet sich im Großgrab auf der Westwand des Grabes und

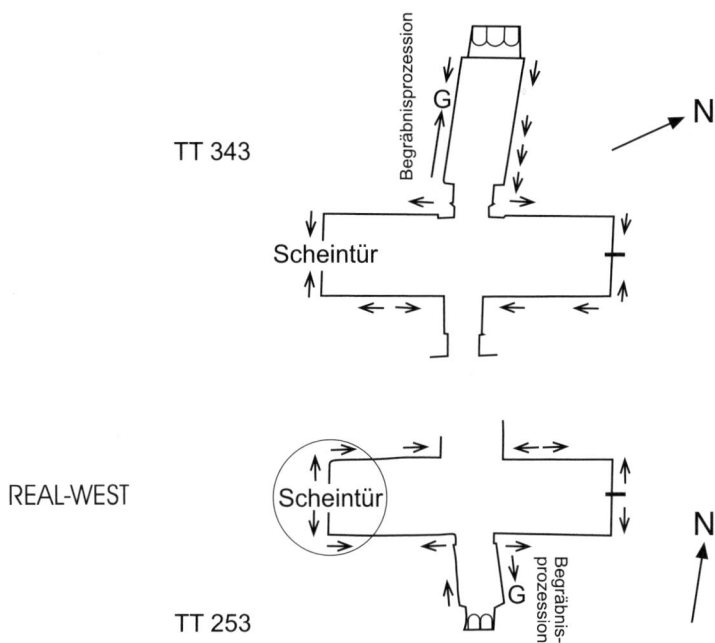

Abb. 3. TT 343 (Normalfall) und TT 253

das Dekorationselement, das die Drehung nicht mitgemacht hat, in ein neues Umfeld eingepasst werden muss, oder dass das Umfeld der neuen Situation angepasst wird.

Dies ist bei TT 253 im rechten Hallenflügel der Fall (in Abb. 3 eingekreist). Leider lassen sich die dort abgebildeten Personen aufgrund der Zerstörung der Beischriften nicht oder nur teilweise identifizieren. In TT 343 (Abb. 3) geben die Pfeile die Position und Ausrichtung des Grabherrn wieder.[20] Bei TT 253 sind die Personen, die aufgrund ihrer Größe im Bild als NN infrage kommen ebenso durch Pfeile markiert. Auf den Längswänden der Halle ist der NN-Plan von TT 343 und TT 253 nahezu identisch. Die Pläne unterscheiden sich lediglich auf der rechten Rückwand. Hier ist man dem neuen Element (Scheintür) zuliebe bei TT 253 mit der Abbildung des Grabherrn

---

im Kleingrab auf der mit Westen konnotierten linken Hallenseite; Engelmann-v.Carnap, op. cit., S. 394. In TT 253 ist jedoch die rechte Seite Real-West, während die linke im Osten liegt.

[20] TT 343 zeigt den typischen NN-Plan eines normalorientierten Kleingrabs der ersten Hälfte der 18. Dynastie; Engelmann-v.Carnap, op. cit., S. 143, 214.

an das Ende der Wand gerückt. Die Scheintür in dieser Art zu rahmen ist üblich.[21] Die Tür ist somit nicht nur auf der rechten Schmalwand, sondern auch noch auf den sich anschließenden Längswänden des Hallenflügels von der Person des Grabherrn flankiert[22] und so in ihr neues Umfeld eingefügt.

Die Gegenüberstellung der beiden Kleingräber in Abb. 3 zeigt, dass die besondere Orientierung des Grabes—nicht zum Berg, sondern ins Tal—anders als in einem Parallelfall, TT 56,[23] nur in der Halle Einfluss auf die Grabdekoration genommen hat. In der Passage stehen Begräbniszug mit Osirisverehrung sowohl in TT 343 als auch in TT 253 auf der linken Seite und NN im Opfersegment auf der rechten. Auch dies leuchtet ein. Hier hat man sich an der Statue von NN orientiert, die ja nun zwangsläufig im Berginnern auf der Zielwand untergebracht werden musste. Begräbnis und Osiris gehören auf die rechte Seite von NN.[24] D.h. bei talorientierten Gräbern musste zwischen beiden Optionen (Begräbnisprozession in Westposition oder rechts von NN) entschieden werden. In TT 56 hat man die West-position gewählt, in TT 253 hat man den Begräbniszug und die Westgottheit auf der rechten Seite des Grabherrn wiedergegeben.

In TT 296 ist die rechte Schmalwand durch die Statuen des Grabherrn und seiner beiden Frauen hervorgehoben (Abb. 2). Diese nehmen im Kleingrab der 18. Dynastie die Rückwand der zweiten Kammer ein (Abb. 3, TT 343) und auch in dem benachbarten und mit TT 296 eng verwandten Grab TT 178 haben sie diesen Platz. Da diese Wand im Normalfall (TT 343) auf der Bergseite liegt, hat man die Statuen hier auf der rechten Seite der Halle—der dem Berg

---

[21] Engelmann-v.Carnap, op. cit., S. 358, Abb. 238 (Kleingrab TT 127).

[22] In allen 4 Beispielen sitzt der Grabherr(?). Auf der rechten Schmalwand werden Riten an NN vollzogen; Strudwick, op. cit., S. 46. Auf den Längswänden ist er in beiden Fällen als Empfänger von Opfergaben wiedergegeben. Der Name ist nicht erhalten geblieben (linke Eingangswand; Strudwick, op. cit., S. 48). Auf der rechten Rückwand möchte Strudwick die Eltern des Grabherrn abgebildet sehen. Der Frauenname *T3-nfrt* in der Beischrift kann sich aber auch auf die hinter dem Paar stehende Frau beziehen (Strudwick, op. cit., S. 44 f. und pl. 22). Elternverehrungen gehören normalerweise in den linken Hallenflügel; Engelmann-v.Carnap, op. cit., S. 351. Es ist aber auch nicht vollkommen auszuschließen, dass man die Eltern, wegen der Scheintür, anders als üblich im rechten Hallenflügel wiedergegeben hat.

[23] In TT 56, das ebenso wie TT 253 nach Süden orientiert ist, steht der Begräb-niszug auf der rechten Passagenwand; Ch. Beinlich-Seeber/A. Gh. Shedid, *Das Grab des Userhat (TT 56)*, AV 50, (Mainz, 1987), Beilage I und II, S. 37 f.

[24] 'Rechts' ist hier vom Grabherrn aus gesehen; Im idealorientierten Grab ist diese Seite west-konnotiert, vgl. Engelmann-v.Carnap, op. cit., S. 339, 341, 383.

zugewandten Seite—eingefügt und somit ein Element aus Raum 2 mit Raum 1 verbunden.[25]

Der Parallelfall zu TT 296 ist in dem Gräberensemble 1 bei TT 254 (Amenmose) zu suchen (Abb. 2). Gestalt, Plazierung und Orientierung der Anlagen weisen Gemeinsamkeiten auf. Die "beiden" Westzentren des Raumes sind hier doch anders als in dem jüngeren Grab nicht durch Osiris und die Statue des Grabherrn gekennzeichnet, sondern in beiden Fällen mit Bildern versehen, in denen der Grabherr der Gottheit des Westens gegenübertritt.

Die Anbetung des Osiris ist auf der Schmalwand des rechten Hallenflügels besonders hervorgehoben. So steht sie im Zentrum der Wand und wird an beiden Seiten von dem sitzenden Grabherrn und seiner Frau gerahmt. Die Gottheit ist nicht alleine dargestellt. Sie wird von einer ungewöhnlich großen Anzahl von Göttern begleitet. Es folgen Osiris die mit dem Westen verbundenen Götter Anubis und Imentet sowie die 4 Horussöhne[26]. Der Hallenflügel, der diese Szene mit einschließt, ist durch folgende Bildsequenz hervorgehoben: Einführung des NN durch Amenophis I. und Ahmes-Nofertari bei Osiris mit Isis (– Eingangswand), Libieren und Beten vor Osiris mit Anubis, Imentet, den Horussöhnen und Göttin(?) (– Schmalwand, Berg-West) und schließlich, Räuchern und Beten vor Osiris mit Maat auf der Mitte der Hallenrückwand (– Real-West). Damit erweisen sich die Bilder des rechten Hallenflügels, anders als die des linken, als eindeutig 'west'-konnotiert und sind somit in ihrer Auswahl der besonderen Ausrichtung (Berg-West) des Hallenflügels angepasst.

TT 254 erweist sich zudem als klassisches Grab des Übergangs von der 18. zur 19. Dynastie[27] und stellt somit das Verbindungsglied von TT 253 (18. Dynastie) zu dem Grab von Nefersecheru, TT 296, das unter Ramses II. dekoriert wurde, dar. So ist z.B. in der oben

---

[25] Die Kombination von Götterstatue und Privatstatue auf so engem Raum, die erst für die 20. Dynastie typisch ist, ist hier durch die besondere Konstellation im Seitengrab entstanden. Zur Kombination von Götterstatuen und Privatstatuen an einem Ort, vgl. E. Hofmann, "Typen ramessidischer Plastik in thebanischen Gräbern", *SAGA* 12, (1995), S. 275.

[26] Hinter den Horussöhnen steht noch eine weitere Göttin; Strudwick, *The Tombs of Amenhotep, Khnummose, and Amenmose at Thebes (Nos. 294, 253, and 254)*, S. 85, Sz. 6.1b, pl. XXXIII.

[27] Zu Übergangsgräbern vgl. N. Strudwick, "Change and continuity at Thebes: The Private Tomb after Akhenaten", in: C. Eyre, A. Leahy (ed.), *The Unbroken Reed. Studies in the culture and heritage of Ancient Egypt in honour of A. F. Shore*, (London, 1994), S. 321 ff.

erwähnten Bildfolge der Osirisverehrungen das sich ankündigende Bildstreifenprinzip zu erkennen,[28] auch wenn die inhaltliche Verknüpfung der Szenen benachbarter Wände noch nicht durch einen Bildstreifen, der über die Wandecken hinweggeht, sichtbar gemacht ist. Der Parallelismus von Götterwelt oben und Menschenwelt unten, der ebenso für das Bildstreifenprinzip typisch ist, hat hier seinen Vorläufer. Insbesondere auf den oberen Wandfeldern konzentrieren sich Szenen, in denen der Grabherr in irgendeiner Form mit Gottheiten in Kontakt tritt, während darunter die bekannten Bilder, wie die Tätigkeiten des Grabherrn auf der Erde, so z.B.: Beaufsichtigen der Arbeiten im Schatzhaus und der Feldbestellung und Ernte stehen.[29] Auch im linken Hallenflügel des gleichen Grabes sind auf der Eingangswand über die dort übliche Landwirtschaftsszene[30] Bilder gestellt, die im Zusammenhang mit Götterfesten stehen, wie das Anzünden des Lichtes und das Binden von Zwiebeln.[31] Diese Darstellungen gehören dann in der Folgezeit in das untere Wandfeld. Sie finden sich dort in dem jüngeren Grab TT 296 (Ramses II., Gräberensemble 2) und gehören zum Bildprogramm des gleichen Hallenflügels.[32] TT 254 ist unmittelbar nach Amarna dekoriert worden.[33] Das Grab muss mit den Anlagen dieser Zeit verglichen werden. Dieses soll in anderem Rahmen geschehen.[34]

Es verbleibt zunächst TT 178, das Grab, das unter Ramses II. etwa gleichzeitig mit TT 296 ausdekoriert wurde, aber wegen seiner Plazierung an der Hofsüdseite und seiner Orientierung nach Süden mit TT 253 verglichen werden muss (Abb.2).

---

[28] Zum Bildstreifenprinzip: J. Assmann, *Das Grab des Amenope (TT 41)*, *THEBEN* III, (Mainz, 1991), S. 185 ff. u. ders. , "Priorität und Interesse: Das Problem der ramessidischen Beamtengräber", in: J.Assmann, G. Burkard, V. Davies (eds.) *Problems and Priorities in Egyptian Archaeology*, (London, 1987). Zum Bildstreifenstil in TT 254 vgl. H. Guksch, Rezension: "The Tombs of Amenhotep, Khnummose, and Amenmose at Thebes (Nos. 294, 253, and 254", by N. Strudwick, *JEA* 85, (1999), S. 252 f.

[29] Strudwick, op. cit., S. 70f, 90f.

[30] Engelmann-v.Carnap, op. cit., S. 284, Abb. 177, (r. Ew.= Eingangswand, linker Hallenflügel).

[31] Die Festszenen setzen sich auch auf der linken Schmalwand in der Erntefestszene fort; Strudwick, op. cit., S. 71, pl. XXVIII.

[32] Feucht, *Das Grab des Nefersecheru (TT 296)*, S. 69, Szene 22, S. 31, Szene 8.

[33] Zahlreiche Details erinnern an die Bilder in den Privatgräbern von Amarna; Strudwick, op. cit., S. 60.

[34] Übereinstimmungen im Bildprogramm lassen sich u.a. zwischen TT 254 und dem kurz vor Amarna dekorierten Kleingrab TT 181, das in unmittelbarer Nähe liegt, erkennen.

In TT 253 hat die Ausrichtung zum Tal, anders als in einem älteren Parallelfall, TT 56, nur einen Einfluss auf die Dekoration der Halle genommen. Die Verteilung von Begräbniszug, links und Grabherr im Opfersegment, rechts der Passage blieb bestehen (Abb. 3). Es wäre zu fragen, inwieweit sich die Talorientierung auf die Disposition der Bilder in dem jüngsten Fall, TT 178 auswirkt.[35]

Eine Studie zum Dekorationsprogramm der Kleingräber der Regierungszeit von Ramses II. von dieser Nekropole liegt nicht vor. Aus diesem Grunde können hier nur einige interne Beobachtungen aus dem Gesamtkomplex der Gräberensembles 1 und 2 und der beiden zeitlich eng beieinanderliegenden Anlagen TT 296 und 178 gewonnen werden.[36]

Im ersten Raum von TT 178 (Abb. 4) haben die Szenen der linken Hallenseite auf der Rückwand Osiris zum Ziel, die der rechten Re-Harachte. Im Streifen darunter wird die Bildfolge links mit der Abbildung von Amenophis I. mit Ahmes-Nofertari und der des Grabes rechts abgeschlossen. (Die Verteilung oben, wird unterstützt durch die Sturzdekoration auf der Mitte der Rückwand mit einer Verehrung von Osiris und Isis links, und Re-Harachte u. Maat rechts.)

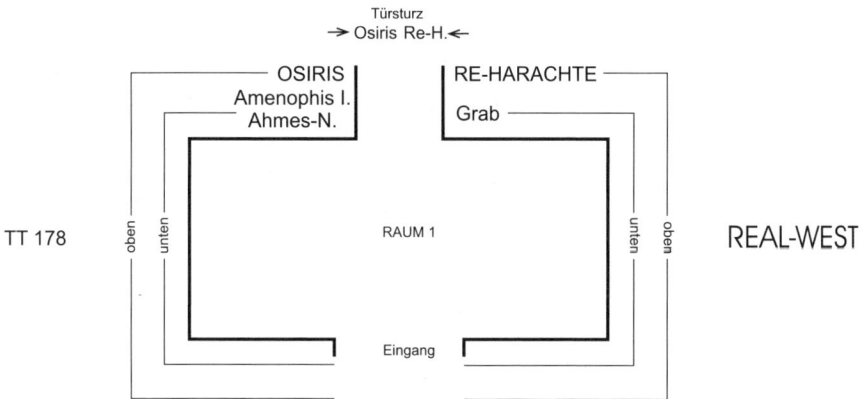

Abb. 4. TT 178 Rückwand von Raum 1

---

[35] Zur Disposition der Bilder und ihrer inhaltlichen Zusammenhänge vgl. K. J. Seyfried, "Bemerkungen zum Dekorations- und Textprogramm", in: Hofmann, *Das Grab des Neferrenpet, gen. Kenro (TT 178)*, S. 101 ff.

[36] Zum Bildprogramm TT 296 und zur Beziehung zwischen Bildprogramm TT 296 und 178 vgl. Feucht, *Das Grab des Nefersecheru (TT 296)*, S. 14 f., 120 f.

REAL-WEST

OSIRIS

RE
Sonnen-
untergang

→ Osiris   → Osiris   Osiris ← → untergang ←

TT 296   BERG-WEST

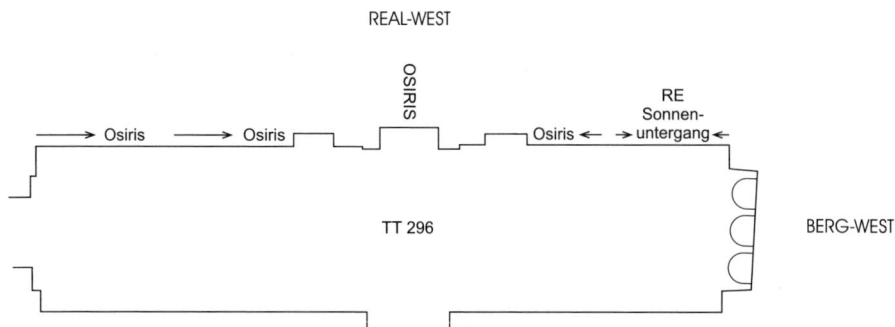

Abb. 5. Rückwand TT 296

Bei TT 296 (Abb.5) ist im oberen Bildstreifen der Rückwand der Halle eine Dominanz der Osirisbilder zu beobachten, die sich hier nicht wie in TT 178 nur auf die linke Seite beschränkt, sondern ihre Fortsetzung noch über die Wandmitte hinaus, auf der rechten Rückwand findet, dennoch ist auch hier auf der rechten Rückwand Re im Bild. Der das Bild des Sonnenuntergangs begleitende Text links beginnt: *Lob dir Re-Harachte, Atum bei seinem schönen Untergang...*[37] Das Ungleichgewicht auf der Wand—2 Osirisbilder links und 1 Osiris- und 1 Re-Bild rechts der Mitte—erklärt sich zum einen aus der Osirisstatue im Zentrum der Wand (vgl. Abb. 2 u. 5). Eine Verehrung des Osiris auf beiden Seiten hebt die Statue besonders hervor.[38]

Anders auch als bei TT 178 konnte der obere und untere Bild-streifen bei TT 296 nicht um die beiden Seitenflügel der Halle her-umgeführt werden, da der rechte Hallenflügel (wiederum aufgrund der besonderen Ausrichtung des Grabes)[39] durch die Statuen des Grabherrn und seiner beiden Frauen und der linke Flügel durch ein Tor unterbrochen wird.

So ist in TT 296 eine klare Gliederung mit Prüfungsszenen und Übergangsszenen auf der Eingangswand (u. a. Abb.7) und Bildern, die das Ziel verdeutlichen, wie die Begegnung mit Osiris und Re, auf der Rückwand erkennbar. Diese kulminiert in der Szene, in der Re und Osiris und auch Sonne und Osiris NN aufeinander treffen (Abb. 5). Diese Szene des Sonnenuntergangs ist zudem durch eine Zentrierung, d.h. NN betet die Sonne von beiden Seiten an, im Bild

---

[37] J. Assmann, in: Feucht, *Das Grab des Nefersecheru (TT 296)*, S. 77, 82, Szene 25, Text 107.

[38] Zur Symmetrie der Rückwand, Mitte, vgl. Abb. 8.

[39] Vgl. oben Abb. 2.

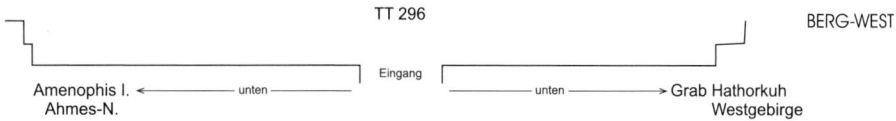

Abb. 6. TT 296 Eingangswand

besonders hervorgehoben. *Re preisen, wenn er im Westgebirge untergeht...* beginnt der entsprechende Text auf der rechten Seite.[40]

In TT 178 schließt der linke untere Bildstreifen mit der Verehrung von Amenophis I. und Ahmes-Nofertari ab, der rechte hat die Abbildung des Grabes zum Ziel (Abb. 4). Ebenso führen nun auch die Bilder der Eingangswand des linken Hallenflügels in TT 296 zu dem vergöttlichten König und seiner Mutter, und die des rechten zum Grab (Abb. 6). Aber hier wurde—als Konzession an die Bergseite (Berg-West)—die aus dem Westgebirge heraustretende Hathorkuh am Wandende hinzugefügt. Beide Bildfolgen finden ihr Ziel jedoch anders als bei TT 178—bedingt durch die besondere Gestalt des Raumes—schon auf der Eingangswand.

Die auf die beiden "Ziele" zuführenden Szenen am Wandende stimmen in beiden Gräbern in etwa überein. Auf der rechten Grabseite ist dies der Begräbniszug mit den Riten an der Mumie. Die Baumgöttin, die die Szenenfolge in TT 178 am Eingang eröffnet, hat man bei Nefersecheru (TT 296) herausgenommen und in die untere Bildfolge der gegenüberliegenden Rückwand eingepasst. Auf der linken Seite folgen in TT 296 'Trinken am Teich', Totenopfer zum Sokarfest (Barasetfest), Totenopfer und Brettspiel einander. Hier hat man die Szene mit dem ka-Opfertisch—die in TT 178 Bestandteil der Szenenfolge ist—isoliert und ebenso den Bildern der gegenüberliegenden Wand unten, in diesem Fall der linken Rückwand, hinzugefügt. Sie ist dem aus der linken Eingangswand von TT 178, entnommenen Baumgöttinnenbild als Pendant an die Seite gestellt (Abb. 8).

Auch im oberen Bereich stimmen die auf das Ziel—das Gericht vor Osiris—zuführenden Szenen (u. a. *sbḫt*—Szenen) auf der linken Hallenseite von TT 178—von einigen Nuancen abgesehen—mit denen von TT 296 auf der gleichen Seite überein (Abb. 7).

Das Programm des oberen Bildstreifens der rechten Hälfte von Raum 1 in TT 178, in dem die Verehrung des Re im Vordergrund

---

[40] J. Assmann, in: Feucht, op. cit., S. 77, 79, 82, Sz. 25, Text 109.

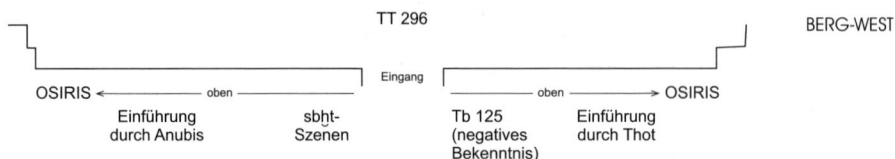

Abb. 7. TT 296 Eingangswand, Bildstreifen oben

steht, konnte in TT 296 aus Platzgründen nicht entfaltet werden. Stattdessen hat man bei TT 296 auf der Eingangswand des rechten Hallenflügels in Entsprechung zur Wand jenseits des Eingangs auch hier Osiris an das Wandende gesetzt, kombiniert mit einer Einführung durch Thot und—analog zum Totengericht rechts—mit dem 'negativen Bekenntnis', Tb 125 (Abb. 7).

Auf die zahlreichen Einzelheiten dieses raffiniert gewobenen Bildergeflechts kann in diesem Rahmen nicht weiter eingegangen werden.

Die Verteilung der Bildstreifen auf den Grabseiten (links und rechts) von Raum 1 (TT 178) und der Halle (TT 296) stimmt überein. Hier gilt es aber zu bedenken, dass die rechte Seite in beiden Fällen— anders als im "normalorientierten" (Bergrichtung) Grab—'West' ist: In TT 178 Real-West, in TT 296 Berg-West. Dies könnte bedeuten, dass man in beiden Gräbern Szenen auf der rechten Seite dargestellt hat, die in der Mehrzahl der Fälle auf der linken Seite wiedergegeben werden. Der Sargschlittenzug, der nach P. Barthelmeß auf die linke Seite des ersten Raumes gehört,[41] ist sowohl in TT 178 als auch in TT 296 auf der rechten, der Westseite,[42] abgebildet. Wenn man davon ausgeht, dass die rechte Hallenseite im Grab eher mit Re und die linke mit Osiris verbunden wird, wie dies zumindest für das normal-orientierte Grab der ersten Hälfte der 18. Dynastie gilt,[43] dann würde dies bedeuten, dass der obere Bildstreifen an links und rechts, während der untere an West und Ost orientiert ist. Dies würde dann aber auch bedeuten, dass hier Bildstreifen übereinander gesetzt sind, die in anderen Gräbern nicht übereinander abgebildet werden. Logischer wäre es ja auch, den Begräbniszug mit einer aus dem Westgebirge

---

[41] P. Barthelmeß, *Der Übergang ins Jenseits in den thebanischen Beamtengräbern der Ramessiden- zeit* , *SAGA* 2, (Heidelberg, 1992), S. 9 f.

[42] In TT 178 Real-West, in TT 296 Berg-West.

[43] Engelmann-v.Carnap, *Die Struktur des Thebanischen Beamtenfriedhofs in der ersten Hälfte der 18. Dynastie*, S. 394, 395. In ramessidischen Grabanlagen ist die Verteilung der Götter in der Mehrzahl der Fälle möglicherweise umgekehrt: links-Re, rechts-Osiris.

hervortretenden Hathorkuh unter Osiris zu beenden, wie dies in TT 296 der Fall ist (Abb. 6 u. 7), und nicht mit der Darstellung des Grabes unter Re-Harachte (Abb. 4).[44]

Die Plazierung des Begräbniszuges auf der Eingangswand des rechten Hallenflügels von TT 296, deutet daraufhin, dass man auch in diesem Grab bei der Verteilung der Bilder auf die besondere Orientierung des Seitengrabes Rücksicht genommen hat. Im selben Hallenflügel, der durch die Statuen des Grabherrn und seiner beiden Frauen besonders hervorgehoben ist (Abb. 2), ist auch die strenge Symmetrie, die die beiden Längswände der Halle beherrscht, nicht eingehalten (Abb. 6 u. 5). So fehlt auf der Eingangswand dieses Flügels unten die Baumgöttin als Pendant zur Szene des Trinkens am Teich, die im Umfeld des Eingangs von TT 178 ein Szenenpaar bilden. Stattdessen ist hier das Westgebirge mit der aus ihm hervortretenden Hathorkuh am Wandende eingefügt worden (Abb. 6). Weiterhin ließ sich eine Unterbrechung in der symmetrischen Anordnung der Bilder auf der Rückwand des selben Flügels beobachten (Abb. 5). Hier forderte die Osirisstatue auf Wandmitte, damit die Symmetrie der Wand gewahrt blieb, ein weiteres Osiris-Bild auf der "Re-Seite". Mit dem Ergebnis, dass die Verehrung des Re dort nur einmal erscheint, während Osiris auf der Rückwand des linken Hallenflügels zwei Mal abgebildet ist. Die Rückwandmitte der Halle ist in ihrer unmittelbaren Umgebung vollkommen symmetrisch gestaltet (Abb. 8)

Ganz offensichtlich mussten in TT 296 zwei Zentren, die sich in TT 178 auf Raum 1 und Raum 2 verteilen, in einem Raum vereint werden. Und diese beiden Zentren stoßen mit ihren Bildern im rechten Hallenflügel aufeinander. Möglicherweise ist auch der rechte Hallenflügel bewusst kürzer als der linke angelegt, damit der Eindruck eines zweiten Raumes entstehen konnte.[45]

Dieser "zweite" Raum zeigt in TT 296 nun deutlich Übereinstim-

---

[44] Hat man das Bild mit der aus dem Westgebirge hervortretenden Hathorkuh auf der rechten Rückwand hinter der Grabdarstellung in TT 178, da es sich nicht so gut mit Re-Harachte darüber verknüpfen ließ, bewusst fortgelassen und hat man bei der Übereinanderstellung von Grab und Re-Harachte den solaren Bereich oberhalb des Grabes zu assoziieren? Auf dem Pyramidion von Grab TT 178 ist der Grabherr betend vor Re-Harachte abgebildet; vgl. K. J. Seyfried, "Entwicklung in der Grabarchitektur des Neuen Reiches als eine weitere Quelle für theologische Konzeptionen der Ramessidenzeit" in: J. Assmann, G. Burkard, V. Davies (eds.), *Problems and Priorities in Egyptian Archaeology*, (London, 1987), S. 226, fig. 6.

[45] Platzprobleme sind hier natürlich nicht auszuschließen.

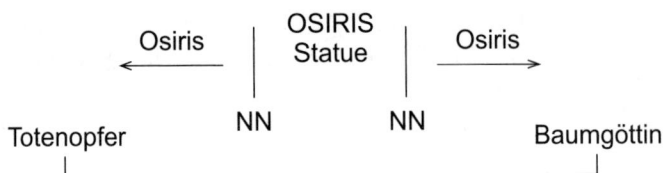

Abb. 8. TT 296 Rückwand-Mitte

mungen mit dem zweiten Raum von TT 178. Insbesondere im Umfeld der Statuen von TT 178 und TT 296 lassen sich Gemeinsamkeiten erkennen (Abb. 9).

Die sich an die Statuen anschließende Westwand (Real-West) ist in beiden Gräbern unten mit der Baumgöttin und einem Opfersegment besetzt.[46] Darüber ist in beiden Gräbern im Bild die Begegnung von Re und Osiris wiedergegeben, in TT 296 im Sonnenlauf, in TT 178 auf der Barke. In TT 296 ist das Bild als Konzession an die rechte Hallenwand, die Re-Seite, mit einem Hymnus an die untergehende Sonne (Bildprogramm Raum 1) und in TT 178 als Konzession an das Umfeld (Bildprogramm Raum 2) mit einem Osirishymnus verknüpft. Auf der gegenüberliegenden Seite wird das Ende der Wand durch die aus dem Westgebirge hervortretende Hathorkuh markiert, bei TT 296 im unteren und bei TT 178 im oberen Bildstreifen. Auch hier:—in Entsprechung zum unterschiedlichen Kontext—in TT 178 mit dem Kapitel 186 des Totenbuchs und in TT 296 mit der Abbildung des Grabes am Ende des Begräbniszuges (Abb. 6) kombiniert.

Folgendes lässt sich zusammenfassen:

1. Die Orientierung zum Tal hin hat auf die Anordnung der Bilder der beiden Südanlagen von Gräberensemble 1 und 2 Einfluss genommen. Im ersten Raum der Anlage von Khnummose, TT 253, wurde die Scheintür, die im idealorientierten Grab auf die linke Hallenseite gehört, am Ende des rechten Hallenflügels auf der Real-Westseite eingefügt. Das Dekorationselement ist dort durch ein zusätzliches Bild des Grabherrn auf der rechten Rückwand in das durch die

---

[46] In TT 296 ist das Opfersegment ergänzt. Von der Szene ist nur ein Teil der hinter dem Grabherr sitzenden Frau erhalten geblieben; Feucht, op. cit., S. 85, Sz. 27.

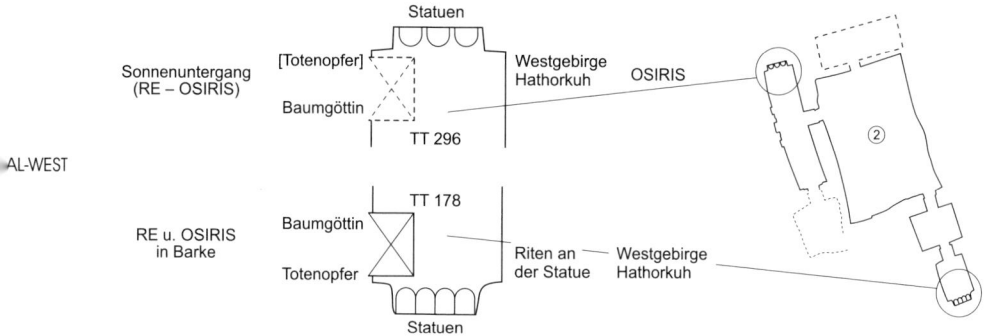

Abb. 9. Umfeld der Statuen in TT 296 und TT 178

Orientierung sonst unbeeinflusste Hallenkonzept eingebunden (Abb. 3). In der jüngeren Grabanlage des Neferrenpet, TT 178, hat man den Begräbniszug im unteren Bildstreifen des ersten Raumes, als Konzession an die besondere Ausrichtung des Grabes, auf der rechten Seite, der Real-Westseite, abgebildet. Inwieweit sich die anderen Bilder der Ausrichtung des Grabes anpassen, muss im einzelnen untersucht werden.[47] Bei der Plazierung des Begräbniszuges hat man hier, wie in dem jüngeren Grab TT 56, die Westposition der Position 'rechts von NN' vorgezogen.

Bei Raum 2 von TT 178 deutet alles daraufhin, dass der Zugang zur unterirdischen Anlage in Kombination mit den darüber angebrachten Szenen Baumgöttin und Opfersegment bewusst auf der Real-Westseite angelegt ist, denn auch in TT 296 hat man die beiden Szenen und den Grabschacht auf der Real-Westseite untergebracht (Abb. 9).[48] Dies bedeutet, dass man im zweiten Raum von TT 178—anders als in TT 253—ein Element des Grabes wie

---

[47] Sicherlich ist der Sonnenuntergang bewusst auf der rechten Seite, der Re-Seite abgebildet. Er hat seinen Platz auch nicht ohne Grund auf der Eingangswand dieser Raumseite (Bergwestseite), denn hier blickt doch der Grabherr genau in die Richtung (Real-West), in der die Sonne untergeht; Hofmann, op. cit., S.39, Tf. XXI, Sz. 19.

[48] Die zufällig ausgewählte Gräbergruppe: TT 26, 32, 45, 57, 409, 51, legt die Vermutung nahe, dass auch die Plazierung des Zugangs zur unterirdischen Anlage einem Konzept folgt. So findet sich dieser in den zum Berg ausgerichteten Gräbern im Rückteil der Anlage jeweils auf der linken Seite (d.h. rechts von NN): TT 32, 45, 409. Im "Talorientierten" Grab wie TT 178 auf der rechten Seite (Real-West, aber zur linken des NN): TT 26; und bei den Seitenanlagen, deren Grabachse im rechten Winkel zur Achse des idealorientierten Grabes steht, auf der dem Berg zugewandten Seite: TT 57, 51.

den Zugang zur Sepultur, der auf die andere Grabseite, die linke Seite gehört, auf die rechte Grabseite gebracht hat. Somit liegen Zugang zum Grab und Begräbniszug in TT 178 auf der gleichen Seite. Inwieweit nun auch die Bilder des zweiten Raumes der besonderen Ausrichtung folgen, wäre zu klären.

2. Für das Westgrab von Gräberensemble 2, TT 296, ließ sich eine Kombination von Raum 1 und Raum 2 konstatieren, die sich aber nicht, wie zunächst vorgeschlagen, auf die Einfügung von Statuen—als Element aus Raum 2—in die Seitenwand von Raum 1 beschränkt, sondern darüber hinaus als eine wohldurchdachte Verflechtung der Bilder beider Raumteile erweist. So setzt sich der rechte Flügel des ersten Raumes von TT 296 zu einem Teil aus Bildern zusammen, die mit dem Umfeld der Statuen aus Raum 2 von TT 178 übereinstimmen (Abb. 9).[49]

Auf der Eingangswand des rechten Hallenflügels von TT 296 treffen dort, wo die aus dem Berg hervortretende Hathorkuh und das Grab (als Abschlussbild des Begräbniszuges) zusammen kommen (Abb. 6), Raumprogramm 1 (Abb. 4) und Raumprogramm 2 (Abb. 9) von TT 178 aufeinander.

Über die Hathorkuh (Abb. 6 u. 9) wird hier auch die Verbindung zum verbleibenden Umfeld, zu den anderen Bildern der Eingangswand geleistet. So stellt sie in der horizontalen Achse nicht nur den Kontakt zwischen Westgebirge (Berg-West) links und Grab (als Abschluss des Begräbniszuges) rechts her, sondern bildet über den Eingang hinaus, auf der Eingangswand eine Klammer mit der Abbildung von Amenophis I. und Ahmes-Nofertari, die mit der Hathorkuh als Westgottheiten "*tp t3*" gelten können (Abb.6).[50] Nach oben ist sie mit Osiris verbunden (Abb. 7).

---

[49] Aus der Verknüpfung von Raum 1 und 2 erklärt sich auch die Dominanz der Osirisabbildungen in TT 296. Auch der Osirishymnus auf der rechten Laibung im Eingang von TT 296 lässt sich mit dem Hymnus im Durchgang zu Raum 2 in TT 178 vergleichen. In beiden Fällen ist er als "Erster des Westens", als Totengott angesprochen. Im Eingang von TT 178 steht an dieser Stelle (rechte Eingangslaibung) ein Hymnus an Re. Zu Re und Osiris, oder Aufgang und Untergang, Re und Atum vgl. J. Assmann, *Sonnenhymnen in thebanischen Gräbern*, THEBEN I, (Mainz, 1983), S. XV. Osirishymnen im Eingang TT 296: Feucht, op. cit., S. 20 f. Sz. 2, Text 13 und im Durchgang zu Raum 2 in TT 178: Hofmann, *Das Grab des Neferrenpet, gen. Kenro (TT 178)*, S. 59 f., Sz. 28, Text 110. Zum Sonnenhymnus im Eingang TT 178 vgl. Hofmann, op. cit., S. 19 f., Sz. 3, Text 7.

[50] Zum oberirdisch diesseitigen Aspekt der Verehrung von Amenophis I. und Ahmes-Nofertari in der thebanischen Nekropole vgl. J. Assmann, *Das Grab des Amenope (TT 41)*, THEBEN III, (Mainz, 1991), S. 192. Sowohl Amenophis I. mit Ahmes-

Auf der Rückwand des rechten Hallenflügels treffen die Elemente der beiden Raumteile im Bild des Sonnenlaufs aufeinander. Diese Szene wird auf der Rückwand als ein eigenes Zentrum sichtbar gemacht (Abb. 5 u. 10), zum einen durch die Orientierung des Grabherrn, der die Sonne von beiden Seiten anbetet, zum anderen durch die frontale Abbildung des Sonnenuntergangs. In TT 178 ist der Untergang von der Seite dargestellt.[51]

Damit wird der Szene eine besondere Bedeutung innerhalb der Dekoration des Grabes gegeben.[52] So steht sie ja auch am Schnittpunkt zwischen Raumprogramm 1 und Raumprogramm 2, da wo zudem Real-West und Berg-West aufeinander treffen, wo Osiris und Re auf der Wand sowohl nebeneinander als auch übereinander im Bild erscheinen. In der vertikalen Achse ist hier aber auch außen (Re) und innen (Osiris) und unten und oben, Himmel (Nut) und Erde und Re und Osiris zu denken.

In diese Verknüpfung der beiden wichtigsten Gottheiten Osiris und Re ist das Bild des Grabherrn eingebunden, der rechts als Statue (Sitzstatue), links als "Beterstatue" und darunter als Inhaber der Sargkammer präsent ist. Relikte eines Schachtes,[53] mit dessen Herstellung man wohl begonnen hat, der aber aufgegeben werden musste, unterhalb der Szene, setzen die Thematik in der vertikalen Achse in logischer Weise fort.[54] Hier ist natürlich auch die Begegnung von Sonne und Osiris NN, Osiris Nefersecheru gedacht. So heißt es in dem von Jan Assmann übersetzten, die Szene begleitenden Hymnus: *Sei gegrüßt, jene Sonnenscheibe, Herr der Strahlen, der das Licht erschafft, an deinem Tag in Schönheit, wenn du untergehst im Westgebirge! Mögest du erglänzen im Gesicht des Osiris Nefersecheru, gerechtfertigt...*[55]

Nofertari als auch die Hathor wurden auf der Westseite von Theben verehrt. Die Hathor tritt in ihrer Gestalt als Kuh, die aus dem Westgebirge, aus dem Reich der Verstorbenen kommt mit den Lebenden in Kontakt. Amenophis I. stellt als König, der einmal auf Erden gelebt hat, die Verbindung zwischen dem Totenreich und dem Ort der Lebenden her. Aus diesem Grunde werden beide Gottheiten in den Gräbern auch mit Vorliebe im unteren Streifen—als Mittler auf Erden—unterhalb der Hauptgottheiten Osiris und Re abgebildet.

[51] Auf Eingangswand rechter Hallenflügel; Hofmann, op. cit., S.39, Tf. XXI, Sz. 19.

[52] Zur Deutung der Szene vgl. Feucht, op. cit., S. 77 ff.

[53] Relikte des begonnenen Schachtes sind unter der Szene auf Tf. IVb und im Grundriss Tf. LXXIV sichtbar, zur Szene vgl. Farbtafel III, IVa; Feucht, op. cit.

[54] Die Vertiefung im Boden als unfertigen Schacht zu deuten, unterstützt auch die Gegenüberstellung der Statuenumfelder der beiden Grabanlagen in Abb. 9.

[55] J. Assmann, in: Feucht, op. cit., S. 82 f.

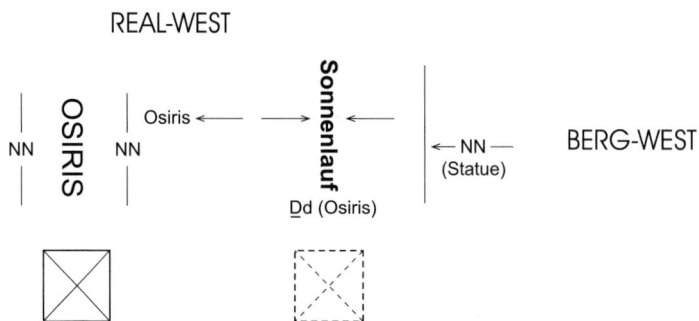

REAL-WEST

	OSIRIS		Osiris ← ——→	Sonnenlauf ← ←			
NN		NN			← NN — (Statue)	BERG-WEST	

Ḏd (Osiris)

Abb. 10.

3. Einen Vorläufer hat das Grab des Nefersecheru TT 296 in der Großgrabanlage des zweiten Priesters des Amun, Puiemre (TT 39) aus der Zeit der Hatschepsut, der sich im Unterschied zu der jüngeren Anlage nicht auf die Westseite des Hofes eines Grabes aus der 18. Dynastie gesetzt hat, sondern an die Westseite des Prozessionswegs zum Millionenjahrhaus seiner Königin.

An den wesentlichen Stellen im Grab lässt sich nun das gleiche Konzept in der Anordung und Auswahl der Bilder erkennen (Abb. 11): Statuen markieren die Seite der Halle an Berg-West—hier nicht plastisch sondern im Bild[56]—, eine Osirisverehrung in Kombination mit Imentet steht auf der Mitte der Real-West-Seite des Grabes,[57] und da wo in TT 296 Re und Osiris, Sonne und Osiris NN aufeinandertreffen, Baumgöttin und Opfersegment nebeneinander stehen und zudem der Grabschacht begonnen wurde, befindet sich in TT 39 der Zugang zu einem Seitenraum, dessen Dekorationselemente mit Scheintür auf der Rückwand, Begräbniszug und Totenopfer mit großer Opferliste auf den Seitenwänden auf den entsprechenden funerären Kontext der 18. Dynastie weisen.[58] Die Sargkammer des Puiemre liegt—wie zu erwarten—hinter dieser Seitenkammer an der Schnittstelle von Berg-West und Real-West.[59]

---

[56] Der Grabherr, seine Frau und seine Eltern sind auf Sockeln abgebildet; Engelmann-v.Carnap, op. cit., S. 157 und Abb. 77, 78.

[57] Auf der Rückwand des dritten Raumes (Shrine) auf der Grabachse ist auch in TT 39 Osiris abgebildet; Engelmann-v.Carnap, op. cit., S. 344, Abb. 225a.

[58] N. de G. Davies, *Puyemre at Thebes*, RPTMS 3, (New York 1922, 1923), Tf. XLV-LI.

[59] Vgl. N. de G. Davies, op. cit.,Tf. LXXIII. Der Zugang zur Anlage: Schacht VI. Die Sargkammer ist mit Sandsteinplatten ausgekleidet; vgl. Davies, op. cit., Bd. I, S.13 f.

BERG-WEST

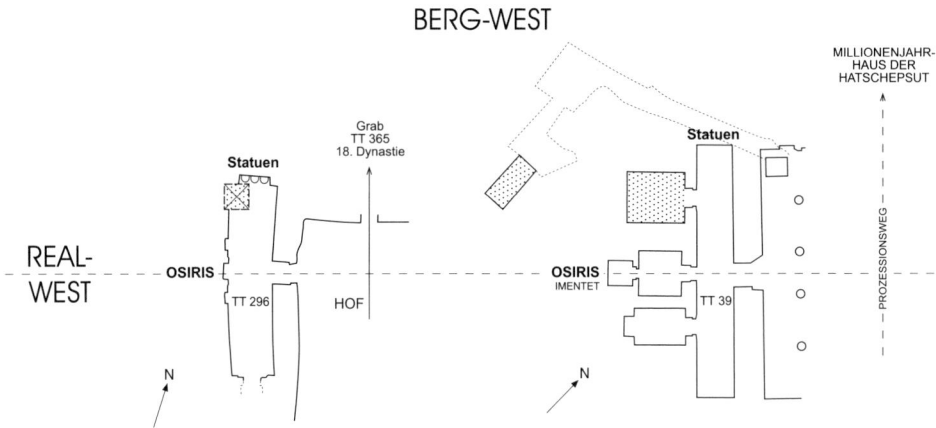

Abb. 11.

4. Alle drei Seitenanlagen TT 254, 296 und 39 weisen nicht den klassischen T-Typ auf. Ihnen fehlt, anders als bei den Anlagen auf der Hofsüdseite in Gräberensemble 1 und 2, der zweite Raum oder die für den Grabgrundriss der 18. Dynastie typische Passage. Dieser Mangel kann mit Platzproblemen begründet werden. Es ist aber auch nicht auszuschließen, dass bei diesen Seitengräbern bewusst auf die Ausführung des Tiefgangs verzichtet wurde,[60] da dieser nicht wie im Idealfall zum Berg weist. Wichtige Dekorationselemente der Rückwand des fehlenden zweiten Raumes, wie die Statue des Grabherrn, können in diesem Fall (TT 39, 296) die auf den Berg hin ausgerichtete Hallenwand (rechte Schmalwand) übernehmen.[61]

---

[60] Oder zumindest nicht als Mangel empfunden wurde
[61] Da die Halle von TT 296 die Ausrichtung des Tiefgangs im idealorientierten Grab hat, ist sie möglicherweise auch so ungewöhnlich lang. Die Halle von TT 296 hat mehr als die doppelte Länge des ersten Raumes von TT 178.

"TEMPEL DER GANZEN WELT" ÄGYPTEN UND ROM

Hubert Cancik und Hildegard Cancik-Lindemaier

> ... und die Hellenen werden später unsere Sprache
> in die eigene übersetzen wollen, was doch sein wird
> größte Verdrehung und Verunklärung des Geschrie-
> benen. CH XVI 1

1. *"Rom, Tempel der ganzen Welt" (Ammian)*

1.1 *Die Überführung des Obelisken*

1. Im Frühjahr 357 n.Chr., zur Feier seiner Vicennalia, "besichtig-
te" Kaiser Constantius II. zum ersten und einzigen Male die Stadt
Rom (28. April–29. Mai). Ein eher touristisches Unternehmen,
bedauert Ammian,[1] und eine Exhibition des kaiserlichen Luxus, kein
anständiger Triumph, wie ihn früher die Imperatoren gefeiert hatten, wenn sie ein feindliches Volk besiegt oder etwas dem Imperium hinzugefügt oder eine Heldentat begangen hatten.[2] Der Kaiser,
Christianer dem Bekenntnis nach, aber noch nicht getauft, wird in
einer vorschriftsmäßigen *descriptio urbis* durch die Stadt geführt. Er
sieht "das Heiligtum des tarpeischen Iuppiter", aber natürlich op-
fert er nicht; er sieht die riesigen Thermen, himmelhoch das Am-
phitheater, die Kuppel des Pantheum, den "Tempel der Urbs"—
Ammian vermeidet den traditionellen Ausdruck "Tempel von Venus
und Roma"; das Forum des Friedens, das Theater des Pompeius,
Odeum und Stadium und die anderen "Zierden" der "ewigen Stadt"
(16,10,14). Die sacralen Zeichen haben für den Kaiser nur ästhetischen Wert; sie sind Zierrat (*decora*), Wunder (*miracula*), nicht heilige

---

[1] Ammianus Marcellinus, Res gestae, 16,10,1-17; zur Differenz zwischen
Tourimus und Besuch zur Verehrung der Heiligtümer vgl. Cicero, in Verrem II
4,58,129: *advenae non solum visere verum etiam venerari solebant.*—Wir danken Dr. Mareile
Haase (Erfurt), Holger Hornauer M.A., Matthias Peppel M.A. und Prof. Dr. Karola
Zibelius-Chen (Tübingen) für freundliche Hilfe.
[2] Anders die offiziellen Inschriften in Rom: CIL VI 1158-1163.

Orte.[3] Den numinosen Schauder kann unsere Quelle, Ammianus Marcellinus, ein Tacitist und hyper-römisch nach Sprache, Religion und Geschichtsbild, nur für sich selbst bezeugen. Auf dem Trajansforum, Höhepunkt der kaiserlichen Tour, steht der Kaiser "angedonnert" (*attonitus*), Ammian spürt in der gigantischen Struktur "die numinose Zustimmung":[4] so vorsichtig muß er formulieren. Der Kaiser will, ganz in stadtrömischer Tradition, den "Schmuckstücken (*ornamenta*) der Stadt etwas hinzufügen", was unbeschreiblich ist, von Sterblichen nicht wieder zu erreichen noch zu übertreffen. Dazu braucht er einen Obelisken, den größten und schwersten, den es gibt.

2. Der Koloss stammte aus Theben. Sein Vater, Kaiser Constantin (306-337 n.Chr.), hatte ihn schon vor mehr als zwanzig Jahren bis in den Hafen von Alexandria verbracht: 32 Meter lang, 522 Tonnen schwer. Ammians Text, gelehrt und kunstvoll, mit Autopsie und drei Exkursen geschmückt, würdigt das technische Bravourstück und preist die Größe der "ewigen Stadt". Sie wird durch ein neues Wunderwerk "gemehrt"—und das von einem christlichen Kaiser, der in Neu-Rom am Bosporus residiert. Der Obelisk wurde schließlich im Circus Maximus aufgerichtet, neben einem anderen, den Augustus einst aus Heliopolis nach Rom überführt hatte.[5] Keinesfalls, so referiert Ammian zeitgenössische Diskussionen, habe schon Augustus die Absicht gehabt, diesen Koloss nach Rom zu bringen, wegen seiner enormen Größe aber davon abgelassen. Mit derartigen Behauptungen wolle man nur dem Constantius, der das Wagnis bestanden habe, schmeicheln:[6]

(12) Es sollen lernen, die es nicht wissen, daß der alte Fürst [Octavianus

---

[3] Christliche Heiligtümer stehen nicht auf der Route.—Zur Desakralisierung und Ästhetisierung römischer Kultzentren im 4. Jh. vgl. H. Cancik, "Nutzen, Schmuck und Aberglaube. Ende und Wandlungen der römischen Religion im 4. und 5. Jahrhundert" in: H. Zinser (ed.) *Der Untergang von Religionen* (Berlin 1986) 65-90.

[4] Amm. 16,10,15: *ut opinamur, etiam numinum adsensione mirabilem.*

[5] Amm. 17,4,1-23. Die Exkurse behandeln die Geschichte von Theben, die Natur des Obelisken, die stadtrömischen Obelisken und die Inschrift des augusteischen Obelisken (Roullet, Monuments, nr.69) im Circus Maximus.—Vgl. Iversen, *Obelisks in Exile I*, 55-64; Roullet nr.70: Obeliscus Lateranus. Der Obelisk wurde unter Thutmose III. (1504-1450) für den Amun-Tempel in Karnak gearbeitet, dann nach Theben geschafft und von Thutmose IV. (1425-1417) aufgerichtet.

[6] Amm. 17,4,12-13; §13: *verum Constantinus id parvi ducens, avulsam hanc molem sedibus suis, nihilque committere in religionem recte existimans, si ablatum uno templo miraculum Romae sacraret, id est in templo mundi totius, iacere diu perpessus est, dum translationi pararentur utilia.*—Die Worte Romae sacraret könnten ambivalent gesetzt sein (Dativ/ Locativ); durch die Apposition (*id est in templo*) wird diese Konstruktion eindeutig lokal. Nach

Augustus], nachdem einige [Obelisken] überführt waren, diesen [Koloss] deshalb unangetastet übergangen hat, weil er dem Sonnengott durch eine besondere Stiftung geweiht und innerhalb der Anlagen eines aufwendigen Tempels [in Theben] befestigt war, die nicht angetastet werden konnten, und wie die Spitze von allen emporragte.

(13) Aber Constantin schätzte das gering ein; er meinte richtigerweise, daß er nichts gegen die Religion begehen würde, wenn er das Wunderding aus einem einzigen Tempel entfernen und weihen (sacrare) würde in Rom, das ist in dem Tempel der ganzen Welt; er ließ den aus seinem Sitz gerissenen Koloss lange [sc. in Alexandria] liegen, bis die für die Überführung notwendigen Dinge beschafft wären.

Nilabwärts bis Alexandria ließ Constantin den Obelisken transportieren; erst Constantius II. brachte ihn nach Rom.

1.2 *Asylum, lar, templum*

1. Der Weg des Kaisers nach und in Rom, die Schilderung der Monumente, die sorgfältig formulierten und angeordneten Praedikationen der Stadt konstruieren die Idee der *Roma aeterna*, wie sie die nicht- oder semichristliche Oberschicht des vierten und fünften Jahrhunderts überliefert. "Asyl der ganzen Welt" lautet die erste Formel, gesprochen noch vor den Toren der Stadt: die Stadt, in der Menschen so verschiedener Herkunft zusammenkommen.[7] "Die (göttliche) Heimstatt (*lar*) des Reiches und aller Tugenden", lautet die Formel, gesprochen, als der Kaiser die Stadt betritt.[8] Sie akzentuiert die ethische, reichsumfassende und emotional-religiöse Funktion der Metropole. Die dritte Formel wird als Überlegung Constantins gefaßt. Er muß, zumal als *pontifex maximus*, religiöse und sakralrechtliche Bedenken zerstreuen, die sein Plan, den Obelisken des Thutmose aus Theben zu verschleppen, bei Ägyptern und Römern hervorgerufen haben muß. Denn dieser Obelisk war nicht eines unter vielen Schmuckstücken der Anlage in Theben, sondern in einem eigenen Bezirk speziell dem Sonnengott geweiht, sozusagen Kultgerät des Tempels selbst. Sein Argument lautet: Da Rom der Tempel der ganzen

---

der Inschrift auf der Basis des Obelisken (CIL VI 1163, Z.5) hatte Constantin den Koloss für Neu-Rom bestimmt. Wie kommt es zu dem 'Fehler'—sei's bei Ammian (so u.a. Warmington, *Some Constantinian References in Ammianus*, S.169), sei's auf der Inschrift (so Fowden 1987, S.54 f.)?

[7] Amm. 16,10,5: *asylum mundi totius.*—Die Formel ist als Meinung des Kaisers über den Senat gefaßt und dadurch akzentuiert, daß sie mit der Äußerung des Kineas, Diplomat des Pyrrhos, verglichen wird, der den römischen Senat für eine Versammlung von Königen hielt: Plutarch, Pyrrhos 19,5.

[8] Amm. 16,10,13: *Proinde Romam ingressus, imperii virtutumque omnium larem.*

Welt sei, könne es nicht Tempelraub und Sakrileg sein, wenn der Obelisk diesem einen Heiligtum entzogen und in Rom "geweiht" werde:[9]

si ablatum uno templo Romae sacraret, id est in templo mundi totius.

2. Die Formel ist sprachlich und als Bild überraschend:[10] So wie in einer Kultanlage innerhalb des durch Gebüsch, Mauern, Grenzsteine markierten Bezirks Altäre und Tempelhäuser verschiedener Gottheiten beieinander stehen, Votivgaben und Denkmäler in mannigfachen Formen, so koexistieren in den Grenzen der Stadt Rom die Kulte der ganzen Oikumene. Das Argument und die Praxis von Kunstraub und Kultübertragung jedoch, die mit dieser Formel bezeichnet werden, sind altrömische Sitte.[11]

Die "ausländischen Kulte" (*sacra peregrina*) werden meist durch sibyllinische Orakel und Senatsbeschluß "herbeigezogen" und "angenommen" als Teil der zugelassenen öffentlichen römischen Religion (*sacra peregrina accepta*). Die Götter der Feinde werden aus ihren Tempeln gerufen (*evocatio*) und nach Rom gelockt; hier wird ihnen ein größerer Kult versprochen. So werden von Staats wegen die Götter der Griechen, Etrusker, Karthager, Phryger in Rom angesiedelt. Privatleute bringen Adonai und Sabazios, Isis, Christus und Baal. Die Millionenstadt am Tiber bietet demographische, soziale, urbanistische Möglichkeiten für eine 'additive Universalisierung'. Auf diese Weise wird Rom zum "Tempel der ganzen Welt". Constantin und Constantius treten in diese Tradition: ein weiterer Schritt zur Romanisierung bzw. Selbst-Romanisation des Christentums.[12]

---

[9] Amm. 17,4,13.—Wem Constantin den Koloss—in Neu-Rom!—weihen wollte, steht nicht bei Ammian. Die Weihung des Constantius gilt der *Roma* (CIL VI 1163, Z.1-2): *Patris opus.*

[10] Die Junktur *templum mundi* ist belegt bei Lukrez (6,43): *mundi mortalia templa esse*—"daß die Bezirke der Welt vergänglich seien"; vgl. 5,1436), wohl gebildet nach der Formel *caeli lucida templa/* (Lukrez 1,1014; vgl. 2,1001; 5,521; 6,670 u. ö.); die Prägung dürfte aus Ennius' Annalen stammen: *caeli caerula templa* (annales 49, Vahlen; vgl. ann. 60; scenica 380); vgl. Lukrez 1,120: *Acherusia templa*—"die Bezirke des Acheron".

[11] Der sakralrechtliche Terminus ist (*sacra*) *transferre* (Amm. 17,4,12. 16), Ammian gebraucht auch das Nomen *translatio* (17,4,13): vgl. Amm. 23,6,24 (*perlatum*—Verbringung des Apollo Comaeus in den Apoll-Tempel des Augustus auf dem Palatin).—Vgl. Cancik/Cancik-Lindemaier, "*patria—peregrina—universa*" Cancik, *Gnostiker in Rom*, ders., *The Reception of Greek Cults in Rome. A Precondition of the Emergence of an 'Imperial Religion'.*

[12] Einige Stationen des Topos in der lateinischen Literatur hat Fowden, Em-

Rom als Asyl, Lar, Tempel: die drei Praedikationen bilden, zusammen mit dem Ehrentitel "ewige Stadt" (16,10,14), eine konsistente aufsteigende Reihe. Jede ist mit einem universalen Anspruch verbunden: die 'ganze Welt' soll es sein, das Reich und 'alle' Tugenden sind hier zu Hause. Die Botschaft: Einheit des Imperium, Zentralität und Universalität der alten Metropole.

Die religiösen Elemente der Konstruktion sind schwach, absichtlich vage, ambivalent, eher römisch und nicht christlich, eine entgötterte Theologie.[13] Der bildhafte Gebrauch von 'Tempel' war Juden und Christianern aus ihren heiligen Schriften vertraut: Sie konnten das Bild der ewigen Stadt am Tiber verbinden mit den Bildern von der heiligen Stadt und ihrem Tempel auf dem Zion.

1.3 *Ägyptische Kulte in Rom*

Der neue Obelisk war keineswegs der erste in Rom. Zwar war er hier im Exil, aber er war nicht allein. Ebenfalls im Circus Maximus stand ein Obelisk aus Heliopolis, den Octavianus Augustus von dort transferiert hatte. Die Römer verstanden sogar seine Hieroglyphen: Hermapion hat sie wohl noch in augusteischer Zeit ins Griechische übersetzt, und Ammian hat Teile dieser Schrift in seinem Exkurs über die Obelisken in Rom bewahrt—wohl der wichtigste Beitrag, den ein Römer geleistet hat zur Entschlüsselung der Hieroglyphen.[14] Jean François Champollion hat ihn bei seiner Entzifferung des Steins von Rosette benutzt.

Die Inschrift verkündet im Größten Circus von Rom das Lob des ägyptischen Sonnengottes, seiner Liebe zu Ägypten und seinem Herrscher Ramestes, "der König ist über die ganze Oikumene". Diese

---

pire S.45 ff. zusammengestellt, darunter: Ovid, Tristia 1,5,69 f.: *sed quae de septem, totum circumspicit orbem/ montibus, imperii Roma deumque locus.*—Lucan 3,91: *deum sedes.* Prudentius, contra Symmachum 2,347-359. Zu den analogen griechischen Topoi bei Dio Chrysostomus, Athenaeus, Aelius Aristides, Themistius u.a. s. Fowden, a.a.O.

[13] Vgl. den Nachruf auf Valentinian, Amm. 30,9,5: *inter religionum diversitates medius stetit nec quemquam inquietavit neque ut hoc coleretur imperavit aut illud*; vgl. Tertullian, ad Scapulam 2,6, über das "Menschenrecht" auf "Religionsfreiheit".—Siehe L. Angliviel de la Beaumelle "Remarques sur l'attitude d'Ammien Marcellin à l'égard du Christianisme" in: *FS William Seston* (Paris 1974) 15-24; H. Cancik, "Menschenrechte" in: *RGG⁴, Bd.5*, 2002.

[14] Hermapion bei Ammian 17,4, 17-23; vgl. F. Jacoby, *FGrHist* nr.658.—J. F. Champollion, *Précis du système hiéroglyphique des anciens Egyptiens* (Paris 1824) (vermittelt durch Erman, Obeliskenübersetzung, S.248).

Praedikation fügt sich gut zu der Apollon-Religion des Augustus, zu den universalen Ansprüchen seiner Herrschaftsideologie, zur Symbolik seiner Hauptstadt.

Der Circus ist ein angemessener Ort für Obelisken, denn "der Circus ist vorzüglich der Sonne geweiht".[15] Deshalb hatte Kaiser Augustus die von ihm nach Rom gebrachten Obelisken dem Sol zum Geschenk gegeben, als Dank dafür, daß Ägypten unter die Macht des römischen Volkes gebracht worden sei:[16] der auf dem Marsfeld aufgestellte diente als Zeiger seiner Sonnenuhr. Weitere Obelisken standen im vatikanischen Circus—jetzt auf dem Petersplatz, in einer ägyptischen Anlage der sallustischen Gärten, vor dem Mausoleum Augusti und in großer Anzahl im Iseum Campense.[17] Hier erhält der Mann aus Madauros die höheren Weihen der ägyptischen Mysterien. Dieses Heiligtum macht Rom zu einer "hochheiligen Stadt".[18] Schon in der Republik, unter Sulla, soll es gegründet worden sein.[19] Im vierten Jahrhundert wird die Anlage noch erwähnt. Mit Recht erklärt ein Römer:[20] "Dies waren zwar einst ägyptische Kulte, jetzt aber sind es auch römische". So wurde Rom zum Tempel der ganzen Welt, auch der ägyptischen Kulte.

---

[15] Tertullian, de spectaculis 8,1: *Circus Soli principaliter consecratur.* Tertullian beruft sich auf einen "Hermateles", um die Weihung von Obelisken an die Sonne zu belegen: ist das Hermapion?

[16] CIL VI 701-702 bieten den Text der beiden von Augustus transferierten und im Circus bzw. auf dem Marsfeld aufgestellten Obelisken: *Imp. Caesar Divi f. Augustus [...] Aegypto in potestatem populi Romani redacta Soli donum dedit.*

[17] Nachweise bei Roullet, nr.68-93. Die Identität des Obelisken, dessen Inschrift Hermapion übersetzte, ist unsicher. A. Roullet (nr.69) identifiziert ihn mit dem Obeliscus Flaminius auf der Piazza del Popolo. A. Erman (1914) war nach dem Vergleich der Inschriften zu dem entgegengesetzten Urteil gelangt (S.270): "... sicheres Resultat, daß Hermapions Obelisk *nicht* der Flamininus s.o. ist; es ist ein anderer Obelisk des Sethos und Ramses aus Heliopolis, und es beruht nur auf einer alten Verwechslung, wenn Ammian oder sein Gewährsmann ihn für identisch mit dem von Augustus errichteten Obelisken hält". Erman ist bei Roullet nicht berücksichtigt.

[18] Apuleius, Metamorphosen 11,26: *sacrosancta civitas.* Vgl. Eunapius, Vitae philosophorum (um 400 n.Chr.), 6,10,8: durch das Heiligtum des Serapis sei Alexandria "eine heilige Welt" ἱερά τις ἦν οἰκουμένη/ *hiera tis en oikumene.* Fowden, *Empire* S.44, erklärt: (a) wegen der Pilger aus allen Ländern, (b) wegen der Beziehung des Serapis zu anderen ägyptischen Göttern, (c) weil Serapis ein Gott der Méditerranée geworden war.

[19] Apuleius, Metamorphosen 11,30. Da ägyptische Kulte im Rom des 1.Jh. v.Chr. bezeugt sind, kann die Angabe richtig sein.

[20] Minucius Felix, Octavius 22,1: *haec tamen Aegyptia quondam nunc et sacra Romana sunt.*

2. "Ägypten, der ganzen Welt Tempel" (Asclepius)

2.1 imago–translatio, descensio–templum

Den Titel eines "Tempel der ganzen Welt" zu sein, beanspruchte aber auch Ägypten. Der lateinische Traktat "Asclepius" im Corpus Hermeticum, dessen griechisches Original (λόγος τέλεος/ *logos teleios*) in wenigen Bruchstücken bekannt ist, bietet nicht historiographische Rom-Panegyrik, sondern "Hermetik", graeco-ägyptische Theologie in lateinischer Übersetzung.[21] Trotz des verschiedenen Kontextes und Hintergrundes hat die Formel in beiden Traditionen eine ähnliche Funktion. Der Asclepius behauptet Exclusivität ("Einzigartigkeit"), Zentralität und Universalität für Ägypten, wie Ammian sie für Rom postuliert. Beide Texte stimmen auch darin überein, daß der hohe Anspruch aufs stärkste bedroht ist: die Götter müssen aus Ägypten fliehen; in Rom werden die Tempel geschlossen, Opfer und Divination verboten.

Der Text lautet:[22]

> (1) *Ignoras, o Asclepi, quod Aegyptus imago sit caeli*
> (2) *aut, quod est verius, translatio aut descensio omnium, quae gubernantur atque exercentur in caelo?*
> (3) *Et si dicendum est verius: terra nostra mundi totius est templum.*

> Weißt du nicht, o Asclepius, daß Ägypten das Bild (Abbild) des Himmels ist, oder, was wahrer ist, daß es die Übertragung und der Herabstieg ist von allem, was gesteuert und ausgerichtet wird im Himmel? Und wenn es (noch) wahrer gesagt werden muß: unser Land ist der ganzen Welt Tempel.

Auch in der Übersetzung ist die Form der Periode sichtbar: ein Trikolon, dessen Glieder eine Klimax bilden, die durch die Wiederholung der Versicherung "(noch) wahrer" verstärkt wird. Die schwächste Verbindung Ägyptens mit der göttlichen Welt ist die Abbildbeziehung—nur analog, symbolisch, mental. Eine beschränkt

---

[21] Nock/Festugière, *Corpus Hermeticum*, t.II, 257-401.—Datierung der lateinischen Fassung: 4. Jh. n.Chr.; Abfassungsort unbekannt (Rom? Karthago? Ägypten? vgl. Nock/Festugière, S.279). Die Beziehung zwischen Ammian und Asclepius hat als erster, so scheint es, Garth *Fowden* (1987, 52-57) bemerkt.

[22] Asclepius, cap.24. Augustin zitiert den Text (de civitate dei 8,23), eine Erläuterung zu der Formel *templum mundi* gibt er nicht.—Zum Kontext und Hintergrund des Zitats vgl. die Einleitung bei Nock/Festugière sowie G. Fowden, *The Egyptian Hermes*, S.13 ff., 77 f. (im Zusammenhang mit der Lehre von der Sympatheia: "Egypt as the focus of sympathetic forces"); 142 f.; 166 ff.: "Temples and priests".

substantielle Verbindung wird hergestellt durch die "Übertragung" und den "Herabstieg" göttlicher Energie vom Himnmel auf die Erde.[23] Das letzte Kolon behauptet eine dauerhafte, wesentliche, sakrale Qualität des ganzen Landes Ägypten. Da die lebendigen, mit Sinn und Odem erfüllten Bilder der Götter in Ägypten sind,[24] ist dieses Land, und nur dieses, eine Kultanlage für die ganze Welt.[25]

2.2 *rpe m-p-kosmos*

Eine koptische Fassung des griechischen Originals, aus dem auch der lateinische Asclepius übersetzt ist, hat sich als Excerpt in einem Codex aus Nag Hammadi (um die Mitte des 4. Jahrhunderts) erhalten.[26] Jens Holzhausen übersetzt folgendermaßen:[27]

> (1) Weißt du nicht, Asklepios, daß Ägypten Abbild (εἰκών/ *eikon*) des Himmels ist,
> (2) oder vielmehr Aufenthaltsort für den Himmel und all die Kräfte (ἐνέργεια/ *energeia*), die im Himmel sind.
> (3) Wenn wir die Wahrheit sagen sollen, unser Land ist Tempel des Kosmos (κόσμος/ *kosmos*).

Die koptische Phrase ist eindeutig: ϩⲣⲉⲙⲡⲕⲟⲥⲙⲟⲥ/*rpe m-p-kosmos*— "Tempel von dem Kosmos". Die Vorstellung, die mit dieser Formel bezeichnet wird, die Abbildfunktion, die Einwohnung, Praesenz oder Repraesentation der Götter im Lande Ägypten ist in den ägyptischen Bauten und Texten gut erkennbar.[28] Ein präzises sprachliches Äqui-

---

[23] Das Nomen *translatio* ist seit Cicero belegt, allerdings nicht als theologisches Argument; zu *sacra transferre* vgl. §1.2.2; *descensio* ist unklassisch, sehr selten; vgl. *descensus*. Der "Abstieg" von Göttern auf die Erde wird seit Homer immer wieder erbeten oder beschrieben, vgl. Horaz, carmina 3,4,1 ff. (*Descende caelo*). Vgl. Ascl. 32: *usque ad humanum enim animal sensus divinitas (divinitatis?) descendendo provenit.*

[24] Ascl. cap.24: *statuas animatas sensu et spiritu plenas.*

[25] Der Genetiv in der Junktur *templum mundi* kann unterschiedlich expliziert werden, jedoch ist die *imago*-Funktion auszuschließen.

[26] Nag Hammadi Codex VI 8,65-78.

[27] J. Holzhausen, *Corpus Hermeticum Deutsch 2*, (1997) S.552; ebenso James M. Robinson, *The Nag Hammadi Library in English* (Leiden 1984): "... our land is the temple of the world". Holzhausen gibt keinen Kommentar zu "Tempel der Welt", versucht auch keine Retroversion ins Griechische. Die beiden lateinischen Ausdrücke *translatio* und *descensio* sind in der koptischen Version als "Aufenthaltsort" zusammengefaßt worden. Die Unterscheidung zwischen dem zweiten und dem dritten Glied, die an dem lateinischen Text zu beobachten war, läßt sich an dem koptischen nicht durchführen.

[28] Arnold, *Tempel Ägyptens*, S.13-39: "Vom Wesen des ägyptischen Tempels"; S.40-44: "Der Tempel als Sinnbild und Darstellung": der Tempel sei ein "verklei-

valent zu *templum mundi* ist jedoch, wie es scheint, in den ägyptischen Texten nicht nachgewiesen.[29]

2.3 *Logos teleios*—"*die vollkommene Lehre*"

Von der griechischen Vorlage für die lateinische und die koptische Fassung sind in einem Zauberpapyrus (um 300) das Schlußgebet (cap.41) und bei Lactanz Johannes Lydus, Stobaios einige Zitate, nicht aber der griechische Wortlaut der Formel *mundi totius templum* erhalten geblieben.[30] Hierfür könnte man *ὁ παντὸς τοῦ κόσμου ναός/ ho pantos tou kosmou naos* postulieren. Aber eine solche Junktur ist in griechischer Kult- oder Philosophensprache nicht belegt. Vielmehr wird der ganze Kosmos als Tempel Gottes betrachtet.[31] Im Unterschied zu jüdischer und christlicher Tradition werden Kultusbegriffe wie 'Tempel' oder 'Opfer' in der griechisch-römischen Kultur kaum 'spiritualisiert' oder für moralische Aussagen allegorisiert.[32]

Die Formel "Tempel der ganzen Welt" ist zwar eine eindrückliche sprachliche Prägung, keineswegs aber ein verbreiteter Topos; ihr Auftauchen bei Ammian verlangt also nach einer Erklärung. Der Umstand, daß Ammian sie anläßlich der Deportation eines Obelisken von Theben nach Alexandria und Rom benutzt, verstärkt die Vermutung, daß er eine graeco-ägyptische Vorstellung aufgenommen und gegen die Ansprüche Ägyptens gewendet hat. Wie kam die

---

nerter, abstrahierter, kondensierter Kosmos", eine "diesseitige Götterburg".

[29] Theodor Hopfner, *Fontes historiae religionis Aegyptiacae* (Bonn 1922) (Register). Jan Assmann, *Ägypten*, S.35-50: "Der Tempel", bes. S.43 ff.: "Der Tempel als Kosmos".—Der ägyptische Name von Heliopolis in griechisch-römischer Zeit ist *p.t. n.t. km.t*—"Himmel Ägyptens" (Hinweis von Mareile Haase).

[30] a) Papyrus Mimaut, col. XVIII enthält die griechische Fassung des Gebetes, das den Dialog abschließt (Ascl. 41; K. Preisendanz/ A. Henrichs, *Papyri Graecae magicae I*, 2(1973) S.56-58); Datierung: "nicht früher als 300 n.Chr." (G. Möller, in: *Preisendanz/Henrichs 1*, 32).—b) Siehe Nock/Festugière, *Bd.II*, S.276.

[31] Ps.-Heraklit, Briefe 4,2,5; Cicero, de re publica 6,15,15: *deus cuius hoc templum est omne quod conspicis*; Flavius Josephus, bellum Iudaicum 5,458 f.: "besser als dieser [sc. Tempel in Jerusalem] ist für die Gottheit der Kosmos".

[32] Vgl. H. Wenschkewitz, "Die Spiritualisierung der Kultusbegriffe Tempel, Priester und Opfer im Neuen Testament" in: *Angelos 4* (1932) 70-320. Basistexte: Paulus, 1Kor 6,19: "euer Körper ist der Tempel des Heiligen Geistes"; Eph 2,20-21: die Gemeinde als Gotteshaus; vgl. H. Cancik-Lindemaier, "Opferphantasien. Zur imaginären Antike der Jahrhundertwende in Deutschland und Österreich" in: *Der Altsprachl. Unterricht 30,3* (1987) 90-104; dies., Tun und Geben. Zum Ort des sogenannten Opfers in der römischen Kultur, in: Bernd Janowski/ Michael Welker (eds.), *Opfer. Theologische und kulturelle Kontexte* (Frankfurt am Main 2000) 58-85, §4; Renate Schlesier, "Pharmakos" in: *RGG⁴, Bd.6* (2002)

Formel in Ammians Text? Zwei Wege sind vorstellbar:

(a) Bereits Constantin hat die Formel benutzt, um die Enteignung der Ägypter zu rechtfertigen. Ammian weist auf eine schriftliche Quelle, indem er sagt, Constantin sei "zu einer richtigen Ansicht" über die Deportation gekommen: *recte existimans*.[33] Mit Lactanz, dem Erzieher des Prinzen Crispus, ist ein Kenner der Hermetik als möglicher Vermittler im Hause des Kaisers nachgewiesen.

(b) Erst Ammian hat die sakralrechtliche Überlegung samt der Formel *templum mundi* dem Kaiser zugeschrieben.[34] Immerhin hat der Historiker Ägypten bereist: "ich habe mehrere Obelisken [in Theben] gesehen", schreibt er.[35] Er kennt ägyptische "Geheimschriften" und zitiert graeco-ägyptische Literatur in einem Umfang, wie kein lateinischer Historiker vor und nach ihm. Er nennt Hermes Trismegistos als Zeugen für theologische Lehren vom Genius.[36] Er weiß, daß Iulianus, noch als Caesar in Gallien, um Mitternacht den Mercurius (-Hermes) heimlich mit einer einfachen Zeremonie verehrt hat. Dieser Mercurius aber sei "der schnelle Sinn der Welt, der, wie die theologischen Lehren überliefern, die Bewegung der Geister erregt".[37] So könnte Ammian die Formel aus hermetischer Tradition kennen, vermittelt durch einen gelehrten Fremdenführer in Theben oder gar durch Hermapion, dessen Übersetzung der Hieroglyphen auf dem augusteischen Obelisken er so ausführlich zitiert.[38]

Ein Schema möge die nachgewiesenen und die vermuteten Zusammenhänge veranschaulichen:[39]

---

[33] Diese Vermutung bei Fowden, 1987, S.56; vgl. Warmington, *Some Constantinian References*.

[34] Fowden, 1987, S.56; vgl. J. F. Matthews, *The Roman Empire of Ammian* (London 1989) S.450.

[35] Amm. 17,4,6: *In hac urbe* [Theben] ... *obeliscos vidimus plures*. Vgl. 22,14,7-22,16,24: Exkurs über Ägypten, Apis, den Nil, Äthiopien; Hinweis auf *secreta librorum mysticorum; scripta arcana; annales veteres*.

[36] Amm. 21,14,5; vgl. 21,14,3: *ferunt enim theologi*.

[37] Amm. 16,5,5: *occulte Mercurio supplicabat, quem mundi velociorem sensum esse motum mentium suscitantem theologicae prodidere doctrinae*. Zu diesen Theologen gehört Iamblich, vgl. de mysteriis 1,1 (Hermes als Garant von Wissen, Wahrheit und vernünftiger Rede); 1,2,5: "gemäß den alten Stelen des Hermes (-Trismegistos)".

[38] Zu der ursprünglichen Länge des Zitats vgl. die Berechnungen bei Erman, op.cit.

[39] Die Angaben in asterisci sind erschlossen.—Papyrus Mimaut enthält den Text von Asclepius cap.24 nicht.

?

Römische Religionspolitik/ (graeco-)ägyptische Spekulation (Kosmosophie)
Rom-Panegyrik

teleios logos
griech. Fassung
(Ende 3., vl. 2.Jh. n.Chr.):
(Ägypten) ho pantos tou kosmou naos

Zitate bei	Pap. Mimaut	kopt. Fassg.	lat. Fassg.
Lactanz	(col. XVIII;	(NHC VI 8;	(Ascl. 24;
(griech.)	ca.300; gr.)	ca.340/370):	wohl 4.Jh.):
—	—	*rpe-m-p-*	*mundi totius*
		kosmos	*templum*

vor 337   Constantin
deportiert
Obelisken
aus Theben
nach Alexandria

357/59

Constantius II.
deportiert den
Obelisken
nach Rom

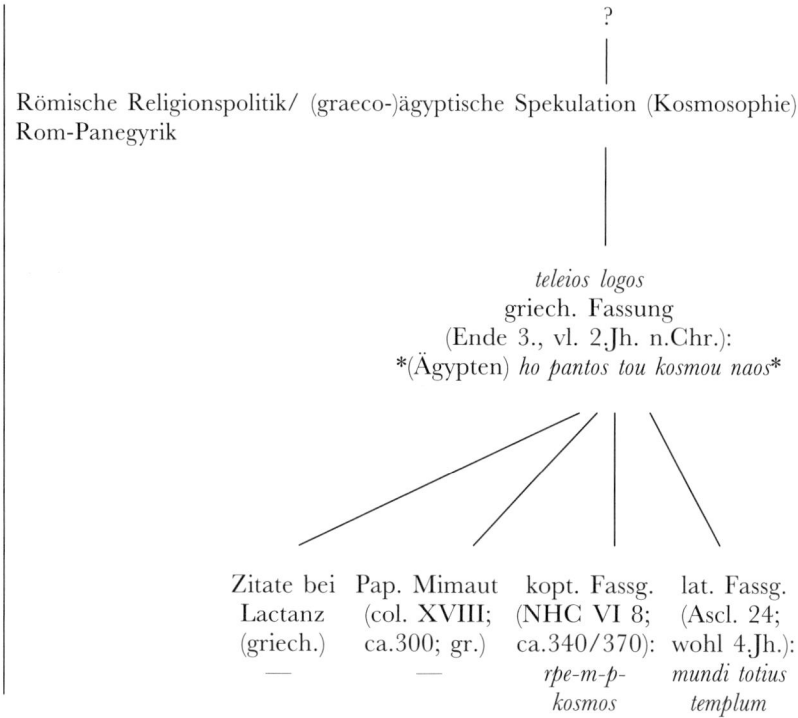

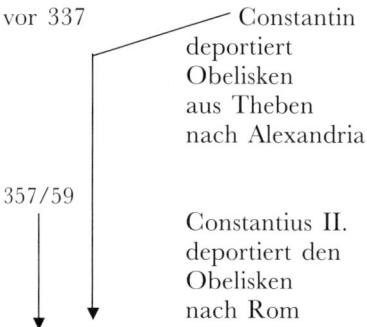

Quelle Ammians

Ammian (ca.380):
(Roma) templum mundi totius

3. *Universalität und Zentralität*

3.1 *Die 'Theologie' der "ewigen Stadt" (Ammian)*

Der Anspruch auf Universalität und Zentralität, den Rom als "Haupt" des latinischen Bundes, der italischen Völker, des *imperium* erhoben und zeitweilig durchgesetzt hat, ist in der Formel *templum mundi totius* eindrücklich in religiöse Sprache gefaßt. Alle Götter dieser Welt, will sie sagen, sind jetzt in Rom versammelt—wie einst in Ägypten; die ganze Welt reist nach Rom, um diese Götter und ihre Stadt zu verehren oder wenigstens zu besichtigen.

Ammian hat die Formel einer Reihe von Praedikationen zugefügt und so verschiedene Aspekte des Anspruchs der "ewigen Stadt", die "Mitte" "der ganzen Welt" zu sein, zusammengestellt.[40] Sie ist, seit der Gründung des Romulus,[41] ein "Asyl" der ganzen Welt: so viele Menschen, so verschiedener Herkunft, Adel und Proletarier, sind hier vereint. Das moralische Zentrum wird mit der Formel *lar omnium virtutum* behauptet,[42] das sakrale mit *templum mundi totius*. In allen drei Fällen wird die Universalität (Totalität) durch den Zusatz von *totus, omnis* expliziert. Diese drei Praedikationen—*asylum, lar, templum*—fügen sich in das ästhetische Bild, das historische Konstrukt, die religiöse 'Idee' des Historikers. Mit zahlreichen historischen Exempla aus altrömischer Zeit, mit Exkursen zu Geschichte und Gegenwart der Stadt,[43] mit Hilfe der Topik der Rom-Panegyrik gelingt es ihm, 'Rom als Idee' anschaulich, narrativ und argumentativ darzustellen. Virtus und Fortuna haben diese Stadt auf eine absolute, sozusagen transzendente Höhe geführt—Abstraktgottheiten waren als 'Mächte' in der Geschichtstheologie soweit noch zugelassen.[44] Sie wird leben, solange Menschen sein werden:[45] *victura dum erunt homines*. Sie ist die "ewige Stadt", das "Haupt der Welt", die "ehrwürdige Stadt".[46]

---

[40] S.o. 1.2.

[41] Livius 1,8,4.

[42] Vgl. Amm. 14,6,21: *virtutum omnium domicilium Roma*; das Wort *domicilium* ist die nicht-religiöse Variante zu *lar*. Mit zahlreichen exempla aus der guten alten Zeit wird dieser moralische Anspruch gesichert.

[43] Amm. 14,6,2-15,1,1 (von den Anfängen der Stadt bis in die Zeit Ammians): 16,10,1-17 (Besichtigung der Stadt durch Constantius II).

[44] Vgl. 14,6,3: *perfecta summitas*. Zum Alter dieser Geschichtstheologie, dargestellt an den Fortuna-Heiligtümern in Rom, siehe Plutarch, de fortuna Romanorum 5 und 10.

[45] Amm. 14,6,3.

[46] a) *urbs aeterna*: 14,6,1; 16,1014; 25,10,5 u.a.m.; b) 14,6,23: *caput mundi*; c) 14,6,5;

3.2 *caput mundi*

Die dichterischen, rhetorischen, historischen Formeln, Paradigmen, Argumente, die religiösen Zeichen, Riten, Bauten, Hymnen und Gebete für die Größe, Zentralität, Ewigkeit der Hauptstadt begründen, beschreiben, überhöhen, verdecken die politischen, ökonomischen, militärischen Fakten, die kurz mit *urbs* und *imperium* benannt seien. Rom als 'Idee' läßt sich—neben anderen—mit den Begriffen 'Zentralität' und 'Universalität' beschreiben. Die römische Religion, auf die wir uns beschränken, praktiziert eine vereinnahmende, additive, inkorporierende Universalität. Ihre Philosophen und Theologen experimentieren und reformieren mit generalisierenden Modellen. Selten nur ist in der Zeit von Republik und Prinzipat jene exkludierende, totale Universalisierung zu beobachten, die in der spätrömischen Epoche dominant wird.[47]

Das Zentrum konzentriert auch die symbolischen, geistigen, ästhetischen Ressourcen einer Gesellschaft. Es ist nicht nur eine faktische Verdichtung von Menschen und Macht, sondern auch eine ästhetisch erfahrbare, emotional besetzte und geistige "Mitte". Das Zentrum setzt und präsentiert Normen, ist Sitz des Rechts, der Schatzhäuser, der Archive. Es erzeugt einen Stil, Formulare, einen Kanon und verbreitet diese Formen in Sub-Zentren und der Peripherie. Deshalb wird das Zentrum mit verbalen, optischen, sakralen Zeichen ausgestattet. Sie formulieren in verschiedenen Medien, Formen, Gattungen und symbolischen Handlungen die Zentralität des Zentrums, prägen sie ein und verbreiten sie.

Das Symbolsystem 'Religion' spielt für das Konzept und die Realisierung von Zentralität ein eigene, konstruktive und zerstörerische Rolle. Rom selbst wird, je länger je mehr, "heilige Stadt".[48] Andere sakrale Zentren werden dafür geplündert, ihres sakralen Kapitals beraubt, zerstört. Rom wird mit 'sakraler Substanz' aufgeladen, es akkumuliert sakrale Zeichen, Kultgerät, Kunst. Constantius II. "widmet (weiht)" den ägyptischen Obelisken der Roma:[49]

22,16,12: *Capitolium quo se venerabilis Roma in aeternum attollit.* Vgl. François Paschoud, *Roma aeterna. Etudes sur le patriotisme romain dans l'occident latin à l'époque des grandes invasions* (Rom 1967); Ronald Mellor, *Thea Rome. The Worship of the Goddess Roma in the Greek World* (Göttingen 1975), (Hypomnemata 42).

[47] Vgl. Cancik/ Cancik-Lindemaier, *patria–peregrina–universa.*

[48] Apuleius, Metamorphosen 11,26; vgl. Ovid, Fasti 4,270: *dignus Roma locus, quo deus omnis eat*—"Roma ist ein Ort, der würdig ist, daß jeder Gott dahin geht". Vgl. Lucan 3,91: *deum sedes*; Ovid, Tristia 1,5,70: *imperii Roma deumque locus.*

[49] In Rom verfertigtes, namenloses Poem in 24 daktilischen Hexametern auf

1   *patris opus munusque suum tibi Roma dicavit*
2   *Augustus toto Constantius orbe recepto*
3   *et, quod nulla tulit tellus nec viderat aetas,*
4   *condidit* ....

Der Augustus Flavius Iulius Constantius ist "Herr der Welt"; er "begründet" den Obelisken im "Tempel der ganzen Welt".

Ein anderes sakrales Zentrum im Orient hatten einst die Flavier zerstört, beraubt, sakral depotenziert. Aus der Beute wurde der "Tempel des Friedens" an der Ostseite des *Forum Romanum* errichtet (71-75 n.Chr.). Hier wird die Beute aus Judaea und Jerusalem in aufwendigen Bauten sozialisiert und zur Schau gestellt. Flavius Josephus, Zeitzeuge, Gefangener und Klient des Kaisers, beschreibt den *triumphus Iudaicus* (Juni 71) und seine architektonische Konservierung.[50]

> Alles nämlich wurde in jenem Tempel zusammengebracht und aufgestellt, zu dessen Besichtigung die Menschen früher über die ganze Welt irrten, wenn sie zu sehen begehrten, was überall verstreut lag. Hier stellte er auch die goldenen Geräte aus dem Heiligtum der Juden auf, da er darauf besonders stolz war. Ihre Thora jedoch und den Purpur des Allerheiligsten ließ er in seinem Palast niederlegen und bewachen.

So sind also auf paradoxe Weise Kult und Gesetz der Juden im Zentrum des römischen Reiches präsent. Das jüdische Zentrum ist zerstört, das Kultgerät desakralisiert, als Schaustück neben vielen anderen Kunstwerken ästhetisiert und Gegenstand touristischer Neugier.[51]

3.3 *Der Globus im Tempel der Virtus*

Die Formel des Geschichtsschreibers von Roma, dem Tempel der Welt, findet Assoziationspunkte in anderen Bildern und Symbolen

---

der Basis des Obelisken (CIL VI nr.1163): Z.1: *pater*—d.i. Constantin; *dicare*—das Wort vermeidet sakrale Eindeutigkeit, wie sie durch *sacrare*—so Ammian 17,4,13: s. §1.1.2 ‰, *consecrare, dedicare* gegeben wäre; Roma ist nicht die mit Venus verbundene Gottheit im *Templum Urbis* am *Forum Romanum*. sondern die weniger numinose Personifikation der Stadt.—Z.2: *toto orbe* vgl. Z.10: *at dominus mundi Constantius*: seine Weltherrschaft beweist sich an Transport und Aufrichtung des Kolosses; Z.3: Der Majestätsbeweis aus der Geschichte ist ein Topos schon altorientalischer Herrscherinschriften.

[50] Flavius Josephus, Bellum Iudaicum 7,158.—Vgl. F. Coarelli, Art.: "Pax, templum", in: Eva M. Steinby (Hg.), Lexikon Topographicum Urbis Romae 4, Rom 1999, 67-80.

[51] Eine *evocatio* des jüdischen Gottes haben die Römer nicht versucht, so blieb das Kultgerät für eine Art triumphale *translatio sacrorum*.

der Stadt. Da gab es einen "Nabel der Stadt", einen "goldenen Meilen-
stein", öffentlich ausgestellte Karten von Rom und seinem *imperium*,
Abbilder des Himmels an den Kuppeln und Decken der Paläste und
Tempel.

Kein Abbild, keine Geheimlehre mit analogischen Subtilitäten,
sondern ein Modell der Welt, mathematisch berechnet und mit großer
Kunst gebaut, stand im "Tempel römischer Mannesehre und Mannes-
kraft" (*aedes Honoris et Virtutis*) bei der *Porta Capena* am Circustal.
Archimedes von Syrakus (ca. 287-212 v.Chr.) hatte den Globus
konstruiert und die Grundlagen der Berechnungen in mehreren
Büchern offen gelegt. Als die Römer Syrakus erobern und plündern
mußten (212/211 v.Chr.), wurde Archimedes—natürlich ohne Kenntnis des verantwortlichen Generals M. Marcellus—von einem Soldaten umgebracht, sein Globus aber nach Rom gerettet.[52] Nun
konnten die Römer mit eigenen Augen sehen, daß die Erde in der
Luft fliegt, ein Globus ist und rund:[53]

arte Syracosia suspensus in aere clauso
stat globus, immensi parva figura poli.

Deshalb, so behauptet Ovid, haben die Römer auch schon viel früher die *forma templi* der Vesta als Rundbau geplant. Vesta nämlich
ist die Erde und bewahrt das ewige Feuer:[54] ein schönes Beispiel für
symbolische, abbildende Sakralarchitektur in Rom. M. Tullius hat,
im ersten Buche seiner Staatsphilosophie, das Weltmodell im Tempel der *Virtus* beschrieben und Archimedes bewundert.[55] Das Modell war beweglich, hydraulisch betrieben. Man konnte die Welt
drehen und mit den Verfinsterungen von Sonne und Mond experimentieren. Die technische Rationalität transzendiert die Welt, stellt
sich außerhalb, betrachtet und manipuliert sie von einem Punkt im
'Jenseits' aus. Die Römer bedienen sich des archimedischen Welt-
modells und behaupten ihren "Standpunkt" politisch-pragmatisch
als jenen, den Archimedes gesucht hatte. Dieses Bewußtsein verträgt
sich in Antike wie Jetztzeit mit Astrologie, Divination, Jenseitsreisen
im Traum. Im letzten Buch seiner Staatsphilosophie läßt Cicero den
jüngeren Scipio träumend in die "Tempel" des Himmels entrückt

---

[52] Cicero, in Verrem II 4,54,120-121: *Romam quae adportata sunt, ad aedem Honoris et Virtutis itemque aliis in locis videmus.* Livius 25,40.
[53] Ovid, Fasti 6,277-280; vgl. 4,873 f..
[54] Ovid, Fasti 6,265 ff.: *Vesta eadem est et Terra, subest vigil ignis utrique.*
[55] Cicero, de re publica 1,14,21-22.

werden.[56] Er sieht unter sich winzig die Erde, erkennt das Planeten-
system wieder, er hört, was das Weltmodell des Archimedes nicht
zu erzeugen vermochte, den starken und doch süßen Klang der
Sphaerenmusik und weiß, daß er "Gott ist".[57] Das ist römische Frömmigkeit, römische Rationalität und die römische Tradition des
Abendlandes.

BIBLIOGRAPHISCHE NOTIZ

Ammian

Jan W. Drijvers/ David Hunt (ed.), *The Late Roman World and its Historian: interpreting
    Ammianus Marcellinus* (London 1999).
W. Ensslin, *Zur Geschichtsschreibung und Weltanschauung des Ammianus Marcellinus*, 1963
    (Klio, Beiheft XVI).
Thomas Harrison, "Templum mundi totius" in: Drijvers/ Hunt (eds.), *The Late
    Roman World and its Historian* (178-190).
F. Matthews, *The Roman Empire of Ammianus* (London 1984).
Wolgang Seyfarth, "Glaube und Aberglaube bei Ammianus Marcellinus" in: *Klio
    46*, (1965) 373-383.
Brian Warmington, "Some Constantinian References in Ammianus" in: Drijvers/
    Hunt (eds.) *The Late Roman World and its Historian*, 166-177.
Michael Whitby, "Images of Constantius" in: Drijvers/ Hunt (eds.), *The Late Ro-
    man World and its Historian*, 77-88.

Asclepius

Dieter Arnold, *Die Tempel Ägyptens. Götterwohnungen, Kultstätten, Baudenkmäler* (Zürich
    1992).
Jan Assmann, *Ägypten—Theologie und Frömmigkeit einer frühen Hochkultur* (Stuttgart 1984).
Adolf Erman, "Die Obeliskenübersetzung des Hermapion" in: *SB d. Königl.-Preuß.
    Akademie d. Wiss.* (Berlin 1914) 245-273.
Garth Fowden, *The Egyptian Hermes: a historical approach to the late pagan mind*, (Cambridge
    1986).
Garth Fowden, "Nicagoras of Athens and the Lateran Obelisk" in: *Journal of Hellenic
    Studies 107*, (1987) 51-57.
Garth Fowden, *Empire to Commonwealth: consequences of monotheism in late antiquity*,
    (Princeton 1993).
David Frankfurter, *Religion in Roman Egypt*, (Princeton 1998).
Jens Holzhausen, *Das Corpus Hermeticum Deutsch, Teil 2*, (Stuttgart-Bad Cannstatt
    1997).
J.-P. Mahé, *Hermès en Haute-Égypte*, (Quebec 1978-1982).
D. Nock/ A.-J. Festugière, *Corpus Hermeticum, t.II*, (Paris 31973).

---

[56] Cicero, de re publica 6,17,17: *templa* [sc. *caeli*]—die "Bezirke, Räume des
Himmels".
[57] Cicero, de re publica 6,24,26: (der ältere zu dem jüngeren Scipio): *deum te
igitur scito esse.*

Rom

Hubert Cancik, "Gnostiker in Rom. Zur Religionsgeschichte der Stadt Rom im 2.Jh. n.Chr." in: J. Taubes (ed.), *Gnosis und Politik* (Paderborn 1984) 163-184.

Hubert Cancik, "The Reception of Greek Cults in Rome. A Precondition of the Emergence of an 'Imperial Religion' " in: *Archiv für Religionsgeschichte 1,2* (1999) 161-173.

Hubert Cancik, "Die 'Repraesentation' von 'Provinzen' (*nationes, gentes*) in Rom. Ein Beitrag zur Bestim-mung von 'Reichsreligion' vom 1. Jahrhundert vor bis zum 2. Jahrhundert nach Christus" in: Hubert Cancik / Jörg Rüpke (eds.) *Römische Reichsreligion und Provinzialreligion*, (Tübingen 1997, 129-143).

Hubert Cancik/ "Hildegard Cancik-Lindemaier, *patria–peregrina–universa*. Versuch eine Typologie der universalistischen Tendenzen in der Geschichte der römischen Religion" in: Ch. Elsas u.a. (ed.), *Tradition und Translation. Zum Problem der Übersetzbarkeit religiöser Phänomene. FS für Carsten Colpe zum 65. Geburtstag*, (Berlin, New York 1994) 64-74.

Erik Iversen, *Obelisks in Exile, vol.1: The obelisks of Rome* (Copenhagen 1968).

Siegfried Morenz, *Die Begegnung Europas mit Ägypten* (Basel ²1969).

Anne Roullet, *The Egyptian and Egyptianizing Monuments of Imperial Rome* (Leiden 1972) (EPRO 20).

RATIONALE MYSTERIEN?
EINE INTERPRETATIONSOPTION FÜR
DIE ZAUBERFLÖTE

Florian Ebeling

1. *Einführung*

Kaum eine andere Oper kann sich an Popularität mit der *Zauber-flöte* messen, kaum eine wird so häufig inszeniert und so unterschiedlich rezipiert. Zahlreiche Inszenierungen bringen divergierende *Zauberflöten* auf die Bühne, und die Besucher fassen den Sinn dieser Oper bald so, bald so auf: Einige betrachten sie als Märchenoper, mit gutem Grund, denn die märchentypischen Motive sind unübersehbar, andere als ein Aufklärungsmanifest, wiederum eine nicht unplausible Deutung, triumphiert doch das Licht, wird doch die Königin der Nacht, die "[…]durch Blendwerk und Aberglauben das Volk zu berücken" sucht, vernichtet. Ein Werk der Aufklärung, aber auch das Gegenteil, eine Verherrlichung des Obskurantismus. Wer kann da widersprechen, angesichts von Geheimgesellschaften und Schweigegeboten und solchen Wunschvorstellungen, unter die Götter aufgenommen zu werden? Die Aufzählung der unterschiedlichen Interpretationen könnte fortgesetzt werden. Besonders hervorzuheben sind die allegoretischen Auslegungen dieser Oper: als Sinnbild des alchemischen Prozesses, als Huldigung eines klassischen Humanismus, als Verherrlichung der germanischen Kunst oder im Zusammenhang mit der französischen Revolution als jakobinisches oder konservatives Manifest.[1] Viele dieser Interpretationen mögen interessant oder provokativ sein, sie sind aber zumeist nicht wissenschaftsfähig, denn sie verweisen auf einen "Hintersinn", der sich jeder Überprüfung entzieht. Eine Auslegung, die durch den Gegenstand angezeigt zu sein scheint: die *Zauberflöte* ist eine Mysterienoper. Der verborgene Sinn des Spiels zwischen Innen und Außen, zwischen Esoterik und Exoterik ist ihr Hauptmotiv. Die Interpretationsme-

---

[1] Einen Überblick über die ältere Interpretationsgeschichte bietet: Emil Karl Blümml, "Ausdeutungen der "Zauberflöte"", *Mozart Jahrbuch* 1 (1923), pp. 109-146.

thode, die dieser Auffassung folgt, sollte dem Gegenstand zwar gerecht werden, darf sich aber nicht auf seine Rationalitätsstandards einlassen.

Einige neuere Interpretationen der *Zauberflöte* meiden die Auseinandersetzung mit dem Mysterienmotiv und enthalten sich einer Gesamtdeutung. Betrachtet man die *Zauberflöte* und ihre Entstehung aus der Perspektive des Librettisten, des Theaterpragmatikers und Theaterbesitzers Schikaneder, so ergeben sich ganz andere Fragen: z.B. Fragen danach, wie theaterwirksam eine Handlung ist, ob sie geeignet ist, die Menschen ins Opernhaus zu locken oder durch Effekte zu imponieren.[2] Aber selbst, wenn man die *Zauberflöte* nicht nach traditioneller Dramenästhetik interpretiert, so sollte man doch ein Hauptthema identifizieren, um das sich herum die vielen verschiedenen Stimmen organisieren, die es zwar variieren, sich dennoch in einen Zusammenhang fügen lassen müssen, will das Ganze nicht auseinanderfallen. Selbst wenn die *Zauberflöte* sehr unterschiedlich verstanden werden kann, so ist es doch immer wieder notwendig, eine einzelne Interpretation zu postulieren, sie darzustellen und ihre Plausibilität, ihre innere Konsistenz und Widerspruchsfreiheit zu überprüfen. Theaterpragmatisch ist dies sogar notwendig, um eine gute Inszenierung zu verwirklichen; es bedarf einer leitenden Inszenierungsidee. Ein nur effektvolles Bühnenbild, szenische Einfälle etc. machen noch keine überzeugende Inszenierung aus. Die Inszenierung fordert eine Entscheidung, ein Bekenntnis.

Wir haben uns also nach dieser Einschätzung mit dem Mysterienmotiv auseinanderzusetzen, denn dass es in der *Zauberflöte* um Mysterien geht, ist unstrittig. Der Gegensatz von Innen und Außen, von Weisheitstempel und Außenwelt, von Hass und Liebe, von dunklem Aberglauben und lichter Weisheit im ersten Akt mit der allmählichen Annäherung an den Tempel der Weisheit, bereitet die Initiationshandlung des zweiten Teiles vor, der durch das Prüfungs- und Initiationsgeschehen dominiert wird. Aus Liebe zu Pamina nimmt Tamino zahlreiche Prüfungen auf sich, in denen er zu schweigen versteht, Askese übt und sich furchtlos zeigt. Schließlich besteht er

---

[2] Jörg Krämer, *Deutschsprachiges Musiktheater im späten 18. Jahrhundert. Teil 1: Typologie, Dramaturgie und Anthropologie einer populären Gattung,* (Tübingen 1998). Zur Zauberflöte insbesondere pp. 538-604. Krämer hat es unter Hinweis auf den Begriff der Heteroglossie abgelehnt, den einen und einzigen Sinn der Zauberflöte zu identifizieren, er will vielmehr die verschiedenen Stimmen in ihrem Eigenwert verstehen.

zusammen mit der Geliebten die wichtigste, die Feuer- und Wasserprobe. Zum Abschluss wird das Böse, die Königin der Nacht und ihr Gefolge, vernichtet und Schönheit und Weisheit triumphieren durch die Macht der Liebe. Die Initiationshandlung bestimmt den gesamten zweiten Akt und kulminiert im Schlusstableau, wo das Licht der Sonne Aberglauben und Unwissenheit vertreibt. Diese Mysterienmotive sind offensichtlich, und es wird in der Forschung immer wieder auf sie hingewiesen. Ihre Bedeutung ist jedoch umstritten.

Viel beigetragen zum Verständnis dieses Mysterienmotivs haben die gedächtnisgeschichtlichen Studien von Jan Assmann.[3] Für Schiller oder Freud bedeutet die Auseinandersetzung mit den eigenen kulturellen Wurzeln noch eine Beschäftigung mit einem Bild vom alten Ägypten, das in den Schriften von Manetho, Plutarch, Jamblichos und zahlreichen anderen Autoren der Antike und Spätantike artikuliert wurde. Dieser großen Gedächtnisgeschichte vom alten Ägypten soll ein kleines Schlaglicht hinzugefügt werden: die Verwendung der Mysteriensprache als eine Chiffre für die platonische Erkenntnislehre. Diese Form der Rede von den Mysterien ist nur ein Mosaikstein im großen Bild der Rezeptionsgeschichte der ägyptischen Mysterien. Neben den Interpretationen eines Cudworth oder Reinhold nimmt sie sich bescheiden aus, hat aber doch bei einigen Vertretern der Aufklärung und gerade im kulturgeschichtlichen Umfeld der *Zauberflöte* Anklang gefunden. Vielleicht lässt sich die *Zauberflöte*, dieses Mysterienstück, das ja so offen mit Aufklärungstopoi spielt, mit Hilfe dieser Mysterienterminologie ein wenig besser verstehen.

2. *Zum kulturgeschichtlichen Umfeld: Die* Zauberflöte *und die Freimaurerei*

Die Bedeutung der Freimaurerei für die *Zauberflöte* und insbesondere für das Mysterienmotiv ist häufig dargelegt worden.[4] Da die Freimaurer in den 80er Jahren des 18. Jahrhunderts nicht nur ein gesellschaftlich bedeutendes, sondern auch ausgesprochen heterogenes kulturgeschichtliches Phänomen waren, erklärt dieser Hinweis selbst zunächst wenig. Allein die Unterschiede zwischen den rosenkreu-

---

[3] Insbesondere: Jan Assmann, *Moses der Ägypter* (München 1998).
[4] Mit reichem Quellenmaterial: Hans-Josef Irmen, *Mozart: Mitglied geheimer Gesellschaften* (Zülpich 1991).

zerischen Freimaurern und denjenigen, die sich den Illuminaten zurechneten, macht dies deutlich: Die einen beriefen sich auf das Rosenkreuzertum des frühen 17. Jahrhunderts und praktizierten einen "alchemischen Humanismus". Sie verstanden die Suche nach dem "Stein der Weisen" als Sinnbild der menschlichen Vervollkommnung und vertraten eine Theosophie als Weisheitslehre aus einem göttlichen Offenbarungsgrund: eine deutlich antiaufklärerische Haltung, die sich auch darin äußerte, dass die Rosenkreuzer keine Heiden oder Deisten und nur in Ausnahmefällen Juden aufnahmen. Ihr Ziel war die Bekämpfung von Irreligiosität, Deismus und Naturalismus.[5] Die Illuminaten hingegen verstanden sich als Avantgarde der Aufklärung. Adam Weishaupt, der den Orden 1776 gegründet hatte, strebte eine klassen- und herrschaftslose Ordnung mit der Vernunft als "alleinige[m] Gesetzbuch der Menschen", an.[6] Ignaz von Born, Meister vom Stuhl der Freimaurerloge "Zur wahren Eintracht", war zu Mozarts Zeiten einer der einflussreichsten Illuminaten in Wien. Seine Loge, der zahlreiche prominente Vertreter aus der Politik und dem Kulturleben Wiens angehörten, galt als Forschungsloge im aufklärerischen Geiste, über die es hieß: "Die ganze Bornische [Loge] ist eine Art der Akademie der Wissenschaft".[7]

Im November 1784 wurde Mozart in die Loge "Zur Wohltätigkeit" aufgenommen, am 7. Januar 1785 besuchte er erstmals Borns Loge "Zur wahren Eintracht", an deren Sitzungen er mehrmals teilnahm, bis die Loge Ende des Jahres nach dem Edikt des Kaisers, das die Arbeit der Freimaurerlogen einschränkte, aufgelöst wurde. Mozarts Loge ging in die Sammelloge "Zur neugekrönten Hoffnung" ein.[8] Zudem hatte Mozart mit vielen Freimaurern in seinem sozialen Umfeld zu tun: Er wohnte kurz vor seinem Logenbeitritt bei Johann Thomas von Trattnern, einem Freimaurer, der die Zeitschrift *Der Spion von Wien* herausgegeben hat, in der sich auch eine Teildarstellung der freimaurerischen Rituale fand.[9] Trotz ihrer Verschwie-

---

[5] Auf dem Karlsbadener Konvent von 1782 wurde das Hochgradesystem und damit auch das Rosenkreuzertum aus der Freimaurerei verwiesen, ab 1787 läßt sich keine Aktivität der Gold- und Rosenkreuzer erkennen. Dazu: Helmut Reinalter, *Die Freimaurer* (München 2001), pp. 77-80.

[6] Reinhalter, *Die Freimaurer*, p. 80.

[7] Friedrich Münster im Jahre 1784, Zitiert nach Irmen (1994).

[8] Hans-Josef Irmen, *Die Protokolle der Wiener Freimaurerloge "Zur Wahren Eintracht": 1781–1785* (Frankfurt am Main [u.a.] 1994).

[9] Volkmar Braunbehrens, *Mozart in Wien*, (München 1986) p. 252.

genheitsrhetorik war die Maurerei in aller Munde; Georg Forster
schrieb bei einem Wienbesuch 1784:

> Die Maurerei geht in vollem Schwunge. Alles ist Macon", und führt
> weiter aus, dass der rosenkreuzerische Einfluss gering sei, vielmehr wirke
> "die gesamte Maurerei auf Aufklärung [...] Die Loge zur wahren
> Eintracht ist diejenige, die am allermeisten zur Aufklärung wirkt. [...]
> Die besten Köpfe Wiens unter den Gelehrten, und die besten Dichter
> sind Mitglieder drinnen. Man spottet drinn über alles was Heimlichkeit
> bei der Sache ist, und hat die ganze Sache zu einer Gesellschaft
> wissenschaftlicher, Aufklärung liebender, von Vorurtheilen freier
> Männer, umgeschaffen. Born ist Meister darin."[10] Mozart bereicherte
> die Logenarbeit auch durch seine Kompositionen: ein Lied zur
> "Geselenreise" (KV 468), die Kantate "Die Maurerfreude" (KV 471),
> eine "Maurerische Trauermusik" (KV 477) oder eine Freimaurerkantate
> (KV 623) legen davon Zeugnis ab.

Auch Schikaneder war Freimaurer, wenn auch nur kurz und wohl
ohne an der Logenarbeit regen Anteil genommen zu haben. Am 14.
7. 1788 bat Schikaneder in der Regensburger Loge "Carl zu den
drei Schlüsseln" um Aufnahme, was ihm am 2. 10. des Jahres gewährt wurde. Im Mai des folgenden Jahres wird er aber bereits
aufgefordert, der Logenarbeit für ein halbes Jahr fernzubleiben,
zumal er ja ohnehin die Loge selten besucht habe. Dass Schikaneder
später noch als Freimaurer gearbeitet hat, lässt sich nicht belegen.
Wenn auch nicht so sehr wie Mozart in das Leben der Freimaurerei eingebunden, so waren ihm ihre Rituale, Symbole und Rheto-
rik bekannt, ja er bediente sich selbst dieser Sprache, die dann auch
im Libretto der *Zauberflöte* zu finden ist: In seinem Aufnahmegesuch
beteuert er, "nicht Neugier" oder Eigennutz ließe ihn darum ersu-
chen, "in ihr Heiligthum eintretten zulassen; aus welchem durch
tiefeste Verschwiegenheit doch der Schimmer der edlesten Handlung, Menschenliebe und Weisheit leuchtet."[11]
    Viele freimaurerische Quellenschriften für die *Zauberflöte* und ihre
intertextuellen Bezüge sind bekannt: Wichtig ist Jean Terrassons
Sethosroman.[12] Wir finden hier das Motiv des adoleszierenden

---

[10] Braunbehrens, *Mozart in Wien*, p. 254.
    [11] Bis zu seinem Ausschluss war Schikaneder ein dreiviertel Jahr (selten prak-
tizierendes) Mitglied der Loge. Die Wiener Loge "Zur gekrönten Hoffnung" war
eine Filialloge der Regensburger Mutterloge. Vgl.: Irmen, *Mozart: Mitglied geheimer
Gesellschaften*, p. 284.
    [12] Jean Terrasson, Sethos. Histoire ou vie, tirée des monumens anecdotes de
l'ancienne Egypte, traduite d'un manuscript grec, Amsterdam 1732. Eine deut-

Helden, der seine Tugenden in gefährlichen Situationen erweisen muss, wir treffen vor allem auf das Motiv der Initiation in ägyptische Mysterien, die in einer Pyramide stattfinden mit einer Elementenprobe als Höhepunkt.[13] Terrasson war Freimaurer, was er jedoch konkret mit den Motiven seines Romans, die teilweise aus der Freimaurerpraxis stammen, verband, wissen wir nicht. Auch der Komponist der Oper *Osiride* war Freimaurer, und im Libretto von Caterino Mazzolá finden sich Motive, die der Freimaurerei entstammen könnten. Die Oper hat eine der *Zauberflöte* verwandte dramatische Struktur, die sich in ähnlichen Situationen und Handlungsmomenten entfaltet: In einer Ideallandschaft mit ägyptischem Dekor, dargestellt als Initiationshandlung besiegt in einem Gut-Böse Dualismus das lichthaft Gute die Welt der Dunkelheit durch wahre Liebe und Tapferkeit.[14] Und nicht zuletzt gilt Ignaz von Borns Schrift *Ueber die Mysterien der Aegyptier* als wichtige Quelle, die mithin schon in ihrem Titel eine Erklärung der ägyptischen Mysterien verspricht.[15]

Borns Schrift hat programmatischen Charakter, denn sie ist die erste im *Journal für Freymaurer*. Im Vorwort zum *Journal* werden die Freimaurer dazu aufgerufen, sich wieder auf das Wesen ihrer Vereinigung zu besinnen und nicht in "Partheigeist und Sektirsucht" zu zerfallen. Es gelte, die "[...] heterogenen Theilen von Schwärmerey und Aberglauben"[16] zu bekämpfen und "das Band der Liebe unter besseren Menschen fester zu knüpfen". Das *Journal* soll insbesondere durch die Erforschung der Ursprünge in den älteren Mysterienkulten zeigen, dass die Freimaurerei "eine liebevolle Pflegemutter der menschlichen Natur, [...] Ausbilderin alles Guten, Edlen und Grossen, was im Menschen liegt, [...] eine Schule des menschlichen

---

sche Übersetzungen von Christph Gottlieb Wendt ist 1732-35 in Hamburg erschienen, eine weitere von Matthias Claudius 1777-78 in Breslau.

[13] Elisabeth Staehelin, "Zum Motiv der Pyramide", *Studies in Egyptology presented to Miriam Lichtheim*, ed. Sarah Israelit-Groll (Jerusalem 1990), pp. 890-893.

[14] Florian Ebeling, Catarino Mazzolàs Libretto »Osiride« (Dresden 1781). Ein Beitrag zum kulturgeschichtlichen Umfeld des Librettos der »Zauberflöte«, *Mozart-Jahrbuch 1999*, pp. 49-69.

[15] Ignaz von Born, "Ueber die Mysterien der Aegytier" *Journal für Freymaurer*. Als Manuskript gedruckt für Brüder und Meister des Ordens, Band 1, (Wien 1784). Reprographischer Nachdruck: Graz 1988. Nachdruck in der Reihe *Bibliotheca Masonica*.

[16] *Journal für Freymaurer*. Als Manuskript gedruckt für Brüder und Meister des Ordens, Band 1 (Wien 1784), Vorwort, p. 6.

Herzens, [...] eine Mittlerinn zwischen dem Gesetz und der wahren inneren Tugend, [...] eine vertraute Freundinn aller Künste und Wissenschaften [...]" sei.[17] Es wird klar, wieso Forster in der Loge eine Art "Aufklärungsgesellschaft" sehen konnte, und diesem Ziele dient auch Borns Schrift über die Mysterien der Ägypter.

Über Sinn und Funktion des altägyptischen Mysterienwesens sagt Born in seinem Aufsatz wenig, statt dessen spricht er über die angeblich glückliche Vergangenheit Ägyptens: Die ägyptische Religion sei nie nur eine Verehrung der Götter gewesen, sondern immer auch eng mit der Naturkunde verbunden und habe die Pflege der Kultur zum Gegenstand gehabt. Diese theoretische wie praktische Vernunft sowie die zahlreichen innovativen Kulturtechniken hätten Ägypten prosperieren lassen.[18] Seine Priester seien zugleich Hüter der Wissenschaft und nie Gegner von Vernunft und Naturerkenntnis gewesen: Born lobt die "Weisheit und Fürsorge des, alle Wissenschaften, Künste und Kenntnisse bewahrenden, ägyptischen Priesterthums." Nur die Besten und Verständigsten, von denen "Reinlichkeit, Mässigkeit und Sittsamkeit" erwartet wurde, seien in dieses Amt erhoben worden.[19] Als Symbol ihrer Vernunftreligion hätten sie die Sonne und die Natur verehrt;[20] dabei seien sie Monotheisten gewesen, hätten aber dem Volk wegen dessen begrenzter Auffassungsgabe einen Polytheismus gelehrt.[21] Born deutet das altägyptische Priestertum als Ouvertüre der abendländischen Aufklärungsgeschichte; nicht dunkle Geheimnisse, sondern die 'Volksfürsorge' sei ihre hauptsächliche Bestimmung gewesen:

[17] Ebd. pp. 10f.
[18] Dieses ursprüngliche Wissen sei verloren gegangen, bis Hermes Trismegistos es restituiert habe: "Diesem Wiederhersteller der Wissenschaften und Künste verdankt Aegypten den Glanz und Ruhm [...].Täglich wuchs das Wohl des Landes [...]." Ebd. p. 33.
[19] Ebd. p. 50.
[20] Dies sei notwenigig und sinnvoll gewesen, da die Ägypter noch keine christliche Offenbarung gehabt hätten.
[21] "Das, was das Volk als besondre voneinander unterschiedne Götter ansah, war für den Priester eine Vorstellung der verschiednen Eigenschaften des einigen Gottes, den er in den Mysterien kennen lernte." Ebd. p. 59. Für das Volk erfanden die Priester auch, wie Born unter Rekurs auf Herodot feststellt, eine eigene Schrift und behielten die Kenntnis der Hieroglyphen für sich. Aus Vernunfteinsicht und nicht aus Machtgier hätten die Priester eine esoterische Weisheit besessen und dem Volk eine exoterische Religion gelehrt. Dies sei aber nur geschehen, um dem Volke zu dienen und seinen Wohlstand zu mehren.

> Man ziehe nun dasjenige zusammen, was ich von dem Wandel, den
> Kenntnissen, dem Betragen, den Pflichten und der Würde der
> ägyptischen Priester aus den ächten Quellen angeführt habe, und
> entscheide, ob nicht das Wohl, die Größe und Glückseligkeit Aegyptens
> in den ältesten Zeiten […] eine Folge der Weisheit der Priester, und
> ob nicht dieß sowohl als die Aufklärung und das Wohl des Menschen-
> geschlechts der Zweck ihres Instituts gewesen sey.[22]

Das Bild der ägyptischen Priester ist offensichtlich im Hinblick auf
ein illuminatisches Freimaurerverständnis entworfen. Zwar rekurriert
Born ausgiebig auf Quellenmaterial, selektiert aber einseitig und
vermeidet jeden dort auch zu findenden Hinweis auf "höhere Weis-
heiten" oder okkultes Offenbarungswissen. In dieser rationalen
Tradition der ägyptischen Priester liege, so Born, der wahre Kern
der Freimaurerei, was sich an zahlreichen Analogien zwischen alt-
ägyptischem Priesteramt und der Arbeit der Logenbrüder erkennen
lasse: Aus dem Verborgenen gegen die Repression zu arbeiten, die
Verschwiegenheit, das Frauenbild, die Einweihungsriten etc.. Borns
Beschreibung der altägyptischen Priester mündet in einen Aufruf an
die Logenbrüder, sich dieser Wurzeln ihrer Arbeit zu besinnen: "Sind
nicht auch Weisheit, Schönheit und Stärke die Eigenschaften, welche der Maurer bey den Entwürfen zu dem Gebäude, das er auf-
führt, vor Augen haben muß?"[23] Dies seien die Werte, denen das
altägyptische Priestertum gedient habe: "Wahrheit also, Weisheit und
das Wohl der Menschen war der Endzweck der ägyptischen Mysterien."[24] Und so fordert Born, zu diesen Grundwerten zurückzukeh-
ren, nicht Geheimniskrämerei und Goldmacherei in der Freimaurerei
zu praktizieren.

Erhofft man sich eine Erläuterung der ägyptischen Mysterien, so
ist Borns Schrift zunächst ernüchternd; sie scheint das Thema verfehlt zu haben. Wieso die Trennung von exoterischer und esoteri-
scher Religion eine aufklärerische Komponente besitzt, wird nicht
recht deutlich und nur mit dem lakonischen Hinweis darauf beant-
wortet, dass das Volk die volle Wahrheit nicht hätte fassen können.
Diese Fragen werden von Born jedoch nicht weiter erörtert; er
bespricht kaum Autoren wie Cudworth oder Warburton, die wich-

---

[22] Ebd. p. 84. Den Umstand, dass das Volk jedoch nicht als mündig betrachtet
wird und ihm auch nicht der autonome Vernunftgebrauch im Sinne eines kantischen
Aufklärungsbegriffes zugetraut wird, wird von Born nicht problematisiert.
[23] Ebd. p. 116.
[24] Ebd. p. 128.

tige Studien zu dieser Frage geliefert haben. Das scheint allerdings auch gar nicht die Intention der Schrift zu sein. Es geht hier weniger um die Frage, was der rationale Sinn der ägyptischen Mysterien ist, als vielmehr darum, rosenkreuzerische Tendenzen in der Freimaurerei zu bekämpfen. Gerade da sich die "dunklen" Freimaurer, diejenigen, die den "Stein der Weisen" herstellen wollten und in den Mysterien das suchten, was jenseits jeder menschlichen Vernunft lag, auf das alte Ägypten beriefen, ist Borns Schrift originell. Der unter ihnen übliche Rekurs auf das alte Ägypten und seine geheime Weisheit wird von Born als illegitim betrachtet, indem er einer sehr nüchternen Interpretation der altägyptischen Mysterien das Wort redet: es ging in ihnen nicht um ein göttliches Wissen, sondern um das materielle und gesellschaftspolitische Wohlergehen des ägyptischen Volkes. Wieso dann aber überhaupt Mysterien? Mit Borns Schrift als Leitfaden lässt sich die *Zauberflöte* kaum verstehen, denn das wichtige Motiv der Volksfürsorge finden wir in ihr nicht. Blickt man in das soziale Umfeld Borns, so kommen wir der *Zauberflöte* und ihrem Mysterienmotiv näher.

Borns Exposition, insbesondere seine Quellenkritik, stimmt weitgehend mit derjenigen überein, die Christoph Meiners seinem Buch *Versuch über die Religionsgeschichte der ältesten Völker, insbesondere der Egyptier* aus dem Jahre 1775 vorangestellt hat.[25] Meiners ist für Born und die Illuminaten von besonderer Bedeutung, da seine Schrift *Ueber die Mysterien der Alten* eine wichtige Anregung für Weishaupts Einteilung des illuminatischen Gradsystems und der Initiationstexte gewesen ist.[26] Meiners ist keinesfalls aegyptophil; er spricht den ägyptischen Mysterien weitgehend eine eigene Rationalität ab und beharrt darauf, dass Wissenschaft immer öffentlich zu sein habe. Dies betreffe die "σαψρισ und μθηριοι", anders sei es bei den "τελεται oder ινιτια",[27] die "nichts anderes als eine Erlernung und Mittheilung gewisser geheimen Künste und Wissenschaften [seien]. Ihre Haupt-

---

[25] Christoph Meiners, *Versuch über die Religionsgeschichte der ältesten Völker, besonders der Egyptier* (Göttingen 1775).

[26] Monika Neugebauer-Wölk, *Esoterische Bünde und bürgerliche Gesellschaft: Entwicklungslinien zur modernen Welt im Geheimbundwesen des 18. Jahrhunderts*, S. 31-59. Nach Markus Meumann, "Zur Rezeption antiker Mysterien im Geheimbund der Illuminaten: Ignaz von Born, Karl Leonhard Reinhold und die Wiener Freimaurerloge >Zur wahren Eintracht<", Aufklärung und Esoterik, eds. Monika Neugebauer-Wölk, (Hamburg 1999), p. 292.

[27] Meiners, Versuch über die Religionsgeschichte der ältesten Völker, besonders der Egyptier, Kapitel 14.

absicht war Unterricht, und Opfer, Gebräuche, Fasten nur Neben-
werk."[28] Meiners versteht also die Initiation als eine Form des
Unterrichts, in der Transzendenzvorstellungen und religiöser Schauer
nichts zu suchen haben.[29] Wie Born geht er davon aus, dass Mys-
terien sich rational aufklären lassen, sie hätten keinen überkognitiven
Mehrwert, der sich aus einem göttlichen Offenbarungsgrund speist;
sie sind Unterricht, d.h. eine Form der Wissensvermittlung und des
Verstehens, nicht mehr und nicht weniger, denn alles andere sei
schmückendes Beiwerk. Eine These, die sich häufig in den letzten
Jahrzehnten des 18. Jahrhunderts auf das alte Ägypten und seine
Religion angewandt findet. Als Gegner Meiners, jedenfalls was die
Bewertung des alten Ägyptens betrifft, verstand sich Friedrich Victor
Leberecht Plessing mit seiner Schrift *Osiris und Sokrates*. Unterscheiden sich beide auch in der Beantwortung der Frage, inwieweit sich
die griechische Kultur der ägyptischen verdankt, so stimmen sie in
der Frage der Mysteriendeutung überein: Plessing verbindet Griechenland mit Ägypten und führt die griechische Philosophie unter
Berufung auf Warburton[30] auf die ägyptische Weisheit zurück. Er
deutet die ägyptische Religion und das Mysterienwesen unter einer
dezidiert platonischen Perspektive: Die ägyptischen Priester hätten
diätetisch gelebt und sich der leiblichen Triebe enthalten, um die
Verstandeskräfte nicht zu hindern, wobei er unter der Verstandes-
tätigkeit die Rückkehr der Seele in sich selbst versteht. Seine Vorstellung der psychosomatischen Komplexion entlehnt Plessing ganz
der Begrifflichkeit des platonischen *Phaidon*.[31] Die Ägypter seien
Platoniker ante Platonem, was sich in ihren Mysterien zeige: Gemäß des Titels der Schrift und ihrem identifikatorischen "und" in
Osiris und Socrates stimmten die sokratische Philosophie und der
Mysterienkult des Osiris in ihrem Wesen überein:

> Und diese Grundsätze der esoterischen Religion des großen Osiris,
> scheinen nun in den Mysterien der Isis oder des Osiris, den Eingeweihten
> offenbart worden zu seyn, [dass die Seele] durch Kunst und anhaltendes
> Bestreben, durch Tugend und Zürückziehung von dem Körper, und
> Entsagung der Sinnlichkeit, noch in dem Zustande dieses Lebens, sich
> jener ersten verlohrnen Vollkommenheit wieder nähern, und dem Osiris

---

[28] Ebd. p. 295.
[29] Friedrich Victor Leberecht Plessing, *Osiris und Sokrates* (Berlin 1783).
[30] Während Meiners sich explizit von der Mysteriendeutung Warburtons dis-
tanziert.
[31] Plessing, *Osiris und Sokrates*, p. 51.

einigermassen ähnlich werden könne; daß aber der gänzlichen Befreiung von der Gefangenschaft des Körpers, die Seele wieder in ihren ersten Zustand zurückkehren werde […] durch den Tod dieses neue Leben wiedergebohren werde.[32]

Die ägyptischen Mysterien vermittelten also in Plessings Verständnis eine Erkenntnisform, die derjenigen entspricht, die Platon im *Phaidon* gelehrt habe: Erkennen sei ein seelischer Akt, bei dem der Leib mit seinen Trieben hinderlich sei und vollkommene Erkenntnis dem Philosophen daher nur im Tode zuteil werde. Plessing führt dies für das Initiationsgeschehen in den Pyramiden aus und identifiziert es explizit mit dem *Phaidon*:

> Die Pyramiden sind nun dem Gott Osiris gewidmete Gebäude, in denen seine Geheimnisse gefeiert werden: In ihnen geschiehet, durch die Einweihung, die geistliche Auferstehung des Menschen; die Seele, als ein göttlicher Theil, gehet aus ihrem Sarge und Grabe hervor, die Göttliche Erkenntniß (In Phaedro Plato veritam declaravit, esse ideam) wird in ihr wieder lebendig, und sie kommt nun abermahls zur nähern Anschauung und Vereinigung Gottes;[33]

Und genau bei dieser platonischen Interpretation altägyptischer Mysterien beruft sich Plessing auf Meiners:

> der gelehrte Herr Prof. Meiners sagt in seiner vortreflichen Abhandlung über die Geheimnisse: "Da man also in den Mysterien lehrte, daß der Körper der Seele Grab, und der Tod des Leibes, der Lebens-Anfang der Seele sei, so konnte Plato in seinem Phädon mit Recht sagen, daß der Zweck der Mysterien dieser sei, die Seele dahin wieder hinaufzuziehen, woher sie ehemals herabgefallen sei."[34]

Im sozialen und kulturgeschichtlichen Umfeld des Librettisten und des Komponisten der *Zauberflöte* findet sich das dezidierte Bemühen, die Mysterien, insbesondere die altägyptischen, nüchtern zu betrachten. Born sah in ihnen die Grundlage für eine sinnvolle Gesellschaftsordnung, Meiners und Plessing interpretierten die ägyptischen Mysterien als eine Form der platonischen Erkenntnislehre. Was aber bedeutet eine solche platonische Interpretation der Mysterien, wenn wir uns die Tradition der Mysteriensprache anschauen?

---

[32] Plessing, *Osiris und Sokrates*, pp. 53f..
[33] "Von dem Sarkophagus oder dem sogenannten Sarg aus Granit in der großen Pyramide bei Gizeh" Ebd. p. 388.
[34] Christoph Meiners, *Vermischte philosophische Schriften*, Band III (Leipzig 1776), p. 306.

3. *Zur Geschichte der Mysteriensprache*

Die eleusinischen Kultmysterien[35] beruhen auf dem Demeterhym-
nus,[36] der im 7. vorchristlichen Jahrhundert entstanden ist. Dort wird
berichtet, wie Hades Demeters Tochter Persephone in die Unterwelt entführt, sie jedoch wieder für einen Teil des Jahres zu ihrer
Mutter in die Oberwelt entlassen muss.[37] 1/3 des Jahres bleibt sie
im Reiche des Hades und 2/3 bei ihrer Mutter. In Persphones
Schicksal tritt Diesseits und Jenseits in eine symbolische Wechsel-
beziehung; die Unterwelt ist nicht mehr nur die düstere Negativ-
folie des Diesseits. Auf individuell-religiöser Ebene wird dem
Neophyten die Angst vor der Unterwelt genommen. Er soll sich einerseits mit Persephone, andererseits mit Demeter identifizieren und
lernen, dass Tod gleichzeitig Auferstehung und Fruchtbarkeit bedeutet. Persephone muß sterben, ersteht im Frühjahr jedoch zu neuem
Leben. Die Initiation der Neophyten verläuft über mehrere Stationen: Zunächst mussten sie an den kleinen Mysterien teilnehmen, die
ihnen die notwendige Reinheit zur Teilnahme an den großen Mysterien verschaffen sollten. In den großen Mysterien nun wurde jeder
Neophyt, nach Einhaltung der Fastenzeit, von einem Mystagogen,
einer Art von Paten,[38] in einem Festzug, der bis zu 3000 Teilneh-
mer umfassen konnte, über mehrere Stationen nach Eleusis begleitet. Der Hierophant, der oberste Priester, trennte vor dem Heiligtum
die Mysten von den Uneingeweihten, die bei Androhung der To-
desstrafe nicht den heiligen Bezirk betreten durften. Im Initiations-
ritual selbst mussten die Mysten heilige Geräte berühren; ihnen
wurden Szenen aus dem Demetermythos vorgespielt, und nachdem
sie sich zur absoluten Geheimhaltung verpflichtet hatten, erreichte
der Ritus mit der 'heiligen Schau' seinen Höhepunkt, indem der
Adept die 'heiligen Gegenstände' zu sehen bekommt und als Epote,

---

[35] Zur Differenzierung der Mysterienterminologie vgl. insbesondere: Edwar Wind,
Heidnische Mysterien in der Renaissance (Frankfurt a.M. 1987), pp. 11-27.
[36] Vgl. für einen Überblick über die antiken Mysterienkulte: Marion Giebel,
Das Geheimnis der Mysterien: antike Kulte in Griechenland, Rom und Ägypten (München
1993) und Walter Burkert, *Antike Mysterien. Funktion und Gehalt* (München 1990).
[37] Vgl.: A. Weiher, *Homerische Hymnen* (München ⁴1974).
[38] Vor dem 6. Jh. v. Chr. konnten nur Athener an den Eleusinen teilnehmen,
so daß sich Fremde haben adoptieren lassen um teilzunehmen. Später entstand
daraus der Brauch, dass jedem Adepten ein "Pate" ein Mystagoge mitgegeben wurde,
der ihn über wichtige Abläufe der Kultfeierlichkeiten unterwies und ihn durch die
Intiation begleitete.

als 'Schauender', die Epiphanie der Persephone erlebte. Als Wissender um die Geheimnisse der Götter, um den Wechsel von Vergehen und Entstehen, gilt er als 'neuer Mensch' und verläßt als solcher das Heiligtum.

In den *Wolken*[39] kritisierte und persiflierte Aristophanes Sokrates als sophistischen Rhetor und verspottete seine Philosophie als religiösen Hokuspokus einer Mysterienweihe: Ein Schüler sitzt auf einem 'Lotterbett', das als "heiligen Sitz" euphemistisch geadelt wird, und trägt einen Kranz, denn "solches tun wir stets, wenn einer/ Wird eingeweiht."[40] In feierlichem Ton ruft Sokrates sodann 'seine Götter', die Wolken, an, die der Schüler schauen soll: "Kommt, kommt hochheilige Wolken und gönnt ihm den Anblick eurer Gestalt". Der noch unsichtbare Chor der Wolkengötter kündet daraufhin seine Teilnahme am Mysterium sokratischer Philosophie an:

> Jungfraun mit tauendem Haar
> Schweben wir hin zu Athenes gesegneten Gauen, des Kekropos
> Heldenerzeugende, liebliche Flur zu schaun,
> Die das Geheimnis mystischer Feier wahrt,
> Wo sich das Heiligtum Öffnet am Feste der Weihe den Schauenden,
> Dort, Wo Geschenke, Bilder und ragende
> Tempel die himmlischen Götter verherrlichen,
> Festliche Züge der Frommen, der Seligen,
> Jubel der Blumenbekränzten und Schmausenden
> Wechsel im Reigen des Jahres,
> Dort, wo man feiert im Lenze des Bakchos Fest,
> Fröhlich mit Tanz und Gesang um die Wette zum
> Volltönenden Klange der Flöten!

Aristophanes redet hier aber nicht über religiöse Kulthandlungen, sondern verspottet Sokrates' Erkenntnislehre, der nicht die olympischen Götter verehre, sondern die Ideen. "Bewahre, die himmlischen Wolken sind's, der Müßigen göttliche Mächte/ Die Gedanken, Ideen, Begriffe, die uns Dialektik verleihen und Logik/Und den Zauber des Wortes und den blauen Dunst, Übertölpelung, Floskeln und Blendwerk." So setzt Aristophanes die sokratische Dialektik mit der sophistischen Betrügerei gleich. Beides verhalte sich so konturlos,

---

[39] Erstaufführung 423 v. Chr..

[40] Aristophanes, *Die Wolken*, Strophe 255ff.. Zitiert nach: *Aristophanes, Sämtliche Komödien*. Herausgegeben und mit einer Einleitung und einem Nachwort versehen von Hans-Joachim Newiger. Neubearbeitung der Übersetzung von Ludwig Seeger und Anmerkungen von Hans Joachim Newiger und Peter Rau (München 1980).

vernebelnd und unklar wie die Wolken, die ständig ihre Gestalt
verändern und sich unversehens in Nichts auflösen können. Logik
und Dialektik werden also nicht als Wissenschaften, sondern explizit als "Blendwerk" verstanden, als Methoden, jegliche Position zu
verteidigen, vor Gericht dem Betrüger zu helfen, aber nicht als si-
cherer Weg zur Wahrheit. Aristophanes karikiert den religiösen
Habitus, mit dem Sokrates seine Philosophie lehrte. Die Reinheits-
topik der Mysterien wird durch Fäkalsprache ad absurdum geführt,
denn der Antrieb des Schülers der sokratischen Philosophie ist es,
sich zu bereichern, nicht etwa die Wahrheit zu erkennen. Die sokratische Dialektik könne jedem Gauner beigebracht werden und auch
das Treiben der Adepten des Sokrates in der "Denkerbude" wird
als dünkelhaftes Klugschwätzertum dargestellt.[41]
    Auch Platon kämpfte gegen die Sophistik und verachtete den prä-
tentiösen 'Kulthokuspokus' der Mysterien. Zunächst einmal fällt der
spöttische Unterton auf, mit dem auch er von den Mysterien spricht:
im zweiten Buch der *Politeia* wird die Sündenvergebung durch Theurgie und Mysterien als 'Ablasshandel' kritisiert.[42] Trotz seiner Kritik
verwirft Platon die Mysterien nicht in Bausch und Bogen, sondern
kann deren Ziele in modifizierter Form durchaus goutieren: Im
Phaidon spricht der platonische Sokrates davon, dass "[…] doch in
Wahrheit die Tugend eine Art Reinigung von alle [de]m ist und die
Mäßigung und die Gerechtigkeit und Tapferkeit, und die Vernunft-
erkenntnis (Φϱονηι) selbst eine Art heilige Weihe (καθαϱμα) ist".
Die Initiation wird als Dialektik verstanden, als lebenslanger Prozess des Erkennens. So erfahren wir von Platon aus dem Munde des
Sokrates auch anerkennende Worte über die Kultmysterien, die ihm
somit als Vorläufer der sokratischen Erkenntnislehre gelten:

> Nun begreife ich auch, daß die Stifter der Mysterien (teleth´) wirklich
> bedeutend und keineswegs bloße Gaukler waren, als sie vor langer Zeit
> in einem Bild zu verstehen gaben, daß derjenige, der ungeheiligt und

---

[41] "Was tun denn die [die Scholaren], gebückt, die Nas am Boden?/ Sie spähn
dem Urgrund nach tief unterm Hades/ Ihr Hintern aber schaut ja auf zum Himmel?/ Der treibt Astronomie auf eigne Faust."

[42] 364e/365a. "Und so bringen sie nicht nur einzelnen, sondern Gemeinwe-
sen den Glauben bei, es gebe Befreiung und Reinigung von Freveltaten durch Opfer
und ergötzliche Spiele […] diese nennen sie Weihen (teleth'), die uns von den Qualen
des Jenseits befreien." Platonzitate werden, wie üblich, nach der Zählung der
Stepanusausgabe (Genf 1578) angegeben. Griechische Texte nach: J. Burnet, *Platonis
Opera* (Oxford ²1905-1912). Deutsche Zitate nach: O. Apelt, Platon. *Sämtliche Dialoge*
(Hamburg 1988).

ohne Weihen in der Unterwelt anlangt, im Schlammstrom liegen müsse, während derjenige, der gereinigt und geweiht dort ankommt, bei den Göttern wohnen werde. Viele sagten, sie sind Thyrsos-Träger, wenige aber Bacchoi, was meinem Verständnis nach die wahren Philosophen heißt. Ihnen beigemessen zu werden, habe ich mich im Leben nach Kräften, ohne Unterlaß und auf jede Weise bemüht.[43]

Sokrates fordert hier für sein Leben und sein Sterben das ein, was die Mysterien als ihren Erfolg anmahnen. Er kann guter Dinge den Weg in die Unterwelt antreten, denn durch die philosophische Erkenntnis sei er dem Ewigen und Göttlichen so nahe gekommen wie einem Sterblichen nur möglich und brauche keine Angst vor dem Tod zu haben. Der 'Myste Sokrates' hat so nach seiner Selbsteinschätzung das Ziel der Mysterien, die Befreiung von der Angst vor dem Tod, erreicht.

Diese philosophische Initiation ist die Übertragung von Zielen der Kultmysterien auf die erkennende Seelentätigkeit des Einzelnen. So wie der Mystagoge in den großen Mysterien von Eleusis Demeter, Persephone und Hades begegnen will, so werde die Seele des Philosophen der Gemeinschaft der Götter teilhaftig. Wie der Neophyt bei den Eleusinen müsse auch der Philosoph 'rein' sei.[44] Die philosophische Reinheit wird allerdings nicht durch Waschungen und Kleidervorschriften erreicht, sondern durch einen Aufstieg der Seele, die nicht von den niederen Trieben affiziert sein darf: "Aber in die Gemeinschaft der Götter zu gelangen, ist keinem vergönnt, der sich nicht der Philosophie geweiht hat und völlig rein von hier abscheidet, sondern nur dem Weisheitsliebenden".[45] Platons Mysterien bestehen in einer 'Schau der Ideen', die mittels Dialektik von den Wenigen, die zur Philosophie geeignet sind, zu erreichen ist.[46] Diese Form der Initiation wird in der Sprache des Ritus ausgedrückt, ist aber eigentlich Tätigkeit der Seele. Der Mensch, der im platonischen Sinne Seele ist und einen Körper besitzt, ohne wesenhaft

[43] Phaidon: 67ff. Paraphrasiert. Dieser Beleg: 69c/d.
[44] Sophistes 230c ff..
[45] Phaidros 82b.
[46] "Die Schönheit war damals glänzend zu schauen, als mit dem seligen Chore wir dem Jupiter, andere einem andern Gott folgend, des herrlichsten Anblicks und Schauspiels genossen und in ein Geheimnis eingeweiht waren, welches man wohl, das allerseligste nennen kann, und welches wir feierten, untadelig selbst und unbetroffen von den Übeln, [...] und geweiht in reinem Glanze, rein und unbelastet von diesem unserem Leibe, wie wir ihn nennen, den wir jetzt eingekerkert wie ein Schaltier mit uns herumtragen." 250b/c

Körper zu sein,[47] muss auch die Initiation als Tätigkeit der Seele
und nicht des Körperwesens Mensch vollziehen.

Eine solche Internalisierung der Kultmysterien ist ein Entwick-
lungsprozess der Seele, die aus der Umnachtung des alltäglichen Daseins zur klaren Erkenntnis der 'göttlichen Ideen' geführt wird. Den
Prozess des sukzessiven Erkenntnisaufstiegs erläutert Platon im *Sym-
posion* mit Hilfe der Mysterienterminologie, indem er Diotima zu
Sokrates sagen lässt: "Soweit kannst auch Du, mein Sokrates, in die
Geheimnisse der Liebe eingeweiht (μθηι) werden; ob du aber auch
für die letzte und höchste Weihe (τα [...] τελεα και εαποπτικα),[48]
die auf dem richtigen Weg zu erreichen der Zweck des Bisherigen
war, schon empfänglich genug bist, weiß ich nicht".[49] Das Initiationsgeschehen besteht dann darin, dass Diotima Sokrates über den Weg
der stufenhaften Erkenntnis des Schönen unterrichtet, der mit dem
einzelnen schönen Körper beginnt, um über die schönen Körper im
allgemeinen sich schließlich in der 'Schau des Urschönen' selbst zu
vollenden. Nur in diesem Zustand der Ideenschau sei der Mensch
'gottgeliebt' und der Unsterblichkeit teilhaftig.

Platon bestreitet nicht, dass Sokrates sich der Sprache der Mysterien bedient habe; gegen Aristophanes behauptet er jedoch, nicht
Trug und Sophistik sei das Ziel dieser philosophischen Mysterien
gewesen, sondern eine sinnvolle Transformation äußerer Kultmysterien zu einem inneren seelischen Erkenntnisvorgang.[50]

---

[47] Vgl. den pseudo-platonischen Alkibiades 131b/c: "Wenn also einer den Körper
des Alkibiades liebt, so liebt er nicht den Alkibiades, sondern etwas, was zu dem
Alkibiades gehört.-Du hast recht.- Wer aber dich selbst liebt, der liebt deine Seele."

[48] "Die vollkommene und beschauende Stufe" als Abschluss. Vgl. zur termi-
nologischen Unterscheidung der großen und kleinen, bzw. vorbereitenden und
abschließenden Mysterien: Christoph Riedweg, *Mysterienterminologie bei Platon, Philon
und Klemens von Alexandrien* (Berlin und New York 1987), p. 2ff..

[49] 209e/210a

[50] Die Mysteriensprache erlaubt es, den Erkenntnisaufstieg und die Unmittel-
barkeit und Unableitbarkeit der 'Ideenschau' besonders anschaulich darzustellen.
Heinrich Dörrie sieht sogar eine Parallelität zwischen den Eleusinen und der
Hierarchie der platonsichen Erkenntnisformen. Danach ergibt sich, so Dörrie, ein
vierteiliges Schema. 1) Der Vorbereitung des Neophyten auf das Initiationsgeschehen
entspräche das Erlernen der dialektischen Methode (η διαλεκτικη' μεθοδοϭ),
damit das 'Auge der Seele' in die Lage versetzt wird, die Wahrheit zu erkennen.
2) Das Initiationsgeschehen selbst beschreibt Dörrie als Vorgang des Suchens nach
der Wahrheit. Ihm entspräche die Anwendung der sokratisch-platonischen Dialektik. 3) Die Schau der 'heiligen Gegenstände' habe ihre Parallele in der Schau
der Ideen, wie sie von Platon in der Phaidrospalinodie geschildert wurde. 4) Besonders
deutlich sei auch die Parallelität in den Zielen. Wie die Mysterien fordere Platon

Insbesondere dort, wo Platon in Bildern spricht, läßt sich auch die transformierte Mysterienbegrifflichkeit wiedererkennen. Im Höhlengleichnis, obschon es nicht die Mysterienterminologie explizit verwendet, wird sie als Beschreibungshintergrund des Erkenntnisweges sichtbar:[51] Ein in Unkenntnis und Dunkelheit Befangener wird in einem stufenweisen Erkenntnisaufstieg durch einen Führer ins Licht der Erkenntnis geleitet. Der Aufstieg vollendet sich in der Schau der Sonne, bzw. in der Dikation des Sonengleichnisses in der ιαδεα τοθ αγαθου. Diotima ist für Sokrates, was der ungenannte 'Befreier aus den Fesseln der Unbildung' für den Höhlenbewohner ist; beide erfüllen die Funktion, die dem Mystagogen in den Mysterien zukam. Die Lichtmetaphorik besitzt in den drei Gleichnissen des sechsten und siebten Buchs der *Politeia* geradezu leitmotivischen Charakter und erinnert an das Spiel von Licht und Dunkelheit, wie es auch in den Eleusinen zur Dramatisierung des Mysteriengeschehens gebraucht wurde.[52] Wie der Mythos von Demeter und Persephone handelt auch das Höhlengleichnis von der Verbindung zwischen dunkler Unterwelt und lichter Helle der Oberwelt. Die wirkungsgeschichtlich bedeutungsvollste Entsprechung von Kultmysterien und platonischer Gnoseologie ist aber die Schilderung der 'Erkenntnisformen' selbst. Es handelt sich um einen sukzessiven, in mehrere Stufen gegliederten Prozess, der sich in den Eleusinen in der 'Schau

---

als te'loz die Schau des Schönen und die Umsetzung dieser Erkenntnis in ein 'rechtes Leben'. Der Begriff Parallele erscheint etwas unglücklich zu sein, insofern Platon eine Transformation vornimmt. Er kann zwar die Zielsetzung der Mysterien durchaus übernehmen, hat aber ganz andere Vorstellungen von deren Erreichung und übernimmt nur die Sprache der Mysterien, um sie mit den eigenen erkenntnistheoretischen und anthropologischen Philosophemen zu füllen. Eine Parallele scheint unwahrscheinlich, da Platon, wie oben gezeigt, die Mysterien auch scharf kritisiert hat. Vgl.: Heinrich Dörrie, "Legitimation des Sprechens und Verstehens auf zwei Ebenen durch Platon" *Verbum et Signum* II, eds. Hans Fromm, Wolfgang Harms und Uwe Rumerg (München 1975).

[51] Eine Erörterung der verwandten Erkenntnisproportionen in der Diotimarede und dem Höhlengleichnis findet sich bei: Egidius Schmalzried, *Platon. Der Schriftsteller und die Wahrheit* (München 1969), pp. 279-285.

[52] Vor der Epiphanie der Persephone, der Klimax der Eleusinen, herrscht tiefe Dunkelheit, bevor ein Feuer das Schauspiel der Epiphanie erleuchtet. Zudem erfüllt das Licht im Demetermythos selbst eine wichtige Funktion. Zunächst sucht Demeter mit Hilfe einer Fackel, also dem künstlichen Feuer, ihre Tochter; fündig wird sie mit Hilfe dieses Lichtes aber nicht. Erst von Helios, dem Sonnengott, erfährt sie, daß ihre Tochter in die Unterwelt entführt wurde. Es sind genau die beiden Formen des Lichtes, die im Höhlengleichnis als Erkenntnismetapher auftauchen, die Flamme des Feuers für die Erkenntnis des τοθπος ο‚ρατοζθ und die Sonne für die Erkennbarkeit innerhalb des τοθπος νοητοθζ.

der heiligen Gegenstände' und der Epiphanie der Proserpina vollendet, kein Unterricht im traditionellen Sinne, sondern ein Wissen,
das selbst aber nicht mehr sprachlich vermittelt ist.[53] Bei Platon
besitzt die ιαδεα τοθ αγαθου einen ähnlichen Status. Als Bedingung
der Möglichkeit von Sein und Erkenntnis ist sie ihrerseits nicht der
Gegenstand von Erkenntnis und läßt sich logisch-dialektisch nicht
angemessen beschreiben.[54] Der "Höhlenmensch" vollendet dennoch
mit dem Blick auf die Sonne den Aufstieg der Erkenntnis. Erst wenn
er die 'Idee des Guten' erfasst hat, weiß er um die ontologische und
gnoseologische Grundstruktur der Welt. Verbalisierbar ist sie, wie
das Sonnengleichnis lehrt, freilich nicht. Musste der Myste über die
Initiation schweigen, so kann der platonische Höhlenmensch nicht
über die ιαδεα τοθ αγαθου reden.

Platons Wirkung für die abendländische Geistesgeschichte ist kaum
zu überschätzen.[55] Der Umstand, dass ein Ritus nicht nur äußer-
lich-materiell wirkt, sondern eine psychologische Komponente hat,
gilt heutzutage als Selbstverständlichkeit. Die Implikationen dieses
Denkens sind dies jedoch nicht. Zwischen zwei Polen, gebildet durch
die platonische Beziehung von Körper und Seele, liegt die Bedeutung des Mysterienbegriffs. Auf der einen Seite haben wir es mit
einem reinen Erkenntnismodell im Sinne sokratischer Dialektik zu
tun: Die Schau ist das Verstehen der Prinzipen menschlichen Erkennens, die Initiation die Pädagogik im Ganzen. Auf der anderen Seite
handelt es sich bei einem Mysterium um eine Intervention der
anderen Welt; die Schau zeigt dem Menschen das Göttliche, die
Initiation ist eine göttliche Handlung, die geheim gehalten werden
muss, nicht durch das Profane affiziert werden darf. Die andere, die
höhere Welt greift nach dieser Vorstellung lenkend und leitend in
diese Welt ein. Reine Rationalität einerseits, Auslieferung an die
Götter andererseits. Natürlich gibt es viele Interpretationsoptionen

---

[53] In einer Überlieferung bei Chrysostomos wird von Aristoteles berichtet, er
habe die heilige Weihe (teleth') so verstanden, daß es sich nicht eigentlich um ein
logisches Verstehen handle. Dies sei dem Adepten in den kleinen Mysterien mitgeteilt worden. Der Zweck der großen Mysterien bestehe in einer existentiellen
Ergriffenheit des Adepten; er soll den Mythos, u.a. durch die Mysterienspiele erleben.
Es gehe nicht um μαθειν, sondern um παθειν.

[54] 509b.

[55] Es sei an Whiteheads Diktum erinnert: "The safest general characterization
of the European philosophical tradition is that it consists of a series of footnotes
to Platon." Alfred North Whitehead, *Process and Reality. An Essay in Cosmogony* (London
1979), p. 39.

dazwischen. In der abendländischen Geistesgeschichte wurde dies Spannungsfeld von Rationalität und Furor transintelligibilis in zahlreichen Stufungen behandelt. Es ist nicht nur durch Platon selbst, sondern insbesondere durch mittel- und neuplatonische Denker vermittelt worden. Jamblichos und Plutarch haben die Erkenntnis der höchsten Prinzipen als eine Form der Mysterienschau beschrieben, und Plotin hat die Erkenntnis des "Einen" als Unio Mystica verstanden.[56] Aber nicht mehr auf diese Autoren, sondern direkt auf Platon berufen sich Meiners und Plessing, wenn sie die Mysterien als einen rationalen Erkenntnisvorgang interpretieren. Diese Mysterien sind hier unter Rekurs auf Platon nicht mehr mysteriös.

4. *Mysteriensprache in der* Zauberflöte

Sicherlich haben weder Mozart noch Schikaneder eine Platonexegese in dem oben beschriebenen Sinne betrieben. Wie jedoch die Schriften von Plessing[57] und Meiners zeigen, die in das unmittelbare Umfeld der Wiener Logenarbeit gehören, ist es denkbar, dass solche Vorstellungen auch in diesen Kreisen kursierten. Es soll keinesfalls behauptet werden, dass die *Zauberflöte* nur unter dieser Perspektive verstanden werden kann. Es läßt sich so aber eine weitere Interpretationsoption gewinnen, die eine Verbindung von rationalem Vernunftgebrauch mit dem Mysterienmoiv erklärt. Mysterien könnten so ganz im Sinne aufklärerischer Vorstellungen verstanden werden.

Wollen wir auf dem Hintergrund der skizzierten platonischen Mysteriensprache die *Zauberflöte* interpretieren, so sind wir auf den Aufweis von Analogien verwiesen. Ein so verführerisches wie gefährliches Verfahren! Denn bei der Strahlkraft und Verbreitung der platonischen Philopheme besagt dies zunächst einmal wenig, da sie zum allgemeinen kulturellen Bestand gehören und zumeist ohne explizite Reflexion auf die platonische Philosophie und ihre Implikationen übernommen worden sind. Dennoch soll kurz gezeigt werden, dass es möglich ist, die *Zauberflöte* vor diesem Hintergrund zu verstehen und das Mysterienmotiv als Erkenntnischiffre aufzulö-

---

[56] Enneade VI, 9.
[57] Plessings Schrift wurde auch in Freimaurerkreisen besprochen. Eine Rezension findet sich z.B. im Archiv für Freimäurer und Rosenkreuzer 2 (Berlin 1785) pp. 395-399, wo insbesondere die Unterschiede zu Meiners herausgearbeitet werden.

sen. Zwingend ist eine solche Interpretation eingestandenermaßen nicht.

Der Zusammenhang von Liebe und Erkenntnis, ein wichtiges Thema der platonischen Philosophie, findet sich auch in der *Zauberflöte*.[58] Die Handlung nimmt mit dem Erwachen der Liebe Taminos zu Pamina ihren Ausgang. Das "unbekannte Gefühl" treibt ihn zum Weisheitstempel. Dort erhofft er sich Liebe und Wissen: "Weisheitslehre sei mein Sieg; Pamina, das holde Mädchen, mein Lohn." Und im Triumph von "Schönheit und Weisheit", die mit "ewiger Kron'" geschmückt werden, endet die Oper. Die Liebe, oder besser die unerfüllte Liebe, führt Papageno und Papagena an den Rand des Freitods und sie zeigen gerade dadurch, dass sie der Erfüllung würdig sind. Den platonischen Sokrates konnte der Tod nicht mehr schrecken, und auch Tamino hat vor ihm keine Furcht. Die Entwicklung, die die Protagonisten in der Mysterienhandlung durchgemacht haben, lassen nicht mehr den Tod, sondern die Abwesenheit von Liebe und damit zusammenhängend Irrtum und Unwissenheit als eigentlichen Schrecken erscheinen.

So wie die platonische Liebe zwar zunächst auf den Körper drängt, jedoch gezüchtigt werden muss, damit die Seele erkennen kann,[59] so ist es auch eine züchtige Liebe, eine ohne leibliche Befriedigung, die sich in der *Zauberflöte* bewähren muss: Nur Pamina und Tamino werden initiiert, ihnen ist es gelungen, anders als Papageno und Papagena, ihre körperlichen Lüste und Triebe zu bändigen. Monostatos Triebhaftigkeit und die ungezügelten Leidenschaften der Königin der Nacht verhindern, dass sie der Liebe und der Weisheit teilhaftig werden. Die Affektenkontrolle wird neben der Liebe in Sarastros Hallenarie als Kardinaltugend gefeiert.

Die Rolle, die Sarastros und die Priester innehaben, kann als die eines Mystagogen betrachtet werden, der das Initiationsgeschehen erst durch die Entführung Paminas einleitet. Auch in der platonischen Erkenntnislehre bedarf es eines Führers, der uns entweder in

---

[58] In der Diotimarede sind es die Mysterien der Liebe, von denen gehandelt wird und im platonischen *Phaidros* beginnt der Erkenntnisprozess mit der unbändigen Liebe, die zum geliebten Gegenstand hindrängt. Zuvor hat Platon in einem Mythos und der Sprache der Mysterien 250 b/c geschildert hat, wie die menschliche Seele zur Erkenntnis der Ideen gekommen ist.

[59] In der Diotimarede beginnt der Erkenntnisaufstieg mit dem einzelnen schönen Körper, von dem der Erkennende jedoch dann absehen muss, um die höhere Erkenntnis zu erreichen. Im Phaidros drängt der Seelenwagen zunächst zum Gegenstand der Liebe, bevor die Vernunft interveniert.

Gestalt des "Höhlenbefreiers" begegnet oder aber in der Figur des
platonischen Sokrates, der zunächst Vorurteile aufzeigt, dann durch
Mäeutik zur Erkenntnis der Wahrheit führt. Auch Tamino erkennt,
dass er sich in Sarastro getäuscht hat und lässt sich durch die Priester ins Licht der Erkenntnis führen.

Was wird aber eigentlich durch das Schweigegebot geschützt? Wir
erfahren nichts von einem Geheimnis, und die Lehre der drei
Knaben "standhaft, duldsam und verschwiegen" zu sein, ist ein
Gemeinplatz der Tugendlehren. Sie führen Tamino zwar auf den
Weg der Erkenntnis, verkünden jedoch keine göttliche Botschaft. So
verkünden die Knaben auch in der bekannten Entsprechung von
Licht und Erkenntnis den Triumph der Aufklärung, dem es gelungen ist, den Aberglauben zu besiegen. In diesem Sinne kann das Ziel
der Mysterien als Weg zur Erkenntnis und zum Wohlergehen gedeutet werden:

> Bald prangt, den Morgen zu verkünden,
> Die Sonn' auf goldner Bahn
> Bald soll der Aberglaube schwinden,
> Bald siegt der weise Mann! – [/]
> O holde Ruhe, steig hernieder,
> Kehr in der Menschen Herzen wieder;
> Dann ist die Erd' ein Himmelreich,
> Und Sterbliche den Göttern gleich.[60]

Es geht im letzten Vers nicht um die Gottwerdung des Menschen,
nicht um Mantik oder Theurgie, sondern um ein Aufklärungspro-
gramm: Ganz im Sinne von Borns Vorstellung, dass Mysterien und
Religion sich in den Dienst des menschlich-irdischen Wohlergehens
zu stellen haben, ist es das Ziel dieser Mysterien, dem Menschen
zu zeigen, dass er durch Erkenntnis und Liebe das irdische Leben
vervollkommnen kann. So wie "Mann und Weib" an die Gottheit
anreichen können, so kann der erkennende Mensch den Göttern
gleich werden.[61]

Eine solche platonische Lesung der *Zauberflöte* geht nicht vollkommen auf. Es finden sich zahlreiche Passagen, die in traditioneller
Mysteriensprache kaum dazu angetan sind, eine gnoseologische
Interpretation der Oper vorzunehmen. Sei es der Gesang der Ge-
harnischten oder auch Sarastros Versicherung, dass Tamino, sollte

---

[60] Zauberflöte, Finale des zweiten Akts.
[61] Zauberflöte, Duett Nr. 7.

er in der Initiationsprüfung scheitern, "ist er Osiris und Isis gegeben und wird der Götter Freuden früher fühlen als wir." Aber es ist
wichtig zu bedenken, dass es eine abendländische Tradition gibt, in
der von Mysterien die Rede ist, jedoch rationale Erkenntnisvorgänge
bezeichnet werden. Das Modell dafür ist zwar religiös, das gemeinte ist jedoch eine nüchterne Erkenntnislehre. Auch dieses Verständnis
der *Zauberflöte* scheint im Libretto angelegt zu sein.

Viele Autoren sehen in der *Zauberflöte* und ihrem Mysterienmotiv
eine Komplementärerscheinung zur Aufklärung; eine existenziell-me-
taphysisches Bedürfnis gegen den kalten Rationalismus.[62] Dass das
Mysterienmotiv nicht so verstanden werden muss und auch im
ausgehenden 18. Jh. nicht immer so verstanden wurde, sollte hier
gezeigt werden. Meiners und Plessing haben die Mysterien der
Ägypter als Chiffre für eine platonische Gnoseologie aufgefasst, und
Ignaz von Born hat sich bemüht, das Motiv der "ägyptischen Mysterien" vor der Vereinnahmung durch rosenkreuzerische Freimaurer zu schützen und zum historisch-genetischen Ursprung der
illuminatischen Freimaurerei zu erklären. Jedenfalls in diesem Sinne
kann die *Zauberflöte* und ihr Mysterienmotiv auch als Teil der Aufklärungsgeschichte verstanden werden. Dazu bedarf es keiner gewagten
Allegoresen, die durch mehr oder weniger beliebige Zuschreibungen
die *Zauberflöte* als ein großes und bedeutendes Aufklärungsmanifest
feiern.[63] Das ist sie sicherlich nicht, und es scheint wenig fruchtbar,
in der *Zauberflöte* nach dem alles durchdringenden und konsequent
durchgestalteten Sinn zu suchen. Jede Interpretation muss sich jedoch mit dem Hauptmotiv, dem Mysterienmotiv, auseinandersetzen.
Die Mysterien sind jedoch alles andere als ein eindeutiges und einfach zu verstehendes Motiv. Jan Assmann hat die bewegte Geschichte
der Auseinandersetzung um die ägyptischen Mysterien gezeigt. Und
die *Zauberflöte* steht eindeutig in dieser langen und bewegten Tradition. Zudem kann das Mysterienmotiv auch, zumal in der Aufklärung, ganz unmysteriös interpretiert werden: als eine platonische
Transformation der Mysteriensprache von den Kultmysterien in
einen Erkenntnisprozess.

---

[62] Siegfrid Morenz, *Die Zauberflöte. Eine Studie zum Lebenszusammenhang Ägypten–
Antike–Abendland* (Münster und Köln 1952), p.13.
[63] Neuerdings: Helmut Perl, *Der Fall Zauberflöte. Mozarts Oper im Brennpunkt der
Geschichte* (Darmstadt 2000)

PHARAONISCHE BESCHNEIDUNG

Erika Feucht

"Beschneidungen in Mauretanien nehmen zu". So lautet die Über-
schrift eines Artikels in der Süddeutschen Zeitung vom 11.03.02. Eine
Befragung der Welthungerorganisation hat ergeben, dass Beschneidung von Mädchen besonders bei Analphabeten und Menschen, die
lediglich die Koranschule besucht haben, dramatisch zugenommen
hat. Die Mauretanierinnen werden bereits im Säuglingsalter beschnitten, da ihre Eltern der Meinung sind, durch den Eingriff werde die
sexuelle Begierde der Mädchen verringert. Diese Sitte, die vor allem
in Afrika ausgeübt wird, führt in den südlichen Ländern zu grausi-
gen Verstümmelungen mit wiederholten Todesfolgen. Da ich als Frau
immer wieder, überwiegend von Frauen, nach der Herkunft der Beschneidung, die in ihrer drastischen Form als "pharaonische Beschneidung" bezeichnet wird, gefragt werde, möchte ich dieses
Thema noch einmal aufgreifen und aus historischer Sicht beleuchten. Wenn ich auch zu keinen neuen Erkenntnissen gelangen kann,
sei mir dennoch erlaubt, die verstreuten Aussagen dazu und Versuche ihrer Interpretation hier vorzulegen und kritisch zu betrachten.
Der Vater von drei Töchtern, dessen Interessen zwar im Religiösen
zentrieren, doch weit darüber hinausgehen, möge mir erlauben, ihm
zu Ehren ein religiös verbrämtes Brauchtum, dessen Ursprung den
Pharaonen zugeschrieben wird, hier noch einmal zusammenfassend
aufzurollen.

Als Ursprung der weit verbreiteten Sitte der männlichen Beschneidung werden Reinheitsgründe oder kultische Gründe angenommen.
Die weibliche Beschneidung basiert auf der Furcht, Frauen könnten Gefallen am Beischlaf finden und voreheliche bzw. außerehe-
liche Beziehungen eingehen.

Seit vorgeschichtlicher Zeit (ca. 3000 v. Chr.) ist in Ägypten männliche Beschneidung sowohl auf Darstellungen sowie bei Mumien
nachweisbar und wird in Texten erwähnt.[1] In allen gesellschaftli-

---

[1] Es wurde unterschieden zwischen einem Schnitt in der Vorhaut, der ein V
entstehen lässt, und der Entfernung der Vorhaut.

chen Schichten praktiziert, scheint für die Beschneidung kein festes
Alter vorgesehen gewesen zu sein, noch wurden alle Männer beschnitten.[2]

Otto Meinardus hat versucht, der Beschneidung eine, auf altägyptischen Vorstellungen beruhende, religiöse Erklärung zu geben. Er
ist der Ansicht, dass, wie einige afrikanische Stämme in ihren Mythen,
die Ägypter die Vorstellung von einer bisexuellen Seele hatten.
Analog zu den ägyptischen Urgöttern, die als Schöpfer allein die Welt
und mit ihr die Menschen erschaffen haben, hätte jeder Mensch eine
männliche und eine weibliche Seele. Diese beiden Seelen manifes-
tierten sich in den Sexualorganen, wobei die weibliche Seele bei
einem Mann in der Vorhaut, die männliche Seele bei einer Frau in
der Klitoris verkörpert sei. Daher müssten die das entgegengesetzte
Geschlecht enthaltenen Teile vor der Reife entfernt werden.[3] Allerdings bleibt er den Beweis für seine Behauptungen schuldig und, so
faszinierend diese Interpretation auch sein mag, fehlt ihr jede Grundlage in den altägyptischen Quellen. Zwar verkörpern die Urgötter
"Vater und Mutter" zugleich, doch ist in den altägyptischen Vorstellungen eine Bisexualität der menschlichen Seele nicht nachzuweisen. Die drei ägyptischen Seelenbegriffe, der den Menschen zu
Lebzeiten begleitende Ka, der dem Leichnam in Gestalt eines Vogels
mit Kopf des Verstorbenen entfliegende Ba und der im Tod Ver-
klärte (Ach), sind männlichen Geschlechts. Auf Kees[4] fußend, sieht
er in den Lippen (fem.) die weibliche Komponente des Ptah, in den
Zähnen (mask.) die männliche, mit der der Gott durch die Zunge
den Schöpfungsakt vollbracht habe. Setzt er dies voraus, so ist es
jedoch unlogisch, die männliche Seele der Frau nicht allein in der
Klitoris sondern auch in den mit ihr zu entfernenden Schamlippen,
die, nach dem eben gesagten, die weibliche Komponente beinhal-

---

[2] Zusammenfassend bereits Alfred Wiedemann, *Herodots zweites Buch* (Leipzig
1890), 410 ff. Auf neuerem Stand Erika Feucht, *Das Kind im Alten Ägypten* (Frank-
furt-New York 1995), 245ff. mit älterer Literatur.

[3] Otto F.A. Meinardus, "Mythological Historical and Sociological Aspects of
Practice of Female Circumcision among the Egyptians", *Acta Ethnolol.* (Ac. Sci. Hung.
16 (3-6), 387ff.; ders., *Christian Egypt. Faith and Life*, (Kairo 1970), S. 318ff. Paul
Ghalioungui, *The House of Life*, (Amsterdam 1973), 93ff. übernimmt diese Vorstellung, verwechselt aber Ptah mit Chnum und sieht in den Lippen (fem.) des Chnum die Mutter, in seiner Zunge (mask.) den Vater.

[4] Kees, *Götterglaube*, 291 basierend auf Kurth Sethe, "Das Denkmal Memphitischer Theologie, der Schabakostein des Britischen Museums", *UGAÄ* 10, [2] (Hildesheim 1964), 57 Z. 55. Zähne und Lippen seien die Neunheit, die allerdings mit
Same und Hand des Atum zusammen gebracht werden.

ten, zu sehen. Fehl geht er auch in der, wenn auch vorsichtigen, Andeutung, dass bei einer Beschneidungsszene am Tempel des Chons-das-Kind im Mutbezirk von Karnak aus dem Ende des 2. Jt. v. Chr. möglicherweise die Beschneidung an einem Knaben und einem Mädchen praktiziert werde. Wie wir aus der Parallele, der Beschneidungsszene im Geburtszyklus Amenophis' III., ersehen, handelt es sich um einen Knaben und seine Ka-Seele, die dem gleichen Geschlecht angehört.[5] Bei den heutigen Fellachen sieht Meinardus eine Erinnerung an die Bisexualität in der Praxis, den Jungen zur Beschneidungszeremonie weibliche Kleider anzuziehen, die sie vor der Beschneidung ablegen. Auch in der Beschimpfung von Jungen als weibisch und von unbeschnittenen Frauen als männlich möchte er einen Nachhall dieser Vorstellung sehen. Doch ist es auch in Kulturen, die keine Beschneidung kennen, weit verbreitet, jemanden durch Zuordnung zum anderen Geschlecht abzuwerten. Zuletzt sei noch darauf hingewiesen, dass jede Erklärung durch die frühen Religionen eine Rechtfertigung des vom Menschen Ersonnenen ist.

Im 5. Jh. v.Chr. berichtet Herodot, dass die Ägypter und die, die es von ihnen angenommen haben, Beschneidung ausübten und zwar aus Gründen der Reinheit.[6] An anderer Stelle hebt er hervor, dass die schwarzhäutigen Kolcher mit wolligem Haar, die Ägypter und die Äthioper die einzigen Völker seien, die ursprünglich Beschneidung praktizierten. Andere Völker hätten es von den Ägyptern übernommen. Weiter unten fährt er fort: "Doch, was die Ägypter und die Äthioper selbst betrifft, so kann ich nicht sagen, welches Volk es von welchem gelernt hat, denn es beruht auf einem uralten Brauch".[7] Diese Aussagen werden immer wieder als Beleg für weibliche Beschneidung zitiert. Allerdings ist nur von Beschneidung, einmal von Kindern der Phönizier die Rede, und es bleibt offen, ob Herodot sich auf die Beschneidung beider Geschlechter oder nur auf die der Männer bezieht.

---

[5] Nagel, in: *AnOr 20*, 1952, 94ff; de Jong, "De tempel van Chonsoe-het-kind", in: *Ibis 8*, 1983, 106f mit Abb. 33 u. 34. Zu Amenophis III. vgl. Hellmut Brunner, "Die Geburt des Gottkönigs", *ÄA 10*, 1964, 157ff. 162 u. 193, Tf. 15, Sz. XV L.

[6] Herodot II, 36 f.: "Die Geschlechtsteile lassen die anderen Völker wie sie sind; nur die Ägypter beschneiden sie."

[7] II, 104.

In arabischen Ländern wurde die Beschneidung beider Geschlechter bereits in vorislamischer Zeit praktiziert, wird aber nur teilweise von den Muslimen übernommen. Wird die männliche Beschneidung durch die Sunna gefordert, so ist die weibliche Beschneidung fakultativ und daher nicht Brauch in allen islamischen Ländern. Nach der Überlieferung habe Mohamed einer bekannten Beschneiderin von Frauen, Umm Attia, gesagt, sie solle nur die Spitze beschneiden, da das besser sei für die Frauen.[8] Einer Konvertierten, die ihn fragte, ob sie sich beschneiden lassen solle, rät er davon ab, da es schmerzhaft für die Frau, angenehm für den Mann sei.[9] In Arabien und den östlichen islamischen Ländern ist Frauenbeschneidung unüblich. Sie ist hauptsächlich auf Ägypten, den Sudan und die zentralafrikanischen Länder beschränkt.

Im Niltal hat Rudolf Herzog verschiedene Praktiken der weiblichen Beschneidung beobachtet.[10] Im Delta bis herunter nach Edfu ist es Brauch, die Klitoris oder nur einen Teil von ihr herauszuschneiden. Südlich von Edfu bis in die Gegend von Wadi Halfa werden neben der Klitoris auch die inneren Schamlippen (labia minora) entfernt, während südlich von Wadi Halfa, in der sogenannten sudanesischen Beschneidung, die äußeren Schamlippen (labia majora) mitbeseitigt werden. Anschließend wird die Wunde zusammengenäht und nur eine kleine Öffnung, manchmal eine zu kleine Öffnung, zum Urinieren und Ausbluten während der Menstruation

---

[8] Mahmoud Karim Roshdi - Ammar, *Female Circumcision and Sexual Desire*, (Kairo 1965), 4.

[9] Op. cit.,120.

[10] Rudolf Herzog, *Die Nubier*, (Berlin 1957), 100. Ingrid Bierer-Lieselotte Walther, "Ritualbeschneidung an Mädchen", *Nürnberger Blätter zur Archäologie*, (Sudan, Sonderheft 1999), Fs. Wenig, 139 unterscheiden zwischen 1. Rituellem Einritzen, Einstechen oder Entfernen der Vorhaut der Klitoris und teilweise oder komplette Entfernung der Klitoris, 2. Entfernen der gesamten Klitoris sowie der kleinen Schamlippen, 3. Entfernen der Klitoris und inneren Schamlippen sowie Ausschälen der Innenschichten der äußeren Schamlippen und Zusammennähen (sog. "pharaonische Beschneidung", in Nubien fast ausschließlich praktiziert). Karim-Ammar, op.cit., 6 unterscheidet zwischen entfernen der 1. Spitze der Klitoris und der inneren Schamlippen, 2. Teil der Klitoris und inneren Schamlippen, 3. Gesamte Klitoris und inneren Schamlippen, 4. Ganze Klitoris, inneren Schamlippen (Sudan). Mit Darstellungen letztlich Mary Knight, "Curing Cult or Ritual Mutilation", *Isis* 92, 2001, 317ff. bes. 320ff. mit weiterer Literatur in Anm. 12. Auf S. 329 mit Anm. 26 weist sie auf die Untersuchung von Muhammad Fayyad, *Al-batr al tanasuli li-l-inath*, (Kairo 1998), 140f. hin, dass Mitte der 90iger Jahre des 20. Jh. 64 Prozent der Beschneidungen von Männern (Ärzten, Barbieren und Schlächtern), 38 Prozent von Hebammen vorgenommen wurden.

belassen, was häufig zu Entzündungen führt. Vor der Hochzeit muss eine zu klein geratene Öffnung wieder aufgeschnitten werden. Nach der Geburt eines Kindes, bei längerer Abwesenheit des Mannes oder bei Witwen kann sie wieder geschlossen werden. Diese Art der Beschneidung wird im Sudan "Pharaonische Beschneidung" genannt. Wie es zu dieser Bezeichnung gekommen ist, liegt im Dunkeln. Auch ist nicht klar, woher diese Sitte kommt.

Beschneidung von Mädchen scheint in altägyptischer Zeit entweder nicht erwähnenswert oder nicht üblich gewesen zu sein. Sie ist anthropologisch nicht nachgewiesen und auch an den ausgetrockneten Mumien schwer festzustellen. G. Maspero hat bei der Untersuchung der Mumie der in der 17. Dynastie, d.h. der zweiten Hälfte des 16. Jh. v. Chr., gestorben Gemahlin des Königs Ahmose I., Inhapi, eindeutig feststellen können, daß sie keine Beschneidung aufweist.[11]

Ein Sargtext aus dem frühen 2. Jahrtausend v. Chr., der auf Särgen des mitteägyptischen el-Berscheh aufgezeichnet ist, wird immer wieder als erster Hinweis dafür aufgeführt, daß bereits zu dieser Zeit weibliche Beschneidung in Ägypten Brauch war. Hier heißt es, dass man sich zur Zauberpraxis des Belebens mit dem Ausfluss (? *bꜣd*)[12] eines Mädchens[13], das *ꜥmꜥt* ist, und der Flüssigkeit (?) eines Kahlköpfigen, der *ꜥmꜥ* ist, einreiben solle.[14] *ꜥmꜥ* wird sowohl in der männlichen wie weiblichen Form mit dem Phallus mit Ausfluss determiniert und daher in der ägyptologischen Literatur mit "unbeschnitten" übersetzt. In medizinischen Texten des späteren Mittleren Reichs und des Neuen Reichs begegnet uns die Verwendung eines solchen Ausflusses (?) von Männern und Frauen, die *ꜥmꜥ(t)* sind,[15] als Salbmittel wieder.[16]

---

[11] Gaston Maspero, *Les Momies royales de Deir el-Bahari*, Mémoires de la Mission Archéologique Française au Caire I, (Paris 1889), S. 533.

[12] Wort unbekannter Bedeutung, s. Dimitri Meeks, *Année Lexicographique II* (1978), (Paris 1981), 121.

[13] Von mir fälschlicherweise *ḥrdt* gelesen (Feucht, op. cit., 249). Deutlich geht jedoch aus den Parallelen B9C und B4C die Lesung *jdt* bzw. <*jd*>*jjt* hervor. Sowohl *ḥrdt* wie auch *jdt* kann ein bereits reifes, junges Mädchen bezeichnen (Wb I, 151 u. Feucht, op. cit., 515 u. 539).

[14] CT VII, 450 d. Herman Kees, *Totenglaube und Jenseitsvorstellungen des Alten Ägypter*, (Leipzig 1926), 447. Feucht, *Kind*, 249 mit älterer Literatur. Saphinaz-Amal Naguib, in: *BSEG* 7, 1983, 79ff. kommt auch zu keinem neuen Ergebniss.

[15] Erkrankung eines inneren Organs wird behandelt mit Urin einer *ꜥmꜥt* (det. mit Phallus mit Ausfluss und der sitzenden Frau): pmed.Berlin 3038, 6, 1. 6, 4. 2, 8, eine Verletzung mit dem Ausfluß (*mtwt*=Same) eines *ꜥmꜥm* und einer *ꜥmꜥt* : pEbers 88, 7. S. Hildegard v. Deines und Hermann Grapow, *Grundriß der Medizin der Alten Ägypter IV*, 1, 152. 155. 213.

Noch zweimal ist dieser Ausdruck belegt. Um 730 v. Chr. betreten die Fürsten und Könige des Nordens, die in einer Allianz gegen
Pianchi, Herrscher über die Thebais nubischer Abstammung, nach
Oberägypten vorgedrungen waren und, von diesem nach Memphis
zurückgedrängt, sich ihm unterworfenen haben, nicht das Haus des
Königs, da sie *ʿmʿ* seien und Fisch äßen.[17] "Nemaret hingegen trat
ein, da er rein sei und keinen Fisch äße." Breasted war bei der Übersetzung von *ʿmʿ* sehr vorsichtig. Er übersetzt "unclean".[18] Während
Budge in der männlichen Form "man suffering from some defect of
the sexual organ" sieht,[19] was alles beinhalten kann, gibt Ebers es
mit "unbeschnitten" wieder,[20] eine Übersetzung, die das Wörterbuch
beim Substantiv "Unbeschnittener" mit Fragezeichen übernimmt.
Grimal entscheidet sich für "unbeschnitten".[21] Auch Clère kommt,
nach langer Diskussion, zu diesem Ergebnis.[22] Durch den Phallus
hat das Wort *ʿmʿ* eindeutig eine sexuelle Konnotation.[23] Gehen wir
von der Übersetzung "unbeschnitten" aus und sehen in den Fürsten Unbeschnittene, dann müssen wir annehmen, dass es sich bei
der männlichen Beschneidung um eine in Ägypten nicht allgemein
übliche Sitte handelte, während sie bei den in kultischen Vorschriften besonders strengen Nubiern zum Reinheitsgebot gehörte, wes-

---

Mit dem Urin oder Ausfluß einer Frau, die *ʿmʿt* ist, wird die Entzündung bzw.
das Feuer gelöscht: pmedBerlin 60 (5, 12 –6, 2, vgl. auch 9, 5-7). 64 (6, 4) und
pBM 10188, 29,15 = Apophisbuch III. Zusatz. S. v. Deines-Grapow, Grundriß
V, 265f.

[16] WB. I, 185, 11 pKahun 7, (1, 24-25):Es werden die Füße einer Frau mit
dem *ʿmʿt* (det. mit dem nw-Topf und Pluralstrichen) eingerieben (*ʿmʿ* , det. mit
schlagendem Mann, vgl. auch *ʿmʿm* det. mit schlagendem Arm: einreiben: eingerieben werden die Füße des ermüdeten Dedi im p.Westcar 7, 17 *ʿmʿm*). Vgl. auch
ʿmʿt als Einreibemittel im pEbers 67, 17, das pEbers 482a schwarz ist (s. v.Deines-
Grapow, Grundriß VI, 90.91. 94 und 292; VII, 1, S. 140.

[17] Nicolas C. Grimal, *La stèle triomphale de Pi(ʿnkh)y au Musée du Caire,"* Memoires
de l'Institut Francais d'Archéologie Orientale du Caire *105*, 1981, 176 mit Anm.
529.

[18] BAR IV, 443 § 882 und Anm. d.

[19] Sir E.A. Wallis Budge, *Egyptian Hieroglyphic Dictionary I*, (London 1920), 122a
führt auch die fem. und die mask. Pl.-form auf.

[20] Georg Ebers, *Ägypten und die Bücher Mose's*, (1868), 233 u. 284.

[21] Jacques J. Clère, *Les Chauves d'Hathor*, OLA 63, (Leuven 1995), 17 ff.loc. cit.

[22] Loc. cit.

[23] Wb I, 185, 13 mit der Pianchistele als Belegstelle. Raymond O. Faulkner,
Concise Dictionary of Middle Egyptian, (Oxford 1964), 42 läßt den Sargtext außer Betracht
und erwähnt nur *ʿmʿ*, det. mit schlagendem Mann und *ʿmʿ*, det. mit schlagendem
Arm, als "einreiben".

wegen von dem nubischen Pianchi Unbeschnittene als unrein betrachtet wurden.

In einem Text aus der Mitte des 1. Jahrtausends v. Chr. kommt
das Wort noch einmal im Gegensatz zu "rein sein" vor. In den Rein-
heitsvorschriften des an der Grenze zu Nubien auf der Insel Philae
liegenden Isistempels ist denen, die ꜥmꜥ sind, das Betreten des Tempels verboten. Es werden bestimmte Pflanzen, Esel, Hund, ꜥmꜥ und
Ziegen aufgezählt, die den Tempel nicht betreten dürfen.[24] Auch
hier wird Bezug auf eine Unreinheit genommen, die mit Hinweis
auf das Determinativ und die Parallele auf der Pianchistele ebenfalls
mit "unbeschnitten sein" übersetzt wird. Ob zu dieser Zeit alle Priester
beschnitten sein mussten, ist nicht belegt. Erst aus den Beschneidungs-
urkunden aus der zweiten Hälfte des 2. Jahrhunderts n. Chr. geht
hervor, dass Priesteranwärter sich beschneiden ließen. Um die Erlaubnis zur Beschneidung zu bekommen, mussten sie den Nachweis
ihrer Abstammung aus priesterlichem Geschlecht beibringen und eine
Prüfung der Makellosigkeit bestehen.[25] Laien war es bis zu dem Edikt
Hadrians, der ein Beschneidungsverbot für alle außer Priester er-
ließ, offensichtlich freigestellt, ob sie sich beschneiden ließen oder
nicht.[26] Ist auch männliche Beschneidung seit vorgeschichtlicher Zeit
in Ägypten belegt, so weisen doch, soweit untersucht, nur einige Königsmumien Beschneidung auf.[27] Doch Pharao war Oberpriester aller
Gottheiten! War Beschneidung daher fakultativ oder lokal gebun-
den? Die von Pianchi nicht vorgelassenen Fürsten stammten aus dem
Norden Ägyptens, waren vermutlich Nachkommen der libyschen
Dynastie. War es bei ihnen nicht Sitte, sich beschneiden zu lassen?
Nemaret hingegen war Fürst von Hermopolis, das in Mittelägypten

---

[24] Das *m* wird hier mit der *m*ꜥ-hacke geschrieben. Doch bereits Junker hat darauf
hingewiesen, das diese in der Ptolemäerzeit für *m* stehen kann (Herman Junker,
Vorschriften für den Tempelkult in Philä Analecta Biblica 12, (Rom 1959), 152f. u. Anm.
S. 155).

[25] Walter Otto, *Priester und Tempel im Hellenistischen Ägypten I*, (Leipzig-Berlin,
1905), 214 und II, 1908.

[26] Antoninus Pius hat es den Juden wieder gestattet (Schürer, *Geschichte des
Jüdischen Volkes im Zeitalter Jesu Christi* I³, Leipzig 1901, 675 ff.

[27] Die Mumien Amenophis' II. und Thutmoses' IV. sollen Beschneidung aufweisen, möglicherweise auch die Ramses' IV. und V., andere Königsmumien, soweit
feststellbar, nicht. S. hierzu de Wit, *ZÄS 99*, 1972, 47, T. Smith, *BdE V,1*, 1907,
225, ders., *ASAE 4*, 1904, 112. Der 5-6jährige Prinz Sapai aus der 18. Dyn. scheint
beschnittwen gewesen zu sein (G.Elliot Smit – Warren R. Dawson, *Egyptian Mummies*, (London 1924), 93), der 11jährige Sohn Amenophis' II. hingegen nicht (op.
cit., 25).S. a. Feucht, *Kind*, 247f. mit Anm. 1240 ff.

liegt. Die Särge, auf denen der oben besprochene Sargtext aufgezeichnet ist, stammen alle aus el-Berscheh, d.h. aus Mittelägypten. Möglicherweise lag hier eine Brauchtumsgrenze. Eine Antwort können
nur Mumienuntersuchungen geben. Sollte Beschneidung bei Lib-
yern oder in Unterägypten nicht üblich gewesen sein, können wir
in den von Pianchi nicht empfangenen Fürsten und Königen Unbeschnittene sehen, die der aus dem Süden stammende Eroberer als
unrein ansah.

Allerdings geht die Übersetzung "unbeschnitten" allein auf den
Phallus als Determinativ zurück, mit dem sowohl ʿmʿ wie ʿmʿt geschrieben wird, und die Tatsache, das bei Pianchi ʿmʿ im Gegensatz zu "rein sein" verwendet wird. Bei Pianchi[28] und in der Inschrift
auf Philae hat der Phallus keinen Ausfluss. Doch warum wird ein
Unbeschnittener bzw. eine Unbeschnittene sowohl im Sargtext als
auch in einigen medizinischen Texten[29] mit dem Phallus, aus dem
etwas herausfließt determiniert? Wenn es sich um Unbeschnittene
handelt, kann kein Blut wie beim Beschneiden geflossen sein.[30] Selbst
bei diesen heilt die Wunde gewöhnlich ohne Ausfluss als Nebenwir-
kung. Das kann also nicht gemeint sein. Zu medizinischen Zwecken
zum Einreiben verwendet, muß es sich um eine flüssige, wohl schmie-
rige Substanz aus den Genitalien handeln. Die Fürsten, die von Pianchi
nicht empfangen wurden, da sie ʿmʿ waren, galten als unrein. In den
medizinischen Texten wird der als Salbmittel verwendete Ausfluss
der ʿmʿ(t) als Urin, als Samen und einmal als schwarz bezeichnet.
Bei Harnröhrenentzündungen können alle drei Formen vorkommen.[31]
Der Ausfluss kann hell (wie der "Samen"), wässrig (wie "Urin") oder
eitrig-blutig ("schwarz") sein. Doch können wir nicht davon ausgehen, dass alle Fürsten des Nordens, die Pianchi ihre Ehrerbietung

---

[28] Deutlich Grimal, op. cit., Z. 150 auf Tf. IVB und XII.
[29] pBerlin P 3038, 6, 2,7-9 gefolgt von einer Buchrolle und Pluralstrichen. In
anderen Texten kann als Determinativ der einfache Phallus (pBerlin P 3038, 6,3-
5. 5, 12-6, 2) oder ein Topf mit Pluralstrichen (pKahun, Medic. 1, 24-26. pEbers
67, 17-18 = schwarze ʿmʿt) stehen.
[30] Vgl. Naville, Tb. 17, 29: "das Blut, welches floß vom Phallus des Re, nachdem er sich verwundet (šʿt) hatte." Ob hier jedoch Beschneidung gemeint ist, ist
unklar.
[31] z.B. die durch Geschlechtsverkehr übertragene Harnröhrenentzündung
(Urethritis). Bei der unspezifischen Form (Erreger Chlamydien oder Mykoplasmen)
ist der Ausfluß meist hell (wie Same ?) oder klar (wie Urin ?). Bei der durch
Gonokokken verursachten Form der Gonorrhoe (Tripper) ist er eitrig oder eitrig-
blutig (schwarz ?). Für diese Auskunft danke ich Jürgen Putz.

erweisen wollten, an einer Geschlechtskrankheit litten. Deswegen sollten wir nach einer anderen Erklärung suchen.

Möglicherweise hat das Wort eine ganz andere Bedeutung als in der ägyptologischen Literatur angenommen. Durch den Phallus als Determinativ wissen wir, dass es eine sexuelle Bedeutung haben muss, die für Männer wie Frauen gilt.

Da wir nicht mit Sicherheit sagen können, ob Priester bereits in pharaonischer Zeit beschnitten sein mussten, kann in dem Sargtext von einem beliebigen Mädchen und einem beliebigen Kahlköpfigen die Rede sein. Voraussetzung war, daß beide *ʿmʿ* waren. Doch "Kahlköpfiger" ist seit dem Neuen Reich auch eine Bezeichnung für einen Priester der Hathor oder einer mit ihr verschmolzenen Göttin.[32] Hathor war die Göttin der Liebe, die sich um die Belange der Frauen kümmerte. Auffallend ist, daß einige ihrer Priester sich als kahlköpfige Hockerstatuen verewigen ließen. In den auf diesen Hockerstatuen verzeichneten Texten wenden sich die Priester vor allem an Frauen. Sie bitten sie um eine Spende und beteuern, dass sie sich für sie einsetzen werden.[33] Einer beteuert, er werde sich um alle Frauen kümmern, der Witwe einen Gatten geben und eine Aussteuer dem jungen Mädchen.[34] Ein anderer verspricht dem jungen Mädchen einen Gatten.[35] Ein dritter droht Frauen, die ihm nichts geben, dass sie allein schlafen und keinen Gatten bekommen werden.[36] Wieder einer hilft der Gebärenden, gibt einen Mann der Witwe, dem jungen Mädchen einen Geliebten und gibt derjenigen einen Sohn, die darum bittet.[37] Der nächste hört die Bitte jeder Tochter, die weint und die Hathor versorgt,[38] und der letzte gibt dem jungen Mädchen einen Gatten und der Witwe Nahrung.[39] Sollten wir in diesen Versprechen vielleicht mehr als nur eine Fürsprache bei der Göttin der Liebe sehen? Es gibt verschiedene Lexeme für begatten im Altägyptischen.[40] Die

---

[32] Jacques J. Clère, *Les Chauves d'Hathor*, OLA 63, (Leuven 1995). Als Name bereits seit dem Alten Reich üblich, tritt uns der "Kahlköpfige" als Bezeichnung jemandes im Gefolge der Hathor erstmals auf dem ersten illustrierten Papyrus aus der ersten Hälfte der 18. Dynastie, dem Papyrus des Nu, im Tb. 103 entgegen (op. cit., 68, d. Die Varianten sind dort zusammengestellt).

[33] Op. cit., 74 ff.: Doc. A, Z. 12 f.

[34] Op. cit, 110 f., Doc. F, Z. 6f

[35] Op. cit., 126 f., Doc. I, Text B, Z. 5. 142 ff., Doc. K, Z. 6

[36] Op. cit., 154f f., Text C.

[37] Op. cit., 165 f., Doc. O, Text A, Z. 5ff.

[38] Op. cit., 202 ff, Text A, Z. 3.

[39] Op. cit., 209, Doc. GG Z. 4f.

[40] S. Wb VI s.v. begatten, Beischlaf, Beischlaf vollziehen.

meisten von ihnen haben als Determinativ den Phallus mit Ausfluss,
d.h. sie zeigen den Samenerguss. Betrachtet man sie jedoch genauer, so stellt man fest, dass sie sich in ihrer Bedeutung unterscheiden.
Sollten uns in *ʿmʿ* eine weitere Variante vorliegen, die sich auf einen außerehelichen Beischlaf bezieht?

Im Text von Philae wird denen, die *ʿmʿ* sind, das Betreten des
Tempels verboten. Sie werden mitten unter den Tieren aufgezählt,
die den Tempel nicht betreten dürften. Warum werden die *ʿmʿ* hier
unter den unreinen Tieren aufgeführt? Sollten hier unbeschnittene
Tiere gemeint sein? Das hieße, dass nur kastrierte[41] Tiere zugelassen waren. Doch sollten wir eher davon ausgehen, dass gerade die
kastrierten Tiere wie in Judäa[42] als unrein galten und nicht als Opfergaben zugelassen waren. Es muß sich folglich um als unrein angesehene Menschen handeln. Da zwar Priester in griechisch-römischer
Zeit der Beschneidung unterworfen waren, jedoch, wie oben ausgeführt, die Mumien von Pharaonen nur in einigen Fällen Beschneidung aufweisen und nichts darauf deutet, dass die ptolemäischen
Könige im 1. Jh. v. Chr. beschnitten waren, Könige als Oberpriester
jedoch jederzeit Zugang zu den Tempeln hatten, können wir nicht
davon ausgehen, daß unbeschnittene Menschen keinen Zugang zum
Tempel hatten. Wir müssen die Bedeutung also woanders suchen.

Herodot berichtet beispielsweise, dass sogar Laien zu Waschungen verpflichtet waren, ehe sie nach einem Beischlaf den Tempel
betraten,[43] ein auch heute noch üblicher Brauch bei den Muslimen.
In 5. Mose, 23, 9 ff. lesen wir: "Wenn du in Kriegslager wider deine
Feinde ausziehst, so hüte dich vor allem Ungehörigen. Ist jemand
in deiner Mitte, der infolge eines nächtlichen Begegnisses nicht rein
ist, so soll er vor das Lager hinausgehen [und] nicht [wieder] ins
Lager hineinkommen. Gegen Abend sodann wasche er sich mit
Wasser, und wenn die Sonne untergeht, darf er [wieder] ins Lager
hineinkommen." Deutlich wird hier derjenige, der den Beischlaf
vollzogen hat, als unrein und damit als Unglücksbringender angesehen. Erst eine Waschung konnte die Gefahren, die von ihm ausgin-
gen, bannen. War dies ein über Israel hinaus gehender Glaube, und
kannte Pianchi, der sich auf einem Feldzug befand, einen ähnlichen
Glauben? Hat er deswegen die unterägyptischen Fürsten nicht

---

[41] *sʿb* Wb. IV,43,11 seit MR für Kastrieren von Stieren. S.a. IV, 81,16: *sb*.
[42] 3. Mose 22, 24. Vgl. auch 5. Mose, 23, 1.
[43] II, 64.

empfangen? Handelt es sich daher bei dem Wort 'm' um die sexuelle Unreinheit nach dem Beischlaf? Das Determinativ könnte in diese Richtung deuten. Doch warum haben sich dann die unterägyptischen Fürsten nicht einer Waschung unterzogen, bevor sie Pianchi ihre Ehrerbietung erbringen wollten? Kannten sie diese Gewohnheit nicht? So unbefriedigend diese Erklärung ist, ist es nicht auszuschließen, dass die Bedeutung in dieser Richtung zu suchen ist. In diesem Fall müssten wir den Sargtext als ersten Beleg für die weibliche Beschneidung ausschließen.

Die erste eindeutige Aussage zur Beschneidung von Mädchen in Ägypten stammt aus dem Jahr 163 v. Chr. Aus einem griechischen, im Serapeum von Memphis nahe dem heutigen Kairo gefundenen Schriftstück erfahren wir, dass sich eine Frau mit griechischem Namen das von ihrer Tochter im Tempel deponierte Geld erschlichen hat mit der Begründung, ihre Tochter habe das Alter erreicht, " in dem es bei den Ägyptern Sitte sei, zu beschneiden".[44] Sie benötige das Geld, um ihr neue Kleider und eine Mitgift zu besorgen, d.h. das Mädchen hatte die Reife und damit das heiratsfähige Alter von 13 – 14 Jahren erreicht.

Auch St. Ambrosius erwähnt im 4. Jh. n. Chr. das vierzehnte Lebensalter als Beschneidungsalter für beide Geschlechter: "... die Ägypter beschneiden ihre Männer in ihrem 14. Jahr, und die Frauen unter ihnen werden zur Beschneidung im gleichen Jahr gebracht, denn es ist klar, dass von diesem Jahr an die Lust der Männer zu brennen beginnt und die Menstruation der Frauen beginnt."[45]

Strabo, der Ägypten 25-24 v. Chr. besucht hat,[46] unterscheidet zwischen "umschneiden" bei Jungen und "ausschneiden" bei Mädchen, wie es bei den Juden Sitte sei,[47] die der Abstammung nach Ägypter seien.[48] Obwohl Hadrian in der 2. Hälfte des 2. Jh. n. Chr. ein allgemeines Beschneidungsverbot erlassen hat, aus dem Priester

---

[44] F.G.Kenyon, *Greek Papyri in the British Museum* I, London 1893, S. 32 Nr. XXIV, Z. 12.

[45] de Patre Abrahamo LVII, Cap. 11, 78(K. Schenkl, *Corpus Ecclesiasticorum Latinorum*, Wien 1897, 32). Vgl. auch Philo Judaeus zu Genesis 3,47 (R. Marcus, *Philo, Questions and Answers on Genesis, Translated from the Ancient Armenian Version of the Original Greek*, Cambridge. Mass. 1953).

[46] gelebt 63 v. Chr. bis 20 n.Chr.

[47] *Geographica* XVII.2.5. Vgl. auch XVI.4.9.Vgl. auch Leviticus 12.3.

[48] Op. cit., XVI.2.34 f. Die Juden seien eine Mischung aus ägyptischen, arabischen und phönizischen Stämmen. Die Vorfahren der Judaer seien Ägypter, da Moses ein ägyptischer Priester war.

ausgenommen waren, scheint es später wieder praktiziert worden
zu sein.[49] Soranus, der im 2. Jh. n. Chr. gelebt hat, wird die erste
Beschreibung der Entfernung der Spitze der übergroßen Klitoris bei
Mädchen zugeschrieben.[50] Der byzantinische Hofarzt Aetius von
Amida, der in Alexandrien Medizin studiert hat, schreibt im 6. Jh.
n. Chr.:"... bei manchen Frauen wird die Klitoris größer und wird
unziemlich und schamvoll. Da sie jedoch ständig durch die Kleider
gerieben wird, erregt es sie und lässt den Wunsch nach Beischlaf
entstehen. Wegen dieser zunehmenden Größe entschlossen sich die
Ägypter, sie zu entfernen, besonders in der Zeit, wenn die Mädchen
bereit zur Heirat seien. Der Eingriff wird dermaßen vorgenommen.
Sie lassen das Mädchen auf einen Hocker Platz nehmen, und ein
starker, hinter ihr stehender Mann legt seine Vorderarme unter ihre
Schenkel und ihr Hinterteil, damit ihre Beine und ihren ganzen Körper
festhaltend. Der vor ihr stehende Operateur ergreift mit einer breiten Pinzette ihre Klitoris und zieht sie mit seiner linken Hand heraus,
während die Rechte sie mit den Zähnen der Pinzette abschneidet".[51]
Paulus Aeginetes (VI,70) gibt an, man solle die Frau zur Beseitigung
der Klitorishypertrophie in die Rückenlage geben. In beiden Fällen
ist nur von der Beschneidung der Klitoris die Rede. Ein bestimmtes
Alter ist hierfür nicht festgelegt. Wird sie von Ärzten vorgenommen,
so beschränken sich diese häufig auf die Entfernung der Klitoris-
spitze. Auf dem Land werden jedoch meist die ganze Klitoris und
gelegentlich auch Teile der inneren Schamlippen entfernt. Die im
Inneren Afrika praktizierte Entfernung der inneren und äußeren
Schamlippen und das Zunähen ist in Ägypten nicht Brauch.
    Im Gegensatz zu Herodot, der behauptet, die anderen Völker hät-

---

[49] Antininus Pius hat es den Juden wieder gestattet (Walter Otto, *Priester und
Tempel im Hellenistischen Ägypten*, Leipzig-Berlin 1908, 279.
    [50] Zu dieser Überlieferung und den ihr folgenden vgl. ausführlich M. Knight,
op. cit., 322ff. Galen, der ebenfalls im 2. Jh. gelebt hat, wird ein Text zugeschrieben, in dem er schreibt, die übergroße Klitoris sei von den Ägyptern als unschick-
lich angesehen und wurde beschnitten. (Introd. 10, Bd. XIV, S. 706k. S. hierzu
K.G. Kühn, Hgg. *Medicorusm graecorum opera quae extant*, Leipzig 1921 ff.)
    [51] Biblia Iatrika XVI, 106. J.V. Ricci, Aetios of Amida *The Gynecology and Os-
tetrics of the VIth Century A.D., Translated from Cornarius' Text of 1542*, (Philadelphia
1950), 5ff. S.a. Knight, op.cit. 327. Theodor Hopfner, *Das Sexualleben der Griechen
und Römer von den Anfängen bis ins 6. Jahrhundert nach Christus*, (Prag 1938), 223 verweist auf Stein bei Rohleder III, 279, der die Skozen in Russland erwähnt, die als
"erste Reinheit" die kleinen Schamlippen meist mit der Klitoris ausschnitten, worauf
als "zweite Reinheit" das Abschneiden und Abbrennen der Brüste folgte.

ten die Beschneidung von den Ägyptern übernommen,[52] gab es im Mittelalter das Bestreben, sowohl bei den christlichen Kopten Ägyptens wie bei den Muslimen die weibliche Beschneidung auf das Judentum zurückzuführen. Michael, koptischer Metropolit von Damiette erklärt sie im 12. Jh. n.Chr. folgendermaßen: Da Hagar von Frauen, die ihren Sohn Ismael heiraten wollten, die Beschneidung verlangt habe mit den Worten: "Wir sind ein beschnittenes Volk, beide, unsere Männer und Frauen; und wir heiraten nur die, die uns gleich sind" hätten die Frauen sich beschneiden lassen. Danach sei die Sitte nach Ägypten gelangt,[53] denn Ismael heiratete eine Ägypterin.[54] Ibn Abd el-Hakim berichtet von einer muslimischen Überlieferung, in der die weibliche Beschneidung mit Hagar in Verbindung gebracht wird. Hier heißt es, Sarah habe einen Streit mit Hagar gehabt und in ihrer Eifersucht geschworen, dass sie Hagar sexuell entstellen werde. Auf Abrahams Protest hin antwortete sie, sie habe vor Gott geschworen, dass sie es tun werde und lasse sich nicht in Gottes Auge zur Lügnerin abstempeln. Abraham gab nach und deutete Sarah an, sie könne Hagar beschneiden. So wurde die Beschneidung für Frauen bei den Juden üblich.[55] Interessanterweise wird sowohl bei den Kopten wie bei den Muslimen die weibliche Beschneidung auf Hagar, die Magd Abrahams, zurückgeführt und als jüdische Sitte erklärt. Außer den jüdischen Äthiopiern praktizieren die Juden jedoch die weibliche Beschneidung nicht. Hagar war aber Ägypterin; an ihrem Sohn Ismael hat Abraham erstmals die Beschneidung vollziehen lassen.[56] Sollte hier von den Kopten ein Brauch, der in ihrem Land bereits vor dem Christentum praktiziert wurde, über das Judentum legalisiert werden, und haben die Muslime diese Tradierung übernommen?

---

[52] II, 104.

[53] O.H.E. Burmester, "The Sayings of Michael, Metropolitan of Damietta" *Orientalia Periodica II, 1-2*, (1936), S. 123; zitiert nach Meinardus, *Christian Egypt*, 237.

[54] 1. Mose 21, 21.

[55] Ibn 'Abd Al-Hakim, *The History of the Conquest of Egypt, North Africa and Spain, Known as the Futuh Misr*, hgg. von Charles C. Torrey, (New Haven 1922), S. 11: vgl. auch Al -Tabari (Beirut [3]1992), 1, S. 130; zitiert von Sami A. Aldeeb Abu-Sahliehe, "Jehova, his Cousin Allah, and Sexual Mutilations", *Sexual Mutilations a Human Tragedy*, hgg. Von George C. Denniston und Marilyn Fayre Milos, (New York-London 1996), S. 48.

[56] 1. Mose 17, 23.

Fazit

Mit Sicherheit können wir sagen, dass es in der Mitte des 2. Jahrhundert v. Chr. in Ägypten Sitte war, auch Mädchen zu beschneiden. Ob dieser Brauch auf ältere Zeit zurückgeht, ist wegen der
unklaren Bedeutung des Wortes *ʿmʿ(t)* nicht zu klären. Die Ägypter, sowohl Kopten wie Muslime, haben diesen heidnischen Brauch
beibehalten. In Arabien ist er in heidnischer Zeit bekannt, wurde
aber von Mohamed weder empfohlen noch verboten. Ob er sich von
Ägypten in die Nachbarländer ausgebreitet hat, ist nicht mit Sicherheit
festzustellen. Sowohl die Christen wie die Muslime haben ihn als
Übernahme aus dem Judentum zu erklären versucht. Allerdings ist
auch dies nicht sicher.

Ich fürchte, mit diesem Beitrag mehr Fragen aufgeworfen als be-
antwortet zu haben. Doch zeigt dies wieder einmal, wie vorsichtig
wir bei der Interpretation von Quellen vorgehen müssen. Dem Ju-
bilar wünsche ich noch viele fruchtbare Jahre, die unserer Wissenschaft von Nutzen sein mögen.

MIDDLE KINGDOM HYMNS
AND OTHER SUNDRY RELIGIOUS TEXTS—
AN INVENTORY

Detlef Franke

> To every thing (Turn! Turn! Turn!)
> there is a season (Turn! Turn! Turn!)
> and a time to every purpose under heaven.
> A time to dance, a time to mourn ...
> The Byrds

Far more than two thousand stelae dating to the Middle Kingdom are preserved today, and most of them are from Abydos. The formula "An offering which the King has given ..." with its manifold possibilities of variation is clearly the most common textual genre of the late Middle Kingdom, attested on more than ninety percent of the stelae. A second category of texts, rather frequently attested, is the 'appeal to the living', or 'passers-by'. Quite contrary to Twelfth Dynasty custom, there are only very few stelae with autobiographical or narrative phraseology. About thirty stelae (and two statues) were inscribed with hymns or solemn invocations of a god, and about the same number of monuments with other religious texts. Only two hymns date to the early Twelfth Dynasty (see below §§ 7-8), while the bulk of the other attestations is datable to the first half of the Thirteenth Dynasty (c. 1800-1715 BC).[1]

Several hymns on Middle Kingdom stelae were assembled in 1928 by Selim Hassan, *Hymnes religieux du Moyen Empire*, but his compilation is in rather serious need of revision, as are most of the dates he offered for the stelae. A more recent study, using more sources, are

---

[1] My subdivision of the Thirteenth Dynasty (c. 1800-1650 BC) follows Kim Ryholt, *The Political Situation in Egypt during the Second Intermediate Period* (Copenhagen 1997), 296ff.: first quarter up to the reign of Meribre Seth (c. 1800-1750), second quarter with the reigns of Sekhemre-Sewadjtowy Sobekhotep III, Khasekhemre Neferhotep I and Khaneferre Sobekhotep IV (c. 1750-1715), third quarter (c. 1715-1675), and fourth quarter (c. 1675-1650), followed in the South by the first Theban or Sixteenth Dynasty (c. 1650-1580), encompassing perhaps also a short-lived 'Abydos-Dynasty', and the second Theban or Seventeenth Dynasty (c. 1580-1550 BC), while the North was ruled by the Fifteenth or Hyksos Dynasty (c. 1650-1540).

the translations with short comments published in 1975 by Jan Assmann, *Ägyptische Hymnen und Gebete*, nos. 204-212 (second edition 1999; abbreviated here as *ÄHG*), followed 1980 by the translations of A. Barucq and F. Daumas, *Hymnes et prieres de l'Égypte ancienne*.

I consider as hymns all those texts beginning with *ḏd=f jnḏ-ḥr=k* ... "He says: Hail to you ..." or the like, whatever their length, also including those beginning with "to praise" (*dwꜣ*), if the term is followed by more than a god's name. I exclude mere labels like "to give praise" (*rdjt jꜣw*) or "kissing the earth" (*snj-tꜣ*). Even a short invocation might have been the excerpt from or the beginning (*incipit*) of a much longer model text. Some of the hymns are attested only once, others several times, and no copy transmits what we can call a definite or canonical version. Considering the uneven character and length of their attestations, Middle Kingdom hymns might be called 'fragmental texts' ("Trümmertexte") with an open end.[2]

A stock-taking and a fresh look at the material under consideration of a higher precision in the dating of sources as well as in our understanding of the content and structure of these texts seems appropriate. What hymns are known, who published, or emitted them, and when?[3]

1. *Hymns on Middle Kingdom stelae and statues*

§ 1. *Hymn to Osiris I (*ÄHG, *no. 204; Barucq-Daumas,* Hymnes, *no. 6)*[4]

BM EA 243 (*HTBM* IV, pl. 31; ANOC 62, pl. 84), broken off at the bottom (with about three lines missing?), and its completely preserved double with a longer text:

---

[2] The term "Trümmertexte" was coined for texts not yet attested in complete copies by H.-W. Fischer-Elfert, in: A. Loprieno (ed.), *Ancient Egyptian Literature. History and Forms* (Leiden 1996), 504.

[3] My definition excludes hymns recorded in an 'underground' context, like on coffins (the CT corpus) or in tombs, the two harpists' songs in TT 60 from the reign of Senwosret I, the praising exclamations on a festival of Hathor in tomb B no. 1 at Meir, as well as the harpist's songs on the Thirteenth Dynasty stelae Leiden Inv. no. AP.25 (ANOC 38; Franke, *Personendaten*, Dossier no. 316) and Cairo CG 20809 (*Cem. Abydos* II, pl. XXIII, 5; ANOC 46; Franke, *Personendaten*, Dossier no. 294), the short praises for the city of Abydos (e.g. stela BM EA 581), and hymns recorded on papyrus like those to Sobek on pRamesseum VI or the "Hymns to the crowns of Upper and Lower Egypt" on the Moscow pGolenischeff.

[4] Hassan, *Hymnes religieux*, unfortunately used the now obsolete 'exhibition

Oxford QC 1109 (P.C. Smither and A.N. Dakin, *JEA* 25 (1939), 157ff., pl. XX,1; ANOC 62, pl. 84; on loan in the Ashmolean Museum). The owner of both stelae is a "chamber's keeper of the magazine of incoming goods" (*jrj-ʿt nj ʿt ḥnkwt*) Khentikhetyemhat. While only twenty-seven verses are preserved (today) on the BM stela, the Oxford stela has thirty-six verses and ends after six verses of the stanza *pȝ-pw wsjrj*. The two stelae are datable to the period of the late first to the late second quarter of the Thirteenth Dynasty because of the owner's folded kilt and the curly wig displayed on the Oxford stela. Both are probably from Abydos.

Louvre C30, recto (Franke, *Personendaten*, Dossier nos. 555, 575), double-sided (verso inscribed with a hymn to Min and Horus, see below § 13), owned by a "great one of the Upper Egyptian ten" (*wr mḏw šmʿw*) and "majordomus of the god's offering" Sobekhotep and (his son?) a "deputy of the royal treasurer" Sobekiry. Sobekiry recites the hymn in front of a figure of the god Osiris, behind whom is displayed Sobekhotep while "following Osiris" (*šmsj wsjrj*). The stela has thirty-four verses of the hymn. It is comparable in style, for example, to Hannover 2932, and datable to the same period as the BM/Oxford stelae. Probably from Abydos.

Louvre C285 (Capart, *Recueil de monuments* I, pl. XXX) contains thirty verses of the hymn. The owner, the "great scribe of the vizier" Sobekdedu-Bebi, was the father of queen Nubkhas of stela Louvre C13 and a brother of the royal majordomus Nebankh. He is attested in the reign of king Sobekhotep IV (Franke, *Personendaten*, Dossier no. 765; Ryholt, *The Political Situation*, 239ff.). Probably from Abydos.

Hannover 1976.80a (inscribed retrograde with twenty-six verses; P. Munro, *ZÄS* 85 (1960), 56ff., pl. IV; ANOC 61, pl. 37; Franke, *Personendaten*, Dossier nos. 166, 209, 346), owned by a "god's treasurer of Abydos" Wenemi. Probably a sidewall of a chapel together with its counterpart 1976.80b (see below § 11), datable to the second quarter of the Thirteenth Dynasty or a little bit later. Probably from Abydos.

---

numbers' for citing stelae in the British Museum. A concordance between Assmann, *ÄHG*, and Barucq-Daumas, *Hymnes* (Paris 1980) was published by G. Vittmann, *GM* 98 (1987), 79ff.

Cairo CG 20498, its owner is unknown, and the top is missing. Only the penultimate *pꜣ-pw wsjrj*-stanza is preserved (except for the first verse), followed by the first two verses of the last stanza preserved in the Middle Kingdom so far, a speech of Horus (compare *Pyr.* § 1544a). No photograph was published, but because of the double kilt worn by the owner, perhaps datable to first half of the Thirteenth Dynasty.

This is the most frequently attested (and translated[5]) hymn of the Middle Kingdom so far, consisting of thirty verses for the first sections (after BM/Oxford), followed by the *pꜣ-pw wsjrj*-stanza of up to fifteen verses (CCG 20498) and a last stanza, a speech of Horus. Later, it is attested as part of the so-called chapter 181 of the New Kingdom Book of the Dead, and also on several stelae.

§ 2. Hymn to Osiris II (ÄHG, no. 205)

BM EA 893, ll. 1-9 (*HTBM* IV, pls. 48-49). Owned by a "royal seal-bearer and overseer of a (royal) estate detachment (at a temple)" (*jmj-rꜣ gs* [sic!] **pr**) Amenemhat.[6] According to *PM* I, 808, from Thebes, probably from the second half of the Thirteenth Dynasty.

Stela, published by W.M.F. Petrie, *Abydos* II, pl. XXX, 2, p. 34, 44 (*PM* V, 45), found at the site of the Osiris temple, and owned by the "instructor-supervisor of scribes" (*sḥḏ zḥ(ꜣw).w*) Neferhotep, son of Senbet.[7] Damaged on top and left half, upper part only. The inscription parallels ll. 2-3 of BM EA 893. Because of the layout of the lunette with the human eyes above a 'waterline' (sign N35), the stela is datable to the late first or second half of the Thirteenth Dynasty (see also §§ 5 and 20).

Chicago OIM 6897, up to l. (x+4), published in drawing by D. Randall-Maciver and A.C. Mace, *El Amrah and Abydos*, 85, 95,

---

[5] For example: H. Kees, *Totenglauben*, 235; P.C. Smither and A.N. Dakin, *JEA* 25 (1939), 157ff.; Lichtheim, *AEL* I, 202ff.; Parkinson, *Voices*, 118ff. no. 41; J. Assmann, "Verkünden und Verklären", in: W. Burkert and F. Stolz (eds.), *Hymnen der Alten Welt im Kulturvergleich* (*OBO* 131; Freiburg and Göttingen 1994), 37f.

[6] A namesake with the same titles owns stela BM EA 231, datable to the middle or late Thirteenth Dynasty.

[7] For namesakes with the same title but different mothers see Franke, *Personendaten*, Dossier no. 315. The identification with the Neferhotep mentioned in pBoulaq 18, XVI, 21; XXII, 16 from the late first quarter of the Thirteenth Dynasty seems to be out of the scope.

98, pl. XXXIV, 2, found in the sand above the pit of tomb 14 in cemetery D.[8] Owned by the "prince, count, master of secrets of the two crown-goddesses, who was allowed to enter the secrets of the sacred place (of the temple)" Djab, probably a master-craftsman occupied with the adornment of the sacred image of the god. His father was an "overseer of goldsmiths and craftsman with access (to the temple)". Datable to the second half of the Thirteenth Dynasty. See a forthcoming study by Sabine Kubisch, *MDAIK* 59 (2003).

§ 3. *Hymn to Osiris III (Assmann, ÄHG, no. 207; Barucq-Daumas,* Hymnes, *no. 8)*

BM EA 1367 (*HTBM* III, pl. 28), owned by the "prince, count, royal seal-bearer and overseer of a (royal) estate detachment (at a temple)" Wepwawethotep, son of the "count and god's treasurer" Khnumhotep, son-in-law of the famous vizier Ankhu, and contemporary of queen Aya, both known from pBoulaq 18. He lived accordingly roughly in the period covered by the reigns after king Khendjer to Neferhotep I and Sobekhotep IV (Franke, *Personendaten*, Dossier no. 207; Ryholt, *The Political Situation*, 245). Translated also by Lichtheim, *Autobiographies*, 126f. no. 58. A stela of excellent quality, and probably from Abydos.

§ 4. *Hymn to Osiris IV (ÄHG, no. 209; Barucq-Daumas,* Hymnes, *no. 9)*

Cairo CG 20086, owned by the "prince, count, and deputy of the royal treasurer" Ibia, and datable to the first half (late first/early second quarter?) of the Thirteenth Dynasty.[9] From Abydos.

---

[8] For a map of the Middle Kingdom North cemetery with its various sections (including Mariette's "Nécropole du Nord") at Abydos, see B.J. Kemp and R.S. Merrillees, *Minoan Pottery in Second Millenium Egypt* (Mainz 1980), 287ff., fig. 36; B. Kemp, in: *LÄ* I, 30ff., and A. Leahy, *JEA* 75 (1989), 50ff., fig. 2. Mace's cemetery D is the area at the extreme south-western end of the North cemetery, reached by tomb-building only very late in the Middle Kingdom. See also S.R. Snape, *Mortuary Assemblages from Abydos* (PhD Diss. Liverpool 1986) on Garstang's excavations and topography.

[9] Translated completely by Lichtheim, *Autobiographies*, 127f. no. 59. The owner was entrusted by the king as director of construction work at the temples of Abydos, and was sent further on to Nubia (*Kush*). This is in parallel to the journey of Semtisheri in the reign of Amenemhet II, who went to Abydos and Elephantine on one tour (BM EA 574, l. 11ff.; Lichtheim, *Autobiographies*, 96ff., no. 41), and compare

Cairo CG 20776, owned by a (high?) official with the double-name [...-]seneb-Renefrezu. Datable to the first half of the Thirteenth Dynasty by the layout of its lunette.

Rio de Janeiro 4 (Inv. 629 [2421]) & 5 (Inv. 644 [2434]), owned by the "great one of the Southern ten" Sahi (ANOC XXVI; Franke, *Personendaten*, Dossier no. 533). The stelae can be dated —through stelae CCG 20145 and St. Petersburg 1086 owned by the same man—to the second quarter of the Thirteenth Dynasty. Probably from Abydos. K. Kitchen's *Catalogue of the Egyptian Collection in the National Museum, Rio de Janeiro* (Warminster 1990) includes on pp. 28-35 a translation of all the variant texts, including the continuation on the New Kingdom stela Torino Cat. no. 1640.

Stela, published by T.E. Peet and W.L.S. Loat in *Cemeteries of Abydos* III, 37 (no. 6), fig. 18: the upper part of a limestone stela, "found in the filling of a disturbed shaft in Region B",[10] and owned by the "prince, count, royal seal-bearer and royal major-domus" Nebankh, a well-known official of the reign of king Sobekhotep IV (ANOC 46; Franke, *Personendaten*, Dossier no. 294). The hymn was already identified by the late J.J. Clère.

§ 5. *Hymn to Osiris V*

Cairo Museum JE 39755 (CG 20825), owned by the "prince, count, royal seal-bearer and director of the broadhall" (*ḥrp wsḫt*) Re-dienheqyt (name written *ḥqt-jj-rdj-n*). Known to me only from a photograph in the archive of the DAI, Cairo. Three horizontal and four vertical lines in front of the figure of a man, stand-ing in the gesture of giving praise (label: *jꜣw wsjrj m hrw pn dwꜣ zp-snwj*). The hymn is without parallel up to now:

ḏd=f jnd-ḥr=k wsjrj
tsj-tw (3) wsjrj wnn-nfr zꜣ nwt
mk rꜥ (4) ḥr dwꜣ=k
ḫꜥp(j) ḥr rmn=k
ḥnmmt (5) ḥr sqꜣjj=k
ntr nb ḫr m(6)rwt=k
jqr sꜥḥ=k m mꜣꜥt m (7) ḫnw ḥwt-ntr=k
ntr=k r ꜥrrwt=k

---

the tour of the royal treasurer Ikhernofret who went to Abydos by order of Senwosret III to adorn the god's image with the gold the king has brought back from Nubia (Berlin 1204, l. 3; Lichtheim, *Autobiographies*, 98ff. no. 42).

[10] For a possible location of 'Region B', see B. Kemp, in: *LÄ* I, 34, n. 20.

Abb.:   Stela Cairo Museum JE 39755 (CG 20825) with hymn to Osiris V.
By courtesy of Dr. M. Saleh, former Director of the Egyptian Museum, Cairo.

2   He says: Hail to you Osiris!
    Raise yourself, (3) Osiris Wennefer, son of Nut!
2   Look, Re (4) is giving praise to you,
    Hapi is carrying you,[11]
2   the sun-folk (5) is exalting you,
    every god is lo(6)ving you!
2   Excellent is your dignity in Ma'at [Plural!] (7) within your temple,
    and your divinity (?) at your gate!

The lunette displays the human eyes with the 'waterline' below, symbolizing free disposal over beverages, a motif used chiefly in the late first and second half of the Thirteenth Dynasty. From Abydos (Garstang, locus 554.A.08). Produced by the same workshop are stelae CCG 20311, 20383, *el Arabah*, pl. XIII upper right (E.347), and CCG 20277 with a hymn to Re (see below § 20).

§ 6. *Hymn to Osiris VI*

Torino Cat. no. 1547, a high-rectangular stela with cavetto cornice and Torus, probably from Abydos, not from Qaw el-Kebir.[12] Owner of the stela and of the over-lifesized statue Torino Cat. Suppl. no. 4265 (which was found in tomb no. 7 at Qaw) was the mayor and overseer of priests Wahka (III), son of Sobekdedu and the lady Neferhotep. According to W. Grajetzki, it is unlikely that he was the same person as the owner of tomb no. 7 (called Wahka I), and in any way, stela and statue are later than the tomb and date from the very late Twelfth Dynasty at the earliest.[13] The stela displays Wahka in adoration of the figure of Osiris, and has seven horizontal lines of text, beginning with the greeting of the god and two requests:

(1) Giving adoration to Osiris and to the gods following behind him by the mayor Wahka.
(2) He says: Hail to you Osiris foremost-of-the-Westerners! May I be among your following in front of (3) the venerated ones!

---

[11] The writing suggests an allusion to Hapi, the Nile-flood, and not to the Apis-bull who was sometimes depicted in the Late Period as carrying the mummy of Osiris, see for example *RÄRG*, 49. The introduction of the couplet with *mk* "look" is strange, but an alternative *tsj-tw wsjrj z3-nwt m-ˁ=k* would be too.

[12] H. Steckeweh and G. Steindorff, *Die Fürstengräber von Qaw* (Leipzig 1936), 47 no. 9, pl. 17a. According to E. d'Amicone, in: G. Robins (ed.), *Beyond the Pyramids. Egyptian Regional Art from the Museo Egizio, Turin* (Emory Museum, Atlanta 1990), 30, the stela was purchased in 1824 as part of the Drovetti collection.

[13] See W. Grajetzki, *GM* 156 (1997), 55ff.

May be given to me an invocation-offering from the altars of (4)
Wennefer ...

It follows an appeal to the passers-by.

§ 7. *Hymn to Osiris VII (ÄHG, no. 208; Barucq-Daumas,* Hymnes, *no. 7)*

BM EA 580 (*HTBM* II, pl. 37; from the Anastasi collection sale
1839, lot 23), owned by the "mayor" and, according to BM EA
577 (*HTBM* IV, pl. 35), "overseer of priests" (of the temple of
Osiris at Abydos?) Sensobek (ANOC X; Franke, *Personendaten,*
Dossier no. 510). Translated also by Lichtheim, *Autobiographies,*
124f. no. 57. The hymn to Wennefer begins with the unusual
phrase "when you are made to appear (in solemn procession)"
(*sḫꜥ.t(w)=k*) and contains the verse "lord of food, provider of
provisions" (*nb ḥw sḫpr ḏfꜣw,* l. 6-7), used in the variant *jrr ḥw
sḫpr ḏfꜣw* by Senwosret I on his stela BM EA 963 from Elephantine.[14] Both stelae date after their design, layout and style
to the (very) early Twelfth Dynasty, probably even before the
reign of Senwosret I, and belong to the cluster of stelae labelled by Rita Freed as 'workshop no. 2'.[15] BM EA 577 has the
key-words "seeing the perfection (*mꜣꜣ nfr.w*) of the great god,
lord of Abydos", used frequently by witnesses of the epiphany
of the god during his solemn festival. Probably from Abydos.

§ 8. *Hymn to Osiris VIII*

Glasgow Hunterian Museum and Art Gallery D1922.13 (W.M.F.
Petrie, *Tombs of the Courtiers,* 10 §20, pl. XXIV; *PM* V, 55). A
stela of 80x62 cm, found in the ruin of a large pit tomb (no.
197) in the south-east of the enclosure of king Wadji/Djet in
the area of the North cemetery of Abydos (see Petrie, *op. cit.,*
pl. XVII), owned by an "overseer of cattle" Antef. Lines 2-5
are a short hymn to Osiris, again without the keywords *jnd-
ḥr=k*:

---

[14] *HTBM* IV, pl. I, see D. Franke, in: P. Der Manuelian (ed.), *Studies in Honor
of W.K. Simpson* I (Boston 1996), 288, n. b.

[15] R. Freed, in: P. Der Manuelian (ed.), *Studies in Honor of W.K. Simpson* I (Boston 1996), 302ff.; compare also, for example, stelae Hannover 2928 and 2929 (R.
Drenkhahn, *Ägyptische Reliefs im Kestner-Museum Hannover* (Hannover 1989), 64ff., 68ff.
[nos. 19-20]), CCG 20664, and CCG 20014 from the early reign of Senwosret I.

1   (1) The venerated Antef, the vindicated:
2   He gives adoration to Osiris
      (2) and kisses the ground for the Foremost-of-the-Westerners,
2   the great god, lord of Abydos,
      to whom comes what is and is not,
3   master (*ḥrj*?) of the sacred land (3) and the *areqetheh*-locality,[16]
      lord of all, ruler of the ennead of gods,
      dignitary of the sunfolk;
2   The ennead of gods praises Re,
      while (4) This is in jubilation <for its> lord,
2   Abydos is (making) 'Beware-Earth!' (*zꜣw-tꜣ*) for the god,
      who appears in his shape.
2   (I) have come to you, (5) that I may see your perfection,
      and praise you, when you are to be seen (*mꜣ.tj*, or: renewed?),
                                                        everyday.

It follows an offering formula. By design, layout, style, the detailed offering formula and the use of *dj=f prt-ḫrw* and *n kꜣ nj* datable to the early Twelfth Dynasty, with the reign of Senwosret II (compare stela Louvre C170) at the latest.

§ 9. *Hymn to Wepwawet I (ÄHG, no. 206; Barucq-Daumas, Hymnes, no. 22)*

BM EA 893, ll. 10-18; Hassan, *Hymnes religieux*, 100ff. For details on the stela, see above § 2. This hymn is introduced by a short prayer to Wepwawet with a request for everything good that the god has made, followed by a short invocation of Re, Wepwawet and Herishef. Next comes a second invocation of Wepwawet and two more stanzas introducing Horus and Shu. The hymn finishes with another request "may he (the god Shu) save me from every evil ..." (*nḥm=f wj m ḫt nb.t dwt ...*).

§ 10. *Hymn to Wepwawet II*

Vienna ÄS 198,[17] part of the offering chapel of the "reporter of the vizier" Senwosret, who served a vizier in office before the vizier Ankhu, perhaps Samontu (part of ANOC 52; Franke, *Personendaten*, Dossier no. 492). The stela accordingly is datable

---

[16] "To whom comes what is and is not" is a frequently used formula for Osiris, see Lichtheim, *Autobiographies*, 97 n. 7, and for example BM EA 580, l. 2-3. *ꜥrq-ḥḥ* is known as a placename in later times only, see *Wb* I, 213, 4-6.

[17] I. Hein and H. Satzinger, *Stelen des Mittleren Reiches* I. CAA Kunsthistorisches Museum Wien, Ägyptisch-Orientalische Sammlung, Lieferung 4 (Mainz 1989), 158ff.

to the first quarter of the Thirteenth Dynasty, and probably
originates from Abydos. The hymn of eight verses ends with a
pious request:

Hail to you, Wepwawet,
bull of offerings and lord of provisions,[18]
great of *wereret*-crown, who came forth from the womb (of his mother
                          Nut)[19] to receive the *wereret*-crown;
eldest god, who came forth (from his mother's womb already) wise,
and to whom Geb has ordered his heritance;
great god, lord of Rasetau,
may you place me among the followers
and blessed nobles who are behind you!

The offering chapel of Senwosret consisted of a central panel
and two sidewalls (Louvre C16, C17 & C18), and three stelae
with cavetto cornice and Torus. Each of them displays a scene
of adoration in front of a god (Osiris: Vienna ÄS 197; Ptah:
Vienna ÄS 191; Wepwawet: Vienna ÄS 198), but only Vienna
ÄS 198 has a short hymn.

§ 11. *Hymn to Wepwawet III*

Hannover 1976.80b (P. Munro, *ZÄS* 85 (1960), 64ff., pl. V; ANOC
    61, pl. 37) For details on the sidewalls of the chapel of Wenemi,
    see above § 1. The hymn obviously consists of two stanzas with
    eleven verses each, and the panel is a good example for the
    fact that the appearance of a copy must not match the quality
    of the textual model:

1   (1) The god's sealer of Abydos Wenemi, the vindicated,
2   he says: Hail to you Wepwawet,
    who separated heaven from earth!
3   Jackal (2) of Upper Egypt, who came forth from Nut,
    your face appears upon her thighs
    in this your name of jackal (3) of Upper Egypt;

---

[18] *kꜣ-ḥtpwt* is known from *Pyr.*, § 914, and for Amun in the hymn on pCairo
58038 (ex pBoulaq 17) 10, 6 (Assmann, *ÄHG*, 206 [no. 87G, verse 198]; M. Römer,
in: J. Osing and G. Dreyer (eds.), *Form und Mass. Festschrift für G. Fecht* (ÄAT 12;
Wiesbaden 1987), 413, verse 32), and *nb-dfꜣw* is attested on CCG 20497.

[19] The phrase *prj m [ḫt, or nwt]* is attested for Wepwawet on the top side (E)
of BM EA 506 too, and the hymn to Wepwawet III (§ 11) on Hannover 1976.80b,
l. 2, makes clear that his mother is the sky-goddess Nut. Parallels for this sentence
are attested in the hymns on BM EA 1367, l. 4 (§ 3), and CCG 20089, l. 4-5 (§ 16).

2   The gods tremble before you in <your> fury
    in this your name of Wepwawet ('Opener-of-the-ways');
2   The gods tremble before you (4) in <your> rage
    in this <your name> of Upbreaker-of-the-heart;
2   The lords heading the land tremble before you,
    the gods tremble before you in the (5) great House-of-nobles which
                                            is in Heliopolis.

Second stanza:
2   Lord of slaughter, high of neck,
    who is in front, more than every god!
3   You are (6) strong in heaven,
    powerful on earth,
    and there is not <your?> opponent among the gods, being as-
                                            sembled;
2   (7) Great one upon the *Senet*-shrine (??),
    who carries (??) ... ... (some crowns, or other paraphernalia?);
2   Rest, Who-is-in-his-wrapping (??), rest,
    foremost, more than all the gods:
2   May you commend me to the righteous (mꜣꜥ.t(j)w??),
    may you see me among the righteous (??), who *you love (mr=*k?).

§ 12. *Hymn to Osiris and Wepwawet*

Durham N. 1984, an obelisk-shaped stela of c. 76 cm height,[20]
    inscribed and decorated on all four sides, owned by the "over-
    seer of the storeroom, with access (to the inner palace), of the
    chamber of fruits" (*jmj-rꜣ st ꜥq nj ꜥt dqrw*) Amenemhet, honouring
    two of his superiors, the "great one of the Southern ten" Henu,
    son of the "great one of the Southern ten" Bembu (Franke,
    Personendaten, Dossier no. 230), and the king's son Bebi. Prob-
    ably from Abydos, and dating to the second or third quarter of
    the Thirteenth Dynasty. A side shows the figure of the god
    Min-Hornekht, two others display Amenenemhet in the ges-
    ture of servile adoration; the side with the offering-scene of
    Amenemhet in front of the king's son Bebi contains in ll. 10-
    23 a hymn:

---

[20] K. Martin, *Ein Garantsymbol des Lebens* (*HÄB* 3, Hildesheim 1977), 90ff., 240,
pl. 9a; J. Bourriau, *Pharaohs and Mortals* (Cambridge 1988), 66f. no. 52. The decoration programme follows that of stelae, and accordingly it is better considered as
a four-sided stela (like BM EA 1163, see § 21). The hymn seems to be written
rather carelessly and has several difficult passages.

2 (10) He (Bebi?) says: Praise to you Osiris, foremost-of-
                                              (11)the-Westerners,
   Wepwawet, lord of Abydos,
3 sove(12)reign of all gods, ruler of rulers,
   (13) lord of strength and power,
   great (??) of vindication, lord of what is (14) and is not!
3 Re rises for him, (*wbn=rˁ n jb=f*, compare BM EA 1367, l.
                                                             8)
   and the gods re(15)joice over seeing <him?>,
   (16) the sunfolk assembles for him (*nww-n=f*),
2 joy (17) is among the gods,
   and given to him (18) is vindication.
1 May you appear! May you appear! (*ḫˁ.tj zp snwj*)
2 May be brought to you (*mzj.w=k?*) good (19) things at your sea-
                                        sonal festi(20)vals,
   your ... are/is given to you by your father Re, (*nfrw?=k rdj.{pt}n-
                                                       jtj=k{k} rˁ??*)
2 (21) while you are in joy about them,
   and the gods, (22) *pat*-nobility and *rekhyt*-subjects praise you:
2 May you live, may you be new (*mȝ.tj*), (23) may you be young,
   like Re in eternity!

§ 13. *Hymn to Min and Horus I* (ÄHG, no. 210; Barucq-Daumas, Hymnes, no. 106)

Louvre C30, verso. The hymn recited by Sobekiry is introduced by
the statement "he says purified and clean" (*ḏd=f wˁb twr*, l. 3).
Certainly only part of a more complete hymn without parallel
so far. For details on the double-sided stela, see above § 1.
Translated also by Lichtheim, *AEL* I, 204, and Spiegel, *Die
Götter von Abydos*, 77.

§ 14. *Hymn to Min and Horus II*

Zagreb 7,[21] owned by the "lector-priest of Min of Akhmim" Minnekht,
who is shown adoring the god Min-Hornekht. The upper part
of the stela is divided into two halves with six horizontal lines
of inscription, containing an appeal to the passers-by on the
right and a short invocation or hymn on the left:

---

[21] J. Monnet Saleh, *Les antiquités égyptiennes de Zagreb* (Le Haye and Paris 1970),
20f.

3 (1) Hail to you Min, in peace!
   (2) Hail to you Horus-the-vindicated, in peace!
   (3) Hail to you Horus-the-elder, protector of his father, (4) in peace![22]
2 He who stands on the bonds of (5) the Braying-ass (hjw),[23]
   He who seizes the strength (6) of the Noise-maker (šd-ḫrw)[24]!

Below is a scene of adoration in front of the figure of the god
Min. The stela is probably from Abydos and datable to the first
half of the Thirteenth Dynasty.

§ 15. *Hymn to Min-Amun and Horus* (ÄHG, *no. 212; Barucq-Daumas,*
Hymnes, *no. 107)*

Parma 178, rectangular (left) sidewall of a chapel owned by the
   "elder of the portal" (*smsw ḥȝyt*) Montunekht, who was probably mentioned in the pBoulaq 18, and his son, a "great trainer-
   commander of the (troops of the) city" Redienefeni (ANOC
   67, pl. 83; Franke, *Personendaten*, Dossiers nos. 260, 403). Lines
   2-4 (six verses) are a variant of an invocation of Sopdu in *Pyr.*,
   § 456b-e [301], and the second part (ten verses, introduced by
   jȝw-n=k) is a hymn to (Min-)Horus for the benefit of the king.
   Variant versions are attested down to the ptolemaic period.[25]
   Probably late first quarter of the Thirteenth Dynasty and from
   Abydos.

§ 16. *Hymn to Min-Hornekht I* (ÄHG, *no. 211; Barucq-Daumas,*
Hymnes, *no. 105)*

Cairo CG 20089 from Abydos, and its double, inscribed with the
   same hymn:
Cairo CG 20703, both belong to a "king's acquaintance and overseer of singers" (*rḫ-nswt jmj-rȝ ḥzw.w*) Wernebkemui (ANOC

---

[22] The first couplet of formulas of salutation is attested also on stela Louvre
C287 (D. Franke, *JEA* 71 (1985), 175f., pl. XIX left) from about the reign of king
Rahotep, probably the latest example of a 'Min-stela'. A triplet variant is on CCG
20517 of king Senaa-ib (see § 18).

[23] For *hjw* "braying-ass" and Seth, see W.A. Ward, *JNES* 37 (1978), 23ff.

[24] On *šdj ḫrw*, see P.J. Frandsen, in: W. Clarysse, A. Schoors and H. Willems
(eds.), *Egyptian Religion. The Last Thousand Years. Studies Dedicated to the Memory of Jan
Quaegebeur* II (*OLA* 85; Leuven 1998), 973, 986ff.

[25] See H.O. Lange, *Ein liturgisches Lied an Min*, in *SPAW* Berlin 1927, 331ff.; F.
Feder, in: C.-B. Arnst, *et alii* (eds.), *Begegnungen. Antike Kulturen im Niltal* (Festgabe
für E. Endesfelder, K.-H. Priese, W. F. Reineke, S. Wenig; Leipzig 2001), 111ff.

18, pl. 28; Franke, *Personendaten*, Dossier no. 215). While CCG
20089 is a round-topped stela of superior quality and completely preserved, but does not show an adoration or recitation
scene, CCG 20703 is of much worse quality, and broken into
pieces. It has a cornice and Torus (inscribed with titles and
names) and below the text are preserved parts of a scene displaying the figure of the god Min-Hornekht. The finale of the
inscription differs on the two stelae, and CCG 20703 intro-
duces in l. 9 a speech of a singer (*ḥzw*) Ankhefeni.[26] A third
stela belongs to the offering chapel with names of the family
and colleagues of Wernebkemui only (Berlin 7286). All three
stelae are from Abydos, and are datable to the late first or
early second quarter of the Thirteenth Dynasty.

New York MMA 21.2.69 (Hayes, *Scepter of Egypt* I, 345, 346 fig.
227, top left) from J. Garstang's excavations in 1906 at Abydos,
tomb no. 6.A.06 immediately to the west of tomb 39 of cemetery E.[27] Owner is the "prince, count, royal seal-bearer and
overseer of a (royal) estate detachment (at a temple)" (*jmj-rꜣ gs-
pr*) Khonsu, son of Idi. Skilled, detailed modelling of the human
figure. Khonsu very probably was the son of the *jmj-rꜣ gs-pr*
Iyemjatuib,[28] who is attested on chapel-wall Würzburg H35
together with queen Aya, known from pBoulaq 18 from about
or after the reign of king Khendjer (Franke, *Personendaten*, Dossier
nos. 464, 23; Ryholt, *The Political Situation*, 245), and he lived
accordingly around the reign of Neferhotep I.

Glasgow Art Gallery and Museum 1923.33.ad, a stela from J.
Garstang's excavations in the second part of the 1907 season
at Abydos, found in tomb 328.A.07, south of cemetery E.[29] It
was published by B.J. Kemp and R.S. Merrillees, *Minoan Pot-*

---

[26] Spiegel, *Die Götter von Abydos*, 68, proposed that Ankhefeni copied the hymn
from its author Wernebkemui and CCG 20089. There is no reason to believe that
stela CCG 20703 is later than CCG 20089, and the end of the hymn is indicated
by a short vertical stroke in l. 9 of CCG 20703. The epithet *jmꜣḫy* of Akhefeni is
identical with the continuation of the hymn on CCG 20089, l. 11, *jmꜣḫy m šmsw
zkr ...* .

[27] See S.R. Snape, *Mortuary Assemblages from Abydos* (Liverpool 1986), 51, 58 fig.
3, 189, 407.

[28] As recorded on the central panel of his offering chapel from the same tomb
6.A.06 at Abydos, Liverpool Museum no. 16.11.06.13, on which Khonsu had the
title of "royal seal-bearer and director of the broadhall" (*ḥrp wsḫt*) only (see S.R.
Snape, *Mortuary Assemblages*, 609 pl. 4).

[29] See S.R. Snape, *Mortuary Assemblages*, 58 fig. 3 (map), and pp. 203, 210.

tery in Second Millenium Egypt (Mainz 1980), 235f., fig. 73 on p. 234, and see map fig. 36, no. 3b. The stela belongs to a "majordomus and accountant of cattle" (*jmj-rʒ pr ḥsb jḥ.w*) Sobekhotep, and is datable by style and layout of its lunette to the late first or early second quarter of the Thirteenth Dynasty.

§ 17. *Hymn to Min-Hornekht II*

Berlin 7287, belonging to a "trainer-commander of the ruler's (naval) crew" (*ʒṭw nj ṭt ḥqʒ*) Kemes, son of the policing official (*jmj-ḫt*) Bembu,[30] who also owned stela Vienna ÄS 196. Lines 3-4 consist of a short two-verse invocation to Min-Hornekht that might have been part of a longer hymn:

Hail to you, Min-Hornekht,
high of double-feathers, lord of the *wereret*-crown, who is in front of all
(other) gods!

The stela dates probably to the second quarter of the Thirteenth Dynasty.

§ 18. *Hymn to Min, Horus and Osiris*

Cairo CG 20517 from Abydos, a high-rectangular stela with cavetto cornice and Torus, displaying Horus Sewadjtowi king Menkhawre Senaa-ib in adoration of the figure of the god Min. Four vertical lines between the two figures:

(1) Praising Min-Hornekht on his perfect procession by king ...
(3) He says: Hail to you Min, in peace!
Hail to you Min-(4)Horus-the-follower,[31] in peace!
Hail to you Osiris foremost-of-the-Westerners, in peace!"

This short festival invocation could have been part of a longer hymn. King Senaa-ib is subsumed by Kim Ryholt among the kings of his 'Abydos Dynasty', and in any case he dates to the late Thirteenth or Sixteenth Dynasty.

---

[30] ANOC 65, pl. 65; Franke, *Personendaten*, Dossier nos. 718, 229; also M. Malaise, *SAK* 9 (1981), 279 (III.1).

[31] Written *mnw ḥrw šmsj*. The god "Horus-the-follower" is not known from other sources, but a reading *šmsj-ḥrw* "followers of Horus" does not make much sense here. Or to be read "Min (and) Horus, follow in peace"? The formula of salutation is close to those on Zagreb 7 (§ 14) and Louvre C287 (*JEA* 71 (1985), pl. XIX left).

§ 19. *Hymn to Ptah*

Cairo CG 20281, a small round-topped stela, commented much upon.[32] It is owned by (l. 1) "the washerman (*rḫ.tj*) Hepet,

2 he says: Hail to you Ptah, lord of 'Life-of-(2)the-Two-Lands'! For praising you I have come to \<you\>.
2 I am your son, who does not forget (3) his duty at your festival of offering (*jꜣbꜣ*).

Below is an offering-scene displaying Hepet (? or his sister's son?) and his brother-in-law presenting conical loaves to the figure of Ptah, labelled as: "For the *ka*-spirit (of?) Ptah, \<my?\> god, my lord: may he give me sweet breath to my nose!" The request for the "sweet breath" has a parallel in the requests at the end of the hymn on BM EA 1367 (see above § 3). The modest washerman obviously played here the role of the loving son of the god, i.e. Horus, and only in this role he could call himself the son of the god. The stela comes from Abydos, and is datable by its rather crude style and the peculiar layout of its lunette with a jar of unguent in the centre between the two *wedjat*-eyes to the second half of the Thirteenth Dynasty.

§ 20. *Hymn to Re I*

Cairo CG 20277, displaying a scene of adoration in front of the falcon-headed human figure of Re-Harakhty. Two horizontal lines above: "Giving praise to Re when he sets in life everyday by the great one of the Southern ten Sobekhotep" (see Franke, *Personendaten*, Dossier no. 572), and a short invocation to the sungod Re, between the two figures: "He says: Hail to you Re-Harakhty, in his orbit (*prw.t=f*) \<from\> dawn to supper (*ms(y). t=f*) everyday." The stela was perhaps donated by Sobekhotep's sister who is said "to make live his name". The lunette displays the two human eyes with the 'waterline' below and an *ankh*-sign in the centre. The stela is very probably produced by the same workshop at Abydos as stela Cairo JE 39755, cited above

---

[32] Spiegel, *Die Götter von Abydos*, 20; P. Vernus, *RdE* 34 (1982-1983), 115ff.; Parkinson, *Voices*, 128f. no. 48; Franke, *Heqaib*, 146 n. 449. Vernus cited for *jwtw smḫ ḏt:=f* some parallels as priestly epithets from the Eighteenth Dynasty, as given by *Wb* V, 504, 13 & 16.

in § 5, and thus datable to the second half of the Thirteenth
Dynasty.

§ 21. *Hymn to Re II*

BM EA 1163 (*HTBM* IV, pls. 18-21),[33] a four-sided stela in the
shape of a pyramidion, owned by the "scribe of the temple(s of
Sobek, Anubis and Khonsu)" (*zẖ ḥwt-nṯr*) Sobekhotep and his
family. One broad side displays the stela's owner with his wife
in front of an offering-table with a hymn to the sungod Re (*dwȝ
rꜥ*) in the eastern sky "when he is (still) hidden in heaven" (pl.
19), and a similar scene is on the opposite side with Sobekhotep
and his son and a hymn to sungod Re-Harakhty in the western
sky (pl. 21). Both sun-hymns associate Re with the moon-god
Thot, thus describing perhaps the nocturnal part of the solar
cycle. From Thebes (*PM* I, 847), dated to the reign of king
Sekhemre-Shedtowy Sobekemzaf of the Seventeenth Dynasty.

§ 22. *Hymn to Hathor*

Statue Cairo CG 887, lower part of a squatting statue of a man,
clad in a striated kilt, reading a papyrus laid upon his knees.
The papyrus is inscribed retrograde, beginning with a dedica-
tion formula (1) "given by favour of the king to the temple of
king Nebhepetre (Montuhotep II), the vindicated, for Hathor,
lady of Atfih. The prince, count, ... ". In l. 9, the hymn
begins: "... Sobekdedu, he says: (10) Hail to you, *Hathor(?),
lady of Atfih, chieftainess of (11) all ..., lady of the sky, mistress,
about whom the gods jubilate (?) ... ". The inscription seems to
be very bad (or badly copied), and further on, Hathor is called
"the golden one" (nbw, ll. 12, 16), then there are mentioned
"the year of the great Nile-flood" (*m rnpt nj<tȝ> ḥꜥpj ꜥȝ*, l. 13-
14), "weeds" and "fields" (l. 14-15), "drunkenness" (l. 16), "the
valley" (jnt, l. 16). According to the inscription, the statue stood
originally in Nebhepetre Montuhotep's temple at Deir el-Bahari
(see *PM* I, 784), and dates perhaps to the (early?) second half
of the Thirteenth Dynasty.[34]

---

[33] See Martin, *Ein Garantsymbol des Lebens*, 86 n. 3; A. Rammant-Peeters, *Les
Pyramidions égyptiens du Nouvel Empire* (Louvain 1983), 184; Assmann, *Sonnenhymnen*,
7, n. a.

[34] For a possible link to stela Louvre C13 which would allow for a date in the

§ 23. *Hymn to Amun-Re and Min-Amun of Thebes* (ÄHG, *no. 87*)

Statue BM EA 494 (formerly BM 40959), published by E. Naville
 and H.R. Hall, *The XIth Dynasty Temple at Deir el-Bahari* III, 22,
 pl. IV, 6; *HTBM* IV, pl. 50, and W.V. Davies, *JEA* 68 (1982),
 70, pls. VII, 3-4, VIII, 1-4. Lower part of a squatting statue of
 a man (name lost) clad in a fringed kilt,[35] incised on the lap
 and sides with the first two chapters of the hymn. The statue
 from the temple of Nebhepetre Montuhotep at Deir el-Bahari
 (*PM* II, 393) probably dates to the (very) late Thirteenth, Sixteenth or Seventeenth Dynasty.
[Papyrus Cairo 58038 (formerly Papyrus Boulaq 17) of the early
 Eighteenth Dynasty, transcribed and structured metrically by
 M. Römer, in: J. Osing and G. Dreyer (eds.), *Form und Mass.
 Festschrift für G. Fecht* (*ÄAT* 12; Wiesbaden 1987), 405ff.).[36]]

2. *Other religious texts on Middle Kingdom stelae, statues,
stela-chapels and naoi*

Several late Middle Kingdom stelae, stela-chapel, haoi and statues
display religious texts that are known already from the pyramid or
coffin texts, and some of these texts were later incorporated into the
so-called Book of the Dead, mainly preserved on papyrus, but also
as part of the decoration of Theban tombs. The following inventory—excluding tombs, coffins, model-coffins and shabtis, and early
Twelfth Dynasty material, like some texts on Sarenputs stelae in the
sanctuary of Heqaib, or in the tomb of Djefaihapi I at Assiut—of-
fers only an overview.
Cairo CG 20328, owned by the "great one of the Southern ten"
 Seneb, probably from Abydos. The stela consists of a kind
 of litany for recitation, invoking the god Min and the god-

---

late second or third quarter of the Thirteenth Dynasty, see Franke, *Personendaten*,
Dossier no. 580.

[35] This type of statue is comparable to statue Khartoum no. 31 from Buhen,
dating to the period from very late Thirteenth to early Seventeenth Dynasty (H.S.
Smith, *The Fortress of Buhen. The Inscriptions* (London 1976), pl. LXIX, 2-3; Franke,
Personendaten, Dossier no. 561).

[36] Apart from Hassan, *Hymnes religieux*, 157ff. and the translations in *ÄHG* no.
87 and Barucq-Daumas, *Hymnes*, no. 69, see Jan Assmann, *Re und Amun* (Göttingen
1983), 170ff.; id., *Saeculum* 23 (1972), 110f. n. 10; id., *SAK* 8 (1980), 31; id., *Verkünden
und Verklären*, 41.

dess Reput of *Ipu*/Akhmim. Key-phrases are "Min, remember the great one of the Southern ten Seneb, remember what he loves, like you remember your own eye in its name as ...", and parts of the text have parallels in ptolemaic texts only.[37] Line 8 has the key-words "I, the great one of the Southern ten Seneb, have come to You; the great one of the Southern ten Seneb is your son ...", and the last line 13 ends with "may you save the great one of the Southern ten Seneb from the sin against god (*jw nṯr*) against him." Seneb might be identical with the owner of stela CCG 20093 with an excerpt from the pyramid texts (Simpson, *ANOC*, pl. 67; see Franke, *Personendaten*, Dossier no. 622), on which see below. A further hypothesis might be advanced: CCG 20738 was owned by a "true king's acquaintance" Seneb, consisting of a third religious text (see below); could the owner of all three stelae be the same man, attested with two different court titles? L. Morenz thought of a further identification with the owner of a seal, "the teacher of the house of life Seneb" (*sbꜣ nj pr-ꜥnḫ*, Martin, *Seals*, no. 1497) from Abydos,[38] and indeed all three stelae are proof for the access of their owner(s) to archaic religious texts, for the knowledge and understanding of their sometimes peculiar 'cryptic' writing, and the love for publishing these texts on stelae. All three stelae are from the first half of the Thirteenth Dynasty, and this date is in concord with a probable identification of Seneb with a namesake in pBoulaq 18.

Cairo CG 20093 from Abydos (Simpson, *ANOC*, pl. 67; Franke, *Personendaten*, Dossier no. 622) of the "great one of the Southern ten" Seneb, son of the lady Yku, consists of an elaborate appeal to the living and passers-by, and in front of the seated stela's owner and the offering-table are three vertical lines with *Pyr.* § 266 [249] (> *BD*, ch. 178, end): "Words spoken: May the great one of the Southern ten Seneb ap-

---

[37] There is no full treatment of the text up to now, but see Spiegel, *Die Götter von Abydos*, 76; *LÄ* V, 237 n. 20, 28. Parallels to the first part are mentioned by Junker, *Onurislegende*, 87: *Edfu* I, 392, 3 and 394, 7.

[38] L. Morenz, *Beiträge zur Schriftlichkeitskultur* (*ÄAT* 29; Wiesbaden 1996), 155. For a rḫ-nswt Seneb, see Franke, *Personendaten*, Dossier no. 614. Note that the seal Cairo CG 36062 (Martin, *Seals*, no. 1575), mentioned by Morenz, does not show the term pr-ꜥnḫ.

pear as Nefertem as lotus-flower at the nose of Re ..." Late
first or early second quarter of the Thirteenth Dynasty.

Cairo CG 20738, the stela of the "true acquaintance of the king"
Seneb with parts of chapters 18/19/20 from the Book of
the Dead, invoking Thot.[39] Probably first half of the Thirteenth Dynasty, judged by the style of the only preserved
head of its owner, and from Abydos.[40]

Cairo CG 20520, inscribed (retrograde) with a variety of religious
texts: the frequently attested transfiguration spell "open is
the sight" (*wn ḥr*), known from coffins, royal pyramidions,
etc. (see below) from the reign of Senwosret III on, and (ll.
1-15) a "spell for provisioning the Westerners", beginning
with "Hail to you, who shines in his sundisk, the living one,
who comes forth from the horizon", naming the seven celestial cows and their bull, and the oars of the boat of the
sun. It is later found incorporated as chapter 148 into the
Book of the Dead. Lines 15-36 consist of spells [204-210]
of the pyramid texts. Owner of the stela was a "great one
of the Southern ten" Nehy, who is known from two further
stelae from his Abydene chapel (ANOC 32, pl. 50; Franke,
Personendaten, Dossier no. 336), dating probably to the early
first half of the Thirteenth Dynasty.

Cairo CG 20762, a sidewall from a tomb or chapel found at at-
Tod (sigle T1C), owned by the ḥm-nṯr-priest Montuwoser,
and dating to the first half of the Thirteenth Dynasty. Inscribed with a detailed chessboard-pattern offering-list and
excerpts from spells for the presentation of ointment (*mrḥt*)
and the two pieces of cloth (*wnḫ.wj*) (*Pyr.*, §§ 52f. [77], 56
[81]).

Cairo JE 51733 (CG 20829), a finely executed stela found near the
mortuary temple of Pepi II at Saqqara, owned by a
majordomus Neferhor, who worked for several Memphite

---

[39] See too Spiegel, *Die Götter von Abydos*, 93f.; L. Morenz, *Beiträge zur Schriftlichkeitskultur*, 155.

[40] Layout and style of the preserved parts are comparable to stela CCG 20404
from Abydos, owned by a "count and overseer of priests" Ibia, who is shown in
the gesture of adoration. Falsely added to Franke, *Personendaten*, Dossier no. 63;
the name of the god or town is certainly not 'Behedeti', but perhaps *Shedeti* (Sobek
of *Shedet*/Kiman Faris), as read by H.G. Fischer, *Egyptian Titles*, 6 *sub* no. 279a, or
Djerti/at-Tod?

temples. It is inscribed retrograde, and ll. 4-6 contain a short religious text in the Pyramid texts tradition. The monuments of Neferhor were published and discussed by P. Vernus, *RdE* 28 (1976), 119ff., 131, pl. 14, and J. Leclant and C. Berger, in: P. Der Manuelian (ed.), *Studies in Honor of W.K. Simpson* II (Boston 1996), 499ff., and they are datable to the late Twelfth Dynasty, probably the reign of Amenemhet III.

Statue Cairo CG 405, found "standing in the corner of a room in the second of the large northern mansions" at the town-site of Illahun (W.M.F. Petrie, *Illahun, Kahun and Gurob*, 13 §29, pl. XII no. 14). Inscribed on the left side of the seat with *Pyr.*, § 1627f. [593], and on the right side with *CT* I, 1ff. [1], known later from *BD*, ch. 169.[41] Owner was a "king's acquaintance" (rḫ-nswt) Sasobek (Franke, *Personendaten*, Dossier no. 547), who lived probably during the very late Twelfth of first half of the Thirteenth Dynasty.

Leiden 24 (Inv. no. AP.35), owned by the "keeper of the chamber of fruits" (jrj-ʿt dqrw) Amenemhetseneb, and inscribed in the lower part in vertical lines with a variant version of *Pyr.*, § 257-258c [247]. The stela is very probably from Abydos and datable by layout and style to the late first or early second quarter of the Thirteenth Dynasty.

Louvre C290 (E13049; ex Bibliothèque nationale no. 21),[42] a round-topped stela inscribed on its lower part in vertical lines with *Pyr.*, § 17-18 [25]. The stela belongs to a certain Ipi without any title, and is difficult to date. It has a projecting socket like CCG 20520, and looks a little bit extravagant, probably suggesting an archaic look. Perhaps an 'archaism' (like the version of the offering formula used) and from the late Twelfth Dynasty.

St. Petersburg 2958,[43] a round-topped stela owned by a man without any title called Ihy (what means "the sistrumplayer")

---

[41] Probably the latest version of the beginning of liturgy CT.1 of J. Assmann, *Altägyptische Totenliturgien* I. *Totenliturgien in den Sargtexten des Mittleren Reiches* (Heidelberg 2002), 70ff. The phrase "you are the fourth of those four gods" is attested already in *Pyr.*, § 316 [260] and on BM EA 893, l. 16 (see above § 9); see too Assmann, *loc. cit.*, 72, n. 6.

[42] Photograph in J. Capart, *Recueil de Monuments Égyptiens* I, pl. XXIII.

[43] A. Bolshakov and S. Quirke, *The Middle Kingdom Stelae in the Hermitage* (Utrecht and Paris 1999), 68ff. no. 14, pl. 14.

and several others, who are curiously "venerated before Imseti". It is inscribed in ll. 8-17 with the beginning of a ferryman-spell for the benefit of Ihy that contains the phrase "Ihy has come to you that you may ferry him across ..." (*Pyr.*, § 383ff. [270]).[44] The stela displays no pictorial decoration and the hieroglyphs are semi-cursive and abbreviated like those on the stelae Rio de Janeiro 4 & 5 (see § 4; note that *jḥjj* "music" plays a certain role in this hymn!). The text ends rather abruptly, but I think nothing is lost or cut away at the stela's bottom. The provenance is unrecorded, and the stela dates probably to the late Twelfth or first half of the Thirteenth Dynasty.

Trento, Castello del Buonconsiglio,[45] a high-rectangular stela with cavetto cornice and Torus, displaying in raised relief a couple seated on a chair with bull's legs. Above the scene are twelve vertical lines with a variant version of *Pyr.* [248], later known as part of *BD*, ch. 174. Owner is a "scribe of the great enclosure" (*zẖ nj ḥnrt wr*) Siamun. The stela has the late (vertical) spelling of the offering formula, and probably dates to the second half of the Thirteenth Dynasty.

Louvre E25485, a stela-chapel of four panels, including a niche for the owner's statue.[46] Most prominent is an "overseer of troops" (*jmj-rꜣ mšꜥ*) and "overseer of the baboons of the suite of the king" Amenyseneb. To the left of the statue-niche on the front-panel A is inscribed a magical "spell for warding off the *Rerek*-snake", and to the left on the back-panel D is a "spell of the *ankh-imy*-flower". Probably from Abydos and dating to the late Twelfth or first half of the Thirteenth Dynasty.

Stela-chapel of the "overseer of percussionists" (*jmj-rꜣ ḥnw.w*) Kemes, designed as a massive sarcophagus above a palace-facade shaped socket. Inscribed on the eastern side with coffin text spells [773] and [387, 353], and parts of the 'pyramidion-

---

[44] For parallels of this spell, see also J. Leclant, *ACF* 83 (1982-1983), 539.

[45] Published without photograph nor drawing by W. v. Bissing, *ZÄS* 40 (1902-1903), 118ff., the suggested origin from the Abusir/Saqqara region is only a guess. See for the date also K. Pflüger, *JAOS* 67 (1947), 134 n. 34, and Franke, *Personendaten*, Dossier no. 513 (but probably not identical with his namesake on CCG 20360).

[46] Published by J. Vandier, *Revue du Louvre* 13, 1 (1963), 1ff.; id., *Fs Schott* (1968), 121ff. The spells are translated by J.F. Borghouts, *Fs Westendorf* II (1984), 703ff. Bibliography in Franke, *Heqaib*, 251 n. 629.

spell' *CT* [788] are on top of the north side above a niche
with an osiride figure and on top of the western and eastern
sides.[47] Very probably from Abydos and datable by its style
to the late first or early second quarter of the Thirteenth
Dynasty.

Stela-chapel of the "great one of the Southern ten" Seneberau and
his family, perhaps from the Gebelein region, inscribed on
sides B and D next to a niche with an osiride figure holding
ḥz-jars with the same part of the spell for shabtis, *CT* VI,
2a-h [472]. The monument probably once stood at Gebelein
or at Abydos and dates to the middle or second half of the
Thirteenth Dynasty.[48]

Naos for a statue (called *srḫ*, "memorial") and pedestal for a torch
of the "overseer of sculptors" Zeshenu from the valley temple
of the pyramid of king Snofru at Dahshur, inscribed on top
with a spell for a torch carried at New-Years-day.[49] Zeshenu
is mentioned also on the Abydene stela BM EA 844, l. 5,
in a name-list of craftsmen (Franke, *Personendaten*, Dossier
no. 701). Probably made by capital 'royal' sculptors and
from the first half of the Thirteenth Dynasty.

Naos for the statue of the "great one of the Southern ten" Amenyjatu
(Habachi, *Heqaib*, no. 36), from the sanctuary of Heqaib on
Elephantine. One side is inscribed with variants of *CT* spells
[437] and [223], the other with a variant version of the
well-known spell for "open the sight" (*wn-ḥr*, *CT* [788]) that
should enable the dead to partake at the daily solar cycle.
It is also attested—apart from coffins, royal pyramidions
and model coffins—in several variants on about eleven stelae, an offering-table and on the stela-chapel of Kemes
mentioned above, with a cluster of sources dating from the
(early) reign of Amenemhet III and another from the late
first and second quarter of the Thirteenth Dynasty (see
Franke, *Heqaib*, 241ff., 245ff.). The naos is datable to the
first quarter of the Thirteenth Dynasty (Franke, *Heqaib*, 64).

Aswan Museum 1381, a statue of a squatting man, the "great
chamberlain of the treasury" Shebenu (Habachi, *Heqaib*,

---

[47] G. Lapp, *MDAIK* 50 (1994), 231ff. Present whereabouts unknown.
[48] P. Vernus, RdE 26 (1974), 100ff.
[49] A. Fakhry, *The Monuments of Sneferu at Dahshur* II, 2 (Cairo 1961), 63ff., pls.
LXVIII, LXIX; F. Haikal, *Mélanges G.E. Mokhtar* I (*BdE* 97, 1; Cairo 1985), 362ff.;
Franke, *Heqaib*, 235 n. 602.

no. 70), inscribed with variants of *CT* spells [437] and [223], see Franke, *Heqaib*, 241ff. Found in the sanctuary of Heqaib on Elephantine, and dating to the late first quarter of the Thirteenth Dynasty, around the reign of king Khendjer (Franke, *Heqaib*, 66).

Cairo CG 20455, a high-rectangular stela with cavetto cornice and Torus, owned by the "great one of the Southern ten" Ameny. Above the scene of a sitting man in front of a large heap of offerings are four horizontal lines, the first two lines consist of the "spell for the purification of the offering-table", introduced by the key-words *jw w'b sw'b wdhw* ... "It is pure, and purified is the offering-table ..." This is the only stela inscribed with this rather frequently attested spell. It follows an offering-formula. The bottom displays a chessboard pattern, the compartments filled with names and titles and a stylized human figure each. From Abydos, and dating probably from the late Twelfth Dynasty.[50]

Chicago OIM 7609, a badly broken and unpublished stela, partly preserves a kind of litany or hymn, with the key-words *htp.tj, rsj, nd, dd.tj, m-' jrj<t> dwt nbt*, mentioning Osiris and Horus, and in the first line a cartouche of a king Amenemhet. Probably dating from the late Twelfth Dynasty.

Berlin 21822, a stela decorated on four sides, probably from Abydos and not Qaw el-Kebir.[51] The front-side (a) contains the figure of the owner and vertical lines with offering formulae, one invoking the mayor Ibu (of tomb no. 8 at Qaw el-Kebir). On the backside (c) is what might be a hymn describing the festival of Osiris at Abydos, key-words are the place-name *Poqer* (*pqr*) and "repelling the rebel from the *neshmet*-barque". Owned by a "reporter" (*whmw*) Wahka (-seneb), and probably from the late Twelfth or early Thirteenth Dynasty.

The so-called "Abydos-formulae", a collection of various 'Osirian' afterlife wishes, have been popular on stelae from Thebes and Abydos from the end of the reign of king Wahankh

---

[50] See Franke, *Heqaib*, 60 n. 189, 67, and for the spell p. 235ff.

[51] H. Steckeweh and G. Steindorff, *Die Fürstengräber von Qaw* (Leipzig 1936), 53f. no. 2, pl. 18.

Antef II to the middle of the Twelfth Dynasty.[52] These
pious requests are but rarely attested on Thirteenth Dynasty stelae: on Boston MFA 72.766a&b, belonging to a
"king's acquaintance and overseer of singers" Khemi, son
of a *wr-mdw-šmʿw* Sobekhotep and a "maidservant of the
ruler" Hetepet,[53] on stela Rio de Janeiro 17 (Inv. 643 [2433])
of Seqedi (the sailor?) Shemre (also owner of stela Durham
N. 1948),[54] and on stela Hildesheim 4589 of a priest from
Edfu (Cat. Kayser, fig. 42).

Three more sources should be finally added here, though they are
of royal origin:

Louvre C10, a limestone block from the (outer?) decoration of a
chapel of king Khaankhre Sobekhotep II at Abydos,[55] carefully incised with (part of) a hymn to the eye of Horus in
vertical lines. The first clear sentence is "Horus is pleased
with his eye of his own body", then the goddesses Sekhmet,
Bastet, Shezemtet and Werethekau are enumerated; it follow invocations of two unknown minor gods ("I have come
to you, *Krkr.tj*, at night; I have come to you *ndmw-pdwt*,
..."), and it finishes with "I praise you, the eye-of-Horus ..."
Beginning and end of the text are missing, and the hymn
is without parallel so far.

Stela of king Khasekhemre Neferhotep I from Abydos, apparently
now lost.[56] According to a study by R. Anthes,[57] the stela

---

[52] See in general Lichtheim, *Autobiographies*, 55ff., and H. Selim, *MDAIK* 57 (2001)
257ff. A peculiar variant is on stela CCG 20040 from the reign of Amenemhet II
(ANOC 13; Lichtheim, *Autobiographies*, no. 50).

[53] R.J. Leprohon, *CAA MFA Boston* 2, 1ff. Note that on stela Louvre C30 verso
(see § 1 & 13), second row, second compartment from the right, is depicted a couple
wr-mdw-šmʿw sbk-ḥtpw and *nbt-pr ḥtp.tj*, who might have been the parents of
Khemi.

[54] See too Assmann, *Totenliturgien* I, 158, for the stela's variant version of *BD*,
ch. 169.

[55] See E. Bresciani, *EVO* 2 (1979), 14ff., who joined Louvre C10 to Louvre
C9, a corner-piece fitting in probably to the left. The blocks are rather low (c. 110
cm; diameter 11-12 cm), but I do not think that they belonged once to a sarcophagus
(as E. Bresciani proposed), but that they were part of the outer wall of a barque-
chapel with platform Leiden AM 109. W. Helck's copy in his *Historisch-Biographische
Texte der 2. Zwischenzeit* (Wiesbaden 1975, 1983), 5 (no. 10), is very bad and relies
only on Pierret, *Recueil des Inscriptions* II, 34.

[56] The only existing copies are published by Mariette, *Abydos* II, pls. 28-30,
and id., *Catalogue général des monuments d'Abydos*, 233f. no. 766, see M. Pieper, *Die
große Inschrift des Königs Neferhotep in Abydos* (Leipzig 1929), and Breasted, *Ancient Records*

contains (at least part of) two hymns. Anthes' so-called 'old' first hymn l. 21ff. (translated on p. 20 of his study) seems to be no hymn at all but a description of the qualities of the king ('he') in the role of Horus and his pious deeds for his father Osiris ('You'). "Placed by god in the heart" (*rdj.n-ntr nn m jb ...*) probably was the finding of old scripts by the king himself, incited by divine inspiration, and not the following statements about overthrowing the rebel, praising god by day and night, and secret knowledge. Pieper's 'great hymn' and Anthes' so-called second 'new' hymn l. 27ff. is introduced by "the king said". This is very probably the beginning of the whole final speech of the king, up to the end of the stela in l. 40. The speech is divided into several sections: a first part is styled in a constellation "I", the king, and "You", Osiris, enumerating the (prospective?) effect of the king's pious actions to gain a state of vindication for Osiris: "I (the king) recite for you (Osiris) in warding off the rebel ... ... (May?) you arrive at Abydos in joy, while the great ones are in front of you ... (28) ... You are vindicated in the broadhall, while your parish (*wndwt*) is in rejoice (29) and your partisans (*mrwt*) are in enjoyment, and after I have overthrown the rebels against your majesty and after I have made pleasant the heart of [*god* ...] ...." The constellation changes then after a formula of reciprocity "god loves who loves him" (*mr-ntr mrr sw*, l. 29) to a pattern "you" (Osiris) and "me" (the king), introducing requests on behalf of the king: "In your (god's) heart are all my (the king's) doings. May you make perfect my monuments in your temple, may you give that I am among (30) the followers of your majesty ... ...". This is hymnal style, but not a proper hymn, and it is followed by statements about the relationship between the king and the priests.

I, § 753ff. According to Breasted, it was "exceedingly indistinct and difficult to copy", and the copies show many gaps, omissions and apparent errors. A certain impression of what might have been the intentions of the original text is offered by W. Helck, *Historisch-Biographische Texte der 2. Zwischenzeit* (Wiesdbaden 1975, 1983), 21ff. no. 32. with numerous restorations.

[57] R. Anthes, in: *Festschrift zum 150jährigen Bestehen des Berliner Ägyptischen Museums* (Berlin 1974), 15ff.

Stela Cairo JE 51911 of king Khaneferre Sobekhotep IV from
Karnak, published by W. Helck, *MDAIK* 24 (1969), 194ff.
Introduced by a hymnal praise of the king,[58] the main theme
is the king's care for the temple of Amun-Re, the god of his
home-town Thebes.[59] The enumeration of royal donations
(l. 10ff.) is introduced by a collection of epithets of Amun.
Unfortunately, the beginning of the section is destroyed,
but it seems to be part of the speech of the king to his
courtiers (l. 3ff.). If it really was a hymn to Amun—and
then *jnḏ-ḥr=k* or dwꜣ should be restored in l. 6 -, it is the
oldest known of this sort:

> ... king of sky, gold of gods, bull of his mother Nut! Whom praise
> the *ba*-souls of the West, and to whom are well disposed (*snsn*)
> the *ba*-souls of the East ... Who has made the primaeval waters,
> noble (*sꜥḥ*) in his perfection, after he has given the universe (*tm*)
> his eyes and ears; who has created food(offerings), who has knit
> together the Two Lands, has created Egypt, and captured [the
> Foreign countries] ... Who treads on the sky everyday, in eternity
> and infinity, who guides himself, who is aware of what is in the
> bodies of mankind, the unique noble one (*wꜥ špsj*), ... Who equips/
> controls (ḥn) himself, and who protects those who are among his
> followers (*jr zꜣw=f r ntjw m-ḫt=f*); Foremost of place at *Ipetsut*
> (Karnak), lord of Heliopolis, who made the [Ennead] of gods,
> who loves [... ...] (ll. 6-10).

3. *Some results, questions and answers*

3.1 *Who published*[60] *hymns?*

Twenty-three hymns or (probable) part of hymns are listed above,
attested on about thirty-three stelae and two statues. A look at the
titles of the speakers/reciters of the hymns reveals several important

---

[58] For the praise of the king, see too D. Franke, in: R. Gundlach and C. Raedler
(eds.), *Selbstverständnis und Realität* (*ÄAT* 36, 1; Wiesbaden 1997), 189ff. (Textquelle
no. 19).

[59] See P. Vernus, *BSEG* 13 (1989), 178ff., with some corrections of Helck's
publication.

[60] I make a distinction between *publishing* texts on 'above ground' monuments
visible to the public, like stelae or temple-statues, and the *recording* of texts on
'underground' monuments like coffins for the use of the dead, or on papyrus for
afterlife use or archival purposes. See also below *sub* III.5.

features. Most of the people who decided to immortalize their knowledge of sacral festival hymns belong to the highest social strata of
Middle Kingdom society: royal court officials with the ranking titles of "prince, count" (attested eight times), and "royal seal-bearer".

overseer of the (royal) estate detachment (at a temple) (jmj-rꜣ gs-pr)	§ 2 (BM EA 893 ḥtmtj-bjt); § 3 (BM EA 1367); § 16 (MMA 21.2.69)
deputy of the royal treasurer (jdnw nj jmj-rꜣ ḫtmt)	§ 1 (Louvre C30); § 4 (CCG 20086)
royal majordomus (jmj-rꜣ pr wr)	§ 4 (*Cem. Ab.* III, 37 fig. 18)
master of secrets of the two crown-goddesses ...	§ 2 (Chicago OIM 6897)
director of the broadhall (ḫrp wsḫt)	§ 5 (Cairo JE 39755)
(Not clear; perhaps a scribal title??)	§ 22 (CCG 887)

To the highest strata of society on a more local level certainly also
belonged the mayors and overseers of priests, who are but rarely
attested citing hymns: one in the early Twelfth Dynasty (§ 7: BM
EA 580), and one from the very late Twelfth Dynasty at the earliest
(§ 6: Torino Cat. no. 1547). From the monuments of the famous
mayors and overseers of priests of the first half of the Twelfth Dynasty, like Sarenput I of Elephantine, Djefaihapi I at Assiut, and their
colleagues at el-Bersheh and Meir, we know that they probably had
access to sacral texts through the temple libraries and, in any way,
they could commission lector-priests, royal craftsmen and artisans.

The frequency of the title *jmj-rꜣ gs pr* seems significant. Its tasks
encompass the supervision of workmen, cattle, fields, gardens and
storehouses of an economic unit or estate, supplied from part of the
taxes determined by the king for a temple. The *jmj-rꜣ gs-pr* is the
overseer of a royal estate associated to a temple, and in this function, as a locally acting official and as an agent of the king, he is at
the meeting-point between the spheres of royal and temple economic
administration.

Equally often attested is the title of a "great one of the Southern
ten" (*wr mḏw šmʿw*) (§ 1: Louvre C30; § 4: Rio 4 & 5; § 20: CCG
20277), and officials with this title are also six times the owners of
stelae or naoi inscribed with other religious texts.[61] Like its Old

---

[61] CCG 20328, 20093, 20520; stela-chapel of Seneberau; naos of Amenyjatu;
CCG 20455.

Kingdom counterparts *smsw ḥȝyt*, *rḫ-nswt*, and *zȝb rȝ-nḫn*, the title obviously had a practical function in the realm of late Middle Kingdom court society. Some judicial responsibility is attested, but in general it seems to be a kind of explanatory title ("Beititel"), indicating a functionally unspecific membership to the body of court functionaries. Frequently the title's holders were found among the staff of expeditions or royal commissions.

It seems noteworthy that none of the reciters of other religious texts listed in part 2. had the ranking titles of prince and count.

The other reciters of hymns can be distributed roughly to five groups: (A) administrative officials, (B) palace officials and servants, (C) suppliers of the temples, (D) temple staff or priests, and (E) musicians.

A. The group of administrative officials consists of a "royal majordomus, or high steward" (§ 4), a "deputy of the royal treasurer" (§ 1, 4), a "great scribe of the vizier" (§ 1: Louvre C285), an "instructor of scribes" (§ 2: *Abydos* II, pl. XXX, 2), and a "reporter of the vizier" (§ 10: Vienna ÄS 198).

B. A "chamber's keeper of the chamber of incoming goods" (§ 1: BM EA 243 & Oxford QC 1109) and an "overseer of the storeroom, with access, of the chamber of fruits" (§ 12: Durham N.1984) belonged to the administration of the provisioning quarters of the palace, while an "elder of the portal" (§ 15: Parma 178) and a "director of the broadhall" (§ 5) supervised certain parts of the palace.

C. Responsibility for the deliveries of food supply for the god's offering to the temple was the main task of an "majordomus of the god's offering" (§ 1: Louvre C30) and a "majordomus and accountant of cattle" (§ 16: Glasgow Art Gallery 1923.33.ad), and also the early Twelfth Dynasty "overseer of cattle" (§ 8: Glasgow Hunterian Museum D1922.13) fits in here.

D. There is only one lector-priest from Akhmim attested citing a hymn at Abydos (§ 14: Zagreb 7), whose proper sphere of business should imply more than a passing knowledge of sacral texts, and two further temple officials: a "god's treasurer of Abydos" (§ 1 & 11: Hannover 1976.80a&b) and the Theban "scribe of the temple" (§ 21: BM EA 1163), who had to register the incoming goods in collaboration with the "majordomus of the god's offering".

E. An "overseer of singers" (§ 16: CCG 20089 & 20703) was of course responsible for bringing hymns to life on stage, and because of his close contact to the king, he had the prefix-title of a "king's acquaintance" (same titles on stela Boston MFA 72.766a&b). His close colleagues would be—on a more familiar base—the harpist Tjeni-aa[62] of the royal majordomo Nebankh, who is known from several monuments, and the "overseer of percussionists (drummers, sistrumplayers)" Kemes, who owned a fine stela-chapel inscribed with excerpts from some coffin texts.[63]

Really an exception is the "trainer-commander of the ruler's (naval?) crew" (§ 17: Berlin 7287), the only military man of the whole corpus. An easy explanation why he was able to recite a short invocation to Min-Hornekht would be that he did not get it from a papyrus but simply remembered it by heart, from hearing it during the festival procession, while he was one of the combatants for the god.[64] But this is pure speculation. The "general" and "overseer of the baboons of the suite of the king" Amenyseneb of Louvre E25485 (see part II), who cites two sacral spells on his monument, might be a military man as well.

The tail-light and at the base of social hierarchy was the modest washerman (§ 19: CCG 20281), reciting a proper hymn to Ptah. If he got the privilege to have access to a hymn, he probably owed it to his membership to the household of a high official who is unknown to us. It might be also seen as a sign for a certain "demotization" (J. Assmann) of sacral hymns in the late Thirteenth Dynasty.

The group of the owners of monuments with other religious texts collected in part II seems to be composed a little bit differently. Noteworthy (again) is the high frequency of the "great ones of the Southern ten" (CCG 20328, 20093, 20520, 20455; stela-chapel of Seneberau; naos of Amenyjatu), then there are two "king's acquaintance" (CCG 20738, 405), a "great chamberlain of the treasury" (Aswan 1381), a "scribe of the great labour compound" (Trento), a "keeper of the chamber of fruits" (Leiden 24), a temple majordomus

---

[62] Franke, *Personendaten*, Dossier no. 738, add Vienna ÄS 182; for the harpist's song on CCG 20809: L. Morenz, *Beiträge zur Schriftlichkeitskultur*, 46, and see in general H.-W. Fischer-Elfert, *GM* 143 (1994), 47f.

[63] G. Lapp, *MDAIK* 50 (1993), 231ff.

[64] See H.G. Fischer, *Varia Nova* (New York 1996), 103-105, for titles and epithets of 'fighters' for a god.

(Cairo JE 51733), and—for the first and only time—a craftsman, an "overseer of sculptors" (naos of Zeshenu from Dahshur). A further significant feature is the fact that two stelae were owned by people without any title (Louvre C290; St. Petersburg 2958). Only one monument belonged to a *ḥm-nṯr*-priest, but it is from at-Tod and probably part of a tomb (CCG 20762). The rank of all is remarkably lower than that of the reciters of hymns of part I. I propose that access to this kind of spells was easier than to Abydene hymns, because they belonged partly to the well-established and rather widespread corpus of pyramid and coffin texts, though their publication on monuments above ground like stelae etc. never came in fashion.

At last, it seems very significant, who did *not* publish hymns. There are no ritual specialists (except for one "lector-priest") and priests (*wꜥb*, *ḥm-nṯr*), and there are only two "overseers of priests"; there is no vizier and no royal treasurer, no "mouth of *Nekhen/* Hierakonpolis(?)" (*zꜣb rꜣ-nḫn*), no soldier (with one exception) nor "soldier of the town regiment" (*ꜥnḫw nj nwt*), and no "scribe-draftsman" (*zḫ qdwt*), who all are known from so many contemporary monuments. There is no hymn on the many stelae of priests from Edfu, who concentrated on composing priestly and civil autobiographies instead. Obviously they did not want to publish hymns, though they doubtless had access to ritual texts and hymns.

3.2 *When were the hymns published?*

There are only two stelae from the early Twelfth Dynasty (§ 7-8), probably erected on the occasion of royal activities at Abydos in the period.

A core of stelae is firmly datable to the reigns of kings Sobekhotep II to IV (§ 1: Louvre C285; § 3: BM EA 1367; § 4: *Cem. of Abydos* III, 37 fig. 18; § 10: Vienna ÄS 198; § 16: MMA 21.2.69). Additionally, a greater cluster of stelae can be dated to the same period by prosopographical links or stylistically.[65]

Some stelae are only roughly datable to a second, later 'peak' in the late first or second half of the Thirteenth Dynasty (§ 1 & 11:

---

[65] § 1: BM EA 243 & Oxford QC 1109, Louvre C30, CCG 20498 (?); § 4: CCG 20086, 20776, Rio de Janeiro 4 & 5, § 12: Durham N.1984; § 14: Zagreb 7; § 15: Parma 178; § 16: CCG 20089 & 20703, Glasgow Art Gallery 1923.33.ad; § 17: Berlin 7287.

Hannover 1976.80a&b; § 2: *Abydos* II, pl. XXX, 2, Chicago OIM 6897; § 5: Cairo JE 39755; § 19: CCG 20281; § 20: CCG 20277). BM EA 893 (§ 2 & 9) and statue CCG 887 (§ 22) from Thebes perhaps also belong to this period.

The royal stela CCG 20517 (§ 18) dates to the very late or even after the Thirteenth Dynasty, while BM EA 1163 (§ 21) is of the Theban Seventeenth Dynasty, as well as perhaps the statue BM EA 494 (§ 23).

The result is very enlightening. The vast majority (twenty) of attestations for hymns dates to the first and second quarter of the Thirteenth Dynasty, i.e. from a relatively short period of about sixty years (c. 1780-1720 BC), culminating in the reigns of Sobekhotep III, Neferhotep I and Sobekhotep IV (c. 1750-1720 BC). I suppose that all stelae with hymns of this period were produced at the same special (three or four?) occasions, the performances of the festival of Osiris at Abydos in the reigns of the kings Khendjer (?) and/or Sobekhotep III, of Neferhotep I and of Sobekhotep IV (§ 1/13, 3, 4, 10, 12(?), 14, 15, 16, 17).

This rather sudden push of publications of hymns to the gods of Abydos is paralleled by at least three pictorial features that made religion visible, to be observed on several stelae of the period: (1) the royal treasurer Sonbsomei is depicted wearing the ceremonial "priestly" diagonal sash, indicating initiation to secret sacral knowledge (on stelae BM EA 252; CCG 20075),[66] and the same sash is worn also—among others—by the contemporary owners of BM EA 1367 (§ 3) and New York MMA 21.2.69 (§ 16) reciting hymns. (2) At the same time, the motif of the scene of the *sem*-priest clad in a leopard skin robe reaches the peak of its popularity on stelae, with more than fifteen attestations. (3) The third motif are the scenes of adorers in front of the figure of a god, rather rarely accompanied by the copy of the hymn recited.[67] I know of about twenty stelae showing men adoring the figure of the god Min; the earliest examples are on Leiden 42 (ANOC 57, pl. 79), Louvre C8

---

[66] The only block known from his tomb at Dahshur contains variants of *CT* spells [723] and [67], see Mariette, *Mastabas*, 583; D. Franke, *Altägyptische Verwandtschaftsbezeichnungen im Mittleren Reich*, 23 n. 1.

[67] § 1: Louvre C30, adoring Osiris and Min (§ 13); Torino Cat. no. 1547 (§ 6), adoring Osiris; Vienna ÄS 198 (§ 10), adoring Wepwawet; Glasgow Art Gallery 1923.33.ad (§ 16), CCG 20703 (§ 16), Berlin 7287 (§ 17), CCG 20517 (§ 18; royal), and Zagreb 7 (§ 14), adoring Min; CCG 20277 (§ 20), adoring Re-Harakhty, and finally CCG 20281 (§ 19), adoring Ptah.

and Vienna ÄS 135 of king Sobekhotep III's family from around
the reigns of Khendjer to Neferhotep I, the latest is on stela Louvre
C287 from the Seventeenth Dynasty.[68] Four royal stela should be
added, displaying a king adoring god: CCG 20601 of king Neferhotep
(I) and CCG 20146 of king Sobekhotep (IV?)[69] with Min-Hornekht,
CCG 20044 of king Merhotepre (Sobekhotep V) and BM EA 969
of the 'Abydos-king' Wepwawetemzaf with Wepwawet.

For religious activities of the period at Abydos under royal pa-
tronage, the construction of a chapel of king Khaankhre Sobekhotep
II with a hymn to the sacred eye of Horus on Louvre C10 (see part
II) should be mentioned, also the royal decree Cairo JE 35256,
perhaps from the first part of the Thirteenth Dynasty and usurped
by Neferhotep I,[70] and the famous Abydos stela of the same king,
now lost (see part II). After the performances of the Osiris festival
in the reigns of Senwosret III and Amenemhet III, as reported by
Ikhernofret (Berlin 1204) and Sehetepibre (CCG 20538), the kings
of the first half of the Thirteenth Dynasty undertook earnest efforts
to promote Abydos and the performances of the festival. The temples
were refurbished and endowed with donations, as reported by
Amenyseneb on his stelae Louvre C11 & C12 (ANOC 58), who
worked at Abydos on order of the vizier Ankhu. Ritual specialists
from the northern temples of Ptah of Memphis and Atum of Heliopolis
regularly visited Abydos.[71] The holy bier of the god Osiris (Cairo
JE 32090), to be hidden in his alleged tomb at Umm el-Qaʿab, was
produced on order of a king of the first quarter of the Thirteenth
Dynasty.[72] The festival was performed (perhaps not yearly) in the
late first and early second quarter of the Thirteenth Dynasty doubtless under the guidance of the royal treasurer Sonbsomei and his

---

[68] M. Malaise, *SAK* 9 (1981), 279ff., and id., in: *Orientalia J. Duchesne-Guillemin
Emerito Oblata* (*Acta Iranica* 2e serie 23, vol. 9; Leiden 1984), 408ff., add BM EA
506, Dublin UC 1365 (S. Quirke, *RdE* 51 (2001), 233ff., pl. XXXII lower), Glasgow
Art Gallery 1923.33.ad (see § 16). Louvre C287: D. Franke, *JEA* 71 (1985), pl.
XIX.
[69] His stela from the Wadi Hammamat shows him adoring the figure of Min
of Coptos (F. Debono, *ASAE* 51 (1951), pl. XV).
[70] A. Leahy, *JEA* 75 (1989), 41ff.
[71] See for example the "god's fathers" on stelae Dublin UC 1365 and Leiden
26 (S. Quirke, *RdE* 51 (2001), 233ff., 237), or on Leiden 14.
[72] A. Leahy, *Or* 46 (1977), 424ff., and see the readings proposed by K. Ryholt,
The political situation in Egypt during the Second Intermediate Period (Copenhagen 1997),
217.

successor Senbi, accompanied by a large royal entourage.[73]

The hymns did not belong to the (daily) cult rites, performed by priests hidden in the temple, but to the public performances of religious processions (*prwt*). This is made clear by the explicit naming of the occasion at which the hymn was recited: "at this day" (*m hrw pn*: § 1, 2, 4, 5, 9), when the god "appeared" (*ḫꜥj*) and when it was possible "to see the perfection" (*mꜣꜣ nfrw*)[74] of the god. While participating in the events of these days, the crowd assumed quasi priestly roles, having the state of ritual purity ("purified and clean", see § 13: Louvre C30 verso) and the chance to partake in actions usually hidden to their eyes: the incantation of sacred hymns by the priests, where they could all join in the singing, including the staging of the role of the god's son Horus (§§ 1, 9, 19). The members of the royal commissions to Abydos were certainly inspired by the experience of participating in the solemn play of the death and resurrection of Osiris and the feast processions, when the hymns were sung by the crowd. Perhaps, they became acquainted with the hymns on these occasions, and were stimulated to publish them on stelae, which they ordered from nearby workshops and craftsmen.

In a diachronic view, three or four peaks or clusters in the 'publication' of hymns can be made out: a first impetus, or first wave of sacral texts published on stelae, their prime being probably the conquest of Abydos by Wahankh Antef II in the early Eleventh Dynasty, continued by the efforts of Montuhotep II, and a second wave during the reigns of Senwosret I and Amenemhet II. From these periods are the solemn prayers of Wahankh Antef II on stela New York MMA 13.182.3 from his Theban tomb (*TPPI*, § 15; *ÄHG* no. 201), the first stelae from Thebes and Abydos with the so-called 'Abydos-formulae' requests, also stela Louvre C15 with its peculiar 'cryptography', and then the first hymns to Osiris attested at Abydos (§ 7-8). The climax of Middle Kingdom hymns at Abydos lay in the period of the reigns of Sobekhotep II to Senaaib, with attestations on about thirty stelae, and with a shift to Thebes after that period, according to the political developments of the time. The growing importance of Amun-Re and Thebes was enforced

---

[73] For the outstanding importance of these two men, see W. Grajetzki, *Two Treasurers of the Late Middle Kingdom* (Oxford 2001).

[74] On this term see H. Satzinger, *MDAIK* 25 (1969), 123f., n. (a).

already by the donations of several early Thirteen Dynasty kings, especially of king Khaneferre Sobekhotep IV (stela Cairo JE 51911, see part II), and their courtiers to the temple of Karnak. The hymn on statue BM EA 494 (§ 23) to Amun and the hymns to the sun on the pyramidion-stela BM EA 1163 (§ 21) mark the religious and ritual importance of the temple of Nebhepetre Montuhotep II at Deir el-Bahari, and Western Thebes in general, in the late Middle Kingdom, as well as the beginning of a new specific Theban tradition of hymns.

3.3 *The overall structure of the hymns*

Jan Assmann, *ÄHG*, 19,[75] described the bipartite structure with four sections of ancient Egyptian hymns in general, and this structure is quite clearly attested already in Middle Kingdom hymns:

1. The (short) invocation, introduced by "hail to you ..." (*jnd-ḥr=k*), except for the oldest hymns (§§ 7-8). Introductions by "praise to you" (dwȝ: §§ 12, 13), also in the hymn to the sun on the late BM EA 1163 (dwȝ: § 21), and by "adoration to you" *jȝw-n=k* (§ 15, second stanza) are rare. The 'Sitz im Leben' for reciting the hymn at the occasion of the procession of the god is explained by the key-words "at this day" (*m hrw pn*: §§ 1, 2, 4, 5, 9), continuing regularly with:

2. The glorifying description of the god, usually a long chain of syntagmas in nominal style, to confess and to communicate knowledge of the character of the god, indicating proximity and acquaintance to the god.

3. The final prayer, the *mise en scène* or self-presentation of the speaker in the 'I' point of view, sometimes playing the role of the god's son (Horus: §§ 1, 9, 19; also on CCG 20328). Key-words are "I have come to you" (*jj.n=j ḥr=k*: §§ 8, 19; *jj.n=j n=k*: § 2, see too on CCG 20328), variants are in §§ 1, 6, 9.

4. Pious requests for the benefit of the speaker are sometimes added (§§ 3, 9, 10, 11, 15, 16).

It should be noted here, that most of the texts subsumed in part II under the heading "other religious texts" are in fact also of the type of solemn invocations of divine beings, introduced for example by

---

[75] See also Assmann, *Verkünden und Verklären*, 33ff., and *LÄ* III, 105f.

"Hail to you" (*jnd-ḥr=k*: CCG 20520), "Ho!" (hꜣ:[76] CCG 405; Leiden 24; Louvre C290; Trento), or "Oh!" (y: CCG 20738; Louvre E25485; naos of Seneberau).

Late Middle Kingdom hymns are complete hymns so far, no 'preformal models' or antecedents of the numerous hymns of the New Kingdom. Their cultural context is neither 'cult and rite' (as probably the hymns to Sobek on pRamesseum VI) nor 'tomb' (see below III.4), but 'feast' and 'public appearance of the god in procession'.

3.4 The places of origin of the monuments with hymns

Almost all of the stelae with hymns described so far are from Abydos. A few late examples are from Thebes, namely votive statues from the temple of Nebhepetre Montuhotep II at Deir el-Bahari (CCG 887: § 22; BM EA 494: § 23), a pyramidion-stela (BM EA 1163: § 21), and a stela (BM EA 893: § 2 & 9). Other religious texts of part II are from the mortuary temple of Pepi II at Saqqara (Cairo JE 51733), the valley temple of king Snofru at Dahshur (naos of Zeshenu), Illahun-town (statue CCG 405), at-Tod (CCG 20762), Gebelein (stela-chapel of Seneberau), and the sanctuary of Heqaib on Elephantine (naos of Amenyjatu; statue of Shebenu).

Most of the stelae with hymns that were definitely found at Abydos are from disturbed contexts (see §§ 2, 4, 8), but they derive from the area of the vast North cemetery, flanking the processional road to Umm el-Qaꜥab. They were erected above ground, intended to be seen by passers-by, as parts of chapels (Hannover 1976.80a&b [§ 1 & 11]; Parma 178 [§ 15]; the stela-chapels Louvre E25485 and of Kemes), and/or as free-standing monuments. They do not belong to a funeral context but are memorials for the immortalization of their owner's name. This is obvious for the sidewalls of chapels or double-sided (§ 1 & 13: Louvre C30) and four-sided stelae (§ 12: Durham N.1984; Berlin 21822 [see part II]; also § 21: BM EA 1163 from Thebes).

Though almost all of the high officials of the period were presumably buried in the cemeteries near the royal residence in the North of Egypt, the royal majordomo Nebankh, a contemporary of Neferhotep I and Sobekhotep IV, might have been buried at

---

[76] Used here only in excerpts from pyramid texts. For the term, see Assmann, *Totenliturgien* I, 32.

Abydos. From his chapel (ANOC 46) are a stela with a hymn to
Osiris (§ 4), another one with a song of his harpist (CCG 20809),
a statue with autobiographical phrases (Pittsburgh 4558-3: *Cem. of
Abydos* II, 115 fig. 72) and parts of architraves, but most significant
for the 'tomb-hypothesis' seems to be the survival of a heart scarab
(BM EA 64378, inscribed with *BD*, ch. 30B).[77] The stelae Cairo JE
39755 (§ 5), New York MMA 21.2.69 and Glasgow Art Gallery
1923.33.ad (see § 16) were excavated as part of tomb assemblages
in one of the sections of the North cemetery at Abydos, but the
Glasgow stela had "a coat of yellow paint which has been worn
away over the figure of Min by rubbing. This must have occurred
whilst the stele was visible anciently in its original tomb chapel".[78]
Thus, several of the stelae probably belonged to buildings that
include a burial, but their function was the same as that of a stela
erected in a cenotaph or set up against the Osiris temple's enclosure
wall.[79]

For the monuments from temples at Thebes (§ 22-23), Saqqara,
Dahshur and Elephantine, it is obvious that they were erected far
from and without connection to the owner's tomb. Only for the
sidewall CCG 20762 from at-Tod, which contains no hymn at all,
a mortuary 'subterranean' (burial) context is possible.

3.5 *The production of the stelae, or: who had the copy of the hymns, and why?*

There are different ways to publish a hymn on stelae: the same
hymn inscribed on two stelae (§ 1: BM EA 243 & Oxford QC 1109
of ANOC 62; § 16: CCG 20089 & 20703 of ANOC 18), or two
different hymns on one stela (§ 1 & 13: Louvre C30; § 2 & 9: BM
EA 893), or one hymn distributed on two stelae (§ 4: Rio de Janeiro
4 & 5), or two different hymns on two sidewalls of the same chapel
(§ 1 & 11: Hannover 1976.80a&b). Some 'free-standing' stelae are
double-sided (Louvre C30) or even four-sided (Berlin 21822; and §
12: 'obelisk' Durham N.1984; § 21: 'pyramidion' BM EA 1163). A

---

[77] Franke, *Personendaten*, Dossier no. 294; for the heart-scarab, who has no provenance but should come from a tomb, see W. Forman and S. Quirke, *Hieroglyphs
and the Afterlife in Ancient Egypt* (London 1996), 104.

[78] Kemp and Merrillees, *Minoan Pottery*, 235.

[79] See Simpson, *ANOC*, 10, and D. O'Connor, *Mélanges G.E. Mokhtar* II (*BdE*
97, 2; Cairo 1985), 164ff. n. 9 for differentiating between the 'cenotaph area' near
the temple of Osiris and the area of the North cemetery.

Theban speciality are statues inscribed with hymns (BM EA 494; CCG 887).

Most of the stelae with hymns are made by different hands, except for Cairo JE 39755 (§ 5) and CCG 20277 (§ 20) perhaps, though some of them might have been produced at the same workshop (as Rio de Janeiro 4 & 5 (§ 4) and Zagreb 7 (§ 14)). Sometimes mistakes occurred (mainly omissions) while copying the text, and some copies are close to the semi-cursive and abbreviated hieroglyphs of the supposed model text (BM EA 243; Hannover 1976.80a&b; Rio de Janeiro 4 & 5; St. Petersburg 2958). The scribe-artists obviously had to learn how to handle these texts, never copied before on stelae made of stone.

One could risk the hypothesis that the owners of the model copies or papyri for the hymns were not the craftsmen, but the customers, at first the members of the high court elite. They had access to the hymns while participating in the festival of Osiris, and got copies made, or remembered the hymns by heart. At the same time, those who had to perform the hymns by profession, the musicians and singers (§ 16: CCG 20089 & 20703; stela-chapel of Kemes) and some artisans (§ 2: Chicago OIM 6897; or the "overseer of sculptors" Zeshenu: naos from Dahshur) had access to these texts too.

This could be an argument in favour of the existence of 'private libraries' in the Middle Kingdom, as put forward by L. Morenz, *Beiträge zur Schriftlichkeitskultur*. But did the elite-members have readily access to temple libraries too? This must not have been the case. One could state at least, that the reciters (or 'publishers') of hymns had contact to those who had access to temple libraries. This is quite clear for the officials with the titles *wr-mdw-šmʿw* and *jmj-rꜣ gs-pr*. Those who had access to the temple libraries by profession did not publish hymns on stelae, with the exception of a lector-priest (§ 14: Zagreb 7). Another exception would be the case of the "teacher of the house-of-life" Seneb, if he is identical with the *wr-mdw-šmʿw* and *rḫ-nswt* of the same name, who published sacral texts on stelae CCG 20328, 20093 and 20738 (see part II).

In the first half of the Thirteenth Dynasty, several members of high society and administrative officials chose to record hymns to the gods of Abydos on stelae, visible to passers-by.[80] Hymns, handed

---

[80] It is roughly the same period when the recording of funeral and mortuary

down earlier probably only in hieratic script on papyri, thus became part of the world of the sacral hieroglyphic "Ewigkeitskultur", and an Egyptian textual tradition or 'discourse' began. The reciters of the hymns became public mediators or intercessors of sacral knowledge, showing ostentatiously that they had learned their lessons from the priests. The Egyptian's choice to emit these hymns on stelae made them accessible, even for us.

The time of composition of the hymns is difficult to settle, but the first hymn to Osiris (§ 1), for example, could have been composed already in the Ninth/Tenth Herakleopolitan Dynasties, when Osiris of Abydos was promoted by associating him to the ram-god Herishef of Herakleopolis, Sokar of Memphis, and Re-Atum of Heliopolis. An interesting example for a Middle Kingdom composition, using parts of an Old Kingdom liturgy, is also the hymn on stela Parma 178 (§ 15). Certainly, the owners of the stelae who decided to publish the hymns were not their authors, however, we can imagine that an "overseer of singers" was able to compose or at least rewrite hymns.

The 'publication' of hymns on stelae should not be considered as a break of *decorum* and an inapt revealing of secret knowledge, because the first 'publications' were commissioned by members of the high society. The ostentatious display of piety and sacral knowledge was felt to be indispensable to show the others "We belong to those who have seen (*mꜣꜣ*) the god and who know how to adore him (*dwꜣ*)!" It was a kind of public propaganda for the god too, comparable to the publication of a hymn to the king, namely the first part of the "Loyalist Teaching" on stela CCG 20538 in the reign of Amenemhet III, and a part of the self-presentation of the elite.

H.-W. Fischer-Elfert carefully made a distinction between the egyptian textual tradition and the accessibility of texts to Egyptologists.[81] The Egyptians transmitted texts by deliberate choice, but this tradition nevertheless might have been subject to the caprice

---

literature, like pyramid or coffin texts, or transfiguration spells, on 'underground' objects like coffins and in tombs (nearly) came to an end. The focus of publication and recording religious texts shifted for more than two-hundred years to 'above ground' monuments like stelae and statues, until a 'new' tradition of tombs at Thebes and of papyri inscribed with the Book of the Dead begun.

[81] In: A. Loprieno (ed.), *Ancient Egyptian Literature. History and Forms* (Leiden, New York, Köln 1996), 502.

of fortune. Nobody knows, how many more hymns existed in the Middle Kingdom, and how long those might have been that are accessible to us. Only a selection is preserved to us and at our disposal today, just by chance, and because some proud and prudent men c. 3750 years ago decided to publish them on stelae—which is more than recording them on papyrus.

A future task would be to concentrate on content and structure of the hymns—far more than it was possible in this inventory.

Postscript

After I had finished this contribution, I realized that I had overlooked a stela published by myself, about eighteen years ago: Louvre C287 of the mayor, overseer of the temple, honorary king's son and commander of the garrison of Abydos Kaumes (D. Franke, *JEA* 71 (1985), 175f., pl. XIX left), dating from around the reign of king Rahotep of the Seventeenth Dynasty, and thus probably one of the latest so-called 'Min-stelae'. The stela displays a formula of salutation identical with the first two verses on stela Zagreb 7 (see § 14 above): "Hail to you Min, in peace, / and Horus-the-vindicated, in peace!"

GETTING THE RITUAL RIGHT
—FISHTAIL KNIVES IN PREDYNASTIC EGYPT

Thomas Hikade[1]

Introduction

The subject of this paper is the possible ancestor of an implement that is usually called *psš-kf* in the Egyptological literature. The latter is known from many sources from the Old Kingdom to the Ptolemaic-Roman Period. The term '*psš-kf*' itself has been the subject of many interpretations and translations. According to the WB I, 553,6-10 it means "dividing into two or more pieces" and the composite word *psš-kf* is described rather than translated as a flint implement used during the ritual of the opening of the mouth (WB I, 555, 2). The second part—'*kf*'—has been interpreted as the raw material of the tool as flint or obsidian.[2] This leads to the interpretation that the *psš-kf* is a divided tool of flint.[3] In his article R. van Walsem compiled all known written and iconographic sources concerning the *psš-kf* and related small finds such as amulets or the sets of objects known from the Old Kingdom which had the *psš-kf* as a central component. These sets from the 5th and 6th Dynasty were usually made from a rectangular limestone slab with depressions in which several small stone vessels, a pair of stone blades, and a *psš-kf* were placed. Often the element of the knife is missing but due to the depression its shape is clear and for this specific type of tool the oldest archaeological evidence comes from the Mycerinus temple where such an object apparently destined for king Khufu was discovered.[4] R. van Walsem's interpretation of the function of the *psš-*

---

[1] The author would like to express his gratitude to Jane Roy and Christiana Köhler for reading through the first drafts of this paper and making useful comments.

[2] J.R. Harris, *Lexicographical Studies in ancient Egyptian materials* (Berlin 1961), 228-229.

[3] R. van Walsem, "The Psš-kf. An investigation of an ancient Egyptian funerary instrument", *Oudheidkundige Mededeelingen uit het Rijksmuseum van Oudheden te Leiden* 59 (1978): 193-249.

[4] A. Reisner, *Mycerinus. The temple of the third pyramid at Giza* (Cambridge/Mass. 1931), pls. 65a,b, 61f (in situ).

kf is based mainly on the Pyramid Texts and he concluded that it
was used in a ritual recited by a priest to "make firm (*smn*) the lower jaw" of the deceased. The tool would, therefore, have been placed
in burials as a wedge under the jaw of the deceased to guarantee
this strengthening process.

One of the first scholars who linked the *psš-kf* to the opening of
the mouth ritual was, in fact, G. Maspero[5] and later in a longer article
E. Massoulard[6] picked up the subject. It is not the place here to trace
the ongoing discussion on the function of the *psš-kf* in the historic
context of Ancient Egypt since R. van Walsem has already done this
in great detail.[7] In a more recent article A.M. Roth focused again
on the *psš-kf* and introduced a totally different interpretation.[8] She
connected the *psš-kf* with a ritual that saw the cutting of the umbilical cord with the help of a fishtail knife. The ritual and meaning
accordingly was interpreted as; 'until birth, a child is nourished by
his mother directly through the umbilical cord. When this lifeline is
cut, he must take a more aggressive role. It would be reasonable to
suppose that the *psš-kf* was held before the face of the baby after the
umbilical cord had been cut, to show him that he had been divided
from his mother and that he must now begin to take nourishment
independently.' A.M. Roth believed the technique for cutting the
umbilical cord was using the forked end of the tool that would have
allowed the midwife to cut the rubbery and slippery cord from different angles.[9] This statement implies that the function of the fishtail knife was associated with the female role of midwifery and hence
the user would have been female. However, many fishtail knives were
found in predynastic tombs in which the sex of the owner was determined by the excavator to be male. Also the study of associated
finds from these tombs indicates that the fishtail knife in fact belongs
in the realm of men. (see below).

Important is the fact that almost all scholars dealing with the
psš-kf agreed that the so-called fishtail knives were indeed the forerunners of the *psš-kf* in form and sometimes also in function. With

---

[5] G. Maspero, *Bibliothéque égyptologique* I (Paris 1893), 313.

[6] E. Massoulard, "Lances fourchus at le Pesesh-kef", *Revue d'Égyptologie* 2 (1936):
135-163.

[7] R. van Walsem, The Psš-kf: 195-197.

[8] A.M. Roth, "The Psš-kf and the 'Opening of the Mouth' Ceremony", *Journal
of Egyptian Archaeology* 78 (1992): 113-147.

[9] A.M. Roth, Psš-kf and the Opening of the Mouth: p.123.

regard to this, prehistoric flint tool studies from a more archaeological perspective were put forward. One of them was delivered by W.M.F. Petrie who saw the bifurcated flint tool as a forked lance for hunting at short distance. He already established a typological development based on morphological changes of the knives from the type with a shallow fork towards a type with a deeper fork.[10] H. Schäfer[11] made it a simple table knife of the primitive Egyptian, while O.H. Myers[12] first linked the fishtail knives to circumcision rituals although he himself subsequently abandoned this idea.

As mentioned above the oldest example of a true *pss̆-kf* is known from the 4th Dynasty. However, one flint artefact that is always referred to and thought of as an Early Dynastic ancestor comes from a supposedly 1st Dynasty context. This flint knife was excavated by W.M.F. Petrie in the settlement of Kom es-Sultan at Abydos and resembles morphologically the younger artefacts with a bifurcated end and a straight opposite. Looking further back for supposedly similar flint objects the line is bridged by jumping to late Naqada II fishtail knives that, it must be said here, are by morphology only similar at first sight. By the standard of craftsmanship they are in the high-quality range of knapping far removed from younger examples. In addition the lower part of the handle especially is always pointed and never truncated straight.

However, instead of going back from historic to prehistoric times my intention is to start with the introduction and development of fishtail knives in the early 4th millennium BC and to concentrate on archaeological and technological aspects as well as the historical context.

Fishtail knives of the 4th millennium BC

The fishtail knife is well documented for the Naqada I to late Naqada IId period (ca 3800-3200 BC). It is usually made on a core, seldom on a large flake, which has been brought into a shape that remotely resembles the letter Y. There are two major variants; an early type that dates from Naqada I until the obviously transitional Naqada

---

[10] W.M.F. Petrie, *Diospolis Parva. The cemeteries of Abadiyeh and Hu 1898-9*, (London: EEF, 1901), 23 and pl. 4.

[11] H. Schäfer, "Die Entstehung der Mumienamulette", *Zeitschrift für Ägyptische Sprache und Altertumskunde* 43 (1906): 67 n. 1.

[12] O.H. Myers, in *Cemeteries of Armant I*

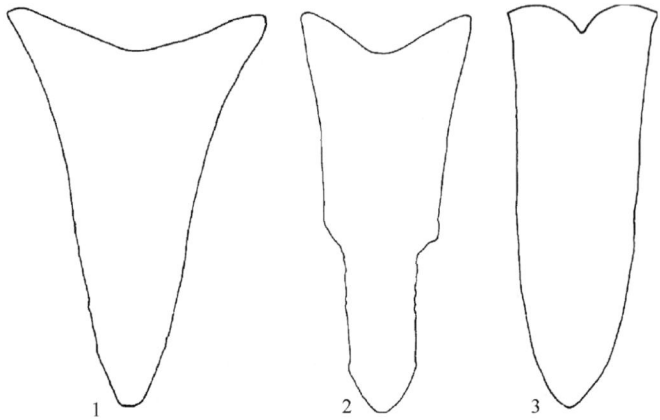

Fig. 1. Schematic shape of early fishtail knife (1), with distinct handle (2), and late fishtail knife (3)

IIa phase and a later type that dates from Naqada IIb until possibly early Naqada III. The older fishtail knives have at one end a broad fork with a wide, softly curved notch. The blade of the tool reduces slightly in width to the lower end that was once most likely just wrapped with cloth (Fig. 1.1). A subtype was further retouched in the lower part to allow for the fitting of a handle made of an organic material such as wood or ivory/bone (Fig. 1.2). With the reduction of the lower part it was possible to maintain the original outline of the knife. Knives with the separate handle section are known for the older as well as the younger form. The older form of the fishtail knife was altered during mid Naqada II into a type with a tipped fork end and a steep V-shaped notch in the middle (Fig. 1.3). The sides of the body run almost parallel and end, as the older specimens, in a rounded or pointed tip. This type of fishtail knife was also inserted into a handle.

Both kinds of knives were completely retouched on the dorsal and ventral aspects and in some cases grinding traces from an earlier stage of manufacture are still visible. Along the forked end a very fine denticulation often runs, which ends at the point where the handle started. Although studies of the raw material of both types have not been carried out there seems to be a pattern in that most of the Naqada I fishtail knives were made on a dark brownish grey flint (also known from the contemporaneous rhomboid flint knives) where-

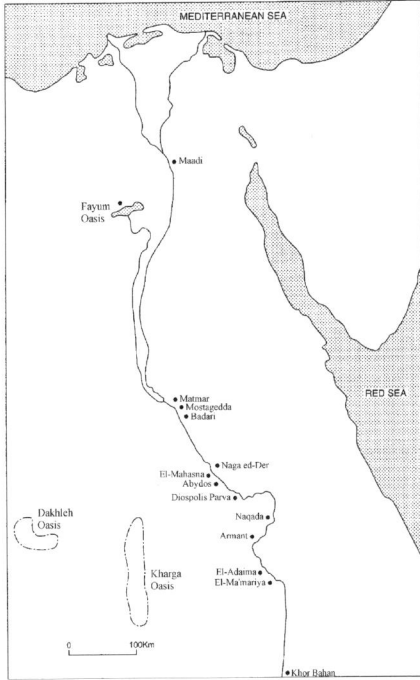

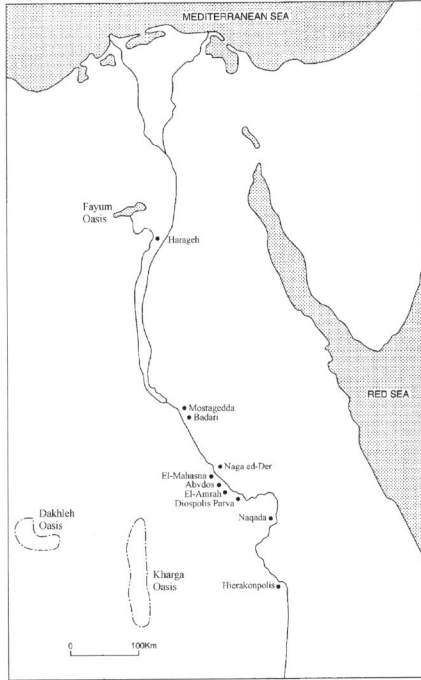

Fig. 2a. Sites with early fishtail knives   Fig. 2b. Sites with later fishtail knives

as caramel to light brown flint seems to dominate the younger artefacts of this group.[13]

A glance at the distribution of both major types (Fig. 2a,b) shows
a concentration of Upper Egyptian sites which is partially due to the
history of archaeology in Egypt.

While the older form spread from Maadi in the north to as far
south of Aswan as Khor Bahan it seems that the Naqada I-IIa fishtail knives tend to concentrate in middle and southern Upper Egypt.
Major sites are Naqada[14] with 17 specimens and Diospolis Parva[15]
with 11 knives including seven knives in one tomb alone (Tomb B
86). This largely undisturbed tomb contained three bodies lying side
by side. Other finds unearthed included one incomplete and two
complete disc maces, the latter with their original horn and ivory

---

[13] Both types of raw materials are well photographed on one colour image in
the catalogue of the Nubian Museum at Aswan, p. 49, published by the Ministry
of Culture and the Higher Council of Antiquities of Egypt.

[14] W.M.F. Petrie/J.E. Quibell, *Naqada and Ballas* (London, 1896), pl. 66, 73.

[15] W.M.F. Petrie, *Diospolis Parva* (London, 1901), pl. 6, 7.

handles. For the younger fishtail knives the core area seems to be the region of Abydos and slightly north of it. Here special mention should be made to tomb a 96 at el-Amrah[16] in which five knives were found. They were lying in a row next to the thighs of the contracted body. Pottery, a slate palette and grinding stones completed the tomb equipment.

Returning now to the interpretation of fishtail knives as predecessors of the later *pss-kf* the crucial questions are; is it really possible or legitimate to conclude that the later *pss-kf* is identical with the Predynastic fishtail knife based almost solely on morphological grounds? Or would it not be more reasonable to begin studying this type of flint tool from its emergence and within its archaeological context of the 4th millennium BC?

The evidence from Abydos Cemetery U

In reconsidering this issue the recently completed excavation of the German Institute of Archaeology at cemetery U at Abydos is a perfect starting point. This excavation was carried out using modern techniques supplemented by sieving so organic remains and even very small finds could be collected. In addition detailed drawings of the graves were made in order to reconstruct inventories. With the discovery of the tomb U-j our knowledge of trade and wealth in the Naqada III period has been enormously widened and it has provided further insight into the early development of writing. A unique ceramic find depicts an early representation of the so-called 'smiting the enemy', which now allows us to date this concept back to the early Naqada period.

Around 20 years ago approximately 150 examples of fishtail knives were known from publications;[17] some have come to museum collections without clear provenance and only a few have been discovered under modern excavation conditions. So the five complete knives and three fragments from cemetery U indeed represent a very good sample of finds excavated under very good conditions. It should be pointed out at this stage that the location of the knives found in the tombs is of primary importance only if the burial is completely undisturbed which is rarely the case. Also whether the artefact was found in front or behind the body in the area of the pelvis is merely

---

[16] D. Randall-Maciver/A.C. Mace, "El Amrah and Abydos 1899-190", *Memoir of the Egypt Exploration Fund* 23 (London: EEF, 1902), pl. V, V.1.

[17] R. van Walsem, The Pss-kf: 242.

an indication that it was once very likely attached to a belt. When
a buried body is lying on the left or right side in a crouched position and hard non-perishable objects are attached to a belt it will
by shear coincidence slip to either side of the body thus leaving the
object in an originally unintended position.

U 368[18] Naqada Ib/c

This tomb is an almost undisturbed grave pit measuring 1.8 x 1.6
x 1.3m. Covered with mats the burial was once also placed on mats.
The upper body was lying on its back, legs in a crouching position,
with the head in the south facing west. The right hand rested on
the chest and the left was placed close to the face. Several ceramic
vessels were found in situ around the upper body of the deceased.
A piece of malachite was still lying in the left hand and more malachite was next to the chest. A copper pin was situated close to the
head. On the thigh was found a small polished red bowl containing
a flint blade and in the southwest corner of the pit a fishtail knife of
Naqada I type measuring 10.48 x 5.45cm.

U 395[19] Naqada Ic

The almost rectangular pit (2.0 x 1.6 x 1.4m) was found disturbed.
A mat covered the original interment. Scattered bones of the deceased were retrieved from the floor of the tomb and could be identified as the remains of a male aged 20-25.[20] A small bowl with model
cloves of garlic made of clay and painted white along with a fishtail
knife also came from the floor but whether this is the original location of them cannot be said with certainty. Apart from these small
finds 16 further cloves of garlic, 6 model eggs, seventeen small balls
of white painted clay, three bread-like clay objects, and a hollow
fishtail made on a dark material were found in the tomb. The finds
are most certainly symbolic substitutes for an offering meal to be
consumed in the afterlife. Apparently as part of the actual offering
meal during the funeral a sheep/goat was offered at U 395.[21] The

---

[18] U. Hartung, 1. Friedhof U, in G. Dreyer et al Umm el-Qaab, Nachuntersuchungen im frühzeitlichen Königsfriedhof 11./12. Vorbericht, *Mitteilungen des
Deutschen Archäologischen Instituts Abteilung Kairo* 56 (2000): 55, fig. 2b. Due to the
paucity of the skeletal remains sometimes the gender of a tomb owner from Cemetery U cannot be given in the following descriptions.
[19] U. Hartung, 11./12. Vorbericht: 56-58, pl 3d.
[20] U. Hartung pers. comm.
[21] A. von den Driesch/J. Peters, 4. Zoologische Untersuchungen, in G. Dreyer
et al., Umm el-Qaab, Nachuntersuchungen im frühzeitlichen Königsfriedhof 11./

fishtail knife (12.9 x 5.7cm, Fig. 3.1) was made on a light brown flint with reddish discoloration. The lower part has a distinct handle once fitted into organic material such a bone or wood. The bifurcated end shows a very fine serration.

U 178 (unpublished) Naqada I[22]

The fishtail knife, belonging to the early type is manufactured on a dark flint not common in the Abydos region (Fig. 3.2). It is 15.5cm long and measures at the widest part 7.6cm. The invasive retouch of the dorsal and ventral is very rough. The upper part shows a fine denticulation. From the same tomb also comes the fragment of a winged arrowhead.[23]

U 211 (unpublished)Late Naqada I/Early Naqada II

This is a small oval pit adjacent to the much bigger U 132 that dates to Naqada IId. The tomb itself dates to late Naqada I or to early Naqada II. The complete fishtail knife, made on a dark greyish brown flint, is of the typical shape of that period with a broad fork. It measures 11.2 x 3.65 x 0.42cm and weighs just 16g.

U 381a (unpublished) Naqada I

The fragment of the fishtail knife from U 381a is almost identical to the shape of the knife coming from U 395 although it is made on a different, somewhat darker flint. Since the morphological characteristics are comparable it seems possible that it once was of the same type with a distinct handle as the one form U395.

U 141[24] Naqada Ic/IIa

This oval grave pit (2.80 x 2.0 x 1.4m) was found disturbed. Remains of organic material could be interpreted as mats that once lined the tomb. Only some sherds of B-ware were discovered and

---

12. Vorbericht, *Mitteilungen des Deutschen Archäologischen Instituts Abteilung Kairo* 56 (2000): 87-88.

[22] The preliminary dating of the unpublished tombs U 178, U 211, U 381 is based on the initial study by Dr. U. Hartung (pers. com.).

[23] T. Hikade, 3. Lithik, in G. Dreyer et al., Umm el-Qaab,Nachuntersuchungen im frühzeitlichen Königsfriedhof 11./12. Vorbericht, *Mitteilungen des Deutschen Archäologischen Instituts Abteilung Kairo* 56, (2000): fig. 15.27.

[24] U. Hartung, 1. Friedhof U, in G. Dreyer et al., Umm el-Qaab, Nachuntersuchungen im frühzeitlichen Königsfriedhof 9../10. Vorbericht, *Mitteilungen des Deutschen Archäologischen Instituts Abteilung Kairo* 54, (1998): 80.

only a few dispersed bones of the original interment lay on the floor of the pit. Fragments of stone vessels, one copper and one silver pin, malachite, resin, pieces of a red painted shell, and an enigmatic red and black painted clay object were uncovered. However, the lithic assemblage is the more complete.[25] Fifty-five transverse arrowheads that were once attached to reed arrows, nine blades—some further altered into end scrapers—and one fragment of a fishtail knife were part of the lower fill of the pit.

U 279[26] Naqada Ic/IIa

This grave pit (2.4 x 1.5 x 1.7m) was also found disturbed. Remains of organic material hint at a wooden lining of the tomb and a wooden coffin. Several ceramic vessels were found in situ. Amongst them is an unusual red polished vessel with applied snakes on the outside.[27] Altogether with more than a dozen vessels the ceramic assemblage from this tomb is so far the richest coming from Naqada Ic/IIa graves in Cemetery U. Other small finds are a rhomboid slate palette, gaming pieces of gypsum, a comb made of bone, haematite, a model of poppy seeds, and several fragments of copper and ivory, the latter probably from a so-called 'tusk'. Faunal remains from the tomb come from two individual goats (inf.) and are considered to be part of an offering meal.[28]

The fishtail knife from U 279 is 13.3cm long and at the fork side 8.8cm wide.[29] Both sides of the knife are facially retouched and the upper edge finished with a very dense denticulation. At the upper end there were also remains of an original horizontal wrapping of the knife. Remains of the organic handle have vanished.

U 127[30] Naqada IId1

The large pit (4-5 x 1.8 x 1.7m) was once lined with a wooden frame. The body was placed in a wooden coffin. The inventory consisted

---

[25] T. Hikade, 11./12. Vorbericht: 83-85.

[26] U. Hartung, 9./10. Vorbericht: 88-89.

[27] E.C. Köhler, 2. Frühe Keramik, in G. Dreyer et al.,Umm el-Qaab, Nachuntersuchungen im frühzeitlichen Königsfriedhof 9./10. Vorbericht, *Mitteilungen des Deutschen Archäologischen Instituts Abteilung Kairo* 54, (1998): fig. 12.2, pl. 6b.

[28] A. von den Driesch/J. Peters, 11./12. Vorbericht: 87-88.

[29] T. Hikade, 3. Lithik, in G. Dreyer et al., Umm el-Qaab,Nachuntersuchungen im frühzeitlichen Königsfriedhof 9./10. Vorbericht, *Mitteilungen des Deutschen Archäologischen Instituts Abteilung Kairo* 54, (1998): 119-121, fig. 6. 5a-d.

[30] U. Hartung, 1. Friedhof U, in G. Dreyer et al., Umm el-Qaab, Nachunter-

of 100 golden threads, dice sticks, and other gaming pieces. Several
fragments of one decorated and two undecorated ivory knife handles were also found on the floor in the southern end of the pit.[31]
One of the decorated fragments (Abydos inventory number K
1103b2) depicts a row of gift bearers going to the right with shoul-
der length hair and dressed in long unadorned clothes. A second
fragment shows a row of at least four kneeling captives led by a clearly
naked standing figure all beside a bow and probably depicted with
their arms tied behind their backs. Underneath is a row of male
prisoners with guards and this time four men are squatting in front
of them. All depictions face to the right and all men are bearded.
Both scenes tell a story of victory and defeat. Further fragments show
animals such as lions, cattle, and caprides marching in a row. It seems
very likely that all fragments belonged to one knife with the animals
on the front side and the humans on the back of the ivory handle.
Three other ivory fragments could be reconstructed as coming from
the handle of a dagger. The carving shows lions, gazelles, birds and
dragons. Unfortunately for neither of the handles was there a flint
or copper blade to be found. The lithic assemblage from the tomb
clearly confirms the high status of the person once buried here.
Twenty micro end scrapers and one complete fishtail knife supple-
ment a set of four simple bladelets.[32] As the former were all found
close together it is most likely that they were once put into a small
organic container. The function of the micro endscraper is still
unknown but seems to be related to the exploitation of aquatic
resources.[33] The most remarkable flint object is the bifacially retouched knife made on a light brown flint with pinkish stripes (Fig.
3.3). It measures 14.9 x 5.8cm. The retouch looks very similar to
the technique used on the so-called 'ripple-flaked knives'. Apart from

---

suchungen im frühzeitlichen Königsfriedhof 5../6. Vorbericht, *Mitteilungen des Deutschen
Archäologischen Instituts Abteilung Kairo*, (1994): 26-27; 36-37.

[31] G. Dreyer, "Motive und Datierung der dekorierten prädynastischen Messer-
griffe", *L'art de l'Ancien Empire égyptien, Actes du colloque, Musée du Louvre 1998, La
documentation Francaise* (Paris, 1999), 205-210, fig. 10, fig. 11.

[32] T. Hikade, 4. Die lithischen Kleinfunde, in G. Dreyer et al., Umm el-Qaab,
Nachuntersuchungen im frühzeitlichen Königsfriedhof 7../8. Vorbericht, *Mitteilungen
des Deutschen Archäologischen Instituts Abteilung Kairo* 52, (1996): pp. 34-39.

[33] K. Schmidt, "Comments to the lithic industry of the Buto-Maadi culture in
Lower Egypt", in *Environmental changes and human culture in the Nile Basin and Northern
Africa until the 2nd millennium* BC, *Studies in African Archaeology* 4, 1993, eds L. Krzyzaniak
et al., 267-277.

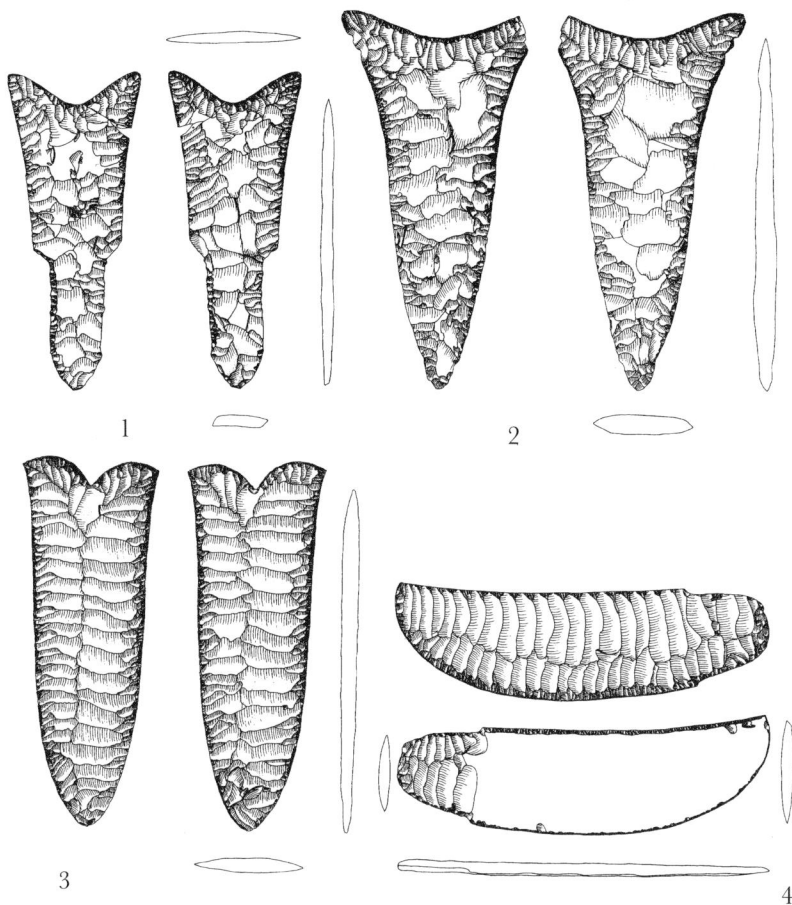

Fig. 3. Fishtail knives from U 395 (1), U 178 (2), U 127 (3) and ripple-flaked knife from U 503 (4) (scale 1:2)

the lower section of the blade that was once fitted into a handle the whole edge of the blade was very finely denticulated.

In summary, the evidence of weapons from Abydos including the great amount of transverse arrowheads of U141 (Naqada Ic/IIa), a fragment of a winged projectile point in tomb U178 (Naqada Ic/IIa) in connection with a fishtail knife, and the extraordinary decorated ivory handle fragments from U127 (Naqada IId) with their depiction of prisoners suggests that we are dealing with concepts related to the male world and especially those related to hunting and warfare. The aforementioned grave Diospolis Parva B 86 with three disc mace heads as well as tomb B 236 from the same cemetery that contained four male bodies and three early fishtail knives strengthens this concept. Further, the statement by Guy Brunton[34] in regard to Matmar that 'all the graves containing knives, whether fishtail or otherwise, were of males where the sex could be determined' adds pertinent evidence that the users of fishtail knives were indeed men. In regard to the selection of raw material there seems to be a distinction between Naqada I and Naqada II fishtail knives. The former were overwhelmingly produced on a dark brown to greyish flint. Where cortex remains it is of a chalky-white texture. This kind of raw material is not found in the Abydos region but is quite common in the wider Luxor area. Since evidence for a local manufacture at Abydos is lacking this means that early fishtail knives were imported as finished products. This stands true for other regions in Egypt that also lack this specific raw material. Later fishtail knives by contrast were almost always produced on a brown (honey or caramel coloured) variety of flint often with light red or pinkish discoloration as concentric bands and one can hardly see visible grains. This raw material is available in the Abydos region and is very common for the later ripple-flaked knives and fishtail knives and in the subsequent 1st Dynasty for pointed endscrapers and the so-called 'razor blades'. Hence, our understanding is that this type of flint was mined at Abydos and worked on there in a specialised workshop. We assume that the early fishtail knives were exported from a southern workshop to Abydos and to other regions with ruling elites along the Nile Valley. With a change of the raw material during Naqada II the knives were subsequently exported from Abydos and therefore provide good evidence for regional contact amongst the elites.

Fishtail and ripple-flaked knives

There is a significant technological aspect that links the later fishtail knives with the so-called 'ripple-flaked knives'.[35] In some cases of later knives (especially U 127) the technique of a regular, parallel retouch as well as the selection of the raw material for fishtail knives is almost identical to the production of ripple-flaked knives

[34] G. Brunton, *Matmar* (London ,1948), 21.
[35] cf. B. Midant-Reynes, "Contribution a l'étude de la société predynastique: le cas du couteau 'ripple-flake'", *Studien zur Altägyptischen Kultur* 14 (1987): 185-226

(Fig. 3.4) with the great difference that the latter were retouched on one face only leaving the retouched side for display of this high-quality flint product. Both types show quite clearly an extremely sophisticated treatment of the object that began with a very careful selection of the raw material through several steps of production that required different scales of skills until the knife was finished by a fine serration of the cutting edge. As P. Kelterborn[36] concluded for the production of ripple-flaked knives the 'conceptual sophistication and manual perfection can only be reached by highly specialised master craftsmen who must be regarded among the world's best'. Hence we can assume that at least in late Naqada II both types were produced in the same workshop by the same group of flintknappers, most likely over many generations. Looking at the distribution of ripple-flaked knives (Fig. 4) it further shows an overlap of sites that yielded fishtail knives and ripple-flaked knives at regional centres along the Nile.

Due to the fact that the ripple-flaked knives had a longer period of use that clearly extended into Naqada III more examples have been found in the north.

Conclusion

What was the background for trade and exchange of high-quality flint knives?

First it is necessary to briefly outline the political and social development of state formation and the spread of the Naqada culture. During Naqada I the subsistence economy was based on agriculture and animal breeding with a burgeoning interregional trade throughout Egypt that even linked the Nile Delta with the Levant. In Naqada II subsistence remained the same but now trade contacts reached even further to Mesopotamia and Elam. The trade was in the hands of several kingdoms that were competitors who struggled ambitiously for power and hegemony originally set off, according to B.J. Kemp,[37] by the growing self-confidence of the community leading to the

---

[36] P. Kelterborn, "Towards replicating Egyptian predynastic flint knives", *Journal of Archaeological Science* 11 (1984): 452. An assumption that this fine treatment proves already a 'ritual function even at this early period', so A.M. Roth, Psš-kf and the Opening of the Mouth: 129, is not justified.

[37] B.J. Kemp, *Ancient Egypt. Anatomy of Civilization* (London and New York: Routledge, 1991), 32-34.

conviction that wealth and status could be achieved through the labour of others, by coercion if necessary. This led to three kingdoms in Upper Egypt of which Kemp believed that Hierakonpolis was finally the triumphant one. Recalling the wealth and the uninterrupted use of cemetery U at Abydos from Naqada I until the Early Dynastic Period with its royal burials as well as the above described manufacturing of late fishtail knives and ripple-flaked knives and the supposed establishment of a 'royal' workshop for these products it also seems very plausible that the kingdom of This/Abydos was the victor. While all this happened Lower Egypt was characterised by the so-called Buto-Maadi culture that already had contacts with the south from Naqada I onwards. The southern cultures finally won the upper hand and in Naqada III there was an almost uniform material cultural complex united under the first kings of all Egypt. It is almost self-evident that the emerging ruling elite would seek status symbols that not only demonstrated their separation from the rest of the community but were adequate to their self-esteem praising their ideals and understanding of the world.

In terms of funeral architecture this meant brick tombs instead of simple pits, tomb equipment that was richer, and the introduction of weapons such as disc heads and large high-quality flint knives used to document power. In this context needs to be seen the wearing of fishtail knives—tools of the highest quality of manufacture—as an obvious status symbol for a man of outstanding position in his community. Although the practical function of the fishtail knife has yet to be determined, its interpretation as part of the process of giving birth, specifically the cutting of the umbilical cord, finds no support in the archaeological evidence. Nor does the prehistoric material hint in any way to the ritual which can be linked to the later 'opening of the mouth ceremony'. Clearly we should look for an interpretation of the prehistoric fishtail knives use based on information from the 4th millennium BC rather than preference later concepts over Predynastic artefacts, and that this solution is most likely linked to the realm of the male world.

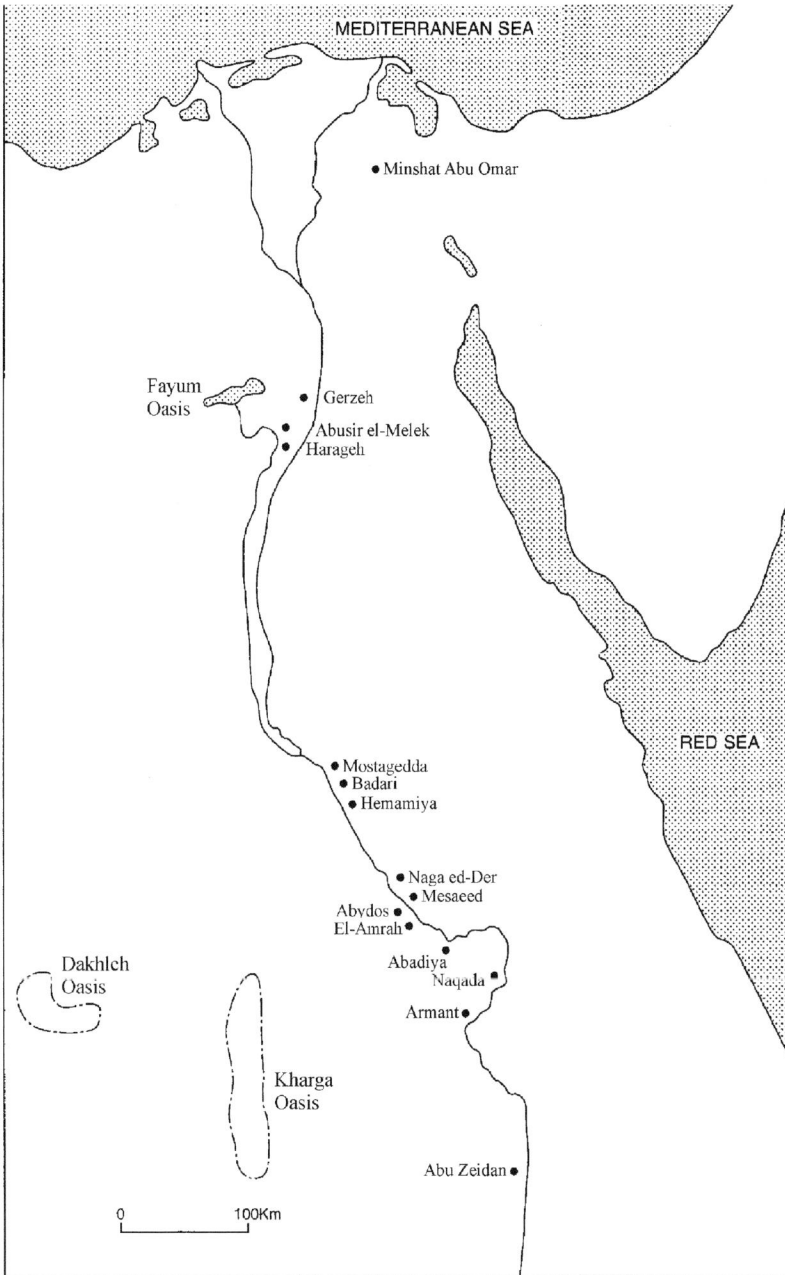

Fig. 4. Sites of ripple-flaked knives

TEMPEL UND KATHEDRALE
VICTOR HUGO ALS KULTURHISTORIKER

Mirco Hüneburg

Als eines Tages der junge Victor Hugo offenen Auges durch die Straßen von Paris schlenderte, machte er eine faszinierende Entdeckung. Er fand ein altes, längst vergessenes *Buch*. Und zwar dort, wohin er schon oftmals geschaut hatte, ohne es wirklich erkannt zu haben—ein Buch, das als solches erst entdeckt und verstanden werden will. Es ist ein Buch, an dem viele Autoren und Meister unterschiedlicher Epochen und Herkunft geschrieben haben, ein einzigartig ausgestaltetes Buch, ein Einzelexemplar ohne Kopie und Nachdruck. Schlägt man es auf und blickt hinein, zeigt sich sein unermeßlicher Reichtum an Inhalt und Details. Doch manches, was in ihm steht, entzieht sich dem Verständnis des modernen Lesers, sofern er nicht in jene Geisteswelt der Schöpfer eingeweiht ist. Denn es ist im fernen Zeitgeiste verfaßt, religiös und kulturell kodiert. Gleichwohl bietet es andernteils auch Entdeckungen und ästhetisches Vergnügen für jedermann. Manche Botschaften sind gar allgemeinverständlich, ja geradezu didaktisch raffiniert gestaltet. Es ist somit ein Lehrbuch für den Gelehrten und Laien gleichermaßen. Und es haben viele tausend Menschen über Jahrhunderte darin gelesen oder zumindest dessen schmuckvollen Einband bewundert. Sie haben ihre Spuren am Buche hinterlassen, die zu entdecken genauso kurzweilig sind, wie die faszinierenden und tiefgründigen Botschaften der Autoren, die sich in und zwischen den Zeilen offenbaren. Es ist ein großartiges Werk, in dem man endlos blättern kann ohne Seiten umzuschlagen. Es ist ein *Buch aus Stein: Notre Dame de Paris*.

Die Kathedrale war Hugo freilich wohl bekannt, steht sie doch im Herzen der Stadt, zwar seinerzeit umgeben von einem ärmlichen Stadtviertel und, auf einer Seine-Insel gelegen, dem eigentlichen Treiben der Metropole entrückt, aber dennoch für jeden weithin sichtbar. Trotz ihrer unübersehbaren Präsens war sie damals—d.h. in den frühen Dekaden des neunzehnten Jahrhunderts—vergessen, baufällig, jenseits der alltäglichen profanen Bedürfnisse und Sorgen, fern jener Wünsche der Menschen, die um sie herum lebten, arbeiteten, liebten und starben.

Wenn jedoch hie und da die Last des Alltags als zu erdrückend empfunden wurde, wenn sich in der Flucht vor den Nöten und Sorgen die Sehnsucht nach einer besseren Welt artikulierte, dann fanden sich einzelne in den Monumenten und Bauten der Vergangenheit ein, um in einer verklärten und romantisierten Erinnerung an ferne Zeiten Ablenkung zu finden.

So auch Victor Hugo (1802-85), der sich regelmäßig die Muße gönnte, im steinernen Buche zu blättern und darin zu lesen. Er durchschritt das Mittelschiff, schlich durch die Seitenkapellen und stöberte sogar in den Räumen der zwei Türme, stets mit feinem Gespür auch für kleinste versteckte Spuren und Botschaften der Vergangenheit.[1]

Einmal entdeckte er im düsteren Winkel eines Turmzimmers ein an der Wand eingeritztes Wort: ΑΝΑΓΚΗ. Dieses griechische Wort, das soviel wie *Schicksal, Verhängnis* bedeutet, machte auf Hugo einen geheimnisvollen Eindruck. Die Tiefe und Art der Einritzung ließen ihn vermuten, ein Graffito aus mittelalterlichen Zeiten vor sich zu haben. Was mochte die Sorge, Furcht, die intendierte Botschaft des Menschen gewesen sein, der anno dazumal dieses Wort in solcher Form verewigt hatte? Eine Vorahnung?

Als Hugo nach einiger Zeit diesen Ort wieder aufsuchte, war das Wort von der Wandfläche verschwunden. Es war ihm nicht ersichtlich, ob die Oberfläche der Wand nur abgekratzt war, neu verputzt oder gestrichen. Jedenfalls war das geheimnisvolle Wort nicht mehr sichtbar. Und es keimte in ihm die Sorge darüber, wieviel versteckte Botschaften in diesem steinernen Buche wohl noch verschwänden, wenn seine Zeitgenossen fürderhin an diesem Bauwerk herumpfuschten, Teile umbauten oder es gar eines Tages ganz und gar abrissen? Sollte die ohnehin schon halbvergessene und in ihrer Kostbarkeit weit unterschätzte Kathedrale der Zerstörung preisgegeben werden? Solcher Befürchtungen eingedenk beschloß er, dem steinernen Denkmal ein geschriebenes Pendant zu widmen, ein Buch über ein Buch zu verfassen, damit das eine das andere vor dem Verges-

---

[1] Das Begriffspaar "Spuren und Botschaften" hat Jan Assmann eingeführt. Spuren sind hierbei *"unabsichtliche materielle Abdrücke des als solches verschwundenen Lebens"*, während Botschaften *"Selbstthematisierungen, Ausdrucksformen ihrer fortwährenden Explikations- und Überlieferungsarbeit"* z.B. in Form von Monumenten sind. Siehe J. Assmann, *Stein und Zeit* (München 1995, 2. Aufl.), 16 ff.

senwerden oder gar der Zerstörung erretten könne. Wenn man schon nicht mehr *in* diesem steinernen Buche läse, so sollten die Menschen wenigstens dazu ermuntert werden, *über* dieses Buch zu lesen. Ihm war sehr wohl der drohende Verlust bewußt, daß das Lesen in steinernen Büchern bald zu einer halb vergessenen Kunst verblassen würde und die Funktion solcher Denkmäler entwertet werden könnte. Doch welche Art des Lesens meinte er wirklich? Und gibt die Metapher des Buches für ein Bauwerk Sinn?

Victor Hugo war zweifellos einer der bedeutendsten Dichter und Romanciers der französischen Romantik.[2] Er war zudem eine Art Polyhistor und gehörte zur Generation derjenigen Bildungsmenschen, die ihren Zeitgenossen die Erinnerung an die Vergangenheit näher brachten. Solche kühnen Erinnerungsschöpfer bescherten dem neunzehnten Jahrhundert eine Epoche romantischer Verklärungen. Und die Vergangenheit erschien in dessen Folge den Betrachtern alter Denkmäler großartig. Vom Ruhme längst vergangenen Glanzes einen Abglanz zu erhaschen, war schließlich Mode und vornehmes Ziel der kulturellen Elite Europas geworden. Also belebten die Schriftsteller die antiken und mittelalterlichen Epen und ließen Herren von Adel oder bourgoiser Herkunft alte Burgen, Schlösser und Kathedralen wieder errichten; manchmal als exakte Rekonstruktion, meist jedoch als phantasievolle Spiegelung eigener Wunschwelten. Victor Hugos Meisterwerk "*Notre Dame de Paris*" entfachte letztlich sogar in großen Teilen der französischen Bevölkerung eine regelrechte Begeisterung für die alte Kathedrale. Volksnah erzählt er die Geschichte über die unglückliche Liebe eines Krüppels namens Quasimodo, der als Türmer und Glöckner in den Mauern der Kirche sein Dasein fristet, zu der schönen Zigeunerin Esmeralda, die jedoch ihr Herz bereits an einem noblen Ritter vergeben hat. Das Schicksal der nicht erwiderten Liebe zu Esmeralda teilt der Glöckner mit seinem Ziehvater, dem alten und weisen Erzdechant, Alchimisten und Gelehrten Claude Frollo. Im Roman läßt der Autor den faustisch zwischen

---

[2] Außerdem war der Sohn eines Generals politisch engagiert. Zunächst noch von König Ludwig XVIII. auf Staatskosten finanziert, lies er sich als demokratischer Abgeordneter in die Pariser Kammer wählen. 1848 war er sogar Präsidentschaftskandidat. Später war er Gegner Napoleons III. und mußte deswegen 1851 ins ausländische Exil, kam erst in den Wirren des Jahres 1870 zurück und wurde schließlich 1876 in den Senat gewählt. Sein politischer Geist verrät sich auch in vielen seiner sozialkritischen Romane (z.B. in *Les misérables*).

Geist und körperlicher Begierde zerrissenen Gelehrten, in Vorahnung seines und seiner Begehrten tödlichen Schicksals, das Wort ΑΝΑΓΚΗ in die Wand ritzen. Die entscheidenden Abschnitte der Tragödie ereignen sich schließlich vor und in der Kathedrale. Das Bauwerk stellt sozusagen die Kulisse dar.

Doch häufig schweift der Autor ab und schiebt den Hintergrund in den Vordergrund. Passagenweise wird die Kathedrale selbst zum eigentlichen Thema. Der Erzähler beschreibt dann die baulichen Eigentümlichkeiten der Kirche, erklärt die romanischen und gotischen Elemente, die periodischen Ein-, Aus- und Umbauten mit ihren zeitlichen und ideellen Hintergründen, ebenso die im Bauwerk und im Interieur ergänzten Denkmäler, die Standbilder verschiedener französischer Könige und die regelmäßig hinzugefügten Dekorationen. Es scheint, als wäre die Kathedrale eine steinerne Chronik der Kulturgeschichte Frankreichs, das baugeschichtliche Abbild einer epochenübergreifenden geistigen und kulturellen Entwicklung. Im Worte Hugos:

> Jede Fläche, jeder Stein dieses ehrwürdigen Bauwerks redet nicht nur von der Geschichte des Landes, sondern auch von der Geschichte der Kunst und der Wissenschaft.[3]

So ist es, als hätte jeder einzelne Schöpfer der unzähligen Details und Veränderungen seine Welt- und Wertvorstellungen im Geiste seiner jeweiligen Epoche verewigen wollen, wie in einem Gästebuch, in dem sich die Besucher eintragen und ihre Eindrücke festhalten.

Victor Hugo erkennt hier ein archaisches und uraltes Bedürfnis der Menschen, etwas von sich selbst und der eigenen Lebenswelt der Vergänglichkeit zu entreißen, um immerfort im Gedächtnis der Nachwelt vergegenwärtigt zu sein. So schreibt er:

> Wenn das Gedächtnis der ersten Völker sich überlastet fühlte, wenn das Gepäck der Erinnerungen so schwer und unübersichtlich wurde, daß das nackte, flüchtige Wort in Gefahr war, unterwegs das Beste davon zu verlieren, so verewigte man die Überlieferung auf die sichtbarste, dauerhafteste Art, natürlichste Art. Man setzte ihr steinerne Denkmäler.[4]

Eine Gemeinschaft von Menschen findet ihre kollektive Identität in einer gemeinsamen Erinnerung, die sich nicht nur in der Tradition,

---

[3] V. Hugo, *Der Glöckner von Notre Dame* (Frankfurt am Main & Leipzig 1996), 135. (Ausgabe des Inselverlages nach der Übersetzung von Else von Schorn. Original: V. Hugo, *Notre Dame de Paris*, Paris 1831).

[4] V. Hugo, op. cit., 197.

sondern auch in steinernen Denkmälern manifestiert. Monumente
sind, wie der Ägyptologe und Kulturhistoriker Jan Assmann ausgeführt hat, ein bedeutendes Medium des kulturellen Gedächtnisses.[5]
Es ist wie eine Art steinerne Rückversicherung, um die kontinuierlich in Erzählung und Gesang, in Liturgie und Ritual tradierten
Formen der frommen und edlen Welt- und Wertvorstellungen auf
immer und ewig der Nachwelt überliefern zu können. Das Bauwerk,
der Tempel, die Kathedrale bietet nicht nur die Kulisse einer ins-
zenierten Geisteswelt, sondern ermahnt und ermuntert auch zur
Erinnerung und zur Befolgung all dessen, was in ihr an Geist, Wert
und Sinn ausgedrückt ist. Hugo wählt als Exempel den alten jüdischen Tempel zu Jerusalem:

> Die schöpferische Idee, die den Gebäuden zugrunde lag, prägte sich
> auch in ihrer Form aus. Der Salomonische Tempel zum Beispiel war
> nicht nur Einband des heiligen Buches, er war das heilige Buch selbst.
> Jede seiner konzentrischen Hallen war für die Priester das sichtbar
> gewordene "Wort". Sie verfolgten es in seinen Wandlungen von Heilig-
> tum zu Heiligtum, bis sie es im Allerheiligsten griffen, wo es in der
> Bundeslade, die auch Baukunst war, seinen konkretesten Ausdruck
> gefunden hatte. So war die Idee im Gebäude eingeschlossen, aber die
> Hülle trug ihr Bild wie der Sarg der Mumie das Bild des Menschen,
> den er umschließt.[6]

Gleichwie Geologen in den Gebirgen aufgeworfene und aufgetürm-
te Schichten der Erdkruste erkunden, um in ihnen die Folge und
Charakteristika einzelner Erdzeitalter zu analysieren, ebenso wie
Archäologen anhand der Strata und Besiedlungsschichten die Geschichte eines Ruinenhügels, eines orientalischen Tells, erforschen,
oder wie Theologen die Kirchenchroniken studieren, so kann der
kunst- und kulturhistorisch bewanderte Betrachter in vielen epochenübergreifenden Bauwerken die Geschichte einer ganzen Kultur über
Generationen hinweg verfolgen. Victor Hugo führt diesen Gedanken metaphorisch aus:

> Diese Übergangsbauten sind für den Künstler, den Altertumsforscher
> und den Historiker ganz besonders anziehend. Gleich den zyklopischen
> Mauern, den ägyptischen Pyramiden und den riesigen indischen Tem-
> peln zeigen sie, wie ursprünglich die Baukunst ist; sie beweisen, daß
> ihre großen Werke weniger individuelle als soziale Schöpfungen sind,

---

[5] Dies ist bekanntlich das Thema eines der kulturhistorischen Hauptwerke des
Jubilars: J. Assmann, *Das kulturelle Gedächtnis* (München 1992). So auch in: *Stein und
Zeit*, 13 ff.
[6] V. Hugo, op. cit., 198.

von arbeitenden Völkern geboren, nicht von genialen Männern er-
dacht, ein Niederschlag von Nationen, eine von Jahrhunderten ange-
häufte Masse, der Rückstand einer langen Reihe verdunstender
Geschlechter, kurz eine Art Naturereignis. Jede Zeitwelle spült neues
an; jede Generation häuft eine neue Schicht auf das werdende Denkmal, jeder einzelne Mensch trägt seinen Stein herbei. So machen es
die Biber; so machen es die Bienen; so machen es auch die Menschen.
Babel, das große Sinnbild der Baukunst, ist ein Bienenstock.
   Die großen Gebäude sind gleich den großen Gebirgen ein Werk
der Jahrhunderte. Oft wandelt sich die Kunst, während sie noch im
Entstehen sind; die Arbeit wird im Sinn der neuen Zeit freilich weiter-
geführt. Die verwandelnde Kunst übernimmt das Werk, wie sie es findet,
überkleidet es, paßt sich ihm an, führt es nach ihren Empfindungen
weiter und bemüht sich, es zu vollenden. Das vollzieht sich ohne Stö-
rung, ohne Anstrengung, ohne Rückfall. Nach stillen, natürlichen
Gesetzen. Der einzelne Mensch und der Künstler verschwinden vor
diesen Riesenwerken, die keines Schöpfers Namen tragen; der menschliche Geist in seiner Gesamtheit prägt sich in ihnen aus. Die Zeit ist
der Baumeister, das Volk ist der Maurer.[7]

Der Vergleich mit den Großbauten des Altertums ist in vielerlei
Hinsicht bestechend. Ähnlich manchen mittelalterlichen Kathedralen waren auch zahlreiche ägyptische Tempel eine Chronik ihrer
Welt. Sie spiegeln Entwicklungen wider, geistige und kulturelle Pro-
zesse, wie ein Mosaikbild zusammengesetzt aus den Mosaiksteinen,
die viele einzelne Herrscher und historische Persönlichkeiten setz-
ten. Das Mosaikbild als Ganzes bleibt ohne benannten Schöpfer,
wenngleich die einzelnen Steinchen ihre jeweils individuelle Signa-
tur tragen. Eines der bedeutendsten steinernen Bücher Ägyptens ist
zweifellos die gewaltige Tempelanlage zu Karnak; wenn man so will,
ein Buch in vielen Bänden. Hier reihte Generation für Generation
Denkmal an Denkmal, Bauwerk an Bauwerk. Vom Allerheiligsten
als Kern bis zur äußersten Umfassungsmauer durchschreitet der
Besucher die Epochen der ägyptischen Kultur- und Geistesgeschichte,
manifestiert in Altären, Kolossalstatuen, Säulenhallen, Pylonen,
Sanktuaren, Denksteinen, Sphinxalleen und alles übersät mit Inschriften. Man kann es mit dem vielzitierten Satz des berühmten Schwei-
zer Kulturhistorikers Jakob Burckhardt auf den Punkt bringen:

---

[7] V. Hugo, op. cit., 135-6. Anmerkung: So wird—Assmann und Heidegger
zugezwinkert—das vergängliche "Sein" in der "Zeit" zum dauerhafteren "Stein"
in der "Zeit".

"Die ägyptischen Monumente sind die mit Riesenschrift geschriebenen Bücher ihrer Geschichte."[8]

In dieser versteinerten Chronik durfte die persönliche Verewigung eines jeden ambitionierten Herrschers nicht fehlen, der sich in die Reihe seiner ebenso überlieferten Vorfahren einreihen wollte. Denkmäler zu errichten, war im Alten Ägypten eine der vornehmsten Aufgaben Pharaos. Die Schöpfer haben sich so, untrennbar verkettet mit den individuellen Charakteristika ihres Zeitgeistes, in die Chronik des Landes auf immer und ewig eingetragen. So läßt sich ein Bogen spannen, von den ersten großen Tempeln des Altertums bis zu den Kathedralen der Gotik; oder mit den Worten Hugos:

"Die ersten Seiten des steinernen Buches wurden im Orient geschrieben; das griechische und römische Altertum schrieb weiter daran; dem Mittelalter war es vorbehalten, die letzte Seite zu schreiben. Es war bis zum fünfzehnten Jahrhundert die große Chronik des menschlichen Denkens."[9]

Das Zeitalter der steinernen Monumente, die epochenübergreifend die Entwicklungen des Zeitgeistes und den Prozeß der Kultur dokumentieren, wie ein Tagebuch das Leben eines Menschen, war aus zwei Gründen langsam und unaufhaltsam dem Siechtum verfallen.

Erstens: Steinerne Bücher waren schon zu Lebzeiten Hugos ein Fossil aus alter Zeit, ein vernachlässigtes und verstaubtes Relikt vergangener Tage. Denn seit dem 15. Jahrhundert gab es erdrückende Konkurrenz: Das gedruckte Buch! Gutenbergs Erfindung, das auf Papier gedruckte und dergestalt massenhaft vervielfältigte Buch, erwies sich als Medium des Erinnerns und Verewigens effizienter, billiger und attraktiver. Zudem verhalf es zur schnelleren Verbreitung des Wortes. Und es konnten Taten und Gedanken von Menschen festgehalten werden, denen bauliches Streben verwehrt war. War noch das alte, handgeschriebene Buch dem Bauwerk unterlegen, da aus vergänglicheren Materialien gefertigt und vom Verluste gefährdet, so erdrückte das gedruckte Buch allein durch die Masse der Auflagenhöhe konkurrenzlos jedes andere Vehikel der Erinnerung, Archivierung und Gedankenübermittlung. Es lief der steinernen Chronik Schritt für Schritt den Rang ab. "Dieses wird jenes töten!",

---

[8] So Jakob Burckhardt in seinen Ergänzungen zu Franz Kugler, *Handbuch der Kulturgeschichte* (Stuttgart 1848), 2. Aufl., 39.
[9] V. Hugo, op. cit., 201.

läßt Hugo den Erzdechanten Follo ausrufen, "Wehe, wehe! Das kleine richtet das Große zugrunde [...] das Buch wird das Gebäude töten!".[10] Das steinerne Testament einer Kultur hatte seine Bedeutung einge-büßt.

Zweitens: In der Baukunst gewannen andere Funktionen Priorität. Sie war nicht mehr die Hauptkunst, die in einer Symbiose mit den Künsten der Malerei, der flachbildlichen- und rundbildlichen Bildhauerkunst und der Inschriftlichkeit den Rahmen einer kraftvollen und tiefsinnigen Gesamtkunst bildete. Und sie war nicht mehr die Universalkunst, die den Reichtum einer gesamten Kultur und Religion vereinigte, ihn zu einer inhaltsschweren Einheit verschmolz und zum Ausdruck brachte.[11] Sie erzählt auch keine generationenübergreifende Geschichte mehr. Sie ist nicht mehr der Abdruck vieler, sondern der ausgeführte Plan einzelner. Spätere Denkmäler sind meist nur noch versteinerte Propaganda sich verflüchtender Ideologien. Sie halten nur kurze Augenblicke der Geschichte fest. Hugo hat diese Veränderung—diesen Verlust?—erkannt. Monumente und Gebäude, die manchem anachronistisch erscheinen, wurden in den jüngsten Jahrhunderten und werden heutzutage abgerissen und durch neue ersetzt. Moderne Architekten planen Neuentwürfe, selten Umgestaltungen. Heutige Städte und Stadtteile sind wie ein Fotoalbum mit Momentaufnahmen. Die einzelnen Bauten repräsentieren meist nur noch die Mode und den Zeitgeist der planenden Architekten und Auftraggeber, keinen geistigen Prozeß mehr einer Vielzahl von Menschen über längere Zeiträume. Abreißen und Neubauen: Das Aus für steinerne Bücher. Das Abreißen und Neubauen war schon in der Renaissance und im Barock in Mode gekommen, als man in Italien und Frankreich begann, ideale Städte zu *planen*, statt sie wachsen zu lassen. Sie sollten von nun an im einheitlichen Stile erstrahlen und in ihrer Gänze Ausdruck einer neuen Welt im Lichte jenes Perfektibilismus sein.

Sowohl im europäischen Mittelalter als auch im Alten Ägypten, so fern sich diese Kulturen auch sein mögen, waren gleichermaßen

---

[10] V. Hugo, op. cit., 194 u. 195.

[11] Im Gegensatz zur Gotik übernimmt in der Renaissance die Malerei die Vorrangstellung in der Kunst. Das ist ein Umbruch in der Gewichtung der abendländischer Künste. Die Malerei wird zum Feld der Erneuerungen. Von den Malern der italienischen Renaissance bis zu den niederländischen Meistern erproben die Künstler neue Darstellungsmöglichkeiten von Proportionen und Perspektiven ebenso wie neue Motive. Die Baukunst dagegen orientiert sich verstärkt retrospektiv an den architektonischen Leistungen des klassischen Altertums.

die Pflege und Erhaltung des Bestehenden, die stete Wiederherstellung des Alten und Vertrauten, die Konservierung tradierter Werte und Tugenden, stets stärker als der Drang nach Veränderung und Reform. Tempel wie Kathedrale waren in ihrer Wucht und Größe unübersehbare Symbole der kultivierten sakralen Ewigkeit. Sie ragten aus der profanen Welt der Stadt empor; ein Gegenbild zur menschlichen Vergänglichkeit. Im Alten Ägypten und im abendländischen Mittelalter waren diese Gegensätze allgegenwärtig thematisiert: Hier die Vergänglichkeit des Menschlichen und dort die Ewigkeit des Göttlichen. Die in den ägyptischen Grabmalereien dargestellten blinden Harfenspieler, die in ihrem Gesang an die Vergänglichkeit irdischen Daseins erinnern, oder die mittelalterlichen Allegorien auf den Tod und seine Darstellungen als Skelett oder Narr, der mit dem Stundenglase den Menschen an das drohende Lebensende erinnert, sie versinnbildlichen die tiefgründige und ursprüngliche Angst vor dem Vergehen, dem die Steine trotzen sollen.

In Europa wurde die Geborgenheit und Beschränktheit im Schoße alter Werte zuerst in der Renaissance gebrochen. Und so war insbesondere das 15. Jahrhundert eine Phase des Abschieds von einem Zeitalter der ewigen Wiederkehr des Alten. Und es war eine Phase der Begrüßung eines neuen Zeitalters, einer Epoche im Zeichen der Suche und Veränderung. Hier stimmt Victor Hugo mit dem bedeutenden niederländischen Kulturwissenschaftler und Historiker Johan Huizinga überein und nimmt dessen Hauptgedanken vorweg: Dieser Frühling einer neuen Zeit war zunächst und zugleich der "Herbst des Mittelalters", das Ableben einer überreifen Kulturform.[12] Hugo klagt: "Diesen Sonnenuntergang verwechseln wir mit einer Morgen-

---

[12] Johan Huizinga entfaltete erstmals bei seiner Groninger Antrittsvorlesung 1915 und schließlich 1919 in seinem kulturhistorischen Hauptwerk *Herfsttij der middeleeuwen*—aktuelle deutsche Ausgabe: *Herbst des Mittelalters. Studien über Lebens- und Geistesformen des 14. und 15. Jahrhunderts in Frankreich und den Niederlanden* (Stuttgart 1987)—das eindringliche Bild von Ende einer Epoche, das von den Menschen jener Zeit durchaus bewußt wahrgenommen wurde als etwas, das mit dem Gefühl des Verlustes beschrieben werden kann. Insbesondere die Welt des Adels und der landbesitzenden Ritter mit ihrer Geisteshaltung, ihrem Ehrgefühl und ihrer theatralischen Frömmigkeit, schien einem Ideal nachzustreben, das bereits im 15. Jahrhundert überholt und anachronistisch war, aber dennoch auf nie dagewesene Weise pompös inszeniert und vom Umfeld gefeiert wurde. Die Huldigung alter, überkommener Werte stand im Widerspruch zu dem eigentlich mächtigen, aber in der Wahrnehmung der Gesellschaft tieferstehenden Großbürgertum, das durch Handel und Kapitalkonzentration in den Niederlanden, Deutschland, Burgund und Norditalien allmählich und leise zum Rückgrat jeder Herrschaft geworden war.

röte".[13] Es war nicht nur eine Zeit neuer Horizonte, sondern ebenso eine Zeit des Verlusts, ja des sich steigernden Verlusts und des sich stetig beschleunigenden Wandels. Die Dimensionen des Wandels wuchsen. Auch in Paris. Zu wahrhaft fundamentalen Veränderungen erwuchsen die baulichen Umgestaltungen durch Abriß und Neubau noch zu Lebzeiten Hugos, nämlich im Zuge der radikalen städtebaulichen Maßnahmen unter dem Stadtpräfekten Georges-Eugène Haussmann und in der Morgendämmerung der drohenden Industrialisierung und Rationalisierung.

Und so schrieb Victor Hugo ein Buch über ein Buch. Ein zu Papier gebrachtes und in gedruckter Form vervielfältigtes Buch über sein steinernes Pendant, das in Erinnerung zurückgerufen werden sollte. Und beides wurde Weltliteratur, dauerhaft und verewigt im kulturellen Gedächtnis des Abendlandes: *Notre Dame de Paris*.

---

[13] V. Hugo, op. cit., 202.

DER TEMPEL ALS KOSMOS
—ZUR KOSMOLOGISCHEN BEDEUTUNG DES
TEMPELS IN DER UMWELT ISRAELS

Bernd Janowski

Wie in den letzten Jahren immer deutlicher geworden ist, weist der
Jerusalemer Tempel der vorexilischen Zeit in Architektur und Ikonographie vielfältige kosmologische Bezüge auf.[1] Orientiert man
sich am—literarisch überarbeiteten—Tempelbaubericht 1 Kön 6-
7 und bewegt sich von Osten her auf das Tempelgebäude zu, so
symbolisiert zunächst das "Eherne Meer" (1 Kön 7,23-26) als rie-
siges, von zwölf Rinder- bzw. Stierfiguren getragenes und in Form
einer Lotusblüte stilisiertes Bronzebecken die gebändigten Wasser
des Urmeers (kosmischer Süßwasserozean).[2] Die mit diesem Kult-

---

[1] S. dazu den Überblick bei S. Schroer, "In Israel gab es Bilder. Nachrichten
von darstellender Kunst im Alten Testament" *OBO 74* (Freiburg (Schweiz)/
Göttingen, 1987,) 47ff. 71ff. 75ff. 82ff. 121ff; O. Keel / Chr. Uehlinger, "Göttinnen,
Götter und Gottessymbole. Neue Erkenntnisse zur Religionsgeschichte Kanaans
und Israels aufgrund bislang unerschlossener ikonographischer Quellen" *QD 134*
(Freiburg/Basel/Wien[4] 1998) 188ff; *W. Zwickel*, Der salomonische Tempel, Mainz
1999 und B. Janowski "Die heilige Wohnung des Höchsten. Kosmologische
Implikationen der Jerusalemer Tempeltheologie" in: O. Keel / E. Zenger "Gottes-
stadt und Gottesgarten. Zu Geschichte und Theologie des Jerusalemer Tempels"
(ed.) *QD 191* (Freiburg / Basel / Wien 2002) 24-68. Wichtige Einzelstudien liegen
vor von J. Strange "The Idea of Afterlife in Ancient Israel: Some Remarks on the
Iconography in Solomon's Temple" *PEQ 117* (1985) 35-40; H. Weippert "Die
Kesselwagen Salomos" *ZDPV 108* (1992) 8-41; M. Metzger "Keruben und Palmetten
als Dekoration im Jerusalemer Heiligtum und Jahwe, "der Nahrung gibt allem
Fleisch"" in: *Zion—Ort der Begegnung (FS L. Klein [BBB 90])*, von F. Hahn (ed.) u.a.,
(Bodenheim 1993) 503-529; V. Hurowitz "Inside Solomon's Temple" *Bible Review
April 1994*, 24-36.50; E. Bloch-Smith ""Who is the King of Glory?" Solomon's
Temple and Its Symbolism" in: M. Coogan u.a. (eds.), *Scripture and Other Artifacts
(FS Ph.J. King)* (Louisville/KY 1994) 19-31 und J. van Seters "Solomon's Temple:
Fact and Ideology in Biblical and Near Eastern Historiography" *CBQ 59* (1997)
45-57.
[2] S. dazu Schroer, aaO 60; H. Weippert, "Palästina in vorhellenistischer Zeit"
HdA II/1 (München 1988) 469f; dies., "Kesselwagen" (s. Anm.1), 40f; M. Görg
"Art. Ehernes Meer" *NBL 1* (1991) 483; W. Zwickel "Die Tempelquelle Ezechiel
47—eine traditionsgeschichtliche Untersuchung" *EvTh 55* (1995) 140-154; ders.
"Tempel" (s. Anm.1), 132f und B. Ego "Die Wasser der Gottesstadt. Zu einem
Motiv der Zionstradition und seinen kosmologischen Implikationen" in: B. Ego /

gerät in sachlichem Zusammenhang stehenden zehn bronzenen
Kesselwagen (1 Kön 7,27-39)[3] sind seitlich mit Löwen-, Rinder-
und Keruben- (1 Kön 7,29) bzw. Keruben-, Löwen- und Palmet-
tendarstellungen (1 Kön 7,36) dekoriert, die Wächter- und Träger-
funktion übernehmen. Während die Löwen als aggressive Wächter
zur Sphäre der königlichen Herrschaft gehören,[4] verweisen die
Rinder bzw. Stiere wie beim "Ehernen Meer" eher auf die Sphäre
des über das Meer triumphierenden Wettergottes. Die von Keruben
bewachten Palmen der Kesselwagen, die ebenso wie die Pal-
me(tte)n- und Blumenkelchdarstellungen an den Wänden und Tor-
flügeln des Tempels (1 Kön 6,29.32.34f) in den Kontext einer
Lebens- und Regenerationssymbolik gehören, bringen dagegen die
"Präsenz einer numinosen Macht"[5] zum Ausdruck.

Zu beiden Seiten der Vorhalle des Tempelgebäudes standen die
beiden Säulen Jachin und Boas (1 Kön 7,15-22),[6] die aufgrund
ihrer lotusförmigen und mit bronzenen Granatäpfeln behängten
Kapitelle ebenfalls in den Bereich der Regeneration verweisen.
Schließlich hat auch das kolossale, aus dem Holz der Aleppokiefer
gefertigte und mit Gold überzogene Kerubenpaar (1 Kön 6,23-28)
eine eminente Bedeutung für die Tempeltheologie: Als Symbol der
Gegenwart JHWHs auf dem Zion trug es der kosmischen Dimensionierung des Tempels Rechnung und qualifizierte die über ihm
thronende Gottheit als souveränen Königsgott.[7]

Auch in den Kulturen des Alten Orients weisen viele Tempel
durch ihre Anlage und Ausstattung aber auch durch ihre Namen
und Gründungslegenden/-rituale deutliche Bezüge zur Welt der
Götter (des Himmels/der Unterwelt) und ihrer Symbolik auf. Die-

---

B. Janowski (eds.), "Das biblische Weltbild und seine altorientalischen Kontexte"
FAT 32 (Tübingen 2001) 361-389.

[3] Zum Zusammenhang von Ehernem Meer und Kesselwagen s. Weippert,
"Kesselwagen" (s. Anm.1), 40f.

[4] Zu vergleichen ist ihr Vorkommen am Königsthron 1 Kön 10,18-20 und dazu
Weippert, *Palästina* (s. Anm.2), 476; O. Keel, "Frühe Jerusalemer Kulttraditionen
und ihre Träger und Trägerinnen" in: *Zion—Ort der Begegnung (FS L. Klein [BBB
90])*, (Bodenheim 1993) 439-502, hier: 477ff; ders. / Uehlinger, Göttinnen (s. Anm.1),
192 und B. Janowski, "Art. Königtum II", *NBL 2* (1995) 516-519, hier: 518.

[5] Keel / Uehlinger, *Göttinnen* (s. Anm.1), 194.

[6] Zu ihrer Anfertigung und zu ihren Namen s. jetzt Zwickel, *Tempel* (s. Anm.1),
113ff.

[7] S. dazu B. Janowski, "Keruben und Zion. Thesen zur Entstehung der Zions-
tradition" (1991), in: ders., *Gottes Gegenwart in Israel. Beiträge zur Theologie des Alten
Testaments*, (Neukirchen-Vluyn 1993) 247-280, hier: 257ff.276ff und Keel / Uehlinger,
Göttinnen (s. Anm.1), 190f.195.

se kosmologische Bedeutung des Tempels soll im folgenden am Beispiel Mesopotamiens und Ägyptens verdeutlicht werden.

I. *Mesopotamien*

In Mesopotamien ist der gestufte Tempelturm (*ziqqurratu(m)* "Tempel-Hochterrasse"), der mit der III. Dynastie von Ur (um 2111 bis 2003 v.Chr.) als Nachfolger des auf einer Erdaufschüttung plazierten Hochtempels entsteht,[8] schon durch die Namengebung als Teil des Kosmos qualifiziert. So trägt die berühmte, unter Nebukadnezar II. (604-562 v.Chr.) vollendete Ziqqurat von Babylon[9] den sumerischen Namen Etemenanki, womit das etwa 90 m hohe Marduk-Heiligtum als kosmisch dimensioniertes Bauwerk: als "Haus, Fundament von Himmel und Erde/Unterwelt" (*é-temen-an-ki*) bezeichnet wird.[10] Andere Tempeltürme Mesopotamiens hießen "Haus, 'Standort' von Himmel und Erde/Unterwelt" (Dilbat), "Band von Himmel und Erde/Unterwelt" (Nippur), "Stufenhaus des lauteren Himmels" (Sippar) oder "Haus, das die Leiter (hinauf zum) Berg ist" (Kazallu).[11] Aus diesen Tempelnamen lassen sich unschwer zwei

---

[8] Zur baugeschichtlichen Entwicklung und kosmologischen Bedeutung des Tempels in Mesopotamien s. W.H.Ph. Römer, "Religion of Ancient Mesopotamia" in: C.J. Bleeker (ed.), *Historia Religionum. Handbook for the History of Religions, Vol. I: Religions of the Past* (Leiden 1969) 115-194, hier: 142ff; E. Heinrich (unter Mitarbeit von U. Seidl), *Die Tempel und Heiligtümer im Alten Mesopotamien. Typologie, Morphologie und Geschichte, Text / Abbildungen* (Berlin 1982) B. Hrouda, "„High" Terraces and Zikkurat: Considerations and Differences" in: *Near Eastern Studies (FS T. Mikasa)* M. Mori et alii (eds.) (Wiesbaden 1991) 85-111; B. Hruška, "Zum Gründungsritual im Tempel Eninnu" in: *Munuscula Mesopotamica (FS J. Renger)*, B. Böck u.a. (ed.) (Münster 1999) 217-228, vgl. zusammenfassend auch Röllig, W., „Der Turm zu Babel" in: A. Rosenberg (ed.), *Der babylonische Turm. Aufbruch ins Maßlose* (München 1975) 35-46 und W. von Soden, *Einführung in die Altorientalistik* (Darmstadt 1985) 179ff.225f.

[9] S. dazu E. Klengel-Brandt, *Der Turm von Babylon. Legende und Geschichte eines Bauwerkes*, (Wien / München 1982); D.J. Wiseman, *Nebuchadnezzar and Babylon*, (Oxford 1985) 68ff; H. Schmid, *Der Tempelturm Etemenanki in Babylon*, (Mainz 1995) und die Beiträge in J. Renger (ed.), *Babylon: Focus mesopotamischer Geschichte, Wiege früher Gelehrsamkeit, Mythos in der Moderne*, (Saarbrücken 1999) vgl. auch den Überblick bei St.M. Maul, "Art. Babylon" *DNP* 2 (1997) 384-388.

[10] S. dazu A. George, "É-sangil and E-temen-anki, the Archetypal Cult-centre" in: Renger (ed.), *Babylon* (s. Anm.9), 67-86.

[11] Zu den Tempelnamen und ihrer Bedeutung s. J. van Dijk, "Sumerische Religion" in: J.P. Asmussen / J. Laessoe (eds.), *Handbuch der Religionsgeschichte, Bd.1* (Göttingen 1971) 431-496, hier: 458ff; Röllig, *Turm zu Babel* (s. Anm.8), 43ff; Jacobsen, "Th., Art. Mesopotamian Religions" in: M. Eliade (ed.), *The Encyclopedia of Religion*

Bezugssphären ablesen: "Himmel" und "Erde" auf der einen und
"Berg" auf der anderen Seite. "Beides verbunden liefert uns den
Schlüssel zum Geheimnis der Ziqqurrat: Der Tempelberg ist die
kultisch überhöhte Darstellung des Weltberges, der am Anfang der
Schöpfung stand".[12]

Drei ausgewählte Textbeispiele sollen diesen komplexen Sachverhalt erläutern: (1.) ein später, unter der Bezeichnung "Mytholo-
gische Einleitung zur Beschwörung in einem Tempelweihritual"
bekannter Schöpfungsmythos, der die Rolle Marduks bei der Weltschöpfung beschreibt, (2.) die neusumerische Tempelbau-Hymne
des Gudea von Lagaš mit ihrem Bericht über den Neubau des
Tempels Eninnu in Girsu und schließlich (3.) ein spätakkadisches
Rollsiegel, das möglicherweise zur Marduk(/Tiāmat)-Thematik zu-
rücklenkt.

1. *Mythologische Einleitung zu einem Tempelweihritual*

Der ein Weiheritual für den Tempel Ezida in Borsippa einleitende
zweisprachige (neusumerisch/jungbabylonische) Schöpfungstext
vom "Eridu-Babylon-Typ" CT 13,35-38 (6. Jh. v.Chr.) verbindet
die kosmologische Bedeutung des Tempels legitimierend mit dem
Aufstieg Marduks zum Reichsgott. Nach den einleitenden "Noch
nicht"-Sätzen (CT 13, 35,1-9, vgl. Ee I 1-9; Laḫar und Ašnan
Z.3ff; Lugal-e VIII 5ff),[13] die die vorgeschöpfliche oder embryona-
le Welt[14] beschreiben und am Anfang (Z.1: "Ein heiliges Haus, ein

---

9 (1987) 447-466, hier: 463f; D.O. Edzard, "Deep-rooted Skyscrapers and Bricks:
Ancient Mesopotamian Architecture and its Imaging" in: M. Mindlin et alii (eds.),
Figurative Language in the Ancient Near East (London 1987) 13-24 und umfassend George,
A., *House Most High. The Temples of Ancient Mesopotamia (Mesopotamian Civilizations 5)*,
(Winona Lake/IN 1993) 59ff. Eine Systematisierung der babylonischen Äquivalente
von sum. é "Haus, Tempel" bietet E. Sollberge, "The Temple in Babylonia" in:
Le temple et le culte (CRRAI 20), (Leiden 1975) 31-34.

[12] Röllig, *Turm zu Babel* (s. Anm.8), 43, vgl. zur Sache auch Edzard, *Skyscrapers*
(s. Anm.11), 13ff.

[13] S. dazu G. Pettinato, *Das altorientalische Menschenbild und die sumerischen und
akkadischen Schöpfungsmythen* (Heidelberg 1971) 86ff.91ff.

[14] S. dazu M. Dietrich, "Vom mythologischen Urbild zum Realbild. Zu Poeto-
logie und Tempussystem babylonischer Ritualtexte" in: *Mythos im Alten Testament
und seiner Umwelt (FS H.-P. Müller [BZAW 278])*, A. Lange u.a. (eds.) (Berlin / New
York 1999) 17-28, ferner ders., *ina ūmī ullûti* "An jenen (fernen) Tagen". "Ein
sumerisches kosmogonisches Mythologem in babylonischer Tradition" in: *Vom Orient
zum Alten Testament (FS W. von Soden [AOAT 240])*, (Münster 1995) 57-72 und ders.,
"Zeitloses Urbild und zeitgebundenes Abbild nach der babylonischen Mythologie"
MARG 13 (1998) 49-79.

Haus für die Götter an heiligem Ort war noch nicht errichtet") wie am Ende (Z.9: "ein heiliges Haus, ein Haus für die Götter—sein Standort war noch nicht festgelegt") auf den noch nicht gebauten Tempel Bezug nehmen, leitet der Text mit "damals"-Formulierungen zur Darstellung des Urzustandes des noch ungegliederten Kosmos über:

10 Alle Länder waren noch Meer,
11 die Quelle inmitten des Meeres war nur ein Rinnsal.
12 Damals war Eridu (schon) gebaut, der Tempel Esangila (schon) errichtet,
13 der Tempel Esangila, den Lugaldukuga im Apsû bewohnt –
14 auch Babylon war (schon) gebaut, der Esangila-Tempel (schon) vollendet—
15 die Anunnaku-Götter—er hatte (sie) zu gleichen Teilen geschaffen—
16 nannten (ihn) in erhabener Weise 'Heilige Stadt, Wohnung ihres Wohlseins'.
17 Marduk fügte auf dem Wasser ein Floß zusammen,
18 er schuf Erde und schüttete sie vom Floß.[15]

Es ist eine tempelzentrierte Sicht, die dieser späte Schöpfungstext vermittelt. Der in der vorgeschöpflichen Welt gebaute Tempel von Eridu und Babylon ist das erste Stück festen Landes inmitten eines Urmeers (*tâmtu* "Meer" Z.10f), von dem aus die Dinge und Wesen (Götter, Menschen) der Jetzt-Welt ihren Ausgang genommen haben (vgl. Z.17f.31; Z.19ff). Der Gott, der sie erschafft, ist Marduk, der in seinem Schöpferhandeln die Aktivitäten Enkis/Eas von Eridu widerspiegelt:

Aus dem Ur-Meer ragte noch kein Festland ('Länder') heraus. Die göttliche Sphäre breitete sich für den Beschwörer offenbar über dem Ur Meer aus. Einziges Specificum in der Urmasse Meer war die 'Quelle', die den gewissermaßen präexistent gedachten, aber noch nicht erkennbaren *Apsû*, den Sitz des lebenspendenden Gottes Enki/Ea, meint. Der unter der Erdoberfläche sich erstreckende Unterirdische Ozean war noch nicht voll ausgeprägt, wirkte wie ein Rinnsal.[16]

---

[15] Übersetzung Dietrich, *Urbild* (s. Anm.14), 21ff, vgl. zum Text auch K. Hecker, "Kleinere Schöpfungserzählungen" *TUAT III/4* (1994) 603-611, hier: 608f, ferner J. Bottéro, "Les textes cosmogoniques mineurs en langue accadienne," in: ders., *Mythes et rites de Babylone* (Paris 1985) 279-328, hier: 301ff und ders. / Kramer, S.N., *Lorsque les dieux faisaient l'homme. Mythologie mésopotamienne* (Paris 1989) 497ff.
[16] Dietrich, *Urbild* (s. Anm.14), 21.

Charakteristisch für das Schöpfungsverständnis dieses Textes ist das Enki/Ea-Epitheton "Herrscher über den Heiligen (Ur-)Hügel" (*lugal-du₆-ḳù-ga* Z.13, vgl. Ee VII 100; AGH 76,25),[17] das in der Form "Sohn des duku" (*dumu-du₆-ḳù-ga*) als Beiname Marduks belegt ist (Ee VII 99f). Der Ausdruck duku "heiliger, reiner Hügel" (*du₆-ḳù*) bezeichnet einen kosmischen Ort, der nach der mythischen Geographie der Sumerer als "Sitz der Götter im östlichen Randgebirge Babyloniens"[18] lag bzw. "über dem Weltberg, auf dem in der Urzeit die Anunna-Götter wohnten und auf dem Landwirtschaft, Viehzucht, Weberei, alles, was zur Kultur Sumers gehörte, entstanden ist".[19] Das duku stand in enger Beziehung zum unterirdischen Süßwasserozean (abzu/*apsû*), auf dem es in der Urzeit gegründet wurde (Abb. 1).[20] Seine kosmische Dimensionierung (Ort der Lebensförderung und der Schicksalsbestimmung) macht den duku zum Zentrum der Weltordnung—auf dem auch das *duku*-Fest gefeiert wurde.[21] Aufschlußreich ist nun, daß dieses Duku der Urzeit in mehreren Tempeln Mesopotamiens als Ort der göttli-

---

[17] S. dazu W.G. Lambert, *Art. Lugal-dukuga, RLA 7* (1987-1990) 133f, vgl. Bottéro, Textes cosmogoniques mineurs (s. Anm.15), 307 mit Anm. 25 und A. Tsukimoto, "Untersuchungen zur Totenpflege (kispum) im alten Mesopotamien" *(AOAT 216)*, (Kevelaer / Neukirchen-Vluyn 1985) 215f.

[18] D.O. Edzard, "Art. Duku" *WM 1* (1965) 51, im Anschluß an Th. Jacobsen, "Sumerian Mythology: A Review Article" *JNES 5* (1946) 128-152, hier: 141; zur neueren Diskussion s. Tsukimoto, *Totenpflege* (s. Anm.17), 212ff; B. Janowski, "Rettungsgewißheit und Epiphanie des Heils. Das Motiv der Hilfe Gottes "am Morgen" im Alten Orient und im Alten Testament, Bd. I: Alter Orient" *(WMANT 59)* (Neukirchen-Vluyn 1989) 42 mit Anm. 115; 46; F. Wiggerman, "Mythological Foundations of Nature" in: D.J.W. Meijer (ed.), *Natural Phenomena. Their Meaning, Deciption and Description in the Ancient Near East*, (Amsterdam u.a. 1992) 279-306, hier: 285ff; B. Hruška, "Zum "Heiligen Hügel" in der altmesopotamischen Religion" *WZKM 86* (1996) 161-175; St.M. Maul, "Die altorientalische Hauptstadt—Abbild und Nabel der Welt" in: G. Wilhelm (ed.), *Die orientalische Stadt: Kontinuität, Wandel, Bruch* (Saarbrücken 1997) 109-124, hier: 116 mit Anm.33; 118 und W. Horowitz, "Mesopotamian Cosmic Geography" *(Mesopotamain Civilizations 8)* (Winona Lake/IN 1998) 315f.

[19] J. van Dijk, *Sumerische Götterlieder, Teil II*, (Heidelberg 1960) 134, vgl. A.W. Sjöberg / E. Bergmann, "The Collection of the Sumerian Temple Hymns" *(TCS 3)* (Locust Valley/NY 1969) 50f.

[20] S. zur Sache D.O. Edzard, "Art. Abzu" *WM 1* (1965) 38; W.G. Lambert, "Sumer and Babylon" in: C. Blacker / M. Loewe (eds.) *Weltformeln der Frühzeit. Die Kosmologie der alten Kulturvölker* (Düsseldorf 1977) 43-67, hier: 49f.60f; Tsukimoto, *Totenpflege* (s. Anm.17), 216; W. Heimpel, "The Sun at Night and the Doors of the Heaven in Babylonian Texts" *JCS 38* (1986) 127-157, hier: 143f; Wiggerman, *Mythological Foundations* (s. Anm.18), 283.284 u.a.

[21] Vgl. Tsukimoto, *Totenpflege* (s. Anm.17), 213.216.

chen Schicksalsbestimmung präsent war: in Nippur, in Eridu, in Babylon und im Baba-Tempel einer nicht lokalisierten Stadt.[22] Das Duku im Eunir-Heiligtum von Eridu wird in der sumerischen Tempelhymne TCS 3,1,1-11 mit folgenden auf die Schöpfung bezogenen Bildern gepriesen:

 1 Eunir, which has grown high, (uniting) heaven and earth,
 2 Foundation of heaven and earth, 'Holy of Holies', Eridu,
 3 Abzu, shrine, erected for its prince,
 4 House, holy mound, where pure food is eaten,
 5 Watered by the prince's pure canal,
 6 Mountain, pure place, scoured with soap,
 7 Abzu, your tigi belongs to (your) me's,
 8 Your great ... wall is kept in good repair,
 9 Into your ..., the place where the god dwells,
10 The great ..., the ..., the beautiful place, light enters not,
11 Your firmly-jointed house is clean, without equal.[23]

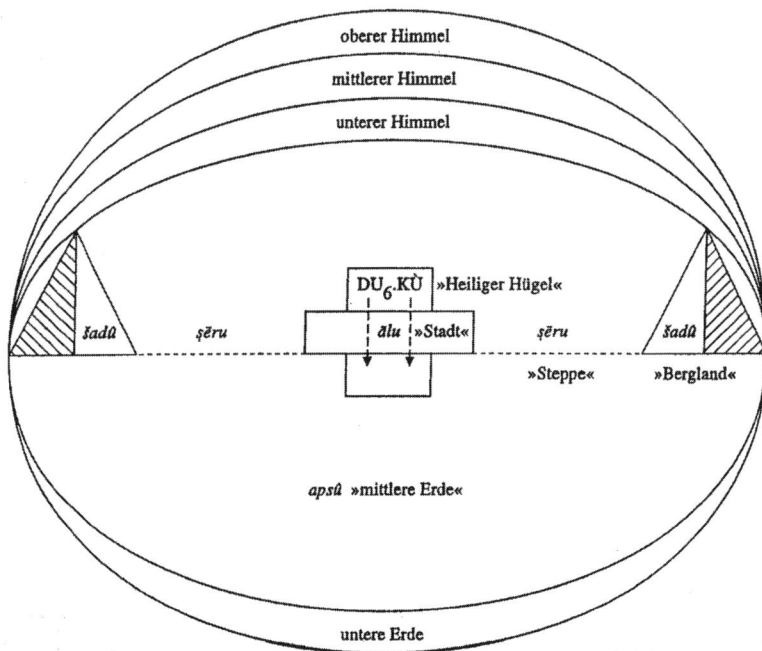

Abb. 1. Mesopotamisches Weltbild (Rekonstruktion)

---

[22] Vgl. ders., op.cit. 212f.216f.
[23] Übersetzung Sjöberg / Bergmann, *Sumerian Temple Hymns* (s. Anm.19), 17f, vgl. den Kommentar 50ff.

Wir haben es bei dem Duku also mit einem zentralen Bereich der Schöpfung zu tun. Diese Bezüge kommen auch in dem Marduk-Beinamen Dumudukuga sowie den Funktionen seines Trägers zum Ausdruck. Am babylonischen Neujahrsfest nimmt Marduk seinen Platz im Duku ein, um dort als "Sohn des Duku" (*dumu-du₆-kù-ga* Ee VII 99, vgl. AGH 68,4; 76,24f)²⁴ die Schicksalsentscheidung für das Land zu fällen:

> 99   Dumuduku, der im Duku für sich seinen
>   reinen Wohnsitz erneuert,
> 100   Dumuduku, ohne den Lugalduku keine
>   Entscheidung fällt.²⁵

2. *Tempelbau-Hymne des Gudea von Lagaš*

Das Motiv des im abzu/*apsû* verankerten und bis in den Himmel ragenden Tempelhauses begegnet bereits in der neusumerischen Tempelbau-Hymne des Gudea von Lagaš (ca. 2144-2124 v.Chr.),²⁶ die die Errichtung und Einweihung des Ningirsu-Heiligtums Eninnu in Girsu (Tellō) preist. Als Beispiel für die kosmische Dimensionierung dieses Bauwerks seien Zyl. A XXII 9-16 und Zyl. B I 1-10 zitiert:

> 9 Der Stadtfürst hat das Haus gebaut, es wachsen lassen,
> 10 wie einen großen Berg wachsen lassen,
> 11 seine Baugrube, den Abzu, wie große Pfähle in die Erde eingetieft.

---

²⁴ Vgl. Tsukimoto, *Totenpflege* (s. Anm.17), 215.

²⁵ Übersetzung W.G. Lambert, "Enuma Elisch" *TUAT III/4* (1994), 565-602, hier: 600, vgl. die Übersetzung von Bottéro / Kramer, *Lorsque les dieux* (s. Anm.15), 650.

²⁶ Übersetzung A. Falkenstein / W. von Soden, *Sumerische und akkadische Hymnen und Gebete* (Zürich / Stuttgart 1953) 137-182 (Falkenstein) mit dem Kommentar 372ff (sum. Nr.32), vgl. Jacobsen, Th., *The Harps that once ... Sumerian Poetry in Translation* (New Haven / London 1987) 386-444. Zum religiösen und soziologischen Kontext s. S.N. Kramer, "The Temple in Sumerian Literature" in: M.V. Fox (ed.), *Temple in Society* (Winona Lake/IN 1988) 1-16, 2ff, zu den begleitenden Riten s. W.H.Ph. Römer, "Studien zu Texten Gudeas von Lagaš. Teil 1: Die aus Anlaß des Baues des neuen Eninnu vom Stadtfürsten Gudeas von Lagaš durchgeführten Riten" *JARG* 5 (1984) 57-110 und M. Dietrich, "Die Gottheit und ihr Heiligtum. Bemerkungen zu den Vorstellungen über die Präsenz der Götter nach mesopotamischen religiösen Texten" *MARG 14* (1999) 5-40. Auch die anderen sumerischen Tempelhymnen sind voll von kosmologischen Motiven, s. die Textbeispiele bei Falkenstein, op.cit. 131-137 (sum Nr.29-31) und Sjöberg / Bergmann, *Sumerian Temple Hymns* (s. Anm.19), einzelne Beispiele bietet auch W.H.Ph. Römer, "Aus der großen Tempelhymnen-Sammlung" *TUAT II* (1986-1991), 686-688.

12 Mit Enki berät sie sich im E'angurra,
13 die Baugrube ist im Himmel ein Held—für das Haus hat sie (Gudea) hingestellt—,
14 im Ort, an dem die Götter Wasser trinken, trinkt er Wasser.
15 Das Eninnu machte (Gudea) (wie) einen Halteplfock fest, baute sein ...,
16 pflanzte in seiner Stadt des (Tempels) schönen asal-Baum, breitete seinen Schatten weithin aus.[27]

Das Besondere an diesem Passus ist, daß er die Baumaßnahmen Gudeas *in actu* beschreibt. Allerdings entziehen sich manche Einzelheiten noch dem genaueren Verständnis wie z.B. das Verhältnis von temen und abzu in Z.11, das Th. Jacobsen und S. Dunham genitivisch auffassen: "The 'temen of the abzu' could be understood as a reference to the idea that (symbolically?) the pegs 'fasten' the temple all the way into the abzu".[28] Der zweite Text (Zyl. B I 1-10) preist den überwältigenden Glanz des bis an den Himmel reichenden Tempels:

1 Haus, großer 'Mast' des Landes Sumer,
2 mit Himmel und Erde zusammen gewachsen,
3 Eninnu, gutes Ziegelwerk, dem Enlil gutes
   Schicksal bestimmt,
4 schöner Berg, der zu (aller) Staunen dasteht,
5 der aus allen Ländern hervorragt:
6 Das Haus ist ein großer Berg, reicht bis an den Himmel,
7 ist (wie) der Sonnengott, erfüllt das Innere des Himmels,
8 das 'Eninnu-Imdugud-strahlt' hat im Feindland
   zahlreiche (Menschen) getötet,
9 hat die Menschen (fest) wohnen lassen, hat das Land
   Sumer geleitet:
10 Die Anunna-Götter gehen staunend dahin.[29]

Das Bild, das diese Texte vom Tempel vermitteln, ist komplex: "... the emphasis is on the verticality and stability, but also the security that a mooring post provides".[30]

---

[27] Übersetzung Falkenstein, op.cit. 159, vgl. Jacobsen, op.cit. 416.

[28] Dunham, S., "Sumerian Words for Foundation, Part I: Temen" *RA 80* (1986) 31-64, hier: 52, vgl. Jacobsen, *The Harps* (s. Anm.26), mit Anm.111-113 und zur Sache noch Zyl. A XXI 18-27; B V 7, s. dazu Dunham, op.cit. 42ff.52ff.

[29] Übersetzung Falkenstein, *Hymnen und Gebete* (s. Anm.26), 166, vgl. Jacobsen, *The Harps* (s. Anm.26), 425f; Edzard, *Skyscrapers* (s. Anm.11), 15 und zur Sache noch Zyl. A XXI 23; B XXIV 9 u.ö., s. dazu Falkenstein, A., "Die Inschriften Gudeas von Lagaš, I: Einleitung" *AnOr 30* (Rom 1966) 116ff.

[30] Edzard, ebd.

3. Marduk als Tempelerbauer

Die Namen der mesopotamischen Tempel variieren, sofern sie mythisch-kosmischen Vorstellungsbereichen entnommen sind, immer wieder *einen* Grundgedanken: Der Tempel ist das Abbild des Weltbergs/Urhügels, der als erster aus der Urflut auftauchte und von dem aus die Schöpfung der Welt erfolgte. Die Bezeichnungen "Haus, Fundament von Himmel und Erde" (*é-temen-an-ki*) und "Band von Himmel und Erde" (*dur-an-ki*) sind dafür sprechende Beispiele. Wie sehr der Tempel in seiner kultischen Funktion von dieser Kosmos/Chaos-Symbolik bestimmt wird, hat W. Röllig anhand des babylonischen Weltschöpfungsepos verdeutlicht: "Bildlich beschreibt es das babylonische Weltschöpfungs-Epos, in dem Marduk Tiamat besiegt, dieses Ungeheuer spaltet und aus einer Hälfte den Himel, aus der anderen die Erde bildet. Damit aber beides nicht zusammenstürzt, muß es gehalten werden. Und diese Stütze ist das 'Band von Himmel und Erde'. Kommt es zu Schaden, so ist das Chaos die Folge"[31].

Die Korrelation des Mardukheiligtums Esagil ("Haus, dessen Spitze hoch ist") mit dem *apsû* läßt sich durch die Berücksichtigung der entsprechenden Passagen des Weltschöpfungsepos *Enūma eliš*[32] substantiieren. Aus dem Körper des besiegten und getöteten Tiamat (Ee IV 33ff.129ff) formt Marduk das geordnete, in Himmel und Erde gegliederte Universum (Ee IV 135ff; V 62), in dessen Zentrum er—'dem *apsû* gegenüber' (*meḥret apsî* "Gegenstück des *apsû*" Ee VI 62, vgl. IV 141-143)[33]—Babylon mit seinem Tempel

---

[31] Röllig, *Turm zu Babel* (s. Anm.8), 45. Zur kosmologischen Zerteilung Tiaµmats s. Lambert, *Sumer* (s. Anm.15), 58ff und M. Dietrich, "Die Tötung einer Gottheit in der Eridu-Babylon-Mythologie" in: *Ernten, was man sät (FS K. Koch)*, D.R. Daniels u.a. (eds.) (Neukirchen-Vluyn 1991) 49-73, hier: 51ff.

[32] S. dazu die Übersetzung von Lambert, *Enuma Elisch* (s. Anm.25), 565ff, vgl. auch Bottéro / Kramer, *Lorsque les dieux* (s. Anm.15), 602ff; Dalley, St., *Myths from Mesopotamia. Creation, the Flood, Gilgamesh and Others* (Oxford 1989) 228ff u.a.

[33] Zur Interpretation von Ee VI 61-66 s. bes. W.L. Moran, "A New Fragment of DIN.TIR.KI = Babilu and Enuµma eliš VI 61-66" in: *Studia Biblica et Orientalia, Vol. III: Oriens Antiquus* (Roma 1959) 257-265, hier: 261ff und Horowitz, *Cosmic Geography* (s. Anm.18), 122ff, s. zur Sache J. Bottéro, "L'épopée de la création" in: ders., *Mythes et rites de Babylone*, (Paris 1985, 113-162) 140f. In den Inschriften Asarhaddons (Bab. A-G, Episode 26 Fassung A, Z. 47-51) wird Esagila "der Palast der Götter, der Spiegel des Apsû (*matnat apsî*), das Ebenbild von Ešarra, das Gegenstück der Wohnung des Ea (*meḥret šubat ᵈEa*), das Ebenbild des Ikû-Gestirns" genannt, s. R. Borger, "Die Inschriften Asarhaddons, Königs von Assyrien" *AfO.B 9* (Graz 1956) 21.

Esagil gründet (Ee VI 45ff).[34] Die Frage ist allerdings, wo sich das Mardukheiligtum genau befand, wenn es von Marduk als "Gegenstück des *apsû*" errichtet wurde. Näheren Aufschluß darüber gibt neben Ee IV 135-146[35] vor allem der Passus Ee V 119-122, der von Marduks Plan berichtet, Babylon im Zentrum des Universums zu errichten. Entscheidend ist dabei die räumliche Relation des Esagil zu den drei Größen Apsû, Ešarra und Himmel:

119 Oberhalb des Apsû, der smaragdenen Wohnstatt,
120 gegenüber Escharra, das ich für euch baute,
121 unterhalb der himmlischen Teile, deren Boden ich stark machte,
122 will ich ein Haus als meine luxuriöse Wohnstatt bauen.[36]

Ešarra ("Haus der Gesamtheit/Welt") wird die Position zwischen Himmel und *apsû* zugeschrieben, während Babylon und Esagil "gegenüber Ešarra", aber nicht "darauf" errichtet werden sollen. Das Esagil galt demnach sowohl als Ebenbild des Palastes Enkis/Eas als auch als Ebenbild des über dem Esagil gedachten himmlischen Palastes des Himmelsgottes An:

Jeder der drei kosmischen Bereiche, der Himmel, die Erdoberfläche und die Erde, wird dieser Vorstellung zufolge von einem Götterpalast beherrscht. Gemeinsam bilden alle drei Paläste eine vertikale Achse, in deren Zentrum Babylon mit dem Tempel Marduks liegt. Ausdrücklich wird Esagil als Stütze und Verbindung des in der Erde befindlichen Grundwasserhorizontes *apsû*" mit dem Himmel bezeichnet. Das Heiligtum Esagil und die Stadt Babylon liegen also in der Mitte der vertikalen kosmischen Achse, und verbinden diese mit der irdischgegenwärtigen Welt. Sie sind (nach *Enūma eliš*) der Ort, an dem Marduk bei der Formung der Welt aus dem Leibe der toten Tiāmat den Schwanz der drachengestaltig gedachten erschlagenen Urmutter an der Weltenachse Dur-maḫ befestigte, um so mit ihrem Unterleib den Himmel festzukeilen und seinem Schöpfungswerk ewige Dauer zu verleihen. Diese *axis mundi* nahm für den Besucher des alten Babylons sichtbare Gestalt an in dem siebenstufigen Tempelturm, der den Namen *É-temen-an-ki*, 'Haus Fundament von Himmel und Erde' trug.[37]

---

[34] S. dazu Lambert, *Sumer* (s. Anm.20), 58ff; ders., "Art. Himmel", *RLA 4* (1972-75) 411f; ders., "Art. Kosmogonie" *RLA 6* (1980-83) 218-222, 221f und Horowitz, *Cosmic Geography* (s. Anm.18), 122ff, vgl. auch Bottéro, *L'épopée de la création* (s. Anm.33), 131ff.

[35] S. dazu Lambert, op.cit.., vgl. ders., *Kosmogonie* (s. Anm.34), 221f; Dietrich, M., "Die Kosmogonie in Nippur und Eridu" *JARG 5* (1984) 155-184, 176f; Livingstone, A., *Mystical and Mythological Explanatory Works of Assyrian and Babylonian Scholars* (Oxford 1986) 79ff und Horowitz, *Cosmic Geography* (s. Anm.18), 113f.

[36] Übersetzung Lambert, *Enuma Elisch* (s. Anm.25), 590.

[37] Maul, *Altorientalische Hauptstadt* (s. Anm.18), 114f, s. zu diesem Passus auch

Im Anschluß an A. Livingstone[38] könnte man das in Ee V 119-122 und anderen Stellen des *Enūma eliš* formulierte kosmologische Entsprechungsverhältnis folgendermaßen skizzieren:

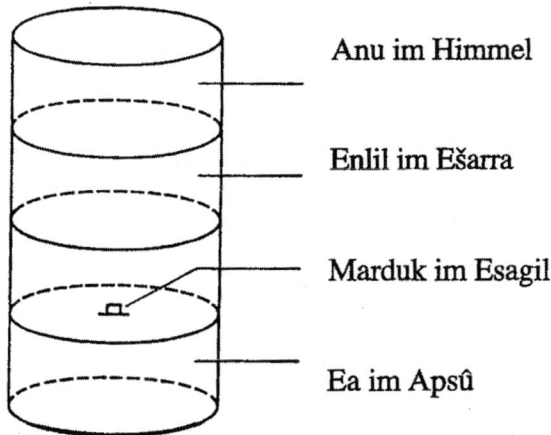

Anu im Himmel

Enlil im Ešarra

Marduk im Esagil

Ea im Apsû

Abb.2. Der in Stockwerke gegliederte Kosmos (*Enūma eliš*)

Ein dritter Text, Ee VI 65f, bestätigt dies: Als Babylon erbaut ist, und Marduk Esagila von den anderen Göttern als Geschenk erhält, richtet er sich prachtvoll in seiner neuen Wohnung ein:

> 65 Er saß majestätisch vor ihnen,
> 66 und musterte seine (sc. des Tempelturms Z.63) Hörner,
>   die mit der Basis von Escharra eben waren.[39]

"Die 'Hörner' Escharras"—so führt W.G. Lambert dazu aus— "sind seine Zinnen, und wenn sie mehr oder weniger auf einer Ebene mit dem Boden Escharras waren, so kann damit eigentlich nur der Himmel gemeint sein. (...) Die offenkundige Schwierigkeit löst sich dadurch auf, daß es bei den Babyloniern eine Lehre von mehreren übereinandergelagerten Himmeln gab und Escharra in der Schöpfungsgeschichte der untere Himmel ist".[40] Daraus ergibt

---

ders., "Im Fadenkreuz von Raum und Zeit. Zum Verhältnis von Weltbild und Herrschaftskonzeption im Alten Orient" *HdJb 42* (1998) 27-41, 32ff und Lambert, *Sumer* (s. Anm.20), 61; ders., *Himmel* (s. Anm.34), 412 und Horowitz, *Cosmic Geography* (s. Anm.18), 125ff.

[38] Livingstone, *Explanatory Works* (s.Anm.35), 81.

[39] Übersetzung Lambert, *Enuma Elisch* (s. Anm.25), 593.

[40] Lambert, *Sumer* (s. Anm.20), 61f, vgl. zur Sache ders., *Enuma Elisch* (s. Anm.25), 566f.

sich, daß Esagil nicht nur als "Gegenstück des *apsû*" errichtet wurde, sondern mit seiner Spitze auch in den unteren Himmel (=
Ešarra) reichte, nach Standort und Ausmaß also kosmische Dimensionen besaß—genauso wie der in seinem Heiligtum residierende
Marduk, der nach Ee VI 64 ein zweiter Enlil und zugleich ein
zweiter Ea ist:

> 61 Als das zweite Jahr herankam,
> 62 errichteten sie den First von Esagil, eine Nachbildung
>   des Apsu.
> 63 Sie erbauten den hohen Tempelturm des Apsu,
> 64 und richteten sein(en) ... für Anu, Enlil und Ea
>   als Wohnstätte ein.[41]

Die auf der *axis mundi* liegenden Wohnsitze der Götter Anu, Enlil
und Ea wurden also auf Erden durch den Haupttempel Marduks
und seinen siebenstufigen Tempelturm repräsentiert. Dieses Etemenanki war nach babylonischer Auffassung die sichtbare Gestalt
des Zentrums und Ursprungs der Welt, eben das "Fundament von
Himmel und Erde".

II. *Ägypten*

"Die ägyptischen Götter wohnen an sich nicht auf Erden, sondern
im Himmel und in der Unterwelt ... Daher muß ihnen der Tempel
als ein irdischer 'Himmel' zubereitet werden".[42] Zwischen den
Wörtern "Himmel" und "Dach" wird dabei beständig gespielt—
„natürlich vor allem, wenn von Tempeln die Rede ist ...".[43] In der
Ikonographie hat der Himmel gewöhnlich die Form einer 'umge-
stülpten Kiste', deren Zargen an den Ecken in Spitzen auslaufen,
während die Erde als Mulde mit flachem, auf den beiden Berg-
spitzen aufruhendem Himmelsdach dargestellt wird (vgl. Abb.3).[44]

---

[41] Übersetzung Lambert, *Enuma Elisch* (s. Anm.25), 593, vgl. Horowitz, *Cosmic Geography* (s. Anm.18), 122f.

[42] E. Hornung, "Zum altägyptischen Geschichtsbewußtsein" in: H. Müller-Karpe (ed.), *Archäologie und Geschichtsbewußtsein (Kolloquien zur Allgemeinen und Vergleichenden Archäologie 3)*, (München 1982) 13-30, 17 Anm. 27, vgl. zur Sache ders., *Der Eine und die Vielen. Ägyptische Gottesvorstellungen* (Darmstadt 1990) 223ff.

[43] H. Schäfer, "Weltgebäude der alten Ägypter" in: ders., *Ägyptische und heutige Kunst und Weltgebäude der alten Ägypter* (Berlin / Leipzig 1928) 87f, vgl. ders., *Von ägyptischer Kunst. Eine Grundlage* (Wiesbaden 1963), 239ff.

[44] Zu den ägyptischen Himmelsdarstellungen s. Schäfer, *Weltgebäude* (s. Anm.43), 87ff.

Abb.3. Grabmalerei aus der Zeit Ramses' X. (um 1085 v.Chr.)

Die Bezeichnung des Tempels als "Himmel" (*pt*) ist gerade für Ägypten charakteristisch.[45] Der Tempel von Heliopolis heißt "Der Himmel Ägyptens" und derjenige von Karnak "Der Himmel auf Erden".[46] So geht etwa Hathor als Sonnengöttin auf "gegenüber dem Himmel ihres ka auf Erden, d.h. Dendera, oder kommt zum Himmel ihrer Majestät".[47] Zeigt ein Tempelname wie "Der Himmel auf Erden", daß Tempel und Himmel nicht einfach ineinanderfließen, sondern daß der irdische Tempel mit seinem das Götterbild umschließenden Naos zu einem "Gleichnis des Himmels"[48] wird, so belegt dies zugleich, daß der Tempel auch in

---

[45] S. dazu W. Spiegelberg, "Die Auffassung des Tempels als Himmel" *ZÄS 53* (1917) 98-101; A. de Buck, *De egyptische voorstellingen betreffende den oerheuvel* (Leiden 1922); Schäfer, *Weltgebäude* (s. Anm.43), 87f. 92ff; ferner Keel, *Bildsymbolik* (s. Anm.1) 151ff; ders., "Jahwe-Visionen und Siegelkunst. Eine neue Deutung der Majestätsschilderungen in Jes 6, Ez 1 und 10 und Sach 4" *SBS 84/85* (Stuttgart 1977) 52 und E. Hornung, "Art. Himmelsvorstellungen" *LÄ 2* (1977) 1215-1218, hier: 1217.

[46] S. dazu H. Grapow, *Die bildlichen Ausdrücke des Ägyptischen. Vom Denken und Dichten einer altorientalischen Sprache* (Leipzig 1924 / Berlin 1969) 27 mit den entsprechenden Textnachweisen.

[47] Grapow, op.cit.

[48] H. Bonnet, *Reallexikon der ägyptischen Religionsgeschichte* (Berlin 1952) 304 (Art. Himmel), vgl. zur Sache auch Keel, *Jahwe-Visionen* (s. Anm.45), 52: "Gerade ein Ausdruck wie dieser (sc. 'Himmel auf Erden') zeigt aber, daß beide (sc. 'Himmel' und 'Erde') nicht einfach zusammenfließen. Die Präsenz Gottes im Himmel ist mit der im Tempel nicht schlicht identisch. Die Größe, die eine gewisse Gegenwart der Gottheit im Tempel anzeigt und verbürgt, ist das Gottessymbol, häufig in Form eines Götterbildes. Der engere Naos, der dieses umschließt, wird darum, wie Bonnet sagt, 'zu einem Gleichnis des Himmels'". Grundsätzlich zur Konzeption auch B. Janowski, "Tempel und Schöpfung. Schöpfungstheologische Aspekte der priesterschriftlichen Heiligtumskonzeption" in: ders., *Gottes Gegenwart in Israel. Beiträge zur Theologie des Alten Testaments 1* (Neukirchen-Vluyn 1993) 214-246, hier: 221ff und F. Hartenstein, "Die Unzugänglichkeit Gottes im Heiligtum. Jesaja 6 und der Wohnort JHWHs in der Jerusalemer Kulttradition" *WMANT 75* (Neukirchen-Vluyn

Ägypten ein *steingewordenes Abbild des Kosmos* ist, der von göttlichen Kräften durchwaltet wird. Als "Himmel auf Erden" ist der Tempel, in dessen Allerheiligstem das Kultbild steht, die irdische Wohnstatt der Gottheit.

1. *Spätägyptische Tempeldekoration*

Das sinnfälligste, weil dreidimensionale Abbild der Welt bietet die Architektur des ägyptischen Tempels, der im Neuen Reich seine endgültige Form als Axialtempel erreicht und mit Pylon (= 'Horizont'), Säulen (= 'Himmelsstützen') und Tempeldach (= 'Himmel') den Kosmos repräsentiert.[49] Ein schönes Beispiel für die an jedem Tempelgrundriß ablesbare Raumfolge mit Pylontürmen, offenem Tempelhof, Säulensaal, Opfertischsaal, Barkenraum und Allerheiligstem bietet der Aufriß des in der 18. Dynastie errichteten und in der 20. Dynastie vollendeten Chons- Tempels in Theben (Abb.4), an dem sich der Weg von der Sphinxallee ins Tempelinnere nachvollziehen läßt: Er steigt, der Mittelachse folgend, über Stufen und Rampen langsam an, während die Decken gleichzeitig niedriger und die Räume immer dunkler und enger werden.

Die auf der Analogie von Kultordnung und Weltordnung beruhende kosmologische Symbolik hat in Ägypten die Tempelkonzeption bis in die Spätzeit hinein geprägt. Ja, gerade in der Architektur und Dekoration der spätägyptischen Tempel von Dendera, Edfu, Esna, Kom Ombo und Philä gelangten Vorstellungen zum Durchbruch, die durch die Sakralbauten der pharaonischen Zeit und deren kosmologische Symbolik präfiguriert waren.[50] Belegen läßt

---

1997) 11ff, der statt von einer Aufhebung bzw. einem Zusammenfließen der Kategorien "himmlisch" und "irdisch" zu sprechen, zu Recht von ihrer Unterschiedenheit ausgeht und diese mit Hilfe der Begriffe "Hintergrund" (Sphäre der Gottheit) und "Vordergrund" (Tempel) umschreibt: "Jeder altorientalische Tempel— das Jerusalemer Heiligtum bildet dabei keine Ausnahme—stellte deshalb zusammen mit den dort stattfindenden Riten einen komplexen symbolischen Verweisungszusammenhang dar, der die Sphäre der Gottheit(en) für Menschen zugänglich werden ließ" (op.cit. 16).

[49] S. dazu die umfassende Darstellung von D. Arnold, *Die Tempel Ägyptens. Götterwohnungen, Kultstätten, Baudenkmäler* (Zürich 1992)

[50] S. dazu außer den entsprechenden Ortsartikeln (Dendera usw.) im LÄ: D. Kurth, "Den Himmel stützen. Die "*Tw3 pt*"-Szenen in den ägyptischen Tempeln der griechisch-römischen Epoche" *Rites égyptiens 2* (Bruxelles 1975) 136ff; ders., "Eine Welt aus Stein, Bild und Wort—Gedanken zur spätägyptischen Tempeldekoration" in: J. Assmann/G. Burkard (eds.), *5000 Jahre Ägypten. Genese und Permanenz pharaonischer*

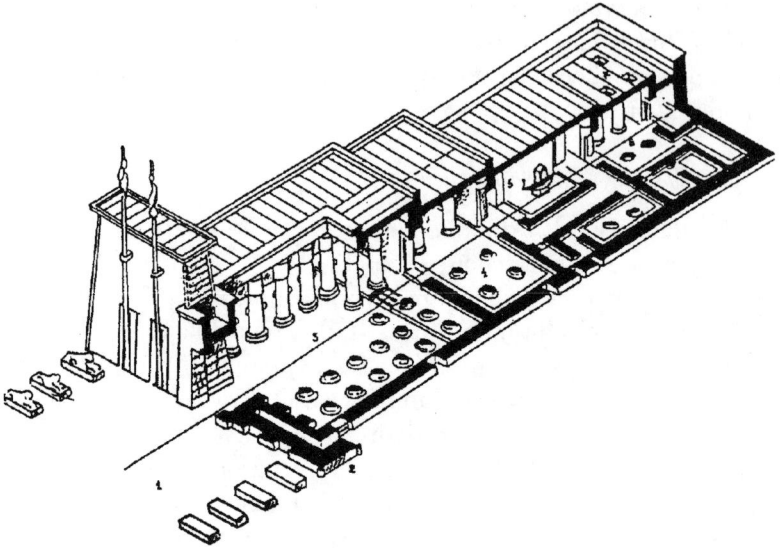

Abb.4. Isometrische Darstellung des Chons-Tempels in Karnak (20. Dyn.)

sich dies durch die zahlreichen, geradezu 'gesprächigen' Inschriften dieser Tempel, aber auch durch ihr reiches Dekorationsprogramm.[51] So stellt in ihnen der Fußboden die Erde und die mit
Sternen oder astronomischen Darstellungen übersäte Decke den
blauen Tageshimmel dar. Zwischen Fußboden und Decke, also
zwischen "Erde" und "Himmel", spannen sich nicht nur als Papyrus, Lotus oder Palme stilisierte Pflanzensäulen, sondern auch die
Dekorationen der Wände aus, deren Sockelzone jeweils mit Sumpf-
pflanzen oder Nilgötterprozessionen bemalt sind. Wer diesen sakralen Innenraum betrat, befand sich nicht nur in einem aus der
profanen Welt ausgegrenzten Bereich, sondern in einem *steinge-
wordenen Mikrokosmos*, der in der Vielfalt seiner Erscheinungsformen

---

Kunst (Nußloch 1983) 89-101, 89ff; R.B. Finnestad, "Image of the World and Symbol
of the Creator. On the Cosmological and Iconological Values of the Tempel of
Edfu" *Studies in Oriental Religions 10* (Wiesbaden 1985) speziell zu den mythischen
Motiven (1985) 162-164 und H. Sternberg, "Mythische Motive und Mythenbildung
in den ägyptischen Tempeln und Papyri der griechisch-römischen Zeit2 *GOF IV/
14* (Wiesbaden 1985)
   [51] Für Edfu s. D. Kurth, *Treffpunkt der Götter. Inschriften aus dem Tempel des Horus
von Edfu*, (Zürich 1994) und ders., *Edfu. Ein ägyptischer Tempel, gesehen mit den Augen
der alten Ägypter*, (Darmstadt 1994).

die Fülle und Kohärenz der Schöpfung sinnenfällig machte, ja geradezu beschwor.[52]

Die kosmische Dimensionierung der spätägyptischen Tempel läßt sich aber nicht nur am Ineinander von Dekorationsprogramm und Textaussage, sondern auch an der Zuordnung von Naos (mit dem Kultbild des Hauptgottes) und übrigem Tempel ablesen: Wenn am Morgen die verschlossenen Türen des Allerheiligsten geöffnet wurden und der Sonnengott die Tempelwelt von den Pylonen bis zum Naos mit seinem lebenspendenden Licht erfüllte, wurden liturgische Formeln rezitiert, die das Heiligtum in seiner Funktion als Kosmos, als "irdischen Himmel" preisen, z.B.:

> Die Türflügel des Himmels (ꜥ3wj pt) werden aufgetan auf Erden,
> so daß die Fremdländer und Ägypten erglänzen durch seine Erscheinungsformen.[53]

An diesem kurzen Text läßt sich die kosmologische Bedeutung des Tempels in komprimierter Form ablesen. Sie beruht auf der Antinomie von "innen" und "außen", d.h. auf der Gegenüberstellung von *erscheinender Gottheit im Tempel* und der *Ausstrahlung ihrer Macht bis an die Grenzen der Erde*. Die Welt ist "gotterfüllt", weil ihr Zentrum,

---

[52] In der Struktur und Bedeutung des ägyptischen Tempels tritt nach J. Assmann, *Ägypten—Theologie und Frömmigkeit einer frühen Hochkultur (UB 366)* (Stuttgart/Berlin/Köln/Mainz 1984) 45 ein Widerspruch hervor, "der wohl in der Struktur des Heiligen begründet ist. Von außen betrachtet ist der Tempel ein streng abgeschirmter Bezirk, eine Enklave des Heiligen in einer profanen Welt, ein fest verschlossenes Gefäß der göttlichen Strahlkraft, die auf geheimnisvolle Weise an diesem Punkt der Erde Wohnung genommen hat. Von innen betrachtet aber ist dieses aus der Welt ausgegrenzte Gefäß des Heiligen seinerseits die ganze Welt. Der Tempel bildet eine Welt ab, außerhalb derer es nichts mehr gibt. Das Götterbild erfüllt den Tempel mit der Strahlung göttlicher Gegenwart, gleichzeitig aber erfüllt der Gott den gesamten Kosmos mit dem Glanz seiner Erscheinung", s. zur Sache noch ders., "Le temple égyptien et la distinction entre le dedans et le dehors" in: *Le temple. Lieu de conflit. Actes du colloque de Cartigny 1991*, (Leuven 1994) 13-34.

[53] Hibis 31,3, zitiert nach Assmann, *Ägypten* (s. Anm.52), 46, vgl. auch die Zusammenstellung ähnlicher Formeln bei J. Assmann, *Liturgische Lieder an den Sonnengott. Untersuchungen zur altägyptischen Hymnik I* MÄS 19 (Berlin 1969) 253ff; H. Brunner, *Die Sonnenbahn in ägyptischen Tempeln* (1970), in: ders., *Das hörende Herz. Kleine Schriften zur Religions- und Geistesgeschichte Ägyptens*, W. Röllig (ed.) OBO 80, (Freiburg (Schweiz)/ Göttingen 1988) 215-223, hier: 219ff, ferner Hornung, *Der Eine* (s. Anm.42), 225f und zu den Tempelnamen H. Grapow, *Vergleiche und andere bildliche Ausdrücke im Ägyptischen* (Leipzig 1920) 15; ders., *Die bildlichen Ausdrücke* (s. Anm.46), 24ff; W. Helck, "Art. Tempelbenennungen" *LÄ 6* (1986) 363-365. Zum Ausdruck "die beiden Tore/ die Türflügel (ꜥwj) des Tempels/Himmels" s. E. Brovarski, "The Doors of Heaven" *Or. 46* (1977) 107-115 und P. Spencer, *The Egyptian Temple. A Lexicographical Study*, (London/Boston/Melbourne/Henley 1984) 179ff.183ff.

der Tempel, als Wohnstatt der Gottheit ein "Himmel auf Erden" ist.[54]

2. *Tempelinschriften des Neuen Reichs*

Die Antinomie zwischen dem Erscheinen der Gottheit im Tempel (Innenaspekt) und der Ausstrahlung ihrer Macht bis an die Grenzen der Erde (Außenaspekt) ist allerdings älter—ebenso wie die gesamte Motivik vom Tempel als Kosmos. Bereits in Tempelinschriften des Neuen Reichs (18.-20. Dynastie) wird der Tempel als Achet (*3ḫt* "Horizont")[55] bezeichnet und vom Erscheinen des Sonnengottes "im Tempel" gesprochen, z.B.:

> Dein Tempel ist wie die Achet des Himmels (*3ḫt pt*),
> und der Aton ist in ihm.[56]

> Wenn Re aufgeht (*ḫʿj*), so ist sein Glanz in seinem (sc. des Tempels) Inneren
> und seine Strahlen umfangen seinen Bau.[57]

> Komm doch Amon-Re ..., betrachte dir dein Haus, das ich dir auf der Westseite von Theben errichtet habe ... Du überquerst den Himmel, um in ihm zu ruhen. Wenn du in der Achet des Himmels aufgehst, so erstrahlt es als Gold in deinem Antlitz, denn seine Vorderseite ist nach Osten gerichtet, wo du erscheinst. Es ist deine Achet für dein Zur-Ruhe-Gehen-im-Leben. Und wenn du jeden Tag am Morgen erstrahlst, so ist deine Vollkommenheit in ihm unaufhörlich.[58]

Der ägyptische Tempel, so die Aussageintention dieser Texte, ist ein Abbild des Kosmos, ein "Gleichnis des Himmels"—nicht nur in architektonischer, sondern auch in konzeptioneller Hinsicht. Der in ihm vollzogene Kult diente dazu, Feinde von der Gottheit fernzuhalten und damit Ägypten am Leben zu erhalten.[59] Der Tempel ist aber nicht nur das *Zentrum*, sondern auch der *Ursprung der Welt*, insofern er einen mythischen Ort, nämlich den "Urhügel" (*ḫʿ / ḫʿt*,

---

[54] Vgl. Assmann, *Ägypten* (s. Anm.52), 45f und ders., *temple égyptien* (s. Anm.52), 13ff.

[55] Zur ägyptischen "Horizont"-Vorstellung s. Janowski, *Rettungsgewißheit* (s. Anm.18), 150ff. Zu Äh...t als Tempelname (in Edfu) s. Finnestad, *Image of the World* (s. Anm.50), 9f.

[56] Medinet Habu VI 390, zitiert nach Brunner, *Sonnenbahn* (s. Anm.53), 219.

[57] Medinet Habu VI 389 B, zitiert nach ders., ebd.

[58] Urk. IV 1672, 7-15, zitiert nach ders., op.cit. 220.

[59] Zum Sinn des ägyptischen Tempelkults s. H. Brunner, "Grundzüge der alt

vgl. *q3/q33*) repräsentiert. Der Urhügel, bildlich dargestellt als ge-treppte Erhöhung oder als Insel (Abb.5), ist das erste Stück Land, das am Anfang aus der Urflut auftauchte und von dem aus der Schöpfergott die Trennung der Elemente und die Setzung der ord-nenden Grenzen vornahm.[60] Der auf diesem Stück Land erbaute Tempel[61] geht damit "in einer Kette fortwährender Erneuerungen ... in direkter 'Ahnenreihe' auf jenes allererste Heiligtum zurück, das der Schöpfergott selbst auf dem Urhügel errichtet hat".[62]

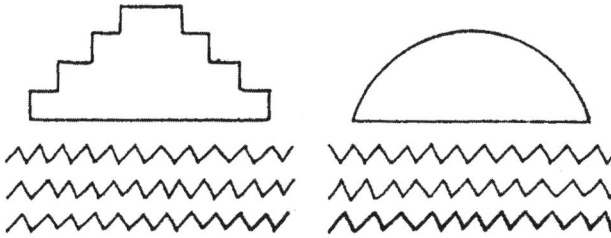

Abb.5. Darstellungen des Urhügels

Die skizzierte Tempelkonzeption hat sich in Ägypten bis zur Spätzeit hin immer klarer durchgesetzt. Aber warum diese Konse-quenz und Detailfreude in der Ausgestaltung des Tempels als Kosmos? Unter den Gründen, die D. Kurth dafür nennt, verdient der magische Aspekt besondere Hervorhebung:

> Die ägyptische Magie kennt den Analogiezauber. So werden Feinde nachgebildet, ihre Figuren dann verletzt oder zerstört, und das gleiche

---

ägyptischen Religion" Grundzüge 50 (Darmstadt 1983) 77ff und Assmann, *Ägypten* (s. Anm.52), 50ff.

[60] S. dazu K. Martin, "Art. Urhügel" *LÄ* 6 (1986) 873-875, ferner de Buck, *Oerheuvel* (s. Anm.45); Bonnet, *Reallexikon* (s. Anm.48), 100f.847f "Artt. Benbenstein, Urhügel"; H. Brunner, "Gerechtigkeit als Fundament des Thrones" (1958), in: ders., *Das hörende Herz* (s. Anm.53), 393-395; M. Metzger, "Königsthron und Gottesthron. Thronformen und Throndarstellungen in Ägypten und im Vorderen Orient im dritten und zweiten Jahrtausend vor Christus und deren Bedeutung für das Verständnis von Aussagen über den Thron im Alten Testament" *AOAT* 15/1-2 (Kevelaer/Neukirchen-Vluyn 1985) 22.64ff und J. Assmann, "Art. Schöpfung" *LÄ* 5 (1984), 677-690, hier: 678.

[61] Häufig läßt sich archäologisch eine Sandaufschüttung nachweisen, auf der der Tempel errichtet ist, s. dazu Martin, *Urhügel* (s. Anm.60), 874, vgl. ders., "Art. Sand" *LÄ* 5 (1984) 378f und zur entsprechenden Gründungszeremonie Keel, *Bildsymbolik* (s. Anm.1), 249.250 mit Abb.366; 346 (Ergänzung zu 249).

[62] Assmann, *Ägypten* (s. Anm.52), 48.

soll dann dem realen Feind widerfahren. (...) Und nun auf den Tempel bezogen: Wenn mit den Mitteln des Kultes die kosmische Welt günstig beeinflußt werden soll, dann kann das nur in einer Nachbildung der kosmischen Welt geschehen, und zwar in einer solchen Tempel-Welt, die mit größter Sorgfalt der realen Welt nachgebaut, baulich intakt und kultisch reingehalten wird.[63]

Im Tempelkult mit seiner Rückbindung an den Ursprung der Welt geht es also um die rituelle Vergegenwärtigung der grundlegenden Ereignisse des Anfangs. Diese Vergegenwärtigung hat den Zweck, die Schöpfung in ihrem Bestand zu sichern und Ägypten an ihrer Schönheit und Fülle teilhaben zu lassen, "ja man gewinnt den Eindruck", so spitz H. Brunner diesen Gedanken zu, "daß Gott verloren wäre, falls aus irgendeinem Grunde der Tempeldienst aufhörte und mit Gott freilich die ägyptische Welt".[64]

3. Pharao als Tempelerbauer

Die spätägyptische Tempeldekoration lebt, wie wir sahen, bis in Einzelheiten von ihrem Bezug zur Schöpfung und ihrer Symbolik. Zusammen mit der Dimensionierung und Anordnung der Räume schafft sie eine "Welt aus Stein, Bild und Wort",[65] einen realen Mikrokosmos, der nach außen ausstrahlt, weil er in seinem Innern, in Wort und Bild, die Fülle der Schöpfung und die Strahlkraft der hier wohnenden Gottheit birgt. Ein ikonographisches Detail der Spätzeit kann die kosmologische Symbolik des Tempels unter dem Aspekt seiner Erbauung beleuchten. Es handelt sich um das Motiv 'Pharao als Tempelerbauer', das eine Neufassung des älteren Bildthemas 'Pharao als Kanalerbauer' darstellt, seinen Ursprung aber in Darstellungen des frühen 3. Jts hat.[66] Ein aus der Zeit König Skorpions (um 3000 v.Chr.) stammendes Bruchstück eines Keulenkopfes aus dem Heiligtum von Hierakonpolis (Abb.6) zeigt den Herrscher beim Öffnen eines Bewässerungskanals: Er hält mit

---

[63] Kurth, *Welt aus Stein* (s. Anm.50), 98f.

[64] Brunner, *Religion* (s. Anm.59) 45, vgl. Assmann, *Schöpfung* (s. Anm.60), 686 und D. Kurth, "Ägypter ohne Tempel" in: B. Ego u.a. (eds.) (*Gemeinde ohne Tempel WUNT 118*, (Tübingen 1999) 133-141, der der Frage nachgeht, wie die Ägypter reagierten, wenn sie ohne Tempel waren, d.h. wenn ein Tempel verfiel oder abgerissen wurde, Ägypter für längere Zeit im Ausland weilten oder dem ägyptischen Reich neues Land einverleibt wurde.

[65] So der Titel des Aufsatzes von Kurth, *Welt aus Stein* (s. Anm.50).

[66] S. dazu Keel, *Bildsymbolik* (siehe Anm.1), 248ff.346 mit Abb.364-371.

beiden Händen eine *mr*-Hacke, um mit ihr einen Erdwall zu besei-
tigen, der den Zustrom von Wasser aus einem bereits bestehenden
in einen neu gegrabenen Kanal verhindert.[67] Da das gesamte Leben im Niltal vom alljährlichen Rhythmus des ansteigenden und
absinkenden Wassers und seiner Verteilung auf die angrenzenden
Felder abhing, zeigt die Darstellung Pharao nicht in einer marginalen Tätigkeit, sondern, wie U. Straub treffend formuliert, als
"Vollstrecker des göttlichen Schöpfungswillens": "Was der Schöpfergott für den gesamten Kosmos der Götter und Menschen bedeutet, erfüllt der Pharao für Ägypten".[68]

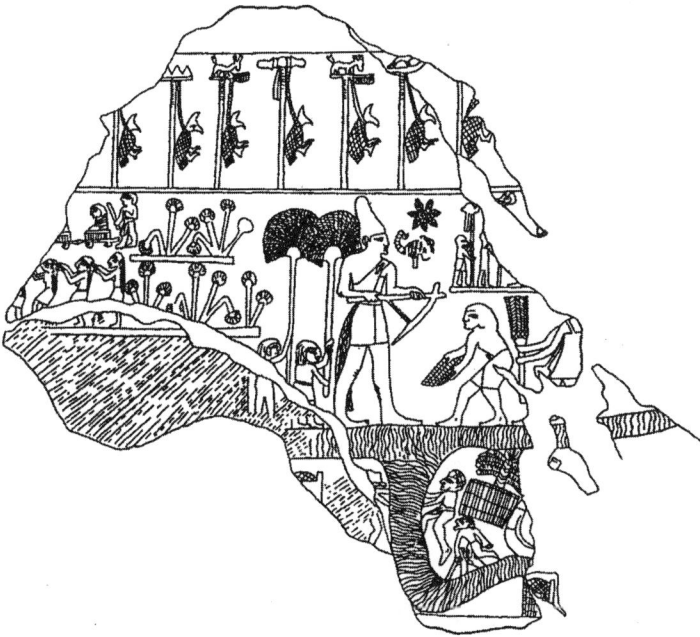

Abb.6. Pharao beim Öffnen eines Wasserkanals (Hierakonpolis, um 3000 v.Chr.)

[67] Anders R. Gundlach, *Der Pharao und sein Staat. Die Grundlegung der ägyptischen Königsideologie im 4. und 3. Jahrtausend* (Darmstadt 1998) 62ff, demzufolge der König bei einer Erntearbeit gezeigt wird, während der erste Diener vor ihm "Körner (die auf der Zeichnung nicht erkennbar sind) in das entstandene Loch (schüttet) und der zweite Diener ... eine Ähre (trägt), wahrscheinlich für ein Ernteopfer".
[68] U. Staub, "Das älteste Bild des Pharao. Vom Ursprung des göttlichen Königtums" *BiKi 40*, 162-164, hier: 163. Zum Ritus des Erdaufhackens s. W. Guglielmi, "Art. Erdaufhacken" *LÄ 1* (1975) 1261-63.

Das Motiv von Pharao als Tempelerbauer, eine Neufassung dieser Kanalbau-Thematik, läßt sich bis in griechisch-römische Zeit verfolgen. Auch dafür sei ein Beispiel angeführt. Auf der westlichen Nordwand im inneren Säulensaal des Hathortempels von Dendera (1. Jh. n.Chr.) befindet sich ein Relief, das Pharao—ebenfalls mit der *mr*-Hacke in beiden Händen—beim Ausheben der Fundamentgräben für den Tempelbau zeigt (Abb.7). Er tut dies angesichts der Eigentümerin des Tempels, der Göttin Hathor von Dendera. Der Grund, Pharao in dieser Rolle darzustellen, liegt in dessen Funktion, eine lebendige "Hieroglyphe Gottes"[69] in der realen Welt zu sein. Die vom König ausgeführte 'grundlegende' Tat des Tempelbaus inauguriert, was dann der Tempelkult insgesamt realisiert: Die Welt der Götter und der Menschen mittels Sprache und Ritus zueinander in Beziehung zu setzen und so den Tempel "zum Abbild des Himmels und zum Gefäß göttlicher Einwohnung zu machen".[70]

Abb.7. Pharao beim Ausheben von Fundamentgräben (Dendera, 1. Jh. n.Chr.)

---

[69] Vgl. R. Gundlach, "Der Pharao—eine Hieroglyphe Gottes. Zur "Göttlichkeit" des ägyptischen Königs" in: D. Zeller (ed.) *Menschwerdung Gottes—Vergöttlichung des Menschen*, *NTOA 7* (Freiburg (Schweiz)/Göttingen 1988) 13-35.
[70] J. Assmann, "Das Doppelgesicht der Zeit im altägyptischen Denken "(1983), in: ders., *Stein und Zeit. Mensch und Gesellschaft im alten Ägypten*, (München 1991) 32-58, 55 mit Anm.68.

III. *Resümee*

In der altorientalischen Umwelt Israels, so können wir resümieren, ist der Tempel "die kultisch überhöhte Darstellung des Weltberges, der am Anfang der Schöpfung stand"[71] bzw. "ein 'Himmel' auf Erden, der das wirkende Bild der Gottheit enthält und ihr selbst als Wohnsitz dienen kann".[72] Er steht an dem Ort, wo das Chaos zum ersten Mal gebannt wurde, und von dem aus der Schöpfergott die Setzung und Erhaltung von ordnenden Grenzen vornahm.[73] Entsprechend ist auch der Tempelkult nicht einfach ein innerweltliches Geschehen, sondern ein Diskurs mit der Natur, der die Welt der Götter (Himmel / Unterwelt) und der Menschen (Natur / Gesellschaft) mittels Sprache und Ritus zusammenhält.

Man könnte in diesem Zusammenhang von einem "ritualistischen Weltbild"[74] sprechen—und zwar "ritualistisch" im Sinn von Wiederholbarkeit identischer Handlungen, also in dem Sinn, wie im Ägyptischen das Wort für "Schöpfung" (*zp tpj* "erstes Mal" [sc. einer ewigen Wiederkehr])[75] verwendet wird, nämlich als Initialzündung zu einer Kette fortwährender Erneuerungen, in denen sich das Urgeschehen der Schöpfung identisch wiederholt[76] sowie durch Riten in Gang gehalten und durch Bilder 'dargestellt' wird. Die Logik dieses Welt- und Geschichtsbildes hängt wesentlich mit der Struktur der mythischen Zeitauffassung zusammen. Denn die mythische Urzeit ist eine "absolute Vergangenheit", von der man sich nicht weiter entfernen kann, sondern immer gleich weit entfernt ist.[77] Überbrückt wird diese gleichbleibende Distanz zum

---

[71] Röllig, *Turm zu Babel* (s. Anm.8), 43.

[72] Hornung, *Der Eine* (s. Anm.42), 225.

[73] Vgl. Keel, *Bildsymbolik* (s. Anm.1), 154.

[74] Vgl. Assmann, J., "Die Gestalt der Zeit in der ägyptischen Kunst" in: ders./ G. Burkard (eds.), *5000 Jahre Ägypten. Genese und Permanenz pharaonischer Kunst* (Nußloch 1983) 11-32, 31f (dort auf das Handeln der Götter bezogen). Grundlegend zum "rituellen" Geschichtsbild Ägyptens s. bereits Hornung, E., "Vom Geschichtsbild der alten Ägypter" in: ders., *Geschichte als Fest. Zwei Vorträge zum Geschichtsbild der frühen Menschheit* (Darmstadt 1966) 9-29.53-65, passim, vgl. ders., *Einführung in die Ägyptologie. Stand—Methoden—Aufgaben* (Darmstadt 1967) 123: "Geschichte ist für den Ägypter festliche (aber nicht unbedingt periodische!) Erneuerung von Urgeschehen und wird wie jede kultische Handlung nach einem Ritual zelebriert."

[75] S. dazu Assmann, *Schöpfung* (s. Anm.60), 684ff.

[76] Diese "Rückkehr zum Ursprung" hat Westendorf, W., "Einst—Jetzt—Einst oder: die Rückkehr zum Ursprung" *WO 17* (1986) 5-8 anhand des dreigliedrigen A-B-A' ("einst-jetzt-einst")-Schemas beschrieben.

[77] S. dazu immer noch H. Frankfort und H.A. Groenwegen Frankfort,

Uranfang durch den Tempelkult und dessen kosmologische Symbolik,[78] also durch die rituelle "Rückkehr zum Ursprung" (*regressus ad initium*), die Kontinuität im Strom der Zeit schafft und darum zu den Primärordnungen der Wirklichkeit gehört. Der Tempel ist der kosmisch dimensionierte Ort in der empirischen Wirklichkeit, an dem diese Inganghaltung der Welt rituell in Szene gesetzt und täglich erneuert wird.

Abbildungsnachweis:

1 B. Pongratz-Leisten, Ina šulmi īrub. Die kulttopographische und ideologische Programmatik der akītu-Prozession in Babylonien und Assyrien im 1. Jahrtausend v.Chr. *BaF 16* (Mainz 1994) 36 Abb.5.
2 Vgl. Livingstone, *Explanatory Works* (s. Anm.35), 81.
3 Keel, *Bildsymbolik* (s. Anm.1), 20 Abb.15.
4 Assmann, *Ägypten* (s. Anm.42), 44 Abb.3.
5 Keel, *Bildsymbolik*, 100 Abb.147.
6 Staub, *Pharao* (s. Anm.68), 163 Abb.15.
7 Ders., op.cit. 164 Abb.16.

"Einführung" in: H. Frankfort/H.A. Groenewegen Frankfort/J.A. Wilson/Th. Jacobsen/W.A. Irwin, "Alter Orient—Mythos und Wirklichkeit" *UB 9* (Stuttgart/Berlin/Köln/Mainz 1981) 9-36, hier: 31ff.

[78] Mutatis mutandis gilt dies auch für das Handeln des Königs: In seinem geschichtlichen/politischen Wirken bringt der Pharao das Sein des Schöpfergottes zur Erscheinung. So ist etwa für Tutanchamun "das Ergebnis all seines geschichtlichen Wirkens, daß 'die Welt wie bei ihrer Schöpfung' ist" (Hornung, Geschichtsbild s.?Anm.), 29 mit Zitation von Urk. IV 2026, 19, 5, vgl. 65 Anm. 82), s. dazu ausführlich ders., *Geschichtsbewußtsein* (s. Anm.42) und ders., "Pharao ludens" *ErJb 51* (1982) 479-516, 479ff. Auch die kultische Rolle des Königs hat in Texten und Bildern der Spätzeit ausgesprochen kosmologische Bezüge, s. dazu Kurth, *Himmel* (s. Anm.50), 137ff.

MONOTHEISMUS UND POLITISCHE THEOLOGIE BEI EINEM ISRAELITISCHEN PROPHETEN IM BABYLONISCHEN EXIL

Klaus Koch

Politische Theologie, d.h. "Konzeptionen einer Beziehung zwischen religiöser und politischer Ordnung" stellen für Jan Assmann "eine der aktuellsten, wichtigsten und offensten Fragen der Kulturwissenschaft überhaupt" dar.[1] Es ist sein Verdienst, auf die enge Verflechtung dieser für das neuzeitliche Verständnis von Politik und Staat belangreichen Thematik mit dem Monotheismus-Problem hingewiesen zu haben. Ihre nachhaltigste Ausprägung hat sie für das Abendland durch das biblische Israel mit seiner Betonung einer einzigen göttlichen Macht erhalten, und nach Assmann war der "israelitische Monotheismus im Kern und vom Ursprung her politisch".[2]

Im Blick auf diesen Monotheismus besteht in der Bibelwissenschaft seit langem ein Konsens, daß er Ergebnis einer jahrhundertelangen Entwicklung gewesen ist. Dabei hat die politische und kultische Katastrophe Judas im 6. Jahrh.v.Chr. und das folgende babylonische Exil der Oberschicht eine bedeutsame Weichenstellung hervorgerufen. Nach dem Verlust der nationalen Selbständigkeit und des zentralen Heiligtums auf dem Zion konnte die Beziehung des monolatrisch verehrten Nationalgotts Jahwä zur politischen Ordnung nicht mehr so direkt über einen Davididen laufen, der als Sohn Jahwäs auf dem Zion thronend die göttliche Vorherrschaft über die Erde repräsentierte, wie es Königspsalmen (z.B. 2 oder 110) vorher gerühmt hatten. Wollte man sich nicht mit seiner Religion in ein Ghetto begeben, auf deren Bezug zur Weltpolitik verzichten und die Steuerung von Herrschaftsstrukturen fremden Gottheiten überlassen, mußten dem eigenen Gott übernationale Kompetenzen und über das erwählte Volk Israel hinausreichende Interessen zugeschrieben werden. Das

---

[1] *Politische Theologie zwischen Ägypten und Israel*, Carl Friedrich von Siemens Stiftung Themen LII, 1992,33.35 = Ders., *Herrschaft und Heil. Politische Theologie in Ägypten, Israel und Europa*, (Wien und Darmstadt 2000), 28.
[2] 1992,79=2000,50.

bestärkte begreiflicherweise monotheistische Tendenzen, wie sie schon bei früheren Propheten bemerkbar waren.

In keiner alttestamentlichen Schrift wird die alleinige Göttlichkeit des von Israel verehrten Jahwä so programmatisch herausgestellt wie in Jes 40-55, jenen Kapiteln, deren Verfasser die Wissenschaft den Kunstnamen Deuterojesaja gegeben hat. Wie werden hier Monotheismus und Politik in Beziehung gesetzt? In diese Sammlung von einigen Dutzend Disputationsworten, Weissagungen und—seltener—Mahnungen werden rund zwölf Mal Formeln einer göttlichen Selbstvorstellung eingeflochten, wonach Jahwä der einzige Gott sei und kein andrer (41,4; 42,8; 43,10.12f.; 44,6.8; 45,5.6.14.21f.; 46,9; 48,12.). Im einzelnen variieren die Sätze, so daß es sich wohl um ad-hoc-Bildungen handeln dürfte; sie stehen meist in einem im engeren oder weiteren Sinn politischen Kontext.

Einige literaturgeschichtliche Vorbemerkungen sind nötig. Unstrittig ist heute, daß Jes 40-55 nicht von dem historischen Propheten Jesaja aus dem 8. Jahrh. v. Chr. stammen. Nicht nur der Sprachschatz und die literarischen Gattungen unterschieden sich erheblich, sondern auch die vorausgesetzten politischen Verhältnisse. Deuterojesaja kennt keine zeitgenössischen judäischen Regenten mehr und verweist nicht auf die Feldzüge des neuassyrischen Periode, sondern setzt die Zerstörung Jerusalems und die Deportation eines maßgeblichen Teils der judäischen Bevölkerung ins babylonische Exil voraus, erwartet zudem in naher Zukunft die Eroberung Babyloniens durch den Perserkönig Kyros und dadurch die Befreiung der Exilierten.

Obwohl über die Person eines Verfassers und den Ort der Abfassung nichts verlautet, führen die meisten Exegeten die deuterojesajanische Grundschicht auf einen anonymen Propheten der zweiten Generation von Judäern im Exil zurück, der in Babylonien lebt und schreibt. Dafür sprechen Anspielungen auf Praktiken und Theorien der babylonischen Religion, die über das hinausgehen, was sich sonst im Alten Testament nachweisen läßt[3] und gute Kenntnisse verrät, während andrerseits über die Verhältnisse im palästinischen Mutterland überaus vage Vorstellungen zu herrschen scheinen. In beiden Hinsichten unterschiedet sich Deuterojesaja von dem ein Menschenalter älteren, ebenfalls in Babyloniern lebenden Propheten Ezechiel.

---

[3] M. Albani, *Der eine Gott und die himmlischen Heerscharen.* Zur Begründung des Monotheismus bei Deuterojesaja im Horizont der Astralisierung des Gottesverständnisses im Alten Orient. Arbeiten zur Bibel und ihrer Geschichte 1, (2000.)

Die relativ kurzen sprachlichen Einheiten, die in Jes 40-55 anein-
andergereiht sind, könnten auf einen ursprünglichen Sitz der Gedichte in exilischen Klagefeiern zurückweisen.[4]

Wieweit gehen die 16 Kapitel auf denselben Autor zurück? Vier—
oder nur drei(?)—liturgische Abschnitte mit wechselnden Sprecher,
in deren Mittelpunkt eine einzelne, namenlose israelitische Figur als
"Knecht Jahwäs" vorgestellt wird oder sich selbst vorstellt, heben
sich trotz gleichen Sprachgebrauchs aus dem Inhalt der übrigen Texte
heraus, in denen mehrfach Israel als ganzes zum Knecht Jahwäs erklärt
wird. Von jenem wird die Reorganisation der Volksgemeinschaft im
Mutterland, aber auch die Verbreitung seiner Gotteserkenntnis unter
den andern Völkern erwartet (42,1-4 (+5-9?); 49,1-6 (*7-13?); 52,13-
53,12[5]). Diese Knecht-Jahwäs- oder Gottes-knechts-Lieder bildeten
vermutlich von Haus aus eine fortlaufende Einheit und sind erst
nachträglich zwischen andere deuterojesajanische Texte eingereiht
worden, vielleicht dann, als nach der Eroberung Babels Kyros die
hochgesteckten Erwartungen der Exilsgemeinden enttäuscht hatte
und nun von dem anonymen Knecht die Wende der Dinge zum
endgültigen Heil erhofft wurde.[6]

Klammert man die Knecht-Jahwäs-Lieder aus, läßt die deuterojesajanische Schrift zwei thematische Teile erkennen. Jes 40-48*
schildern das Elend des Exils unter fremder Zwangsherrschaft und
blicken auf eine befreiende persische Invasion voraus, Jes 49-55*
klagen über das verelendete Zion und weissagen ihm eine glorreiche
Zukunft. Da nur der erste Teil die oben erwähnten monotheistischen
Formeln benutzt, beschränkt sich das Folgende auf diese Kapitel.[7]

---

[4] O. Kaiser, *Grundriß der Einleitung in die kanonischen und deuterokanonischen Schriften
des Alten Testaments* Bd.2, (1994), 56.

[5] Meist wird das Bekenntnis eines "Jüngers" 50,4-9 als 4. Jahwäknechtslied
gezählt, weil der Sprecher über Schmähungen und Verfolgungen klagt, wie sie
ähnlich dem "Knecht" in Kap.53 zugeschrieben werden. Doch ein Hinweis auf
"seinen (Jahwäs) Knecht" taucht Kap. 50 erst in V.10 auf und bezieht sich auf
einen Dritten in der vorausgesetzten Szene. Zum literarischen und inhaltlichen
Problem der Knecht-Jahwäs-Liturgien s. K. Koch, *Die Profeten 2*, UTB 281, [2](1988),
140-150.

[6] P. Volz, Jesaja II, KAT 9, 1932, XXXIV.

[7] Gemäß der gegenwärtig unter deutschsprachigen Exegeten vorherrschenden
Neigung, jeden vorfindlichen alttestamentlichen Text der Uneinheitlichkeit zu ver-
dächtigen und durch eine "Tendenzkritik" nach modernen theologischen oder kulturellen Kriterien in so viel redaktionelle Schichten wie möglich zu zerlegen, wird
für Jes 40-48 zwar eine knappe deuterojesajanische Grundschicht, aber daneben
bis zu 6 Redaktionsschichten angenommen. Vgl. u.a. R.G. Kratz, *Kyros im Deutero-
jesajabuch*, FAT 1, (1991); J. van Oorschot, *Von Babel zum Zion*, BZAW 206, (1993)

Die Siege des Welteroberers als Erweis ausschließlicher Schöpfermacht des Gottes Jahwä

Von den formelhaften göttlichen Selbstvorstellungen mit der Behauptung der Einzigartigkeit des israelitischen Gottes stehen fünf im Zusammenhang mit Umwälzungen auf der militärisch-politischen Weltbühne, welche die Völker bis ans Ende der Erde erregen. Sie gehen aus von dem unvergleichlichen Siegeszug eines jungen Königs aus einem bis dahin unbedeutenden Volk am östlichen Rand der bekannten Ökumene. Der erste Beleg findet sich, als Gottesrede stilisiert, in 41,1-5:

> "Lauscht schweigend auf mich, Inseln!
>   Völkerschaften, rafft Kraft zusammen!"
> Sie mögen herbeikommen und dann sich äußern,
>   gemeinsam wollen wir uns der Urteilsfindung nähern.
> Wer hat ihn aus dem (Sonnen-)Aufgang erweckt?
>   ädäq begegnet seinen Füßen (oder ruft ihn hinter sich).
> Er (der ädäq? der Eroberer?) gibt vor ihm/sich die Völker dahin
>   und Könige 'stürzt er hinab'.[8]
> Es macht zu Staub sein Schwert,
>   wie verwehende Spreu sein Bogen.
> Er verfolgt sie, zieht in *šalôm* vorüber,
>   berührt den Weg nicht mit seinen Füßen.
> Wer hat es bewirkt und vollbracht,
>   die Menschengeschlechter rufend von Anbeginn?
> **Ich, Jahwä, der Erste,**
>   **und bei den Letzten bin ich derselbe.**
> Wahrgenommen haben es die Inseln und fürchten sich,
>   die Enden der Erde zittern.
>   'Nähert euch und kommt herbei!'

Das göttliche Ausschließlichkeitsbekenntnis ergibt sich als eine Schlußfolgerung aus einer Betrachtung der dramatischen weltpolitischen Situation. Die Kunde von einem "blitzkriegsartigen" Siegeszug eines Königs aus dem Osten ist schon bis zu den Inseln (oder Küsten) gedrungen, womit althebräisch die Regionen des Mittelmeers westlich von Kreta als Ende der Welt im Westen bezeichnet werden. Obwohl keine Namen fallen, ist offensichtlich der Feldzug des

---

und die Übersicht bei J. Hermisson, *Neuere Literatur zu Deuterojesaja*, ThR 65, (2000), 237-284.

[8] Mit Häkchem ' ' werden textkritische Korrekturen des mittelalterlichen Textes nach Qumranhandschriften oder dem Apparat der Biblia Hebraica Stuttgartensia kenntlich gemacht.

Kyros in Kleinasien gegen Kroisos von Lydien ab 546 v.Chr. gemeint. Von Kyros wird erwartet, daß er seinen Kriegszug bis zu den
westlichen Inseln fortführt, die bereits von Furcht erfaßt sind.

Trifft die oben geäußerte Annahme zu, daß Deuterojesaja in Babylonien gelebt hat und sich an seine exilierten Landsleute wendet, dann
haben er wie sie die Nachrichten vom Geschehen nördlich des
Zweistromlands aufmerksam verfolgt und hegen offensichtlich die
Hoffnung, daß Kyros sich in der Folge auch gegen Babylonien wenden
werde, obwohl noch keine militärischen Pläne erkennbar sind und
der babylonische König Nabonid im Perser noch seinen Verbündeten sieht. Deuterojesaja ist anscheinend eine profetische Inspiration
widerfahren, welche ihn solcher künftiger Entwicklung gewiß hat
werden lassen.

Doch mit der Gattung eines (weisheitlichen) Streitgesprächs wendet er sich nicht unmittelbar an seine Volksgenossen, spricht auch
nicht von einer bevorstehenden Invasion nach Babylonien und ihrer Befreiung aus dem Zwangsexil,[9] sondern von einer Ausweitung
des Kriegsgeschehens bis ans Ende der Erde. Dem Prophet ist bewußt,
daß angesichts der verzweifelten Stimmung in den Lagergemeinden,
von der er an andern Stellen spricht, die bloße Behauptung: Jahwä
wird euch helfen! nicht verfangen wird. Es bedarf einer überzeu-
genden Argumentation. Er führt sie so durch, daß er zuerst einen
räumlich wie zeitlich universalen Horizont aufreißt, wie es dem allumfassen-
den Wesen des von ihm erlebten Gottes entspricht und versucht,
Linien auszuziehen, die in Ansätzen schon im kollektiven Gedächtnis seines Volkes enthalten waren. Von da aus erhält das Zeitgeschehen
Sinn und Tiefe sowie die Zukunft ihre Perspektiven.

Deshalb beginnt das Gedicht mit einem fiktiven Aufruf an den
fernen Westen über das aus dem fernen Osten hereingebrochene
Geschick. Wie die näherliegenden Völker sind die Inselbewohner
in Schrecken versetzt und ratlos. Der israelitische Prophet will ihnen—
so die Fiktion, eigentlich gewiß seinen Hörern—die Einsicht vermitteln,
daß die Angst von ihnen genommen wird, wenn sie sich ihm und
seinem Gott "nähern", wie es am Anfang und am Ende heißt.

---

[9] Der Vorliebe deutscher Theologen folgend, an möglichst vielen alttestamentlichen Stellen die Idee von Gottes Gericht zu entdecken, wird 41,1-5 fast durchweg als Gerichtsrede ausgegeben, vgl. z.B. Van Oorschot [Anm.7] 29 mit Anm.
35. Über wen jedoch sollte hier Gericht gehalten werden? Über die Inseln? Aber
was sollen sie verbrochen haben? Die Sache wird nicht klarer, wenn man die Inseln
als eine zum Urteil aufgerufene Rechtsgemeinde ansieht, gegen wen sollte sich ihr
Spruch richten?

Denn Deuterojesaja ist überzeugt, daß ein so wunderhafter, an mythische Erzählungen erinnernder Siegeslauf—die Füße des Helden scheinen den Boden im Flug nicht zu berühren—und die daraus hervorgehende veränderte politische Weltlage einem höheren Zweck und der allgemeinen Wohlfahrt dient. Sie entspringt einer unsichtbaren, nichtsdestoweniger sich räumlich ausbreitenden Wirkgröße, *ṣädäq* genannt, die eine heilvolle, auf menschliche Gemeinschaftstreue und Sittlichkeit überhaupt ausgerichtete Weltordnung mit sich bringt. Jene Wirkgröße, auf die Deuterojesaja häufig als Faktor künftigen Heils verweist, entspringt der himmlisch-göttlichen Sphäre und findet ihren Widerschein in menschlicher *ṣᵉdaqâ (vgl. 45,8)*. Indem sie dem Sieger "begegnet", will sie vermutlich nicht nur ihm persönlich Heil vermitteln, sondern auch denen, die ihm untertan werden. Das schließt jedoch die gegenwärtige Notwendigkeit einer grausam wirkenden Kriegführung nicht aus, welche die Gegner zu Staub und Spreu werden läßt.

Das letzte Drittel des Gedichts verbindet die hintergründige Geschichtsmacht seines Gottes mit einem universalen zeitlichen Rahmen. So mirakulös auch der Erfolg des Königs aus dem Osten zu sein scheint, so fügt er sich doch in das ein, was Gottes Umgang mit der Menschheit von jeher einbeschlossen sein konnte. Als der Erste schlechthin war er vor ihr da, hat aber die Generationen der Menschen seit deren Erschaffung immer wieder "gerufen", ins Dasein nicht nur, sondern ins geschichtliche Sosein, als ein "Immer-dabeisein ... mit ihrem Tun und Leiden".[10] Und das wird noch bei den letzten Menschen so bleiben. Die Kontinuität der geschichtlichen Entwicklungen, die der Menschheit das Miteinander-Leben und das Überleben gewährleistet hat, läßt sich anders nicht begreifen, als daß nur ein einziger Gott unablässig schöpferisch in ihnen waltet.

Erscheint es nicht als ein allzu verwegener, wenn nicht gar vermessener Anspruch, mit dem hier der Angehörige einer unterlegenen, vertriebenen und entrechteten Volksgruppe zu behaupten wagt, daß ausgerechnet der vom eigenen Verband verehrten Sondergottheit, die dessen politischen und kultischen Untergang nicht verhindert hatte, die alleinige Kompetenz zustehe, durch die zeitgenössischen Großmächte als ihre Agenten die politische Weltbühne zu gestalten? Wie begreift es sich, daß Deuterojesaja seine Hörer oder Leser im Exil mit einer solchen These überzeugte? Denn das muß geschehen sein,

---

[10] K. Elliger, *Deuterojesaja*, BK XI/1, (1978),125.

sonst wäre seine Schrift nicht weiter abgeschrieben und überliefert worden. Man könnte darauf hinweisen, daß derartige Lagergemeinden zu allen Zeiten für "Parolen" ihrer baldigen Befreiung empfänglich sind. Zur Erklärung mag ebenso beitragen, daß das kollektive Gedächtnis der Judäer von früheren profetischen Fremdvölkerorakeln gewußt hatte, nach deren Aussagen Jahwä gerade das kriegerische Geschehen auch außerhalb Israels steure. Der Profet Jeremia hatte sogar den babylonischen König Nebukadnezar, der das Königreich Juda vernichten sollte, als den Knecht Jahwäs gerühmt, dem dieser Gott nicht nur die menschlichen Bewohner fremder Länder einschließlich Judas, sondern auch die Tiere zur Beherrschung zugewiesen hatte (Jer 27[11]). Genügte aber die Berufung auf "Gedächtnisspuren" gegenüber einer gewiß mehrheitlich schon im Exil geborenen Generation, deren Resignation Deuterojesaja vorher mit einem Zitat zusammengefaßt hatte: "Mein Weg ist Jahwä verborgen, an meinem Gott geht mein Existenzrecht vorüber" (40,27)?

In der Komposition des Buches steht jetzt dem Kyrosspruch ein Disputationswort über die Weltschöpfung voran (40,12-31). Es stellt die Weichen zum Verständnis der Deutung des persischen Erfolgs in der Fortsetzung. Die Schöpfungslehre legitimiert die politische Theologie. In jener wird weniger der Uranfang als vielmehr die *creatio continua* in dem staunenswerten Funktionieren einer sich unablässig wandelnden Weltwirklichkeit zum Beweis eines hintergründigen göttlichen Wollens, das die "Pfade des (kosmischen) Bestandes (*mišpat*)" zu steuern weiß. Das zeigt sich zuerst an den anscheinend konstanten und doch für menschlichen Geist unergründlichen Verteilung von Maßen und Gewichten bei Meer, Himmel und Erde. Dahinter steht offensichtlich eine göttliche Macht, die durch ihren Geist-Wind (*ru[a]h*) die Phänomene entstehen läßt und bewegt, die Sterne etwa durch seine Stimme (V.12f.26). Doch für den Bestand der Welt sorgt dieser Gott ebenso durch die politischen Institutionen und ihren Wechsel von Zeit zu Zeit. "Er verweist die Herrschenden ins Nicht-Mehr-Sein; kaum sind sie (von ihm) gesät, kaum wurzelt ihr Stamm in der Erde, da bläst er sie an, sodaß sie verdorren" (V.23f.; vgl. 40,7). Was "bläst", ist jener Geist-Wind, der als göttliche Wirkgröße nicht nur Meer, Himmel und Erde erfaßt, sondern auch die politische Geschichte. Zwischen kosmischen und gesellschaftlichen Ge-

---

[11] Koch, *Profeten 2*, (1988) [Anm.5] 68-70; vgl. auch Ezech 26,7; 29,18f.; 30,6.

setzmäßigkeit besteht letztlich kein grundlegender Unterschied im Blick auf hintergründige Faktoren.

Zweimal wird der Verweis auf die Schöpfungskraft durch die rhetorische Frage unterbrochen: "Mit wem wollt ihr Gott vergleichen?" (V.18.25). Die allumfassende Macht hat keine zureichende Analogie im innerweltlich Seienden. Selbst Opfer, Gaben irdischer Art, sind eigentlich unangemessen: "Der Libanon reicht nicht aus für das Brennholz, sein Wild genügt nicht für die Opfer" (V.16). Ebenso werden Götterbilder lächerlich, vergängliche Produkte einer unter dem Blickwinkel des Weltalls winzigen Menschenkraft (V.18-20).

Neben die kosmische und die politische Perspektive tritt als drittes das Eingreifen der Schöpfermacht dort, wo einzelne Menschen ins Elend geraten, kraftlos und müde werden. Ihnen spendet der Gott, der die weite Erde schuf, zu gegebener Zeit ungeahnte Kraft, vermutlich durch seinen Geist-Wind. Ein Beispiel dafür werden in Bälde die exilierten Judäer sein. An dieser Stelle wird die Sache existenziell für den Prophet und sein Auditorium.

So ausführlich hatte kein früherer Prophet mit göttlicher Schöpfung und deren bleibender Aktualität argumentiert und daraus Prognosen für einen künftigen Umsturz der bestehenden Verhältnisse abgeleitet. Hier tritt der Verweis auf die Schöpfung an die Stelle, welche die Volksgeschichte als Heilsgeschichte bei älteren Schriftstellern gespielt hatte; noch beim Vorgänger im Exil Ezechiel galt sie als das überzeugende Beispiel göttlicher Selbstoffenbarung (Ezech 16; 20; 23 u.ö.). Zwar bleibt Israel und seine Geschichte auch für Deuterojesaja die Grundlage kollektiver Identität und bestimmte Episoden in ihr Kennzeichen einer einzigartigen Zuwendung der Gottheit zu diesem Verband. Jerusalem und sein Tempel werden als einziger Anker für göttliche Präsenz auf Erden zum Ziel der kommenden globalen Wende (40,9-11; 52,1-10), doch David oder Salomo werden ebensowenig erwähnt wie Priester im vergangenen oder demnächst erwarteten Tempel. Auf den Exodus aus Ägypten wird mit mythischen Reminiszenzen als typologische Entsprechung zum bevorstehenden Auszug aus Babylonien hingewiesen (43,16; 48,20f.; 51,9f.; 52,11f.), doch von Mose und dem Sinai ist keine Rede. Das Volkwerden Israels wird als eine der Weltschöpfung analoger Aktion empfunden und mit dem Verb *bara'* auf den Begriff gebracht (41,20; 43,1.15), der hebräisch nur mit Gott als Subjekt verwendet wird und dessen einzigartigen nachhaltigen Interventionen in den Weltenlauf bedeuten; doch sie haben ebenso am

Uranfang von Himmel, Sterne, Erde und Menschengeschlecht stattgefunden wie sie zeitgenössisch geschehen, wenn die Wende der
Verhältnisse im Guten und Bösen vorbereitet wird (45,7; 48,7) bis
hin zum einzelnen Waffenschmied und Krieger (54,16). Die Volksgeschichte war mehr von Unheil, das Menschen hervorgrufen hatten, als von Heil geprägt (43,22-28), in ihr läßt sich kein
Fortschreiten von einfachen Anfängen zu grandios erfüllten Ver-
heißungen erkennen, wie es der Jahwist oder das Deuteronomium
behauptet hatten. Deshalb bietet sich die Besinnung auf die jeder-
man erfahrbare Schöpfung als Basis der Argumentation an. Sie
war bislang höchstens ein Lehrstück weisheitlicher Schriften (vgl.
Prov.8; Hiob 38-42). Die Interpretation Deuterojesajas gestaltet die
Thematik zugleich zu einem Gegenentwurf zum zentralen Mythos
von einer polytheistischen Weltenstehung bei den Babyloniern (vgl.
das babylonische Enuma elisch) um.

Angesichts solcher jederzeit erfahrbaren Einheit der Schöpfung
und ihrer Fortwirkung wird die Erscheinung des Kyros zu einem
längst im überweltlichen Bereich geplanten Unternehmen zugunsten
der Menschen, nicht zuletzt Israels. Gewiß handeln nach alt-
israelitischer Auffassung die Menschen in individueller und kollektiver Verantwortlichkeit und bereiten sich dadurch ihr Ergehen als
notwendiges Schicksal selbst, aber das schließt die Dialektik nicht
aus, daß alle positive menschliche Aktivität vom dem einen Schöpfer umfaßt und durchwaltet ist.

Globaler Monotheismus als Folge einer neuen politischen Weltordnung

In einem andern Kyrosgedicht wendet sich der Gott des Propheten
in Jes 45,1-7 direkt an den persischen Eroberer. Die Adressierung
ist fiktiv wie die an die Inseln in 41,1; dennoch scheint Deuterojesaja
nach dem Inhalt zu erwarten, daß die Botschaft auf irgendeine Weise
den Achaimeniden erreicht.

> So hat Jahwä gesprochen zu seinem Gesalbten.
> Zu Kyros, den ich ergriff bei seiner Rechten,
> um ihm Völker zu 'unterwerfen',
> gegürtete Könige zu entwaffnen,
> um Türen vor ihm zu öffnen,
> und Tore bleiben nicht verschlossen:
> Ich selber gehe vor dir einher
> und 'Berge' ebne ich ein.

Eherne Türen zertrümmre ich
  und eiserne Riegel schlage ich herunter.
Ich gebe dir Schätze der Finsternis
  und Reichtümer, die verborgen (waren).
Um Erkenntnis bei dir (zu bewirken),
  daß ich Jahwä bin;
der dich bei deinem Namen ruft
  (ist) der Gott Israels.
Um meines Knechts Jakob
  und Israel, meines Erwählten, willen,
habe ich dich mit deinem Namen gerufen,
  ehrenvoll dich benannt, obwohl du mich nicht erkanntest.
**Ich (bin) Jahwä, und keiner (ist) sonst,
  außer mir existiert keine Gottheit.**
Ich werde dich gürten, ohne daß du es erkennst.
Um Erkenntnis zu bewirken
  vom Sonnenaufgang und vom Untergang,
daß **nichts ist außer mir**!
  Ich (bin) Jahwä, und keiner (ist) sonst.
Bildend Licht und erschaffend Finsternis,
  bewirkend *šalôm* und erschaffend Unheil.
Ich (bin) Jahwä, der dies alles bewirkt.

An dieser Stelle werden die Anspielungen auf das, was als Nachrichten aus Kleinasien bekannt wurde (und was Babel bevorsteht?), um einiges konkreter, ebenso der Hinweis auf eine spezielle Relation des Perserkönigs zum Gott Israels.[12] Jahwä redet in der imaginären Weise, wie in 41,1 die Inseln, diesmal Kyros, jetzt mit seinem Eigennamen eingeführt, in einem Orakel als seinen *Messias* an. Nirgends sonst im alttestamentlichen Schrifttum wird einem auslän-

---

[12] Für eine modische gewordene Literarkritik unter deutschsprachigen Alttestamentlern sind die Argumente bezeichnend, mit denen das Gedicht, das sich "in seiner vorliegenden Gestalt durchaus als sinnvoller Zusammenhang verstehen läßt" (Kratz (1991) [Anm.7] 24) auf verschiedene Hände verteilt wird. Der Exeget entdeckt "Doppelungen, die Verdacht schöpfen lassen" wie die mehrfachen Ausschließlichkeitsformulierungen (V.5a.6b.7b), außerdem abrupte Übergänge, die den "Fluß des Geschehens aufhalten" und darum "störend" wirken. Hinzu tritt, daß die Redeeinleitung "überladen" sei und einen "stilistischen Bruch" zeige, da zuerst auf Jahwä in 3. Person ("sein Messias"), danach plötzlich in 1. Person ("den ich ergriff bei seiner Rechten") verwiesen werde (Kratz ebd. 23-25; eine ähnliche Analyse mit einer etwas anderen Lösung bei Van Oorschot (1993) [Anm.7] 87-91.—Eine derartige Weise der Argumentation setzt das stolze und ungetrübte Bewußtsein des westlichen Gelehrten voraus, ein zutreffenderes Sprach- und Stilgefühl im Blick auf das Althebräische und seine Grammatikalität zu besitzen als die israelitischen Redaktoren des Altertums, die die aufgewiesenen Störungen und Brüche in den vorliegenden Text eingetragen hätten.

dischen Herrscher dieser Titel zuerkannt; er war in vorexilischer Zeit ausschließlich israelitischen Königen vorbehalten, gehörte zu einer Salbung mit heiligem Öl durch einen Priester oder Profet im Ritual der Thronbesteigung, durch die anscheinend eine einzigartige Übereignung des göttlichen Geist-Windes auf den Regenten stattfinden sollte, der hinfort als Sohn Jahwäs zu dessen Stellvertreter auf Erden eingesetzt war (1Sam 10,1-6; 1Kön 1,32-40; Ps 2). Nach dem Untergang Judas und Jerusalems durch die Babylonier war der Titel verwaist. Wenn Deuterojesaja ihn aufgreift und auf Kyros anwendet, erhält der Nichtisraelit eine nahezu sakrale Auszeichnung, die ihn über jeden andern Herrscher hinaushebt. Auch das Ergreifen der rechten Hand ist Zeichen einer außerordentlichen Beziehung zwischen König und Gott (vgl. 41,13; 42,.6). Sie wird an andern Stellen von Deuterojesaja dadurch unterstrichen, daß er Jahwä den Achaimeniden "meinen Hirt" oder "meinen Freund" heißen läßt (44,28; 48,14). Nach dem Gedicht hat Jahwä ihn sogar mit "seinem Namen gerufen". Das klingt so, als ob dieser Gott den Namen Kyros, der vielleicht nach elamischem Sprachgebrauch als "Heger" (oder nach kassitischem als "Hirt"?) gedeutet werden konnte, prädestiniert hatte; sieht womöglich Deuterojesaja in dem persischen Hochgott Ahuramazda, auf den Kyros vermutlich seine Namengebung zurückgeführt hatte, eine Erscheinungsform Jahwäs ? Oder will der Satz nur besagen, daß der Gott den König durch namentlichen Aufruf in seinen Dienst genommen hat?[13]

Wie im oben wiedergegebene Kyrostext wird auch hier der Perser als siegreicher Eroberer gerühmt, der seinen Gegner niederringt und verriegelte Städte einnimmt. Diesmal aber wird ein göttlichen Beistand verheißen, der nicht nur indirekt aus einem himmlischen Jenseits erfolgt, sondern zu einer Präsenz Jahwäs beim Feldzug führt, wo er zwar unsichtbar, aber "persönlich" der Armee voranschreitet und sie nicht nur schwer befestigte Plätz erobern, sondern auch bislang unbekannte Schätze erbeuten läßt (die als "Schätze der Finsternis" vielleicht als unrechtmäßig angehäuft gelten). Solche Beute hatte Kyros durch seinen Sieg über den sagenhaft reichen Kroisos von Lydien offensichtlich eingeheimst.

Gott verfolgt bei diesem Geschehen einen dreifachen Zweck; die betreffenden Abschnitte werden jeweils mit der gleichen hebräischen

---

[13] Zur Diskussion der Stelle: W. Hinz, *Dareios und die Perser 1*, (1976), 52-54; Elliger, *Deuterojesaja* (1978) [Anm.10] 293f.494f.

Partikel (*ᵉmaʿan*) eingeleitet. Voran steht, daß der Perserkönig persönlich (nach der Eroberung Babyloniens) anerkennt, daß er nur durch
Unterstüzung des israelitischen Gottes so siegreich sein konnte und
dessen metapolitische Alleinkompetenz einräumt. Nach 41,25 hatte
Jahwä angekündigt, daß der Achaimenide "mich mit meinem Namen
anrufen wird"; das muß nicht unbedingt auf eine volle Konversion
zielen, wohl aber auf eine Anerkenntis überragender Bedeutung des
israelitischen Gottes.[14]

Dennoch hat bei Deuterojesaja das Prädikat "Messias" seinen hohen
Nimbus schon erheblich eingebüßt. An eine tatsächliche Salbung—
so der wörtliche Sinn des Lexems—wird nicht mehr gedacht, und
der Träger des Titels kann "nicht erkennen", welche Rolle ihm dadurch zugeteilt wird. Kyros bleibt eine profane Erscheinung,
unbeschnitten in einer nach altisraelitischen Maßstäben unreinen
Umgebung. Er vermittelt einen *šalôm* als einen äußerlichen, von Kult
und religiösem Bekenntnis unabhängigen und doch von Gott geschaf-
fenen Frieden. Eine Trennung der politischen und der religiösen Ebene
bahnt sich im Denken des Propheten an.

Gewichtiger als die Erkenntnis des Königs ist aber die göttliche
Absicht, durch sein Vorgehen Israel zu befreien. Das führt zu einem
Preis der Einzigartigkeit Jahwäs, die über jede mögliche Erkenntnis
des Persers hinausgeht und so als Selbstvorstellung der Gottheit, außer
der keine andere existiert, wohl nur Israel offenbar wird.

Damit nicht genug. Die besondere Beziehung der Supermacht zum
bislang verachteten Israel soll drittens mit ihrer monotheistische
Orientierung erdenweit bekannt und anerkannt werden. Deuterojesaja verbindet eine Globalisierung seiner Religion mit dem Endsieg
des Kyros, läßt sie aber nicht durch ihn oder seine Administration
aktiv vollbracht werden, so gewiß andrerseits die erdenweite Erfahrung eines vorbildlosen und letztlich für die Völker heilvollen Geschehens die Frage nach der dahinter verborgenen göttlichen Macht
wecken wird. Deuterojesaja betont an andrer Stelle, daß die Israeliten Zeugen (43,12) für das Walten ihres Gottes sein werden, er weist
ihnen also die Aufgabe einer Deutung der Geschichte zu. Vielleicht
rechnet er auch damit, daß Kyros die metahistorische Kompetenz
des israelitischen Jahwä durch eine amtliche Verlautbarung kund-

---

[14] Die auf eine Konversion weisende Aussage hatte sich nicht erfüllt (s.u.); Subjekt
und Objekt des Satzes werden deshalb in einer Qumranhandschrift und der Sep-
tuaginta vertauscht, sodaß er auf die banale Feststellung hinausläuft: "genannt wird
er bei seinem Namen".

geben läßt, ähnlich der Art, wie es der Babylonier Nebukadnezzar und der Perser Dareios nach dem Danielbuch getan haben soll (Dan 3,31-34; 4,31f.; 6,27f.)

Was dann an Einsicht sich global verbreitet, läuft freilich nach den beiden Abschlußzeilen auf ein zwiespältiges Gottesbild hinaus. Wie der Eroberer Kyros um eines allgemeinen *ṣädäq*-Heils willen Könige nicht nur besiegen, sondern u.U. zu Staub machen muß, so bewirkt der universal wirksame Gott nicht nur Licht und *šalôm*, sondern auch Finsternis und Unheil. Im Kontext der deuterojesajanischen Schrift besagt das nicht, daß Gott je nach Laune den Menschen das eine Mal wohl, das andre Mal übel will; was als Unheil heraufgeführt wird, ist vielmehr im Zusammenhang einer hebräischen Auffassung über einen unausweichlichen Tun-Ergehen-Zusammenhangs nur eine Reaktion auf menschliche Bosheit, sei es eines Individuums, sei es eines Kollektivs. Doch dessen Angehörige werden oft betroffen, ohne die Verursachung durch Frevel der Gesellschaft zu durchschauen, wie es z.B. den exilierten Judäern infolge der Schuld der Vorfahren ergeht.

Nicht der eben untersuchte Text, wohl aber ein ihm vorangehendes Erhörungsorakel an Israel hatte das Erscheinen des Perserkönigs wie in Kap.41 mit der weiterwirkenden Schöpferkraft Jahwäs begründet (44,24-28):

> Ich bin Jahwä, der alles wirkt,
>   der den Himmel ausgespannt
> und die Erde gegründet hat;
>   'Wer war (sonst) beteiligt'? ...
> Der zu Kyros sagt: Mein Knecht!
>   Und all mein Vorhaben vollendet er.

Auch diesmal gilt die Schöpfung nicht als eine ferne, längstvergangene Epoche, sondern als Anfang einer durch schöpferische Interventionen Jahwäs gelenkten Menschheitsgeschichte, die zur monotheistischen Verehrung einlädt (vgl. 48,12-14). Den roten Faden aber, der sich von der Erstschöpfung bis zur Gegenwart verfolgen läßt, bildet die Geschichte des erwählten Volkes Israel, das der Gott zu einem bestimmten Zeitpunkt gebildet hat und das er demnächst bevorzugt erlösen wird. Der Auftrag an Kyros endet damit, daß Jerusalem wieder erbaut und der Tempel neu errichtet wird. Es ist von daher begreiflich, daß im Kyrosorakel die Zuwendung Gottes zu diesem Volk und dessen Bekenntnis zur Einzigkeit Jahwäs besonders hervorgehoben wird.

*Theodizee, Weissagung versus Bilderverehrung, Universalismus versus
Partikularismus*

Läßt man sich die Aussagen des Kyrosgedichts durch andre deuterojesajanische Einheiten beleuchten, lassen sich gewisse Implikationen
des damals sich durchsetzenden Monotheismus erkennen, die auch
für monotheistische Theorien in der Folgezeit charakteristisch werden.

1. Dazu gehört zuerst die *Theodizee-Problematik*, die sich im letzten
Vers des neben zitierten Textes meldet. Die Komposition des Deutero-
jesaja-Buches hat an das oben zitierte Kyrosgedicht einen Aufruf in
göttlichem Namen an Himmel und Erde angeschlossen, der die
göttliche Wirksamkeit mit ihrem Endzweck auf das Heil der Menschen ausgerichtet sieht (45,8):

> Rieselt, Himmel, von droben,
>   und Wolken, fließt über von *ṣädäq*-Mächtigkeit!
> Öffnen 'möge sich' die Erde,
>   und Heil 'fruchte'.
> Und (menschliche) Gemeinschaftstreue (*ṣ^edaqah*) möge aufsprossen.
> Ich, Jahwä, habe ihn (den *ṣädäq?*) erschaffen.

Nimmt man den Wortlaut, wie er dasteht, will Gott bewirken, daß
durch Himmel und Wolken eine Potenz herabkommt, mit dem mas-
kulinen Nomen *ṣädäq* ausgedrückt, die auf Erden sowohl ein allgemeines "natürliches" Heil wie zwischenmenschliche Solidarität, mit
dem femininen *ṣ^edaqah* bezeichnet, hervorrufen wird, wie immer auch
die Vermittlung genauer gedacht sein mag, die hier nur metaphorisch
angedeutet wird. Die semantische Differenz zwischen den beiden
wurzelverwandten Substantiven besteht hier wie an andern prophetischen Stellen (Jes 1,21.27f.; Hos 10,12) darin, daß das erste eine
unsichtbare, aber dennoch räumlich sich bewegende Wirkgröße bedeutet, die dem göttlichen Wesen entspringt und auf die Erde ausstrahlt, das zweite jedoch eine davon abhängige menschliche Fähigkeit
und Tugend.[15] An dieser Stelle wird—in einer Korrektur des letzten

---

[15] Die griechische und dann die lateinische Übersetzung habe den Bedeutungs-
unterschied eingeebnet und beide Substantive i.d.R. mit *dikaiosyn / iustitia* wiedergegeben. Das führt dazu, daß noch heute die meisten Exegeten semantische
Übereinstimmung voraussetzen, so z.B. F.V. Reiterer, *Gerechtigkeit als Heil*, (1976).
J. Hermisson, *Deuterojesaja*, BKAT XI 7, (1987),5 gesteht zwar ein, daß der Duktus
des Textes zu dem Schluß verleitet: "Wenn der Himmel auf Jahwäs Befehl *ṣdq*

Satzes der Kyrosweissagung—der heilvolle Charakter der göttlichen Zuwendungen zur Menschheit uneingeschränkt behauptet.

Im nachfolgenden Spruch (45,9-13) wehrt sich jedoch der Gott des Propheten gegen jeden, der als "Scherbe unter den Scherben der Erde" dem Schöpfer "Vorschriften über das Werk seiner Hände" machen will, natürlich im Blick auf schlechte Widerfahrnisse. Derjenige, der Himmel und Erde geschaffen, stellt dagegen, daß er Kyros aus *ṣädäq*, also um menschlicher Wohlfahrt willen, erweckt und dessen Weg geebnet hat, der bis zum Wiederaufbau Jerusalems führen wird. Es bedarf offensichtlich gar keiner ausdrücklichen Bemerkung, daß ein solches Zeiten und Räume übergreifendes Programm auch harte Maßnahmen unausweichlich macht, die von den Betroffenen nicht als *ṣädäq* empfunden werden. Der Monotheismus Deuterojesajas nötigt den Hörer zur Einsicht, daß er den Sinn seines eigenen Schicksals nur begrenzt verstehen, aber auf eine Zukunft des Heils für sein Volk und die Erde hoffen kann. Läßt er für den einzelnen Hörer offen, ob er die künftige Wende der Volksgemeinschaft noch erleben wird?[16]

Die unterschiedlichen Akzentsetzungen in den jetzt aufeinanderfolgenden Aussagen von 45,7 und V.8 sowie V.9ff. sind nicht nur für die Anstrengungen eines Propheten bezeichnend, den Überlebenswillen einer Exilsgemeinde zu wecken, sondern verweisen auf ein Dilemma, dem sich jeder konsequente Monotheismus gegenübersieht. Wo die Alleinwirksamkeit eines einzigen Grundes aller Wirklichkeit behauptet und daraus die Folgerung gezogen wird, auf diesen unbedingt zu vertrauen und ihn allein zu verehren, stellt sich die existenzielle Frage nach dem Sinn von Leiden, also die Theodizee-Frage. Polytheistische Systeme konnten die unheilvollen Erscheinungen im Leben auf eigene launische oder böswillige Geister oder Götter zurückführen, die mit menschenfreundlichen Mächten im Streit liegen. Wo der Monotheismus dagegen nicht auf dualistische Satans- oder Dämonenspekulationen ausweichen will, wird er sich gezwungen sehen, eine letzte Unergründlichkeit göttlichen Wesens für das menschliche Bewußtsein vorauszusetzen. Im Schlußkapitel der

---

regnen läßt, dann wächst aus der Erde *ṣdqh*", lehnt aber aus allgemeinen Erwägunge heraus ab, daß "Heil von oben, Moral von unten" gemeint sei. Anders K. Koch, "ädäq [sic!] und Ma'at", in: J. Assmann/B. Janowski/M. Welker, *Gerechtigkeit*, (1998) (37-64) 58-61.

[16] Eindeutiger war Auffassung von einem strikt individuellen, von Gott gesteuertem Geschick bei Ezechiel (inbesondere nach Kap. 18). Koch, *Profeten 2*, (1988) [Anm.5] 110-113.

deuterojesajanischen Schriften steht folgerichtig der Gottesspruch (55,8f.):

> Meine Gedanken sind nicht eure Gedanken
> und meine Wege nicht eure Wege.
> Denn so hoch die Himmel über der Erde sind,
> so hoch sind meine Wege über den euren.

2. Die Einzigkeit Gottes ergibt sich für Deuterojesaja nicht nur aus der Kontinuität einer in Heil und notfalls auch in Unheil hervortretenden einheitlichen Schöpferkraft, im materiellen wie politischen Bereich, vom Uranfang bis zum revolutionären Zeitgeschehen, sondern ebenso aus der *Kontinuität einer fortgesetzten sprachlichen Erschließung des Laufes der Geschichte,* vermittelt durch prophetische Inspirationen. Sie ist nur in Israel bekannt geworden und als *Weissagungsbeweis* überliefert worden. Jede entscheidende Wende der Menschheits- und insbesondere der Volksgeschichte hatte Jahwä, wenngleich oft verschlüsselt, durch Profeten angekündigt und zugleich performativ in Gang gesetzt. Die Sprachlichkeit Gottes und der Menschen gewährleistet eine lebendige Kommunikation zwischen ihm und seinen Verehrern. Sie schließt jedoch einen *kultischen Bilderdienst* aus, da dadurch statt des dynamischen Verkehrs mit der Grundkraft alles Wirklichen eine statische, sprachlose Größe tritt. Wer der Prophetie vertraut, wird Statuen und ähnliche Symbole lächerlich finden. Selbst am Beispiel Kyros läßt sich der Unterschied demonstrieren, was als Streitgespräch Jahwäs mit den vorgeblich anderen Gottheiten vorgeführt wird (41,21-29):

> Legt euren Streitfall dar! spricht Jahwä.
> Führt eure Beweise vor! spricht der König Jakobs.
> Sie mögen vorbringen und uns künden,
> was sich ereignen wird!
> Das Urzeitliche, was es bedeutet, teilt mit,
> damit wir es zu Herzen nehmen.
> Und den Fortgang begreifen,
> oder vernehmen, was die Zukunft bringt.
> Teilt mit, was das danach Kommende (sein wird),
> daß wir erkennen: Ihr seid (wirklich) Götter!
> Laßt es gut oder böse erscheinen,
> daß wir staunen und es einhellig wahrnehmen.
> Seht: Ihr seid aus nichts,
> euer Tun ist wesenlos,—
> ein Frevel, wer euch erwählt!
> Erweckt habe ich ihn (Kyros) aus dem Norden und er kam,
> vom Aufgang der Sonne habe ich ihn bei Namen gerufen.
> Er 'zertrat' Regenten wie Lehm,

wie ein Töpfer Ton zerstampft.
Wer teilte es seit Uranfang mit, daß wir erkannten,
    und vorlängst, daß wir sagten: Es stimmt! ?
Keiner (von euch) teilte es mit, keiner ließ hören,
    und niemand hörte Aussprüche von euch.
Ein Erster für Zion (war) ich: Siehe, das wird's sein!
    und Jerusalem gab ich einen Freudenboten.
Nun schaue ich, und niemand ist da,
    nach diesen: da ist kein Ratgeber.
Ich ersuche sie, daß sie ein Wort äußern,
    siehe sie alle sind Versager.
Nichtig ist ihr Wirken,
    Wind und ohne Wesen ihre Bilder.

Aus dem Gedicht spricht der Stolz eines Israeliten auf eine lebendige Tradition prophetischer Kundmachungen, die seinem Volk von jeher den Sinn des Laufs der Geschichte erschlossen haben. Das entspricht dem Anliegen der alttestamentlichen Geschichtsbücher—wobei offen bleibt, wieweit diese oder ihre mündlichen Vorstufen im babylonischen Exil bekannt waren—, zu erzählen, wie seit Abrahams Zeiten der Weg des Volkes von Stufe zu Stufe von Weissagung begleitet, ja performativ vorbereitet war und das durch spontane Eingebungen von Gott befähigter Charismatiker. In den Kulturen des Zweistromlands spielte solche intuitive Mantik nur selten eine Rolle.[17] Zwar hatte hier die Zukunftserkundung keinen geringeren Stellenwert als in Israel, doch sie erfolgte durch geschulte professionelle Experten mittels induktiver Mantik, die entweder abnorme Naturerscheinungen (wie Mondfinsternis, Mißgeburten o.ä.) oder instrumental herbeigeführten Konstellationen (wie Eingeweideschau, Becherweissagung) analysierten.[18] Nach Handbüchern, die auf uralte göttliche Autorisation zurückgeführt wurden, aber nicht auf eine gegenwärtig sich offenbarende Gottesstimme, wurden die Omina formuliert. Über solche "pseudowissenschaftliche" Praktiken schüttet Deuterojesaja gelegentlich seinen Spott aus (47,10-15); wie andererseits vermutlich die babylonischen Fachleute auf dessen spontane, methodisch nicht ausgewiesene Intuitionen verächtlich herabgesehen hätten.

---

[17] Eine gewisse Ausnahme waren die Profetien der neuassyrischen Epoche, vgl. TUAT 2,56-65.
[18] Koch, *Profeten 1*, UTB 280, [3](1995), 53-56.

Das Auftauchen des Kyros ist für den Propheten die Probe aufs Exempel. Zum kollektiven Gedächtnis seines Volkes gehören alte Weissagungen, welche die von dem Perser heraufgeführte Wende prognostiziert haben. So behauptet er es auch an andern Stellen und sieht darin (48,4-6) einen monotheistischen Beweis, daß "ich (Jahwä) Gott bin und keiner sonst". In den uns noch vorliegenden Propheten-büchern findet sich kein derartiger Beleg. Entweder denkt der Prophet an damals im Exil mündlich umlaufende Überlieferungen oder er hat (wie seine Hörer?) den hymnischen Preis des bis zum Ende der Erde stürmenden Sonnenhelden in Ps 19 als Prophetie gedeutet.[19] In Babylonien hatte damals wohl noch kein Mantiker eine Invasion des Perserkönigs namens einer einheimischen Gottheit geweissagt! Den modernen Betrachter verwundert es nicht, daß wohl die meis-ten Landesbewohner einen Angriff und Erfolg eines barbarischen Emporkömmlings aus dem unterentwickelten Osten sich nicht vor-stellen mochten. Für Deuterojesaja jedoch beweist das Schweigen über eine Entwicklung, die für ihn feststeht, seit dem die Nachrich-ten aus Kleinasien eintreffen, einen Beweis für die Sprachlosigkeit babylonischer Götter.

Ein Grund dafür liegt für ihn darin, daß die Landesbewohner die von ihnen postulierten numinosen Mächte in der Form von Statuen symbolisieren und anbeten. Solche Gebilde sind auf Grund ihrer Art unbeweglich und sprachlos. Gegen Schnitz- und Gußbilder als Sym-bole göttlicher Präsenz wird in Jes 40-48 mehrfach polemisiert und ihre Verehrung verspottet[20] (40,18-20; 42,17; 44,9-20;45,16f.20; 46,1-8[21]). Doch Deuterojesaja ruft nirgends zum Ikonoklasmus auf. Auch

---

[19] K. Koch, *Die Stellung des Kyros im Geschichtsbild Deuterojesajas und ihre überlieferungs-geschichtliche Verankerung*, ZAW 84, (1972), 352-356.

[20] Gegenwärtig neigen deutschsprachige Exegeten dazu, die "Götzen(bilder)-schicht" als sekundäre Überarbeitung auszugliedern, so wieder Kratz (1991) [Anm.7] 192-206. Er schreibt den in Frage stehenden Texten zwar "die Fülle der literari-schen Querbeziehungen zum [deuterojesa-janischen] Kontext" zu; da aber die Einzigkeit Jahwäs sonst "auf anderem (höherem) theologischen Niveau" vorgetra-gen werde, ist für ihn "der Schluß nun einmal unausweichlich, daß verschiedene Hände im Spiel sind" (S.194f.). Ähnlich das Urteil bei Van Oorschot (1992) [Anm.7] 312-318, hier vor allem mit den Argumenten, daß die entsprechenden Abschnitte "überall entbehrlich" und die Verwendung sonst theologisch bedeutsamer Ver-ben wie "erwählen, bilden, ergreifen" für die profane Anfertigung von Bildern der Grundschicht nicht zuzutrauen sei (S.312.315). (Einzig 44,9-20 zeigen m.E. ge-wisse Differenzen zum deuterojesajanischen Sprachge-brauch.)

[21] Wieweit 41,6f. zu dieser Gruppe gehört, bleibt unsicher. Nach der Schilde-rung der Angst der "Inseln" vor dem Kyrossieg (s.o.) wird da den Bewohnern zugeschrieben, das sie Handwerker und Goldschmiede an einem Projekt arbeiten

auf ein göttliches Bilderverbot beruft er sich nicht. Bei seinen Hörern oder Lesern setzt er anscheinend nicht voraus, daß sie solche Symbole in ihrem Gottesdienst gebrauchen. (Wird es 42,17 einmal angedeutet?) Kennzeichnend sind sie aber für die polytheistischen Kulte in Babylonien und der Welt draußen. An einer gewaltsamen Unterdrückung solchen Brauchtums ist er nicht interessiert. Vielmehr ist er überzeugt, daß die Völker dereinst die Torheit ihres Tuns einsehen und beschämt dastehen werden (42,17; 44,9; 45,16). Ein schlüssiges Argument für den Propheten ist die Leblosigkeit solcher Objekte, der Beter kann sie zwar anrufen, aber keine Antwort erwarten. Wer sprachlos ist, bleibt aber auch wirkungslos (45,20f.; 46,7). Gewichtiger noch ist, daß ein derartiger Gegenstand Ergebnis einer rein menschlichen Produktion ist und durch den Anspruch numinoser Qualitäten als partikulares Objekt die Aufmerksamkeit von der Selbstoffenbarung des Schöpfers im Weltganzen abzieht (40,18-20; 44,6-8 vgl. mit V.9ff.; 45,16). Es ist anzunehmen, daß dem in Babylonien lebenden Prophet bekannt war, daß die kultischen Bilder nach dem Glauben ihrer Verehrer nicht nur nach göttlicher Weisung angefertigt, sondern auch durch Riten der Mundwaschung und Mundöffnung mit numinosen Qualitäten erfüllt worden waren,[22] aber solche Aktionen waren für ihn gewiß illusionäre Zeremonien, vergebliche Anstrengungen wie schon die handwerkliche Produktion. Götter in einem beschränkten Bild vollauf präsent zu sehen, ist also pure Unvernunft. Hier zeigt sich ein rationalistischer Zug bei dem sonst hochpoetischen Propheten. (Dagegen spielt die später verbreitete philosophische und theologische Entgegensetzung von rein geistiger Transzendenz und unangemessener materieller Vergegenständlichung keine Rolle.) Die Ablehnung technisch angefertigter Gottessymbole liegt wohl auf derselben Ebene wie die Ablehnung aller instrumentalen Mantik beim gleichen Propheten. In beiden Fällen versucht für Deuterojesaja der Mensch, sakrifiziell mit überirdischen Wesen zu verkehren, wo nur der umgekehrte sakramentale Weg gangbar ist.

Angesichts des hohen Standards babylonischer Kunst, gerade auf dem kultischen Sektor, dem Deuterojesaja wieder und wieder begegnet sein wird, läßt sich über das Überlegenheitsgefühl des Ver-

---

lassen, "das nicht wankt". Daß es sich um Gottessymbole handelt, wird nicht gesagt. Vielleicht standen V.6f. einmal hinter 40,20, so viele Kommentare, selbst die Einheitsbibel z.St.

[22] A. Berlejung, *Die Theologie der Bilder*, OBO 162, (1998), Teil I.

treters einer "kulturlosen" Minderheit nur staunen, der in seiner
Religion ohne Bilder und ohne Opfer (40,16)—und in den Lager-
gemeinden der Exilierten wohl noch ohne heilige Schriften—den
Zugang zu seinem Gott zu finden weiß.

Bildliche Veranschaulichungen von Gottheiten bringen unsichtbare und ungreifbare, aber für das Leben entscheidende Mächte den
Verehrern nahe, gewährleisten unbezweifelbare Präsenz. Deuterojesaja bedarf solcher Stützen nicht, da ihm seine innere Stimme der
Nähe seines Gottes gewiß macht. Seine Äußerungen vermag er deshalb
häufig mit der Revelationsformel "So hat Jahwä (zu mir) gesprochen"
einzuleiten. Anscheinend plagt ihn kein Zweifel, daß er den Sinn
göttlichen Wollens und Wirkens ungetrübt wahrgenommen hat, um
ihn in poetischer Form weiterzugeben. Nicht jeder Israelit wird freilich
durch Inspirationen ausgezeichnet, ihm wird zugemutet, daß er den
prophetischen Offenbarungen mit "nachlaufender Erkenntnis" vertraut, was allerdings keinen bedingungslosen Gehorsam meint.

3. Das Verhältnis der Exilierten zu den Babyloniern wird selten
angesprochen, dafür häufig das *Verhältnis Israels zu den Völkern* im Horizont eines monotheistischen Weltbilds. Der Einheit der Gottheit entspricht einerseits notwendig eine Einheit der Menschheit, die insgesamt
innerhalb der Schöpfung überhaupt durch den Vorrang ausgezeichnet
ist, den Grund alles Wirklichen zu erkennen und mit ihm sprachlich und kultisch zu verkehren. Andrerseits hatte bislang allein
Israel solche Erkenntnis und bleibt dadurch auch in Zukunft ein
auserwähltes Volk vor allen andern. Wie sich beides zueinander verhält, wird in den einzelnen Artikulationen prophetischer Inspiration
unterschiedlich geschildert.

War das Menschengeschlecht als ganzes eine besondere Schöpfung, dann kann die Absicht des Schöpfers im Gefälle der Geschichte
nur darauf hinauslaufen, daß mit dem Zeitalter eines erdenweiten
šalôm alle Völker von einer selbstverständlichen Ehrfurcht vor der
einzigartigen, hintergründigen numinosen Macht erfaßt werden, denn
"aller Welt Enden werden das Heil unsres Gottes sehen" (52,10; vgl.
45,6). Was als dessen sprachlicher Kommentar zum Weltlauf vor allem
in Weissagungen die Geschichte deutend begleitet hat, wird dann
überall bekannt und erkannt, sodaß jeder Bilderdienst überflüssig
werden wird (45, 20-25, ähnlich 43, 8-13):

> Versammelt euch, kommt,
>   tretet gemeinsam herzu, Überlebende der Völker!
> Nicht haben Erkenntnis, die da umhertragen
>   das Holz ihrer Kultbilder

und die einen El anbeten,
  der nicht zu retten vermag.
Teilt es mit, legt es dar,
  beratet euch untereinander:
Wer hat es kundgetan seit der Vorzeit,
  von Anfang an es mitgeteilt?
War es nicht **Ich, Jahwä,**
  und keine andre Gottheit außer mir?
Ein gemeinschaftstreuer, rettender El,
  und kein andrer Gott außer mir.
Wendet euch zu mir und werdet gerettet,
  alle Enden der Erde!
Denn **ich (bin) El und keiner sonst.**
  Bei mir selbst habe ich es geschworen.
Herausgegangen ist heilvolle Solidarität (*daqah*)
    und unwiderrufliches Wort,
daß mir sich beugen wird jedes Knie
  und (mir) sich zuschwören jede Zunge.
Nur in Jahwä—wird man mir bekennen(?)—
  (ist) Solidarität und Kraft.
Zu ihm werden kommen und beschämt sein
  alle, die sich ihm widersetzen.
In Jahwä wird getreu sein und bejubelt werden
  Israels gesamte Nachkommenschaft.

Deuterojesaja kündet also, daß in naher Zukunft sich das Bekenntnis zur Einzigartigkeit des bislang allein von Israel verehrten Gottes sich global ausbreiten wird. Wenn dann die Menschen strömen und zu diesem Gott kommen, ist gewiß an Jerusalem als Wallfahrtsort der Menschengemeinschaft gedacht. Dort werden die Israeliten gerühmt als die, die den Weg zur Erkenntnis der Einheit Gottes gebahnt hatten. Als die Zeugen Jahwäs haben sie Sinn und Bedeutung der durch Kyros herbeigeführten Wende kundgetan.[23]

Während nach dieser Stelle die Völker bereitwillig und überzeugt herbeikommen, setzen andere Texte Zwangsmaßnahmen voraus. Es kann heißen (45,14-19), daß die nordafrikanischen Ägypter, Kuschiten

---

[23] Der westliche Gelehrte empfindet zwischen dem ersten und dem zweiten Teil des Gedichts einen ärgerlichen Widerspruch: "Wenn ... es um freiwillige Hingabe zu Jahwe und freiwillige Annahme seiner rettenden Hingabe geht, wie kann dann eidlich zugesagt werden, daß das auch geschieht?" und scheidet zwischen Grundschicht und Redaktion; J.Hermisson, *Deuterojesaja*, BKAT XI 7, (1987), 78. Ist aber ein solches dialektisches Sowohl-Als auch beim Verhältnis von menschlicher Aktivität und göttlicher Vorherbestimmung nicht unausweichlich, wenn Monotheismus nicht in einem platten Determinismus oder einer Marginalisierung göttlicher Macht hinsichtlich der Weltgeschichte enden soll?

und Sebaiten "in Fesseln" (angelegt durch die persische Armee?) zu
den heimgekehrten Israeliten gebracht werden, sich vor ihnen niederwerfen mit dem Bekenntnis: "Nur in dir ist El und nirgends sonst,
kein göttliche Wesen sonst. Fürwahr, du bist ein verborgener El, Israels
Gott (ist) Heiland." Die Götzenschmiede werden von nun an beschämt und überflüssig.

In einigen Abschnitten gewinnen sogar nationalistische Haßgefühle
die Oberhand. Denn überlebenden Israeliten wird zugesagt, daß sie
wie ein Dreschschlitten diejenigen zermalmen, die sie unterdrückt
und ausgebeutet haben (41,15f.). Oder es heißt, daß "Könige deine
Kinder pflegen und Fürstinnen ihre Amme sein werden", die Fremden werden sich niederwerfen und "den Staub von deinen Füßen
lecken". Jahwä selbst erweist sich dabei als mitleidsloser Rächer:
"Deinen Unterdrückern gebe ich ihr eigenes Fleisch zu fressen"
(49,23.26). Stets ist dabei die vorangegangene grausame Behandlung
des Volkes der Grund für brutale Vergeltung, nie die verkehrte Religion oder die Bilderverehrung.[24]

Eine viel humanerer Umgang mit den Nichtisraeliten kommt in
den—später verfaßten?—Knecht-Jahwäs-Liturgieen zur Sprache. Sie
weissagen eine geheimnisvolle zukünftige Gestalt, die nach der Kyros-
Epoche auf den Plan tritt und zunächst den Auftrag erhält, Israel in
seinem Heimatland wieder äußerlich wie innerlich wieder herstellen wird. Damit nicht genug, wird ihr durch ein Orakel eine erdenweite Funktion übertragen (49,6):

> Es ist zu wenig, daß du mein Knecht bist,
>   um die Stämme Israels wieder aufzurichten
>   und die 'Verschonten' Israels heimzuführen.
> Ich mache dich zum Licht der Völker,
>   daß mein Heil reiche bis ans Ende der Erde.

Anders als im Fall des Kyros soll es nicht durch militärische Aktionen geschehen, sondern durch Belehrung und Aufklärung. So schon
im ersten Knecht-Jahwäs-Lied (42,2-4):

> Ich habe meinen Geist-Wind auf ihn gelegt,
>   und (heilvolle) Rechtsordnung bringt er den Völkern hinaus.
> er wird nicht schreien noch lärmen,

---

[24] Hier gibt es also kein Bilderverbot, das "die theologische Unterscheidung
zwischen Wahrheit und Unwahrheit, Gott und Götzen ins Politische" wendet und
sie "im Sinne von Freund und Feind" interpretiert, wie es Assmann anderwärts
voraussetzt (Herrschaft, 2000, 262.)

nicht erschallen lassen auf der Straße seine Stimme.
Das geknickte Rohr zerbricht er nicht,
und den glimmenden Docht löscht er nicht aus.
Unverfälscht bringt er die Rechtsordnung hinaus,
nicht wird er müde und hetzt nicht,
bis er auf Erden Rechtsordnung begründet hat,
Und auf seine Weisungen die Insel harren.
So spricht der El Jahwä,
der den Himmel erschaffen und ausgespannt hat,
die Erde gemacht hat und all ihre Gewächse,
Sprachodem dem Menschenvolk auf ihr verliehen hat
und Geist-Odem denen, die auf ihr wandeln:
Ich, Jahwä, habe dich in *ṣädäq* berufen
und werde dich bei deiner Hand ergreifen.
Ich forme dich und mache dich
zum Bund des Volks und Licht der Völker.

Mit göttliche Berufung und Handergreifung wird der Knecht in gleicher Weise ausgezeichnet wie es dem Perserkönig geschah. Was er aber ohne Kriegsgetöse durch geduldige Aufklärungsarbeit offenkundig auf Dauer erreichen soll, ist eine erdenweite Rechtsordnung (hebräisch *mišpaṭ*). Was darunter genauer verstanden werden soll, wird leider nicht ausgeführt. Dazu gehört gewiß ein "vernünftiger", dem einen überweltlichen Gott gemäßer Kult. Und vielleicht auch (analog zu der älteren(?) Weissagung Jes 2,2-4 = Micha 4,1-3), daß die Völker in Konfliktfällen keine Kriege mehr führen, sondern auf dem Zion einen von Gott inspirierten Schiedsspruch einholen.

Dennoch wird auch in diesen Texten Israel eine Sonderstellung eingeräumt. Es bleibt als Volk ausgezeichnet durch einen Gottesbund, der die andern nicht einschließt, und der Knecht wird dessen Repräsentant.

Die Varianten in der Bestimmung des Verhältnisses des einen erwählten Volkes zur übrigen Menschheit, die sich in dieser Schrift zeigen, lassen sich literarkritisch auf unterschiedliche Verfasser verteilen. Sie könnten aber ebenso gut erkennen lassen, wie ein israelitischer Prophet, der seinem Auditorium Neues zu sagen hat, das über alle vergangene Erscheinungen und Gottesworte hinausweist, tastend und mit poetischer Metaphorik die Perspektiven auszuloten sucht, die sich aus den Inspirationen ergeben, die ihm zuteil geworden waren.

Die hier sichtbar werdende Spannung zwischen Partikularismus und Universalismus wird fortan die Geschichte jeder monotheistischen Religion begleiten. Einerseits bedingt die Einheit des Göttli-

chen auch die Menschheit als Einheit zu begreifen und in der Ethik
eine allgemeinmenschliche Verantwortung zu fordern. Andrerseits
bricht notwenig dann, wenn der Bereich "naturwüchsiger" Religion
verlassen wird, die sich an den regional erfahrbaren Mächtigkeiten
von Natur und Gesellschaft ausgerichtet hat und deshalb notwendig polytheistisch gewesen ist, die Kluft zwischen einer Gemeinschaft
der Bekenner, der Zeugen, wie es bei Deuterojesaja heißt, und der
"Heiden" auf. In der israelitisch-jüdischen Religion fällt sie mit der
nationalen Grenzziehung des auserwählten Volkes i.d.R. zusammen.
In Christentum und Islam treten die Kirche oder die Umma an diese
Stelle.

Das politische und religiöse Umfeld

Die Zuspitzung der Jahwäverehrung auf einen exklusiven
Monotheismus, wie sie bei Deuterojesaja geschicht, hat die Bedingungen ihrer Möglichkeit, historisch gesehen, nicht nur im eigenen
religiösen Erbe Israels und einer bewegten Zeitgeschichte, sondern
erweist sich vernetzt mit einer steigenden Tendenz zu einem Summodeismus in andern Kulturen der Epoche. Die durch die Per-
serkönige heraufbeschworene weltpolitische Veränderung, welche
die vordem regional verankerten Groß- und Kleinstaaten ihrer Selbständigkeit beraubt, erschütterte bei den Betroffenen nicht nur die
überkommenen politischen und ökonomischen Verhältnisse, sondern
auch die religiösen. Das gilt nicht zuletzt für Babylonien.
    Die Kyrosweissagungen Deuterojesajas, denen vermutlich nur
eine Minderheit seiner Landsleute zu glauben bereit war, wurden
überraschend schnell Wirklichkeit. Nach der Unterwerfung Klein-
asiens wendete sich der Achaimenide gegen Babylonien und nahm
539 v.Chr. die Hauptstadt kampflos ein. Noch im ersten Regierungsjahr erläßt er zugunsten Judas ein Edikt, das den Wiederaufbau des
Jerusalemer Tempels und die Rückführung seiner nach Babel de-
portierten heiligen Geräte verordnet (Esr 6,2-5[25]). Obwohl die exilierten Judäer wahrscheinlich den Einheimischen gleichgestellt und
nicht mehr von Zwingherrn bewacht (Ps 136,3) werden, ergeht noch

---

[25] P. Frei / K. Koch, *Reichsidee und Reichsorganisation im Perserreich*, OBO 55, [2](1996),
288f.; R. Albertz, *Die Exilszeit, Biblische Enzykolädie 7*, (2001), 102-106.

keine Genehmigung zur Rückwanderung (so irrtümlich Esr 1,2-4). So war zwar eine Stunde der Befreiung gekommen, aber ohne jene überschwänglichen Ereignisse, mit der Jes 40-55 sie ausgemalt hatte. Politisch und militärische gesehen, waren Weissagungen erfüllt, aber nur sehr bedingt in religiöser Hinsicht.

Vor allem zeigte der persische Eroberer keine Neigung, seine Erfolge dem Gott einer kleinen Völkerschaft am Rande seines Imperiums zuzuschreiben. Auf eine polilitische Theologie verzichtet er nicht. Aber er schreibt die Annektion des Zweistromlands in dem berühmten, akkadisch verfaßten Kyroszylinder dem babylonischen Hauptgott Marduk-Bel zu, also dem Gott, den Deuterojesaja mehr als andere verabscheut und für nichtig erklärt (46,f.); und das geschieht mit Wendungen, die sich mit Jes 45 teilweise wörtlich berühren. Marduk hatte danach "alle Länder durchmustert"; denn "er suchte einen gerechten Herrscher nach seinem Herzen, er faßte ihn mit seiner Hand ... Die schwarzköpfigen Menschen, welche er seine Hände bezwingen ließ, hütete er in Recht und Gerechtigkeit... Kyros, den König von Anschan, berief er, zur Herrschaft über das ganze All sprach er seinen Namen aus"; er ließ ihn schließlich den Weg nach Babel einschlagen, "gleich einem Freund und Genossen ging er an seiner Seite". Dort angelangt, bringt er die aus verschiedenen Stätten verschleppten Götter(bilder) wieder an ihren angestammten Platz zurück[26] Die Reihe der Auszeichnungen des Königs durch die Gottheit stimmt im akkadischen Text mit dem hebräischen auffällig überein: Suche nach einem geeigneten Helden in fernen Landen, Handergreifung und Namengebung zur Herrschaft, Betonung seiner Gerechtigkeit, Auftrag zu Weltherrschaft und Heil für die Völker, Sorge für die Wiederherstellung eines bzw. mehrerer Heiligtümer. Hinzugefügt wird im Zylinder die Einnahme Babels, von der auch Deuterojesaja an andrer Stelle spricht.

Wie ist die verblüffend ähnliche Art der Königslegitimation zu erklären? Es ist schwerlich anzunehmen, daß die akkadischen Schreiber, die den Zylinder im persischen Auftrag abgefaßt haben, die Weissagungen eines judäischen Propheten aus der Zeit vor der Invasion des Kyros als Vorlage benutzt und zur Rückschau verändert haben. Ebensowenig ist aber umgekehrt eine Abhängigkeit Deuterojesajas wahrscheinlich, der den Königstext auf die Zeit davor als

---

[26] TUAT 1,408-410; H. Schaudig, *Die Inschriften Nabonids von Babylon und Kyros' des Großen*, AOAT 256, (2001), 550-556.

vaticinium ex eventu vordatiert und einem andern, nämlich seinem Gott
in den Mund gelegt hätte; dazu ist zu viel von seiner Vorhersage
unerfüllt geblieben. Albani[27] hat neuerdings versucht, aus den
damals kontroversen Parteinahmen unter den Babyloniern eine Art
von Vorstufen für beide Dokumente zu eruieren. Die einflußreiche
Mardukpriesterschaft der Hauptstadt stand damals in scharfer Opposition zum letzten babylonischen König Nabonid, dessen
Religionspolitik auf eine Suprematie des Mondgottes Sin in Kult und
Pantheon abzielte. Offensichtlich hatte jene mit den Persern geheime Verbindungen aufgenommen und erwarteten von deren Invasion eine Wiederherstellung der Höchstgeltung von Kult und
Tempel des Marduk im Land. "DtJes schloß sich offenbar dieser pro-
persischen Propaganda aus den Kreisen der Mardukpriesterschaft
an", allerdings mit der Ersetzung des fremden Marduk durch den
eigenen Jahwä.[28] Das scheint erwägenswert, würde dann voraussetzt-
zen, daß babylonische Priester bereits ein Orakel über die von Gott
verliehenen Würden des Achaimeniden formuliert hätten und dies
auch den Exilierten bekannt geworden wäre. Eine Schwierigkeit für
die Erklärung entsteht freilich daraus, daß die Aussagen des Zylinders (und von Jes 45!) wie einige Nabonidinschriften "are modelled
on Assyrian prototypes and generally unlike the usual Neo-Baby-
lonian texts".[29] Die Berufung mit dem Namen zum Königtum durch
die Gottheit, ihr Auftrag zum Feldzug und zur Welteroberung, wobei
die Götter dem Feldherrn zur Seite schreiten oder vorangehen und

[27] Der eine Gott, 2000 [Anm.3] 91-102.
[28] Ebd. 96.
[29] A. Kurth, *The Cyrus Cylinder and Achaemenid Imperial Policy*, JSOT 25, (1983),
83-97.—Bedenken gegen eine Herkunft des Textes aus babylonischen Priesterkreisen
weckt auch die Aufzählung der Kultstätten, in die Kyros die von Nabonid nach
Babel verschleppten Kultbilder wieder zurückgeführt haben will. Außer einer nicht
sicheren Lesung von Ninive (Z.30) werden namentlich, angefangen mit Assur und
Susa, anscheinend nur Stätten aus dem assyrischen und elamischen Gebiet aufgezählt, "die dort wohnenden Götter brachte ich an ihren Ort zurück und ließ sie
eine ewige Wohnung beziehen"; erst danach werden pauschal—also weniger wichtig?—die Götter von Sumer und Akkad, also von Babylonien, erwähnt, "welche
Nabonid zum Zorn des Herrn der Götter [das ist Marduk!] nach Babel hineinge-
bracht hatte" (Z.30-33; s. P.A. Beaulieu, *An Episode in the Fall of Babylon to the Persians*,
JNES 52, (1993), 241-261). Mit einer Konzentration der Götterstatuen in Babel
konnte Nabonid eigentlich nur die Absicht verfolgt haben, die numinose Mäch-
tigkeit dieser Stadt zu steigern (für den Fall persischer Invasion?). Wenn Kyros
die Kultgegenstände wieder an den alten Ort zurückbringen läßt, bedeutet es
sicherlich eine Machtminderung für Esagila. Konnte das im Sinn der Mardukpriester
sein?

ihn reiche Beute machen lassen, erinnern an Inschriften des Assurbanipal,[30] auf den sich Kyros am Ende seines Zylinders als sein Vorgänger beruft.

Dennoch weicht die Eingrenzung der Legitimation des Kyros allein auf Marduk-Bel von den neuassyrischen Parallelen in einem gewichtigen Punkt ab. Assurbanipal z.B. weiß sich nicht allein auf einen Gott angewiesen; die verschiedenen großen Götter haben ihn befähigt. Mit seinem Namen ist er von Assur und Sinn berufen, von 10 weiteren Gottheiten zur Herrschaft eingesetzt, und beim Feldzug schreiten Assur, Bel und Nebo zu seiner Seite.[31] In seinem Krönungshymnus rühmt er, daß ihm Anu die Krone, Enlil den Thron, Ninurta die Waffen und Nergal die Aura verliehen hat.[32] Verglichen mit solcher absichtlichen polytheistischen Vielfalt weist der Kyroszylinder eine Konzentration göttlicher Macht in Richtung auf einen Summodeismus auf. Andre Gottheiten neben Marduk werden zwar genannt, aber ohne spezifische Funktion. Sie sollen allein als Fürsprecher für den König—was an katholische Heilige erinnert—vor Marduk auftreten, und vor Nebo, wie ausnahmsweise hinzugefügt wird (Z.35).

Was vom Perserkönig als Rühmung Marduks veröffentlicht wird, ist für ein babylonisches Publikum bestimmt. In seinem Heimatland und in seiner persönlichen Frömmigkeit hat gewiß der babylonische Gott keine Rolle gespielt, sondern der iranische Hochgott Ahura Mazda als die auch für die Königsherrschaft als ausschlaggebende Kraft gegolten; ob bereits gemäß zarathustrischer Lehre oder nicht, bleibt für Kyros noch undeutlich; immerhin gibt es in seiner Residenz Pasargadae elegante Feuerständer, die für den von Zarathustriern geübten Kult bezeichnend sind.[33] Der babylonische Marduk wird ihm eine für die Nicht-Arier des Zweistromlands verfremdete, aber für sie zureichende Erscheinungsform des Allweisen Herrn gewesen sein.

Eine solche Interpretatio Iranica fremder Gottheiten wird jedenfalls bei dem Nachnachfolger Dareios I. vorausgesetzt. In die altpersischen Königsinschriften führt er den Brauch ein, mit einem hymnischen

---

[30] Vgl. z.B. den Rassam-Zylinder, M. Streck, *Assurbanipal und die letzten assyrischen Könige bis zum Untergang Ninivehs*, (1916=1975), II 2-91.

[31] Rassam-Zylinder Ann. I 1-16.81.

[32] Rev. 5; CoS I 473.

[33] Zur Religion des Kyros: M. Boyce, *A History of Zoroastrianism II*, HdO 1,8,1,2,2A, (1982) ch.IV.

Vorspann zu beginnen, der eine fundamentale Analogie zwischen
der Einzigkeit Ahura Mazdas im Himmel und des Großkönigs auf
Erden herausstreicht. Am genaueren Wortlaut hat Dareios ständig
gearbeitet, wie aus den einzelnen Varianten des Textes abzulesen
ist, so daß wir uns bei ihm "au coeur de son idéologie sur la royauté"
befinden.[34] Die Version der Grabinschrift von Naqš-i-Rustam lautet:

> Ein starker Gott ist Ahuramazda, der diese Erde schuf, der jenen
> Himmel schuf,
> · der den Menschen schuf, der die Segensfülle/Freude schuf für den
>   Menschen,
>   der den Dareios zum König machte, den einen zum König von vie-
>   len,
>   den einen zum Befehlshaber von vielen.

Das klingt nach zweiseitigem politischen Monotheismus, wie er in
folgenden Jahrhunderten wieder und wieder behauptet wird, mit einer
analogia imperii in gerade klassischer Formulierung! Weit mehr als im
Kyroszylinder erinnert hier, ein Menschenalter später, der Begrün-
dungszusammenhang an Deuterojesaja. Aus der einen kosmischen
und politischen Gottesmacht wird auf eine globale Herrschaft eines
Universalherrschers auf Erden geschlossen. Wie beim alttestamentlichen Profeten ergibt sich die Übereinstimmung von kosmischer und
politischer Ordnung aus dem Postulat einer schöpferischen Urkraft.
Bekennt sich hier der Achämenide als Monotheist? In den Inschriften des Dareios werden gelegentlich weitere Götter (*bag*) ohne Namen erwähnt, doch ihnen wird kein eigener Beitrag zum Bestand
der Herrschaftsstrukturen zu-geschrieben. (Auch Deuterojesaja kennt
anonyme "Gottheiten" dieser Art und redet sie verächtlich an, Jes
41,23f.). Belangreicher ist schon, daß auf den in Ägypten angefer-
tigten Stelen des Königs auf der einen Seite altpersisch allein Ahuramazda gerühmt wird, auf der anderer aber eine ganze Reihe
ägyptischer Gottheiten.[35] Und selbst aus Persepolis werden nicht nur
Opfergaben für Ahuramazda, sondern auch für elamische und andre
Gottheiten ausgeliefert.[36] So begreift sich die Behauptung, die achäme-
nidische Religion sei "gewiß keine monotheistische" gewesen.[37] Das

---

[34] C. Herrenschmidt, *Les créations d'Ahuramazda*, Studia Iranica 6, (1977), 48;
Frei/Koch, *Reichsidee* (1996), 143f. Die Texte bei R.G. Kent, *Old Persian*, AOS 33,
New Haven ²(1953), 136-156.

[35] Kent, Old Persian (1953) [Anm.] 147; Hinz, *Dareios* 1, (1976), 213-217.

[36] H. Koch, Zur Religion der Achämeniden, ZAW 100, (1988),393-405.

[37] G. Ahm, *Religiöse Herrscherlegitimation im achämenidischen Iran*, Acta Iranica 31,
(1992),104.

trifft zu, wenn man unter Monotheismus eine Theorie begreift, die das Dasein nur eines einzigen, durch Name identifizierbaren göttlichen Wesens lehrt. Wird dagegen darunter das Gebot der exklusiven Verehrung einer Gottheit für alle Menschen, neben dem es keine andere gibt, der gleichwertige Verehrung gebührt, als Monotheismus angesehen, so ist mit Auffassungen zu rechnen, die den einen Gott anderswo unter falschem Namen mit unangemessenen Riten angebetet und ihn dennoch als dadurch erreichbar ansehen. So kann es selbst in einer alttestamentlichen Spätschrift heißen: "An jedem Ort wird meinem Namen Rauchopfer dargebracht und reines Speisopfer, denn mein Name (erweist sich) groß bei den Völkern" (Mal 1,11). Auf jeden Fall meldet sich bei Dareios I. ein entschiedener Summodeismus. Setzt man voraus, daß der Einfluß Zarathustras eine Rolle spielt, so gehört dazu eine Lehre vom Schöpfer, die in den Gathas auch in Einzelheiten an den hebräischen Profeten erinnert. Zarathustra rühmt den Allweisen als den "Ersten und Letzten" (Yn. 31,8 vgl. Jes 41,4; 44,6, 48,12); durch das zu ihm gehörige Recht als Weltordnung begründet er die Erde und hält den Himmel stabil, steuert insbesondere die Bahnen der Himmelskörper, ja erschafft die Lichter und die Finsternisse (Yn. 44,3-5; vgl. Jes 40,12-22; 45,7).[38]

Zusammenfassung

Das Israel der Exilszeit steht mit der Anstrengung, eine politische Theologie angesichts umwälzender Ereignisse unter monotheistischem Vorzeichen zu entwerfen, im Umkreis altorientalischer Kulturen nicht isoliert, wo das Bedürfnis nach ähnlichen Theorien zu belegen ist. Doch für einen charismatischen Mantiker innerhalb einer unterprivilegierten Exilsgemeinschaft ist eine tiefgehendere Argumentation von nöten als in einer herrschenden Gesellschaftsschicht in Babylon oder Persien. Deuterojesaja verwendet zur Begründung seiner Weissagung bevorstehender Befreiung Axiome, die sich teils aus unmittelbarer Erfahrung, teils aus dem kulturellen Gedächtnis seines Volkes erklären und zieht entsprechende Folgerungen.

1. Grundlage der Gottesvergewisserung ist nicht mehr das Geschick Israels als Heilsgeschichte, sondern das alltägliche Staunen

[38] Boyce ebd. 2,46f.

über das Funktionieren des Kosmos, das auf einen überlegenen, steuernden göttlichen Willen schließen läßt.

2. Die menschliche Gesellschaft und ihre Geschichte läßt sich aus der Schöpfungsordnung trotz menschlicher Sonderstellung und Verantwortung nicht herauslösen, wird also durch die gleiche überirdische Weisheit gelenkt.

3. Die Menschen sind, nicht zuletzt auf Grund ihrer sprachlichen Kompetenz, in einer eigenen Relation zu dem göttlichen Grund aller Wirklichkeit, dessen Einheit die Einheit der Verehrung durch die Menschheit insgesamt in Zukunft hervorrufen wird. Nichtsdestoweniger bleibt Israel als Zeuge göttlicher Treue durch einen Bund aus den übrigen Völkern herausgehoben.

4. Das Erleben, daß Menschenleben "wie Gras" und Völker "ein Tropfen am Eimer" sind, das Trauma irdischer Vergänglichkeit, läßt einen Abstand zum Schöpfer werden, der es ausschließt, analog zur unsichtbaren Schöpfermacht einen menschlichen Universalherrscher—auch nicht einen Israeliten—als sein Abbild mit singulärer Vollmacht zu Herrschaft einzusetzen. Politisches und religiöses Heil treten auseinander.

ALLTAGSJUDEN, SABBATJUDEN
—METAMORPHOSEN DER JÜDISCHEN FESTKULTUR

Daniel Krochmalnik

Am Schluß des 8. Abschnitts des *Leviticus* steht einer der biblischen
Feiertagskalender (*Seder HaMoʿadim*). Die Unterscheidung von heiligen und profanen Zeiten ist nicht auf die Bibel beschränkt. Der
Wechsel von Werk- und Feiertagen, von Fest- und Fasttagen ist vielmehr eine anthropologische Konstante. "Der Mensch", schreibt Jan
Assmann, "ist auf Zweidimensionalität, auf 'ein Leben in zwei Zeiten' (Lope da Vega) angelegt. Die ursprünglichsten Namen für diese beiden Dimensionen sind 'Fest' und 'Alltag'".[1] In der "anderen",
"großen", "heiligen Zeit" (*hieros chronos*) werden gesellschaftliche
Unterschiede unwichtig, wirtschaftliche Überschüsse vergeudet und
religiöse Überlieferungen lebendig. Der Ausnahmezustand des Festes ist oft beschrieben worden. Nietzsche betonte besonders den
ekstatischen Charakter der Feststimmung:

> Jetzt ist der Sklave freier Mann, jetzt zerbrechen alle die starren feind-
> seligen Abgrenzungen, die Not, Willkür oder 'freche Mode' zwischen
> den Menschen festgesetzt haben. Jetzt (...) fühlt sich jeder mit seinem
> Nächsten nicht nur vereinigt, versöhnt, verschmolzen, sondern eins
> (...). Singend und tanzend äußert sich der Mensch als Mitglied einer
> höheren Gemeinsamkeit: er hat das Gehen und Sprechen verlernt und
> ist auf dem Wege, tanzend in die Lüfte emporzufliegen" (Geburt der
> Tragödie, 1).

Ganz ähnlich beschreibt der französische "Sakralsoziologe" Roger
Caillois den Gegensatz des Festes zum Alltag:

> Feste sind in der Tat eine Explosion, eine zeitweilige Unterbrechung
> glanzloser Kontinuität; sie bedeuten aufwühlende Frenesie gegenüber
> täglicher Wiederholung stets gleichbleibender materieller Beschäfti-
> gungen; sie sind der kraftvolle Atem allgemeinen Überschwangs ange-
> sichts geruhsamer Tätigkeit, wo jeder seiner Pflicht nachgeht; sie sind
> Konzentration, die der Zersplitterung der Gesellschaft Einhalt gebie-

---

[1] Jan Assmann, Der zweidimensionale Mensch: "Das Fest als Medium des kollektiven Gedächtnisses", in: Ders. (Hg.), Das Fest und das Heilige. Religiöse Kontrapunkte zur Alltagswelt J. Assmann, Theo Sundermeier: *Studien zum Verstehen fremder
Religionen*, Bd. 1, (Gütersloh 1991), S. 17.

tet, sind das Fieber ihrer Kulminationspunkte innerhalb stiller, mühevoller Arbeit in den monotonen Phasen des Lebens.[2]

Obwohl sich die von Nietzsche, Caillois und Assmann hervorgehobenen Momente zweifellos in Festen wiederfinden, weichen die Feststile auch stark von einander ab. Die griechischen *Dionysien*, die Nietzsche[3] und die römischen *Saturnalien*, die Caillois[4] vor Augen hatte, sind keine Maßstäbe für die biblischen und jüdischen Feste.[5] Der Hauptunterschied ist, daß sich die biblischen Feiertage nicht als Widerspruch zu den Werktagen verstehen, sondern als deren Vollendung. Das gilt vor allem für den biblischen Maßstab aller Feiertage, den *Schabbat*. Nachdem die Bibel die sechs göttlichen Werktage beschrieben hat, lesen wir die Verse, die bis heute zur "Heiligung" (*Kiddusch*) des Schabbats dienen:

> Vollendet (Lichlot) waren der Himmel und die Erde und all ihr Herr. Da vollendet (Lichlot) Gott am siebten Tag sein Werk, das er gemacht; er war fertig (Lischbot) am siebenten Tag mit all seinem Werk, das er gemacht. Gott segnete den siebenten Tag und heiligte ihn; denn an ihm hatte er abgeschlossen (Lischbot) sein ganzes Werk, das Gott geschaffen hatte, um es zu fertigen (La'assot) (Gen 2,1-3).[6]

---

[2] *Der Mensch und das Heilige* (1939, 2. Aufl. 1950), dtsch. v. Brigitte Weidmann, München 1988, S. 130.

[3] Zum politischen Sinn der großen Dionysien von Athen, die ja der Ort des Dithyrambos, der Tragödie und Komödie waren, vgl. den aufschlußreichen Aufsatz von Bernhard Zimmermann, "Stadt und Fest. Zur Funktion der athenischen Feste im 5. Jahrhundert v. Chr." in: Aleida Assmann, Dietrich Harth (Hg.), *Kultur als Lebenswelt und Monument*, (Frankfurt/M 1991), S. 153-161.

[4] Ebd. S. 159 ff. Zum politischen Ort des Werkes von Caillois vgl. den aufschlußreichen Aufsatz von Peter Geble, *Soziologie des Heiligen—heilige Soziologie*. Zu Roger Caillois' Entwurf einer Sakralsoziologie, in: Dietmar Kamper/ Christoph Wulf (Hg.). *Das Heilige. Seine Spur in der Moderne*, (Frankfurt/M 1987), S. 82-98.

[5] In den Apokryphen wird einmal auf den Gegensatz zum Bacchuskult angespielt (2 Makk 6,7).

[6] Wir übersetzen nach Eduard Mahler, *Handbuch der jüdischen Chronologie*, (Leipzig 1916), S. 43 ff., der wahrscheinlich gemacht hat, daß das Verb "Schawat" hier in der Grundbedeutung von "fertig sein", "zu Ende" zu verstehen ist (wie in Gen 8,22; Jos 5,12; Jes 33,8; KlL 14,15; Nech 6,3; ferner in der Hifil-Form: Ex 5,5; 12,15; Lex 26,6; Deut 32,26; 2 Kön 23,5.11; Jes 16,10; 21,2; 30,11; Jer 7,34; 16,9; 48,35; Ez 7,24; 23,27; 23,48; 26,13; 34,10; 34,25; Hos 1,4; 2,13; Ps 8,3; Dan 9,27; 11,18; Nech 4,5; schließlich in der Nifal-Form: Nech 4,5; Jes 17,3, Ez 6,6; 30,18), und nicht wie üblich als "ruhen", "feiern". Vgl. dort auch die interessanten Ausführungen zum Schabbat als Vollmondtag (ebd. S. 29 ff.). Wenn man das Verb "Schawat" im Sinne von "ruhen" auffaßt, dann würde der "Kiddusch" aussagen, daß Gott den siebten Tag heiligt, weil er an ihm ruht, anstatt daß er an ihm ruht, weil er ihn heiligt. Ferner wäre dann entweder der Vordersatz oder der Nachsatz zu Heiligung überflüssig.

Der Schabbat ist also keine Verschnaufpause für den erschöpften Schöpfer, sondern wörtlich der Abschluß der Schöpfung. Auch die Verfluchung der menschlichen Arbeit nach dem Sündenfall (Gen 3,17-19) führt zu keinem radikalen Dualismus von Arbeits- und Freizeit, von Alltags- und Sonntagswelt. Gewiß, es gibt auch Ähnlichkeiten zwischen dem wöchentlichen jüdischen *Dies Saturni* und den jährlichen römischen *Saturnalien*, bei denen die Herren eine Zeit lang die Sklaven zu spielen pflegten. Schließlich soll der Schabbat auch an die Befreiung aus der Skalverei erinnern: "(...) auf daß feiere dein Knecht und deine Magd wie du (...), darum hat der Ewige dein Gott geboten, den Schabbat-Tag zu halten" (Deut 5,14-15, vgl. auch Ex 23,12). Ja, Philo von Alexandrien beschreibt den Tag des Schabbats sogar als eine temporäre Revolution, an dem die Freien Sklavenarbeit verrichten und der für die Sklaven ein "lebendiger Funke und Schimmer der Freiheit" ist (Über die Einzelgesetze II,67). Die Festkleidung, die Festmähler und der eheliche Verkehr "zu Ehren des Schabbat" (Lichwod Schabbat) setzen diesen Feiertag schlechthin von den Werktagen ab.[7] Trotzdem hat die Schabbatfreude (Oneg Schabbat) herzlich wenig mit den orgiastischen Ausschweifungen zu tun, von denen Nietzsche und Caillois träumten. Die übrigen biblischen und jüdischen Feste sind ebensowenig "religiöse Kontrapunkte zur Alltagswelt" als vielmehr ihre feierlichen Schlußpunkte.[8] Die drei Wallfahrtsfeste etwa sind ihrem ursprünglichen Sinn nach Erntedankfeste, an denen die Früchte der Arbeit im Tempel geheiligt werden. Mit Ausnahme vielleicht des *Purim*-Festes erfüllen die jüdischen Feste nicht die Wünsche nach wilder Erholung von den Zwängen der Kultur und Zivilisation. Natürlich fehlt auch bei jüdischen Festen nicht die Freude (*Chag Sameach*), aber besinnungsloser Rausch, wilder Tanz, sexuelle Freizügigkeit usw. gelten als Juden unwürdige "unjüdische Vergnügen" (Jidd.: *Gojim-Naches*). Die jüdischen Feste sind vielmehr ein Hauptgegenstand der halachischen Reglementierung, die den Überschwang in enge Schranken weist.

Diese betonte Nüchternheit der jüdischen Feste könnte dem Ste-

---

[7] Matthias Klinghardt, "....auf daß du den Feiertag heiligest". "Sabbat und Sonntag im antiken Judentum und frühen Christentum," in: Jan Assmann (Hg.), *Das Fest und das Heilige*, ebd. S. 216 ff..

[8] Auf diese komplexere Dialektik von Festtag und Alltag geht der Mitstreiter von Caillois, Georges Bataille in seinen 1948 gehaltenen Vorträgen *Theorie der Religion*, III, §6 u.7, dtsch. v. Andreas Knop, (München 1997), S. 46-50 ein.

reotyp vom natur- und lebensfeindlichen jüdischen Puritanismus Vorschub leisten. Der Historiker des Kapitalismus Werner Sombart machte anders als sein Kollege Max Weber nicht den protestantischen, sondern den jüdischen Puritanismus für die aus seiner Sicht bedauerliche Rationalisierung des modernen europäischen Lebens verantwortlich. Eine typische Passage seines Bestsellers *Die Juden und das Wirtschaftsleben* (1911) lautet, daß für Juden, "das ganze Menschenleben ein einziger großer Kampf gegen die feindlichen Mächte der Natur (sei)". Das, so sagt er, "ist der Leitgedanke, der die jüdische Moraltheologie beherrscht, und dem dann nur das System von Vorschriften und Maßregeln entspricht, mit deren Hilfe das Leben rationalisiert, entnatürlicht, geheiligt werden könne (...)."[9] Nach Sombart ist die "Zweckbedachtheit" und der "Teleologismus" ein angestammter jüdischer Wesenszug. "Der Jude", meint er, "gibt sich nicht unbefangen der Außenwelt hin; er versenkt sich nicht selbstverleugnend in die Tiefen des Kosmos, schweift nicht hin und her in den endlosen Räumen auf den Schwingen seines Denkens, sondern taucht unter, (...), um Perlen zu suchen. (....) Sein lebendigstes Interesse ist das Erfolgsinteresse (...). Unjüdisch ist es, eine Tätigkeit—welche auch immer—als 'Selbstzweck' zu betrachten; unjüdisch, das Leben selber zwecklos, schicksalsmäßig zu leben; unjüdisch, sich der Natur harmlos zu erfreuen (...)" (ebd. S. 320 f.). Die Gleichung von Judentum, Rationalismus, Utilitarismus und Kapitalismus findet sich aber nicht nur bei konservativ-bürgerlichen, sondern auch bei revolutionär-antibürgerlichen Antikapitalisten, vor allem bei Karl Marx selbst. In seiner Frühschrift *Zur Judenfrage* (1843/44) forderte dieser Abkömmling berühmter Rabbiner:

> Betrachten wir den wirklichen weltlichen Juden, nicht den Sabbatjuden (...), den Alltagsjuden. (...) Welches ist der weltliche Grund des Judentums? Das praktische Bedürfnis, der Eigennutz. Welches ist der weltliche Kultus der Juden? Der Schacher. Welches sein weltlicher Gott? Das Geld. (...) Was in der jüdischen Religion abstrakt liegt, die Verachtung der Theorie, der Kunst, der Geschichte, des Menschen als Selbstzweck, das ist (...) die Tugend des Geldmenschen.[10]

In der hochkapitalistischen Gründerzeit hatten viele jüdische Bürger und Gründer tatsächlich den "Sabbatjuden" hinter sich gelassen und erschienen nur noch als "Alltagsjuden". Oftmals sagten sich die

---

[9] München, Leipzig 1922, S. 265
[10] *Die Frühschriften*, Siegfried Landshut (Hg.), (Stuttgart 1971), S. 201 u. 204

begabtesten Söhne und Töchter von ihren jüdischen "Gründer-Vätern" los und begaben sich im Gefolge antibürgerlicher und sogar antisemitischer Bewegungen auf die Suche nach der verlorenen Religion. In dieser Hinsicht ist der Fall der Juden aus der Runde der *Kosmiker* um Stefan George an der Wende zum vorigen Jahrhundert sehr symptomatisch.[11] Unter der strengen hieratischen Ägide des Dichters wurde in dieser Runde eine veritable Resakralisierung und Repaganisierung des profanen Lebens angestrebt, mit Jahreszeiten-Feiern, Fackelbränden, Einweihungen, Blutleuchten, Leichen-Begängnissen, Totenbeschwörungen, Mysterienkulten, Fruchtbarkeitsriten, Sonnenwendzügen, Kunfttags-Feiern, Seelenopfern, Ewigungen und dionysischen Tänzen.[12] Für den lebenstötenden herakleischen "Logozentrismus" der Moderne machte Ludwig Klages, der Philosoph der *Kosmischen Runde*, den monotheistischen "Jahwismus" und den semitischen "Judaismus" verantwortlich.[13] Bei Klages und Alfred Schuler, dem Propheten der Runde, steigerte sich der Antimodernismus zu einem regelrechten gnostischen Antisemitismus.[14] Moderner Rationalismus, technischer Fortschritt, kapitalistische Wirtschaft waren in ihren Augen nichts anderes als die satanischen Anschläge des "Jahwe", alias "Mammon" auf das chto-

---

[11] Die Bezeichnung "Kosmiker" folgt aus dem Imperativ Nietzsches: "Über mich und dich hinaus! Kosmisch empfinden". Sie nannten sich auch die "Enormen" im Gegensatz zur Masse der "Belanglosen". Über die zahlreichen jüdischen George-Anhänger, vgl. jetzt Cornelia Blasberg, "Der Meister und die Juden. Das Phänomen des George Kreises," in: Daniel Hoffmann (Hg.), *Handbuch zur deutsch-jüdischen Literatur des 20. Jahrhunderts*, (Paderborn i. a. 2002), S. 81-102.

[12] Vgl. Hansjürgen Linke, *Das Kultische in der Dichtung Stefan Georges und seiner Schule*, (München und Düsseldorf 1960), Bd. 1, S. 59-62. Linke spricht von der "Säkularisierung des Heiligen" oder "Konsekrierung des Profanen" in Georges Dichtung, S. 27. Ferner Manfred Frank, *Gott im Exil. Vorlesung über die Neue Mythologie. Tl .II*, (Ffm 1988), S. 285 f., dem ich die angeführte Liste der Feste entnehme.

[13] Zum Schlagwort der "logozentrischen Geistesrichtung" im Gegensatz zur "biozentrischen", vgl. *Der Geist als Widersacher der Seele*, 6. Aufl., (Bonn 1981), S. 374. Zur weltgeschichtlichen Rolle des "Judaismus" und "Jahwismus", ebd. S. 1242 f.. Zum "lebensgelösten" Monotheismus als Todfeind der "lebensabhängigen" Symbol- und Bildreligionen, ebd., S. 1264-1269.

[14] Zu Klages und Schuler, vgl. Hermann Wilhelm, *Dichter, Denker, Fememörder. Rechtsradikalismus und Antisemitismus in München von der Jahrhundertwende bis 1921*, (Berlin 1989), S. 9-35. Michael Pauen, *Dithyrambiker des Untergangs. Gnostizismus in Ästhetik und Philosophie der Moderne*, (Berlin 1994), S. 135-198 und Stefan Breuer, *Ästhetischer Fundamentalismus. Stefan George und der deutsche Antimodernismus*, (Darmstadt 1996), S. 95-113.

nisch-matriarchalische Paradies der Urarier.[15] Ihre Hoffnung setz-
ten diese "Dithyrambiker des Untergangs" auf eine neue arische
"Blutleuchte" und ihr Kampfxsymbol wider Juda war das entfessel-
te "Feuerrad", das Hakenkreuz.[16] Aber auch Juden in diesem Kreis
teilten seine radikale lebensphilosophische Kulturkritik, so etwa der
Jugendfreund von Klages und spätere zionistische Kritiker des "Jüdischen Selbsthaßes", Theodor Lessing.[17] In seinem Hauptwerk *Der
Untergang der Erde am Geist* (1918, später: *Europa und Asien*) und Gele-
genheitschriften wie *Die verfluchte Kultur. Gedanken über den Gegensatz von
Geist und Leben* (1921)[18] finden wir alle kulturkritischen Antithesen
der Kosmiker wieder: die Kultur als "Übermächtigung des Lebens
durch den Geist" (S. 7), "Jehova" der den Schrecken des Menschen
über alle anderen Kreaturen legt (nach Gen 9,2; S. 19), die Wie-
dergeburt der gemarterten "großen Mutter" (S. 50-51), die Überwindung der "europäischen Mechanerie" und "logisch-ethischen
Organisation" durch den "nordische(n) Menschen" (ebd.). Lessing
stimmt auch in die große Klage über die verlorene Naturreligion
ein: "der hoffärtige 'Geist' (zerschnitt) die feinen Fäden, welche ihn
einverwoben in nun verlorene Seelengründe der Natur. Nun kniet
er nicht mehr schauernd vor Sternen und Stürmen, Palme und
Panther, Lingam und Lotos, betet nicht zu des Elementes zeitlos
immergegenwärtiger Zeugungsfülle; sondern 'der Geist'—('Namen
nennen dich nicht' ... und 'Du sollst dir kein Bildnis noch irgend
ein Gleichnis machen')—der Geist allein soll herrschen; will herrschen" (S. 14). Die am jahwistischen Geist untergehende Erde sollte an der Renaissance der heidnischen Kulte und Feste genesen. Der
Treffpunkt des Dionysos-Gefolges Georges war die Schwabinger
Wohnung eines wohlhabenden jüdischen Bankierssohnes aus Darm-

---

[15] Zu den Pelasgern, vgl. L. Klages, *Der Geist als Widersacher der Seele*, V,2, S.
1251 ff..

[16] Das Hakenkreuz wurde zum Signet von Georges "Blätter für die Kunst",
H. Wilhelm, op. cit., S. 17-19. Hitler selbst ist Anfang der 20er Jahre im Hause
des Verleger-Ehepaars Bruckmann in den Dunstkreis Schulers hineingeraten, der
dort vielbesuchte Vorträge gehalten hatte.

[17] Über das gespannte Verhältnis Lessings zu den Kosmikern vgl. dessen
Autobiographie *Einmal und nie wieder*, 23 (Prag 1935), Gütersloh 1969, S. 302-329.
Zur übrigens keineswegs uneingeschränkten Rationalismuskritik Theodor Lessings,
vgl. *Geschichte als Sinngebung des Sinnlosen*, (München 1921), S. 128-134. Zum Judentum
als Vorläufer der wissenschaftlich-technischen Entzauberung vgl. Ders., *Der jüdische
Selbsthaß* (Berlin 1930), München 1984, S. 69.

[18] Neuauflage mit einem Essay von Elisabeth Lenk, (München 1995) (wir zitieren
nach dieser Ausgabe).

stadt, Herausgeber des Niebelungenliedes, Wiederentdecker Bach-
ofens und Zionistenführer Karl Wolfskehl (1869-1948). Im sogenannten "Kugelzimmer" seiner Wohnung residierte Stefan George höchst-
selbst.[19] Zum Münchner Fasching wurden hier rauschende
Bacchanale nach alten Beschreibungen inszeniert. "Heil dir Dionysos!", grüßt Wolfskehl den Gott in Georges *Blätter für die Kunst*, "brich
das reis! (...) Hüllen fallen du bräutlicher Werbe/ kränz uns in küssen!" (*Dithyrambe*, 1892-98, S. 120). Die Gräfin Franziska zu Reventlow, die "Hetäre" der Runde, hat das bunte Treiben dieser Bohe-
me von Schwabing, oder wie sie den Stadtteil treffend nannte,
"Wahnmoching", in ihrem satirischen Schlüsselroman, *Herren Dames
Aufzeichnungen oder Begebenheiten aus einem merkwürdigen Stadtteil* (1913)
karrikiert.[20] Eine Schlüsselszene des Romans ist der große Maskenzug vom Fastnachtssonntag, den 22. Februar 1903, von dem auch
Photographien erhalten sind. Den Zug führte der als "indischer
Dionysos" verkleidete Wolfskehl in "purpurotem Gewand mit Wein-
laubkranz und einem langen goldenen Stab" an. "Beim Tanzen",
schreibt die Gräfin, "raste er wild daher, und seine Augen rollten"
(F. z. Reventlow, ebd. S.194). Die lustigen Feten hatten aber einen
ernsten kulturrevolutionären Anspruch. Mit ihnen sollte ein neues
"dionysisches Zeitalter" (ebd., S. 203) eingeleitet werden. Im Gedicht *Feste* (1904) aus *Der siebente Ring* (1907) feiert Stefan George
rückblickend den hohen Sinn des Maskenzuges: "Hüllt auch das bild
der schnöde werktag heuer./ Hier trat aus zeiten-wirrnis und –ge-
zeter./ Das haupt bekränzt. vortragend offene feuer./ Der erste
feierliche zug der beter."[21] Viele Jahre später hat Wolfskehl in seinem Essay *Maskenmystik* seine Festtheorie formuliert, die der Nietzsches und Caillois' beinnahe aufs Wort gleicht:

---

[19] Vgl. Evamaria Brockhoff, "Karl Wolfskehl (1869-1948), im Zeichen des
"doppelten Antlitzes"," in: M. Treml, W. Weigand (Hg.), *Geschichte und Kultur der
Juden in Bayern. Lebensläufe* (C. Grimm, Veröffentlichungen zur Bayerischen Geschichte
und Kultur, Nr. 18/88), 1988, S. 263-268, sowie das Portrait des gleichgesinnten
Frederick P. Bargebuhr, "Karl Wolfskehl, deutscher Dichter und Jude," in: Hans
Lamm (Hg.), *Vergangene Tage. Jüdische Kultur in München*, 2. erw. Aufl. 1982, S. 344-
351. Neuerdings hat der Jüdische Verlag eine Sammlung von Texten des Dichters
herausgebracht, Cornelia Blasberg, Paul Hoffmann (Hg.), *Karl Wolfskehl, Gedichte,
Essays, Briefe*, (Frankfurt/M 1999).
[20] Else Reventlow (Hg.), (Berlin 1987). Vgl. auch Helmut Fritz, *Die erotische
Rebellion. Das Leben der Franziska Gräfin zu Reventlow*, (Frankfurt/ M 1980), S. 59-70.
[21] Sämtliche Werke in 18 Bänden, Bd. VI/VII, (Stuttgart 1986), S. 185. Siehe
dort auch das Gedicht Maskenzug, das George anläßlich dieses Festes verfasste.

Eine fremde, mächtige Gewalt durchdringt, ergreift die Sphäre des Einzelmenschlichen. Der Gott oder das Göttliche (...), verleiblicht sich im Einzelfall, wird gewissermaßen bewegtes, handelndes Standbild, 'lebendes'. Von dem (...) Schauspieler in der griechischen Tragödie, der als Maske des Dionysos (...) den Gott darstellt, bis zu den Vergöttlichungen bei Umzügen und Weihefesten, wo der Träger der Gottesabzeichen für einen Augenblick von diesem durchströmt und durchleuchtet wird, ist das Ich, der Einzelfall bis zur Entselbstung hier rätselvoll durchspült, gewandelt, in andere Sphäre gehoben (...). Das große Staatsvolk Europas, das Stadtrömertum, hat dieses rein triebhafte Ungestüm in ihr öffentliches, klar und ehern fest gezogenes Dasein einreihen können: der berühmte (...) römische Karneval (...), wo die ganze Urbs vom triefenden Taumel erschüttert wurde, alle Schranken für eine Wochenspanne verschwanden, der Gestaltentausch sich bis zum Ständetausch steigerte, das ganze Leben umschwang, Sklaven bedient wurden von ihren Herren. Seitdem hier das Recht alles Außerrechtlichen, Entschlüpfenden, Wechslenden gewissermaßen sanktioniert worden war, ist lange Jahrhunderte durch Maske, Maskenlust, Maskenfreiheit, Maskenherrschaft für einen kurzen Abschnitt des festgeregelten Jahresumlaufs gesichert geblieben. Lächelnd übergab die kalte Vernunft dann ihre Vorrechte dem Taumel und dem Tand. Zufall und Willkür un-ordenten ein Reich, dem Lachen und Laune oberste Pflicht war. Zum Thyrsus wurde das Szepter. Das Leben 'erholte' sich im wahren Sinn, es tauchte nieder in seine letzten Gründe, es wurde Tier, Pflanze, Sternentanz, umrauschte sich selbst. Und der Einzelne, die Welle in diesem Strom. (...).[22]

Die kosmische Runde zerbrach 1904 am Streit zwischen Juden und "Ariern" über die Möglichkeit einer jüdischen oder gar zionistischen "Blutleuchte". Am Faschingsdienstag 1933 verließ Wolfskehl seine deutsche Heimat und landete schließlich auf Neuseeland, der geographischen Antipode zu Hitler-Deutschland. Die Forschung hat noch in den spätesten *Hiob*-Klagen des *Exul Poeta* Spuren des Dionysos ausgemacht.[23] Aber der weinselige Dionysier hat zuvor selbst zur Umkehr aufgerufen: "Herr! Ich will zurück zu deinem Wort./ Herr! Ich will ausschütten meinen Wein./ (...)" (Herr!, Ich will zurück, 1933, S. 104); "(...)/ Immer wieder, wenn wir uns vergaßen,

---

[22] in: Karl Wolfskehl, *Bild und Gesetz*, (Berlin und Zürich 1930), S. 219-221.

[23] So etwa im *Vorspruch* zu Hiob oder Die Vier Spiegel, Ruth Bowert, *Die Prosa Karl Wofskehls. Grundzüge seines Denkens und seiner Ausdrucksformen* (Diss.), (Hamburg 1965), S. 111. Gunter Grimm, *Karl Wolfskehl. Die Hiob-Dichtung*, (Bonn 1972), S. 35 (kritisch). Cornelia Blasberg, "Metamorphosen. Der Dionysos-Mythos in Karl Wolfskehls Dichtung," in: Hansgerd Delbrück, *Sinnlichkeit in Bild und Klang*. Festschrift für Paul Hoffmann zum 70. Geburtstag (Stuttgarter Arbeiten zur Germanistik Nr. 189), (Stuttgart 1987), S. 399-414.

Selig singend mit den Andern saßen,/ Fiel in unsern Wein ein
Tropfen Lauge,/ Traf uns böser Blick aus kaltem Auge./ (...) Die
Stimme: (....)/ Immer wieder, nun und immer wieder/ Samml' Ich
Meines Volks verworfne Glieder/ Zu der Zeltnacht Meiner Passah-
stunde (...)" (Am Seder zu sagen, 1934, S. 113). Anstelle des dionysischen Tänzers erscheint nun der chassidische "Raw"—"aus dem
im Tanz die Schechinah trat" (Der vierte Spiegel: Hiob Maschiach,
1947, S. 217).[24] Die Irrungen Wolfskehls bezeugen, daß die jüdische Sehnsucht nach heidnischen Festen im 20. Jhd. weniger mit
dem nüchternen Charakter der jüdischen Feste, als mit der von den
"Alltagsjuden" homogenisierten, verlorenen Zeit des Judentums zu
tun hat. Wir wollen diese verlorene Zeit anhand des Feiertagskalender im 23. Kapitel des Buches *Leviticus* darstellen und zeigen, daß
das Judentum die biblische Zeit zwar historisiert, aber niemals de-
naturiert hat.

> [23,1]Der Ewige sprach zu Mose: [2]Sprich zu den Kindern Israels und
> sage ihnen: Die Feste des Ewigen, die ihr als heilige Versammlungen
> ausrufen sollt – dies sind meine Feste: [3] Sechs Tage hindurch darf Arbeit
> verrichtet werden, am siebten Tag aber ist ein hoher Schabbat (*Schab-
> bat Schabbaton*), eine heilige Versammlung, keinerlei Arbeit dürft ihr
> verrichten (...). [5]Im ersten Monat, am vierzehnten des Monats gegen
> Abend ist ein Pessach-Mahl dem Ewigen. [6]Und am fünfzehnten Tag
> dieses Monats ist das Fest der ungesäuerten Brote (*Chag HaMazzot*) (...),
> sieben Tage lang sollt ihr ungesäuerte Brote essen. [7]Am ersten Tag
> sollt ihr eine heilige Versammlung abhalten; keinerlei Berufsarbeit dürft
> ihr verrichten. [8]Und ihr sollt an sieben Tagen dem Ewigen Feueropfer
> darbringen, am siebenten Tag sei heilige Versammlung; keinerlei
> Berufsarbeit dürft ihr verrichten. (...) [10]Wenn ihr in das Land kommt
> (...) und da Ernte haltet, so sollt ihr die Erstlingsgarbe (*Omer*) eurer
> Ernte zum Priester bringen. [11]Dieser schwinge die Garbe vor dem
> Ewigen (...), den Tag nach dem Feste soll der Priester sie schwingen.
> (...) [15]Von dem Tage aber nach dem Feste, von dem Tage, da ihr die
> Garbe der Schwingung dargebracht, sollt ihr zählen: sieben volle
> Wochen sollen es sein: Bis zu dem Tage nach der siebenten Woche
> sollt ihr fünfzig Tage zählen (...). [21]Und ihr sollt an eben diesem Tage
> (*BaJom HaSe*) ausrufen—eine heilige Versammlung (...) keinerlei Be-
> rufsarbeit dürft ihr verrichten (...). [24]Im siebenten Monat, am ersten
> des Monats, soll euch ein Tag der Ruhe, der Erinnerung durch
> Posaunenschall (*Sihro Tru'a*), eine heilige Versammlung sein. Keiner-
> lei Berufsarbeit dürft ihr verrichten (...). [27]Allein am zehnten Tage dieses
> Monats ist der Versöhnungstag (*Jom HaKippurim*), eine heilige Versamm-
> lung sollt ihr abhalten, ihr sollt euch kasteien (...);[28] denn ein Ver-

---

[24] G. Grimm, ebd., S. 223.

söhnungstag ist er, der vor dem Ewigen, eurem Gott, für euch Sühne wirkt (...) [32] von Abend zu Abend sollt ihr euren Ruhetag halten. (...) [34] Am fünfzehnten Tage dieses siebenten Monats ist das Fest der Hütten (*Chag HaSukkot*) sieben Tage lang (...). Am ersten Tag ist heilige Versammlung, keinerlei Berufsarbeit dürft ihr verrichten. [36]An sieben Tagen sollt ihr dem Ewigen Feueropfer darbringen, am achten Tage sollt ihr eine heilige Versammlung abhalten (...), ein Tag der Festversammlung (*Azzeret*) ist es, keinerlei Berufsarbeit dürft ihr verrichten (...). [40] Und nehmet euch am ersten Tag eine Frucht vom Prachtbaum, Palmenzweige, Zweige von einem dichtbelaubten Baum, und Bachweiden, und seid fröhlich vor dem Ewigen sieben Tage lang (...). [42] In Hütten sollt ihr sieben Tage lang wohnen (...). [43] Auf dass eure Nachkommen wissen mögen, dass ich habe die Kinder Israels in Hütten wohnen lassen, als ich sie aus dem Lande Ägypten führte (...) (Lev 23, 1-43).

Wir erkennen in diesem Kalender unschwer die Hauptfeste wieder, die Juden bis heute feiern: Den *Schabbat*, das Überschreitungsfest (*Pessach*), das Wochenfest (*Schawuot*) und das Hüttenfest (*Sukkot*), sowie das Posaunenfest (*Jom HaT'rua*, *Rosch HaSchana*) und den Versöhnungstag (*Jom Kippur*). In Einzelheiten jedoch ergeben sich im Vergleich mit anderen biblischen Kultkalendern (Ex 23,12-17; 34,18-26; Num 28f; Deut 16,1-17; Ezechiel 45,18-25), nicht zu reden vom späteren jüdischen Festkalender, ganz erhebliche Akzent- und Bedeutungsverschiebungen.[25] Manches, was im jüdischen Kalender verbunden ist, wie z.B. das *Festmahl* am Abend des 14. Nissan und das Fest der ungesäuerten Brote (*Mazzen*) wird hier getrennt angeführt (Lev 23,5-8); anderes, was dort nur noch ein untergeordnetes Ritual dieses Festes ist, wird hier als eigenes Fest gezählt, so die Gabe der Erstlingsgarben (*Omer*) (Lev 23,9-14). Auch die vertraute Sinngebung der Feste fehlt oder ist nur schüchtern nachgetragen. Während die drei Wallfahrtsfeste nach der heute üblichen geschichtlichen Deutung an die drei Stationen des Exodus erinnern und Befreiungs-, Gesetzgebungs- und Wanderungsfeste sind, kommt hier vor allem ihre ursprüngliche Deutung als Dankfeste nach der Gersten-, Weizen- und Weinernte zum Tragen. Überhaupt scheint es bei dieser ziemlich stereotypen Aufzählung der Festtermine und Opfertarife weniger um die einzelnen Feiertage als solche zu gehen, als vielmehr um die Struktur der heiligen Zeit insgesamt. Wenn wir die biblische und jüdische Form der Heiligung der Zeit verstehen wol-

---

[25] Rolf Rentdorff, Die Entwicklung des altisraelitischen Festkalenders, in: Jan Assmann (Hg.), Das Fest und das Heilige, ebd. S. 185-205.

len, dann müssen wir das Gesetz dieser Feiertagsreihe erfassen.

Der Strukturzahl des biblischen Kalenders ist offenbar die Sieben. Es werden in unserem Kalender nicht zufällig genau sieben Hauptfeste aufgezählt: das *Schabbat-*, das *Mazzen-*, das *Garben-*, das *Wochen-*, das *Neujahrs-*, das *Versöhnungs-* und das *Hütten*fest. Ja, die einzelnen Feste scheinen gerade so zugeschnitten worden zu sein, daß sie zusammen die Zahl Sieben ergeben. Jedes einzelne Fest ist ferner irgendwie durch die Zahl Sieben bestimmt: Der Schabbat ist der siebte Tag, das Mazzenfest dauert sieben Tage, mit dem Garbenfest beginnt eine Periode von sieben Wochen bis zum Wochenfest, das Neujahrs- und das Versöhnungsfest fallen auf den Anfang des siebten Monats und das Hüttenfest in der Mitte des siebten Monats dauert wiederum sieben Tage. Genau in der Mitte der "siebenstelligen" Festtagsliste steht nicht zufällig an vierter Stelle jenes Fest, das die Sieben sogar im Namen trägt, das *Siebener-* bzw. *Wochenfest* ("Schawu'ot", von "Schiw'a", "Sieben", Lev 23,16-21, Num 28,26-29) und hier nur schlicht: "dieser Tag" (*HaJom HaSe*) genannt wird. Er ist das Ergebnis der Potenz von Sieben und findet, wie gesagt, genau sieben mal sieben Tage nach dem Garbenfest statt. An ihm werden sieben Opferarten (*Bikkurim*, Erstlingsgabe, *Ola*, Ganzopfer, *Mincha*, Speiseopfer, *Nessachim* Trankopfer, *Chattat*, Sündopfer, *Sch'lamim*, Friedensopfer und *Mussaf*, Zusatzopfer, Num 28,31) aus sieben Opfersorten (Brot, Stier, Widder, Ziegenbock, Schaf, Mehl, Wein) dargebracht, namentlich "sieben im ersten Jahr stehende Schafe". Die Wahl der Zahl Sieben und seiner Potenz ist nicht willkürlich, sie entspricht den heptadischen Phasen der Himmelsuhr, von dem sich schon das Heptameron der Schöpfung herleitet. Der Mond zeigt die Zeit aber nicht nur quantitativ an, sondern drückt die ab- und anschwellenden Gezeiten mit seinem Wechsel von Fülle und Mangel auch qualitativ aus. Der mit den lunaren und solaren Zyklen synchronisierte Feiertagskalender mit seinen mageren und fetten Zeiten, seinen Fast- und Festtagen bildet also eine Art Echo des kosmischen Atems. So finden z.B. die Erntefeste im Frühjahr und Herbst bei Vollmond statt (Lev 23,5 u. 34), während die Fastenzeit der hohen Feiertage im siebten Monat bei Neumond beginnt (Lev 23,23-34). Die heilige Zeit, wie sie sich in diesem biblischen Kultkalender darstellt, ist also nichts anderes als die natürliche Zeit. Das Leben nach dem jüdischen Kalender begreift sich, wie das Leben nach dem koscheren Speisezettel oder den Heiratsregeln, als ein Leben im Einklang mit der Natur! Gegen alle Polemiker und Apologeten, die die Tora zu einem Gesetz wider die Natur oder wider das Leben stilisieren, harmonisiert der ursprüngliche biblische Festkalender die sakrale, die soziale und die astrale Zeit. Gewiß, diesem zyklischen Kalender der Natur wurde bereits in der biblischen und mehr noch in der nachbiblischen Epoche der lineare Kalender der Geschichte aufgepfropft. Aber auch mit den geschichtlichen Sinngebungen der biblischen Feste im rabbinischen Judentum verschwindet ihre natürliche Bedeutung nicht spurlos. Das soll hier an zwei Beispielen deutlich gemacht werden, die im levitischen Kultkalender besonders hervorgehoben sind: an den *Omerwochen* und dem anschließenden *Wochenfest* im Frühjahr, sowie am *Hüttenfest* im Herbst.

Die sieben Wochen bzw. neunundvierzig Tage zwischen *Pessach* und *Schawuot* werden als "Omerwoche" oder als "Sfirazeit" bezeichnet. Eigentlich bezeichnet das Wort *"Omer"* ein biblisches Getreidehohlmaß von 3,6 Liter. In unserem Kultkalender ist damit das Maß der Erstlinge gemeint, die am zweiten Tag des siebentägigen *Pessachfestes* als Opfer im Tempel dargebracht werden sollten. Wir zitieren die einschlägige Vorschrift vollständig:

> Wenn ihr in das Land kommt, das ich euch gebe, und Ernte haltet, so sollt ihr das Erstlings-*Omer* eurer Ernte zum Priester bringen. Dieser schwinge das *Omer* vor dem Ewigen, daß es euch wohlgefällig aufgenommen werde; den Tag nach der (*Pessach*-) Feier soll der Priester es schwingen. (...) Nicht Brot, noch geröstete noch frische Ähren dürft ihr bis zu eben diesem Tage essen, bis ihr das Opfer eures Gottes dargebracht habt; ein ewiges Gesetz sei es euch in allen Geschlechtern, in allen euren Wohnsitzen. Von dem Tage aber nach der Feier, von dem Tage, da ihr das Omer der Schwingung dargebracht, sollt ihr zählen (*USfartem*); sieben volle Wochen sollen es sein, bis zu dem Tage nach der siebenten Woche sollt ihr fünfzig Tage zählen (...) (Lev 23,10-16).

Die rituelle Zählung (*Sfira*) heißt "Omerzählen" (*Sfirat HaOmer*), auf deutschjiddisch: "Aumer zählen", oder einfach "aumern". Bis heute wird in dieser Zeit der Tag und die Woche der *Sfirazeit* feierlich verkündet und mit Hilfe von *Omertafeln* angezeigt. Nach der geschichtlichen Deutung der Feste entspricht die *Sfirazeit* genau der Zeit, die die Israeliten brauchten, um von Ägypten (15. *Nissan*) zum Berg Sinai zu gelangen (6. *Siwan*). So wie im Ritual des Pessachfestes jeder "verpflichtet (wird), sich vorzustellen, daß er selbst aus Ägypten ausgezogen ist" (*Haggada*), so sollte er sich auch in der *Omerzeit* vorstellen, daß er selbst auf dem Weg zur Gesetzgebung ist und sich darauf vorbereiten. Jeder Tag der *Sfirazeit* wurde mit einer der achtundvierzig Eigenschaften charakterisiert, durch die der Mensch die Tora nach den *Sprüchen der Väter* erwirbt (*Kinjan Tora*). Diese Eigenschaften werden im letzten Abschnitt der *Sprüche der Väter* aufgezählt, die man an den Schabbaten der *Omerzeit* auch zu lesen pflegt:

> Folgende sind es: durch Lernen, durch Aufhorchen des Ohres, durch geordnete Aussprache der Lippen, durch Einsicht des Herzens, durch Scheu, Ehrfurcht, Demut, Freudigkeit, Reinheit, durch Verkehr mit Weisen, durch Anschluß an Studenten, durch Besprechung mit Schülern, durch Bedächtigkeit, durch Kenntnis der Schrift und der mündlichen Lehre, durch wenig Handel, durch wenig weltlichen Verkehr, durch Minderung der Genüsse, durch Beschränkung im Schlafe, Beschränkung in der Unterhaltung und im Scherz, durch Geduld, ein gutes Herz, den Glauben an die Weisen, durch Ertragen von Leiden, dadurch daß man seine Stelle kennt, sich freut mit seinem Los und einen Zaun macht um Gottes Wort und sich selbst kein Verdienst anrechnet; wer beliebt ist, wer Gott liebt und die Menschen liebt und Redlichkeit liebt und die Zurechtweisungen liebt und fern sich hält von Ehren, und der sich nicht überhebt wegen seiner Gelehrsamkeit; wer nicht an Urteilen Freude hat, seinem Nächsten das Joch tragen hilft und ihn stets nach günstiger Seite beurteilt, ihn auf die Wahrheit bringt und ihm zum Frieden verhilft; wer sich bei seinem Lernen besinnt; wer fragt und antwortet, hört und dazu lernt; wer lernt, um zu lehren, lernt, um auszuüben, wer seinen Lehrer weise macht, und wer genau das ihm Überlieferte wiedergibt, und wer ein jedes Wort im Namen seines Urhebers ausspricht (Pirke Awot, VI, 6).

Jeder Tag der *Sfirazeit* stellt folglich ein ganz eigenes moralisches Problem dar. Noch populärer als dieser moralische Aufstieg zum Sinai wurde aber der kabbalistische. Nach der jüdischen Mystik besitzt der Schöpfer zehn Eigenschaften, die gleichfalls *Sfirot* genannt werden, von denen die sieben unteren nacheinander in der Schöpfung offenbar werden. Dies sind (nach 1Chr 29,11 u. Spr 3,19 f.) die männliche "Großzügigkeit" oder "Gnade" (*Gdula* oder *Chessed*), die weibliche "Stärke" oder "Gerechtigkeit" (*Gwura* oder *Din*), die männlich-weibliche "Herrlichkeit" (*Tifferet*), der männliche "Sieg" (*Nezach*), die weibliche "Pracht" (*Hod*), der männliche "Grund" (*Jessod*) und das weibliche "Reich" Gottes (*Malchut*). Jedem Tag der *Sfirazeit* wird nun das Produkt zweier göttlichen *Sfirot* zugeordnet. Man könnte auch sagen, in dieser Zeit steigt nicht nur der Mensch zu Gott hinauf, sondern auch Gott in der Fülle seiner Aspekte zum Menschen hinab. Durch die Mischung der sieben offenbaren göttlichen Grundeigenschaften erhält jeder der neunundvierzig Tage der *Omerzeit* seinen unverwechselbaren spirituellen Anstrich. Der 2. Tag ist z.B. der Tag der "Gerechtigkeit in der Gnade" (*Gwura ScheBeChessed*) und der 33. der Tag der "Pracht in der Pracht" (*Hod ScheBeHod*). Und es braucht sicher einen vollen Tag, um Emanationen und Begriffskomplikationen wie "Gerechtigkeit in der Gnade" (*Gwura ScheBeChessed*) ganz auszuloten.

Über diese lineare geschichtliche, moralische und mystische Deutung der *Sfirazeit* hat sich noch eine weitere "märtyrologische" gelegt. Die *Sfirazeit* wurde zu einer ausgedehnten Trauerperiode, in der Männer sich ihr Haupt- und Barthaar wachsen lassen und fröhliche Feste untersagt sind. Eine Ausnahme bildet der 33. Tag des *Omer* (*Lamed Gimel BaOmer* oder kurz: *Lag BaOmer*), der ein spezieller Freudentag für die Schüler ist. Sie unternehmen fröhliche Ausflüge in die Natur, zünden Lagerfeuer an und spielen mit Pfeil und Bogen. Die Trauerperiode wird auf eine verhängnisvolle Epidemie unter den Schülern Rabbi Akiwas zurückgeführt. Der Talmud erzählt:

> Zwölftausend Schülerpaare hatte Rabbi Akiwa von Gabbata bis Antipatris, und sie alle starben in demselben Zeitraum, weil sie einander keine Ehre erwiesen. Und die ganze Welt lag wüst, bis R. Akiwa zu unseren Lehrern im Süden kam und sie die Tora lehrte: Rabbi Meir, Rabbi Jehuda ben Ilai, Rabbi Josse ben Chalafta, Rabbi Schimon ben Jochai und Rabbi Elasar ben Schamua. Und sie, sie richteten die Tora in jener Zeit auf (*Heemidu Tora*). Ein Taanite (hat gelehrt): Sie alle starben in der Zeit von Pessach bis Pfingsten (*Azeret*). R. Chama bar Abba und nach einer anderen Version R. Chija bar Avin hat gesagt: Sie starben alle eines bösen Todes. Was war es?' Raw Nachman hat gesagt: 'Diphterie' ("*Asskera*", vom griechischen "*Eschara*"), (bJew 62b).[26]

Am 33. Tag der *Sfirazeit* soll nun das große Schülersterben ein Ende gehabt haben, weshalb er für die Schüler zum Freudentag wurde. Der Talmud läßt uns über die Ursache der Epidemie im Unklaren. Die Historiker nehmen an, daß es sich bei den Schülern von Rabbi Akiwa nicht nur um übereifrige Torastudenten gehandelt habe, sondern auch um Freiheitskämpfer, von denen viele im Kampf gefallen seien, bis sie am *Lag BaOmer*—darauf deuten vielleicht noch Pfeil und Bogen hin—einen Sieg gegen die römischen Besatzer errangen. In diesem Fall würden die 24 000 Toten zu den unzäh-

---

[26] Vgl. Peter Lenhardt. *Peter von der Osten-Sacken, Rabbi Akiva. Texte und Interpretationen zum rabbinischen Judentum und Neuen Testament*, (Berlin 1983), S. 271 f.

ligen Märtyrern aus dem zweiten jüdischen Krieg gegen Rom zählen. Seit dem Mittelalter haben sich in der *Sfirazeit* jedenfalls derartige nationale Katastrophen gehäuft, so die Massenmorde und Selbstmorde während der ersten beiden Kreuzzüge von 1096 und 1146, so die großen Massaker in der Ukraine und Polen während der Kosakenaufstände von 1648. Dieser Märtyrer wird während der *Sfirazeit* in den Synagogen mit besonderen Elegien (*Pjutim*) gedacht. Schließlich fiel im vergangenen Jahrhundert in dieser Zeit die Erhebung un der Untergang des Warschauer Ghettos. Darum wurde der offizielle jüdische Gedenktag der Vernichtung der europäischen Juden im zweiten Weltkrieg, der sogenannte "Tag der Vernichtung und des Heroismus" (*Jom HaScho'a WeHaGwura*) auf den 27. Nissan gelegt. Vielleicht übertreibt die talmudische Erzählung die Verluste unter den Schülern Rabbi Akiwas, doch sie sind nichts im Vergleich zur Totenstatistik der späteren Verfolgungen. Der Kommandant von Auschwitz Rudolf Höß gab zu: "Die erreichte höchste Zahl innerhalb 24 Stunden an Vergasungen und Verbrennungen war etwas über 9000".[27] Und wie einst Rabbi Akiwa nicht verzagte und wieder zu pflanzen begann, so daß bereits sein Enkelschüler, Rabbi Jehuda HaNassi, mit der *Mischna* den stolzen Stamm der talmudischen Literatur errichten konnte, so haben die Überlebenden der Shoa die "verwüstete Welt" wieder beackert und heute blühen weltweit mehr Talmudakademien als je zuvor. Diese "märtyrologische" Besetzung der *Omerwochen* ergibt für die Semantik dieser Jahreszeit eine an Kontrasten, ja Kontradiktionen reiche Konstellation. In der Zeit, in der der Bauer in Israel seine Weizenernte reifen sah, holte der Sensenmann in der Diaspora gleichsam seine reiche Judenernte ein. Und ausgerechnet die Vorbereitungszeit für den Empfang der Tora wurde zur Zeit des großen Schülersterbens: Wachstum und Untergang, Empfang und Verlust der Tora liegen demnach ganz nahe beieinander. Die Fortpflanzung des Judentums kann nur gelingen, wenn die von Geschichte verwüsteten Felder immer wieder neu kultiviert werden. Obwohl die traditionelle historische Deutung den natürlichen Sinn der *Omerwochen* fast vollständig überdeckt hat, interferriert die lineare Geschichtsmetaphorik des Auszugs und Aufstiegs immer wieder mit der ursprünglichen zyklischen Vegetationsmetaphorik von Untergang und Auferstehung.

---

[27] Kommandant in Auschwitz. Autobiographischen Aufzeichnungen von Rudolf Höss, Martin Broszat (Hg.), (Stuttgart 1958), S. 161.

Das *Wochenfest* (*Schawuot*) am "fünfzigsten" Tag (gr.: "*Pentekoste*",
dt.: "*Pfingsten*") nach der *Sfirazeit*, dem als "Siebenerfest" eine Schlüsselrolle in unserem "siebenstelligen" Kalender zukommt, hatte bis
zur Zerstörung des zweiten Tempel einen eindeutig landwirtschaftlichen Sinn. Die Erstlinge der Ernte wurden im Gotteshaus dargebracht (*HaJom HaBikkurim*, Num 28,26; 18,12 ff.), und noch heute
werden an diesem Fest die jüdischen Häuser und Gotteshäuser reich-
lich mit Pflanzen und Früchten geschmückt. Nach dem Ende der
Wallfahrten war dieses Fest jedoch zur Neuinterpretationen frei
gegeben, gleichsam ein hoher Feiertag auf der Suche nach einem
neuen Sinn. Die Rabbinen haben ihn nun mit einer Ernte in der
Wüste in Verbindung gebracht, der Ernte des Gesetzes (*Sman Matan
Torateunu*) (bPes 69b). Auch so ist seine zentrale Position im Kalen-
der gerechtfertigt, denn das Gesetz ist schließlich die Quelle des
Kalenders. Diese herausgehobene Bedeutung steht aber in einem
auffälligen Kontrast zur Symbolarmut des Festes. Es hält keinem
Vergleich mit den eindrucksvollen Symbolen des Befreiungs- und
Hüttenfestes und mit den großartigen Gebeten des Neujahrs- und
Versöhnungstages stand. In den Riten die an die Stelle der Opfer
getreten sind, wird vor allem der Empfang der Tora unterstrichen.
So wurden an diesem Tag die Kinder feierlich eingeschult und eine
"Lernwache" abgehalten (*Tikkun Leil Schawuot*). Bis heute studieren
Juden in dieser Nacht bis zum Morgengrauen *Tora*. Ansonsten sind
die Riten und Symbole des Festes ziemlich farblos und stehen in
keinem Verhältnis zum thematisch ähnlichen Fest der "Torafreu-
de" (*Simchat Tora*), das den Reigen der Herbstfeiertage abschließt.
Das mag damit zusammenhängen, daß in nachbiblischer Zeit eine
Verschmelzung der landwirtschaftlichen und historischen Aspekte
des Festes, wie sie bei dem *Pessach*- und *Sukkotfest* so überzeugend
gelungen ist, nicht mehr möglich war (ein klägliches Beispiel ist die
Aggada vom "grüne Sinai"). Es hat aber vielleicht auch damit etwas zu tun, daß sich Offenbarung nicht so leicht symbolisieren lässt.
Erinnert und ermahnt uns doch Mose:

> Und der Ewige sprach zu euch mitten aus dem Feuer; eine Stimme,
> Worte nur hörtet ihr, aber eine Gestalt habt ihr nicht wahrgenom-
> men, nur eine Stimme. (...) Und wahret eure Seele wohl—ihr wisst,
> ihr habt keinerlei Gestalt an dem Tage gesehen, da der Ewige zu euch
> am (Berg) mitten aus dem Feuer sprach—daß ihr nicht ausartet und
> euch ein Bild machet, in Gestalt irgend einer Bildsäule, das Abbild
> eines Mannes oder Weibes, das Abbild irgend eines Tieres auf Erden,
> das Abbild irgend eines Vogels mit Schwingen, der am Himmel dahin

fliegt, Das Abbild von irgend etwas, daß sich auf der Erde regt, das Abbild irgend eines Fisches im Wasser unter der Erde (Deut 4,12-18).

Das Symbolverbot, das für die Erscheinung Gottes gilt, betrifft auch sein verlautbartes Wort. Sowenig wie die visuelle Erscheinung Gottes in ein festumrissenes Bild gebannt werden darf, so wenig kann die Bedeutung seines verlautbarten Wortes ein für allemal festgelegt und dargestellt werden. Darum ist wohl die kabbalistische Lernwache, in der die Offenbarung, analog zu den Holunderblüten in den Häusern und Syngagogen, erblüht und reift, das geeignetste Ritual dieses Festes. Die Erstlingsopfer von ehemals sind zur Dekoration verkümmert und anstelle der realen sind metaphorische Bauern, Pflanzen und Ernten, die Lehrer, Schüler und Lehren getreten, doch die Logik des natürlichen Wachstumprozesses erhält sich in allen diesen Metamorphosen.

Am ausführlichsten wird im Kultkalender des *Leviticus* das *Hüttenfest* (*Chag HaSukkot*) geschildert (Lev 23,33-44). Es war nach dem *Pessach*- und *Wochenfest* das dritte der Wallfahrtsfeste (*Schalosch Regalim*), zu denen es im fünften Buch Mose heißt: "Dreimal im Jahr erscheine (...) vor dem Angesicht des Ewigen, deines Gottes, an dem Ort, den er erwählt: am Fest der ungesäuerten Brote, am Wochenfest und am Laubhüttenfest; und nicht mit leeren Händen sollst du vor dem Angesicht des Ewigen erscheinen" (Deut 16,16). Bei dem einwöchigen Fest wurden im Tempel siebzig Stiere geschlachtet (nach Num 29,13-25). Auch sonst war der Opferplan an diesem Fest so verschwenderisch, daß er noch bei einem "vernünftigen Gottesverehrer", wie Reimarus im 18. Jahrhundert heftiges Kopfschütteln hervorrief. Ursprünglich handelte es sich wohl um ein fröhliches Jahrwendfest (Ex 23,16 u. 34,23, Lev 23,41), das nach der Weinlese in der freien Natur gefeiert wurde (Jes 1,8), doch in diesem besonderen Fall fügt schon unser biblischer Kultkalender eine geschichtliche Deutung an: "Auf daß eure Nachkommen wissen mögen, daß ich die Kinder Israels habe in Hütten wohnen lassen, als ich sie aus dem Lande Ägypten geführt habe" (Lev 34,43). Die Bauern, so könnte man diese kontradiktorische Sinngebung des Festes deuten, verwandeln sich zeitweise wieder in Nichtseßhafte und werden gerade dann an das Schicksal der Flüchtlinge erinnert, wenn sie fröhlich ihren Wohlstand genießen—sie dürfen in ihrem bequemen Domizil niemals das bittere Exil vergessen. Wenn das die erzieherische Absicht der kontradiktorischen Sinngebung des Festes sein sollte, so hat sie den Festteilnehmern niemals die gute Laune verdorben. Zum Hüttenfest pilgerten im Altertum zehntausende Juden aus dem In- und Ausland nach Jerusalem. Der Andrang war manchmal so groß, daß man von einem "Fest der Zerquetschten" sprach. Das Hüttenfest galt als "Fest" schlechthin. Flavius Josephus nennt es in seinen *Jüdischen Altertümern* (VIII,4,1) "das heiligste und größte Fest bei den Hebräern". Man stellt sich die messianischen Freuden der Menschheit als Hüttenfest vor (nach Sach 14,16). Gemäß der Vorschrift in unserem Kultkalender (Lev 23,40) trugen die Pilger einen Feststrauß (*Lulaw*) aus einem Palmenstengel, zwei Bachweidenzweige (Arawa), drei Myrtenzweigen (Hadass) und einer Zitrusfrucht (*Etrog*). Josephus übersetzt den Namen des Feststrauß auf Griechisch mit dem Wort "*Eiresione*", nach jenen mit Früchten behangenen und mit bunten Wollfäden geschmückten Oliven- und Lorbeerzweige, die die griechische Jugend im Herbst in einer Prozession zum Tempel des Apoll zu bringen pflegte (Jüd. Altertümer III, 10,4); Plutarch nennt ihn dagegen geradezu "*Thyrsosstab*", nach dem mit Efeu- oder Weinlaub umwickelten und von einem Pinienzapfen gekrönten Stab, der das Panier des Dionysos war und in den prächtigen Prozessionen (*pompai*) zu Ehren dieses Gottes geschwungen wurde . "Sie haben ein Fest", schreibt Plutarch über *Sukkot*, "an dem sie Feigen- und Efeuzweige nehmen, und mit diesen Thyrsos-Stäben in der Hand kommen sie in den Tempel. Und andere, die Leviten heißen, nähern sich dem Heiligtum harfenspielenderweise" (Questiones conviviales IV,6,2). Auch der moderne Missionar des Dionysos, Michel Maffesoli, sieht im *Sukkotfest* ein orgiastisches Überbleibsel in einem Meer von "totalitärem" Monotheismus und Moralismus.[28] Selbst der Talmud befindet: "Wer diesen Jubel nicht gesehen hat, hat in seinem Leben noch keinen Jubel gesehen". Die "Frommen" (*Chassidim*), berichtet der Talmud weiter, führten im Vorhof des Tempels wie jene boukóloi genannten Tänzer des Dionysos "vor den Zuschauern einen Tanz mit brennenden Fackeln in den Händen auf und trugen ihnen Lieder und Gesänge vor; zahllose Leviten spielten die Harfe, die Leier, die Zimbel, die Trompete und andere Instrumente" (mSuk V,4). Freilich wurde jeder Ansatz zur Orgie a limine durch strikte Geschlechtertrennung unterbunden. Im Talmud heißt es "Anfangs saßen die Frauen in-

---

[28] Michel Mafesoli, *Der Schatten des Dionysos. Zu einer Soziologie des Orgiasmus* (1982), dtsch. v. Martin Weinmann, (Frankfurt/M 1986), S. 159, s. auch S. 42-48.

nerhalb (des Frauenvorhofes) und die Männer außerhalb, als es aber
zu Ausgelassenheiten (*Kalut Rosch*) kam, ordnete man an, daß die
Frauen oben und die Männer innerhalb sitzen sollten. Da es aber
immer noch zu Ausgelassenheiten kam, ordnete man an, daß die
Frauen oben und die Männer unten sitzen sollten" (bSuk 51b, jSuk
55b u. mMid II, 5). Aber von düsterer puritanischer Festkritik wird
man auch nicht sprechen können.[29] Eine bekannte rabbinische
Auslegung sieht im Feststrauß geradezu eine Allegorie des zur Fest-
freude vereinten Volkes. Die Sorten des Feststraußes besitzen ge-
gensätzliche Eigenschaften: Die Palme hat eine Frucht, aber keinen
Duft; die Myrte einen Duft, aber keine Frucht, die Bachweide weder das eine, noch das andere und der Zedratbaum sowohl das eine,
wie auch das andere. Der Duft steht nach dieser Allegorese für die
Gelehrsamkeit und die Frucht für die Werke. Die Zitrusfrucht repräsentiert demnach das Ideal des ebenso gelehrten wie praktizie-
renden Juden, die Myrte den gebildeten aber indifferenten, die Palme
den observanten aber ignoranten, und die Bachweide den unwissenden und untätigen Juden. An diesem Festtag bilden sie aber nur
gemeinsam einen Strauß, fehlt eine Sorte, und sei es die schlechtes-
te, so ist der ganze Feststrauß untauglich.

Die Entwicklung verlief beim *Hüttenfestes* in manchen Hinsichten
umgekehrt wie bei den *Omerwochen* und beim *Wochenfest*. Dort beobachten wir eine fortschreitende Denaturierung und Historisierung
des natürlichen Sinngehalts des Festes, hier sehen wir dagegen eine
Renaturierung der bereits biblisch vorgegebenen, wenn auch nach-
getragenen historischen Sinngebung. In der einen oder anderen Form
bleibt aber die Harmonisierung von natürlicher und heiliger Zeit im
biblischen Festkalender auch im Synagogenjahr stets erhalten.

Doch die ungeduldigen jungen Zionisten der Generation von 1900
hatten genug von allegorischen Judensträußen, von symbolischen
Ernten, von metaphorischen Hütten usw.. Sie wollten das entwur-
zelte Diasporajudentum zurück zur Natur bringen. Einer ihrer
Exponenten in Mitteleuropa war der junge Martin Buber. 1901
schrieb er in seinem zionistischen Zentralorgan *Die Welt* ganz im
lebensphilosophischen und lebensreformerischen Duktus der Zeit ein
"Bekenntnis" zu den "jüdischen Festen des Lebens". Das ist zunächst
einmal im Gegensatz zu den traditionellen "Festen toter Vergangen-

---

[29] Aleida Assmann, "Das puritanische Fest," in: Jan Assmann (Hg.), *Das Fest
und das Heilige*, ebd. S. 169-181.

heit" gemeint. Dagegen setzt er die "Feste lebendiger Zukunft"—
und das heißt für den Zionisten die Rückkehr zur ursprünglichen
landwirtschaftlichen Bedeutung der Feste im eigenen Land. Er ver-
heißt, sein Volk werde wieder

> das Werdende (...) feiern, das künftige Erringen, die geahnte Wieder-
> geburt, das Jahresleben der wiedergewonnen Fruchterde, die Geschichte
> des Halmes und des Weinstockes; Feste zum Gedächtnis der Bauern,
> die noch nicht geboren sind, Feste, deren alte Form neuer Inhalt und
> Wert belebt, Feste, in denen schon neue Formen wie Olivenzweige
> durch die Dämmerung glühen, Feste, die die Geschichte des neuen
> Judenlandes an die Geschichte des alten knüpfen (...).[30]

Die historischen Erinnerungen haben sich jedoch so tief eingeprägt,
daß sie nicht ohne weiteres gelöscht und zur archaischen Tagesordnung von Leviticus 23 zurückgekehrt werden konnte. Außerdem
stand das Stereotyp vom natur- und lebensfeindlichen Judentum
schon unverrückbar fest und hat zu einer schrecklichen Aktualisie-
rung aller märtyrologischen Aspekte des jüdischen Festkalenders
geführt.

---

[30] *Die jüdische Bewegung*. Gesammelte Aufsätze und Ansprachen (1900-1914), Bd.
1, (Berlin, 2. Aufl., 1920), S. 26-27

DIE GROSSE BAUINSCHRIFT VON ABYDOS

Claudia Maderna-Sieben

1. *Einleitung*

"Zur Zeit ... seiner ersten Ausfahrt nach Theben". Diese Datumsangabe, die sich auf der Bauinschrift von Abydos verzeichnet findet, bildet für mich der Anlass zum vorliegenden Beitrag. Zur Zeit
meiner ersten Reise nach Luxor, die im Rahmen der von Jan Assmann geleiteten DFG-Grabung stattfand, lud mich dieser zu einer
Exkursion nach Abydos ein und führte mich durch den Tempel
Sethos'I.. Diese eindrückliche Fahrt erweckte mein Interesse an
historischen Inschriften der Ramessidenzeit und führten letztendlich
auch zu der Themenwahl meiner Arbeit.

Mehrfach war die Bauinschrift von Abydos Gegenstand eingehen-
der Forschung.[1] Mit der vorliegenden Bearbeitung dieser komplexen
Inschrift möchte ich versuchen, die bisherigen Untersuchungs-
ergebnisse um einige Aspekte zu erweitern.

2. *Allgemeine Angaben über den archäologischen Kontext der Inschrift*

Aus dem archäologischen Befund sowie dem Text der Bauinschrift
von Abydos geht hervor, dass der von Sethos I. begonnenen Tempel zu dessen Lebzeiten nicht fertiggestellt worden war. Außer einigen Änderungen der Dekoration der hinteren Räume, die hier nicht
weiter interessieren, betrifft der größte Komplex der Bau- und Deko-
rationstätigkeiten, die Ramses II. zugeschrieben werden, den vorderen Teil des Tempels. Abgesehen von den beiden Höfen, die von
Ramses II. dem Tempel vorgelagert wurden, wurde von ihm die
Innendekoration der äußeren Hypostylen Halle fertiggestellt.

Die Fassade der äußeren Hypostylen Halle, die aus Kalkstein
gefertigt und architektonisch bereits ausgeführt war, besaß ursprüng-

---

[1] Kitchen, K.A., *Rammeseide Inscriptions II*, (1979), 323.01-336.14(103); idem,
Ramesside Inscriptions, Translations II, (1996), 162-174; idem, *Ramesside Inscriptions,
Comments II*, (1999), 191-197, mit ausführlicher Literaturangabe.

lich, den sieben Kapellen im Allerheiligsten entsprechend sieben Ausgangstüren zu einem davorgelagerten Hof. Diese Ausgänge wurden von Ramses II. in Abänderung des Bauplans mit Sandsteinblöcken zum Teil zugesetzt, um auf deren Außenfassade sein großangelegtes Dekorationsprogramm aufzuzeichnen.[2] Von Ost nach West wurden die Ausgänge der Kapellen Sethos'I., des Ptah und des Re-Harachte zugesetzt. Auf dieser Hälfte der Südwand des 2. Hofes befindet sich die große Bauinschrift mit ihren Darstellungen. In der Tempelachse befindet sich der Haupteingang, der mit der Kapelle des Amun-Re korrespondiert und nicht zugesetzt wurde. Offen ist auch der rechts danebenliegende Eingang, der zur Kapelle des Osiris mit den dahinterliegenden Kulträumen führt und der westlichste Eingang, der in der Achse der Horuskapelle liegt. Die zwischen der Osiris- und der Horuskapelle gelegene Kapelle der Isis besitzt wieder einen zugesetzten Eingang in der Außenfassade der Hypostylen Halle.[3]

Die 120 senkrechten, von rechts nach links zu lesenden Inschriftenkolumnen der Bauinschrift mit den direkt in Verbindung stehenden Darstellungen[4] bekleiden, wie schon oben erwähnt, die Osthälfte der südlichen Außenwand der Hypostylen Halle. Außer einigen Abplatzungen an der Oberfläche sind diese im guten Erhaltungszustand. Inhaltlich repräsentieren sie zusammengefasst die Darstellung des Herrschers als Stifter für seinen Vater und die Götter von Abydos mit dem Aspekt seiner Schöpfermacht als Re einerseits und seiner *pietas* als Horus-*nḏ.tj* andererseits. Diese Aspekte garantieren nicht nur der Domäne von Abydos sondern auch dem ganzen Land die Existenz der Maat und sind aufs engste mit seiner Herrschaft zu verbinden.

Auf der Westhälfte derselben Fassade befinden sich weitere Darstellungen,[5] die sich zwar nicht unmittelbar auf den Text der Bauinschrift beziehen, jedoch die in der Bauinschrift erwähnte Gegengabe der Götter, die Versicherung der Macht und die Legitimation seines Herrschaftsanspruches in ihrem Bildprogramm und den dazugehörigen Szeneninschriften aufgreifen.

---

[2] PM VI,3(34-37), 5(38-41).
[3] Siehe hierzu: M VI,4 (Plan).
[4] PM VI,3(34-37).
[5] PM VI,5(38-41): Vier Szenen: Sethos I. vor Isis und Horus; Ramses II. erhält Insignien von Re-Harachte gefolgt von Osiris, während Ptah und Thot den Namen Ramses'II. auf dem *jšd*-Baum verzeichnen; Ramses II. wird geführt von Horus? und Chnum; Ramses II. vor Osiris.

Dieses hier nur kurz angerissene Darstellungsprogramm des Herrschers, welches die wohl wichtigsten Herrschaftsaspekte Ramses'II. zu Beginn seiner Amtsperiode dokumentieren, wurde an einem Ort des Tempels verzeichnet, der für sein Wirkungsfeld einen äußerst prägnanten Platz besetzt. Die beiden von Ramses II. dem ursprünglichen Tempelbau vorgelagerten Höfe waren der Öffentlichkeit zugänglich. Die südliche Begrenzungswand der Hypostylen Halle markiert die Grenze zu dem Tempelinneren, welches wohl der breiteren Bevölkerung verschlossen blieb. Sie begrenzt den öffentlich zugänglichen Bezirk von dem "geheimen", verschlossenen Bereich, der alleine für die den Kult vollziehenden Eingeweihten betretbar war. Auf der Außenwand dieser baulichen Schwelle vom Öffentlichen zum "Geheimen" wurde dieses Gesamtprogramm text- und bildlich vom öffentlichen Hof aus sichtbar wirkungsvoll an der Fassade angebracht.

Wie weiter unten noch eingehend analysiert[6] propagiert Ramses II. hier ein Herrscherbild, welches ihn nicht nur in einer äußerst vielschichtigen und komplexen Terminologie als Prototyp des Schöpfergottes darstellt, sondern auch die Garantie der Aufrechterhaltung der irdischen wie göttlichen Ordnung aufs engste an seine Amtsherrschaft bindet. Zum einen werden diese Aspekte durch die Inschriften und Darstellungen selbst öffentlich propagiert und für die Ewigkeit wirksam gemacht. Zum anderen finden diese Aspekte sozusagen eine "bauliche" Übertragung auf den Anbringungsort und eröffnen dem Betrachter eine weitere Ebene bezüglich ihrer Aussagewirkung. Verzeichnet an der Stelle, an der, wie bereits erwähnt, der öffentliche von dem "geheimen" Tempelbereich getrennt wird, erfährt dieses Herrscherbild Ramses'II. eine Erweiterung seiner kultische Wirksamkeit insofern, als dass gleichzeitig dem Betrachter auch baulich die enge Abhängigkeit zwischen der Rolle des Königs als Prototyp des Schöpfergottes, dessen Herrschaft allein die Maat versichert, zu dem Kultvollzug im Inneren des Tempels vermittelt wird. Die Wirksamkeit dieses so umfangreich propagierten Herrscherbildes ist jedoch nicht alleine auf den Tempel und die Domäne von Abydos begrenzt, sondern erhebt gleichzeitig den Anspruch auf eine unbegrenzte Gültigkeit für den gesamten irdischen wie himmlischen Bereich.

---

[6] Siehe: 4.2. Inhaltlicher Kommentar der Inschrift.

Die Idee Ramses'II. sein durch das Text- wie Bildprogramm defi-
niertes allumfassendes Herrscherbild "baulich" zu übertragen, wird
auch durch die durch ihn durchgeführte Änderung des von Sethos'I.
ursprünglich konzipierten Bauplanes dokumentiert. Das Zusetzen von
vier der ursprünglich sieben den Kapellen korespondierenden Aus-
gängen der ersten Hypostylen Halle wurde alleine dazu benötigt dieses
Programm aufzuzeichnen. Dass hierbei der ursprüngliche von Sethos
I. geplante Festablauf des Tempels—vielleicht das Heraustragen der
sieben Götterbarken—auch in Mitleidenschaft gezogen wurde, ist
dabei von Ramses II. in Kauf genommen worden. Ob das Verschlie-
ßen der Ausgänge der ersten Hypostylen Halle zum Hof alleine durch
die Vorgabe des umfangreichen Text- und Bildprogramms bedingt
war, oder auch eine inhaltlichen Bezug zu den in den sieben Kapellen verehrten Götter besitzt, ist nicht eindeutig zu klären. Es verwundert jedoch, dass gerade die Eingänge der Hypostylen Halle, die
sich in einer Flucht mit den Götterkapellen des Amun-Re, des Osiris
und des Horus befinden, nicht zugesetzt wurden.

3. *Die Beschreibung der unmittelbar zu der Bauinschrift gehörenden Szenen*

3.1 *Die Anfangsszene*

Zu Beginn der Bauinschrift befindet sich eine große Opferszene.[7]
Mit dem Rücken zum Haupteingang stehen von links nach rechts
Osiris(←), Isis(←) und der vergöttlichte Sethos I.(←) auf einem kleinen Podest. Ihnen gegenüber erhebt Ramses II.(→), bekleidet mit
der blauen Krone und dem Königsschurz, im Opfergestus eine kleine Maatfigur in seiner linken Hand. Den dargestellten Personen sind
jeweils eine Rede beigeordnet, die die Zeilen 1-24[8] der Bauinschrift
darstellen: 1. Die Rede des Osiris,[9] 2. Die Rede der Isis,[10] 3. Die
Rede Sethos'I.[11] sowie 4. Die Rede Ramses'II..[12]

---

[7] PM VI, 3(37).
[8] Zeilenzählung nach KRI II 323.08-324.08. Übersetzung am Ende des Beitrages. Textkritische Transkription und Übersetzung im Druck bei Göttinger Miszellen.
[9] Zeile 1-8, KRI II 323.09-13.
[10] Zeile 9-14, KRI II 323.14-324.01.
[11] Zeile 15-19, KRIII 324.01-04.
[12] Zeile 20-24, KRI II 324.04-08.

3.2 *Die Endszene*

Am Textende befindet sich wiederum eine Darstellung[13] des Königs im selben Ornat, dessen Hand zum Text hin erhoben ist. Über ihm erkennt man noch die Reste der Geiergöttin Nechbet. Die Beischriften verlaufen in senkrechten Inschriftenkolumnen.[14]

4. *Der Haupttext*

4.1 *Die Gesamtkonzeption der Inschrift*

Die textliche Konzeption der gesamten Inschrift ist äußerst komplex. In diesem Rahmen kann eine ausführliche Erörterung nicht geleistet werden. Ich möchte allerdings versuchen die für mich wichtigsten Aspekte hervorzuheben.

Zu Beginn des eigentlichen Textes der Bauinschrift stehen die oben erwähnten, ausführlichen Reden der Götter Osiris, Isis und des vergöttlichten Sethos'I. sowie die Antwort Ramses'II.. Diese stehen zwar nicht in einem engen textlichen Verbund zu der großen Bauinschrift selbst, ihre inhaltlichen Aussagen beziehen sich jedoch indirekt auf die Auswirkungen der dort berichteten historischen Ereignisse mit Hilfe des oft vorkommenden *do ut des* Prinzips. Ramses'II., der in der Rolle des Schöpfergottes Re und als Horus-*nḏ.tj* mit seinen Stiftungen zugunsten der Götter und der gesamten Nekropole nicht nur seine *pietas* gegenüber den Göttern von Abydos und seinen Vorfahren dokumentiert, sondern auch sich selbst als Garant des gesamten Kultbetriebes in Abydos, der Schöpfung an sich sowie der Maat darstellt. Er erhält als Gegengabe der Götter seine Legitimation im Amt bestehend aus der Zusicherung des Königtums des Re, der Dauer und Ewigkeit seiner Herrschaft sowie der Übereignung der Schöpfermacht.

Hiernach beginnt der große Text der Bauinschrift von Abydos. Ihre 96 Inschriftenkolumnen, die von rechts nach links zu lesen sind, lassen sich inhaltlich, zum Teil durch eindeutige grammatikalische Wendungen markiert, in 13 Abschnitte gliedern:[15]

---

[13] PM VI,3(37).

[14] KRI II 336.10-14. Übersetzung am Ende des Beitrages.Textkritische Transkription und Übersetzung im Druck bei Göttinger Miszellen.

[15] Zeile 25-120, KRI II 324.10-336.09. Übersetzung mit genauen Zeilenverweisen am Ende des Beitrages. Textkritische Transkription und Übersetzung im Druck bei Göttinger Miszellen.

1. Prolog
2. Die erste Fahrt Ramses'II. als Herrscher nach Theben und seine Stiftungen für Sethos I. im Land
3. Das Opet-Fest und die Machtüberweisung durch Amun
4. Die Fahrt nach Abydos
5. Die Beschreibung des verwüsteten Zustandes von Abydos
6. Ramses II. lässt die Beamten zusammenrufen
7. Die Beamten versammeln sich
8. Die eulogische Rede der Beamten
9. Die Rede des Königs an die Beamten mit dem Plan für die Erneuerung der Denkmäler und der Erzählung seiner Einführung als Prinzregent durch Sethos I.
10. Die Rede der Beamten zu dem König
11. Die Instandsetzung der Monumente
12. Die Rede Ramses'II. an Sethos'I.
13. Die Antwort Sethos'I.

Der Gesamttext besitzt die Form einer ägyptischen Königsnovelle. Für die Gattung der Königsnovelle, deren Begriffsdefinition sich für die altägyptische Literatur, wie eindrücklich von Loprieno[16] aufgezeigt, auf den inhaltlichen Aspekt der literarischen Historisierung der göttlichen Sphäre des Herrschers begründet, gilt die Bauinschrift von Abydos als locus classicus.

Obgleich an dieser Stelle nicht auf die sehr komplexe Diskussion zu dem ägyptischen Gattungsbegriff der Königsnovelle der 19.Dyn. eingegangen werden soll, müssen jedoch die wichtigsten formalen Merkmale dieser Inschrift dargelegt werden. Die inhaltlichen Schwerpunkte und Bezüge der Bauinschrift werden aufgrund ihrer Komplexität weiter unten gesondert behandelt.[17]

Das dieser Inschrift zugrundeliegende Konzept ist das einer Erzählung. Außer für die Abschnitte der direkten, personengebundenen Reden benötigt diese für ihre Konzeption einen anonymen, außerhalb der Geschehnisse stehenden Erzähler. Die gesamte Handlung wird dem impliziten Leser in einer kontinuierlichen, erzählerischen Form vermittelt, bei der die einzelnen Episoden eine ineinander übergreifende Handlungskontinuität besitzen. Diese einzelnen Episoden, die man auch als "Kapitel" bezeichnen könne, besitzen grammatikalische Formulierungen, die die Sinnabschnitte eindeutig

---

[16] Loprieno, A., "The "King's Novel"", in: Loprieno, A. (Hrsg.), *Ancient Egyptian Literature*, 1996, 277-296.

[17] Siehe: 4.2. Inhaltlicher Kommentar der Inschrift.

voneinander abheben. Ganz augenscheinlich legt der Text den Augenmerk auf die beiden Dimensionen, der göttlichen wie der menschlichen, die sich in der Person des Herrschers vereinen. Die einzelnen Kapitel springen von einer allgemeingültigen und göttlichen Darstellung des Königs einerseits zu dem konkret vorliegenden Handlungsablauf, in dem der Herrscher Protagonist eines irdischen Geschehens ist.

Im Vergleich zu den meisten historischen Erzählungen wird diese Inschrift nicht mit der sonst gewohnten Datumsangabe und der Nennung der offiziellen Titulatur, sondern mit einem Prolog[18] eröffnet, der die *pietas* des Herrschers gegenüber seinem verstorbenen Vater als Horus-*nḏ.tj* dokumentiert und auf die eigentliche Handlung des Textes nicht eingeht. Dieses textliche Vorgehen legt seinen Schwerpunkt somit zunächst nicht darauf, dem Leser die Geschehnisse mit einem genauen Datum innerhalb der Regierungszeit Ramses'II. festzulegen oder den Protagonisten mit seiner offiziellen Titulatur, also amtsgebunden, vorzustellen, sondern darauf unmittelbar die Persönlichkeit des Protagonisten zu vermitteln und somit die inneren Beweggründe seiner Handlungsstruktur, die ja die gesamten Geschehnisse beeinflusst, vor Augen zu führen. Auch wenn hier dem Leser ein Einblick in die Persönlichkeit des Herrschers gewährt wird, so befindet sich doch die Darstellung seiner Person auf einer rein göttlichen Ebene und unterstreicht seine aus ihr resultierende Legitimation im Amt und als Nachfolger seines Vaters. Die Aussagen über die Person und die Handlung des Herrschers, die im Prolog dargelegt werden, sind zwar auf der einen Seite direkt an die Erzählung gebunden, werden jedoch andererseits auf eine allgemeingültige und von der berichteten Geschichte unabhängige Ebene gehoben.

Mit dem zweiten "Kapitel"[19] findet sich der Übergang von dem in dem Prolog dargestellten allgemeingültigen Bildes des Herrschers und dem Beginn der eigentlichen Erzählung. Auch hier steht an erster Stelle die Rolle des Herrschers als Horus-*nḏ.tj*, diese wird jedoch nun durch die Angabe eines, wenn auch sehr vagen Datums,[20] für den impliziten Leser zum ersten Mal mit einer konkreten und greifba-

---

[18] Zeile 25, KRI II 324.10-11.

[19] Zeile 26-30, KRI II 324.12-325.05;2. Die erste Fahrt Ramses'II. als Herrscher nach Theben und seine Stiftungen für Sethos I. im Land.

[20] "...zur Zeit des 1.Regierungsjahres auf seiner ersten Reise nach Theben...", Zeile 25, KRI II 324.10-11.

ren historischen Dimension verbunden. Anders formuliert beginnt
hier die Erzählung sich langsam von einer göttlichen fiktiven auf eine
menschliche historische und für den impliziten Leser erfahrbare Ebene
zu verlagern. Jedoch bleiben Erwähnungen über geplanten Bauvorhaben zugunsten des königlichen Vorgängers und Vaters, die ein
weiterer Ausdruck der *pietas* Ramses'II. darstellen, noch allgemein
und nicht an die konkreten Episoden der Erzählung gebunden.

Der Beginn der eigentlichen Erzählung, die die folgenden "Kapitel" 3 bis 11 umfasst, markiert auch gleichzeitig die Transposition
der Handlung auf eine historisch reale Dimension und somit auch
den entgültigen Übergang von der bereits oben erwähnten göttlich
fiktiven auf eine menschlich konkrete Ebene. Der fiktive Erzähler
kann dem impliziten Leser somit die Handlung erfahrbar sowie auf
der menschlichen Ebene verständlich vermitteln und der Leser befindet sich im direkten Gegenüber mit einer Darstellung des Herrschers, die in großer Vielfalt und sehr komplex nicht nur auf seine
göttlichen Fähigkeiten sondern auch auf eine enge Verbindung
zwischen der Person des Königs und der Sonnenmythologie eingeht.[21]

Dieser Übergang wird literarisch durch die erste im Text befindliche exakte Datumsangabe markiert, die gleich zu Beginn des dritten "Kapitels" [22] verzeichnet ist: "Es geschah an einem dieser Tage
im Jahr 1, 3.Monat des *3ḥ.t*, Tag 23 beim [Hin-] und Hergehen...nach
der Festfahrt des Amun nach Luxor."[23]

Diese Datumsangabe vermittelt dem Leser nicht nur einen
genauen historische Rahmen, sondern führt ihn auch direkt und
unmittelbar in das Geschehen ein. Der im vorhergehenden Text
göttliche Charakter des Herrschers wird nun direkt in seiner weltlichen Funktion als inaugurierter Thronfolger dargestellt, die sich
jedoch immer in enger Verbindung mit der göttlichen Sphäre des
Königs befindet. Als Amtsinhaber und legitimer Thronfolger leitet
Ramses II. das Opet-Fest als oberster Kultherr und wird durch Amun
in seinem Amt bestätigt.

In kontinuierlicher narrativer Form folgen die Episoden der Fahrt
nach Abydos[24] und der Beschreibung des verwüsteten Zustandes von

---

[21] Siehe:4.2. Inhaltlicher Kommentar der Inschrift.
[22] Zeile 30-32, KRI II 325.05-09; 3. Das Opet-Fest und die Machtüberweisung
durch Amun.
[23] Zeile 30, KRI II 325.
[24] Zeile 32-34, KRI II 325.09-13; 4. Kapitel.

Abydos.[25] Der bis zu diesem Abschnitt unpersönliche Erzählstil erfährt jedoch im weiteren Verlauf eine Zäsur, da in den folgenden "Kapiteln" 6 bis 10 auf das Stilmittel der direkten Rede zurückgegriffen wird. Diese verlangsamen den Fluss der Erzählung und fokussieren einen für den Handlungsablauf wichtigen Moment des Gesamtgeschehens. Die hierbei vorkommenden unpersönlich formulierten Wendungen dienen als eine Art "Regieanweisung", um das Geschehen bildlich vor Augen zu führen. Der Leser wird sozusagen als passiver "Statist" punktuell in die Erzählung einbezogen. Anders ausgedrückt, führen die direkten Reden, ähnlich wie bei einer dramatischen Aufführung, dazu, das Geschehen nun nicht indirekt erzählerisch, sondern direkt und personengebunden zu erfahren.

Interessanterweise befindet man sich in dem Teil der Geschichte, in dem der König den Plan fasst, die zerstörten Denkmäler in Abydos zu restaurieren und den Kultbetrieb für die Nekropole wieder einzurichten. Ein inhaltliches Thema, welches die göttliche Schöpfermacht des Amtsinhabers auf Erden in den Vordergrund stellt[26] und somit einen fließenden Übergang von dem realen menschlichen Aspekt des Herrschers und seiner göttlichen Stellung aufzeigt. Es liegt in der Natur der ägyptischen Vorstellung des Herrschers, dass die Ambiguität zwischen der göttlichen und menschlichen Sphäre, die sich in seiner Person vereint finden, seine Handlungen gleichermaßen von beiden Gesichtspunkten aus beeinflusst. Diese inhaltlichen Maßstäbe werden jedoch auch von der, von heutiger Sicht vordergründig unlogischen Abfolge der Episoden unterstrichen. Ramses II. lässt seine Beamten zusammenrufen.[27] Diese versammeln sich huldigend vor seiner Majestät,[28] ein Abschnitt, der nicht in direkter Rede sondern in unpersönlichem Stil formuliert ist. Hierauf preisen die Beamten ihren König in einer Eulogie.[29] Danach erst berichtet Ramses II. von seinem Plan, die Denkmähler von Abydos zu restaurieren, verbindet jedoch sein Vorhaben nicht nur mit einer Zustandsbeschreibung der verwüsteten Nekropole und Tempel sondern auch mit seinen persönlichen Verpflichtungen als legitimer Herrscher und Erbe seines Vaters und seinem politischen Werdegang als dessen Amtsnach-

---

[25] Zeile 34-37, KRI II 325.13-326.06; 5. Kapitel.
[26] Siehe:4.2. Inhaltlicher Kommentar der Inschrift.
[27] Zeile 37-38, KRI II 326.06-326.07; 6. Kapitel (direkte Rede).
[28] Zeile 38-39, KRI II 326.07-326.10.; 7. Kapitel (unpersönlich formuliert).
[29] Zeile 40-44, KRI II 326.10-327.04; 8. Kapitel (direkte Rede).

folger.[30] So findet sich auch hier ein Rückgriff auf den fließenden Übergang zwischen den göttlichen und menschlichen Ebenen, die sich im König vereinen. Die folgende Rede der Beamten,[31] die eine Antwort auf die Baupläne des Herrschers aber auch auf seine göttliche Funktion auf Erden darstellt, unterstreichen aufs neue die göttliche Wesensart des Herrschers auf Erden.

Dieser durch die direkten Reden fokussierte Teil der Handlung markiert einen Bereich des Textes, in dem dem implizierte Leser direkt die göttliche Wirksamkeit des Herrschers in seiner irdischen Funktion als Amtsinhaber erfahrbar gemacht wird. Es scheint fast so, als dass der eigentliche Aufzeichnungsgrund der Bauinschrift von Abydos, nämlich die Restauration der Denkmäler und die Neueinrichtung des Kultbetriebes in Abydos, nur als Anlass genommen wurde, diese göttliche Wirkungsebenen des irdischen Herrschers herauszustreichen und hinter diesem als sekundär betrachtet werden kann.

Den Reden folgt ein Bericht über die Instandsetzung der Monumente von Abydos,[32] der wieder in einem unpersönlichen Stil formuliert ist. Sowohl dieser, die eigentliche Erzählung abschließende Abschnitt, wie auch sein inhaltliches Gegenüber, nämlich die Beschreibung des verwüsteten Zustands der Nekropole,[33] die den Reden unmittelbar voransteht, erlangen bei weitem nicht die epische Breite der Reden des Herrschers und der Beamten. Auch dies kann als Indiz herangezogen werden, dass dieser Teil der Episode eher als sekundär betrachtet wurde.

Als Abschluss der Bauinschrift von Abydos finden sich zwei Reden, die wieder auf die göttlich fiktive Ebene der Geschehnisse verweisen. Die Rede Ramses'II. an seinen verstorbenen Vater[34] geht in ungewöhnlicher Breite und Genauigkeit auf die Leistungen ein, die der König zugunsten der gesamten Nekropole aber insbesondere zugunsten des Tempel und des Kultes seines Vaters Sethos I. erbrachte. Diese Bautätigkeiten und Kulteinrichtungen beziehen sich hier jedoch ganz spezifisch auf die *pietas*, die der Sohn und legitime Thronfolger seinem Vater entgegenbringt, und die ihn mit der Rolle

---

[30] Zeile 44-59, KRI II 327.04-329.03; 9. Kapitel (direkte Rede).
[31] Zeile 59-73, KRI II 329.03-331.02; 10. Kapitel (direkte Rede).
[32] Zeile 73-79, KRI II 331.02-331.13.; 11. Kapitel.
[33] Zeile 34-37, KRI II 325.13-326.06;5. Die Beschreibung des verwüsteten Zustandes von Abydos
[34] Zeile 79-101, KRI II 331.13-334.10; Kapitel 12.

des Horusnachfolgers im Amt und vor den Göttern legitimiert. Im Gegenzug dazu bestätigt in seiner Antwort[35] der zu Osiris gewordene Sethos'I. durch die Taten seines Sohnes ewiglich in der Nähe der Götter Re und Osiris zu existieren, und tritt als Fürsprecher seines Sohnes bei den Göttern ein. In einer Fülle von Phrasen wird nicht nur nach dem gewohnten *do ut des* Prinzips die Herrschaft Ramses'II. legitimiert und ihm die Lebenszeit des Re auf dem Thron des Horus der Lebenden, Kraft und Siege, sowie die Dauerhaftigkeit des Atum beim Auf- und Untergang versichert, sondern auch durch den Vater die Göttlichkeit des Sohnes auf Erden hervorgehoben.

Zusammengenommen ergibt sich für die große Bauinschrift von Abydos das Bild einer Erzählung, die sich von einer göttlichen fiktiven zu einer menschlich realen und historisch greifbaren Ebene transponiert, um sich am Ende, durch die Reden des verstorbenen und zu Osiris gewordenen Sethos I. und seinem Pendant des die Horus Rolle besetzenden lebenden Herrschers Ramses II., wieder auf eine göttliche Ebene zurück zu entwickeln. Somit wird—wie Loprieno[36] so eindrücklich dargelegt hat—gerade die Schnittstelle zwischen göttlicher und menschlicher Welt, als dessen Mittler der Herrscher auftritt, hervorgehoben. Fast könnte man meinen, hier eine besonders explizite Parallele für die von ihm[37] aufgezeigte große Ähnlichkeit der Vermenschlichung des Königs, die sich in der ägyptischen Literatur seit dem Mittleren Reich dokumentiert findet, und der besonders in der Ramessidenzeit auftretenden Tendenz der mythologischen Erzählungen, die versucht eine göttliche auf eine königliche Sphäre zu transponieren, zu finden. Hier stellt sich jedoch die Frage, ob diese Verschiebung der Sphären alleine dazu dient, um mit Hilfe der Literatur die "Debatte der menschlichen Position innerhalb der Gesellschaft—der Domäne des Königs- sowie des Kosmos—der Domäne der Götter-" zu führen, oder darüber hinaus auch—und dies meiner Ansicht nach vornehmlich—die Stellung und den Charakter des Herrschers als einer auf Erden lebender und wirkender Gott hervorzuheben.

---

[35] Zeile 101-120, KRI II 334.10-336.09; Kapitel 13.
[36] Loprieno, A., loc.cit.
[37] Loprieno, A., op.cit. 290ff.

4.2 *Inhaltlicher Kommentar der Inschrift*

Da, wie schon zuvor erwähnt, eine komplette Bearbeitung der Bauinschrift von Abydos den Rahmen dieses Beitrages sprengen würde, kann auch hier nur ein kurzer inhaltlicher Abriss des Gesamttextes gegeben werden. In diesem sollen der Handlungsablauf sowie die thematischen Schwerpunkte skizziert werden.

Der zu Textbeginn gestellten kurze Prolog[38] benennt Ramses II. als alleinigen Herrscher mit seinem Thron- und Eigennamens und bezeichnet diesen als Horus-*nḏ.tj* seines Vaters. Zwei Ebenen im Verhältnis Ramses'II. zu Sethos I. werden hier dargestellt. Die erste, sozusagen weltliche Ebene spricht die *pietas* des Sohnes gegenüber dem verstorbenen Vater an. Die zweite Ebene behandelt das göttliche Pendant dieses Themas mit dem Bild des Horus, Sinnbild des lebenden Königs, der seinen Vater Osiris, den verstorbenen Herrscher, schützt.

Der zweite thematische Abschnitt[39] wird mit in mehrfacher Hinsicht wichtigen Phrasen eingeleitet:

"Da erhob sich der Herr der beiden Länder als König, um Beschützer für seinen Vater zu sein, zur Zeit des 1. Regierungsjahres auf seiner ersten Reise nach Theben. Er bildete Statuen seines Vaters, des Königs *(Mn-Mȝꜥ.t-Rꜥ)|*, die eine in Theben (und) die andere in Memphis in einem Tempel, den er für sie bildete, über die Schönheit dessen hinaus, was in *Tȝ-wr*, Abydos, den Gau, den er liebte".[40] Zunächst wird durch die Wendung *ꜥḥꜥ.n nb tȝ.wj m nsw.t* ausdrücklich erklärt, dass die Handlung nach dem Tod Sethos'I. und auch nach dem Regierungsantritt Ramses'II. ihren Ausgang nimmt. Im weiteren wird die Errichtung der Statuen Sethos'I. in Theben, Memphis und Abydos durch seinen Sohn und Amtsnachfolger eng mit dem Regierungsantritt Ramses' II. in Verbindung gebracht. Wie schon im Prolog angedeutet, so wird auch hier die Aufstellung der Statuen Sethos'I. als Akt des Horus-*nḏ.tj* gewertet. Wir befinden uns somit auf der Ebene, die die Handlungen des Herrschers darstellen, welche er bei seinem Amtsantritt durchführen muss und die auf unterschiedliche Weise in vielen Texten der 19. Dyn. aufgegriffen

---

[38] Zeile 25, KRI II 324.10-11.
[39] Zeile 26-30, KRI II 324.11-325.05.2. Die erste Fahrt Ramses'II. als Herrscher nach Theben und die Stiftungen für Sethos I. im Land.
[40] Zeile 26-27, KRI II 324.12-14.

werden. Wie das Niederschlagen der Feinde, die Neuordnung des Landes, das Festsetzen der Maat und die Überwindung des Chaos, so gehört auch die Errichtung von Denkmälern und die Neueinrichtung des Kultes für seinen Amtsvorgänger zu den Taten, die der Herrscher bei seinem Regierungsantritt, wenn auch nur fiktiv, vollbringt, um sich als neuer Amtsinhaber vor dem Volk und den Göttern zu legitimieren.

Als topographischer Ausgangspunkt aller in der Bauinschrift erzählten Ereignisse dürfte Memphis gewertet werden. Zwar wird der Ort nicht explizit erwähnt, doch legt die Aussage "zur Zeit des 1. Regierungsjahres auf seiner ersten Ausfahrt nach Theben"[41] diese Vermutung sehr nahe. Somit fand die eigentliche Krönung Ramses'II. in Memphis, der Residenzstadt, statt.

Des weiteren[42] werden die Bauvorhaben Ramses'II. zugunsten seines Vaters Sethos'I. in Abydos beschrieben.

Der folgende Textabschnitt, das 3. "Kapitel" der Erzählung,[43] besitzt einen zeitlichen Sprung. Ramses II. befindet sich bereits in Theben und nimmt an dem jährlichen Opet-Fest teil, welches in das Jahr 1 Ramses'II., Tag 23 des 3.Monats des *ꜣḥ.t* datiert wird.[44] Leider ist diese Textstelle etwas korrupt, jedoch wird ersichtlich, dass während dieses Festes Ramses II. durch Amun als Herrscher legitimiert und ihm seine Regierung garantiert wird.

Dieselbe Datumsangabe findet sich auch im Grab des Hohepriesters *Nb-wnn≡f* allerdings ohne eine spezifische Angabe des Tages.[45] Wie auch in der Bauinschrift von Abydos bezeichnet diese den Zeitpunkt der Ausfahrt Ramses'II. von Memphis nach Theben, um an dem jährlichen Opet-Fest teilzunehmen. Interessant ist hierbei, dass aus der Inschrift des Grabes TT 157 hervorgeht, dass die eigentliche Amtseinsetzung von *Nb-wnn≡f* als Hoherpriester des Amun von Karnak nicht während dieses Opet-Festes geschah, sondern dass dieser erst von Ramses II., der sich nach dem Fest auf der Rückreise nach Piramesse befand und Station in Abydos machte, dort in das Amt

---

[41] Zeile 26, KRI II 324.12.
[42] Zeile 27-30, KRI II 324.15-325.05.
[43] Zeile 30-32, KRI II 325.05-09.
[44] Zeile 30, KRI II 325.05-06. Zu der Datierung des Opet-Festes siehe: 5. Historischer Kontext.
[45] TT 157, PM I.1², 267(8), KRI III 283.02: *rnp.t-zp 1 ꜣbd ꜣḥ.t 3*; Sethe, K., "Die Berufung eines Hohepriesters des Amun unter Ramses II." in: *ZÄS* 44, 1907, 30-35.

des Hohepriesters eingesetzt wurde.[46] Also zu demselben Zeitpunkt, der auch den eigentlichen Ausgangspunkt der Bauvorhaben Ramses'II. in Abydos darstellt.

Es handelte sich um die erste Teilnahme Ramses'II. als alleiniger Herrscher an dem alljährlichen Opet-Fest. Aus dem 5.Paragraphen des Dekrets des Haremhab[47] geht hervor, dass es bereits seit Thutmosis III. *usus* war, dass der amtierende Herrscher in Memphis residierte und einmal im Jahr zur Teilnahme an dem Opet-Fest nach Theben reiste. Ramses II. wohnte jedoch nicht alleine als Herrscher diesem Fest bei. Durch die Tatsache, dass das Amt des Hohepriesters zur Zeit dieses Festes vakant war, was aus der Inschrift anlässlich der Amtseinsetzung des *Nb-wnn=f* hervorgeht, übte Ramses II. bei diesem Fest auch die Funktion des Hohepriesters aus.[48] Dies wird auch durch ein Relief aus der großen Hypostylen Halle in Karnak belegt, auf dem sich eine Prozessionsszene befindet, die Amun in der Maske der Seelen von Buto und Hierakonpolis in seiner Barke zeigt. Begleitet wird der Gott von Ramses II., der nicht alleine den Hohepriester vertritt, sondern sogar den Titel eines solchen führt: *ḥm nṯr tpj n Jmn nsw.t-bj.t (Wsr-Mꜣꜥ.t-Rꜥ) stp-n-Rꜥ)/ zꜣ Rꜥ (Rꜥ-mss mrj-Jmn)/* .[49]

Im folgenden werden nun die Ereignisse beschrieben, die zu dem eigentlichen Plan der Erneuerung der Monumente in Abydos durch Ramses II. führen. Zunächst gibt der Herrscher nach Beendigung des Opet-Festes den Befehl zur Rückfahrt nach Piramesse, bei der er in Abydos Halt machen möchte, um dort dem Wenen-nefer zu opfern.[50]

Dort angekommen, findet der König nicht nur die Tempel des Osiris und der früheren Könige verwüstet oder halbfertig, sondern auch den gesamten Kultbetrieb mit der dazugehörigen Verwaltung der Ländereien brachliegend vor.[51] Die Beschreibung dieses Zustandes des Bezirkes von *Tꜣ-wr* ruft die Erinnerung an die zahlreichen Chaosbeschreibungen hervor, die den verwüsteten Zustand Ägyptens be-

---

[46] Lefebvre, G., *Histoire des Grands Prêtres d'Amon de Karnak*,(1929), 117-123; hierzu auch: Borchardt, L., "Die Königin bei einer feierlichen Staatshandlung Ramses'II.", in: *ZÄS* 67,1967, 29-31.

[47] Urk.IV,2149.14-2151.13; Helck,W., "Das Dekret des Königs Haremhab", in: *ZÄS* 88,1955, 120-121 und bes.133.

[48] Lefebvre,G., op.cit.117-123.

[49] PM II²,47(158);KRI II 573.16; Sethe,K.,"Miszellen", in: *ZÄS* 58,1923,54.

[50] Zeile 32-34,KRI II 325.09-13;4.Kapitel.

[51] Zeile 34-37,KRI II 325.13-326.06;5.Kapitel.

schreiben, welches von der Maat verlassen von der *jsf.t* regiert wird.
Ein Zustand, der von dem Herrscher, der Garant der göttlichen Ordnung auf Erden ist, sofort behoben werden muss, um seine Legiti-
mität zu unterstreichen.

Hierauf lässt Ramses II. seinen Hofstaat zusammenrufen, um ihm
seine Pläne zur Erneuerung der Denkmäler von Abydos zu erläutern.[52]
Kaum zusammengetreten[53] und noch bevor Ramses II. ihnen seinen Plan unterbreitet hat, preisen die Hofbeamten den König in einer
eulogischen Rede.[54] Es scheint gerade so, als ob alleine schon der
unausgesprochene Plan des Herrschers genügt, das Chaos, in dem
sich Abydos befindet, zu vertreiben.

Ohne im einzelnen auf die sehr komplexe Phraseologie dieser
Eulogie einzugehen,[55] erkennt man, dass die fünf thematischen
Abschnitte dieser Eulogie vier der wichtigsten göttlichen Eigenschaften des Amtsinhabers dokumentieren: das Bild des Königs als
Schöpfergott Re, Atum und Chnum (Vers 2-8), seine Rolle als Er-
halter und Versorger (Vers 9-15) sowie Schützer des Landes und
Garant der Maat (Vers 16-24) und an letzter Stelle die Angleichung
an Re und Atum und seine Funktion als Spender des Lebensatems
(Vers 25-30). Die Darstellung der Gottebenbildlichkeit des Herrschers
als ein auf Erden handelnder Gott ist zwar für Eulogien Ramses'II.
nicht ungewöhnlich, jedoch in einer so ausgeprägten Vielschichtigkeit
fast ausschließlich nur bei dem Typus der in Königsnovellen einge-
bundenen Lobreden zu finden.

Erst nach der eulogischen Rede offenbart Ramses II. in einer Rede
seinen Beamten seine Pläne für Abydos.[56] Diese Rede ist interessanterweise in drei Teile zu gliedern.

Zunächst beschreibt er den Beamten den Zustand, in dem er die
Tempel in Abydos vorfand und den daraus resultierenden Wunsch,
diese wieder zu errichten.[57] Die Verwahrlosung der königlichen
Tempel begründet der Herrscher selbst mit dem Fehlen der *pietas*,
die normalerweise die Söhne ihren Vätern zukommen lassen müssen:
"Ich sah die Häuser in *Tȝ-ḏsr* und die Gräber, die sich in Abydos

---

[52] Zeile 37-38,KRI II 326.06-326.07;6.Kapitel.

[53] Zeile 38-39,KRI II 326.07-326.10;7.Kapitel.

[54] Zeile 40-44,KRI II 326.10-327.04;8.Kapitel.

[55] Für eine ausführliche Analyse dieser Eulogie: C. Maderna-Sieben, Ramessidische Königseulogien der 19.Dyn. und ihr propagandistischer Aussagewert, Kata-
logtext KT20, (in Vorbereitung). Assmann, J., *Hymnen und Gebete*, (1999[2]), Nr. 238.

[56] Zeile 44-59,KRI II 327.04-329.03; 9.Kapitel.

[57] Zeile 44-47,KRI II 327.04-327.11.

befinden, die Arbeit an ihnen war unvollendet, seit der Zeit ihres Herren bis auf diesen Tag. Seitdem ein Sohn an die Stelle seines Vaters tritt, gibt es keine Erneuerung der Denkmäler seines Erzeugers."[58]

Das Fehlen dieser *pietas* führt also indirekt zu dem Nichtvorhandensein der Maat. Als vorbildlicher Herrscher ist Ramses II. dafür zuständig, diesem Zustand ein Ende zu setzen. Die Bauvorhaben in Abydos, die der König als Horus-*nḏ.tj* vollzieht, überwinden das Chaos und lassen ihn als denjenigen erscheinen, der wie Re dieses Chaos mit einem schöpferischen Akt ordnet, so dass die Maat im Lande, hier in Abydos, wieder eingeführt wird. Indirekt findet man hier somit neben der Gleichsetzung des Herrschers mit Horus-*nḏ.tj*, auch eine Angleichung an den Schöpfergott. Diese wird interessanterweise mit einer Terminologie hervorgehoben, die von den Schöpfungslehren aus dem Umkreis des "Denkmals memphitischer Theologie" bekannt ist:[59] Der Plan, der vom König selbst als Akt der *pietas* des Sohnes gegenüber seinem leiblichen Vater und allen vorherigen Königen bezeichnet wird, resultiert direkt aus dem Herzen des Herrschers: "Also sprach ich mit meinem Herzen: "Eine ausgezeichnete Angelegenheit ist das Errichten von dem, was aus der Vergangenheit stammt. Nützlich ist das Sich-Erbarmen und gut ist die Freude des Sohnes, wenn er sich um seinen Vater kümmert." Mein Herz leitete mich (und) <sagte>: "Mache zweimal Nützliches für '*Mr-n-Ptḥ*)/. Ich werde veranlassen, dass man bis in alle Ewigkeit sagt: "Es ist sein Sohn, der seinen Namen belebt."[60]

Die Wiedereinsetzung der Maat durch das Vollziehen der *pietas* wird als eine Form des Schöpfungsaktes gewertet.

Vergleicht man diese Textpassage mit der Vorstellung des Schöpfungsgedankens, wie er im "Denkmal der memphitischen Theologie" entwickelt wird, so bemerkt man die gleiche gedankliche Konzeption, die sich jedoch auf zwei unterschiedliche Schöpfergötter bezieht. Die Emphase des Schöpfungsaktes liegt nicht, wie in Heliopolis, auf dem

---

[58] Zeile 44-45,KRI II 327.05-07.
[59] Erman, A., *Ein Denkmal memphitischer Theologie*, SPAW 43,1901,916-950; Sethe, K., *Dramatische Texte zu altägyptischen Mysterienspielen.I. Das "Denkmal Memphitischer Theologie"*, UGAÄ 10, 1964,1-78; Junker, H., *Die Götterlehre von Memphis*, APAW 1939, Nr.23; idem, *Die politische Lehre von Memphis*, APAW 1941, Nr. 6. Zur Datierung des Textes: Assmann, J. "*Re und Amun*,(1983), 220, Anm.105; idem, "Schöpfung", in: *LÄ V*, 1984,684; Schlögl, H.A., "Der Gott Tatenen", in: *OBO 29*, 1980, 110-117.
[60] Zeile 45-46, KRI II 327.07-10.

Aspekt des Werdens, sondern auf dem des Herstellens durch einen Plan, der im Herzen des Gottes ersonnen und durch den Mund formuliert wird.[61]

Bei dem "Denkmal memphitischer Theologie" ist es Ptah, der Gott der Bildhauer und Handwerker, der als Demiurg diesen Plan entwirft und vollzieht.[62] Dieselbe Vorstellung der Schöpfung durch einen im Herzen entworfenen Plan wird von zwei Texten aufgegriffen, die diesen Schöpfungsakt in narrativer Form wiedergeben. Der erste ist der vorarmanazeitliche Tura-Hymnus,[63] der andere ist der ramessidische Hymnus Hibis.[64] Beide Texte stammen aus dem Umfeld der thebanischen Schöpfungshymnen und heben die drei Aspekte des Gottes Amun-Re als Ur-, Schöpfer- und Lebensgott hervor.

Der Schöpfungshymnus von Tura erzählt, wie Assmann[65] hervorhebt, die einzelnen kosmogonischen Vorgänge in Verbalsätzen und bringt diese in eine zeitliche Abfolge. Die hier interessierende Textpassage bilden innerhalb der Schöpfungsgeschichte den Abschnitt der "Ersten Verkörperung" als Sonne—die Schöpfung des Lichts für die Geschöpfe—und den als Rückblende betrachteten "Schöpfungsplan"—Präkonzeption der Schöpfung im Herzen:[66]

> Du hast deine erste Gestalt angenommen als Re,
> um die beiden Länder zu erleuchten für das, was du geschaffen hast,
> entsprechend dem was dein Herz [erdacht] hat als du alleine warst.[67]

Der Hymnus Hibis, gesprochen von den acht Urgöttern, geht in einer wesentlich ausführlicheren Schilderung auf die gedankliche Konzeption der Schöpfung ein:

> "Er erdachte sich seinen Ruhm als Großen Namen—
> siehe, [die] aus ihm [hervorgegangen waren], sie gedachten seiner,
> als ihres Hüters und Beschützers
> in seinem großen Namen "Heilig an Gestalten",

---

[61] Hierzu: Assmann, J., *Re und Amun*, (1983), 220ff, 238ff.

[62] Vgl.auch die Belege für die Schöpfung durch das "Herz" in: Assmann, J., *Re und Amun*, (1983), 239-240.

[63] Abd el-Mohsen Bakir, "A Hymn to Amon-Re at Tura", in: *ASAE 42*, 1943,83-91; Assmann, J., *Hymnen und Gebete*, (1999²), Nr. 88; idem, *Re und Amun*, (1983), 226-229; idem, "Schöpfung", in: *LÄ V*, 1984, 683.

[64] pMag.Harris 501, III.10-IV.08: Lange, H.O., *Der Magische Papyrus Harris*, (1927), 32ff., Abschnitt G.= Davies, N, *The Temple of Hibis in el-Kharga Oasis III*, PMMA 13, 1953, Taf. 32; Assmann, J., *Re und Amun*, (1983), 229-234; idem, *Hymnen und Gebete*, (1999²), Nr.129; idem, "Schöpfung", in: *LÄ V*,1984, 683.

[65] Assmann, J., *Re und Amun*, (1983), 226-229.

[66] Nach: Assmann, J., "Schöpfung", in: LÄ V, 1984, 683, Abschnitt 4. und 5., bzw.(d) und (e).

[67] Zeile 13-14, Übersetzung nach Assmann, J., *Re und Amun*, (1983), 226-229.

der die Erde schuf, der das Entstehen begann, als da nichts Entstan-
denes entstanden war.
Fest an Erkenntnis, kundigen Herzens,
dem nichts verborgen ist(?), ewiglich;
er hat Rat gepflogen mit seinem Herzen, als er dies alles plante,
er hat Himmel und Erde entworfen in ihrer Eigenart,
als er die Entstehung der Höhlungen ersann unter seinem Thron".[68]

Der Schöpfungsplan ist hier nicht als Rückblende aufgezeichnet,
sondern steht als zweiter großer Textabschnitt vor dem der eigentlichen Schöpfung.[69] Interessanterweise folgt dieser Schöpfungsbe-
schreibung eine Strophe mit 12 Versen,[70] die Assmann[71] als letztes
Stadium der Schöpfung bezeichnet, und die die Entfernung des Gottes
an den Himmel zum Thema haben.[72] Die im Stil der Eulogie verfaßten
folgenden Verse[73] belegen eine inhaltliche Zäsur und leiten zu dem
Thema der Erhaltung dieser Schöpfung durch die drei lebensspen-
denden Elemente "Licht", "Wasser" und "Luft" über. Die schöpferische Tätigkeit des Demiurgen geht direkt in die Arbeit des Erhaltens
dieser Schöpfung über und ist somit als *creatio continua* zu werten.[74]

Das häufige Auftreten der Thematik der Entfernung des Gottes
von seiner Schöpfung und der Erhaltung derselben in ramessidischen
Hymnen wird auch mit dem Text der Bauinschrift von Abydos belegt.
Hier stellt sich Ramses II. als Demiurg dar, der durch seinen stän-
digen Einsatz die Ordnung der Welt, also ihre In-Gang-Haltung,
aufrechterhalten muss. Dieser Einsatz, der den Erhalt der Maat garantiert, liegt nicht nur in der von der Bauinschrift thematisierten Erhaltung der Denkmäler, sondern auch in der Überwindung der
feindlichen Gegenmächte, wie sie in diesem Zusammenspiel bereits
in der Lehre für Merikare[75] erwähnt wird und in der Bauinschrift
sicherlich impliziert ist.

---

[68] Zeile 52-69=Abschnitt II, Übersetzung nach Assmann, J., *Hymnen und Gebe-*
te, (1999²), Nr. 129. Vor diesem Abschnitt I=Zeile 37-51 mit der Thematik: Urzeit: Selbstentstehung als "Kind der Acht".

[69] Siehe: Assmann, J., "Schöpfung", in: *LÄ* V, 1984, 683: Abschnitt III(a-h)=Zeile
70-95.

[70] Abschnitt IV=Zeile 96-107.

[71] Assmann, J., *Re und Amun*, (1983), 231-234.

[72] Zu der weiteren Ausdeutung dieses Themas und seiner Verbindung zum
Mythos des "Buches von der Himmelskuh": Assmann, J., *Re und Amun*, (1983), 232f
und 260f.

[73] V Abschnitt=Zeile 108-151.

[74] Vgl. Assmann, J., *Re und Amun*, (1983), 234 und 246ff.

[75] pLeningrad Eremitage 116A, 110-114; Quack, J.F., *Studien zur Lehre für Merikare*,
(1992), 64-69.

Das Überwinden des Chaos und das Erhalten der Denkmäler in
Abydos führt in der Bauinschrift zu dem Wunsch des Herrschers,
dass Osiris als Gegengabe ihn mit der Lebenszeit seines Sohnes Horus
belohnen möge.

Die durch die Schöpfungsthematik verdeutlichte Angleichung des
Herrschers an Re wird im folgenden noch expliziter ausgedrückt.
Der zweite Abschnitt[76] der an die Beamten gerichteten Rede
Ramses' II. wird durch dessen Aussage eröffnet: "Ich kam aus Re
hervor, auch wenn ihr sagt, es war *(Mn-M3ᶜ.t Rˁ)/*, der mich aufzog.
Der Herr des Universums selbst vergrößerte mich, seit (der Zeit als)
ich ein Kind war bis ich ein Herrscher wurde. Er gab mir das Land,
als ich im Ei war."[77]

Es wird hier eine eindeutige Trennung zwischen dem göttlichen
Vater Re und dem irdischen Vater Sethos I. vollzogen. Dabei obliegt
es natürlicherweise dem göttlichen Vater, den zukünftigen Herrscher
schon im Ei zu erkennen und bereits präexistent seine Herrschaft
zu legitimieren. Diese Auserwähltheit durch das göttliche Wissen ist
auch dem irdischen Vater bekannt, der nun diese Vorherbestimmung
seines Sohnes als ihm folgender Amtsinhaber mit den irdischen
Insignien des zukünftigen Amts bestärken muss. Die folgende Beschreibung, wie Sethos I. zu seinen Lebzeiten seinen Sohn in das
Amt eines Kronprinzen einführte und diesen gemäß seiner Stellung
mit Insignien und Besitztümern ausstattete, ist mehrfach als Begründung einer Koregentschaft zwischen Sethos I. und Ramses II. angeführt worden.[78] Es führt hier zu weit, auf diese Problematik im
einzelnen einzugehen. Ausgehend von der vorliegenden Passage der
Bauinschrift von Abydos möchte ich mich jedoch der Meinung von
Murnane[79] anschließen, der eine wirkliche Koregentschaft dieser
beiden Herrscher eher für unwahrscheinlich hält. Neben der göttlichen Vorherbestimmung und Legitimation als Herrscher durch Re,
obliegt es Sethos I., diese Legitimierung durch die offizielle Einsetzung seines erstgeborenen Sohnes zum Kronprinz und Erbe im Land
zu propagieren.

Dass Sethos I. mit dem jungen Ramses II. in den Armen vor die
Menge tritt und verlangt "Setzt ihn als König ein, damit ich seine

---

[76] Zeile 47-52, KRI II 327.11-328.06.
[77] Zeile 47-48, KRI II 327.11-13.
[78] Vgl. Murnane, W.J., *Ancient Egyptian Coregencies*, (1977), 57-87.
[79] Murnane, W.J., op.cit., 80-87.

Schönheit erblicke, (noch) während ich lebe"[80] und später die Priester
dazu anhält "Gebt ihm den Uräus auf seinen Kopf",[81] ist kaum als
Einsetzung Ramses II. als Koregent, sondern als Designation des
zukünftigen Herrschers durch seinen irdischen Vater, der damit den
Willen und Plan des Gottes umsetzt, zu interpretieren.

Interessant ist unter diesem Aspekt auch die Betrachtung der schon
erwähnten Aussage Sethos'I.: "Setzt ihn ein als König, damit ich seine
Schönheit erblicke, (noch) während ich lebe". Gerade der Terminus des Erblickens seiner Schönheit, der in Variationen häufig in
den Sonnenhymnen thebanischer Gräber vorkommt,[82] dort oft im
Kontext eines Wunsches, führt zu dem Bild der Strahlenmacht des
Sonnengottes, die die Menschheit aufleben lässt und auch das Feindliche überwindet. Die zuvor behandelte Ferne des Schöpfergottes[83]
verbindet diesen auf der anderen Seite aufgrund seiner lebenser-
haltenden Strahlenmacht unabdingbar mit seinen Geschöpfen.[84] Eine
Ausdeutung, die besonders in der Amarnazeit zum Vorschein kommt.
Durch das lebensspendende Element des Lichts wird die Erhaltung
der Geschöpfe garantiert. Dass diese auf den Sonnengott angewandte
Terminologie gerade aus dem Mund Sethos'I. gesprochen wird,
verdeutlicht wiederum die Intention Ramses'II. sich selbst mit Re
gleichzusetzen: Sein irdischer Vater sieht in ihm eine Manifestation
des Re auf Erden, durch die die Schöpfung aufrechterhalten wird.

Der dritte Abschnitt der Rede des Herrschers[85] weist an seinem
Beginn zwar einige Zerstörungen auf, lässt jedoch einen eindeutigen Bezug auf die zuvor besprochene Aussage Ramses'II. "Ich kam
aus Re hervor..."[86] erkennen. Nachdem Ramses II. von seinem
göttlichen Vater Re legitimiert und von seinem irdischen Vater Sethos
I. als Manifestation des Sonnengottes anerkannt wurde, spricht er
folgerichtig: "Seht, ich bin Re über das Volk...".[87] Diese Aussage
eröffnet sozusagen den Bericht über die bereits durchgeführten

---

[80] Zeile 49, KRI II 327.15-328.01.
[81] Zeile 50, KRI II 328.02.
[82] Assmann, J., *Sonnenhymnen in Thebanischen Gräbern*, Theben 1, 1983, bes.17.46,20.32,22.18-19,26.5-9,52.41-43,54.18-25,59b.-9,63.6,65.5-6,66.6,88.8, 105.5,114.27,118.14,127.11-12,180.9c,189.8,203.5,210.3-4,211a.9, 212b.14, 224.5, 230.16-17,241.8,251.10-13,254.24, 254a.13.
[83] Hymnus Hibis, Abschnitt IV=Zeile 96-107.
[84] Assmann, J., *Re und Amun*, (1983), 104-108.
[85] Zeile 52-59, KRI II 328.06-329.03.
[86] Zeile 47-48, KRI II 327.11-13.
[87] Zeile 52, KRI II 328.06.

Wohltaten Ramses'II. zugunsten seines Vaters im Lande und seine
zukünftigen Vorhaben in Abydos . Diese Handlungen werden auf
zwei Ebenen fokussiert. Die erste ist die schon erwähnte Gleichsetzung der Taten Ramses'II. mit dem Schöpfungsakt des Re. Die andere
ist die immer wieder betonte *pietas*, die der Herrscher als Horus seinem
verstorbenen irdischen Vater als Osiris zukommen lässt, die zu Ende
der Rede in einer Strophe explizit benannt wird:

> Es ist gut ein Denkmal nach dem anderen zu errichten. Es ist doppelt
> nützlich in einem Mal, denn sie in meinen Namen und den Namen
> meines [Vaters] sind. So wie der [gute] Sohn ist, so ist auch der, der
> ihn geboren hat.[88]

Nach dieser Rede Ramses'II. an seine Beamten folgt eine lange
Antwortrede der Beamten.[89] Diese Huldigung des Hofstaats nimmt
sogleich zu Beginn die Gleichsetzung Ramses'II. an Re auf der einen Seite und Horus auf der anderen wieder auf:

> Du bist Re, dein Leib ist sein Leib. Kein Herrscher entstand wie du.
> Du bist einzigartig, wie der Sohn des Osiris.[90]

Die Einzigartigkeit des Herrschers als Re und Horus wird in dieser
Rede von den Beamten mit unterschiedlichen Phrasen hervorgehoben. Hiermit wird auch die Lebensnotwendigkeit seiner Existenz für
das Land dokumentiert. Unter anderem heißt es:

> – "Das Gesetz des Landes ist an [seine] richtige Stelle gekommen...".[91]
> – "So wie du bist, ist auch der Sohn des Osiris. Siehe du bist ein guter
>   Erbe wie er. Sein Königtum, du machst
>   es ebenso...".[92]
> – "Du existierst auf der Erde wie die Sonnenscheibe...".[93]
> – "Du(König) bist der Gott von jedem Ort. Man erwacht, um dir
>   Weihrauch zu spenden, gemäß des Befehls
>   deines Vaters Atum, um zu veranlassen, dass dir Ägypten und das
>   Ausland huldigt."[94]

Neben der erwähnten Gleichsetzung des Herrschers mit Re und Horus
werden hier wiederum die vorbildhaften Handlungen Ramses'II.

---

[88] Zeile 58-59, KRI II 329.02-03.
[89] Zeile 59-73, KRI II 329.03-331.02; 10. Kapitel.
[90] Zeile 59, KRI II 329.03-04.
[91] Zeile 60, KRI II 329.05-06.
[92] Zeile 64, KRI II 329.13.
[93] Zeile 67, KRI II 330.05.
[94] Zeile 73, KRI II 330.15-331.02.

zugunsten des Vaters und der Götter als Ausübung der Maat gewertet.

Die folgende Textpassage[95] beschreibt relativ kurz die Instandsetzung der Monumente und die Neueinrichtung des Kultbetriebes
in Abydos durch Ramses II., mit dem Vermerk, dass ähnliche Aktivitäten in Theben, Memphis und Heliopolis durchgeführt wurden.

Hier folgt eine weitere Rede Ramses'II.,[96] die er an seinen verstorbenen Vater Sethos I., der mit Osiris gleichgesetzt wird, richtet.
In einer zu Beginn stehenden Passage werden die zuvor schon erwähnten Thematiken der Gleichsetzung Ramses'II. mit Re und Horus-
nd.tj, der vorbildlichen Handlungen des Sohnes zugunsten seines
Vaters, die dessen Dauerhaftigkeit bedingen, und die Gleichsetzung
Sethos'I. mit Osiris eindrucksvoll hervorgehoben:

> Wache auf, indem dein Gesicht in Richtung des Himmels (gerichtet)
> ist, damit du Re siehst, mein Vater *(Mr-n-Pth,)/,* der (nun) ein Gott
> ist! Siehe, ich belebe deinen Namen (und) habe dich geschützt. Ich
> kümmere mich um deinen Tempel, deine Opferbrote sind festgesetzt.
> Du ruhst in der Unterwelt wie Osiris, während ich als Re für die Men-
> schen erscheine. Ich bin auf dem großen Thron des Atum wie Horus,
> der Sohn der Isis, der Schützer für seinen Vater.[97]

Im weiteren beschreibt der Herrscher nochmals seine Taten in
Abydos[98] und bringt diese in direkte Abhängigkeit mit der dadurch
ermöglichten dauerhaften Teilnahme Sethos'I. an der Sonnenfahrt
des Re und seinem Aufenthalt in der Unterwelt.[99] Durch diesen Beweis
der *pietas* zu dem Vater und den Göttern erbittet Ramses II. die
Fürsprache Sethos'I., um die Dauerhaftigkeit der eigenen Herrschaft
von Re zu erhalten. Die Herrschaft Ramses'II. und seine damit
verbundene immerwährenden Aktivitäten zugunsten seines Vaters
garantieren somit auch die Götternähe Sethos'I.[100]

Auf diese Rede folgt die Antwort des verstorbenen Sethos'I.[101]
Durch die Handlungen Ramses'II. befähigt, ewiglich in der Nähe
der Götter Re und Osiris zu existieren, tritt dieser als Fürsprecher
seines Sohnes bei den Göttern ein. In einer Fülle von Phrasen wer-

---

[95] Zeile 73-79, KRI II 331.02-331.13;11. Kapitel.
[96] Zeile 79-101, KRI II 331.13-334.10;12. Kapitel.
[97] Zeile 80-82, KRI II 332.01-04.
[98] Zeile 83-93, KRI II 332.08-333.11.
[99] Zeile 93-95, KRI II 333.11-15.
[100] Zeile 95-101, KRI 334.01-10.
[101] Zeile 101-120, KRI II 334.10-336.09. 13. Kapitel.

den die Herrschaft Ramses'II. legitimiert und ihm die Lebenszeit des Re auf dem Thron des Horus der Lebenden, Kraft und Siege, sowie die Dauerhaftigkeit des Atum beim Auf- und Untergang versichert.

In dem letzten Abschnitt seiner Rede,[102] der leider an einigen Stellen sehr zerstört ist, emphatisiert Sethos I. die Göttlichkeit seines Sohnes:

> Du bist das lebende [...] des Atum. Alle deine Worte werden wie die des Allherrn. Du bist das legitime Ei des Cheper (und) das göttliche Wasser [...] aus ihm hervor. Deine Geburt ist das, was Re selbst gemacht hat. Er spricht zu dir: "[...] beim [machen für?] [...] Amme." Du bist gekommen als lebender Re für das Volk. Das südliche Land und das nördliche Land [sind unter] deinen [Füßen vereint], [...] Millionen von Jahren für (*Wsr-Mȝꜥt-Rꜥ stp-n-Rꜥ)/* (und) die Dauer des Allherrn bei seinem Aufgang [und Untergang, immerdar bis in die Ewigkeit].

5. *Historischer Kontext*

Die Datierung der Bauinschrift von Abydos steht nicht wie gewohnt am Textanfang, sondern ist an vier Stellen in die fortlaufende Erzählung integriert:

1. "Da erhob sich der Herr der beiden Länder als König, um Schützer für seinen Vater zu sein, zur Zeit des 1. Regierungsjahres auf seiner ersten Reise nach Theben.[103]
2. Es geschah an einem dieser Tage im Jahr 1, 3.Monat des *ȝḥ.t*, Tag 23, beim [Hin-] und Hergehen [...], nach der Festfahrt des Amun nach Luxor.[104]
3. Ich bildete meinen Vater aus Gold von neuem im ersten Jahr meines Erscheinens.[105]
4. Wahrlich er [begann] im 1. Jahr sein Kultbild zu bilden.[106]

Vergleicht man diese Art der Datumsangaben mit der Datierung der Qubanstele[107] Ramses'II., die auch der Literaturgattung der Königsnovelle angehört, so fällt der konzeptionelle Unterschied auf, den diese beiden Inschriften bezüglich der Datumsangabe haben.

---

[102] Zeile 117-119, KRI II 336.04-336.09.
[103] Zeile 26-27, KRI II 324.12-14; 2. Kapitel.
[104] Zeile 30-31, KRI II 325.05-07; 3. Kapitel.
[105] Zeile 53, KRI II 328.08-09; 9. Kapitel.
[106] Zeile 76, KRI II 331.06; 11. Kapitel.
[107] KRI II 353.01-360.06.

Die Qubanstele mit ihrer einleitenden Datierung, der folgenden Titulatur und der anschließenden Erzählung, folgt dem gewohnten Konzept offizieller, historischer Inschriften.

Die Komplexität der erzählerischen Handlung in der Bauinschrift von Abydos mit ihren vorangestellten Reden der Götter und der Beschreibung der Bautätigkeiten Ramses'II. zugunsten seines Vaters in Abydos, die jedoch auch weitschweifig die Ernennung Ramses'II. als Kronprinzen und Koregenten durch seinen noch lebenden Vater Sethos I. sowie die erste Phase der Alleinherrschaft Ramses'II. mitbeinhaltet, rücken den gesamten Text eher in die Nähe einer literarischen Erzählung als in die einer offiziellen Inschrift. Für solche Erzählungen ist es nicht unüblich, die Datierungen an gleich mehreren Stellen des Textes zu integrieren.

Die zuvor aufgezählten Datumsangaben innerhalb der Bauinschrift von Abydos gliedern den zeitlichen Ablauf der Handlung folgendermaßen:[108]

1. Nach dem Tod seines Vaters Sethos I. fährt Ramses II. im Besitz seiner vollen Titulatur als alleiniger Regent in seinem 1.Regierungsjahr von Memphis nach Theben.

Die Handlungen Ramses'II. zugunsten seines verstorbenen Vaters, werden auf die Ebene des Verhältnisses zwischen Horus-*nḏ.tj* und Osiris gestellt. Zu Anfang seiner Regierung muss Ramses II. seinen Vater durch Errichtung von Statuen in Memphis, Theben und Abydos und die Erneuerung der Bauten in Abydos "schützen". Die Funktion des Sohnes ist hier, den Namen und dadurch das Andenken seines Vaters im Lande zu bewahren. Dies verdeutlicht die *pietas* des Herrschers als Sohn und Horus gegenüber seinem zu Osiris gewordenen Vater.

2. Nach dem Opet-Fest in Luxor um den 23.Tag des 3. Monats des *ꜣḥ.t*, im Verlaufe dessen Ramses II. in seinem Amt durch Amun bestätigt wurde, plant der Herrscher auf seinem Rückweg in Abydos Halt zu machen, um die Tempel seines Vaters und der Götter zu begutachten.

Die im Text aufgezeichneten Daten beziehen sich auf die Ereignisse, die die Bauinschrift von Abydos beschreiben, und sind in keinem Fall der Aufzeichnungszeitpunkt der Inschrift selbst. Das Projekt Ramses'II., den Tempel seines Vaters in Abydos nicht nur fertigzustellen sondern auch durch neue Anbauten und Umbauten in we-

---

[108] Siehe auch: Kitchen, RI Comments II, 192.

sentlichen Zügen neu zu prägen, wird wohl in das 1. Jahr seiner Regierungszeit als alleiniger Herrscher fallen. Auch die Idee, den gesamten Bezirk von Thinis baulich und kultisch zu erneuern, wird auf dieses Jahr, wie es auch in der Bauinschrift beschrieben wird, zurückgehen. Dies sagt jedoch nichts über den tatsächlichen Zeitpunkt der Aufzeichnung der großen Bauinschrift von Abydos aus.

Die Tatsache, dass das ursprüngliche Bauprojekt Sethos'I., jedenfalls die Ausarbeitung der Fassade, auf der die Bauinschrift aufgezeichnet wurde, durch seinen Sohn in wesentlichen Merkmalen umgeändert wurde, weist meiner Ansicht nach weder auf die Zeit der angenommenen, jedoch m.A. nach nicht existierenden Koregentschaft Sethos'I. und Ramses' II.[109] noch auf die allererste Zeit nach der alleinigen Herrschaftsübernahme Ramses'II.. Sie verweisen wohl eindeutig auf einen etwas späteren Zeitpunkt in der Regierungszeit Ramses'II.

Die Änderung in der Titulatur Ramses'II., die mehrfach Anlass für umfangreiche Studien war,[110] deutet aufgrund des durchgängig verwendeten Zusatzes *stp-n-R^c* des Thronnamens Ramses'II. *Wsr-M3^c.t-R^c* bei der Bauinschrift auf das Jahr 2 dieses Herrschers hin. Dies wird auch durch die im vorliegenden Text alternierenden Schreibungen des Eigennamens *R^c-mss* und *R^c-ms-sw*, die erst um das Jahr 2 auftreten und erst ab Jahr 21 die alleinige Schreibung *R^c-ms-sw* aufweisen,[111] unterstrichen.

Unter diesen Gesichtspunkten scheint ein Aufzeichnungszeitpunkt der Bauinschrift von Abydos eher ab dem 2. Regierungsjahr Ramses'II. wahrscheinlich zu sein, auch wenn die Datierungen der beschriebenen Geschehnisse in das Jahr 1 zurückreichen.

Betrachtet man die die Bauinschrift betreffenden Ereignisse in chronologischer Folge,[112] ausgehend von dem mittlerweile allgemein akzeptierten Thronbesteigungsdatum Ramses'II. am 3. Monat des *šmw*,

---

[109] Vgl. Murnane,W.J., *Ancient Egyptian Coregencies*, (1977), 73ff.

[110] Vgl. besonders: Murnane, W.J., *Ancient Egyptian Coregencies*,(1977), 64; idem, "The Earlier Reign of Ramses II and his Coregency with Sethi I", in: *JNES 34*, 1975, 153-200; idem, "The Earlier Reign of Ramses II: Two Addenda", in: *GM 19*, 1976, 41-44; Spalinger, A.J., "Historical Observations on the Military Reliefs of Abu Simbel and other Ramesside Temples at Nubia",in: *JEA 66*,1980,83-99; Seele, K.C., *The Coregency of Ramses II with Sethi I and the Date of the Great Hypostyle Hall at Karnak*,(1940), 27ff.

[111] Kitchen, K.A., "Aspects of Ramessid Egypt", in: Reinecke, W.-F. (Hrsg.), *Acts of the First International Congress of Egyptology*, Cairo 1976, 383-390.

[112] Siehe auch:Kitchen, RI Comments II, 192.

CLAUDIA MADERNA-SIEBEN

Tag 27, so fand das in der Bauinschrift erwähnte Luxorfest, an dem der bereits im Amt befindliche König das Fest in der Funktion des Hohepriesters des Amun[113] leitete und von ebendiesem Gott seiner Macht versichert wurde, vom 2. Monat des *ꜣḫ.t*, Tag 13 bis zum 3. Monat des *ꜣḫ.t*, Tag 22, statt. Wenig später, wohl um den 3. Monat des *ꜣḫ.t*, Tag 24-30 wurde dann bei der Rückkehr nach Memphis in Thinis haltgemacht und sowohl der Plan für die Erneuerung der Denkmäler und Kulte in Abydos gefasst als auch *Nb-wnn=f* zum neuen Hohepriester des Amun von Karnak ernannt.[114] Die Fertigstellung der vorderen Gebäudeteile des Tempels Stehos'I., dürfte etwa im zweiten oder einem der kurz darauf folgenden Jahre abgeschlossen worden sein. Für diesen Zeitpunkt sprechen nicht nur die kurz zuvor angerissenen Anhaltspunkte, sondern auch die äußerst elaborierte Form und Phraseologie der großen Bauinschrift von Abydos. Ihre starke Emphase auf das Thema des Königs als Schöpfergott, die in einer solchen Intensität aus den Inschriften Sethos'I. nicht bekannt ist, kann meiner Ansicht nach nicht in die allerjüngste Zeit nach dem Herrschaftsantritt Ramses'II. zu datieren sein.

6. *Die Inschrift*[115]

6.1 *Die Reden der Anfangsszene*[116]

6.1.1 *Die Rede des Osiris*[117]

- (1) Worte zu sprechen seitens Osiris, des Herrn der Ewigkeit
- zu seinem Sohn, dem König von Ober– (und) Unterägypten *(Wsr–Mꜣꜥ.t–Rꜥ stp–[n]–Rꜥ)/*:
- (2) "Mein Herz ist wegen dem, was du für mich gemacht hast, zufrieden.
- (3) Ich ju[bele] über [das, was du] befohlen [hast].
- Ich bin froh, weil du die Maat für mich machst,
- genauso wie ich (4) von ihrer Schönheit lebe.
- Der Lohn für dich ist die Lebensdauer des Himmels.

[113] Lefebvre, G., *Histoire des Grands Prêtres d'Amon de Karnak*, (1929), 117-123; PM II², 47(158); KRI II 573.16; Sethe, K., "Miszellen", in: *ZÄS 58*, 1923, 54.
[114] Lefebvre, G., loc.cit.
[115] Zählung der Inschriftenkolumnen nach KRI II. Textkritische Transkription und Übersetzung im Druck bei Göttinger Miszellen.
[116] Zeile 1-24, KRI II 323.09-324.08.
[117] Zeile 1-8, KRI II 323.09-13.

– (5) Deine [Schönheit] ist wie (die der) Sonnenscheibe.
– So lange du existierst, existiert Atum.
– (6) Du bist erschienen auf seinem Thron,
– (7) wie Re dauerhaft ist beim Überfahren im Himmel.
– Du bist der König von Ober- (und) Unterägypten in deiner Schönheit im Innern [meines Vorhofes?].
– Deine Pläne sind nützlich für mein Herz.
– (8) Das, was du gemacht hast, wie beliebt ist es im Horizont.
– Die Kapelle ist in Freude zweimal.
– Deine Stimme wird gehört (und) deiner Schönheit wird gedacht von [Ta]tennen.
– Er [gibt] dir Hunderttausende von Jahren."

6.1.2 *Die Rede der Isis*[118]
– (9) Worte zu sprechen seitens der großen Isis, der Mutter des Gottes:
– (10)"Mein geliebter Sohn *(R^c-[ms-sw] mrj-Jmn)/*
– deine Lebenszeit ist (11) wie die meines Sohnes Horus.
– So wie du bist, so ist auch der, der (12) aus meinem Leib kam.
– Du bist nützlich für uns wie sein Wesen.
– (13) Die Lebenszeit des Himmels, das Königtum des Allherrn,
– die (14) Jahre der beiden Herren als König,
– sie werden dir zugewiesen auf der Erde."

6.1.3 *Die Rede Sethos' I.* [119]
– (15) Worte zu sprechen seitens Osiris, des Königs *(Mn-Mȝ^c.t-R^c)/* gerechtfertigt:
– "Sei froh (16) König von Ober- (und) Unterägypten *(Wsr-Mȝ^c.t-R^c stp-n-R^c)/*!
– Re gibt dir die Ewigkeit,
– Atum (17) jubelt über deinen Namen "Horus reich an Jahren".
– Siehe, ich bin in Freude (18) an jedem Tag.
– Ich bin aufs neue zum Leben gekommen.
– Ich freue mich über das, was du gemacht hast bei mir.
– (19) Ich bin ernannt worden zum Gerechtfertigten.
– Wenen-nefer macht mich mächtig wegen all dem, was du für mich gemacht hast."

---

[118] Zeile 9-14, KRI II 323.14-324.01.
[119] Zeile 15-19, KRI II 324.01-04.

264 CLAUDIA MADERNA-SIEBEN

6.1.4 *Die Rede Ramses' II.*[120]

Kartuschen über dem König:
- Herr der Kronen *(R^c-ms-sw mrj-Jmn)/*
- Herr der beiden Länder *(Wsr-M3^c.t-R^c stp-n-R^c)/*

- (20) Worte zu sprechen seitens des Königs von Ober- (und) Unterägypten *(Wsr-M3^c.t-R^c stp-n-R^c)/* zu seinem Vater:
- "Ich begrüße dich (21) wie dein Sohn Horus.
- Ich habe gehandelt (in der Art) in der er es gemacht hat.
- Ich wiederhole für dich Denkmäler in *T3-dsr,*
- (22) verdoppele für deinen Ka die Opferbrote,
- (und) trete für meinen Vater ein, der in der Unterwelt
- unter deinem Willen ist.
- (23) Ich weiß, dass du die Maat liebst.
- Ich schenke sie deiner Schönheit,
- ich erhebe sie auf meiner Hand vor dir,
- (24) damit sie mir das Land in Frieden gibt,
- damit [du] mir die *d.t*-Dauer als König
- und die *nḥḥ*-Zeitfülle als Herrscher der beiden Länder gibst.
- Siehe, ich mache die Dinge, die dein Herz liebt,
- jeden Tag, unaufhörlich."

6.2 *Haupttext*[121]

6.2.1 *Prolog*[122]

- (25) Es geschah aber, dass ein Sohn seinen Vater schützte
- wie Horus Osiris schützte.
- Der den gebildet hat, der ihn gebildet hat, der, den erschaffen hat, der ihn erschaffen hat
- der, der den Namen seines Erzeugers wiederbelebt hat.
- Der König von Ober- (und) Unterägypten *(Wsr-M3^c.t-R^c stp-n-R^c)/,*
- Sohn des Re, den er liebt, Herr der Kronen *(R^c-ms-sw mrj-Jmn)/,*
- mit Leben beschenkt wie Re ewiglich,
- geliebt von Osiris, dem Herrn von Abydos.

---

[120] Zeile 20-24, KRI II 324.04-08.
[121] Zeile 25-120, KRI II 324.10-336.09.
[122] Zeile 25, KRI II 324.10.11.

6.2.2 *Die erste Fahrt Ramses' II. als Herrscher nach Theben und seine Stiftungen für Sethos I. im Land*[123]

- (26) Da erhob sich der Herr der beiden Länder als König,
- um Schützer für seinen Vater zu sein,
- zur Zeit des 1.Regierungsjahres auf seiner ersten Reise nach Theben.
- Er bildete Statuen seines Vaters,
- des Königs (*Mn-M3ꜥ.t-Rꜥ*)/,
- die eine in Theben
- (und) die andere in Memphis
- in einem Tempel, den er für sie bildete,
- (27) über die Schönheit dessen hinaus, was in *T3-wr*,
- Abydos, den Gau, den er liebte.
- (Es war) der Wunsch seines Herzens, seitdem er existierte
- auf der Erde (und) dem Boden des Wenen-nefer.
- Er wiederholte die Erneuerung der Denkmäler seines Vaters, die sich in der Nekropole befanden:
- das Beleben seines Namens, das Bilden seiner Statuen,
- das Geben von dauerhaften Opfern (28) für seinen Ka,
- das Ausstatten seines Hauses, das Speisen seiner Altäre,
- das Ausfüllen des Lückenhaften im Haus dessen, den er liebte,
- das Errichten von Säulen in seinem Tempel,
- das Bekleiden seiner Mauern, das Aufstellen seiner Tore,
- das Aufrichten des Verfallenen am Platz seines Vaters im Bezirk des Osiris,
- [▤ ▤] (29) des Doppeltores, das im Innern gemacht wurde,
- waren all die Dinge, die von dem "Groß an Siegen", dem König von Ober- (und) Unterägypten (*Wsr-M3ꜥ.t-Rꜥ stp-n-Rꜥ*)/,
- dem Sohn des Re (*Rꜥ-mss mrj-Jmn*)/ mit Leben beschenkt, gemacht wurden
- für seinen Vater Osiris, den König (*Mn-M3ꜥ.t-Rꜥ*)/ gerechtfertigt.
- Er weihte für ihn Opfer, die mit Speisen ausgestattet waren,
- für seine Namen, die unter den (früheren) Königen befindlich sind.
- Sein *jb*-Herz (30) war freundlich zu dem, der ihn erzeugte,
- sein *h3.tj*-Herz war zugewendet zu dem, der ihn aufzog.

---

[123] Zeile 26-30, KRI II 324.12-325.05.

6.2.3 *Das Opet-Fest in Theben und die Machtüberweisung durch Amun*[124]

- Es geschah an einem dieser Tage
- im Jahr 1, 3. Monat des *Ꜣḥ.t*, Tag 23
- beim [Hin-] und Hergehen [□ □],
- nach der Festfahrt des Amun nach Luxor.
- Er kam heraus, belohnt (31) mit Kraft und Stärke,
- von Amu[n-Atum] in Theben.
- Er [be]schenkte ihn mit Millionen [von] Jahren,
- bis zur die Lebenszeit des Re im Himmel,
- beim/in? [□ □ □ □]
- versehen mit der *nḥḥ*-Zeitfülle und der *ḏ.t*-Dauer.
- Er erhob seinen Arm mit (32) dem Räuchergerät
- zum Horizont dessen, der im Leben befindlich ist [□],
- [indem] er seine nützlichen (und) annehmbaren Opfer machte
- [für] seinen [Vater], den Herren der Liebe machte.

6.2.4 *Die Fahrt nach Abydos*[125]

- Seine Majestät kam aus Theben,
- [□ □ □ □] Re,
- Der Weg begann, die Fahrt wurde gemacht.
- Die Königsbarken erhellten (33) das Wasser.
- Das Zuwenden des Gesichts war stromabwärts
- zum Platz der Kraft Piramesse, groß an Siegen.
- Seine Majestät trat ein, um seinen Vater zu sehen,
- Das Befahren des Wasser vom Bezirk *Tꜣ-wr* war,
- um dem Wenen-nefer zu opfern
- mit guten Dingen, die sein Ka liebt,
- (und) um (34) seinen [□] seinen Bruder Onuris,
- den Sohn des Re, wahrhaftig wie er, zu begrüßen.

6.2.5 *Die Beschreibung des verwüsteten Zustandes von Abydos*[126]

- Er fand die Tempel von *Tꜣ-ḏsr* der früheren Könige
- (und) ihre Gräber, die sich in Abydos befanden,
- im Bergriff des Verfallens.
- Die Hälfte von ihnen war in unvollendetem Zustand.
- [□] (35) [□] auf dem Erdboden.

---

[124] Zeile 30-32, KRI II 325.05-09.
[125] Zeile 32-34, KRI II 325.09-13.
[126] Zeile 34-37, KRI II 325.13-326.06.

- Ihre Säulen lagen auf dem Weg.
- Nicht existent war das Umfassen eines Ziegels mit seinem zweiten.
- Das, was auf dem Ruheplatz war,
- wurde zu Staub.
- Nicht existent war ein Bildner von seinem [▢ ▢],
- der beim Machen war von dem, was auf seinem Platz lag, gemäß seiner Pläne,
- seitdem ihre Herren zum Himmel geflogen waren.
- Nicht existent (36) war ein Sohn, der die Bauten seines Vaters erneuerte, die in der Nekropole waren.
- Was anbelangt den Tempel des *(Mn-Mꜣꜥ.t-Rꜥ)/* :
- seine Vorderseite (und) seine Rückseite waren in unvollendetem Zustand,
- als er in den Himmel eintrat.
- Man hatte seine Monumente nicht vollendet (und) die Säulen auf seiner Treppe nicht aufgestellt.
- Seine Statue war auf der Erde,
- sie wurde nicht (37) nach der Angabe des Goldhauses für sie gebildet.
- Aufhören war entstanden bei seinen Gottesopfern,
- bei seiner Priesterschaft ebenso;
- Das, was geholt wurde gemäß seiner Felder wurde weggenommen,
- (denn) man hatte seine Grenzen in dem Land nicht festgesetzt.

6.2.6 *Ramses II. lässt die Beamten zusammenrufen*[127]
- Da sagte seine Majestät zu dem königlichen Siegler, der an seiner Seite war:
- "Du sollst sagen: Ruft (38) die Hofleute (und) die Vornehmen des Königs,
- die Vorsteher der Truppen insgesamt,
- die Vorsteher der Arbeit, soviel ihrer sind,
- und die Oberhäupter der Bibliothek."

6.2.7 *Die Beamten versammeln sich*[128]
- Da führte man sie vor seine Majestät.

---

[127] Zeile 37-38, KRI II 326.06-07.
[128] Zeile 38-39, KRI II 326.07-10.

- Ihre Nasen berührten den Boden,
- (und) ihre Knie waren auf der Erde
- im (39) Jubeln und Küssen der Erde.
- Ihre beiden Arme priesen ihre Majestät.
- Sie priesen diesen guten Gott im Vergrößern seiner Schönheit in (seiner) Präsenz.
- Sie berichteten gleich dem, was er gemacht hatte.
- Sie rühmten seine Kraft, so wie sie war.
- Alle Worte, die aus ihrem Mund kamen
- waren die Dinge, die der Herr der beiden Länder gemacht hatte, wahrhaftig.

6.2.8 *Die eulogische Rede der Beamten*[129]
- (40) Da waren sie auf ihren Bäuchen
- (und) rutschen auf der Erde
- vor ihrer Majestät mit den Worten:

1 "Wir sind zu dir gekommen:
2 Herr des Himmels, Herr der Erde,
3 lebender Re des Landes in seiner Gesamtheit.
4 Herr der Lebenszeit, der dauerhaft ist an Umlauf.
5 Atum für die Menschheit,
6 Herr des Schicksals, der die Erfüllung entstehen lässt.
7 Chnum, (41) der die Menschheit hervorgebracht hat,
8 der die Luft an jede Nase gibt (und) die Neunheit insgesamt belebt.

9 Säule des Himmels,
10 Balken der Erde.
11 Leiter, der die beiden Ufer richtig leitet.
12 Herr der Nahrung, reich an Getreide.
13 Renenutet ist an der Stelle seiner beiden Sohlen.
14 (42) Der die Vornehmen gemacht (und) die Geringen gebildet hat.
15 Dessen Worte die Nahrung entstehen ließen.

16 Erhabener Herr, der wacht, wenn jedermann schläft.
17 Dessen Kraft Ägypten geschützt hat.

---

[129] Zeile 40-44, KRI II 326.10-327.04.

18 Der stark ist in den Fremdländern.
19 Der zurückkommt, nachdem er gesiegt hat.
20 Dessen Schwert Ägypten beschützt hat.
21 Geliebt von Maat, von der er lebt.
22 (43) Seine Gesetze sind es, die die beiden Länder bewahren.
23 Reich an Jahren, groß an Siegen.
24 Dessen Schrecken die Fremdländer bezwang.

25 Unser Herrscher, unser Herr, lebender Re.
26 Atum spricht durch seinen Mund.
27 Siehe, wir sind hier vor deiner Majestät,
28 damit du uns das Leben zuweist, das du gibst.
29 (44) Pharao—LHG—Atem für unsere Nasen,
30 jedermann lebt, wenn er für sie aufgeht."

6.2.9 *Die Rede des Königs an die Beamten mit dem Plan für die Erneuerung der Denkmäler und der Erzählung seiner Einführung als Prinz durch Sethos I.* [130]

— Da sagte seine Majestät zu ihnen:
— "Seht, ich habe veranlasst, dass man nach euch ruft
— wegen eines Planes, der vor [mir] ist.
— Ich sah die Tempel in *Tȝ-ḏsr* und die Gräber, die sich in Abydos befinden,
— (45) die Arbeit an ihnen war unvollendet,
— seit der Zeit ihres Herren bis auf diesen Tag.
— Seitdem ein Sohn an die Stelle seines Vaters tritt,
— gibt es keine Erneuerung der Denkmäler seines Erzeugers.
— Also sprach ich mit meinem Herzen:
— "Eine ausgezeichnete Angelegenheit ist das Errichten (46) von dem, was aus der Vergangenheit stammt.
— Nützlich ist das Sich-Erbarmen, gut ist die Freude des Sohnes,
— wenn er sich um seinen Vater kümmert."
— Mein Herz leitete mich (und) <sagte>:
— "Mache zweimal Nützliches für *(Mr-n-Ptḥ)*/!"
— Ich werde veranlassen, dass man bis in alle Ewigkeit sagt:
— "Es ist sein Sohn, der seinen Namen belebt."
— Möge mein Vater (47) Osiris mich mit der großen Lebenszeit seines Sohnes Horus belohnen,

---

[130] Zeile 44-59, KRI 327.04-329.03

– genauso wie ich der bin, der das macht, was [er ge]macht hat.
– Ich war nützlich wie er nützlich war für den, der mich erzeugte.

– Ich kam hervor aus Re,
– auch wenn ihr sagt, es war *(Mn-M3ˤ.t-Rˤ)/*, der mich aufzog.
– Der Herr des Universums selbst (48) vergrößerte mich,
– seit (der Zeit als) ich ein Kind war bis ich Herrscher wurde.
– Er gab mir das Land als ich im Ei war.
– Die Vornehmen küssten die Erde vor mir,
– als ich eingeführt wurde als Erstgeborener
– (und) Kronprinz auf den Thron des Geb.
– Ich berichtete (49) [über den Bedarf der beiden Länder] als Oberhaupt der Fußtruppen (und) Wagenkämpfer.
– Als mein Vater vor der Menge erschien,
– als ich ein Kind in seinen Armen war,
– (da) sag[te er] über mich:
– "Setzt ihn als König ein,
– damit ich seine Schönheit sehe, (noch) während ich lebe!"
– (50) [Er veranlasste, dass man] die Priester [herbeirief],
– um die Kronen auf meinen Scheitel zu setzen.
– "Gebt ihm den Uräus auf seinen Kopf,"
– sagte er über mich als er auf der Erde war,
– "damit er dieses Land verwaltet, Sorge für [seine Grenzen] trägt,
– (und) sich den Menschen zuwendet!"
– [Er sprach] (51) [über mich, während seine Augen mit Trä]nen [angefüllt waren]
– wegen der Größe der Liebe zu mir in seinem Leib.
– Er stattete mich mit Haremsdamen des königlichen Frauenhauses aus
– in der Art der Schönheiten des Palastes.
– Er erwählte für mich Frauen aus [?diesem Land?]
– [?indem?] er Haremsdamen nahm (52) für [?mich?] [▣ ▣
– ▣ ▣ ▣] seine, indem der Harem Freundinnen auswählte..

– Seht, ich bin Re über das Volk.
– Die Ober- (und) Unterägypter sind unter meinen Sohlen.
– [▣ ▣ ▣] Himmel.
– Ich bin [?][?] (53) [▣ ▣ ▣ ▣ ▣]
– Ich bildete meinen Vater aus Gold von neuem,
– im ersten Jahr meines Erscheinens.

— Ich befahl die Herrichtung seines Tempels (und) setzte seine Äcker [auf dem Land] fest.
— Ich [weihte] für ihn Opf[er für seinen Ka].
— (54) [□ □ □ □ □], Wein, Weihrauch,
— alle Früchte und alle Erträge der Pflanzen wuchsen für ihn.
— Seht, sein Tempel ist mir unterstellt
— (und) alle Arbeiten sind unter meiner Aufsicht,
— seitdem [ich als König] existiere.
— Wahrlich, ich war ein Kind (55) [zur Zeit meiner Einführung in den Tempel] meines Vaters.
— Ich werde ihn vergrößern durch Erneuerungen der Monumente.
— Ich werde seinen Platz nicht vernachlässigen, wie jene Kinder, die das Gesicht ihres Vaters nicht kennen.
— [□ □ □] damit man sagt wird (56) [über mich bis in alle Ewigkeit:
— "Seht, er] ist der Sohn, der nützliches macht."
— Meine Tüchtigkeit für meinen Vater als Kind,
— ich werde sie vollenden, indem ich König der beiden Länder bin.
— Ich werde in ihnen vortrefflich fertig stellen [□ □]
— (57) [□ □ □ □ □ □]
— Ich werde im Tempel meines Erzeugers Mauern [errichten].
— Ich werde dem Mann meiner Wahl einen Auftrag geben, um diese Arbeit in ihm zu leiten.
— Ich werde die Lücken ausfül[len, die] in seinen Mauern sind.
— (58) [□ □ □] seine Pylone in [□].
— Ich werde sein Haus bedecken (und) seine Säulen errichten.
— Ich werde Steine an die Stelle seines Grundmauerwerkes legen.
— Es ist gut, ein Denkmal nach dem anderen zu errichten.
— Es ist doppelt nützlich in einem Mal,
— denn sie sind in meinem Namen und den Namen meines [Vaters].
— So wie der [gute] Sohn (59) ist auch der, der ihn geboren hat."

6.2.10 *Die Rede der Beamten zu dem König*[131]

— Da sprachen die königlichen Freunde (und) antworteten dem guten Gott:

---

[131] Zeile 59-73, KRI II 329.03-331.02.

— "Du bist Re, dein Leib ist sein Leib.
— Kein Herrscher entstand wie du..
— Du bist einzigartig wie der Sohn des Osiris
— Du hast das Gleiche seiner Pläne gemacht.
— (60) [▣ ▣] [?] [▣] Isis einen König seit Re,
— außer dir und ihren [Sohn].
— Größer ist das, was du getan hast, als das, was er tat,
— seit er nach Osiris herrschte.
— Das Gesetz des Landes ist an [seine] richtige Stelle gekommen.
— Ein Sohn ist gütig zu dem, der ihn gemacht hat.
— Das [göttliche] Wasser [▣ ▣ ▣] (61) dem, der ihn erzeugte.
— [▣] [?] [▣] bemüht sich um den, der es aufzieht.
— Nicht machte einer die Dinge, die [Horus für] seinen Vater tat
— bis zum heutigen Tag, außer deiner geliebten Majestät.
— Du gabst mehr als das, was gemacht wurde.
— Welches (62) sind die guten Werke [▣ ▣ ▣ ▣]?
— Wir werden es anleiten, damit es in [deiner] Gegenwart erzählt wird.
— Wer ist der, [der kommt], damit er nennt das, was du angeleitet hast?
— Du hast den Unwissenden hinaus gegeben.
— [Dein *ḥ3.tj*-Herz] ist milde (und) dein *jb*-Herz ist freundlich zu deinem Vater [*(Mn-]M3ꜥ.t-Rꜥ)/*,
— (63) den Vater des Gottes, den der Gott liebt [*(Stḫjj Mr-n-]Ptḥ)/* gerechtfertigt.
— Seit der Zeit der Götter, als ein König erschien,
— entstand kein anderer wie du.
— Weder konnte (man) in ein (solches) Gesicht sehen,
— noch konnte man (es) im Bericht hören.
— [Kein anderer] Sohn wiederholte die Denkmäler seines Vaters.
— Kein [einziger] erhob sich, (64) damit er seinen Vater schützt.
— Jeder Mann handelte für sich, in seinem Namen,
— außer dir und Horus.
— So wie du bist, so ist auch der Sohn des Osiris.
— Siehe, du bist ein guter Erbe wie er.
— Sein Königtum, du machst es ebenso.
— (65) Denn das, was anbelangt den, der das macht, was der Gott tat, für ihn existiert die Lebenszeit, die für ihn gemacht wurde.

— Re ist im Himmel, sein Herz ist froh,

– seine Neunheit ist in Freude zweimal,
– die Götter sind mit Ägypten zufrieden.
– seitdem du als König der beiden Länder erschienen bist.
– Gut [□ □ □] ? [□] dein.
– [Nützlich] ist deine Tugendhaftigkeit, sie erreicht den (66) Himmel.
– Deine Pläne sind rechtschaffen für das Herz des Re.
– Atum freut sich [□ □]
– Wenen-nefer ist der Herr der Gerechtfertigten,
– wegen dem, was deine Majestät für seinen Ka gemacht hat.
– Er spricht:
– "[□ □ □ □ □] für dich die Lebenszeit seiner beiden Himmel."
– Die Götter (67) der *štȝj.t* des Herren der Unterwelt <sagen>:
– "Mögest du auf der Erde existieren wie die Sonne."

– Das Herz des *(Mr-n-Ptḥ)|* ist froh.
– Sein Name ist aufs neue lebendig geworden.
– Du hast ihn aus Gold und kostbarem Stein gebildet,
– (68) [□ □ □ □ □ □] sein aus Elektron.
– [□ □ □ □ □ □]
– Du hast ihn in deinem Namen von neuem gebildet.
– Jeder König, der im Himmel ist,
– sein Tempel war unvollendet.
– Es gab keinen Sohn, der das gemacht hat, was du gemacht hast
– seit Re bis zu [diesem Tag].
– (69) [□ □ □ □ □ □] ihn deine Majestät.
– Das was er machte, du hast dich (daran) erinnert,
– als es in Vergessenheit geraten war.
– Du hast die Denkmäler in *Tȝ-ḏsr* erneuert.
– Jeder Plan, der vernachlässigt worden ist,
– du hast ihn vortrefflich ausgeführt.
– [?] [□ □ □] (70) [□ □ □ □ □ □]
– [Eine Generation] geht, eine andere kommt,
– (aber) deine Majestät ist König von Ober- (und) Unterägypten
– genauso wie du der bist, der Nützliches macht.
– Dein Herz ist zufrieden beim Machen der Maat.
– Die Dinge, die zur Zeit der Götter gemacht wurden,
– sie wurden (nur) gehört [□ □ □]
– (71) [□ □ □] beim Er[heben in] den Himmel.
– (und) deine Schönheit zum Horizont gehoben wird,

– können beiden Augen deine guten Taten sehen
– vor den Göttern und den Menschen.
– Du machst (und) du erneuerst
– Denkmal auf Denkmal der Götter
– gemäß dem Befehl deines Vaters Re.
– (72) Dein Name [ist bekannt] im ganzen Land,
– beginnend vom Süden des *Ḫntj-ḥn-nfr* (und) Norden der Delta-
  küste
– bis zum Ende der Fremdländern von *Rṯnw*,
– in den Siedlungen (und) Festungen des Königs,
– (sowie in) den Städten, die gegründet und mit Menschen versehen wurden.
– (73) [▤ ▤ ▤ ▤ ▤] jede Stadt.
– Du bist der Gott von jedermann.
– Man erwacht, um dir Weihrauch zu opfern
– gemäß dem Befehl deines Vaters Atum
– um zu veranlassen, dass dir Ägypten und das Ausland huldigt."

6.2.11 *Die Instandsetzung der Monumente*[132]

– Nachdem (74) [diese Aussprüche], die die Vornehmen vor ihrem Herren [sagten], [gehört wurden,]
– da befahl seine Majestät einen Auftrag an die Vorsteher der
  Arbeiten zu erteilen.
– Er hob Truppen, Arbeiter,
– Graveure (75) [▤ ▤],
– Vorzeichner (und) jeden Beruf der Künstlerschaft aus,
– um die Kultstätte seines Vaters zu bauen,
– um das Verfallene in *Tȝ-ḏsr* aufzurichten,
– (und auch) im Haus [der] Rechtfertigung seines Vaters.

– Wahrlich (76) er [begann] im Jahr 1 sein Kultbild zu bilden.
– Die Opfer vor seinem Ka wurden verdoppelt.
– Sein Tempel wurde in guter Weise versorgt, indem er für seinen
  Bedarf sorgte.
– Er sorgte für seinen Bedarf.
– Er setzte sein Opferverzeichnis mit Äckern,
– Hörigen (und) Herden fest.
– (77) Er setzte Priester für ihn ein, die ihren Dienst verrichteten

---

[132] Zeile 73-79, KRI II 331.02-331.13.

- (und) einen Propheten als seinen Träger.
- [▣][?][▣] seine unter [▣ ▣]
- ▣ ▣ ▣] [lei]ten ihrer Sachen unter ihm.
- Seine Speicher waren reich an Korn.
- (78) [▣ ▣ ▣ ▣ ▣]
- Seine großen Besitztümer in Ober- (und) Unterägypten,
- waren unter der Aufsicht des Vorstehers seines Hauses.
- Das war das, was gemacht wurde vom König von Ober-
  (und)Unterägypten *(Wsr-Mȝˁ.t-Rˁ stp-n-Rˁ)*/,
- dem Sohn des Re *(Rȝ-mss mrj-Jmn)*/, mit Leben beschenkt wie
  Re, immerdar und ewig
- für seinen Vater, den König *(Mn-Mȝˁ.t-Rˁ)*/, gerechtfertigt
- [unter der Aufsicht] des (79) Wenen-nefer.
- Er wiederholte das, was für seinen Ka gemacht wurde,
- in Theben, Heliopolis und Memphis.
- Seine Statuen ruhten auf ihrem Platz,
- in all seinen Stationsheilig[tümern].

6.2.12 *Die Rede Ramses>II. an Sethos I.* [133]

- Es sprach der König von Ober- (und) Unterägypten *(Wsr-Mȝˁ.t
  Rˁ stp-n-Rˁ)*
- der Sohn des Re, Herr der Kronen *(Rˁ-mss mrj-Jmn)*/, mit Leben beschenkt,
- (80) [indem er berichtete] das, was er für seinen Vater Osiris
  gemacht hatte,
- den König *(Mn-Mȝˁ.t-Rˁ)*/ gerechtfertigt.
- Er sagte:
- "Wache auf, indem dein Gesicht in Richtung des Himmels (gerichtet) ist,
- damit du Re siehst, mein Vater *(Mr-n-Ptḥ)*/, der (nun) ein Gott
  ist!
- Siehe, ich belebe deinen Namen (und) habe dich geschützt.
- Ich kümmere mich um deinen Tempel, (81) deine Opferbrote
  sind festgesetzt.
- Du ruhst in der Unterwelt wie Osiris,
- während ich als Re für die Menschen erscheine.
- Ich bin auf dem großen Thron des Atum
- wie Horus, der Sohn der Isis,

---

[133] Zeile 79-101, KRI II 331.13-334.10.

- der Schützer für seinen Vater.
- (82) Wie [schön] ist mein Handeln für dich, groß zweimal.
- Du bist aufs neue zum Leben gekommen, denn ich habe dich erschaffen.
- Ich baute den Tempel, den du liebtest, deine Statue ist in ihm
- in *Tȝ-ḏsr*, Abydos, dem Bezirk der Ewigkeit.
- Ich weihte Gottesopfer (83) [für] deine [Statuen]
- (und) ständige Opferstiftungen, die dir dargebracht werden.
- Das, was ich machte, es war das, was gegenüber dir entging.
- Ich machte es für dich, denn jeder deiner Wünsche ist nützlich für deinen Namen.
- Ich verpflichtete Speisediener für dich (84),
- [um] für deinen Ka herbeizutragen
- (und) um für dich auf die Erde Wasser auszugießen mit Brot und Bier.
- Ich kam sogar selbst,
- um deinen Tempel an der Seite des Wenen-nefer, des Herren der Ewigkeit zu sehen.
- Ich stellte die Arbeit in ihm fertig (und) bedeckte die Erde.
- (85) Ich [?weiß?] das, was du gewünscht hast ist das Machen von jedem deiner Tempel.
- Ich lasse in ihm deinen Namen für die Ewigkeit dauern.
- Ich bin der, der für die Maat handelt, um zu sagen, dass sie dauert.
- Ich gab dir die Südländer,
- um deinem Tempel zu opfern,
- (und) die Nordbewohner, (86) [um] für dein schönes Gesicht Abgaben [zu Geben].
- Ich versammelte deine abgabepflichtigen Leute, indem sie an einem Platz versammelt wurden
- (und) unter die Aufsicht eines Priesters deines Tempels gestellt wurden,
- um zu veranlassen, dass deine Dinge entstehen, bleibend in einem Leib
- beim Herbeiführen (87) [zu deinem Tempel], der befindlich ist an der Spitze der Ewigkeit.
- Ich stattete dein Schatzhaus prächtig aus, indem es gefüllt wurde mit Dingen zugehörig zu deinen Wünschen,
- die ich die zusammen mit deinem Einkommen gab.
- Ich gab dir eine *mnš*-Barke versehen mit Fracht auf das Meer,
- die dir die großen (88) [Wunder] des Gotteslandes bringt.

- Die Kaufleute treiben Handel versehen mit ihren Aufträgen.
- Ihre Einkünfte bestehen aus Gold, Silber (und) Kupfer.
- Ich machte für dich das Kataster auf den Äckern,
- die vorher (nur) als Aussprüche existierten.
- (89) [🗎 🗎 🗎] auf der Höhe,
- berechnet mit Feldern.
- Ich versah sie mit Beamten und Feldarbeitern,
- um Getreide für deine Gottesopfer zu machen.
- Ich gab die Lastschiffe
- versehen mit Ruderern, Handwerkern und Zimmermännern,
- (90) [um kein] Aufhören beim Fahren zu deinem Haus entstehen zu lassen..
- Ich zog für dich eine Herden mit jedem Kleinvieh ein,
- um deine Opfer in richtiger Weise zu versehen.
- Ich machte für dich Vögel aus dem Sumpfland der Gründungen zinspflichtig.
- Andere (91) [🗎] lebende Gänsen beim Aufziehen der Brut.
- Ich gab Fischer auf das Wasser und jeden Teich,
- um für dich Einkünfte beim Schiffstransport entstehen zu lassen.
- Ich stattete deinen Tempel mit allen Ämtern aus.
- (92) [🗎 🗎] meine Majestät den Tempel.
- Deine Laienpriesterschaft wurde mit Personen angefüllt.
- Die Hörigen wurden mit Tuch für dein Gewand besteuert.
- Deine Angestellten der Felder in jedem Bezirk
- (und) jeder Mann bringen ihre (93) Abgaben herbei, um deinen Tempel zu füllen.

- Sichc, du bist in den Himmel aufgestiegen.
- Du begleitest Re, indem du dich zu den Sternen und dem Mond gesellt hast.
- Du ruhst in der Unterwelt
- wie ihre Bewohner an der Seite des Wenen-nefer, dem Herren der Ewigkeit.
- (94) Deine beiden [Arme] ziehen Atum im Himmel (und) auf der Erde
- wie die nicht ermüdenden (und) nicht untergehenden Sterne.
- Du bist der Vorne-Befindliche der Barke der Millionen.
- Wenn Re im Himmel aufgeht,
- dann richten sich deine beiden Augen auf seine Schönheit.

- (95) Wenn Atum in die Erde [eintritt],
- dann existierst du in seinem Gefolge.
- Du bist in die verborgene Kammer vor ihren Herren eingetreten,
- dein Schritt war weit in das Innere der Unterwelt.
- Du hast dich zur Götterneunheit der Nekropole gesellt.

- Siehe, (96) ich erbitte Atem für deine erhabene Nase.
- Ich spreche deinen Namen viele Male täglich aus.
- Ich bin [▤] meines Vaters im? [▤ ▤ ▤] im Weiterführen? [▤ ▤ ▤ ▤]
- (97) Ich [rühme] deine Taten, wenn ich im Fremdland bin.
- Ich opfere dir.
- Mein Arm trägt Opfergaben
- für deinen Namen (und) deinen Ka an jedem Platz von dir.
- Mögest du zu Re sagen [▤ ▤]
- (98) [damit] er Leben [gebe] für seinen Sohn, Wenen-nefer aus liebendem Herzen.
- "Gib Lebenszeit auf Lebenszeit,
- verbunden mit Jubiläen, für *(Wsr-M3ꜥ.t-Rꜥ stp-n-Rꜥ)/* mit Leben beschenkt!"
- Es ist gut für dich, wenn ich als König bis in die Ewigkeit existiere.
- (99) Du wirst [▤] seitens eines guten Sohnes, der seines Vaters gedenkt.
- Ich erkundige mich nach deinem Haus an jedem Tag
- und nach dem Zustand deines Ka in jeder Sache.
- Wenn ich von einem Schaden, (100) der sich anschickt zu werden, erfahre,
- dann befehle ich, dass er in jeder Angelegenheit sogleich zurückkehren soll.
- Du bist wie einer, der lebt, während ich erscheine.
- Ich habe dieses Haus von nicht dir jeden Tag vernachlässigt,
- (denn) ich habe (sogleich) begonnen, (101) mein Herz dir zuzuwenden.
- Ich schütze deinen Namen, während du in der Unterwelt bist.
- Es ist doppelt nützlich für dich, wenn ich existiere
- wenn *([Rꜥ-m]ss [mrj-Jmn])/*, mit Leben beschenkt wie Re, der (102) [Sohn] des Re lebt."

6.2.13 *Die Antwort Sethos=I.*[134]

– Daraufhin war der König *(Mn-Mꜣꜥ.t-Rꜥ)*/ als Gerechtfertigter
– (und) wirksamer Ba wie Osiris
– beim Jubeln über alles, was sein Sohn macht, der Nützliches
  macht,
– der König von Ober- (und) Unterägypten, der Herrscher der
  Neunbogen-Länder, der Herr der beiden Länder *(Wsr-Mꜣꜥ.t-Rꜥ
  stp-n-Rꜥ)*/,
– (103) [der Sohn des Re], der Herr der Kronen *(Rꜥ-mss mrj-
  Jmn)*/, mit Leben beschenkt wie Re, immerdar (und) ewig,
– (und) rühmte all seine Wohltaten
– vor Re-Harachte und den Göttern, die sich in der Unterwelt
  befinden,
– Als er von Angesicht zu Angesicht sprach (war es)
– (104) wie ein Vater auf der Erde mit seinem Sohn spricht.
– Er sagte:
– "Mögest du sehr froh sein,
– mein geliebter Sohn *(Wsr-Mꜣꜥ.t-Rꜥ stp-n-Rꜥ)*/, mit Leben beschenkt.
– Es [ist] Re, der dir Millionen von Jahren gibt
– (und) die Ewigkeit auf dem Thron des Horus (105) der Leben-
  den.
– Osiris erbittet für dich die Lebenszeit des Re im Himmel,
– damit du wie Re an jedem Morgen in ihm aufgehst.
– Leben (und) Heil sind mit dir, (wie auch) [Schutz], Wahrheit,
  Macht (und) ihre Herzens-Weite—(oh du) "Reich an Jahren".
– (106) Kraft und Sieg sind für dich—(oh du) "Großer an Siegen".
– Die Gesundheit deiner Glieder
– ist wie (die des) Re im Himmel.
– Freude (und) Jubel sind an all deinen Plätzen.
– König, Schützer Ägyptens, Bezwinger der Fremdländer.
– Verbringe die Ewigkeit (107) deiner Lebenszeit als König von
  Oberägypten (und) Unterägypten,
– wie Atum fest ist beim Auf- (und) Untergehen!
– Siehe, ich spreche zu Re aus liebendem Herzen:
– "Gib ihm die Ewigkeit auf der Erde (108) wie Cheper!"
– Ich wiederhole (es) vor Osiris,
– wenn ich vor ihn eintrete:

---

[134] Zeile 102-120, KRI II 334.10-336.09.

- "Mögest du für ihn die Lebenszeit deines Sohnes Horus verdoppeln."
- Siehe doch, Re spricht am Horizont des Himmels:
- "Gib *nḥḥ*-Zeitfülle, *ḏ.t*-Dauer (sowie) Millionen (109) von Jubiläen
- dem leiblichen Sohn des Re,
- dem geliebten *(Rᶜ-mss mrj-Jmn)/*, mit Leben beschenkt, der Nützliches macht."
- Atum überweist dir seine Lebenszeit als König,
- Kraft (und) Siege (110) in deinem Leib vereint sind.
- Thot verzeichnet sie an der Seite des Allherrn.
- Die große Neunheit spricht:
- "Ja, Re, der sich auf dem Schiff befindet, der Herr der Nachtbarke, vereinigt sie dir."
- Seine beiden Augen (111) sehen das, was du so vortrefflich gemacht hast."
- Wenn er den Himmel mit richtigem Wind täglich überfährt,
- dann ist große Freude hinter ihm, weil er deiner Schönheit gedenkt.
- Bis Atum (112) im Westen untergeht
- ist deine Beliebtheit in seinem Leib, täglich.
- Siehe doch, Wenen-nefer, ist der Herr der Rechtfertigung,
- wegen der Dinge, die deine Majestät für ihn gemacht hat, wie es sich gehört.
- [Horus] (113) hat ihn erweckte beim Gedenken deiner guten Tat.
- Mein Herz ist zweimal in Freude
- wegen der Ewigkeit, die er dir zugewiesen hat.
- Siehe, ich empfange die Dinge, die du für mich gemacht hast:
- mein Brot, mein Wasser
- mit Freude (und) Atem (114) [für] meine Nase,
- wegen der Dinge, die ein Sohn macht, klug an Herz,
- ein Schützer frei von Vernachlässigung (und) der die Schönheit kennt.
- Du wiederholst Denkmal auf Denkmal für Osiris
- unter meiner Aufsicht in/als? [▥] (115) im Innern von Abydos.
- Ich bin vergrößert worden wegen all dem, was du gemacht hast bei mir.
- Ich bin eingesetzt als Vorderster der Nekropole.
- Ich bin entstanden (und) bin göttlich üb[er] (116) meine [Schönheit hinaus],

- seit dein Herz sich mir zugewand hat, während ich in der Unterwelt bin.
- Ich bin dein wahrhafter Vater, der ein Gott ist.
- Ich geselle mich zu den Göttern, die die Sonnescheibe begleiten.
- [Ich] bin (117) [einer, der] den, der auf seiner Barke ist [kennt?].
- [□ □ □] wie einer [□ □ □ □]
- [□ □ □ □ □ □ □ □] [?] [□ □]
- seitdem [ich] hörte, (118) [daß] er deiner Schönheit [gedenkt] [□] [?] [□].
- Siehe doch, du hast eine große Lebenszeit, die dir Re zugewiesen hat,
- für [□ □ □] Ewigkeit wie [□ □].
- Du bist das lebende [□] des Atum.
- Alle deine Worte (119) werden wie die des Allherrn.
- Du bist das legitime Ei des Cheper.
- (und) das göttliche Wasser [□ □ □] aus ihm hervor.
- Deine Geburt ist das, was Re selbst gemacht hat.
- Er spricht zu dir:
- "[□] beim [machen für?] [□ □ □] (120) Amme."
- Du bist gekommen als lebender Re für das Volk.
- Das südliche Land und das nördliche Land [sind unter] deinen [Füßen vereint],
- [□ □] Millionen von Jahren für *(Wsr-M3ˁ.t-Rˁ stp-n-Rˁ)/*
- (und) die Dauer des Allherrn
- bei seinem Aufgang [und Untergang,
- immerdar bis in die Ewigkeit]."

6.3 *Beischriften der Endszene*

Beischrift des Königs:[135]
Über dem König:
(96) – (1) König von Ober- (und) Unterägypten *(Wsr-M3ˁ.t-Rˁ stp-n-Rˁ)/*
– (2) [Sohn des Re] *([Rˁ]-ms-sw mrj [Jmn])/*
Unter den beiden Zeilen:[136]
(96) – (3) mit Leben beschenkt wie Re
Hinter dem König:

---

[135] KRI II 336.10-11.

(96) – (4) Aller [Schutz, Leben], Gesundheit, Freude sind hinter ihm
     wie Re.

Unter der Geiergöttin:[136]
(96) – (1) [Nechbet], (2) sie möge Leben, Dauer und Wohlergehen
     wie Re geben.

Abschließende Inschriftenkolumne hinter Ramses II.:[137]
(96) – [▦ ▦], der König von Ober- (und) Unterägypten *(Wsr-Mꜣꜥ.t-*
     Rꜥ stp-n-Rꜥ)/
– Sohn des Re *(Rꜥ-ms-sw mrj Jmn)/*
– beim [▦ ▦ ▦] König *(Mn-Mꜣꜥ.t-Rꜥ,)/* gerechtfertigt [▦ ▦].

[136] KRI II 336.12.
[137] KRI II 336.14.

PRINCIPIIS OBSTA (BAUER B2, 95-97)

Jürgen Osing

Die Spannweite sozialen Verhaltens im alten Ägypten ist durch die Begriffe *mꜣꜥt* "das Rechte, Recht, Wahrheit" auf der positiven Seite und *grg* "Falschheit, Lüge" bzw. *jzft, jjt* "Unrecht", je nach der Verwirklichung in Wort oder Tat, und *ꜥwn-jb* "Habsucht, Betrug u.ä." auf der negativen Seite markiert. Den ersten beiden negativen Begriffen entsprechen auf der positiven Seite *ḏd mꜣꜥt* "Recht sagen, sprechen" und *jrj mꜣꜥt* "Recht tun".[1] Im Zusammenhang mit den grundlegenden Arbeiten, die Jan Assmann den Konzeptionen um den zentralen Begriff der Maat gewidmet hat, hofft auch dieser kurze Beitrag noch auf sein Interesse.

In der ägyptischen Literatur hat die in den Rahmen eines Rechtsstreits gestellte Geschichte des Beredten Bauern den Begriff *mꜣꜥt* zum Mittelpunkt. Das Verständnis des Textes trifft im einzelnen noch auf viele Schwierigkeiten. Zwei hiervon sollen im folgenden behandelt werden.

Die letzten beiden Petitionen behandeln explizit das Verhältnis von *mꜣꜥt* zu seinen Opposita. Zu Anfang der neunten und letzten Petition, die nur in der Handschrift B2 (= Berlin P 3025) erhalten ist, sind in einem nicht vollständig erhaltenen, schwierigen Passus zwei Stellen bisher ungelesen und damit ungedeutet geblieben.[2] Wie eine Kollation (2001) ergab,[3] ist die Lesung beider Stellen jedoch hinreichend gesichert:

---

[1] Beides nebeneinander in B1, 349-353 = B2, 83-87: "Sprich das Rechte, tue das Rechte! (Das, was das Rechte ist, tust du), weil es groß, stark und dauerhaft ist. Wird seine Entfaltung gefunden werden, so wird es zur Ehrwürdigkeit führen".

[2] Text: F. Vogelsang-A.H. Gardiner, *Die Klagen des Bauern. Literarische Texte des Mittleren Reiches I. Hieratische Papyrus aus den Königlichen Museen zu Berlin IV.* (Leipzig 1908), Tf. 22; R.B. Parkinson, *The Tale of the Eloquent Peasant* (Oxford 1991) 46-46a.

[3] Für die Erlaubnis danke ich Frau Dr. Ingeborg Müller, der Leiterin der Berliner Papyrussammlung.

in B2. 97:  , in B2, 95:

B2, 97: Das Determinativ 𓆓 von *nwḥ* ist bei der ursprünglichen Niederschrift offenbar vergessen und dann rechts von der Kolumne nachgetragen worden -ähnlich wie das Zeichen 𓈗 als Korrektur zu (𓏴) links von der Kolumne in B2, 100. Zu den Formen von 𓆷 und 𓆓 vgl. B2, 126 bzw. 10.26.50 und Möller, Pal. I, Nr. 525 bzw. 518.

B2, 95: Im oberen Teil der Kolumne sind die Zeichen bis hin zu 𓅱 nur mit ihrem rechten und linken Ende auf den Rändern einer vertikalen Lücke erhalten. Die Spuren vor dem Determinativ 𓈖 haben bisher alle Bearbeiter zu 𓅱 ergänzt. Darüber ließe sich 𓈖𓈖 oder 𓂝𓏤 lesen. Da die Radikalfolgen *tn* und *nm* in der vorliegenden Handschrift aber nicht 𓈖𓈖 bzw. 𓅱, sondern 𓈖 bzw. 𓅱𓈖 geschrieben werden (B2, 83.98.118 bis; 28.41.98.104.110), bleibt nur 𓂝𓏤[6] Zur Form vgl. B2, 32.33.37.56.89 (𓂝).110.120

---

[4] Die beiden Ränder der vertikalen Lücke in der Mitte der Kolumne sind bei der Montage etwas gegeneinander verschoben worden und erscheinen so auch in der Fotografie der Publikation. Das Faksimile hier gibt die Spuren auf den beiden Rändern in der korrekten Höhe wieder.

[5] Das Fragepronomen nm "wer?", ein Kompositum (< jn m; vgl. Fecht, Wortakzent §175), in dem die Konsonanten n und m nicht Radikale eines einzigen Wortes sind, wird hingegen abweichend als 𓅱 geschrieben (B2, 10).

[6] Daher schließen auch F. Vogelsang, *Kommentar zu den Klagen des Bauern. UGAAe VI.* (Leipzig 1913) 221; und A.H. Gardiner, in *JEA* 9, 24 eine Lesung tn aus.

und besonders 48 (　) sowie Möller, Pal. I Nr. 169 (Illahun, Sinuhe). Für ein auf *ḥm* auslautendes Verbum der Bewegung ist nur　*zḥm* "vorstürmen, schroff losgehen u.ä." belegt,[7] und entsprechend dürfte hier über 　 zu 　 zu ergänzen sein.

Das zweite Zeichen der Kolumne sieht ganz nach 　 aus (　 in B2, 133),[8] und hieraus ergäbe sich für den Rest eine

Lesung 　 *s3w* "verhüte!"[9] (vgl. auch 　 *s3j* "verweile!" in B2, 127 und *s3w* "hüte dich!" in B1, 176).[10] Auffällig wäre dabei allenfalls das Fehlen des Wortzeichens 　 und/oder des Determinativs 　, doch wird man zögern, hierin einen Fehler zu sehen. Zu der niedrigen, kursiven Form von 　, die wie hier auch sonst vor allem neben einem anderen halbhohen Zeichen gebraucht wird, vgl. B2, 6.14.17.39.41.65.75.77.92.96.99 und besonders 16 u. 83.

Daraus ergibt sich für den Passus B2, 95-97 ein über die bisher bestehenden Unsicherheiten hinausführender, sinnvoller Text:[11]

---

[7] Wb IV 269; W. Westendorf, in *Gs Otto* 503-06.

[8] Vgl. Möller, Pal. I, Nr. 216.

[9] Vgl. Wb III 417,18; GEG § 338,3; und Polotsky, *Egyptian Tenses* 22f. n. 58.

[10] Vgl. Wb III 417,19. Zeilenzählung in der Handschrift B1 (Berlin P 3023) nach Parkinson, *op. cit.* XIIIf. und XXXIX-XLI.

[11] A.H. Gardiner in *JEA* 9,1923, 20: "..... falsehood, its business (?) is settled (?). Truth returneth confronting it (?). Truth is the wealth (?) of falsehood; it causes to flourish (?), it is not ....ed";
The Literature of Ancient Egypt. An Anthology of Stories, Instructions, and Poetry. Edited, with an introduction by W.K. Simpson with translations by R.O. Faulkner, E.F. Wente, W.K. Simpson. (New Haven / London 1972) 47: "Evil has gone astray, and as for falsehood, its business is settled, for Truth has turned herself about to confront it. Truth comes out of falsehood (lit. 'truth is the property of falsehood'), and it is caused to flourish, it will not be ...";
R.B. Parkinson, *The Tale of Sinuhe and Other Ancient Egyptian Poems 1940-1640 BC.* (Oxford 1997) 73f. and 87 n. 104: "Even when its portion exists, Falsehood

s3w sḫm grg ḫpr ḫrt.f
ꜥnn sj mȝꜥt r ꜥq3.f
ḫt pw nt grg mȝꜥt
sw3ḏ.f pw n nwḥ.tw.f
(Da kam dieser Bauer ein neuntes Mal und sagte:
'Oberhofmeister, mein Herr!
Die Standwaage der Menschen ist ihre Zunge.
Die Waage ist es, welche einen Rest heraussucht.
Vollziehe eine Strafe an dem, der zu strafen ist!
<Es gibt keinen,> der dich übertrifft in deiner Ausgewogenheit.)
Verhüte, daß die Falschheit sich vordrängt, daß ihr Bedarf (oder: Anteil)
zustandekomme,
indem das Recht sich vor ihr umwendet (= vor ihr weicht)[b].
Das Recht ist Besitz der Falschheit,
und es bedeutet, diese gedeihen zu lassen, wenn (indem) sie nicht gefesselt
wurde.
(Wenn die Falschheit aufbricht, so geht sie in die Irre.
Sie setzt nicht über mit einer Fähre, [sie] kommt nicht voran (?).
Wer reich wird durch sie, der hat keine Kinder,
der hat keine Erben auf Erden.
Wer mit ihr segelt, der erreicht nicht das Land,
dessen Schiff landet nicht an dessen Landestelle)".

a) Text rekonstruiert nach der Parallele in B1, 178-179. Vgl. A.H. Gardiner
in JEA 9, 20.

b) Vgl. *gr ꜥnn sw r jrt ṯs.wt.f (bzw. r jrt ṯs.wt n.k)* "der Schweigende, der sich
umwendet, um seine Beschwerden vorzubringen (bzw. um dir Beschwerden vorzubringen)" in B2, 62-63 = B1, 329-330. Zur Gemination in der zirkumstantiellen
sḏm.f-Form eines Verbums II.-gem. (cnn), die für cnn (sj) an der vorliegenden Stelle
angenommen ist, vgl. J.-L. de Cenival in RdE 29, 1977, 21-37, bes. 24-27, 30-31
und 36.

c) Zur Konstruktion vgl. *mḫȝt pw nt rmṯ.w ns.sn* "Die Waage der Menschen ist
ihre Zunge" kurz zuvor in B2, 92-93.

Dieser Passus der letzten, in Verspaaren abgefaßten Petition, der im
Rahmen des Gesamttextes ein besonderes Gewicht zukommt, be-
schreibt das Verhältnis von *mȝꜥt* und *grg* noch einmal in prägnanter
Weise als einen permanenten Widerstreit. Der "Falschheit" keine
Fesseln anzulegen, hieße diese noch zu fördern und das "Recht" ihr
untertan, zu ihrem "Besitz" zu machen.

[sallies forth], but Truth turns back to confront it; Truth is the property of Falsehood,
which lets it flourish, but Falsehood has never been gathered in".

Bei Vogelsang, *Kommentar 220-21* und M. Lichtheim, *Ancient Egyptian Literature.
A Book of Readings, Vol. I. The Old and Middle Kingdoms* (Berkeley 1975) 181 bleibt der
Passus als unklar ohne Übersetzung.

UND SIE TÖTETEN IHN DOCH …
—DER RITUALMORD AM KÖNIG IN DER FRÜHZEIT

Jean-Pierre Pätznik

Entscheidende Bedeutung für eine Klärung dieser alten, bisweilen polemisch geführten Diskussion,[1] in der H. Frankfort der Meinung

---

[1] Unter den wichtigsten Initiatoren und Vertretern eines Ritualmordes an den Herrschern in der Vor-und Frühzeit Ägyptens seien v. a. genannt: J. G. Frazer, *The Golden Bough—The Dying God—*(London 1919) S. 309 f.; A. Moret, *La mise à mort du dieu en Égypt*, (Paris 1927) v. a. S. 47 ff.; G. A. Wainwright, *The Sky-Religion in Egypt* (London 1938) S. 5, 29, 49 bzw. 85. Allerdings ist den dort zitierten Belege, die vorwiegend tradierten, märchenhaften Erzählungen aus griechischen und römischen Quellen entstammen, m. E. lediglich geringe Aussagekraft zuzuschreiben, s. hierzu J. Sainte Fare Garnot, *Religions égyptiennes antiques—bibliographie analytique (1939-1943)* (Paris 1952) S. 131 f.
— Vertreter des Ritualmordes sind darüberhinaus: H. Frankfort, *Kingship and the Gods*, Univ. of Chicago, (Chicago 1948) S. 53 f. sowie 360—Kap. 4, Anm. 20— W. Helck, in: *Archiv Orientální 20*, (1952), S. 72 ff.; derselbe, in: *Or. 23* (1954) S. 410; W. Barta, "Untersuchung zur Göttlichkeit des regierenden Königs", *MÄS 32*, (München 1975) S. 64 und Anm. 11 sowie S. 111 und derselbe, in: *LÄ III*, (1980) Sp. 492; D. Wildung, in: *LÄ III*, (1980) Sp. 939; K. Martin, in: *LÄ V*, (1984) Sp. 788, Anm. 28. M. A. Murray, in: *JEA 42*, (1956) S. 86-96, v. a. S. 87; J. Gwyn Griffiths, *Atlantis and Egypt*, (Cardiff 1991) S. 173, Anm. 4; H. Goedicke, in: *OLZ 88/2* (1993) S. 133; hingewiesen sei ebenfalls auf N. Davies, *Opfertod und Menschenopfer*, (Düsseldorf / Wien 1981) S. 32 ff., bes. S. 164 ff.; sehr gute Kenntnis über einen Ritus der Tötung eines Königs in Afrika vermitteln v. a. M. Maatkare Monges, *Kush, The Jewel of Nubia—Reconnecting The Root System of African Civilization—*, (Asmara (Eritrea) 1997) S. 106 ff.; K.-H. Kohl, in: *Paideuma 45*, (1999) S. 66 ff., der ein derartiges Ritual bei den Shilluk, einer am Oberlauf des Nils im Südsudan siedelnden und zur nilotischen Sprachgruppe zählende Ethnie beobachtete; sowie die kleine Arbeit von I. Güttel, die am Beispiel der Djukun ebenfalls den Nachweis für einen Tötungsritus erbringt, s. dies., Die ambivalente Rolle des sakralen Königs in der Gesellschaft, www.hausarbeiten.de bzw. www.plantat.com/afrikana/staemme/kks-mumu.htm dar.
— Eine Zwischenposition nimmt I. Hofmann ein, die eine rituelle Tötung des meroitischen Königs ablehnt und auf einen möglichen Zusammenhang von Sed-Fest und Mord bzw. Verbannung (?) des Herrschers als "prähistorische ägyptische Sitte" verweist, s. dies., "Studien zum meroitischen Königtum" *Monographie Reine Elisabeth Bd. 2*, (Bruxelles 1971) S. 29 ff. sowie S. 42.
— Eine ablehnende bzw. zurückhaltende Position vertreten L. Störk, in: *GM 5*, (1973) S. 31f.; M. Hofmann, *Egypt before the Pharaohs*, (London 1980) S. 275 ff. sowie J. Assmann, in: *OLZ 85/1*, (1990) S. 19, der die Tötung als "Humanisierung eines vorgeschichtlichen Häuptlingsmordrituals…was einst vielleicht blutiges Ritual war" verstehen möchte.

vertrat "It has repeatedly been maintained that the Egyptians, too, killed their king...; but of this there is no proof at all"[2] und als deren Quintessenz P. Munro die Fragestellung "Königsmord – ja oder nein?" in den Worten zusammenfasste, es handle sich dabei um "fast so etwas wie eine Gretchenfrage, an (der) ägyptologische Geister sich scheiden",[3] dürfte m. E. der Neubewertung des Fundes einiger Fragmenten beschrifteter Elfenbeintäfelchen im Königsgrab des Horus Den aus der Mitte der 1. Dyn. in Abydos[4] besonders zukommen.

Die auf diesen Täfelchen angebrachte Inschrift, die zuletzt von G. Dreyer in von rechts nach links verlaufende Kolumnen unterteilt und

jr(j) nḥb.(w) nm.t ḫ3s.tj
Verwalter der Fleischabgaben der Schlachtbank von Chasety

gelesen wurde, gestattete seiner Meinung nach lediglich die Annahme, dass es sich hierbei um einen Beamten unter König Chasety gehandelt hat, der für die Fleischversorgung der Schlachtbank bei der Bestattung dieses Königs zuständig gewesen war.

Wie sehr an einer derartigen Deutung jedoch berechtigte Zweifel angebracht sind, zeigt allein schon der Umstand, dass die Erwähnung eines solchen Beamten in der Titelkunde bislang nirgendwo sonst belegt ist.[5] Viel weitreichender indes sind bislang vollkommen außer acht gelassenen bildliche, kalligraphische sowie epigraphische Charakteristika der Täfelchen, die nicht nur eine gänzlich andere Lesung fordern, sondern darüber hinaus Grundlage für eine völlig neuartige Interpretation sind.

---

[2] H. Frankfort, op.cit. S. 47.

[3] P. Munro, "Die Nacht vor der Thronbesteigung—Zum ältesten Teil des Mundöffnungsrituals—" in: *Festschrift W. Westendorf, Bd. II Religion,* (Göttingen 1984) S. 907 f. und Anm. 1, in der ein sehr anschaulicher Überblick über den damaligen Wissensstand in dieser Streitfrage vermittelt wird.

[4] G. Dreyer, in: *MDAIK 54,* (1998) S. 164 und Taf. 12 g (Ab K 2515(T-W)), 12 h (Ab K 2541) und 12 i (Ab K 2546, sekundäre Fundlage) sowie derselbe, in: *MDAIK 56,* (2000) S. 112 f. und Taf. 10 h (Ab K 2560). Für ein früheres Exemplar der selben Gattung von Elfenbeintäfelchen siehe derselbe, in: *MDAIK 46,* (1990) Taf. 26 b (Ab K 380).

[5] In diesem Zusammenhang sei auf die sehr ausführliche Untersuchung von S. Ikram verwiesen, in der sich keinerlei Hinweis auf den von G. Dreyer vorgeschlagenen Titel findet, s. dies., "Choice Cuts: Meat Production in Ancient Egypt" *Orientalia Lovaniensia Analecta* (Leuven 1995)

1. *Bildkomposition*

Betrachtet man die gesamte Anordnung der einzelnen Bildelemente zueinander, so fällt zunächst auf, dass der besagte Titelträger bzw. die Angabe seines Titels *jr(j) nḥb.(w) nm.t ḫ3s.tj* unmittelbar über (!) dem Herrscher selbst angebracht ist—ein in dieser frühen Zeit völlig unvorstellbarer, weil einem frevlerischen Sakrileg gleichkommender Sachverhalt, der auf keinem anderen Königsdenkmal zu beobachten ist. Lediglich der Himmel oder aber die schützende Gottheit[6] sind Elemente, die den Platz über dem Haupt des Herrschers, der immerhin der Stellvertreter des Gott Horus ist, einnehmen dürfen, niemals jedoch ein irdischer Beamter. Wo ein solcher kenntlich gemacht werden sollte, ist zudem in der Regel ausschließlich der Name desselben—oder wie im Falle des hohen Beamten Hemaka aus der Zeit des Horus Den mit Name und Titel[7]—genannt, der dann jedoch hinter dem König,[8] bisweilen auch unter ihm steht.[9]

2. *Epigraphie*

Die Inschrift über dem ägyptischen Herrscher Chasety ist insofern schwierig zu lesen, als sie weder Begrenzungs- noch Hilfslinien aufweist, die eine Feststellung der Leserichtung—horizontal oder vertikal—ermöglichen würden. Da eine solche jedoch Vorrang vor jeglicher Lesung bzw. Interpretation besitzt, ist es m. E. unerlässlich, zunächst mögliche Hinweise auf eine solche ausfindig zu machen. Inwiefern hierbei sowohl der Ausrichtung der einzelnen

---

[6] Siehe z.B. J. F. Quibell und F. E. Green, *Hierakonpolis, Bd. I* (London 1900) Taf. XXVI-B.

[7] Siehe zur Auswahl G. Dreyer, in: *MDAIK 54*, (1998) Taf. 12 f., links hinter dem Serech von Horus Den oder RT I, Taf. XI–14.

[8] Als Nachweise solcher Beamtennamen *hinter* dem König seien genannt: *Swḏ K3* unter Horus Djer, s. GT II, S. 104, Abb. 106 und RT II, Taf. XII—3; *Mn* unter Horus Djer, s. GT II, S. 102, Abb. 105 sowie W. Kaiser, *Ägyptisches Museum Berlin*, (Berlin 1967) S. 18 mit Abb. 161; *K3 z3* unter Horus Den, s. RT I, Taf. XI–16; *Jn(w /-j) K3* unter Horus Den, siehe A. J. Spencer, *Early Egypt—The Rise of Civilisation in the Nile Valley*—(London 1993) S. 87, Abb. 67 Horus Den: Beamte; *Hnw K3* unter Horus Semerchet, s. RT I, Taf. XII–1 und Taf. XVII–28 Q; *Nfr* unter Horus Qaa, s. RT II, Taf. VIII–3 und RT II, Taf. XII 6Q; ein früheres Beispiel zeigt bereits auf der Narmer-Palette die Darstellung eines Beamten mit Namen o. Funktion hinter dem Herrscher Horus Narmer, siehe J. E. Quibell, op.cit. Taf. XXIX.

[9] *Nt sd* unter Horus Wadj, s. GT II, S. 116, Abb. 149.

Hieroglyphenzeichen als auch ihrer spezifischen Anordnung zu
aussagekräftigen Lexemen entscheidende Bedeutung zukommt, soll
im folgenden gezeigt werden.

Entscheidet man sich mit G. Dreyer für eine Lesung der Hieroglyphen in Kolumnen, d. h. indem man die übereinander befindlichen Zeichen zusammennimmt und diese Gruppe sowie die
anschließende Kolumne von rechts nach links bzw. von oben nach
unten liest, so wird damit nicht nur eine vertikale Leserichtung er-
zwungen, die in dieser Form in dieser frühen Zeit noch nicht belegt
ist,[10] sondern zudem der Lesefluss gleichsam einer Art Wellen-
bewegung unterworfen, die nicht nur an sich schon unwahrscheinlich ist, sondern besonders aufgrund des Umstandes abzulehnen ist,
dass eine derartige "Unruhe" der ansonsten in horizontalen Regis-
tern angeordneten Inschrift die gesamte innere Gliederung der
Elfenbeintäfelchen erheblich stört.[11] Hinzu kommt, dass eine derartige Lesart epigraphische Anomalien aufweist, die sich m. E. sach-
gerecht kaum begründen lassen:

1. Die von G. Dreyer vorgenommene Zusammenziehung von ⸏
mit dem darunter liegenden Hieroglyphenzeichen ⬦ spricht zwar
durchaus für eine Deutung *jrj*-„Verwalter"[12] o.ä. Auffällig und m.E.
unvereinbar damit ist jedoch die Tatsache, dass eine derartige Schreibweise *j* + *r* des Titels in dieser frühen Zeit, das heißt in der Mitte

---

[10] H. G. Fischer, *The Orientation of Hieroglyphs, Egyptian Studies II—Part I Reversals*,
(New York 1977) insbesondere S. 6 ff. § 4; zahlreiche Beispiele belegen eine deut-
liche Dominanz der horizontalen Leserichtung von rechts (R) nach links (L) in den
Inschriften der Frühzeit. Zur Orientierung, Kalibrierung und Lesung der Hiero-
glyphen in der Frühzeit, siehe S. Schott, Hieroglyphen—Untersuchungen zum
Ursprung der Schrift, Mainz 1951, S. 38 ff. v. a. 39 und 82 ff.; P. Kaplony, "Die
Prinzipien der Hieroglyphenschrift" in: *Hommages à J.-F. Champollion, BE 64*, (1972)
S. 4 sowie J. Kahl, *Das System der ägyptischen Hieroglyphenschrift in der 0.-3. Dynastie*,
(Wiesbaden 1994) S. 30 und S. 40 und M. Chadefaud, *L'écrit dans l'Egypte ancienne*,
(Paris 1993) S. 41 f.

[11] Siehe hierzu Taf. I a. Die Rekonstruktion der Anhängetäfelchen zeigt ein
relativ quadratisches Format von 2,0-2,3 cm X 2,0-2,3 cm, deren innere Gliederung eine relativ gleichmäßige Anordnung von vier Bildfeldern aufweist. Ebenso
läßt sich die Inschrift in einen Raster von vier Quadraten einpassen, s. Taf. I b.
An dieser Stelle möchte ich mich bei A. Sturm für die Anfertigung der Zeichnun-
gen und beim A. Bischof sowohl für seine kritische Durchsicht des Manuskriptes
als auch für seine Anregungen und Diskussionen ganz herzlich bedanken.

[12] In der altägyptischen Titelkunde wird *jrj* in der Regel mit "Hüter", "Keep-
er" widergegeben, s. hierzu v. a. H. G. Fischer, *Varia Nova, Egyptian Studies III*, (New
York 1998) S. 250 f.; W. A. Ward, *Index of administrative and religious titles of the Middle
Kingdom*, (American University of Beirut 1982) S. 56 ff.

der 1. Dynastie, gar nicht existiert. Vielmehr finden sich Nachweise einer solchen erstmals im späten Alten Reich[13] und begegnen ansonsten in den Titulaturen lediglich als Defektivschreibung unter Verwendung der Mund-Hieroglyphe.[14]

M. E. ebenso unwahrscheinlich wäre der Vorschlag, die Hieroglyphen *j* + *r* als Weiterentwicklung der Nisbebildung *jrj*—"zugehörig zu" zu betrachten, da eine solche in dieser frühen Zeit in der Titelkunde lediglich als Defektivschreibung ● begegnet[15] und in der vermeintlichen Form erst im späten Alten Reich belegt ist.[16]

2. Nicht unerhebliche Schwierigkeit bereitet ferner die Wiedergabe des links vom Schilfblatt *j* 🪶 dargestellten Vogelzeichens 🦊 mit *nḫb.w*, was insofern problematisch ist, als ein derartiger Vogelname als eigenständiges Hieroglyphenzeichen bislang gänzlich unbekannt ist und sich weder in der Gardinerliste noch in der detaillierten Hieroglyphenliste von J. Kahl findet.[17] Allenfalls könnte es als Graphie von *nḫ*—Vogel[18] gedeutet werden, womit jedoch innerhalb dieser Inschrift kaum eine sinnvolle Aussage möglich wäre.[19]

---

[13] Zur Auswahl PT 520 a, 574, 1137 b sowie 1252 a. Siehe außerdem H. G. Fischer, in: *MMJ 10*, (1975) S. 20 Anm. 57 sowie ders., in: *ZÄS 105*, (1978) S. 55, Anm. 70.

[14] Als ein Beispiel (unter mehreren) sei auf H. G. Fischer, op.cit., 54 f., 1—11 verwiesen.

[15] Innerhalb dieser Titel wird *jrj* meistens mit "zugehörig zu" bzw. "zuständig für" wiedergegeben, so z.B. bei W. Helck, "Untersuchungen zur Thinitenzeit" *Äg. Abh. 45*, (Wiesbaden 1987) S. 229, Abschnitt f sowie S. 233, wohingegen J. Kahl *jrj* im Sinne von "verantwortlich für etwas" deutet, s. ders., "Die Inschriften der 3. Dynastie", *Äg. Abh. 56* (Wiesbaden 1995) S. 241. Zu Defektivschreibungen von Nisben von Präpositionen, siehe E. Edel, "Altägyptische Grammatik" *An. Or. 34*, (Rom 1955) § 347-2.

[16] Lediglich in Personennamen findet sich die auffällige Schreibweise *j* + *r* bereits in der Zeit von Horus Djer (1. H. der 1. Dyn.) aufmerksam zu machen, A. Klasens, in: *OMRO 37*, (1956) Abb. 6-12 und RT II, Taf. XXVII–114, nicht jedoch in der Titelkunde. Anzumerken ist allerdings, dass die besagte Schreibung durchaus in der Gefahr besteht, mit der Gruppe *j* + *ṯ* verwechselt zu werden, vgl. hierzu mit RT II, Taf. XXVII–115. Eine kalibrierte Wiedergabe von *j* + *r*—wiederum innerhalb des Personennamens—könnte mit RT II, Taf. XXVI–93 vorliegen.

[17] Siehe hierzu A. H. Gardiner, *Egyptian Grammar, Third Edition*, (Oxford 1982) S. 467-473 sowie S. 545 Section G. Anzumerken ist, daß die Belege für den *nḫ*—Vogel in der Frühzeit äußerst unsicher sind, worauf schon J. Kahl verwiesen hat—sämtliche Einträge sind mit einem (?) versehen—, s. ders., op.cit. S. 522 mit Anm. 736, Anhang II, G 21.

[18] Siehe N. M. Davies, in: *JEA 26*, (1940) S. 79 ff. .

[19] Es handelt sich hierbei um eine fragmentarische Inschrift, die bereits von G. Dreyer veröffentlicht wurde, s. ders., in: *MDAIK 46*, (1990) S. 81 und Taf. 26 b.

3. Da zudem für die von G. Dreyer gefolgerte—und leider nicht
weiter diskutierte—Wiedergabe von *nḥb.w* mit "Fleischabgaben" m.
W. keinerlei Belege existieren und das Wörterbuch diesen Terminus erst für das Mittlere Reich ausweist, allerdings lediglich für eine
Art von Rinder, wohl Jochochsen, die in Verbindung mit Abgaben
erwähnt werden,[20] ist in unserem Falle eine solche Lesung bzw. Deutung des Vogelzeichens deutlich auszuschließen.

Zusammenfassend lässt sich somit festhalten:
Eine epigraphisch differenzierte Betrachtung der Inschrift über
dem Kopf des Herrschers zeigt, dass es sich dabei keinesfalls, wie
angenommen, um den Ausweis eines Beamtentitels handeln kann.
Da hinreichende Gründe gegen die bislang vorgeschlagene Leserichtung (vertikal) sprechen, ist diese abzulehnen und stattdessen der
horizontalen der Vorzug zu geben. Da zudem eine Lesung *jr(j)* erst
im späten Alten Reich belegbar sowie der Nachweis des besagten
Vogelzeichens *nḥb.(w)* in den bekannten Hieroglyphenlisten nicht
möglich ist, läßt sich weder ein vermeintlicher Titel *jr(j) nḥb.(w)* noch
die bisher vertretene Lesung und Deutung dieser drei Täfelchen
zureichend begründen.
Ausgehend von dem Erhaltungszustand der drei Fragmente (g, h
und i), die im Vergleich miteinander eine Rekonstruktion der ursprünglichen Bebilderung dieser Elfenbeintäfelchen ermöglichen, läßt
sich zunächst feststellen, daß ihnen ein einheitliches Muster zugrunde-
liegt, wonach das Bildfeld durch eine mittige, vertikale Trennleiste
in zwei separate, fast identisch große Bildhälften unterteilt wird. In
der ersten, i. e. der rechten Hälfte sind lediglich geringe Reste der
ursprünglichen Darstellungen erhalten, wodurch eine Bestimmung
erheblich erschwert wird. Dennoch ist im unteren rechten Eck des
Bildes der Rest eines Hieroglyphenzeichens zu erkennen, bei dem
es sich mit ziemlicher Sicherheit um den Ansatz einer Jahresrispe

---

Er identifizierte damals den nach dem Bein-Zeichen b abgebildeten großen Vogel
als *tjw* —Vogel und deutete im zweiten Register den übrigen Bestand der Inschrift
als eine Frühform des Titels *ḥrj tp nsw.t*. J. Kahl indes verband die Bein-Hierogly-
phe *b* und das seiner Meinung nach *nḥ*—Vogel zu deutende Zeichen zu einer Gruppe,
die wiederum von einem Personendeterminativ (sitzender Mann + Frau—der wohl
früheste Beleg !)) ergänzt wurde und das als das Gesamtergebnis als *nḥb.w*, was er mit
"Abgabenpflichtiger" wiedergab. Das Problem an einer derartigen Lesung ist jedoch die äußerst dürftige Beleglage, die zudem lediglich aus dem späten Neuen
Reich sowie der griechischen Zeit stammt (s. WB. II, S. 293-15). Ob aber diese
"jüngen" Nachweise auf die frühe Zeit der 1. Dynastie übertragbar sind, ist m. E.
in hohem Maße in Frage zu stellen.
    [20] WB. II, S. 293-14.

handelt, die Hinweis auf eine ganz bestimmte Jahresangabe sein dürfte. Zudem ist im oberen Bereich—unter dem zu vermutenden Bogen der Jahresrispe—das Ende einer Barke auszumachen, die sich, wie G. Dreyer richtig erkannte, auf einem Kanal befindet (kein Horusgefolge!). Im unteren Bereich auf Standhöhe der Jahresrispe lässt sich die Darstellung des sogenannten Palmenhains von Buto (mit und ohne Palmen)[21] identifizieren, womit symbolhaft der Ur-Königsfriedhof bzw. der Königsfriedhof überhaupt—eventuell der in Abydos – gemeint sein könnte. Zwischen "Barke" (= "Fahrt / Überfahrt") und "butischem Königsfriedhof" (= "Königsbestattung") ist der Rest eines Zeichens auszumachen, bei dem es sich möglicherweise um die Wiedergabe der Hieroglyphe š—"See, Bezirk" handelt.[22] Inwiefern diese dabei als Bindeglied fungierte, kann an dieser Stelle nur vermutet werden. Entstammt damit die Darstellung der rechten Bildhälfte der Elfenbeintäfelchen thematisch eindeutig dem funerären Bereich, so ist gleichzeitig davon auszugehen, dass dieser in der linken Bildhälfte nicht nur eine Wiederaufnahme, sondern darüber hinaus eine deutliche Explikation erfährt.

Die linke Bildhälfte, die in ihrer Gesamtheit wesentlich besser zu rekonstruieren ist, weist eine klare Trennung in ein oberes und ein unteres Feld auf, wobei ersteres eine Inschrift und letzteres eine Bildszene beinhaltet.

3. *Die Darstellung*

Wiedergegeben ist ein auf einem "Thron" sitzender, ägyptischer Herrscher, dessen Name anhand zweier übereinander liegender Wüstenland-Zeichen sowie einer darunter befindlichen t-Endung gesichert als Chasety identifiziert werden kann. Auffällig an dieser Darstellung des auch als Horus Den bzw. Dewen besser bekannten Herrschers der Mitte der 1. Dynastie[23] ist, daß weder sein Horusname

---

[21] Siehe J. Settgast, "Untersuchungen zu altägyptischen Bestattungsdarstellungen" *ADAIK 3* (1960) S. 68 ff. sowie 73. Vgl. auch mit M. Bietak, "Zu den Heiligen Bezirken mit Palmen von Buto und von Sais—ein archäologischer Befund aus dem Mittleren Reich" in: *Festschrift G. Thausing*, (Wien 1994) S. 1-18.

[22] WB. IV, S. 397 f., A-C; für die besondere Ausrichtung des Wellenmusters innerhalb des Beckens sei auf ein Siegel aus Grab 3503 in Sakkara aus der Zeit des Horus Djer (1. Hälfte der 1. Dyn.) verwiesen, s. hierzu GT II, Taf. VI—8 sowie S. 170, Abb. 232.

[23] Siehe hierzu die ausführliche Untersuchung von G. Godron, *Etudes sur l'Horus Den et quelques problèmes de l'Egypte archaique*, (Genève 1990)

noch sein nsw.t bj.tj-Titel genannt sind, sondern einzig und allein
sein Privatname Chasety—was ein absolutes Novum darstellt.

Desweiteren lassen Haltung und Gestaltung des Herrschers folgende bedeutsame Auffälligkeiten erkennen:

 - Der König (Chasety) ist gleichsam mumiengestaltig (!) sitzend
   dargestellt.
 - Der "Thron" des Königs ist von ungewöhnlich schlichter Be-
   schaffenheit und erinnert an das Hieroglyphenzeichen *st* bzw.
   weist große Ähnlichkeit mit den steinernen Sitzen auf, wie sie
   in einigen Beamtengräbern der 2. Dynastie in Sakkara zu finden sind.[24]
 - Der Herrscher trägt keinerlei königliche Attribute—weder
   Geißel noch (rote/weiße) Krone—, wie dies sonst üblich ist,
   sondern stattdessen ein Kopftuch—vielleicht eine Art *Nemes*[25]—
   sowie einen spitzen Bart.[26]
 - Was die Gesichtszüge anbelangt, ist von den zwei relevanten
   Elfenbeintäfelchen lediglich auf einem die Form eines Auges
   zu erkennen, während das zweite diesbezüglich überhaupt keine
   aufweist, was äußerst ungewöhnlich ist angesichts sonstiger Darstellungen[27] dieses Herrschers.[28]
 - Die Arme des Königs liegen nicht wie üblich vor dem Körper
   bzw. auf der Brust, sondern sind ganz offensichtlich im Rücken(!)
   verschränkt oder zusammengebunden. Eine derartige Armhaltung ist für einen ägyptischen Herrscher von der Größe eines
   Horus Den äußerst ungewöhnlich und findet sich m. W. ausschließlich auf unseren drei Elfenbeintäfelchen der besonde-

---

[24] J. E. Quibell, *Archaic Mastabas, Excav. at Saqqara (1912-1914)*, (Le Caire 1923)
Taf. XXXI-2-3 sowie S. 12 f. und Plan XXXI Grab 2302, 2337 und 2307.

[25] Zur frühesten Darstellung eines Nemes auf einer Heb-Sed-Königsstatue aus
der Dynastie 0, s. M. A. Murray, in: *Ancient Egypt, Sept. Part. III*, (1932) S. 70—72,
Abb. 1—3. Zur Bedeutung dieses Kopftuches für den Toten, siehe D. Jankuhn,
in: *GM 1*, (1972) S. 13 und Anm. 4.

[26] Siehe E. Staehelin, "Untersuchungen zur ägyptischen Tracht im Alten Reich"
MÄS 8, (Berlin 1966) S. 92 mit Anm. 1-2.

[27] Z. B. A. J. Spencer, *Early Egypt—The Rise of Civilisation in the Nile Valley—*,
(London 1993) S. 87, Abb. 67 sowie RT I, Taf. X-13 (rechts) und X-14.

[28] Inwiefern das Fehlen ausgeprägter Gesichtszüge Indiz für das Tragen einer
Kapuze ist, kann von unserer Seite nur vermutet werden. In diesem Zusammenhang wäre zu bedenken, ob es sich bei dem bis dato angenommenen Spitzbart
nicht um das untere Ende der Kapuze handelt. Vgl. hierzu die Darstellung von
J.-A. Boulain, "L'Egypte avant les Pyramides" in: *Archeologia 60*, (1973) S. 15, sowie
die dazugehörige Abbildung auf S. 17.

ren Art.[29] Jedoch erinnert sie unweigerlich an die Armhaltung von Gefangenen bzw. weist große Ähnlichkeit mit den Darstellungen von "zu erschlagenden Feinden"—*skr ꜥnḫ.w* auf.[30]

4. *Die Inschrift*

Die über dem Herrscher angebrachte Inschrift lässt sich m. M. n. deutlich in von oben nach unten verlaufenden Zeilen[31] und innerhalb derselben von rechts nach links lesen:

j3(w)

(j)r(j) nm.t

ḫ3s.tj

1. *j3.(w)*

Die Verbindung von Schilfblatt-*j*-mit der folgenden Vogelhieroglyphe[32]-*3*-zu *j3* erlaubt grundsätzlich mehrere Lesungs- bzw. Deutungsmöglichkeiten. In Betracht zu ziehen ist dabei auch, dass *j3* eventuell mit einer zusätzlichen *t* -oder eine *w*-Endung versehen gewesen sein könnte, die jedoch nicht explizit abgebildet ist—ein

---

[29] Siehe hierzu G. Dreyer, in: *MDAIK 54*, S. 164. G. Dreyer ist durchaus beizupflichten, daß es sich um eine besondere Art von Täfelchen handelt; seiner Interpretation indessen vermag ich nicht zu folgen.

[30] Bei aller Ähnlichkeit sei dennoch auf bestehende Unterschiede hingewiesen: so sind die auf dem Rücken befindlichen Arme der Gefangenen auf Ellenbogenhöhe zusammengebunden, s. hierzu RT I, Taf. IV–12 und—20 sowie den Keulenkopf von Horus Narmer, siehe J. E. Quibell und F. W. Green, *Hierakonpolis*, Tome I, (London 1900), Taf. XXVI B; zu weiteren Beispiele von Gefesselten, s. ebenso J. E. Quibell und F. W. Green, op.cit. Taf. XI unten, Taf. XII–4–6 und Taf. XV–1,2, 4 und 7. Allgemeines zu Gefesselten bzw. zur Fesselung findet sich bei D. von Cranach-Roe, in: *LÄ II*, (1977) Sp. 169 ff.

[31] Da sowohl Schilfblatt- als auch Vogelzeichen nach rechts zeigen bzw. blicken und auch von ihrer Position direkt hintereinander zusammengehören, ist m. M. n. diese Lesung die wahrscheinlichere.

[32] Siehe hierzu H. G. Fischer, *Ancient Egyptian Calligraphy*, (New York 1979) S. 9 und S. 26, G1.

Phänomen, das besonders von der Frühzeit bekannt ist, in der auf die graphische Darstellung von Endungen und Determinativa gern verzichtet wurde. Aufgrund der Stellung von *j3* am Satzanfang ist davon auszugehen, dass es sich dabei lediglich entweder um ein Verbum *j3.(w)*—oder aber um ein Substantiv—*j3.(w)*—wie "der Greis, der Alte" bzw. *–j3–* "Stätte, Heilige Stätte" handelt, welches entweder zur Explikation der dargestellten Szene diente oder mit dem eine Näherbestimmung von *ḫ3s.tj* aber in Form von Bezeichnungen, Beititeln erfolgte.

Da letzteres aufgrund der szenischen Darstellung wahrscheinlicher ist, dürfte ein Substantiv *j3.t*—"Stätte, Heilige Stätte" zunächst auszuschließen sein. Selbiges gilt für die Bezeichnungen *j3.(w)*—"der Greis, der Alte"—und *(j)r(j) nm.t*—"der dem Schlachtblock Gehörige"[33]—Formulierungen, die für einen König weder existieren noch wahrscheinlich sind. Scheiden damit Substantive als Lesungsmöglichkeiten für *j3.(w)* aus, so sprechen gute Gründe dafür, dass es sich dabei um eine Verbalform handelt, wobei zunächst wiederum mehrere Varianten in Betracht zu ziehen sind.

–j3– "alt werden, alt sein" lässt sich so phraseologisch kaum mit der nachfolgenden Angabe *(j)r(j) nm.t*—"der dem Schlachtblock zugehörig ist" in Zusammenhang bringen; wie bereits zu *j3.(w)*—"der Greis, der Alte" sind auch hier beide Aussagen zur Beschreibung der Person des Königs auszuschließen.

–j3– "weitschreitend" kommt allein schon aufgrund der Abbildung des Königs in sitzender Positur nicht in Frage.

–j3– "preisen" stellt m. E. nicht nur die einzig adäquate Alternative dar, die sich sehr gut in den funerären Kontext der gesamten Bildszene einfügt, sondern ist darüberhinaus in dieser Form epigraphisch—wenn auch im Alten Reich[34]—belegt und explizit als Lesungsvorschlag für *j3* bzw. *j3.w/j3j* festgehalten.

2. *(j)r(j) nm.t* —"der zum Schlachtblock Gehörige"

Der von G. Dreyer vorgeschlagenen Lesung von *nm.t* als "Schlachtblock/Schlachtbank" ist durchweg zuzustimmen, wenn auch mit der Einschränkung, dass es sich bei dem von ihm angenommenen Ge-

---

[33] Auch die Möglichkeit *(j)r(j) nm.t* als einen Beititel des Königs "Hüter des Schlachtblockes" zu betrachten, dürfte kaum in Frage kommen.

[34] Siehe P. Posener-Kriéger, *Archives Abousir I*, S. 25 "faire des louanges" und D. Meeks, *Année Lexicographique, Tome 1*, (Paris 1977) S. 12 "réciter des prières, adorer".

genstand auf dem Schlachtblock nicht um ein Fleischstück, sondern um ein Messer handelt.[35] Die vorangestellte Mund-Hieroglyphe *r* wird als Defektivschreibung von *(j)r(j)*—"zugehörig zu" aufgefaßt und ist in der Titelkunde seit der Frühzeit lückenlos gesichert nachzuweisen.[36]

3. *ḫ3s.tj* –Chasety

Daß mit dem Namen Chasety der Privatname des Herrschers Horus Den vorliegt, ist seit der ausführlichen Studie von G. Godron hinreichend bekannt.[37]

Nach den bisherigen Erkenntnissen ließe sich die Inschrift auf den Elfenbeintäfelchen wie folgt lesen:

j3(w) (j)r(j) nm.t ḫ3s.tj
Gepriesen sei der zur Schlachtbank gehörige Chasety bzw. Gepriesen sei der dem Schlachtblock geweihte Chasety[38]

Ein Vergleich von Inschrift und Bildszene macht sofort ihre Komplementierung[39] deutlich: auf der einen Seite ein dem Opfertod geweihter, mumiengestaltiger, gänzlich ohne Machtinsignien aus-

---

[35] Vergleiche hierzu J. Kahl, op.cit. aa55, S. 871 mit Anm. 3320.

[36] Siehe u. a. H. G. Fischer, in: *ZÄS 105*, S. 54 f. C.

[37] Siehe G. Godron, op.cit., S. 17—25, wo der Name als *nsw.t bj.tj* –Name des Königs gedeutet wird.

[38] Hingewiesen sei an dieser Stelle auf ein neugefundenes Elfenbeintäfelchen derselben Objektgattung (s. G. Dreyer, in: *MDAIK 56*, (2001) Taf. 10 h, Ab. K 2560), auf dem sowohl die Anordnung der Hieroglyphen als auch die nicht zu verleugnende graphische Ähnlichkeit des wiedergegebenen Schlachtblockes mit dem später hierfür verwendeten Determinativ "nach vorne fallende Haare" (s. A. H. Gardiner, op.cit. S. 450, D 3) eine alternative Lesung ermöglichen. Demnach ließe sich *j3r* durchaus mit "trauern" wiedergeben—wobei es sich gleichzeitig um den frühesten Beleg handeln würde. Interessant in beiden Fällen ist die vorherrschende funeräre Semantik und die daraus resultierende Gleichsetzung der beiden Lesungen: "Gepriesen sei der zur Schlachtbank gehörige Chasety" = "Trauern um Chasety".
Zwar scheint die Pleneschreibung des dreikonsonantigen Lexemes *j3r* in der Form Initialphonogramm (IP) + Phonogramm (P) + Finalphonogramm (FP) jüngeren Datums zu sein, dennoch lassen sich bereits in dieser frühen Zeit ausführliche Orthographien von fünfkonsonantigen Lexemen wie z.B. von *m3fd.t* in der Form IP + P + FP nachweisen, wobei das IP gar durch ein zweikonsonantiges Zeichen verkörpert wird, s. hierzu RT II, Taf. VII-10 sowie seine Ergänzung in RT I, Taf. VII-4.

[39] Zur Komplementarität von Bild und Schrift siehe hierzu u. a. J. Assmann, "Hierotaxis—Textkonstitution und Bildkomposition in der altägyptischen Kunst und Literatur—" in: *Festschrift G. Fecht "Form und Mass"*, *ÄAT 12*, (Wiesbaden 1987)

gestatteter und lediglich einen Spitzbart aufweisender, auf einem schmucklosen, nackten Stein fast schon ergeben sitzender König Chasety mit im Rücken verschränkten bzw. zusammengebundenen Händen und auf der anderen Seite das Loblied seiner Opferung. Sowohl der Schlachtblock mit dem bereitliegendem Feuersteinmesser als auch die Darstellung des Königsfriedhofes lassen keinerlei Zweifel über den Ausgang der Szene aufkommen. Es ist offensichtlich, dass Chasety u. a. zum Wohl des Landes und seines Volkes als wirkmächtiger Ahne und Gottgleicher für den Bestand der Weltordnung und für ihre ständige Erneuerung rituell geopfert wurde.[40]

Mag diese Erkenntnis, dass die Ägypter ihren allmächtigen König nicht nur in prähistorischer Vorzeit, sondern noch in der Frühzeit bzw. in der 1. Dynastie rituell geopfert haben, kultur- und

---

S. 40 f. und Anm. 44 sowie H. G. Fischer, *L'écriture et l'art de l'Egypte ancienne*, (Paris 1986) S. 25 ff.

[40] Im Rahmen einer derartigen rituellen Tötung bzw. der Opferung eines Königs in der Frühzeit sei auf zwei weitere Inschriftenträger aus der 1. Dyn. aufmerksam gemacht. Es handelt sich hierbei um vollständig erhaltenen Elfenbeintäfelchen aus der Regierungszeit des Horus Djer aus der 1. Hälfte der 1. Dyn., von denen eine aus der Grabanlage dieses Königs in Abydos und die andere aus einem Beamtengrab in Sakkara (Tomb 2171 H) stammt und die beide offensichtlich vom demselben Ereignis berichten, das unter der Regierung von Horus Djer stattfand. Zum ersteren s. A. Scharff, "Die Altertümer der Vor-und Frühzeit Ägyptens—Staatliche Museen zu Berlin" *Mitteilungen aus der Ägyptischen Sammlung, Band V*, (Berlin 1929) Taf. 36, Abb. 336, (Berlin 18026) sowie W. Kaiser, *Ägyptisches Museum*, (Berlin 1967) S. 18, Abb. 161; zum zweiten Inschriftenträger, s. J. E. Quibell, *Archaic Mastabas, Excav. at Saqqara Tome VI (1912—1914)*, (Le Caire 1923) S. 6 und Taf. XI 2—3; bzw. zuletzt K. Michalowski—J.-P. Cortegiani, A. Roccati und N. Grimal—*Die Ägyptische Kunst*, (Darmstadt 2001) Abb. 21.
  Ist eine endgültige Deutung der beiden Täfelchen bislang auch nur eingeschränkt möglich, so lässt sich ihnen m. E. doch entnehmen, dass sie von einer größeren Zeremonie berichten, die innerhalb eines rechteckigen Gevierts (Talbezirk?) stattfand und die als *ms(w.t) sd*—"Fest(tag): "Geburt des Sed" bezeichnet wurde—womit gleichzeitig der älteste Beleg dieses Festes überhaupt vorliegen würde. Sicher ist, daß während dieses festlichen Anlasses ein Mensch geopfert wurde, und zwar von der *šmsj.t*—"Begleiterin"—Hinrichtungsgerät— (s. hierzu K. Michalowski u. a. "*Die Ägyptische Kunst*", Abb. 21). Die oberhalb dieser Menschenopferszene angebrachten Apotropäika – abgeschlagener Gazellen- bzw. Antilopenkopf sowie das Zeichen *wḏ3*—"heil"—erfüllen m. M. n. ihren Zweck nur, wenn es sich bei dem Geopferten weder um einen Feind noch um eine aufgrund eines Vergehens zu bestrafende Person gehandelt hat. Vielmehr dürfte davon auszugehen sein, dass der zu Opfernde eine wegen ihrer großen Macht sowohl im Diesseits als auch im Jenseits gefürchtete Persönlichkeit war und zwar der alte König. Somit wäre die nach dem Vollzug des königlichen Todesopfers stattfindende Inthronisation des Thronnachfolgers in der Abschlußszene *ḥꜥ st* —"sich aufhalten auf dem Thron" bzw. *ḥꜥ st(j)* —"Aufhalten des Thronnachfolgers" erklärbar. Zu *st(j)*—"Thronnachfolger", siehe WB. IV, S. 8 1–9.

religionsgeschichtlich zunächst "schockieren", so ist dieses Phänomen gerade in der von animistischen und schamanistischen Religions-
und Weltvorstellungen stark geprägten Vor- und Frühzeit Ägyptens
durchaus nachweisbar. So lassen ethnologische Betrachtungen der
frühzeitlichen Agrarkulturen und v. a. aus der schwarzafrikanischen
Tradition[41] die herausragende Bedeutung des Blutopfers des Häupt-
lings erkennen, der auf dieser Weise für die Erhaltung der Fruchtbarkeit nicht nur der Erde, sondern auch des Stammes sorgte. Da
sich "im Blut die Wesensmerkmale seines Trägers, d. h. die schöpferische Kraft" findet, zielt "Das Trinken des Blutes im wesentlichen
sich die Lebenskräfte des Geopferten sich einzuverleiben".[42] Dass
ein solches Blutopfer selbst heute noch—wenn auch in Form eines
ritualisierten Weinopfers—in unserer abendländischen Welt Bestand
hat, ist nicht zuletzt am Beispiel des christlichen Glaubens ablesbar.

Anknüpfend an solch einen Königsmord bzw. "Königsopfer" in
der Frühzeit ist damit auch die alte und noch immer ungelöste Frage
nach dem ursprünglichen Wesen des Sed-Festes aufzuwerfen.[43]

Ob ein derartiges Menschenopfer[44] im Rahmen dieses Festes stattfand, ob darin der Ursprung des später gefeierten und ritualisierten
Heb Sed zu erkennen ist bzw. inwiefern es sich dabei um die Mytho-

---

[41] K. Martin, in: *LÄ V*, (1984) Sp. 788, Anm. 28; M. A. Murray, in: *JEA 42*,
(1956) S. 86–96, v. a. S. 87; s. hierzu auch K.-H. Kohl, in: *Paideuma 45*, (1999) S.
66 ff. sowie ausführlich in Fußn. 1.

[42] W. Westendorf, in: *LÄ I*, (1975) Sp. 841.

[43] Siehe hierzu ausführlich die grundlegende Monographie von E. Hornung
und E. Staehelin, "Studien zum Sedfest" *Ägyptiaca Helvetica 1*, (Basel 1974) v. a. S.
84 ff.

[44] Zum Menschenopfer allgemein im Alten Ägypten, Nubien und in Afrika s.
E. A. Wallis Budge, *Osiris and the Egyptian Resurrection*, Vol. I and II, (London / New
York 1911) insbes. Vol. I, S. 197 ff. sowie Vol. II, S. 265 ff.; H. Bonnet, *Reallexikon
der ägyptischen Religionsgeschichte*, (Berlin / New York 1971) S. 452 ff.; W. Fl. Petrie,
"Tombs of the Courtiers and Oxyrhynkhos" *BS 37*, (London 1925) S. 2 ff., v. a.
7f. sowie Taf. XVI–XVIII, G. Dreyer und S. Klug, in: *MDAIK 46*, (1990) S. 67
und S. 81 ff.; A. J. Spencer, *Early Egypt—The Rise of Civilisation in the Nile Valley
—*, (London 1993) S. 79; J. Baines, "Origins of Egyptian Kingship" in: D. O'Connor
und D. P. Silverman (eds.) *Ancient Egyptian Kingship*, (Leiden / New York / Köln
1995) S. 136 f.; M. A. Murray, in: *JEA 42*, (1956) S. 92; B. Midant-Reynes, *Préhistoire
de l'Egypte—des premiers hommes aux premiers pharaons—*, (Paris 1992) S. 179 und 213
f; B. B. Williams, *The A—Group Royal Cemetery at Qustul: Cemetery L, The Oriental Institute
Nubian Expedition Vol. III*, (Chicago 1986) S. 143 f.; derselbe und Th. J. Logan, in:
JNES 46, (1987) u. a. S. 271 f.; J. Reinold, *Archéologie au Soudan: les civilisations de
Nubie*, (Paris 2000) insbes. S. 70 f. . In diesem Zusammenhang äußerst informa-
tiv ist auch der Bericht von L. Harding im Internet, s. ders., Menschenopfer,
www.kingdom-of-benin.com.

logisierung der Osirismysterien in Abydos handelt—wie oftmals behauptet wird[45]—ist jedoch anhand der vorliegenden und besprochenen
Fragmente von Elfenbeintäfelchen nicht zu entscheiden, da weder
das Sed-Fest selbst noch der Kanidengott Sed genannt sind.[46] Muß
demzufolge der festliche Anlaß, in dessen Rahmen Chasety's Opfertod[47] stattfand, offen bleiben, so hat die Untersuchung immerhin
gezeigt, dass ein rituelles Ableben[48] des als Horus Den bzw. einst
besser als *nsw.t bj.tj* bekannten "König von Ober-und Unterägypten",
einem der berühmtesten Herrscher der 1. Dyn. bzw. der Frühzeit
überhaupt, als gesichert gelten kann.

Angesichts eines derartigen Nachweises eines sakralen Königsmordes bzw. eines rituellen Opfertodes eines ägyptischen Königs der
Frühzeit sei abschließend auf die Worte im ältesten Teil des Mundöff-

---

[45] Zur Auswahl s. H. Frankfort, *Kingship and the Gods*, Univ. of Chicago, (Chicago
1948) S. 53 f. sowie S. 360—Kap. 4, Anm. 20—; W. Helck, in: *Archiv Orientální 20*,
(1952) S. 72 ff. ; W. Barta, "Untersuchung zur Göttlichkeit des regierenden Königs" *MÄS 32*, (München 1975) S. 64 und Anm. 11 sowie S. 111; ders., in: *LÄ III*,
(1980) Sp. 492 "Dieses...Fest hat möglicherweise einen in der Vorzeit praktizierten "heiligen Königsmord" ersetzt"; D. Wildung, in: *LÄ III*, (1980) Sp. 939 "...,
die Bestätigung bzw. Erneuerung der physischen Kräfte des Königs (Rest eines
rituellen Königsmordes)...".

[46] Gesichert ist ein Sed-Fest von Horus Den, s. hierzu G. Dreyer, in: *MDAIK
46*, (1990) Taf. 26 a mit der Inversivschreibung von *sd* in der Form *d + s* (!). Inwiefern
Horus Den ein weiteres Mal erwähnt wird, scheint nach G. Dreyer zumindest nicht
unplausibel zu sein, s. ders., op.cit. S. 80, Abb. 9 mit Taf. 26 d. Aufmerksam machen
möchte ich zudem auf RT I, Taf. 32—39T, wo ein Zusammenhang zwischen Horus
Den und der als *ḏw.t(j)*— "Böse", "Schlechte" bezeichnete Mafdet auf dem Hinrichtungsgerät—"Die Begleiterin"—impliziert wird, die zurecht als böse bzw.
schlechte zu bezeichnen wäre, falls sie die Hinrichtung des Königs vornahm... .
Zur Rolle von Mafdet beim vermuteten vordynastischen Königsmord, s. v. a. W.
Westendorf, in: *ZDMG 118*, (1968) S. 248-256; sowie E. Graefe, in: LÄ III, 1980,
Sp. 1132.

[47] Gerade in diesem funerären Kontext wäre erklärbar, warum der Horusname
oder der Titel "König von Ober- und Unterägypten" des Herrschers nicht erwähnt
ist.

[48] Nicht uninteressant in diesem Zusammenhang scheint mir der Hinweis E.
Hornungs, daß "In einer Statue wird der alte König begraben" wird—eine Vorstellung, die in der schwarzen Statue von König Mentuhotep Nebhepetre von Deir
el Bahari ihre Entsprechung findet und in dessen Befund die Beisetzung des rituell geopferten Königs zu erkennen sein dürfte, s. hierzu E. Hornung, *Geist der Pharao-
nenzeit*, (München/Zürich 1989) S. 48 sowie M. Saleh u. H. Sourouzian, *Das Ägyptische
Museum Kairo*, (Mainz 1986) Abb. 67-67b.
Die Farbe schwarz würde dann nicht nur den Tod versinnbildlichen, sondern
auch den schwarzen fruchtbaren Nilschlamm bzw. die Erneuerung und die Fruchtbarkeit bedeuten, so auch D. Wildung, *Sesostris und Amenemhet—Ägypten im Mittleren
Reich*, (München 1984) S. 42 sowie E. Hornung, op.cit. S. 155.

nungsrituals⁴⁹ verwiesen, die der Sohn/Sem-Priester in der Nacht
vor der Thronbesteigung anstimmt und die nun noch eindringlicher
in den Ohren widerhallen:

Wer sind die, die sich meinem Vater nähern wollen?
Wer ist es, der meinen Vater schlägt?
Wer ist es, der seinen Kopf⁵⁰ packt?

Abb. 1a. Rekonstruktionsvorschlag zur
Bebilderung der Elfenbeintäfelchen (g,
h, i)

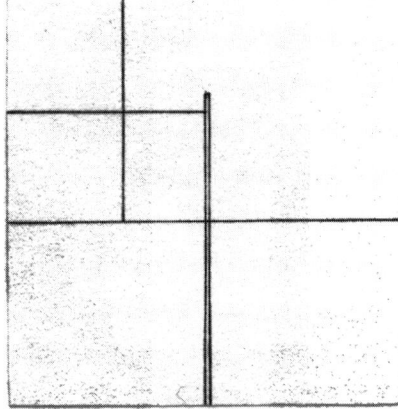

Abb. 1b. Graphische Vorstellung zur
Kalibrierung der Bebilderung und der
Inschrift.

⁴⁹ P. Munro, "Die Nacht vor der Thronbesteigung" in: *Festschrift W. Westendorf, Bd. II Religion*, S. 907 ff., insbes. S. 917 Szene 13 und S. 926; s. auch E. Otto, "Das ägyptische Mundöffnungsritual, Teil. 1 und 2" *ÄA 3*, (Wiesbaden 1960) S. 34 (Teil 1) und S. 63 ff. (Teil 2).

⁵⁰ Wie schon H. Kees feststellte, ist "Der Kopf ... für den Ägypter immer der Sitz des Lebens, daher die ständige Hervorhebung der Sicherung des Kopfes in den Pyramidentexten", s. ders., *Totenglauben und Jenseitsvorstellungen der Alten Ägypter*, (Leipzig 1926) S. 42. Gerade die zentrale Bedeutung, die der Kopf des toten Königs in den Pyramidentexten einnimmt und die die Stadt Abydos als Aufbewahrungsort des Kopfes des Osiris (=des toten Königs) erfährt, könnten m. A. n. auf das köpfen des zu opfernden Königs durch die "Begleiterin" (s. auch hierzu FN 40 und 46) zurückzuführen sein. Eine derartige Praxis ist im übrigen seit der Vorgeschichte Ägyptens oft bei Menschenopfer belegt, s. G. Ebers, in: *ZÄS 36*, (1898) S. 106 ff. insbes. S. 107 "...Bei vielen Leichen wurde der Kopf vom Rumpfe entfernt..."; s. auch M. A. Murray, in: *JEA 42*, (1956) S. 92, und B. Midant-Reynes, *Préhistoire de l'Egypte—Des premiers hommes aux premiers pharaons—*, (Paris 1992) S. 179 mit weitererführender Literatur zu dieser Thematik.

TEMPEL DES JAHU UND "STRAßE DES KÖNIGS"— EIN KONFLIKT IN DER SPÄTEN PERSERZEIT AUF ELEPHANTINE

Cornelius von Pilgrim

Im gleichen Sommer des Jahres 410 v. Chr., als auf Betreiben der Chnumpriester der jüdische Tempel in Elephantine zerstört worden ist, errichteten "die Ägypter" im nordöstlich an den Tempelbezirk angrenzenden Stadtgebiet eine Mauer, die bei den Anwohnern auf heftige Ablehnung stieß. Funktion und Bauzusammenhang der Mauer blieben bisher völlig im Dunkeln, doch handelte sich zweifellos um eine einschneidende Baumaßnahme, die die Erschließung und Gliederung des gesamten Stadtzentrums bestimmte.

Ihre erste Erwähnung findet diese Mauer in einem Dokument (B 17) aus dem Jedaniah-Archiv.

In dieser leider nicht ganz vollständig erhaltenen Petition behaupten die Verfasser, dass die Chnumpriester den persischen Gouverneur (*frataraka*) *Vidranga* bestachen, um einen Teil eines königlichen Getreidemagazins abreissen zu dürfen.[1] An dessen Stelle errichteten sie "a wall in the midth of the fortress of Elephantine". Leider sind drei folgende Zeilen zerstört; doch ist nach dem logischen Aufbau des Textes anzunehmen, dass in der kurzen fehlenden Passage eine genauere Beschreibung der Mauer folgte. Denn die Beschwerde wird fortgesetzt mit der Aussage: "And now, the wall (stands) built in the midst of the fortress". Anschließend werden die Auswirkungen skizziert, die sich mit dem Bau der Mauer ergeben haben. Es wird auf einen Brunnen verwiesen, der die Truppen mit Wasser versorgte. Dieser sei ihnen aber nun versperrt.[2] Offensichtlich war die Bewe-

---

[1] B. Porten/A. Yardeni, *Textbook of Aramaic Documents from Ancient Egypt* Bd.1, (Winona Lake, 1986), p. 62. Siehe auch B. Porten, *The Elephantine Papyri in English*, Documenta et Monumenta Orientis Antiqui 22, (Leiden, 1996), pp. 135ff. (Dokument B 17), wo jedoch die englische Übersetzung nicht vollständig wiedergegeben ist. Alle aramäischen Quellen werden im folgenden nach Porten, *The Elephantine Papyri in English* zitiert (Textgruppe B).

[2] Der Brunnen dürfte mit dem einzig bekannten Brunnen in der Stadt identisch sein, der nördlich des Satettempels lag, s. M. Bommas, in: Kaiser et al., "Stadt und Tempel von Elephantine. 21./22. Grabungsbericht", MDAIK 51, (1995), pp. 175 ff. Nach der Übersetzung von Porten wurde der Brunnen "*stopped up*", was in

gungsfreiheit der Verfasser aber noch weiter eingeschränkt, denn der Papyrus bricht in dem Satz ab: "Moreover, we are separated...".

Schon Porten brachte diese aus ihrem Kontext nicht genauer zu lokalisierende Mauer mit einer "Schutzmauer" in Zusammenhang, die in zwei Dokumenten aus dem Ananiah-Archiv belegt ist.[3] Das Haus des Jahu-Priesters *Ananiah* lag in einem Häuserblock nordöstlich des jüdischen Tempels, von dem es nur durch eine öffentliche Straße getrennt war. *Ananiah* hatte das Haus im Jahre 437 v. Chr. von einem kaspischen Soldaten gekauft und in der Folgezeit einzelne Teile des Hauses seiner Frau Tamet und seiner Tochter Jehoishma vermacht. In den jeweiligen Verträgen sind die angrenzenden Nachbargrundstücke so genau definiert, dass sich die sukzessiven Veränderungen der Bauzusammenhänge und Eigentümer verfolgen lassen.[4]

Gemäß den Angaben in zwei Verträgen aus den Jahren 437 und 420 v. Chr. grenzte das Haus von *Ananiah* im Nordosten zunächst unmittelbar an ein königliches Magazin. Im Jahre 404 v. Chr., sechs Jahre nach der Zerstörung des jüdischen Tempels, wird jedoch in einem Testament (B 43) eine neue Bebauungssituation beschrieben. Nun grenzt das Haus an eine "Schutzmauer, welche von den Ägyptern gebaut wurde, das ist der Weg des Gottes". 15 Monate später werden die Bauten im Nordosten des Hauses ein letztes Mal beschrieben (B 44). Nun heißt es, dass sich im (Nord)osten wieder das königliche Magazin befindet, "Mauer an Mauer mit der Schutzmauer, die die Ägypter bauten".

---

zweifacher Hinsicht Zweifel erweckt. Zum einen erscheint die Auffüllung eines Brunnens widersinnig, da es die gesamte Stadt betroffen hätte. Zum anderen würde es sich damit um einen zweiten Streitfall handeln, der den logischen Aufbau der Schilderung des Baus einer Mauer und der damit verbundenen Folgen für die Anwohner unterbricht. Es wäre daher zu überprüfen, ob das im aramäischen nur hier belegte Verb "*skr*" nicht auch in dem Sinne aufgefasst werden kann, dass (durch den Bau der Mauer) der direkte Weg zu dem Brunnen versperrt worden ist. Nach Angaben von G. Vittmann, dem ich dafür herzlich danken möchte, würde sich das mit der gleichen Wurzel im Akkadischen belegte Wort *sekēru* in dieser Weise durchaus verstehen lassen, s. W. von Soden, Akkadisches Handwörterbuch II, (Wiesbaden, 1972), p. 1035.

[3] Dokument B 43 und B 44. S.a. B. Porten, *Archives of Elephantine*, (Berkeley/ Los Angeles, 1968), p. 284.

[4] Zur schematischen Rekonstruktion des Häuserblocks siehe Porten, *Archives*, p. 213 ff. sowie zuletzt C. von Pilgrim, "Textzeugnis und archäologischer Befund. Zur Topographie Elephantines in der 27. Dynastie", in: H. Guksch/D. Polz, *Stationen. Beiträge zur Kulturgeschichte Ägyptens, Rainer Stadelmann gewidmet* (Mainz, 1998), pp. 485 ff.

Da in allen drei Dokumenten dem Bau der Mauer der zumindest teilweise Abriss eines Magazins vorangeht, dürfte kaum ein Zweifel daran bestehen, dass es sich um die jeweils gleiche Konstruktion handelt. In keinem der Texte wird sie jedoch in einen Bezug zu einem Gebäude gesetzt oder in ihrer Funktion näher definiert; es wird sich daher wohl um eine Art Umfassungsmauer oder Bezirksmauer gehandelt haben, die zumindest einen Teil des aramäischen Quartiers abgrenzte.

Leider sind im fraglichen Teil der Stadt nördlich des Chnumtempels sämtliche Bauschichten dieser Zeit durch Sebbachgrabungen verschwunden, so dass keine Möglichkeit mehr besteht, den historischen Quellen auch einen archäologischen Befund gegenüber stellen zu können. Es geht jedoch vor allem aus Dokument B 17 klar hervor, dass mit dem Bau der Mauer der Zugang vom aramäischen Quartiers zu anderen Stadtbereichen versperrt worden ist. Das setzt jedoch voraus, dass sich die Mauer auch im Osten des Quartiers fortgesetzt hat.

In diesem, östlich des jüdischen Tempelbezirks gelegenen Teil der Stadt sind die Erhaltungsbedingungen des archäologischen Befundes noch weitaus günstiger, auch wenn bereits antike Planierungsarbeiten die Bauschichten der jüngeren Spätzeit stark in Mitleidenschaft gezogen haben.[5] So konnten in der 29. Kampagne auf der Suche nach der östlichen Seite der jüdischen Tempelumfassungsmauer in einem Testschnitt mehrere Mauerzüge aufgedeckt werden, die sich alle der späten Perserzeit zuweisen lassen.[6] Es handelt sich um Abschnitte von vier unmittelbar nebeneinander liegenden Mauern von zum Teil außerordentlicher Stärke (Abb. 1).

Auch wenn in diesem Schnitt ein stratigraphisches Verhältnis der Mauern zueinander nur mehr bedingt nachzuweisen ist,[7] lässt sich die einzig wahrscheinliche Bauabfolge aus dem Gesamtzusammenhang erschließen. So stellt das östliche Mauerfundament (M 329) die nördliche Fortsetzung der im Komabbruch sichtbaren Ecke der Umfassungsmauer des Chnumtempels dar, von der weitere Abschnitte

---

[5] Zu den archäologischen Untersuchungen im jüdischen Tempelbezirk siehe C. von Pilgrim, in: W. Kaiser et al., "Stadt und Tempel von Elephantine. 25./ 26./27. Grabungsbericht", MDAIK 55, (1999), pp. 142 ff. sowie idem MDAIK 58, 2002, p. 192 ff.

[6] C.von Pilgrim, in: G. Dreyer et al., "Stadt und Tempel von Elephantine. 28./ 29./30. Grabungsbericht", MDAIK 58, (2002), p. 193 ff.

[7] Es kann als sicher gelten, dass der östlichste Mauerzug erst abgerissen wurde, als die übrigen Mauern bereits zerstört waren.

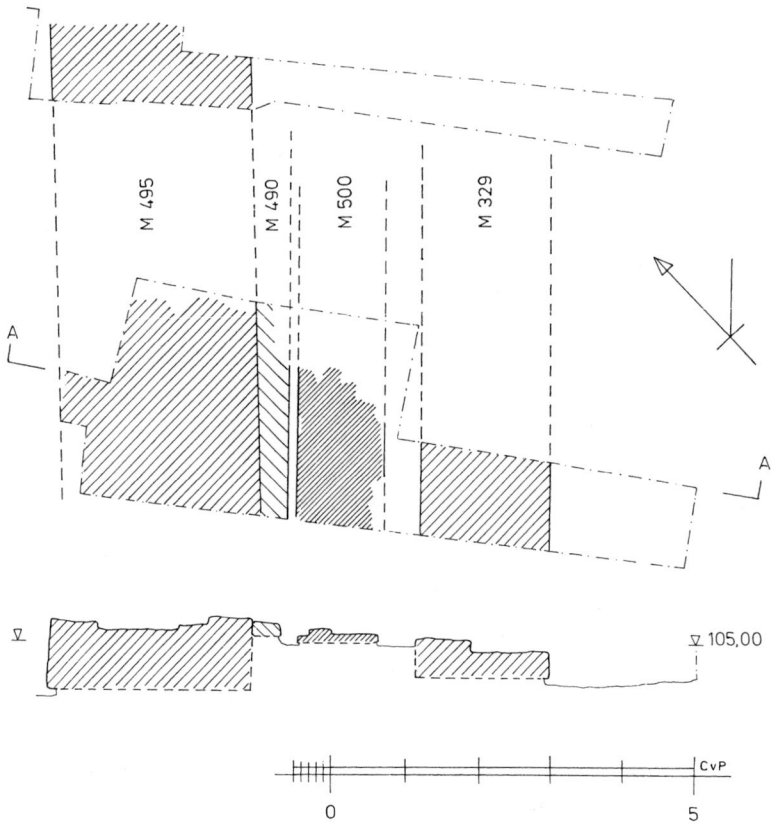

Abb. 1.

bereits in früheren Grabungskampagnen festgestellt werden konnten.[8] Sie gehört zu einer möglicherweise bereits in der späten Saitenzeit vorgenommenen Erweiterung des Chnumtempelbezirks, die auch im Westen des Tempels liegende Wirtschaftsbezirke mit einschloss und von den Aramäern als "Stadt des Chnum" bezeichnet wurde.[9] In

---

[8] Siehe C. von Pilgrim in: W. Kaiser et al., "Stadt und Tempel von Elephantine. 25./26./27. Grabungsbericht", MDAIK 55, (1999), pp. 118 ff. Im Gegensatz zu der dort angenommenen allseitigen Ummauerung der westlichen Wirtschaftsquartiere, haben sich in den jüngsten Untersuchungen Anhaltspunkte dafür ergeben, dass die Umfassungsmauer tatsächlich nur eine Erweiterung der zuvor nur den Tempel umgebenden Mauer darstellt, siehe C. von Pilgrim, in: G. Dreyer et al., MDAIK 58 (2002), Abb. 10.

[9] Zur Diskussion dieses aus dem demotischen übernommenen Begriffes siehe E. Kraeling, *The Brooklyn Museum Aramaic Papyri*, (New Haven, 1953), pp. 79 und 160 sowie Porten, *Archives*, p. 309.

den Dokumenten des Jedaniah-Archivs taucht der Begriff erstmals im Jahre 437 v. Chr. auf,[10] doch fehlen ältere Dokumente, in denen dieser Stadtteil hätte benannt werden müssen.

Neben diesem Abschnitt der Chnumtempelumfassungsmauer liegt in einem Abstand von kaum 50 cm die unterste verbliebene Fundamentlage einer weiteren Mauer (M 500) von einem Meter Stärke. Der auffallend unsorgfältig verlegte Ziegelverband und die gleiche Mauerstärke entsprechen so sehr der Bauweise der westlichen Umfassungsmauer des jüdischen Tempels, dass es sich hier um die Ostflanke des älteren Tempelbezirks handeln dürfte.

Weitere 50 cm westlich liegt schließlich eine dritte, jedoch sehr viel mächtigere Mauer (M 495), von der ein mehr als zehn Ziegellagen hohes, drei Meter breites Fundament erhalten ist. Im Profil des Komabbruchs zeigt in der gleichen Flucht ein ausgeraubter Fundamentgraben entsprechender Breite davon, dass sich diese Mauer noch mindestens 14 m nach Süden fortsetzte. Ein weiterer Abschnitt dergleichen Mauer ist im Schichtsteg zwischen der Baugrube des Tempelhauses und dessen innerer Umfassungsmauer im Norden des späteren Chnumtempels der 30. Dyn. sichtbar. Die Mauer zog damit weit über die für den jüdischen Tempelbezirk anzunehmende Ausdehnung nach Norden hinaus (Abb. 2), so dass es sich keinesfalls um die Ostflanke einer neuen Umfassungsmauer des wiedererrichteten Tempelbezirks handeln kann. Der außergewöhnlichen Mauerstärke nach zu urteilen, muss es sich vielmehr um eine gewaltige Bezirksmauer handeln, die das Stadtzentrum von Elephantine in zwei unterschiedliche Zonen teilte. Obwohl sich die Zeitstellung der Mauer archäologisch nur relativchronologisch einengen lässt, kann der Zeitpunkt ihres Baus dennoch präzisiert werden. Da die Bezirksmauer westlich der Umfassungsmauer und damit innerhalb des jüdischen Tempelbezirks verläuft, kann sie erst nach der Zerstörung des Tempels im Jahre 410 v. Chr. errichtet worden sein.[11]

Mit diesem Befund liegen nun auch im Osten des jüdischen Tempels Belege für einen Mauerzug vor, der in seiner Bauzeit und Funktion so sehr demjenigen entspricht, der im Norden des Tempels allein aus den schriftlichen Quellen erschlossen werden kann. Ebenso wie dieser ist er jedoch für sich genommen in seinem städtischen Kontext kaum zu erklären. Da eine weitere Fortsetzung der Mauer eine

---

[10] Dokument B 37.

[11] Das entspricht auch der in B17 dokumentierten Abfolge. Da dort die Beschwerde allein der Trennmauer gilt und die Zerstörung des Tempels auf dem verso nur erwähnt wird, dürfte letztere bereits zurückliegen.

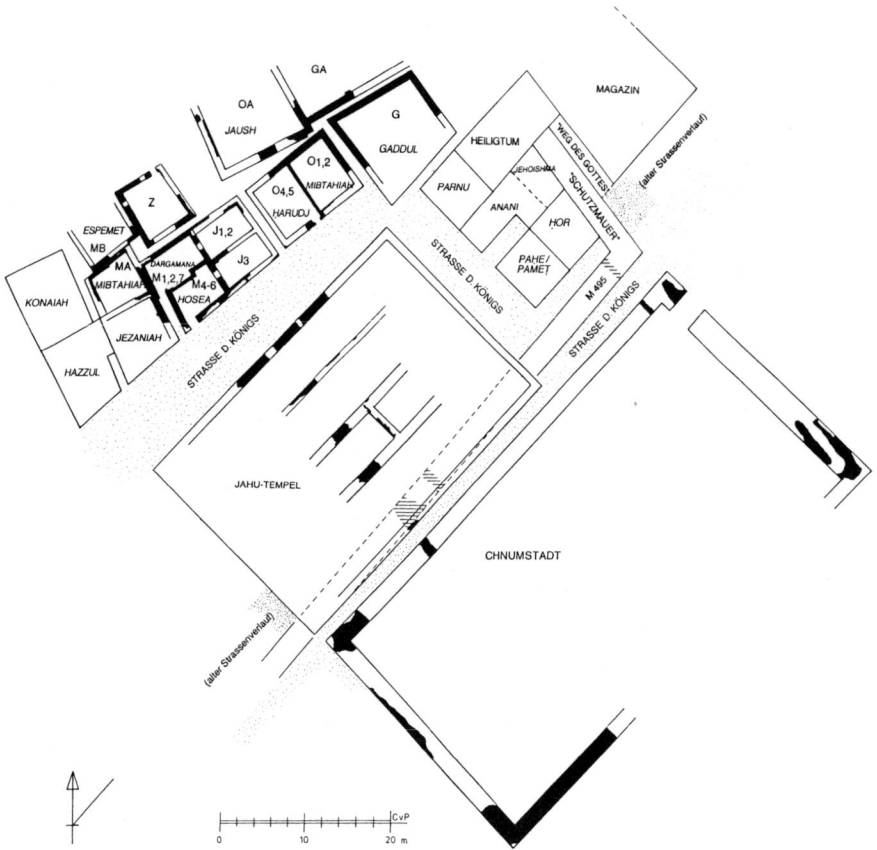

Abb. 2.

nicht vorstellbare Teilung der Stadt bedeuten würde, muss angenommen werden, dass sie unweit des nördlichsten erhaltenen Abschnitts nach Westen umknickte. Es liegt damit nahe, dass die archäologisch belegte Bezirksmauer, die in nord-südlicher Richtung verläuft, und die textlich bezeugte "Schutzmauer" mit West-Ost Verlauf als zwei Mauern gleicher Funktion und gleicher Zeitstellung auch in einem Bauzusammenhang miteinander gestanden haben und beide zu derselben Konstruktion gehörten.

Die Lage des nördlichsten erhaltenen Abschnitts von M 495 stellt nun einen topographischen Fixpunkt dar, der sich auch auf die rekonstruierte Ausdehnung des Häuserblocks um *Ananiahs* Haus

auswirkt. Tatsächlich lässt sich eine derartige Rekonstruktion ohne
Widerspruch zu den für Ananiahs Grundstück bekannten Maßen
in Einklang bringen (Abb. 2). Unter der begründeten Annahme, dass
sich im Norden der Tempelbezirk bis zur Fortsetzung einer in den
westlichen Wohnbezirk führenden Straße erstreckte[12] und die Bezirksmauer M 495 nicht mehr sehr viel weiter nach Norden verlief, verbleibt zwischen Tempelbezirk und "Schutzmauer" eine Fläche von
ca. 19 m Länge. Unter Abzug einer ebenso breiten Straße entlang
der Nordseite des Tempelbezirks wie an dessen Westseite besitzt die
restliche Fläche in etwa eine Länge von 12,50 m, die für den mehrfach unterteilten Hauskomplex *Ananiahs* in den Dokumenten tatsächlich belegt ist.[13]

Problematischer gestaltet sich hingegen ein genaueres Verständnis des in den Dokumenten angegebenen Baukontextes der "Schutzmauer". Die größten Schwierigkeiten bereitet dabei die Formulierung
"das ist der Weg des Gottes".[14]

Porten erschließt daraus einen direkten Zusammenhang zwischen
der Anlage der Straße und einem seit 404 v. Chr. auf dem Nach-
bargrundstück von *Ananiah* belegten Heiligtum (*qnḥntj*),[15] das als Ziel
der Prozessionsstraße diente. Da nur in B 43 die "Schutzmauer" und
der "Weg des Gottes" an *Ananiahs* Haus angrenzen, in B 44 jedoch
auch das königliche Magazin an die "Schutzmauer" anschließt, schlägt
Porten eine Rekonstruktion vor, in der die Straße auf beiden Seiten
von einer Mauer eingefasst ist.[16]

Bei dieser Rekonstruktion stellt sich jedoch die Frage nach der
Notwendigkeit einer Schutzmauer entlang der nördlichen Straßenseite. Wie aus der Abfolge der Dokumente zweifelsfrei hervorgeht
und in B 17 auch explizit erwähnt, ist für den Bau der "Schutzmauer"
und damit auch für den "Weg des Gottes" ein Teil des königlichen
Magazins abgerissen worden. Da es aber weiterhin als Magazin ange-

---

[12] C. von Pilgrim, "Textzeugnis und archäologischer Befund. Zur Topogra-
phie Elephantines in der 27. Dynastie", in: H. Guksch/D. Polz, op. cit. p. 492.
    [13] 23, 66 E; siehe B. Porten/A. Yardeni, *Textbook of Aramaic Documents from Ancient
Egypt* 2, (Winona Lake, 1989), p. 182, fig. 6.
    [14] Zur Ableitung des demotischen Lehnwortes "*tmw'ntj*" von *t3 mj.t nṭr*, siehe
Porten, *Archives*, p. 285 und 309; B. Couroyer, "Le temple de Yaho et l'orientation
dans les papyrus araméens d'Éléphantine", Revue Biblique 68, (1961), pp. 530 ff.
Für den ägyptischen Begriff siehe auch A. Cabrol, *Les voies processionelles de Thèbes*,
OLA 97, (Leuven, 2001), pp. 71 ff.
    [15] Zur Diskussion des Begriffes "*qnḥntj*" siehe Porten, *Archives*, p. 309.
    [16] Porten, *Archives*, p. 228 fig. 9.

sprochen wird, dürfte es als Gebäude erhalten geblieben sein und einen neuen baulichen Abschluss bekommen haben. Eine zweite Mauer an dieser Straßenseite macht dabei wenig Sinn, liegt doch die Straße bereits von der südlichen "Schutzmauer" abgetrennt im ägyptischen Bezirk.

Eine plausiblere Lösung ergibt sich hingegen, wenn man die topographischen Angaben auch in ihrer chronologischen Abfolge wörtlich nimmt. Demnach war für den Bau der "Schutzmauer" zunächst eine Schneise durch diesen Häuserblock geschlagen worden, bei dem das Magazin verkürzt worden ist. Auf der Nordseite der Mauer schloss dabei keine Bebauung mehr direkt an, sondern es wurde ein Streifen als Prozessionsweg freigelassen, der möglicherweise als Stichstraße zu einem kleinen Heiligtum neben dem Haus von *Ananiah* führte. Tatsächlich scheint diese Straße jedoch nicht lange beibehalten worden zu sein, denn schon 15 Monate später war das Magazin wieder nach Süden erweitert worden und schloss nun direkt an die "Schutzmauer" an.

Auch wenn das Heiligtum einen weiteren Zugang von Norden oder Westen besessen haben sollte, ist in Betracht zu ziehen, dass es vor der Erweiterung des Magazins bis an die "Schutzmauer" bereits aufgegeben worden ist. Für eine untergeordnete Bedeutung des Heiligtums lassen sich dabei mehrere Gründe anführen: Zum einen lag das Heiligtum direkt innerhalb des aramäischen Siedlungsquartiers und war definitiv eine Neugründung, die noch nicht lange bestand. Es war auf dem nördlichen Teil eines Grundstück errichtet worden, das zuvor zum Haus des kaspischen Soldaten *Shatibara* gehörte. Es ist damit kaum anzunehmen, dass es sich um eine größere Kultanlage handelte, für die eine Gottheit auch gar nicht benannt wurde, sondern wohl vielmehr um eine private Kultanlage. In diese Richtung weist auch deren Bezeichnung als "*qnḥ nṯr*", die für einen Göttertempel im eigentlichen Sinne nicht belegt ist.[17] Denkbar wäre eine kleine Privatkapelle, die zum Andenken eines Verstorbenen errichtet worden ist.

In keinem Fall ist diesem Heiligtum jedoch eine Bedeutung beizumessen, die allein die umfangreiche Baumaßnahme einer "Schutzmauer" auf Kosten eines königlichen Magazins gerechtfertigt hätte.[18]

---

[17] Zur Bedeutung von qnḥ siehe G. Vittmann, *Der demotische Papyrus Rylands 9*, Ägypten und Altes Testament 38, (Wiesbaden, 1998), pp. 422 f.

[18] Verwirrung stifteten in diesem Kontext die Überlegungen von Couroyer, op. cit, p. 535, der dem Heiligtum eine konkrete Verbindung zu Chnum zuge-

Explizit genannt ist dagegen die Verbindung der Prozessionsstraße mit der "Schutzmauer", so dass zu fragen ist, ob sich der entscheidende Abschnitt der Prozessionsstraße nicht jenseits des archäologisch belegten Abschnitts der Mauer befand.

Ob sich die "Schutzmauer" über das Heiligtum hinaus nach Westen fortsetzte, ist anhand der Quellenlage nur indirekt zu entscheiden. Entgegen einer ersten Vermutung ist allerdings stark zu bezweifeln, dass die beiden nachzuweisenden Abschnitte der "Schutzmauer" als zwei Seiten einer allseitigen Ummauerung des aramäischen Stadtgebietes aufzufassen sind.[19] Grundsätzlich ist eine intraurbane Abtrennung von Wohnbezirken durch Quartiersmauern in ägyptischen Städten bisher nicht bekannt. Zudem lassen sich auch keine schlüssigen Anhaltspunkte dafür finden, dass ein lokal ausgeprägter religiöser oder kultureller Antagonismus eine besondere räumliche Trennung der jeweiligen Stadtbezirke begründet erscheinen ließe. Der seit den Grabungen von Rubensohn verwendete Begriff des "Aramäerviertels"[20] impliziert vielmehr eine Aufteilung der Wohnquartiere, die sich aber in den Quellen nicht in dieser Schärfe nachvollziehen lässt. So lebten bis zum Abbrechen der Quellen nicht nur Juden, sondern auch Kaspier,[21] ein Choaresmier[22] und mehrere Ägypter, unter ihnen Bootsleute[23] und ein Angestellter des Chnumtempels,[24] in dem begrenzten Wohngebiet, dessen Bewohner aus den Archiven bekannt sind. Vor allem aber die mit den Wohnhäusern verzahnte Lage des ägyptischen Heiligtums qnḥntj schließt eine Fortsetzung der "Schutzmauer" nach Westen nahezu aus, da es vom angrenzenden Stadtviertel nicht mehr zugänglich gewesen wäre.

---

stehen wollte und gar einen Widderfriedhof ("Chnumeion") für möglich hielt. Diese von Porten, *Archives*, p. 286 aufgegriffenen Spekulationen entbehren jedoch jeder Grundlage, da in den aramäischen Quellen Chnum auch stets genannt wurde, wenn eine Verbindung zu dem Gott bestand und ausgedrückt werden sollte. Überdies liegt das betreffende Grundstück weit vom Chnumtempelbezirk entfernt und ist in ein eng verzahntes Wohnquartier gezwängt. Vgl. Briant, op. cit., p. 122.

[19] C.v.Pilgrim, in: Dreyer et al., MDAIK 58, (2002), S. 194
[20] W. Honroth/O. Rubensohn/F. Zucker, "Bericht über die Augrabungen auf Elephantine in den Jahren 1906–1908", ZÄS 46, (1909), p. 28.
[21] Shatibara (B 37).
[22] Dargamana (B 24).
[23] Peftuauneith (B 23) und später dessen Sohn Espemet (B 24 und B 25) in Haus MB sowie die Brüder Paḥe und Pamet (B 45).
[24] Ḥor (B 40, B 43 und B 44).

Die zeitliche Koinzidenz der Zerstörung des Tempels und der Errichtung der "Schutzmauer" lässt vermuten, dass zwischen beiden
Ereignissen ein Zusammenhang bestand.[25] Demzufolge dürfte die
mit dem Mauerbau verbundene Intention auch eng mit den Gründen des Konfliktes in Verbindung stehen, die zur Zerstörung des
Tempels führten.

Trotz der umfangreichen Quellen und der ausführlichen Beschreibung der Zerstörung des Tempels blieben alle Versuche, die Ursachen des Konfliktes zu ergründen, auf Mutmaßungen angewiesen.
Besonders erstaunlich erscheint dabei der Umstand, dass auch die
Führer der jüdischen Gemeinde selbst in den überlieferten Dokumenten keine Stellung dazu genommen haben.[26]

Die Benennung der Chnumpriester als treibende Kraft hinter der
Zerstörung des Tempels hat allgemein zu der Auffassung geführt,
dass der Konflikt von einem religiösen Antagonismus getragen worden
war.[27] Im Mittelpunkt der Überlegungen stand oft die Annahme,
dass die rituellen Schafsopfer der Juden den Chnumpriestern ein Dorn
im Auge gewesen sein mussten.[28] Auch wenn es einen allenfalls in-
direkten Hinweis darauf gibt, dass den Juden schon vor dem positiven Bescheid für den Wiederaufbau des Tempels das Brandopfer
als Problem bewusst gewesen sein könnte,[29] ist es doch verwunder-

---

[25] So auch Porten, *Archives*, p. 285.

[26] Dokumente B 19 und B 20. S. a. Porten, *Archives*, pp. 284 ff.

[27] Zu oberflächlich ist hingegen die Reduktion des Konfliktes auf eine "Xeno-
phobie" der Ägypter, wobei besonders die Bezeichnung der Ereignisse als "Pog-
rom" unangebracht ist, siehe zuletzt K. Mysliwiec, *Herr beider Länder*, Kulturgeschichte
der Antiken Welt 69, (Mainz, 1998), p. 201.

[28] So auch J. Assmann, *Ägypten. Eine Sinngeschichte*, (München, 1996), p. 440 sowie
idem, *Moses der Ägypter*, (München, 1998), p. 96. Schon Porten gab jedoch zu bedenken, dass das Passahopfer nicht notwendiger Weise auf ein Schaf beschränkt
war, sondern auch Ziegen erlaubt waren, siehe Porten, *Archives*, p. 280.
Wahrscheinlich stand die Problematik des Brandopfers in einem ganz anderen
Zusammenhang: Der in B 22 dokumentierte Verzicht auf künftige Brandopfer,
der auch Ochsen und Ziegen mit einschloss, weist eher auf eine Anerkennung des
alleinigen Rechts des Jerusalemer Tempels auf die Vollziehung der Brandopfer.
In diesem Zusammenhang ist es folgerichtig, dass in dem Memorandum B 21, das
die Erlaubnis zum Wiederaufbau des Tempels enthält, das Ausführen von Brand-
opfern nicht erwähnt wird.

[29] In Dokument B 22 bitten die Führer der jüdischen Gemeinde von Elephantine
um Fürsprache bezüglich der Genehmigung, den Tempel wieder aufbauen zu dürfen.
Ausdrücklich wird dabei vermerkt, dass man keine Brandopfer, weder Schaf, Ochse
oder Ziegen vornehmen wird. Auch wenn der Empfänger des Briefes unbekannt
ist, kann jedoch nicht ausgeschlossen werden, dass er an die Autoritäten in Judäa
gerichtet war und mit dem Verzicht auf die Brandopfer das Jerusalemer Kultmonopol
anerkannt wurde.

lich, dass ein diesbezüglicher Konflikt erst nach einem Zeitraum von mehr als hundert Jahren ausbrach. So heißt es in einem Brief, "to you it is known that Khnum is against us since *Hananiah* has been in Egypt until now",[30] d.h. seit 418 v. Chr. Denn es war in jenem Jahr, als ein gewisser *Hananiah* nach Elephantine kam und eine Verfügung des persischen Königs Darius II. verkündete, nach der die Juden in Elephantine verschiedene religiöse Feste und Vorschriften einhalten durften.[31] Porten verweist dabei als Konfliktpotential vor allem auf den politischen Aspekt des in dem Brief erwähnten Passahfestes, das als Gedenken an die Befreiung der Israeliten aus der ägyptischen Gefangenschaft bei den Ägyptern auf wenig Verständnis gestoßen sein könnte.[32]

Tatsächlich ist in den Petitionen von derlei Hintergründen keine Rede, was umso mehr überraschen muss, als ein lokaler Verstoß gegen eine klare Anweisung der persischen Autoritäten das Fehlverhalten von Vidranga noch deutlicher herausgestellt hätte.

Statt dessen wird für die Zerstörung kein Motiv genannt, sondern allein Vidranga der Bestechlichkeit angeklagt, ein Vorwurf, der in der Regel schwer zu beweisen und in jener Zeit ein alltäglicher gewesen sein dürfte. Es ist offensichtlich, dass Korruption und Bestechung zu der Zeit an der Tagesordnung waren, und auch die Elephantiner Juden selbst bedienten sich dieses Mittels zur Beeinflussung von Entscheidungen.[33]

Andererseits ist es doch überraschend, dass der persische Gouverneur in einer Zeit, als im Norden des Landes bereits Aufstände ausgebrochen waren, sich die Seite der Ägypter zu eigen machte und mit der Zerstörung des jüdischen Tempels gegen die Interessen von loyalen Teilen seiner eigenen Truppe und der Politik des Reiches verstieß.

---

[30] B 15.

[31] Siehe B 13. Zur möglichen Identifizierung von Hananiah siehe Porten, *Archives*, pp. 130 und 280 f.

[32] Porten, *Archives*, p. 281.

[33] In B 22 bieten die Führer der jüdischen Gemeinde ganz offen an, dem Empfänger des Briefes eine erhebliche (Bestechungs)summe zukommen zu lassen, wenn er bezüglich des Wiederaufbau des Tempels ein positives "statement" abgibt, s. Porten, *Elephantine Papyri*, p. 151, Anm. 18. Die Anrede "unser Herr" in dem beschädigten Dokument lässt offen, ob der Empfänger eine Instanz in Judäa (s.o. Anm. 29) oder der Satrap in Memphis war. Letzteres würde jedoch bedeuten, dass Bestechung nahezu als sanktioniertes Kavaliersdelikt aufzufassen wäre. Zur Korruption s. a. Porten, *Archives*, pp. 282 f.

Vor dem Hintergrund dieser politischen Dimension des Konfliktes hat P. Briant kürzlich eine neue Interpretation der Ereignisse
vorgelegt.[34] Mit Recht weist Briant darauf hin, dass bei jeder Beur-
teilung der Schilderung der Ereignisse berücksichtigt werden muss,
dass wir mit den beiden Petitionen B 19 und B 20 nur die Aussagen
der einen Seite des Streitfalles kennen und wie in jeder Auseinandersetzung nicht mit einer objektiven Darstellung der Sachlage rechnen dürfen. Dass in dieser Hinsicht Vorsicht geboten ist, zeigt bereits
der unzutreffende Verweis auf die angebliche Zerstörung der ägyptischen Tempel bei der Eroberung durch Kambyses.[35]

Zudem fällt bei den geschilderten Vorbereitungen zur Zerstörung
des Tempels ein recht formeller Ablauf auf, der kaum bei einer durch
aufgeheizte religiöse Gegensätze ausgelösten Aktion zu erwarten ist.
Es wird explizit beschrieben, dass der persische Gouverneur *Vidranga*
einen Brief, d.h. einen Befehl an den lokalen Garnisonskommandanten
Naphaina schrieb, der daraufhin verschiedene Truppen um sich sam-
melte; es wurde also in einer förmlichen Weise verfahren, die später
durch Akten nachvollzogen werden konnte.

Briant führt den Konflikt daher auf einen von den Juden verlorenen juristischen Streitfall zurück, der sich um Rechte an Grund-
stückseigentum drehte. Als Kläger vermutet er die Verwaltung des
Chnumtempels, die zur Erweiterung des Tempelbezirks Anspruch
auf das Grundstück des jüdischen Tempels erhoben haben könnte.[36] Auch wenn der konkrete Anlass des Streites durch eine miss-
verstandene Interpretation der betreffenden topographischen termini
("une chapelle de Khnum") und die Unkenntnis des Stadtplans von

---

[34] P. Briant, "Une curieuse affaire à Éléphantine en 410 av.n.è.: Widranga, le
sanctuaire de Khnum et le temple de Yahweh", in: B. Menu (ed.), *Égypte pharaonique:
pouvoir, société*. Méditerranées 6/7 (1996), pp. 115 ff.

[35] Zur Frage der persischen Zerstörungen auf Elephantine siehe zuletzt W. Kaiser,
in: Kaiser et al., "Stadt und Tempel von Elephantine. 23./24. Grabungsbericht",
MDAIK 53, (1997), pp. 178 ff.

[36] Da nach den Rechtsurkunden aus Elephantine Streitfälle entweder vor dem
Garnisonskommandanten oder direkt vor dem Satrapen verhandelt wurden, muss
offen bleiben, von welcher Rechtsautorität dieser Fall entschieden wurde. Der
Gouverneur scheint offenbar keine Rechtsinstanz gewesen zu sein. Dennoch wenden sich die Juden vor allem gegen ihn, Vidranga, was dadurch begründet sein
könnte, dass er für das Urteil verantwortlich war, als er selbst noch Garnisonskom-
mandant gewesen war, oder er nun als Gouverneur für die Umsetzung von Ge-
richtsentscheidungen zuständig war. Zur juristischen Hierarchie siehe J. Wiesehöfer,
"PRTRK, RB HYL', SGN und MR'", in: Achaemenid History VI, (Leiden, 1991),
pp. 305 ff.

Elephantine nicht aufrecht zu erhalten ist,[37] erscheint dieser Ansatz doch grundsätzlich geeignet, auch den Bau der "Schutzmauer" als Folge des Rechtsstreits zu verstehen, der schließlich zur Zerstörung des Tempels führte.

So haben die bisherigen Untersuchungen zur Entwicklung der Stadtstruktur tatsächlich Hinweise darauf ergeben, dass die Lage des jüdischen Tempelbezirks den Bruch einer Entwicklung markiert, der geeignet erscheint, Anlass einer juristische Auseinandersetzung geworden zu sein.

Seit altersher war die Stadtanlage durch mindestens zwei Hauptstraßen geprägt, die sich südwestlich des Chnumtempels kreuzten.[38] Die größte Bedeutung besaß dabei die "Straße des Königs",[39] die unmittelbar westlich des ummauerten Chnumtempelbezirks vorbeilief und vermutlich die beiden Häfen im Norden und Süden miteinander verband. Sie stellte die Hauptachse der Stadt dar und lässt sich auf der gleichen Linie über einen Zeitraum von fast 2000 Jahren bis in das Alte Reich zurückverfolgen. Im Neuen Reich wurde sie auf eine Breite von ca. fünf Meter erweitert und diente zweifellos als zentrale Prozessionsachse. Mit dem Bau des jüdischen Tempels und vor allem seiner Umfassungsmauer war diese Hauptstraße jedoch unterbrochen worden. Die Umfassungsmauer des Chnumtempelbezirks und des jüdischen Tempels lagen nun direkt nebeneinander, so dass eine Nord-Süd-Durchquerung der Stadt zwangsläufig durch das sog. Aramäerviertel um den jüdischen Tempel herum führte. Es lässt sich nicht mehr sicher feststellen, welche Umfassungsmauer zuerst errichtet wurde,[40] doch war es der jüdische Tempelbezirk, der den Straßenverlauf blockierte.

Es ist offensichtlich, dass dieser Eingriff in die gewachsene Stadtstruktur einen Rechtsstreit provozieren musste, der nach den bekannten Gesetzen letztlich zu einem zumindest partiellen Abriss führen konnte.[41] Der Fall einer Grundstückserweiterung auf Kosten einer

---

[37] Den Quellenverweisen nach zu urteilen, verknüpft Briant, op. cit. p. 122 offenbar die Begriffe "Stadt des Chnum" und qnḥnty in einer Weise, die ihn irrtümlich eine geplante Erweiterung des Chnumtempelbezirks folgern lässt.

[38] C.v.Pilgrim, "Zur Stadtentwicklung nach dem Alten Reich", in: W. Kaiser et al., "Stadt und Tempel, von Elephantine. 28./29./30. Grabungsbericht," MDAIK 58 (2002), p. 182f.

[39] B 37, B 38 und B 45. S. a. C. von Pilgrim, "Textzeugnis und archäologischer Befund. Zur Topographie Elephantines in der 27. Dynastie", in: H. Guksch/ D. Polz, op.cit., p. 490.

[40] Siehe oben M 500 und M 455.

[41] S. a. Briant, op. cit., pp. 126 f.

öffentlichen Straße war dabei keineswegs ein Sonderfall, sondern ist auch im "Code Hermopolis West" als Rechtsfall genannt.[42] Mit dem Hinweis der Juden, dass ihr Tempel bereits vor der Zeit des *Kambyses* bestand und von diesem nicht angerührt worden ist, wurde wohl weniger "an eine Art religiöser Solidarität zwischen Persern und Juden gegen die Ägypter appelliert",[43] als vielmehr auf die Tradition und angebliche Rechtmäßigkeit des Tempelbaus hingewiesen. Briant vermutet, dass es den Juden offenbar nicht möglich war, über die Eigentumsverhältnisse des Tempelgrundstücks eine entsprechende Urkunde vorzulegen, wie es in derartigen Streitfällen notwendig war.[44] Der persische Gouverneur dürfte sich daraufhin in einer schwierigen Situation befunden haben, indem er gegen vitale Interessen eines loyalen Truppenkontingentes zugunsten derjenigen agieren musste, die in einer zumindest latenten Opposition zur persischen Besatzungsmacht standen, und es bedurfte daher vielleicht der Bestechung durch die Chnumpriester, damit das Urteil, den Tempelbezirk zu verkleinern, umgesetzt wurde.[45] Möglicherweise hatte sich zu dieser Zeit ("seit *Hananiah*") aber auch bereits ein zweiter Konflikt mit einem religiösen Hintergrund entwickelt, so dass die Chnumpriester die Möglichkeit sahen, sich des Problems gänzlich zu entledigen und *Vidranga* bestachen, nicht nur den auf strittigem Grund und Boden errichteten Abschnitt des Tempelbezirks zu zerstören, sondern den gesamten Tempel nieder reißen zu lassen.

Zur Markierung der festgelegten Grundstücksgrenzen und zum Schutz der Prozessionsstraße entlang des Chnumtempelbezirks wurde daraufhin die "Schutzmauer" errichtet. Sie verlief entlang der Innenseite der ehemaligen Umfassungsmauer des jüdischen Tempelbezirks und schirmte die Hauptstraße ab, auf der das Stadtzentrum wieder in einer Breite von ca. zwei Metern durchgehend passiert werden konnte.

Erst mit dem Wiederaufbau des Tempels wurde die Mauer, zu-

---

[42] G. Mattha / G. Hughes, *The demotic legal Code of Hermopolis West*, Bibliothèque d'Étude 45, (Kairo, 1975), Kol. VIII, 1-2.

[43] J. Assmann, *Ägypten. Eine Sinngeschichte*, (München, 1996), p. 439.

[44] Siehe Briant, op. cit., pp. 125 f., der auch auf den anschaulichen Vergleich aus *Ezra*, 5, 3-17 verweist, dass für den Neubau des Tempels in Jerusalem ein entsprechendes Schriftstück beigebracht werden musste.

[45] Eine Verschleppung des Urteils kann auch juristische Gründe gehabt haben, indem die unterlegene Partei das Urteil nicht anerkannte und sich dem Urteil nicht unterwerfen wollte, siehe E. Seidl, *Ägyptische Rechtsgeschichte der Saiten- und Perserzeit*, Ägyptologische Forschungen 20, (Glückstadt, 1956), pp. 38 f.

mindest im Abschnitt des entsprechend verkürzten Tempelbezirks,[46] wieder abgetragen. Allein die übermäßige Breite der Mauer dürfte ihrem weiteren Bestand auf dem umkämpften Grund und Boden entgegen gestanden sein. Auf dem Fundament der "Schutzmauer" wurde daraufhin eine neue Umfassungsmauer des jüdischen Tempelbezirks errichtet, von der sich noch geringe Reste erhalten haben. Der mit der Verschiebung der Ostgrenze des Tempelbezirks wieder berücksichtigte Straßenverlauf dokumentiert dabei deutlich die Bedeutung der Hauptstraße in diesem Konflikt.

Doch allein die Tatsache, dass der Tempel einige Jahre später wieder aufgebaut wurde, weist darauf hin, dass seine vollständige Zerstörung eine überzogene Aktion gewesen sein muss, mit der sich auch Vidranga ins Unrecht gesetzt hatte. Auch wenn die erhaltenen Quellen keinen gesicherten Aufschluss darüber geben, ob und welche Sanktionen *Vidranga* widerfuhren,[47] scheinen zumindest andere an den Ereignissen beteiligte Akteure hingerichtet worden zu sein.[48]

---

[46] Der nördliche Abschnitt der Mauer wird hingegen beibehalten worden sein, da er noch in einer am 9. März 402 v. Chr. verfassten Grundstücksurkunde (B 44) erwähnt ist, während der Tempel in einer am 13. Dezember des gleichen Jahres ausgestellten Urkunde (B 45) genannt wird—es sei denn, man schließt daraus auf einen Neubau des Tempels im Zeitraum zwischen diesen beiden Daten.

[47] Siehe die Diskussion bei Porten, *Archives*, p. 288 Anm. 19.

[48] "*And all persons who sought evil for that temple, all (of them), were killed and we gazed upon them*", s. Porten, *Elephantine Papyri*, p. 142.

"ICH BIN ISIS, DIE HERRIN DER BEIDEN LÄNDER" VERSUCH ZUM DEMOTISCHEN HINTERGRUND DER MEMPHITISCHEN ISISARETALOGIE

Joachim Friedrich Quack

Die große Aretalogie[1] der Isis, die weitgehend textgleich in mehreren erhaltenen griechischen Inschriften erhalten ist[2] und deren Anfang auch bei Diodor I, 27 überliefert wird,[3] hat seit jeher erhebliche Aufmerksamkeit auf sich gezogen. Dabei hat sich schon öfters die Frage gestellt, ob es sich um ein griechisches oder ägyptisches Werk handelt. Letzteres wird zumindest dadurch nahegelegt, daß einerseits die Inschrift von Kyme sich als Abschrift eines Textes ausgibt, der beim Hephaistion (d.h. dem Ptahtempel) von Memphis auf einer Stele steht,[4] andererseits bei Diodor behauptet wird, es handele sich um Teile einer Grabinschrift, die in Nysa in Arabien beim Grab der Isis stehe und aus dem Ägyptischen übersetzt sein solle. Dabei sei ein Teil der Inschrift jetzt nicht mehr lesbar. Letztere Behauptung hat, obgleich sie zu den Dingen gehört, die ein heutiger Forscher instinktiv als durchsichtige Fiktion zurückweist,[5] dadurch eine zumindest teilweise Bestätigung gefun-

---

[1] Zur Terminologie s. vor allem Y. Grandjean, "Une nouvelle arétalogie d'Isis à Maronée", *EPRO 49* (Leiden 1975), S. 1-8.

[2] Zur Konfrontation der erhaltenen Textzeugen mit den vor Ort jeweils bekannten Aegyptiaca s. J. Leclant, "Aegyptiaca et milieux isiaques. Recherches sur la diffusion du matériel et des idées égyptiennes", *ANRW II 17/3* (Berlin/New York 1984), S. 1692-1709.

[3] Letzte Textzusammenstellung M. Totti, *Ausgewählte Texte der Isis- und Serapis-Religion* (Hildesheim/Zürich/München 1985), S. 1-4 (leider ohne ausreichende Präsentation der Version bei Diodor); deutsche Übersetzung mit knappem Kommentar bei R. Merkelbach, *Isis regina—Zeus Sarapis. Die griechisch-ägyptische Religion nach den Quellen dargestellt* (Stuttgart/Leipzig 1995), S. 113-119. S. zuletzt die generellen Bemerkungen von M. Malaise, "Le problème de l'hellénisation d'Isis", in: L. Bricault (Éd.), *De Memphis à Rome. Acts du Ier colloque international sur les études isiaques Poitiers—Futuroscope, 8-10 avril 1999, RGW 140* (Leiden/Boston/Köln 2000), S. 1-19, bes. S. 3f.

[4] Auch die hymnische Umsetzung in der Inschrift von Andros, Z. 3-6 bemerkt die Aufstellung einer feststehenden Säule (d.h. wohl Stele) in Memphis, s. Harder, *Karpokrates*, S. 23 u. S. 24 Anm. 4.

[5] Vgl. J. Bergman, *Ich bin Isis. Studien zum memphitischen Hintergrund der griechischen Isisaretalogien* (Uppsala 1968), S. 28.

den, daß die epigraphischen Funde Diodors Text tatsächlich als verkürzten Ausschnitt (§ 3-9, 11 u. 57) einer ursprünglich längeren Komposition erwiesen haben. Da Diodor zudem 22, 2 von einer alternativen Tradition berichtet, daß Isis in Memphis beim Ptahtempel bestattet sei, kommt er indirekt der memphitischen Herkunftsangabe der Monumentalfassung näher.[6]

Bereits kurz nach der Erstpublikation der besterhaltenen Fassung (Kyme) hat Roussel sich dazu geäußert.[7] Er tendiert dazu, hier das Werk eines Griechen zu sehen, der in der ägyptischen Religion erfahren ist bzw. von einheimischen Exegeten Informationen erhalten hat,[8] wobei insgesamt eine getreue Interpretation eines ägyptischen Textes vorläge, die keine deutlichen Widersprüche zur Religion der Ägypter zeige.[9]

Als erster Ägyptologe hat sich F. Lexa etwas ausführlicher mit dem Text beschäftigt.[10] Er meint, neben einigen originär Isis zugehörigen Zügen seien Eigenschaften anderer Gottheiten auf sie übertragen worden. Anderes habe einen rein griechischen Ursprung oder sei unsicherer Herkunft. Insgesamt unterscheide sich das Bild des "Hymnus" von der ägyptischen Isis. Jedoch sei die bei Diodor überlieferte Grabinschrift bzw. ihre Vorlage ursprünglich, der Text von Kyme dagegen eine sekundäre Erweiterung. Die Aussagen in der ersten Person seien vom Gebrauch ägyptischer magischer Texte übernommen, sich mit der Gottheit zu identifizieren.

Besonders ausführlich hat der Epigraphiker Richard Harder die Eigenangaben der Texte ernst genommen und eine ägyptische Vorlage postuliert.[11] Dabei versucht er zur Abstützung seiner Theorie, einerseits aus Divergenzen zwischen Diodor und den epigraphischen Fassungen auf zwei verschiedene griechische Übersetzungen eines ursprünglich ägyptischen Textes zu schließen. Zum anderen meint

---

[6] A. Burton, "Diodorus Siculus, Book 1. A Commentary," *EPRO 29* (Leiden 1972), S. 115f.; F. Dunand, "Le culte d'Isis dans le bassin oriental de la méditerranée, I. Le culte d'Isis et les Ptolémées", *EPRO 26* (Leiden 1973), S. 123 Anm. 2.

[7] P. Roussel, "Un nouvel hymne à Isis", *Revue des études grecques 42* (1929), S. 137-168.

[8] Roussel, *Revue des études grecques 42*, S. 144 u. 148.

[9] Roussel, *Revue des études grecques 42*, S. 152-164.

[10] F. Lexa, L'hymne grec de Kymé sur la déesse Isis, *ArOr 2* (1930), S. 138-152.

[11] R. Harder, "Karpokrates von Chalkis und die memphitische Isispropaganda", *APAW 1943, 14* (Berlin 1944), bes. S. 18-52. Dort S. 25 mit Anm. 3 u. 4 auch Nennung früherer Vertreter dieser Auffassung.

er, vieles vom Inhalt widerspreche griechischem Empfinden. Schließlich sieht er die mangelnde Ordnungsstruktur als Kriterium ägyptischer Herkunft an.

Diese Position stieß sogleich auf entschiedenen Widerstand aus den Reihen der Altphilologie. Vor allem Festugière und Nock lehnten die Ansetzung einer ägyptischen Fassung in zwei kritischen Besprechungen ab. Insbesondere ersterer bietet eine sehr ausführliche Stellungnahme.[12] Er bemüht sich speziell um den Nachweis, daß die von Harder als ungriechisch angesprochenen Passagen doch hellenische Wurzeln hätten. Vor allem untersucht er den inhaltlichen Aufbau des Textes erneut und versucht, wenigstens ansatzweise eine strukturierte Komposition nachzuweisen. Dazu muß er allerdings postulieren, daß die erhaltenen Niederschriften durch Schuld der Kopisten teilweise Elemente umgestellt haben. Er erkennt die Grundstruktur A: Natur der Isis (§ 3-11), B: Allmacht der Isis (§ 12-14 u. 39-56) und C: Erfindungen der Isis (§ 15-38), wobei letzterer Punkt von zwei Teilen von B gerahmt wird, schließlich noch den Schlußgruß (§ 57). Dieser Aufbau scheint ihm mit dem griechischer Hymnen vergleichbar. Auch für den Komplex der Götter als Erfinder führt er griechische Parallelen an. Letztlich erscheint ihm die Isisaretalogie als ein im Grunde griechisches Werk, das lediglich der Exotik halber einige spezifisch ägyptische Züge aufgegriffen habe. Für den Ansatz einer ägyptischen Fassung sieht er keine Notwendigkeit, vielmehr sei der Text von einem Griechen für Griechen in Übereinstimmung mit griechischen Ideen und in einem griechischen literarischen Genus geschrieben worden.

Nock verweist einerseits auf Festugières Rezension, andererseits bringt er noch weitere Argumente ins Spiel.[13] Dabei handelt es sich um folgende Punkte:

1. fehle im Text ein Verweis auf Jenseitsvorstellungen. Dieser sei aber bei der umfassenden Darstellung der Macht der Isis in einem ägyptischen Text zu erwarten, während für Griechen und Makedonen der frühhellenistischen Zeit dieser Aspekt weniger attraktiv gewesen sei als die Vorstellung von der Zivilisationsbringerin, Schützerin der Gerechtigkeit, der Frauen und der Ehe.

---

[12] A.-J. Festugière, "À propos des arétalogies d'Isis", *Harvard Theological Review* 42 (1949), S. 209-234; wiederabgedruckt in: ders., *Études de religion grecque et hellénistique* (Paris 1972), S. 138-163.

[13] A. D. Nock, *Gnomon 21* (1949), S. 221-228; wiederabgedruckt in: ders., *Essays on Religion and the Ancient World* (Oxford 1971), S. 703-711.

2. sei vorne im Text die Entdeckung des Getreides genannt.
Dabei läge eine Übertragung von Demeter auf Isis vor, da dieses
Element in Ägypten selbst fehle.

3. seien derartige Aussprüche in der 1. Person in Ägypten nicht
belegt und für Leute nötig, die belehrt werden müßten; der Ichstil
spräche für eine griechische Komposition.

War die Diskussion bislang von der Altphilologie geprägt, so
setzt mit Dieter Müller erstmals eine monographische ägyptologische Stellungnahme ein.[14] Unglücklicherweise hat dabei die ablehnende Haltung der Altphilologen seine Sichtweise so beeinflußt,
daß er bei einer ihm bewiesen erscheinenden prinzipiell griechischen Herkunft allenfalls für Teilelemente ägyptische Wurzeln
anerkennen will und alle Züge, die er nicht eindeutig zuordnen
kann, als mutmaßlich griechisch einstuft. Wertvoll ist seine Arbeit
vor allem dadurch, daß er satzweise den Texte durchgeht und
jeweils dort, wo es ihm möglich scheint, ägyptische Parallelen aufzeigt. Teilweise versucht er auch, eine mögliche sprachlich ägyptische Fassung zu finden, während er in anderen Fällen die
Schwierigkeit oder Unmöglichkeit einer Rückübersetzung als Argument gegen den ägyptischen Charakter eines bestimmten Paragraphen anführt. Letztlich schließt er, die Züge des hellenistischen
Isisbildes seien weitgehend griechisch, darunter schlummere aber
eine ägyptische Komponente. Als Beleg für die grundlegende Ver-
schiedenheit zwischen ägyptischem und griechischem Denken führt
er schließlich zwei Isishymnen aus Assuan an.

Nach Müller hat sich vor allem Jan Bergman ausführlich mit
dem Text beschäftigt.[15] Sein Grundansatz unterscheidet sich von
Müller vor allem dadurch, daß er weniger den Einzelwendungen
nachgeht, sondern mehr das globale Milieu von Memphis und die
Rolle der dort verehrten Isis im Zusammenhang des ägyptischen
Königtums ins Auge faßt. Er gelangt zum Schluß, der Anteil ägyp-

---

[14] D. Müller, "Ägypten und die griechischen Isis-Aretalogien", *ASAW 53, 1*
(Berlin 1961); zu seinen Prämissen s. besonders S. 8f. Seinen Ansätzen folgt F.
Hoffmann, *Ägypten. Kultur und Lebenswelt in griechisch-römischer Zeit. Eine Darstellung
nach den demotischen Quellen* (Berlin 2000), S. 139f. In ähnlichen Bahnen denkt auch
E. Bernard, *Inscriptions métriques de l'Égypte gréco-romaine. Recherches sur la poésie épi-
grammatique des Grecs en Égypte* (Paris 1969), S. 651f. bei der Bewertung der 4
Hymnen des Isidoros von Narmouthis.

[15] J. Bergman, *Ich bin Isis. Studien zum memphitischen Hintergrund der griechischen
Isisaretalogien* (Uppsala 1968); ders., *Isis-Seele und Osiris-Ei. Zwei ägyptologische Studien
zu Diodorus Siculus I 27, 4-5* (Uppsala 1970).

tischer Elemente sei erheblich höher als von Müller angenommen. Spezifisch möchte er den Text der Isisaretalogie mit Krönungszeremonien in Memphis zusammenbringen.

In einer ausführlichen Rezension[16] dazu hat Müller zwar einige Punkte anerkannt, aber insbesondere die große Rolle der Isis in Memphis bezweifelt.[17] Zudem kritisiert er Bergmans Vorgehensweise vor allem im Hinblick auf seine Vorstellung, wie ein zugrunde liegender ägyptischer Text durch die Übersetzung in Griechische umgedeutet worden sein könne. Daran schließen sich Meinungsverschiedenheiten über die Interpretation bestimmter Einzelaussagen an. Insbesondere stellt sich Müller auf den Standpunkt, man könne nur dann einen ägyptischen Ursprung annehmen, wenn für eine Aussage die Notwendigkeit bestehe, auf ägyptische Quellen zurückzugreifen, um den griechischen Text verstehen zu können.

Eines der Verdienste des Jubilars besteht gerade darin, daß er in seinem wichtigen LÄ-Artikel "Aretalogie" darauf hingewiesen hat, wie sehr die durchgängige Formulierung "Ich bin" griechischer Formulierungsart widerspricht. Er plädiert für orientalische Vorbilder. Auch wenn er die Frage nach der konkreten Herkunft des Textes offenlassen will, kann er doch auf eine Reihe ägyptischer Texte verweisen, in denen ägyptische Götter gleichartig von sich in der 1. Person sprechen.[18]

Erneut sehr von der Altphilologie her kam Henrichs, der einen speziellen Gedanken ins Spiel brachte.[19] Für ihn sind die meisten Aussagen der Isisaretalogie in ihrer sachlich-rationalen Art Früchte der griechischen Sophisten, insbesondere des Prodikos. Er bemüht sich bei sämtlichen Formulierungen, die Müller als sicher, überwiegend oder möglicherweise griechisch eingestuft hat, sie auf diesen Denker zurückzuführen.

---

[16] Eine andere, extrem kritische Rezension zu Bergman bietet Ph. Derchain, *RdÉ 22* (1970), S. 212-214.

[17] D. Müller, I am Isis, *OLZ 67* (1972), Sp. 117-130.

[18] J. Assmann, "Aretalogien", *LÄ I* (Wiesbaden 1975), Sp. 425-434; bes. Sp. 426.

[19] A. Henrichs, "The Sophists and Hellenistic Religion: Prodicus as the Spiritual Father of the Isis Aretalogies", *Harvard Studies in Classical Philology 88* (1984), S. 139-158. Merkelbach, *Isis regina*, S. 119 folgt diesem Ansatz. Kritisch dazu dagegen H. S. Versnel, Ter unus. Isis, Dionysos, Hermes. *Three Studies in Henotheism, Inconsistencies in Greek and Roman Religion 1* (Leiden/New York/Kopenhagen/Köln 1990), S. 42-44 unter Verweis auf einige eklatant ungriechische Züge des Textes.

Schließlich hat Žabkar im Anschluß an eine Bearbeitung hieroglyphischer Isishymnen aus Philae auch die Frage nach Bezügen
zum griechischen Text aufgegriffen.[20] Er glaubt, gerade im Vergleich mit den von ihm edierten Texten, die Anzahl der sicher
ägyptischen Aussagen deutlich erhöhen zu können, hält aber eine
Reihe von Aussagen für unzweideutig griechisch. Dabei sieht er
Philae als logischen Ort, wo der Autor des griechischen Textes sich
Inspiration geholt haben könnte.

Sehr zurückhaltend äußert sich Mora.[21] Er nimmt mit Müller
an, es sei unmöglich, sich einen Archetyp in ägyptischer Sprache
vorzustellen. Zudem verlangt er, man solle sich nicht vom Willen
des Textes, sich als Ausdruck ägyptischer Doktrinen auszugeben,
dazu verführen lassen, das Ägypten zuzuschreiben, was auch griechisch sein könne.[22]

Beiträge, die sich weniger mit den Aretalogien speziell und mehr
mit Isis im Allgemeinen beschäftigen, können hier nicht im Detail
gewürdigt werden.[23]

Von den bislang vorgetragenen Argumenten ist gewiß manches
von Wert, anderes erscheint aber nicht tragfähig. Insbesondere gilt
das für Teilkomponenten in Festugières und Nocks Argumentation. Hier sind sie zum einen zu einer Zeit, als über ägyptische
Hymnik und ägyptische religiöse Ausdrucksweise noch sehr viel
weniger bekannt war, unter sehr viel schlechteren Ausgangs-

---

[20] L. V. Žabkar, *Hymns to Isis in Her Temple at Philae* (Hanover/London 1988),
S. 135-160.

[21] F. Mora, "Prosopografia Isiaca, II. Prosopografia storica e statistica del
culto isiaco", *EPRO 113* (Leiden/New York/Kopenhagen/Köln 1990), S. 47-71.

[22] Mora, "Prosopografia II", S. 48.

[23] S. etwa F. Junge, "Isis und die ägyptischen Mysterien", in: W. Westendorf
(Hrsg.), *Aspekte der spätägyptischen Religion, GOF IV/9* (Wiesbaden 1979), S. 93-115;
H. Sternberg-El Hotabi, "Die Mensa Isiaca und die Isis-Aretalogien", *CdÉ 69*
(1994), S. 54-86; R. Schultz, "Warum Isis? Gedanken zum universellen Charakter einer ägyptischen Göttin im Römischen Reich", in: M. Görg/G. Hölbl (Hrsg.),
Ägypten und der östliche Mittelmeerraum im 1. Jahrtausend v. Chr., ÄAT 44 (Wiesbaden
2000), S. 251-279, T. I-III. Ein kurzes Referat wesentlicher Aussagen der Aretalogien auch bei Sh. K. Heyob, "The Cult of Isis among Women in the Graeco-
Roman World", *EPRO 51* (Leiden 1975), S. 45-52. S. weiter K. Lembke. *Das
Iseum Campense in Rom. Studie über den Isiskult unter Domitian, Archäologie und Geschichte
3* (Heidelberg 1994), S. 107-113, die mit Recht die innerägyptische Weiterentwicklung hervorhebt. Zum Basismaterial s. zuletzt L. Bricault, *Atlas de la diffusion
des cultes isiaques (IVᵉ s. av. J.-C.–IVᵉ s. apr. J.-C.)* (Paris 2001) und vom selben
Autor einen in Vorbereitung befindlichen *Recueil des inscriptions concernant les cultes
isiaques*.

bedingungen angetreten. Zum anderen waren sie auch generell nicht gerade Spezialisten für Ägypten und haben sich wenig Mühe gemacht, im dortigen Material nach Parallelen zu suchen. Bezeichnend ist, wie Festugière seine noch nicht einmal übermäßig zwingende Strukturanalyse[24] allein dem Vergleich mit griechischen Hymnen unterzog, ohne es auch nur für nötig zu halten, ägyptische Hymnen auf Ähnlichkeiten oder Unterschiede zu überprüfen. Dies liegt auf einer Linie mit seiner außerordentlich gräkozentristischen Haltung zur hermetischen Literatur, die heutzutage überholt ist.[25] Besonders unglücklich ist es dann, wenn Müller gerade aufgrund dieser Strukturanalyse den griechischen Ursprung des Textes für zwingend hält, ohne auch nur zu überprüfen, ob ägyptische Hymnen und Götterdeklarationen nicht ähnlich aufgebaut sein können.

Auf der inhaltlichen Ebene ist es auch kaum angängig, im Fehlen des Jenseitsbezuges ein Argument gegen ägyptische Herkunft sehen zu können. Gerade die funeräre Religion ist schließlich der Bereich, in dem die Griechen am schnellsten und weitestgehenden ägyptische Glaubenselemente rezipiert haben. Ihr Fehlen in einem Text, der sich selbst als ägyptisch ausgibt, kann also nicht etwa als Zeichen einer Mentalität von Ägypten angezogener Griechen gewertet werden, sondern muß mit der Funktion und dem Sitz im Leben des Textes zusammenhängen. Zudem kommt etwa das Lehrkapitel über die Größe der Gottheit, das als 24. Kapitel der Weisheitslehre des pInsinger auftritt,[26] ebenso ohne Verweis auf Jenseitswirken aus. Diesen Komplex in einem ägyptischen Text unbedingt zu erwarten, zeigt haupsächlich, wie sehr die Grundvor-

---

[24] Abweichende Konzepte etwa bei Bergman, *Ich bin Isis*, S. 179f.; akzeptiert von Müller, *OLZ 67*, Sp. 122 mit Anm. 5. Zur Frage der Struktur und Kohärenz des Textes s. weiter Mora, *Prosopografia isiaca II*, S. 49-58.

[25] S. etwa G. Fowden, *The Egyptian Hermes. A Historical Approach to the Late Antique Pagan Mind* (Princeton 1993). Gerade die bevorstehende Publikation des demotischen Thot-Buches wird der Frage sicher neue Impulse geben. Hier begnüge ich mich mit dem Hinweis, daß ich in den erhaltenen griechischsprachigen Hermetika vor allem das Ergebnis jahrhundertelanger Konfrontation ägyptischer Tradition mit griechischer Schulbildung sehe.

[26] Sehr überholte Edition F. Lexa, *Papyrus Insinger. Les enseignements moraux d'un scribe égyptien du premier siècle après J.C.* (Paris 1926); neuere Übersetzungen und Bearbeitungen etwa M. Lichtheim, *Late Egyptian Wisdom Literature in the International Context. A Study of Demotic Instructions*, OBO 52 (Freiburg/Göttingen 1983), S. 107-234; H. J. Thissen, in: TUAT III/2 (Gütersloh 1991), S. 280-319.

stellungen der Forschung durch das Überwiegen des funerären Materials unter den erhaltenen Quellen verzerrt werden können.

Eine neue Spezialuntersuchung scheint mir unter mehreren Aspekten nicht überflüssig zu sein. Zum einen hat sich das verfügbare Quellenmaterial in den Jahrzehnten seit den letzten großangelegten Versuchen erheblich vermehrt. Insbesondere gilt dies für die demotischen Quellen, die ein ganz erhebliches Potential bieten.[27] Ferner sind Müller und Bergman mit durchaus unterschiedlichen Hauptansätzen an den Text herangegangen. Ein endgültiges Urteil wird sich aber, unbeschadet der großen Verdienste von Bergmans Untersuchungen zum geistigen Umfeld, doch erst in der Detailarbeit an den einzelnen Aussagen des Textes bilden lassen.

Im Folgenden soll also versucht werden, inwieweit sich hinter dem überlieferten griechischen Wortlaut eine ägyptische Vorlage ausmachen läßt. Dazu sind einige methodische Vorbemerkungen nötig. Prinzipiell sollte man den Gegensatz zwischen Griechisch und Ägyptisch nicht unbedingt in dieser Schärfe stehen lassen. Es wäre nicht undenkbar, daß die Isisaretalogie von Leuten, die geistig solide in der ägyptischen Kultur standen, doch von vornherein auf Griechisch formuliert wurde—auch wenn in einem solchen Fall ägyptische Denkweise so im Hintergrund steht, daß es in der Praxis keinen großen Unterschied macht.[28] Ferner muß man die zeitliche

---

[27] Ausnehmend wichtig sind, gerade angesichts der memphitischen Herkunft, die bei J. D. Ray, *The Archive of Ḥor*, TE 2 (London 1976) veröffentlichten Ostraka. Ebenfalls bedeutsam ist der pTebtunis Tait 14, ediert von W. J. Tait, *Papyri from Tebtunis in Egyptian and in Greek*, TE 3 (London 1977), S. 48-53, T. 4; wichtige Verbesserungen bei M. Smith, JEA 69 (1983), S. 199-203; ders., "*Lexicographical Notes on Demotic Texts*," Enchoria 13 (1985), S. 113f. Zu diesem Papyrus kann ich als Parallele noch den unpublizierten pCarlsberg 652vs. heranziehen, ebenso dürfte pHamburg 33vs., ediert von W. Brunsch, "Zwei demotische Texte aus Hamburg," *OrSu* 36-37 (1987-88), S. 5-9, dort S. 7-9, wichtige Verbesserungen bei K.-Th. Zauzich, "Eine dennoch sinnvolle demotische Schülerübung," *Enchoria* 17 (1990), S. 163-166, dort S. 165f., Teil desselben oder eines sehr ähnlichen Textes gewesen sein. Einen ersten größeren Versuch des Vergleichs der demotischen und griechischen Texte zu Isis unternimmt jetzt Th. M. Dousa, "Imagining Isis: On Some Continuities and Discontinuities in Greek Isis Hymns and Demotic Texts," in: K. Ryholt (Ed.), *Acts of the Seventh International Conference of Demotic Studies, Copenhagen, 23-27 August 1999*, CNI Publications 27 (Kopenhagen 2002), S. 149-184, dessen Ergebnisse substantiell in dieselbe Richtung wie meine gehen und sie auf weite Strecken eher ergänzen als duplizieren.

[28] Vgl. hierzu die Bemerkungen von W. Clarysse, "Ptolémées et temples," in: D. Valbelle/J. Leclant (Éds.), *Le décret de Memphis. Colloque de la fondation*

Dimension beachten. Der Text der Isisaretalogie ist für Ägypten ein spätes Produkt. Folglich muß man zum einen innerägyptische Weiterentwicklung im Auge behalten. Es ist klar, daß auch die ägyptische Kultur sich in ihrer geschichtlichen Entwicklung wandelt. Dieser Punkt wird leicht deshalb aus dem Auge verloren, weil in Ägypten eine starke Traditionsbindung bestand und einmal entwickelte Formen und Ausdrucksweisen gerade im Ritual kontinuierlich bewahrt wurden. Aus diesem Ritual mit seinen Opfersprüchen sowie den überkommenen Götterhymnen speist sich aber weitgehend das, was wir aus hieroglyphischen Tempelinschriften kennen. Selbst wo Niederschriften aus der Ptolemäer- oder Römerzeit stammen, können sie keineswegs ohne weiteres beanspruchen, als zeitgleiche Niederschriften und folglich als synchron geeignete Vergleichsobjekte für die griechisch überlieferten Aretalogien zu gelten. Zu oft läßt sich inzwischen nachweisen, daß Opfertableaus und Kulthymnen in Tempeln der griechisch-römischen Zeit im Wesentlichen auf einer Montage traditioneller ritueller und liturgischer Texte beruhen.[29] Sehr viel geeigneter als Vergleichsobjekte sind Texte, die sich durch ihren jüngeren Sprachcharakter deutlich als Werke später Epochen erweisen.[30] Solche sind an sich durchaus vorhanden, wenn auch bisher wenig ins Augenmerk der Forschung geraten. Viele der betreffenden, zumal demotischen religiösen Texte sind auch noch unveröffentlicht. Ihnen wird bei einer noch zu schreibenden wirklich historischen Religionsgeschichte des Alten Ägypten eine Schlüsselrolle zukommen. Sie sollen, soweit bereits verfügbar, unten bevorzugt als Vergleichsmaterial herangezogen werden.

Auf jeden Fall wird man gut daran tun, bei der Suche nach möglichen Vorlagen des Aretalogie-Autors nicht so sehr auf die monumentalen Texte zu achten, auch wenn diese dank viel bes-

---

Singer-Polignac à l'occasion de la célébration du bicentenaire de la découverte de la Pierre de Rosette (Paris 1999), S. 41-65, bes. S. 52-54.

[29] S. zuletzt J. F. Quack, "Bemerkungen zum Ostrakon Glasgow D 1925.91 und zum Menu-Lied," *SAK* 29 (2001), S. 283-306; ders., "Ein Standardhymnus zum Sistrumspiel auf einem demotischen Ostrakon," *Enchoria* 27 (2001), S. 101-119 mit vielen weiteren Verweisen.

[30] Gerade die Tatsache, daß, wie sich im weiteren Verlauf der Untersuchung zeigen wird, die demotischen Texte viel besser zu den griechisch-römischen Quellen passen als die vorgeblich zeitgleichen hieroglyphischen Inschriften, sollte auch dem zu denken geben, der am Wert sprachgeschichtlicher Datierungen zweifelt. Sprachgeschichtlicher und geistesgeschichtlicher Befund stehen, wenn das Material korrekt erhoben wird, im Einklang zueinander.

serer Erhaltungsbedingungen heute dem Forscher näher stehen mögen.[31] Vielmehr ist nach allem, was über ägyptische Textkomposition bekannt ist, eine Arbeit im Bereich der Tempelbibliothek anzunehmen.[32] Von den dort potentiell vorhandenen Reichtümern können wir uns heute leider nur noch schwache Vorstellungen machen.[33] Insbesondere für die eminent wichtigen Zentren der Isis-Verehrung in Memphis und Iseum (Behbeit el-Hagar)[34] ist eine reiche Palette von Texten zu Ehren der Isis zu erwarten, die sich heute kaum mehr erschließen lassen.

Daß die Rolle der Isis im Verlauf der Zeit in Ägypten zunimmt, läßt sich auch sonst feststellen. Vor allem sollte man betonen, daß die Ausbreitung des Kultes um Osiris und Isis nicht einfach mit dem Hellenismus zusammenfällt, sondern einerseits früher einsetzt,[35] andererseits auch andere Räume erfaßt.

Parallel zur rein zeitlichen Weiterentwicklung der ägyptischen Gedankenwelt muß auch der Kontakt mit den Griechen thematisiert werden, dem die Isisaretalogie schon aufgrund der Sprache der erhaltenen Niederschriften zuzurechnen ist. Wenigstens seit Gründung der milesischen Kolonie Naukratis standen Griechen und Ägypter in direktem und ununterbrochenen Kontakt miteinander;[36] und die Ansiedlung vieler Griechen im Lande im Gefolge

---

[31] Hier habe ich grundsätzliche methodische Zweifel an der Vorgehensweise von Žabkar, *Hymns to Isis*, bes. S. 157-160.

[32] In diese Richtung gehen etwa auch die Ergebnisse von J. Kahl, *Siut und Theben. Zur Wertschätzung von Traditionen im Alten Ägypten*, PÄ 13 (Leiden/Boston/Köln 1999) mit weiteren Literaturangaben.

[33] Aus Tebtynis, das seiner Kultkonstellation nach keineswegs ein Ort prominenter Isis-Anbetung ist, sind immerhin zwei Handschriften eines Lobpreises der Isis erhalten, daneben wohl wenigstens drei Abschriften eines Hymnus an Horus vom Weinstock sowie etliches andere, was in den Osiriskreis gehört.

[34] Chr. Favard-Meeks, *Le temple de Behbeit el-Hagara. Essai de reconstitution et d'interprétation*, BSAK 6 (Hamburg 1991).

[35] G. Hölbl, "Vorhellenistische Isisfigürchen des ägäischen Raumes, insbesondere von der Insel Rhodos," in: C. Berger/G. Clerc/N. Grimal, *Hommages à Jean Leclant, volume 3. Études isiaques*, BdÉ 106/3 (Kairo 1994), S. 271-285; J. Kamlah, Zwei nordpalästinische "Heiligtümer" der persischen Zeit und ihre epigraphischen Funde, ZDPV 115 (1999), S. 163-190.

[36] Zu Naukratis s. zuletzt U. Höckmann/D. Kreikenbom (Hrsg.), *Naukratis. Die Beziehungen zu Ostgriechenland, Ägypten und Zypern in archaischer Zeit*. Akten der Table Ronde in Mainz, 25.-27. November 1999 (Paderborn 2001). Zu den ägyptischen Kulten in Naukratis, einschließlich des Tierkultes für das Schaf von Naukratis, s. die Inschrift Kelsey Museum 25803, zuletzt bearbeitet von S. P. Vleeming, "Some Coins of Artaxerxes and Other Short Texts in the Demotic Script Found on Various Objects and Gathered from Many Publications," *StuDem* 5 (Leuven/Paris/Sterlilng 2001), S. 94-97 (Nr. 134).

von Alexanders Eroberungszug sowie der Lagidenherrschaft in Ägypten haben solche Einflüsse noch verstärkt.[37]

Dabei hat die ägyptische Religion, insbesondere im Jenseitsglauben, seit jeher einige Faszination und Anziehungskraft auf die Griechen ausgeübt. Schon in der Saitenzeit dürfte der Besitzer eines Sarges von ägyptischem Typ ethnisch ein Grieche gewesen sein.[38] Auch später sind immer wieder eindeutige Fälle zu greifen, in denen Personen ihrer Herkunft nach Griechen und auch in die ptolemäische Verwaltung eingebunden waren, gleichzeitig aber am ägyptischen Kult mitgewirkt und auch Monumente in ägyptischem Stil und oft in Hieroglyphenschrift hinterlassen haben.[39]

Als Beispiel für ein Zusammengehen griechischer Bildungskultur und ägyptischer Religion[40] sei beispielhaft Oxyrhynchos genannt. Dieser Ort ist bis heute immer nur als Zentrum griechischer Kultur verstanden worden, was im Wesentlichen durch die Publikationslage bedingt ist. Tatsächlich läßt sich aber bereits aus den griechischen dokumentarischen Texten ersehen, daß das wichtigste Heiligtum

---

[37] S. generell H. Felber/S. Pfisterer-Haas (Hrsg.), *Ägypter—Griechen—Römer. Begegnung der Kulturen*, Kanobos 1 (Leipzig 1999). Speziell zur Frage wechselseitiger Einflüsse in der Religion s. J. Quaegebeur, "Cultes égyptiens et grecs en Égypte hellénistique. L'exploitation des sources," in: E. van't Dack/P. van Dessel/W. van Gucht (Eds.), *Egypt and the Hellenistic World*. Proceedings of the International Colloquium Leuven 24-26 May 1982, StudHell 27 (Leuven 1983), S.303-324.

[38] S. Grallert, "Akkulturation im ägyptischen Sepulkralwesen—der Fall eines Griechen in Ägypten zur Zeit der 26. Dynastie," in: Höckmann/Kreikenbom (Hrsg.), *Naukratis*, S. 183-195, T. 29-35.

[39] S. etwa G. Vittmann, "Beobachtungen und Überlegungen zu fremden und hellenisierten Ägyptern im Dienste einheimischer Kulte," in: W. Clarysse/A. Schoors/H. Willems (Eds.), *Egyptian Religion. The Last Thousand Years*, Part II. OLA 85 (Leuven 1998), S. 1231-1250; H. Heinen, "Ägyptische Tierkulte und ihre hellenistischen Protektoren. Überlegungen zum Asylverfahren SB III 6154 (= IG Fay. II 135) aus dem Jahre 69 v. Chr.," in: M. Minas/J. Zeidler (Hrsg.), *Aspekte spätägyptischer Kultur*. Festschrift für Erich Winter, AeTr 7 (Mainz 1994), S. 157-168; ders., "Boéthos, fondateur de *Poleis* en Égypte ptolémaïque (*OGIS* I iii et un nouveau papyrus de la collection de Trèves)," in: L. Mooren (Ed.), *Politics, Administration and Society in the Hellenistic and Roman World*. Proceedings of the International Colloquium, Bertinoro 19-24 July 1997, StHel. 36 (Leuven 2000), S. 123-153; I. Guermeur, "Le syngenes Aristonikos et la ville de To-Bener (Statue Caire JE 85743)," *RdÉ 51* (2000), S. 69-78, T. XIIIf.; Ph. Collombert, "Religion égyptienne et culture grecque: L'exemple de Διοσκουρίδης," *CdÉ 75* (2000), S. 47-63; L. Coulon, "Quand Amon parle à Platon (la statue Caire JE 38033)," *RdÉ 52* (2001), S. 85-112. T. XV-XXI.

[40] Einen ganz parallelen Fall behandelt etwa J. Yoyotte, "Bakhthis: Religion égyptienne et culture grecque à Edfou," in: *Religions en Égypte hellénistique et romaine*, Colloque de Strasbourg 16-18 mai 1967 (Paris 1969), S. 127-141.

der Stadt der Thoeristempel war.[41] Darüber hinaus bezeugen etliche unpublizierte Papyri (heute in Oxford), daß es religiöse Texte mutmaßlich jeder wichtigeren Gattung in hieroglyphischer, hieratischer und demotischer Schrift gab. Die sprachlich griechischen, inhaltlich aber ägyptischen Texte kommen hinzu.[42]

Nicht außer Acht lassen darf man, wenn man eine Übersetzung aus dem Ägyptischen in den Bereich des Möglichen stellt, daß über den Grad ihrer Genauigkeit oder freien Überarbeitung damit noch nichts gesagt ist. In der Antike wurde keineswegs immer wörtlich übersetzt. Ein Paradebeispiel ist die ausführliche Einleitung zur griechischen Fassung einer Aretalogie des Imhotep, die im pOxyrhynchus 1381 erhalten ist.[43] Dort berichtet der Übersetzer explizit darüber, wie er den ihm vorliegenden Text neu gefaßt und das ihm weitschweifig und überflüssig Erscheinende ausgelassen hat.

Gleichzeitig ist dieser Text ein gutes Zeugnis dafür, daß real ägyptische religiöse Texte aus dem Ägyptischen ins Griechische übersetzt worden sind. Wenn man den Angaben des Papyrus selbst trauen darf—und es gibt keinen konkreten Grund dagegen—,[44] wurde die Übersetzung bereits von König Nektanebeis, d.h. *Nḫt-nb=f* in Auftrag gegeben. Schon in der 1. Hälfte des 4. Jhds. v. Chr. wäre somit Bedarf für griechischsprachige Versionen ägyptischer religiöser Literatur vorhanden gewesen. Ein zugrunde liegender Originaltext ist in diesem Fall noch nicht vorgeschlagen worden und, da im griechischen Papyrus nur die ersten Zeilen überliefert werden, auch schwer nachzuweisen, doch glaube ich, ihn mit einiger Wahrscheinlichkeit in einem noch unveröffentlichten demotischen

---

[41] J. Whitehorn, "The Pagan Cults of Roman Oxyrhynchus," in: W. Haase/H. Temporini (Hrsg.), *Aufstieg und Niedergang der Römischen Welt*, Teil II, Band 18/5 (Berlin/New York 1995), S. 3050-3091.

[42] Erwähnt sei hier nur der pWashington University inv. 139, zuletzt ediert und bearbeitet von R. W. Daniel/F. Maltomini, *Supplementum Magicum*, Vol. II, Pap. Col. XVI, 2 (Opladen 1992), S. 90-94 (Text 70), den H. J. Thissen, "Κμηφ - ein verkannter Gott," *ZPE 112* (1996), S. 153-160, dort S. 156 plausibel als griechische Übersetzung eines ägyptischen Schöpfungsmythus gedeutet hat.

[43] Letzte Textedition Totti, Ausgewählte Texte, S. 36-45.

[44] D. Wildung, *Imhotep und Amenhotep. Gottwerdung im alten Ägypten*, MÄS 36 (München/Berlin 1977), S. 95f. glaubt, den Königsnamen als topisches Element aufzeigen zu können, verwechselt dabei aber Nektanebeis (*Nḫt-nb=f*) mit Nektanebos (*Nḫt-Ḥr-ḥby.t*), der in der Tat mehrfach in literarischen Texten belegt ist—obwohl auch letzterer kaum wirklich als topisch gelten kann, dafür reichen der Traum des Nektanebos und der Alexanderroman als Quellen kaum aus.

Werk über Imhotep und den Pharao erkennen zu können,[45] das wiederum kaum ohne Verbindung zu den "Fragmenten memphitischer Theologie in demotischer Schrift" ist.[46]

Auch sonst gibt es inzwischen eine wachsende Anzahl von Fällen, in denen die Umsetzung ägyptischer Werke in griechische Sprache konkret nachweisbar ist. Am längsten bekannt ist der Fall des Mythos vom Sonnenauge,[47] von dem beträchtliche Teile in einer relativ getreuen griechischen Wiedergabe im pBM 274 erhalten sind.[48]

Schon lange vermutet, durch demotische Handschriftenidentifizierung aber erst vor kurzem definitiv abgesichert ist, daß die in einem griechischen Papyrus der Ptolemäerzeit enthaltene Erzählung vom Traum des Nektanebos auf eine demotische Erzählung zurückgeht.[49]

---

[45] Kurz erwähnt bei J. F. Quack, "Das Buch vom Tempel und verwandte Texte. Ein Vorbericht," *ARG 2* (2000), S. 1-20, dort S. 19.

[46] Edition der damals bekannten Stücke bei w. Erichsen/S. Schott, "Fragmente memphitischer Theologie in demotischer Schrift (Pap. dem. Berlin 13603)," *AAWLM* (Wiesbaden 1954); weiteres Material aus neu aufgelöster Kartonnage wird von K.-Th. Zauzich bearbeitet.

[47] Edition der Haupthandschrift W. Spiegelberg, *Sonnenauge (der Papyrus der Tierfabeln—"Kufi")* nach dem Leidener demotischen Papyrus I 384 (Straßburg 1917); F. de Cenival, *Le mythe de l'œil du soleil*, DSt 10 (Sommerhausen 1988); pLille dem. 31 bei F. de Cenival, "Les nouveaux fragments du "Mythe de l'œil du soleil" de l'Institut de Papyrologie et d'Égyptologie de Lille," *CRIPEL 7* (1985), p. 95-115; dies., "Transcription hiéroglyphique d'un fragment de Mythe conservé à l'Université de Lille," *CRIPEL 9* (1987), p. 55-70; dies., "Les titres des couplets du Mythe," *CRIPEL 11* (1989), p. 141-44, T. 16; pTebtunis Tait 8 bei J.W. Tait, "A Duplicate Version of the Demotic *Kufi* Text," *Acta Orientalia 36* (1974), p. 23-37; ders., "Papyri from Tebtunis in Egyptian and Greek." *TE 3* (London 1977), p. 35-37, T. 3. Mehrere weitere Handschriften sind noch unveröffentlicht.

[48] Letzte Edition des Textes Totti, *Ausgewählte Texte*, S. 168-182. Hier sei nur erwähnt, daß in A, Col. II, 61f. mit Reitzenstein gegen West τοὺ[τους] zu ergänzen ist, da auch im demotischen Text nur *t3.w* "Länder", nicht "Gottesländer" zu lesen ist.

[49] K. Ryholt, "A Demotic Version of Nectanebo's Dream (P. Carlsberg 562)," *ZPE 122* (1998), S. 197-200; ders., "Nectanebo's Dream or The Prophecy of Petesis," in: A. Blasius/B. U. Schipper, *Apokalyptik und Ägypten. Eine kritische Analyse der relevanten Texte aus dem griechisch-römischen Ägypten*, OLA 107 (Leuven/Paris/Sterling 2002), S. 221-241, T. IV-VIII. Die dort S. 237f. erwähnte Prophezeiung eines jungen Falken ist nach Überprüfung des Originals zu streichen; im betreffenden Text (jetzt pCarlsberg 688) ist *ḥm n bkˀs* "eine kleine Revolte" zu lesen; es handelt sich um Universaldivination mutmaßlich astrologischer Natur. Zur griechischen Version von Nektanebos' Traum s. zuletzt J.-D. Gauger, "Der "Traum des Nektanebos"—die griechische Fassung," in: Blasius/Schipper, *Apokalyptik und Ägypten*, S. 189-219 mit weiteren Verweisen.

Das "Buch vom Tempel" ist inzwischen durch zahlreiche hieratische und demotische Handschriften teilweise rekonstruierbar. Einige Fragmente beweisen, daß ein schon länger aus zwei griechischen Papyrusfragmenten bekannter Priestereid eine (wohl abgekürzte) Übersetzung davon ist.[50]

Auf dem Verso desselben griechischen Textes befinden sich Regelungen, die früher mit Vorsicht als Richtlinien des Moschosphragisten gedeutet wurden,[51] mutmaßlich aber tatsächlich griechische Übersetzungen von Tempelregelungen und Gesetzen sind, die ebenfalls in einem hieratischen Papyrus aus Tebtynis überliefert werden.[52]

Schließlich sei auch auf den nicht unwesentlichen Punkt hingewiesen, daß selbst die Anwesenheit griechischer Gedanken keineswegs einen demotischen Urtext ausschließen muß. Immerhin wird für andere Bereiche, etwa die demotische Literatur, der Einfluß griechischer Texte ernsthaft diskutiert.[53] Im Bereich der Religion sollte so etwas nicht zwingend ausgeschlossen sein—sofern es in der Isis-Aretalogie überhaupt Elemente gibt, bei denen eine Ableitung aus Ägypten definitiv ausgeschlossen ist.

Auf der rein formalen Ebene wird man die typische Einleitung fast jeder Aussage mit ἐγώ in Betracht ziehen müssen, die seit jeher als Argument gegen eine griechische Urfassung vorgebracht worden ist. Für ursprünglich griechische Texte fehlen solche Stilisierungen zumindest weitestgehend,[54] während sie sowohl im Semitischen wie auch im ägyptischen Bereich ganz geläufig sind. Gerade in Ägyp-

---

[50] J. F. Quack, "Ein ägyptisches Handbuch des Tempels und seine griechische Übersetzung," *ZPE 119* (1997), S. 297-300; ders., *ARG 2* (2000), S. 8f. Obgleich das Stück in Oslo und das in der Washington University von den jeweiligen Editoren zwei Jahrhunderte verschieden datiert wurden und auch die bisherigen Inhaltsbestimmungen des Versotextes divergieren, handelt es sich mit Sicherheit um Teile derselben Handschrift, wobei das Osloer Fragment den oberen Teil der zweiten Kolumne bildet und praktisch direkt auf die 1. Kolumne des amerikanischen Bruchstückes folgt.

[51] So R. Merkelbach, "Ein ägyptischer Priestereid," *ZPE 2* (1968), S. 7-30, dort S. S. 8-13; K. Maresch/Z. Packman, *Papyri from the Washington University Collection*, St. Louis, Missouri, Part II, Pap. Col. XVIII (Opladen1990), S. 36-39.

[52] Kurz erwähnt bei Quack, *ARG 2*, S. 18f.

[53] S. zuletzt H. J. Thissen, "Homerischer Einfluß im Inaros-Petubastis-Zyklus?," *SAK 27* (1999), S. 369-387.

[54] Vgl. etwa E. Norden, *Agnostos Theos, Untersuchungen zur Formengeschichte religiöser Rede* (Leipzig/Berlin 1913), S. 177-239 sowie Bergman, *Ich bin Isis*, S. 219-224.

ten sind Texte belegt, in denen Götter in der 1. Person ihre Taten verkünden.[55] Als Beispiel zitiert sei Sargtext Spruch 332, eine Aretalogie der Hathor:[56]

> Ich bin die glatte Schlange, Seele in der Barke, welche die Seelen bestimmt.
> Ich bin die Herrin des Ruders in der leitenden Barke.
> Ich bin die Herrin des Lebens, die Leitschlange des Leuchtenden auf den Wegen [der Finsternis?]
> Ich bin es, welche die Riemen festmacht an den [...] der Steuerruder auf den Wegen des Westens.
> Ich bin die Dritte, die Herrin des Erhellens,
> welche den erschöpften Großen auf den Wegen der Erwachten leitet.
> Ich bin die Herrin von Ansehen auf den Wegen des Gewölks.
> Ich bin die Herrin des Windes auf den Inseln der Jubelnden.
> Ich bin die Herrin der fuchsköpfigen Szepter, welche die leitet, die in ihren Höhlen sind.
> Ich bin Hathor, die Herrin des nördlichen Himmels, welche die Riemen des Erwachten festmacht
> in dieser Nacht des Aufstöhnens der Erde, wenn das Haar in Trauer ist.
> Ich bin Isis, die Nut geboren hat,
> die ihre Schönheit hochhebt und ihre Zaubermacht zusammenbringt,
> die Re hochhebt zur Mandjet-Barke. (CT IV, 177f.)

Dieses Beispiel, dem sich weitere hinzufügen ließen, zeigt nicht nur, daß derartige Ausdrucksweisen gut ägyptisch sind, sondern lehrt vor allem, wie sie konkret sprachlich umgesetzt wurden, nämlich mit der 1. Singular des selbständigen Personalpronomens *ink* "Ich" sowie anschließend teilweise einem Substantiv (Substantivalsatz), teilweise aber auch einem Partizip oder einer Relativform in der speziellen Konstruktion der Cleft-Sentence. Diese wird man also, sofern man eine ägyptische Urform in Betracht zieht, auch für die Isis-Aretalogie ansetzen müssen.[57]

Dabei ergibt sich in der konkreten Durchführung auch ein Spezialpunkt, der nicht unwesentlich für eine ursprüngliche ägyptische Fassung spricht. Im griechischen Text beginnt fast jede Aussage

---

[55] Das von Nock, *Gnomon 21*, S. 224f. vorgetragene Argument zugunsten griechischer Herkunft entfällt somit.

[56] Zuletzt bearbeitet bei H. Willems, "The Coffin of Heqata (Cairo *JdE* 36418)," *OLA 70* (Leuven 1996), S. 353-356 u. 492f.

[57] Müller, *Isisaretalogien* hat dagegen bei seinem Versuch einer Umsetzung einzelner Aussagen in klassisches Ägyptisch teilweise *ink* vor normale Verbalsätze gesetzt, teilweise nur solche konstruiert, was den Gattungsgesetzen kaum gerecht werden dürfte.

mit ἐγώ. Daneben findet sich jedoch vereinzelt der Dativ ἐμοί (§ 11 u. 47), noch zusätzlich mit Präposition παρ' (§ 38), sowie der Genitiv ἐμοῦ (§ 56), schließlich in § 40 u. 46 ganz abweichende Stilisierungen. Diese aus dem Rahmen fallenden Konstruktionen müssen angesichts der strikt durchgehaltenen Anapher des Restes als stilistisch schwach erscheinen. Sie sind aber durch die Regeln griechischer Satzkonstruktion kaum zu umgehen, während es im Ägyptischen keinerlei Schwierigkeiten bereitet, durchgängig Cleft-Sentences mit einleitendem *ink* zu bilden und damit eine vollständige äußere Homogenität des Textes zu erreichen.

Weitere Elemente sowohl formaler als auch inhaltlicher Natur kommen hinzu, die in meinen Augen gegen eine griechische Urfassung sprechen,[58] dagegen eindeutig den dominierend ägyptischen Hintergrund des Textes zeigen.

Zunächst einmal ist zu beachten, daß die vorliegende Form der Selbstprädikation in schlichter Prosa nicht der üblichen griechischen Tradition entspricht, in der unbedingt ein poetischer Text nach griechischen formalen Merkmalen zu erwarten wäre. Bezeichnend ist, daß auf der Insel Andros eine Inschrift gefunden wurde, die unter Übernahme der inhaltlichen Basis des Prosatextes der Aretalogie eine Umsetzung in Hexameter versucht.[59] Dies dürfte zuallererst zeigen, daß die Prosaform dem griechischem Empfinden eher fremd war und deshalb der Versuch einer Anpassung an hellenische Rezeptionsgewohnheiten gemacht wurde, wobei die knappen und prägnanten Aussagen des Grundtextes auch mit viel Schwulst und Bombast überlegt wurden. Ebenso auffällig ist dabei, daß die ἐγώ-Prädikationen der memphitischen Aretalogie weitestgehend vermieden wurden; stattdessen wird recht gerne ἅδε "(ich bin die), welche" verwendet. Darin zeigt sich auch recht deutlich, daß die Grundstruktur der Formulierungen des Prosatextes nicht mit der üblichen griechischen Formulierungsweise einher geht.[60]

---

[58] Auch V. Vanderlip, *The Four Greek Hymns of Isidoros and the Cult of Isis*, American Studies in Papyrology 12 (Toronto 1972), S. 86-89 sieht den Text aus sprachlichen Gründen als Übersetzung aus einer anderen Sprache an.

[59] Text zuletzt ediert bei Totti, *Ausgewählte Texte*, S. 5-10. S. vor allem W. Peek, *Der Isishymnus von Andros und verwandte Texte* (Berlin 1930).

[60] Hier nicht weiterverfolgt werden können die potentiellen formalen Einflüsse der Isisaretalogie auf spätere Texte, insbesondere einige Selbstvorstellungen in gnostischen Texten aus Nag Hammadi, s. dazu G. W. MacRae, "The Ego-Proclamation in Gnostic Sources," in: E. Bammel (Ed.), *The Trial of Jesus*. Cambridge Studies in Honour of C. F. D. Moule (London 1970), S. 122-134; J.

Auch eine Umsetzung der Selbstoffenbarung in iambische Verse aus Kyrene[61] zeigt das anhaltende Bedürfnis griechischer Isisanhänger nach einer Fassung, die mehr dem hellenischen Formgefühl entsprach.

Ebenso aussagekräftig in ihrer Art ist eine andere Isis-Aretalogie, die in Maroneia gefunden wurde.[62] Die Inschrift stammt etwa aus dem 2.-1. Jhd. v. Chr. In ihr sind so viele Grundelemente der memphitischen Fassung vorhanden, daß diese mit Sicherheit als eine Vorlage anzusetzen ist. Dabei wird ausführlich dargelegt, wie eine Heilung der Augen durch Isis den Stifter zur Inschrift veranlaßt hat. Die Prädikationen der Isis werden teilweise in der 2., teilweise auch in der 3. Person dargelegt, was zumindest als Möglichkeit erscheinen läßt, daß zwei verschiedene Vorlagen benutzt wurden. Der Sprachstil zeichnet sich durch reiche Verwendung von rhythmischen Elementen aus, die ihn als gutes Beispiel von Kunstprosa erscheinen lassen.[63] Inhaltlich wird durch die Verbindung mit Athen und Eleusis eine ganz offensichtlich griechische Komponente eingebracht. Sowohl auf der formalen als auch auf der inhaltlichen Ebene kann man also eine Gräzisierung des Basistextes erkennen, die eben um so mehr zeigt, daß dieser für eine Rezeption in griechischem Raum alles andere als perfekt geeignet war.[64]

Schon aus der oben angesprochenen Prämisse, bei der Isisaretalogie handele es sich um einen späten Text, dessen gelegentlich deutliche Unterschiede zu traditionell bekannten Hymnen sich aus einer Weiterentwicklung der Gedanken ergeben, folgt, daß ein Versuch der Rückübersetzung sinnvollerweise auch von einer späten Sprachform des Ägyptischen, also dem Demotischen ausgehen sollte.[65] Im

---

D. Turner, in: Ch. W. Hedrick, *Nag Hammadi Codices XI, XII, XIII, NHS 28* (Leiden/New York/Kopenhagen/Köln 1990), S. 375f. u. 384f.; P. H. Poirier, *Le tonnerre, intellect parfait. BCNH*, Section "Textes" 22 (Quebec/Louvain/Paris 1995), S. 97f. u. 153-157.

[61] Totti, *Ausgewählte Texte*, S. 13.

[62] Y. Grandjean, "Une nouvelle arétalogie d'Isis à Maronée," EPRO 49 (Leiden 1975); Text auch bei Totti, *Ausgewählte Texte*, S. 60f.

[63] Grandjean, *Nouvelle arétalogie*, S. 108f.

[64] Grandjean, *Nouvelle arétalogie*, S. 111.

[65] Die Angabe bei Diodor 1, 27, es handele sich um eine Inschrift in "heiligen Schriften" braucht dem, selbst wenn man sie ernst nimmt, nicht entgegenzustehen—es kann sich um Demotisch in hieroglyphischer Schrift handeln, was auch sonst belegt ist, s. J. F. Quack, "Monumentaldemotisch," in: L. Gestermann/H. Sternberg-el Hotabi (Hrsg.), *Per aspera ad astra. Wolfgang Schenkel zum neun*

Folgenden soll eine solche demotische Version versucht werden. Sie orientiert sich am überlieferten griechischen Text und versucht, diesen ohne zu große Veränderungen in eine Aussagestruktur zu bringen, die demotischer Ausdrucksweise angemessen ist. Ein nachfolgender Kommentar soll jeweils nötige Erläuterungen zur gewählten sprachlichen Form sowie inhaltliche Parallelen bringen. Die beiden ersten Paragraphen, welche nur das Präskript der Stele von Kyme bzw. der Version aus Ios enthalten, bleiben dabei natürlich außer Betracht.

§ 3 *ink ꜣs.t tꜣ nb.t tꜣ.w(i) r:shpr(?) ḏḥw.ti (tꜣ i:iri gmi nꜣ shꜣ.w mṯ. wt-nčr irm nꜣ shꜣ.w šꜥ.t iw ḏḥw.ti irm=s bw-iri=w shꜣ mṯ.t nb n wꜥ shꜣ wꜥ.ṯ=f)*
Ich bin Isis, die Herrin der (beiden) Länder, welche Thot großgezogen hat (welche die heilige und die demotische Schrift erfunden hat, wobei Thot bei ihr war, damit man nicht alles mit einer Schrift schreibt).

§ 4 *ink tꜣ i:iri ḏi.t hp.w n nꜣ rmč.w r bw-iri rmč n pꜣ tꜣ rh šbi=w*
Ich bin es, welche den Menschen Gesetze gegeben hat, wobei niemand auf Erden sie ändern kann.

§ 5 *ink tꜣ šri.t ꜥꜣ.t n pꜣ rpꜥy Gb*
Ich bin die älteste Tochter des Erbfürsten Geb.

§ 6 *ink tꜣ sn.t n Wsir tꜣ ḥm.t-nsw n pr-ꜥꜣ Wn-nfr*
Ich bin die Schwester des Osiris, die Königsgemahlin des Königs Onnofris.

§ 7 *ink tꜣ i:iri gmi pr.t n nꜣ rmč.w*
Ich bin es, welche Frucht für die Menschen gefunden hat.

§ 8 *ink tꜣ mw.t-nčr n Ḥr.w*
Ich bin die Gottesmutter des Horus.

§ 9 *ink tꜣ nti pri/hꜥi n spṯ.t*
Ich bin es, die als Sothis aufgeht.

§ 10 *ink tꜣ nti-iw=w ḏṯ nčr.t r-r=s m-čr s.ḥm.wt*
Ich bin es, die man seitens der Frauen als "Göttin" bezeichnet.

§ 11 *ink tꜣi-kṯ=w n=s pꜣ ṯmy n Pr-Bꜣs.tt*
Ich bin es, für die man die Stadt Bubastis erbaut hat.

---

undfünfzigsten Geburtstag (Kassel 1995), S. 107-121; ders., "Sprach- und redaktionsgeschichtliche Bemerkungen zum Choiaktext von Dendera," in: C.J. Eyre (Ed.). *Proceedings of the Seventh International Congress of Egyptologists*, Cambridge 3-9 September 1995 (OLA 82; Leuven 1998), S. 921-930; ders., *Enchoria 27*, S. 109.

§ 12 *ink t3 i:iri̯ wpy t3 p.t r p3 t3*
Ich bin es, die den Himmel von der Erde getrennt hat.

§ 13 *ink t3 i:iri̯ ꜥ̌i̯ myt n n3 syw (ꜥnḫ.w?)*
Ich bin es, welche die Sterne (Planeten?) geleitet hat.

§ 14 *ink t3 i:iri̯ ḫn n3 mšꜥ.w n p3 Rꜥ irm Tꜥḥ*
Ich bin es, welche die Wanderungen der Sonne und des Mondes
angeordnet hat.

§ 15 *ink t3 i:iri̯ gmi̯ n3 ip.wt n p3 ym*
Ich bin es, welche die Meeresberufe erfunden hat.

§ 16 *ink t3 i:iri̯ č̌i̯.t nḫṯ t3 mṯ.t-m3ꜥ.t*
Ich bin es, welche die Wahrheit stark gemacht hat.

§ 17 *ink t3 i:iri̯ č̌i̯.t sḫn s.ḥm.wt r ḥwṯ.w*
Ich bin es, die Frauen auf Männer hat treffen lassen.

§ 18 *ink t3 i:iri̯ č̌i̯.t msi̯ s.ḥm.wt ḥrṯ m-s3 n3y=f 3bṯ.w*
Ich bin es, welche die Frauen ein Kind nach seinen Monaten hat gebären
lassen.

§ 19 *ink t3 i:iri̯ ḫn č̌i̯.t 3y n3 it̯.w (oder n3 nti 3w n msi̯) m-č̌r n3 ḫrṯ.w*
Ich bin es, die befohlen hat, daß die Eltern (oder die Alten) von den
Kindern geehrt werden sollen.

§ 20 *ink t3 i:iri̯ č̌i̯.t iri̯=w btw n n3 nti-iw bw-iri̯=w mri̯ n3y=w it̯.w*
Ich bin es, die veranlaßt hat, daß man diejenigen bestraft, welche ihre
Eltern nicht lieben.

§ 21 *ink t3 i:iri̯ wpy šꜥy.t t3.wi iw p3y=i sn Wsir irm=y*
Ich bin es, die das Gemetzel der beiden Länder gerichtet hat, wobei
mein Bruder Osiris mit mir war.

§ 22 *ink t3 i:iri̯ glp n3 nti ḥp n n3 rmč̌.w*
Ich bin es, welche das Verborgene den Menschen enthüllt hat.

§ 23 *ink t3 i:iri̯ sb3 r č̌i̯.t 3y n3 twt.w n n3 nč̌r.w*
Ich bin es, die gelehrt hat, die Statuen der Götter zu ehren.

§ 24 *ink t3 i:iri̯ smn n3 ḥw.t-nč̌r n n3 nč̌r.w*
Ich bin es, die die Tempel für die Götter festgesetzt hat.

§ 25 *ink t3 i:iri̯ č̌i̯.t wsf p3 t3 n n3 s3b.w*
Ich bin es, welche die Zeit der Rebellen zunichte gemacht hat.

§ 26 *ink t3 i:iri̯ č̌i̯.t wsf ḫtb*
Ich bin es, die das Töten beendet hat.

§ 27 *ink t3 i:iri̯ č̌i̯.t iri̯=s ḥtr n n3 ḥwt.w r mri̯ n3 s.ḥm.wt*
Ich bin es, welche es den Männern notwendig gemacht hat, die Frauen
zu lieben.

§ 28 *ink tꜣ i:iri̯ ḏi̯.t nḫt mṱ.t-mꜣꜤ.t r šp ḥč nb*
Ich bin es, die veranlaßt hat, daß die Wahrheit stärker ist als ein
Geschenk von Silber und Gold.

§ 29 *ink tꜣ i:iri̯ smn hp n ḏi̯.t nfr tꜣ mṱ.t-mꜣꜤ.t*
Ich bin es, welche ein Gesetz, die Wahrheit schön zu machen, eingesetzt
hat.

§ 30 *ink tꜣ i:iri̯ gmi̯ nꜣ sḫꜣ.w n sꜤnḫ (n nꜣ sḥm.wt)*
Ich bin es, welche die Versorgungsschriften (für die Frauen) erfunden
hat.

§ 31 *ink tꜣ i:iri ḏi̯.t ꜣspy.w n nꜣ rmč.w n kmy irm nꜣ wynn*
Ich bin es, die den Ägyptern und den Griechen Sprachen gegeben hat.

§ 32 *ink tꜣ i:iri̯ ḏi̯.t rḫ=w pꜣ nti nfr r pꜣ nti ḥw n ḥtr*
Ich bin es, die veranlaßt hat, daß notwendigerweise Gutes von
Schlechtem unterschieden wird.

§ 33 *ink tꜣ i:iri ḏi̯.t snt=w pꜣ Ꜥnḫ r mṱ.t nb.t*
Ich bin es, die veranlaßt hat, daß man sich vor dem Eid mehr als vor
allem anderen fürchtet.

§ 34 *ink tꜣ i:iri ḏi̯.t pꜣ nti čꜣi̯ n gns ḫr čr.t n kii*
Ich bin es, die den, der Unrecht antut, unter die Hand eines anderen
gegeben hat.

§ 35 *ink tꜣ nti iri̯ btw n nꜣ nti iri̯ bty.t*
Ich bin es, die an denen Strafe vollzieht, die Frevel begehen.

§ 36 *ink tꜣ i:iri̯ ḏi̯.t sčm=w n nꜣ nti smi n čꜣi̯ n gns*
Ich bin es, die veranlaßt hat, daß man auf die hört, die wegen Unrechts
klagen.

§ 37 *ink tꜣ nti smꜣꜤ r nꜣ nti ḏi̯.t pḥ btw n pꜣ hp*
Ich bin es, welche die segnet, die gerechte Strafe zukommen lassen.

§ 38 *ink tꜣ nti-iw tꜣ mṱ.t-mꜣꜤ.t nḫt n.im=s*
Ich bin es, durch welche die Wahrheit stark/geschützt ist.

§ 39 *ink tꜣ nb.t n nꜣ yr.w nꜣ čꜣ.w pꜣ ym*
Ich bin die Herrin der Flüsse, der Winde und des Meeres.

§ 40 *ink tꜣ nti bw-iri̯=w ḏi̯.t čꜣy rmč iwti šn.ṱ=s*
Ich bin es, ohne die zu fragen man niemanden ehrt.

§ 41 *ink tꜣ nb.t ꜣḫ mlḫ*
Ich bin die Herrin von Kampf und Streit.

§ 42 *ink tꜣ nb.t ḫrw-m-p.t*
Ich bin die Herrin des Donners.

§ 43 *ink tꜣ nti ḏi̯.t ḫꜤr pꜣ ym mtw=y ḏi̯.t lg=f Ꜥn*
Ich bin es, die das Meer zürnen und wieder (damit) aufhören läßt.

§ 44 *ink t3 nti n n3 stw n p3 Rˁ*
Ich bin es, die in den Strahlen der Sonne ist.

§ 45 *ink t3 nti ḥmsi̯ r-twn p3 Rˁ*
Ich bin es, die neben Re sitzt.

§ 46 *ink t3 nti-iw=w iri̯ r ḥ.t t3i-ḥn=s*
Ich bin diejenige, deren Befehlen entsprechend man handelt.

§ 47 *ink t3 nti-iw rmč̣ nb ˁḥˁ n=s*
Ich bin es, für die jedermann sich (ehrfurchtsvoll) erhebt.

§ 48 *ink t3 nti č̣i.t w n n3 nti snḥ*
Ich bin es, die denen, die gefesselt sind, freien Lauf gibt.

§ 49 *ink t3 nb.t n n3 ič̣y.w*
Ich bin die Herrin der Schiffe.

§ 50 *ink t3 nti iri̯ n3 yrw n ˁt.w n t3i-ḥn=s*
Ich bin es, die die Flüsse zum Ufer macht in dem, was ich befohlen
habe.

§ 51 *ink t3 i:iri̯ snt n3 sbt.w n ṭmy nb*
Ich bin es, welche die Mauern aller Städte gegründet hat.

§ 52 *ink t3 nti-iw=w č̣ṭ (nb.t-)m3ˁ.t r-r=s*
Ich bin es, zu der man '(Herrin der) Wahrheit' sagt.

§ 53 *ink t3 i:iri̯ fy n3 m3y.w n p3 nwn*
Ich bin es, welche die Inseln aus dem Abgrund emporgehoben hat.

§ 54 *ink t3 nb.t ḥy.t*
Ich bin die Herrin des Regens.

§ 55 *ink t3 nti nḫṭ r p3 š3y*
Ich bin es, die stärker als das Schicksal ist.

§ 56 *ink t3 nti-iw n3 sḫny.w sč̣m n=s*
Ich bin es, auf welche die Vorzeichen hören.

§ 57 *iwṭ=k kmy i:iri̯ sˁnḫ=y*
Heil dir, Ägypten, das mich ernährt hat!

Bemerkungen

§3: Bekanntlich ist für den griechischen Text strittig, ob τύραννος
πάσης χώρας als "Herrin der ganzen Erde" oder "Herrin des ganzen Landes"bzw. "allen Landes" zu verstehen ist.[66] Bis zu einem
gewissen Grad kann diese Unsicherheit in den hier rekonstruierten

---

[66] Müller, *Isisaretalogien*, S. 19; Bergman, *Ich bin Isis*, S. 149f.

ägyptischen Text hineingetragen werden. Dieser läßt sich im Prinzip mit ungewöhnlicher Sicherheit rekonstruieren, wenn man von den demotisch belegten Isis-Epitheta ausgeht. Dort ist nämlich der Ausdruck *t3 nb.t t3.wi* "Herrin der (beiden) Länder" gut belegt, s. etwa oHor 1, 10; 10, rt. 3;[67] Graffito Theben 3156 II, 10;[68] pSpiegelberg 12, 14; pBM 10507 IX, 9;[69] pKrall 17, 21; pCarlsberg 304 8, 3.[70] Dabei steht für etliche dieser Texte keineswegs die Isis-Verehrung im Zentrum, so daß man annehmen muß, daß es sich um ein geläufiges Epitheton handelt, das eventuell sogar spezifisch für die memphitische Isis mit ihrer Verbindung zur Königskrönung steht. Dafür sprechen würde etwa, daß die letzten beiden zitierten Texte identisch die Formel *n3 shny.w n 3s.t n3 ipt.w n t3 nb.t t3.wi* "Die Diademe der Isis, die Kronen der Herrin der beiden Länder" gebrauchen. Gerade eine solche memphitische Form auch in der Formel der memphitischen Aretalogie wiederzufinden, scheint mir so naheliegend, daß ich eben diesen Ausdruck als mutmaßlich ägyptische Vorlage rekonstruiert habe. Dann ergibt sich in der sprachlichen Auffassung aber eine Undeutlichkeit, da in der demotischen (und auch in der späten hieroglyphischen) Schrift die Dual- und die Pluralform von *t3* "Land" ineinander übergehen;[71] d.h. die ägyptische Formel kann sowohl "Herrin der beiden Länder (d.h. Ägyptens)" als auch "Herrin der Länder (generell)"bedeuten. Vgl. auch in ähnlichem Stil Titel der Isis als *t3 hri.t n p3 t3 čr=f* "Oberhaupt des ganzen Landes" Graffito Dakke 30, 7[72] oder *t3 pr-'3.t n p3 t3 čr=f* "Königin des ganzen Landes" Graffito Philae 411, Z. 2.[73]

Die enge Verbindung von Isis und Thot, die Müller noch als ungewöhnlich erschien,[74] läßt sich durch die Publikation der Ostraka des Hor als gerade für den memphitischen Raum typisches

[67] Ray, *Archive of Hor*, S. 156.
[68] R. Jasnow, "Demotic Graffiti from Western Thebes," in: *Grammata Demotica*. Festschrift für Erich Lüddeckens zum 15. Juni 1983 (Würzburg 1984), S. 87-105; T. 13-22, dort S. 101 u. 104 (EE),T. 15.
[69] M. Smith, *Catalogue of Demotic Papyri in the British Museum*, Volume III. The Mortuary Texts of Papyrus BM 10507 (London 1987), S. 110f.
[70] K. Ryholt, in: P. Frandsen/K. Ryholt (Eds.), *The Carlsberg Papyri* 3. A Miscellany of Demotic Texts and Studies, CNI Publications 22 (Kopenhagen 2000), S. 126 Anm. 97.
[71] Vgl. J. F. Quack, *WdO 31* (2000/01), S. 199 (zu 15, 8).
[72] F. Ll. Griffith, *Catalogue of the Demotic Graffiti of the Dodecaschoenus* (Oxford 1937), S. 29, T. V.
[73] Griffith, *Dodecaschoenus*, S. 113, T. LXIV.
[74] Müller, *Isisaretalogien*, S. 21.

Phänomen erkennen. Dort wird Thot einmal als ihr Vater angegeben (oHor 3 rt. 13).[75] Darüber hinaus zeigt es sich in sämtlichen
Texten dieses Corpus, daß es vor allem diese beiden Gottheiten
sind, denen Hors religiöse Zuneigung gilt. Diese Zusammenstellung dürfte Tradition haben.[76] Noch in den griechischsprachigen
hermetischen Texten wird Hermes oft als Vater und Lehrer der
Isis genannt. In der Schrift Kore Kosmou ist es Hermes, der das
Lob auf Isis und Osiris anstimmt. Gerade hierzu liefert der
unpublizierte demotische Text pCarlsberg 652vs. wohl eine gute
Parallele. Leider ist der Zusammenhang schlecht erhalten. Nach
einem kleinen Spatium, das einen Abschnitt markiert, heißt es "Re
sagte [......] Lobpreis auf Isis, die große Göttin ..[......] an selbigem
Tage. Thot, der große Gott [.....]." Da weitere Fragmente der
Handschrift gerade eine Aufforderung zum Lob der Isis enthalten
(und dabei zum pTebtunis Tait 14 parallel gehen), besteht
zumindest einige Wahrscheinlichkeit, daß es im demotischen Text
eben Thot ist, der (auf Aufforderung des Re?) zum Sprecher dieser
Preisung wird.

In diesem konkreten Fall dürfte, ebenso wie im ähnlich formulierten § 21, die Gemeinschaft der Isis mit einer anderen Gottheit
darauf beruhen, daß die von ihr reklamierte Leistung so sehr mit
Eigenschaften der anderen Gottheit verbunden war, daß es unplausibel gewirkt hätte, sie Isis allein zuzuschreiben—hier bei der Schrift,
die man seit jeher mit Thot verbunden hat, ist das evident.[77]

Die Formulierung, daß die Götter etwas (er)finden, ist seit jeher
als griechisches Element angesehen worden.[78] Allerdings mußte
Müller nachträglich einräumen, daß es in Ägypten doch (gerade in
jüngeren Texten!) gelegentlich derartige Ausdrücke gibt.[79] Hier sei
ergänzend noch darauf hingewiesen, daß Thot als Erfinder und
Begründer der Heilmittel und der Schrift auch PGM V 247-249

---

[75] Ray, *Archive of Ḥor*, S. 27 Anm. j.
[76] Zur Einordnung des Hor in eine Frühstufe der Hermetik s. J. F. Quack,
"Zu einer angeblich apokalyptischen Passage in den Ostraka des Hor," in: Blasius/
Schipper, *Apokalyptik und Ägypten*, S. 243-252, dort S. 244.
[77] Anders versucht Bergman, *Ich bin Isis*, S. 234-237, den Satz auf eine rituelle
gemeinsame Aufzeichnung der Königsnamen bei der Krönung zu deuten.
[78] S. besonders Müller, *Isisaretalogien*, S. 22-25. Demgegenüber verweist
Vanderlip, *Four Greek Hymns*, S. 4-6 bereits auf Nektanebos' Traum und die im
Folgenden erwähnte Platostelle als Beleg für die frühe Verwendung dieses Aus-
druckes.
[79] Müller, *Isisaretalogien*, S. 90.

belegt ist, wo zwar die sprachliche Formulierung des Textes griechisch ist, der Inhalt des gesamten Abschnittes aber wenig Zweifel
an einer geistig ägyptischen Herkunft läßt. Außerdem ist die Theut-
Episode bei Plato, Phaidros 274C-275B zu beachten, in welcher
die Tätigkeit des Theut auch als Erfinden bezeichnet wird (τοῦ-
τον δ᾽ πρῶτον ἀριθμόν τε καὶ λογισμὸν εὑρεῖν 274C), ägyptischer Hintergrund aber evident ist. Ferner ist grundsätzlich in
Betracht zu ziehen, daß in späthieratischer Orthographie *gmi* "finden" teilweise an *km3* "erschaffen" graphisch angeglichen wird.

Die Kontrastierung von Hieratisch und Demotisch bestätigt zum
einen die hier postulierte späte Entstehung des Textes, vor allem
aber gehört sie zu den Elementen, die man nur bei einer Entstehung in Ägypten selbst erwarten kann—dort entspricht sie ganz
der Haltung, die sich auch in den mehrsprachigen Dekreten der
Ptolemäerzeit äußert.

§ 4: Da Müller die Vorstellung vom Gott als Gesetzgeber in
Ägypten selten belegt sah,[80] sei hier speziell noch auf die Weisheitslehre des pInsinger hingewiesen. Dort heißt es in einer ausführlichen Darstellung des Wirkens der Gottheit[81] *mtw=f p3 nti ẖi.t p3 hp
mt.t-m3ᶜ.t iw mn wpy.t* "Er ist es, der das Gesetz und die Wahrheit
gibt ohne Prozeß."

§ 5: Nur bei Diodor findet sich die längere Fassung τοῦ νεωτάτου
... θεοῦ als Epitheton des Kronos. Wie bereits Spiegelberg erkannt
hat, spiegelt dies den ägyptischen Ausdruck *iri-pᶜ.t* wieder, der in
demotischer Schreibung teilweise an *rpy* "jung sein, sich verjün-
gen" angeglichen ist.[82] Dieser Zusatz ist für einen ägyptischen Text
so natürlich, im Griechischen aber keineswegs naheliegend, daß
man darin kaum eine eigenmächtige Zutat erkennen kann. Viel-

---

[80] Müller, *Isisaretalogien*, S. 26f. Kritisch dazu unter Anführung spätzeitlicher
Belege bereits Bergman, *Ich bin Isis*, S. 173.
[81] Der Text ist in der dritten Person formuliert, sonst aber den Aretalogien
stilistisch verwandt und benutzt teilweise Aorist, teilweise auch die Cleft-Sentence,
die ich für die ägyptische Fassung der Isis-Aretalogie als syntaktische Grundstruktur angesetzt habe.
[82] W. Spiegelberg, "Kronos, der jüngste der Götter," *ZÄS* 49 (1911), S. 129.
In Unkenntnis dieses Aufsatzes hat Festugière, *Harvard Theological Review 42*, S.
212 Anm. 12 gerade aus dieser Wendung ein Argument für griechische Herkunft
des Textes ziehen wollen, obgleich bereits Harder, *Karpokrates*, S. 38 (auch ohne
Spiegelbergs Aufsatz zu kennen) die korrekte Lösung bietet. Gegen Festugière
wendet sich mit Recht Müller, *Isisaretalogien*, S. 29 Anm. 5. Vgl. auch Bergman,
Ich bin Isis, S. 31-33.

mehr ist zu postulieren, daß Diodor, wenn schon nicht auf einer unabhängigen Übersetzung des ägyptischen Textes, so doch zumindest auf einer stemmatisch vor die sonstigen Zeugen zurückreichenden Quelle basiert und hier den ursprünglicheren Text liefert, während die gemeinsame Vorlage der Steininschriften den für Griechen schwer verständlichen Ausdruck eliminiert hat.[83]

Allerdings dürfte die Wiedergabe des typischen Geb-Epithetons als "der jüngste" nicht allein auf einer graphisch/phonetischen Verwechslung beruhen, sondern tiefer greifende Ursachen haben. Einerseits sei daran erinnert, daß *iri-pꜥ.t* wenigstens in bestimmten Epochen der ägyptischen Geschichte einer der Standardtitel des Thronfolgers war. Andererseits steht dahinter sachlich eine bestimmte Konzeption der Göttergenealogien, bei der Geb der letzte echte Gott war, während Isis und Osiris bereits als Dämonen verstanden wurden, die erst aufgrund ihrer guten Werke sekundär in den Rang vollwertiger Götter aufgestiegen sind.[84] Generell wird man sich darüber Gedanken machen müssen, was das Epitheton *iri-pꜥ.t* in seiner spezifischen Anwendung auf Geb bedeutet. Als ägyptische Quelle bietet sich hier am ehesten pCarlsberg 1, 6, 27-37 an. Dort wird berichtet, wie Geb die Sterne davor rettet, von Nut verschlungen zu werden; dann heißt es "dies ist es, wodurch Geb zum *iri-pꜥ.t* der Götter wurde."[85]

§ 6: Titulaturen der Isis als Königin und Gemahlin des Osiris sind generell in Ägypten gut bezeugt.[86] Die gegenüber dem griechischen Text leicht andere sprachliche Ausdrucksweise habe ich gewählt, weil die Konstruktion zweier Substantive auf ein gemeinsames Bezugswort in Annexion ("Genitiv") in ägyptischer Formulierung wenig üblich ist. Dabei habe ich für Osiris die Vollform des Titels angesetzt, wie sie normal ist. Vgl. ähnlich auch *pr-ꜥꜣ n pꜣ tꜣ ḏr=f Wsir Wn-nfr* "König des ganzen Landes Osiris Wenneser" im

---

[83] So auch Müller, *Isiaretalogien*, S. 29.

[84] Dies ist z.B. die bei Plutarch, *De Iside*, Kapitel 27 u. 30 vertretene Lesart des Mythos.

[85] Zur Lesung in diesem Bereich s. zuletzt J. F. Quack, "Kollationen und Korrekturvorschläge zum Papyrus Carlsberg 1," in: P. J. Frandsen/K. Ryholt (Eds.), *The Carlsberg Papyri 3. A Miscellany of Demotic Texts and Studies*, CNI Publications 22 (Kopenhagen 2000), S. 165-171; dort S. 170f. sowie die bevorstehende Neuedition des Nutbuches durch A. von Lieven.

[86] S. besonders ausführlich Bergman, *Ich bin Isis*, S. 159-161; L. Kákosy, *Isis regina*, StAe 1 (Budapest 1974), S. 221-230. Viel Material unter besonderer Berücksichtigung der demotischen Quellen jetzt bei Dousa, in: *Acts Copenhagen*, S. 159-168.

unpublizierten pCarlsberg 643,[87] der mutmaßlich eine demotische
Version von den Heereszügen des Osiris enthält, wie sie griechisch
bei Diodor überliefert ist.

§ 7: Zu beachten ist die sprachliche Form des Griechischen, das
mit ἐγώ εἰμι ... εὑροῦσα, also der Verwendung des Partizips, die
hier postulierte Grundstruktur der Cleft-Sentence besonders getreu
abbilden dürfte, wie es ähnlich auch in § 9 u. 10 erscheint.[88] Die
Verbindung der Isis mit dem Getreide, die in griechischsprachigen
Texten häufig auftaucht,[89] ist schon oft als griechisches, d.h. nicht
ägyptisches Element bezeichnet worden.[90] Ganz so einfach ist es
aber nicht,[91] wenn man bedenkt, daß Isis in der griechischen Version von Nektanebos' Traum als "Wohltäterin der Feldfrüchte"
(καρπῶν εὐεργέτιαν)—eventuell in "Erfinderin der Feldfrüchte"
(καρπῶν εὑρέτριαν) zu emendieren[92]—bezeichnet wird und dieser
Text nachweislich auf eine demotische Vorlage zurückgeht.[93] Leider
ist in den bislang identifizierten demotischen Handschriften[94] die
betreffende Stelle weggebrochen; aber dennoch sehe ich hier einen
ausreichenden Beweis, daß die Verbindung der Isis mit den Feld-
früchten mindestens in der Spätzeit vollzogen war, also dem Autor
der Aretalogie vorlag. Dabei dürfte das Milieu des Traumes des
Nektanebos gerade im memphitischen Residenzbereich liegen, so
daß sich eine Verbindung zur memphitischen Isisaretalogie um so
mehr anbietet. Das immer wieder vorgetragene Argument, Isis ver-
danke ihre agrarische Natur und die Identifizierung mit Demeter[95]

---

[87] Derselbe Titel auch im Graffito Philae 273, Z. 5, u. 371, Z. 3f. s. Griffith,
Dodecaschoenus, S. 88 u. 104, T. XLIV u. LVI.

[88] Vgl. auch Mora, *Prosopografia isiaca* II, S. 51.

[89] Belege bei Grandjean, *Nouvelle Arétalogie*, S. 92f.

[90] Müller, *Isisaretalogien*, S. 31-33. Bergman, *Ich bin Isis*, S. 230 will καρπός als
"Leibesfrucht" verstehen und auf Horus beziehen, ist dafür aber mit Recht von
Müller, *OLZ 67*, Sp. 126f. kritisiert worden.

[91] Versuche ägyptischer Herleitung, u.a. mittels einer Übertragung von Osiris
auf Isis, unternimmt bereits Žabkar, *Hymns to Isis*, S. 151f.

[92] So plausibel vorgeschlagen von L. Koenen, *The Dream of Nektanebos*, BASP
22 (1985), S. 172-194, dort S. 177 und übernommen in der neuesten Übersetzung von J.-D. Gauger, "Der "Traum des Nektanebos"—die griechische Fassung—," in: Blasius/Schipper, *Apokalyptik und Ägypten*, S. 189-219, dort S. 195.

[93] S. zuletzt Ryholt, in: Blasius/Schipper, *Apokalyptik und Ägypten*, S. 221-241.

[94] Vorgelegt von Ryholt, in: Blasius/Schipper, *Apokalyptik und Ägypten*, S. 223-
230.

[95] Zu ihr s. D. J. Thompson, "Demeter in Graeco-Roman Egypt," in: W.

nicht einer ägyptischen Verbindung mit der Erntegöttin Renenutet,
da die Identifizierung von Isis mit Renenutet in Ägypten erst pto-
lemäisch belegt, die Identifizierung von Isis mit Demeter dagegen
älter sei,[96] ist m.E. ohne Beweiskraft, bedenkt man die extrem dünne
Belegsituation für das vorptolemäische 1. Jtsd. v. Chr.[97] Tatsächlich dürfte es noch einen weiteren wesentlichen Punkt geben, der
zur Verbindung der Isis mit dem Getreide beigetragen hat. Im
Rahmen der Choiak-Feiern wurde aus in Sand gekeimter Gerste
eine Figur des Osiris hergestellt.[98] Für diese Herstellung hatte auf
der mythischen Ebene *šntȝy.t*, d.h. Isis als Witwe von Busiris,[99] auf
der kultischen Ebene ihre Priesterin zu sorgen. Am klarsten ist dies
etwa Dendera X 42, 1-3 "Die Schentait in Busiris zur Erscheinung
bringen zum Platz des Erdhackens, wobei das Getreide vor ihr ist.
Ruhen auf einem Bett [...] des Hauses der Schentait. Sie nackt
dastehen lassen. Dieses Getreide auf ein Stoffstück vor diese Göttin
legen."Anschließend wird das Getreide abgemessen und mit Wasser angefeuchtet, damit es keimt.[100] Entsprechend erhält die
Schentait auch Dendera X 81, 11 u. 201, 5 das Epitheton *nb.t nb.w*
"Herrin des goldenen (Getreides)". Zur Gottheit als Spender der
Feldfrüchte an sich vgl. auch noch pInsinger 32, 4 *tw=f ḫpr ḫrȝ.t*

Clarysse/A. Schoors/H. Willems (Eds.), *Egyptian Religion, the Last Thousand Years*,
Part I, OLA 84 (Leuven 1998), S. 699-707; s. auch V. A. Tobin, *Isis and Demeter.
Symbols of Divine Motherhood*, JARCE 28 (1991), S. 187-200.

[96] So etwa Žabkar, *Hymns to Isis*, S. 151 und zuletzt Malaise, in: Bricault, *De
Memphis à Rome*, S. 7. Demgegenüber will Vanderlip, *Four Greek Hymns*, S. 25 u.
75 eben aus der Herodotstelle auf eine Identifizierung von Isis und Renenutet
bereits im 6./5. Jhd. v. Chr. schließen.

[97] Dagegen versucht Dunand, *Culte d'Isis*, I, S. 89, mehr von der ikonographischen Ebene kommend, eine Verbindung von Isis und Renenutet bereits für das
Neue Reich nachzuweisen.

[98] Vgl. hierzu zuletzt mit weiterer Literatur J.-F. Quack, "Il rituale di Khoiak,"
in: *Enciclopedia della scienza*, volume I. La scienza antica (Rom 2001), S. 105; A.
von Lieven, *Ein neuer Kornosiris im Abenteuermuseum Saarbrücken*, BSÉG 24 (2000/
01), S. 59-70; C. Adrario, *"Ta". Getreide im Alten Ägypten*. Ausstellung vom 15. Mai
bis 20. November 2002 im Deutschen Brotmuseum Ulm (Ulm 2002), S. 50 u. 54-
61.

[99] S. Cauville, "Chentayt et Merkhetes, des avatars d'Isis et Nephthys," *BIFAO
81* (1981), S. 21-40.

[100] Nach meiner Analyse J. F. Quack, "Sprach- und redaktionsgeschichtliche
Bemerkungen zum Choiaktext von Dendera," in: C.J. Eyre (Ed.). *Proceedings of the
Seventh International Congress of Egyptologists*, Cambridge 3-9 September 1995 (OLA
82; Leuven 1998), S. 921-930 dürfte dieser Passus im Neuen Reich entstanden
sein; die Verbindung der Schentait mit dem Getreide ist aber auch schon in
denjenigen Stücken des Textes deutlich, die noch ins Mittlere Reich zurückreichen.

wbȝ nȝ nti ꜥnḫ tȝ ḫpry.t n tȝ sḫ.t "Er (der Gott) erschuf Speise für die Lebenden, das Wunder des Feldes."

§ 8: Die Aussage gehört seit jeher zu denen, deren ägyptische Herkunft unstrittig ist.[101]

§ 9: Die Verbindung von Isis mit Sothis hat in Ägypten alte Tradition, während für die griechisch-römische Kultur bereits ab Hekataios von Abdera belegt und zunehmend typisch ist, daß vielmehr Isis mit dem Mond und Osiris/Sarapis mit der Sonne verbunden wird.[102]

§ 10: Die von mir gewählte etwas umständlich scheinende Konstruktion versucht der griechischen Fassung auf eine Weise gerecht zu werden, die der demotischen Grammatik angemessen ist. Die Anrufung der Göttin durch Frauen könnte spezifischer auf den Moment der Geburtsnot zu verstehen sein. Eine gute Parallele hierfür zeigt Mythus Leiden 8, 23-25. Dort sagt die äthiopische Katze von sich *ink tȝi tȝ ȝty.t nti šsp tȝ mw.t r:iri̯ sꜥnḫ=w n tȝ ḫ.t ḫpr i:iri̯=w ꜥš n=s m-ḏr nȝ iri.w ḥȝ.t-pḥ ḏ̱ṯ pȝ sḫṯ n sḥm.t r.iw=s in-iw r msi̯ ꜥš r Bȝst.t pȝ nti iw=w iri̯=f r ḥȝ.t n ꞽmn* "'Ich bin die Gebärmutter, die empfängt, die Mutter, die sie im Leib genährt hat; denn wenn man zu ihr ruft seitens der Gefährten von 'Anfang und Ende'— d.h. dem Hindernis einer Frau, die ans Gebären kommt, dann soll man zu Bastet rufen, eher als zu Amun." Diese mögliche Verbindung dürfte dadurch an Gewicht gewinnen, daß in der Aretalogie gerade im nächsten Satz explizit die Stadt Bubastis genannt wird, also die Angleichung der Isis an Bastet vollzogen ist.

§ 11: Erneut eine Aussage zweifelsfrei ägyptischer Herkunft. Die Angabe paßt zur memphitischen Herkunft der Inschrift, da Bubastis nicht allzuweit von Memphis liegt und auch Kultverbindungen bestanden. Man denke nur an die demotische Setne-Erzählung (Setne I), wo Tabubu die Tochter des Propheten der Bastet von Anchtaui ist, also memphitischen Bezug hat, aber in Bubastis wohnt.

§ 12: Auch hier hat bereits Müller vermutet, daß eine Übersetzung aus dem Ägyptischen vorliegt.[103]

§ 13: Der ägyptische Hintergrund ist ebenfalls sicher.

---

[101] Müller, *Isisaretalogien*, S. 29-31.

[102] S. etwa Grandjean, *Nouvelle arétalogie*, S. 56-65. Zu Isis als Mond s. D. Dellia, "Isis, or the Moon," in: W. Clarysse/A. Schoors/H. Willems (Eds.), *Egyptian Religion, the Last Thousand Years*, Part I, OLA 84 (Leuven 1998), S. 539-550.

[103] Müller, *Isisaretalogien*, S. 38.

§ 14: Hinter der griechischen Formulierung dürfte der demotische Ausdruck *n3 mšꜥ n p3-rꜥ iꜥḥ* stehen; vgl. etwa im unpublizierten pCarlsberg 69[104] [...] *n3y=n mšꜥ r p3 Rꜥ irm iꜥḥ* "[Ich vergleiche (o.ä.)] unsere Märsche mit der Sonne und dem Mond".

§ 15: Die Verbindung der Isis mit der Seefahrt ist immer einer der Punkte gewesen, welche als griechisch und unägyptisch angesehen wurden.[105] Eine derartige Argumentation übersieht aber einen wichtigen Punkt. Die unser ägyptisches Material dominierenden Quellen stammen alle aus dem Binnenland, haben also relativ wenig Veranlassung, die Seefahrt ausführlicher zu thematisieren.[106] Wenn schon nicht für Isis, läßt sich etwas Vergleichbares immerhin für Mut nachweisen, von der es im Rahmen einer Aufforderung zum Lobpreis heißt "Jubelt für Mut, oh Götter und Menschen! Zu ihr kommen die Byblos-Schiffe auf dem Meer, beladen mit den Gütern des Gotteslandes."[107] Eine Verwendung derartiger Aussagen für verschiedene Gottheiten je nach kultischem Zusammenhang wäre aber kein Problem. In jedem Fall wäre es höchst unplausibel, daß Isis in der hellenistischen Welt in solchem Maße zu einer Beschützerin der Seefahrt hätte werden können, wenn es dafür nicht in ihrem Charakter schon vorher ausreichende Anknüpfungspunkte gegeben hätte.[108] Tatsächlich wird die Verbindung der Isis mit der Schiffahrt auch in ägyptischem Zusammenhang

---

[104] Die Edition dieses Textes, der ein Fest der Trunkenheit für Bastet beschreibt, wird durch F. Hoffmann und J.F. Quack vorbereitet.

[105] G. Vandebeek, "De interpretatio graeca van de Isisfiguur," *StudHell 4* (Leuven 1946), S. 44-54; Müller, *Isisaretalogien*, S. 41f. Mit einem ägyptischen Anteil rechnet immerhin Dunand, *Culte d'Isis*, I, S. 95. Einige nicht immer unproblematische Anknüpfungspunkte sucht Bergman, *Ich bin Isis*, S. 98 Anm. 8 u. S. 282, kritisch dazu Müller, *OLZ 67*, Sp. 126. Amun als Schützer in Seenot wird Medamud 343, Z. 7f. genannt (s. E. Drioton, "Rapport sur les fouilles de Médamoud (1926), Les inscriptions," *FIFAO 4/2* (Kairo 1927), S. 38f.; K. Sethe, *Amun und die acht Urgötter von Hermopolis*. Eine Untersuchung über Ursprung und Wesen des ägyptischen Götterkönigs, APAW 1929/4 (Berlin 1929), S. 94). Außerdem kenne ich aus einem unpublizierten demotischen Text (pCarlsberg 585) eine mit Schu verbundene Beschwörung, die u.a. Schutz bei Schiffsreisen bieten soll.

[106] Vgl. L. Castiglione, *Isis Pharia*. Remarque sur la statue de Budapest, Bulletin du Musée hongrois des Beaux-Arts 34/35 (1970), S. 37-55, der die Isis Pharia speziell mit dem Kult in Menouthis verbindet.

[107] S. Sauneron, "La porte ptolémaïque de l'enceinte de Mout à Karnak," *MIFAO 107* (Kairo 1983), T. XIII, Z. 12.

[108] Einige gute Verweise hierfür bietet Ph. Bruneau, *Isis Pélagia à Délos* (Compléments), Bulletin de Correspondance hellénique 87 (1963), S. 301-308, dort S. 306-308.

deutlich, wenn man etwa auf oHor 1, Z. 11-14 verweist, wo Isis gemeinsam mit Thot auf der Wasseroberfläche des Meeres wandert, zum Hafen kommt und die Sicherheit Alexandrias garantiert.[109] Es wäre damit zu rechnen, daß gerade in Deltastädten, aus denen wir kaum direkte Zeugnisse haben, die Verbindung der Isis mit der Schiffahrt durchaus substantieller und älter ist, als es heute erscheint.

§ 16: Angesichts der hohen Bedeutung des Konzeptes der Maat in Ägypten—auch noch in der Spätzeit[110]—spricht nichts gegen ägyptische Herkunft des Satzes.[111]

§ 17: Zur hier gewählten demotischen Formulierung vgl. *tw=y iri̯=k smꜥ r pꜣ šy n pay tw i:iri̯ ḏi̯.t sḥne=y n.im=k* "Ich werde dich das Geschick dieses Berges preisen lassen, der mich dich hat treffen lassen" Mythus Lille A 42 im Zusammenhang der Begegnung der nubischen Katze mit dem kleinen Hundsaffen. Der Inhalt an sich dürfte nicht für irgendeine Kultur spezifisch sein, es spricht jedenfalls nichts gegen einen ägyptischen Hintergrund.[112] Speziell zu Isis sollte man hier bedenken, daß die liebevolle Zuneigung von Isis und Osiris im Liebeszauber als mythisches Vorbild instrumentalisiert wurde, z.B. pMag. LL 15, 1-20.

§ 18: Die Angabe der Schwangerschaftsdauer mit 10 Monaten entspricht nach oft geäußerter Meinung griechischer Zählweise,[113] jedoch gibt es gelegentlich auch in ägyptischen Texten bereits Formulierungen von zehn Monaten.[114] Insbesondere gilt dies für demotische Erzählungen, in denen mehrfach von den "10 Monaten der Geburt" gesprochen wird.[115] Sofern es eine demotische

---

[109] Ray, *Archive of Ḥor*, S. 7, 11 u. 156.

[110] Vgl. etwa J. F. Quack, "Ein neuer prophetischer Text aus Tebtynis (Papyrus Carlsberg 399 + Papyrus PSI Inv. D. 17 + Papyrus Tebtunis Tait 13 vs.)," in: Blasius/Schipper, *Apokalyptik und Ägypten*, S. 253-274, T. IX-XVI, dort S. 261 u. 266f.

[111] Ausführlich zu § 16, 28 u. 38 Bergman, *Ich bin Isis*, S. 176-181; kurze Bemerkungen bei Žabkar, *Hymns to Isis*, S. 153. S. weiter J. G. Griffiths, "Isis as Maat, Dikaiosunê, and Iustitia," in: C. Berger/G. Clerc/M. Grimal, *Hommages à Jean Leclant*, volume 3, BdÉ 106/3 (Kairo 1994), S. 255-264.

[112] Zu dieser Aussage und weiteren, die speziell mit Frauenaspekten verbunden sind, s. auch Chr. Veligianni-Terzi, *Bemerkungen zu den griechischen Isisaretalogien*, Rheinisches Museum 129 (1986), S. 63-76.

[113] So etwa Müller, *Isisaretalogien*, S. 46f.

[114] S. Sauneron, "Les "dix mois" précédant la naissance," *BIFAO 58* (1959), S. 33f.; darauf verweist auch Bergman, *Ich bin Isis*, S. 218 Anm. 2.

[115] K. Ryholt, *The Story of Petese, Son of Petetum and Seventy other Good and Bad Stories* (P. Petese), CNI Publications 23 (Kopenhagen 1999), S. 49.

Vorlage gegeben hat, könnte in ihr also durchaus die Zahl 10 genannt gewesen sein. Daneben wäre in Anlehnung an Ani B 20,18 auch einfach "seine Monate" denkbar, was ich oben in den Text gesetzt habe.

§ 19: Es besteht einige Wahrscheinlichkeit, daß in einem demotischen Text nicht von den "Eltern", sondern von den "Alten" gesprochen wird, zu deren Ehrung etwa die demotischen Weisheitslehren immer wieder auffordern.[116] Es ist nicht einzusehen, warum eine solche Aussage so nicht ägyptisch sein soll.[117]

§ 20: Das Gebot der Elternliebe dürfte kulturübergreifend sein; speziell bei Isis in ihrer Beziehung zum Horuskind hat es eine besondere Berechtigung.

§ 21: Diese Aussage ist einer der Hauptstreitpunkte in der Bewertung des Textes. Während Harder[118] sie zu einem der Ausgangspunkte für sein Postulat ägyptischer Herkunft machte, hat Festugière den Spieß gerade umdrehen wollen und Müller hat sich dem angeschlossen.[119] Das Hauptproblem dürfte m.W. in der Frage liegen, was für ein ägyptischer Begriff der "Menschenfresserei" entsprechen könnte, die, sofern ein ägyptischer Ursprung angenommen wird, jedenfalls eine ziemlich freie Übersetzung darstellen muß.[120] Da hier explizit die Mitwirkung des Osiris angegeben wird, sollte es sich um ein Konzept handeln, daß so zentral und fest mit ihm verbunden war, daß es nicht angängig schien, es allein der Isis zuzuschreiben. Hierfür bietet sich nun gerade das standardmäßige Osirisepitheton *wpi š˅.t t3.wi* "der das Gemetzel der beiden Länder richtet" an.[121]

---

[116] Vgl. etwa Kapitel 6 im pInsinger (Ehrung der Eltern) sowie "belästige nicht diejenigen, die alt geworden sind" im pLille Inv. dem. 34, Z. 12, ediert von F. de Cenival, *Fragment de Sagesse apparentée au Papyrus Insinger* (P. Université de Lille III Inv. P. dem. Lille 34, CRIPEL 12 (1990), S. 93-96, T. 7.

[117] So Müller, *Isisaretalogien*, S. 47.

[118] Harder, *Karpokrates*, S. 28-32.

[119] Festugière, *Harvard Theological Review 42*, S. 216-220; Müller, *Isisaretalogien*, S. 48. Bergman, *Ich bin Isis*, S. 152 Anm. 3 versucht sich an einer problematischen Interpretation, es ginge um die Rettung vor der Totenfresserin, was von Müller, *OLZ 67*, Sp. 127 mit Recht kritisiert wird.

[120] G. Vittmann, "Von Kastraten, Hundskopfmenschen und Kannibalen," *ZÄS 127* (2000), S. 167-180, dort S. 173-176 weist immerhin auf einen demotischen Beleg hin (pMag. LL 20, 2f.), wo Anubis berichtet, wie seine Mutter Sachmet-Isis hinter ihm her ins Land der Menschenfresser kam, auch wenn er diese Konzeption nicht aus Ägypten, sondern aus der antiken (griechischen) Kosmographie ableitet.

[121] So bereits Bergman, *Ich bin Isis*, S. 214 Anm. 2; Kákosy, *StAe 1*, S. 225.

§ 22: Man kann darüber streiten, ob man nur generell "das Verborgene" für den ägyptischen Text einsetzt, oder spezifischer von Weihen (*bsỉ*) ausgeht.[122] Auf jeden Fall ist auch für letztere inzwischen ausreichend ägyptisches Belegmaterial zusammengekommen, so daß nichts gegen einen ägyptischen Hintergrund spricht.[123]

§ 23: Wie auch der folgende Satz steht dieser prinzipiell in gut ägyptischer Tradition.[124]

§ 24: Die Errichtung der Tempel für die Götter könnte spezifisch damit zusammenhängen, daß Isis an Seschat angeglichen ist, die seit jeher einen festen Platz in der Gründungszeremonie ägyptischer Tempel hat.[125]

§ 25: Der Begriff "Tyrannen" im überlieferten Text der Inschriften ist üblicherweise zum Ausgangspunkt einer griechischen Herleitung dieser Aussage gemacht worden.[126] Richtig ist, daß die Wortwahl sich an griechischem Verständnis orientiert. Dies enthebt aber nicht der Überlegung, welche ägyptischen Konzepte dahinter stecken könnten. Hier bietet es sich offensichtlich an, daß Isis dadurch, daß sie Horus großgezogen und in den Kampf geschickt hat, der Herrschaft des Seth und seiner Verbündeten ein Ende gemacht hat. Der Satz läßt sich also so bewerten, daß eine ägyptische Formulierung für diese Gruppe (*sbi.w* "Rebellen"[127] oder vielleicht *smꜣy.t* "Rotte") bei griechischer Wiedergabe in einer Art umgesetzt wurde, die mehr dem Verständnis bei den Hellenen als

---

[122] Hierzu bereits unter Verweis auf die Bedeutung des Verbs *bsỉ* Bergman, *Ich bin Isis*, S. 230-232 Anm. 2.

[123] J. F. Quack, "Königsweihe, Priesterweihe, Isisweihe," in: J. Assmann/M. Bommas (Hrsg.), *Mysterien in Ägypten* (München 2002), S. 95-108. Nachzutragen ist dort L. Kákosy, "Tempel und Mysterien," in: R. Gundlach/M. Rochholz, *Ägyptische Tempel—Struktur, Funktion und Programm* (Akten der ägyptologischen Tempeltagungen in Gosen 1990 und in Mainz 1992), HÄB 37 (Hildesheim 1994), S. 165-173. S. auch U. Bianchi, "Iside dea misterica. Quando?," in: *Perennitas*. Studi in onore di Angelo Brelich. Promossi dalla Cattedra di Religioni del mondo classico dell'Università degli Studi di Roma (Rom 1980), S. 8-36, der das Phänomen spät und nur in geringem Umfang ansetzt und die Erwähnungen in den Aretalogien nicht anerkennen will, aber m.E. zu minimalistisch versucht, alle seiner Theorie entgegenstehenden Texte hinwegzudeuten. S. weiter M. Malaise, *Contenu et effets de l'initiation isiaque, L'Antiquité Classique 50* (1981), S. 483-398, der S. 484f. auf mögliche bereits hellenistische Zeugnisse hinweist.

[124] Müller, *Isisaretalogien*, S. 50f.; Žabkar, *Hymns to Isis*, S. 152.

[125] D. Budde, *Die Göttin Seschat*, Kanobos 2 (Leipzig 2000), bes. S. 163-169 zur Verbindung von Isis und Seschat.

[126] Müller, *Isisaretalogien*, S. 51f.

[127] Bereits Bergman, *Ich bin Isis*, S. 105 verbindet das Vorgehen Ptolemaios' V. gegen Rebellen mit dieser und der nachfolgenden Aussage der Aretalogie.

der exakten Umsetzung diente. Wenn dieses Postulat für den Urtext zutrifft, hätte man damit auch den sonst sehr unerfreulichen Umstand erledigt, daß Isis in § 3 sich selbst als τύραννος bezeichnet.[128] Zudem sollte man beachten, daß die Isisaretalogie aus einer Zeit stammt, in der nicht demokratische Strukturen, sondern Monarchien das politische Bild prägten.

§ 26: Die Aussage kann einerseits im Rahmen der ägyptischen Vorstellung verstanden werden, wie das Chaos beseitigt und Ordnung geschaffen wird.[129] Ein spezifisches Tötungsverbot ist etwa im priesterlichen Eid des Buches vom Tempel und seiner griechischen Übersetzung belegt.[130]

§ 27: Hier liegen Verbindungen zu § 17 vor, bei dessen Kommentierung ich bereits auf die magischen Texte hingewiesen habe, die Isis im Liebeszauber instrumentalisieren.

§ 28: Die konkrete Wendung "Geschenk von Gold und Silber" in meinem Versuch einer demotischen Fassung ist von Setne I 3, 8 inspiriert. Während Müller die bildliche Art der Formulierung für zweifellos unägyptisch hielt,[131] verweise ich auf pInsinger 2, 8: n3-ꜥn iri̯ mt̠[.t] nfr[.t] n p3 nti nw.t̠ r.r=f r nb šs-nsw "Besser ist, dem eine Wohltat zu erweisen, der auf sie wartet, als Gold und Byssos." Bergman hat bereits eine sachlich ähnliche Aussage Edfou VI 349, 5 angeführt.[132] Gerade in der Spätzeit (ab ca. 4. Jhd. v. Chr.) sind in Ägypten durchaus auch geprägte Einheiten als Wertmesser bekannt; erinnert sei auch an die typischen Wendungen frühdemotischer Verträge, die Silbergewichtseinheiten nach den Normen bestimmter Schatzhäuser anführen.[133]

---

[128] Versnel, *Ter unus*, S. 50-95 bemüht sich, gerade diesen Widerspruch nicht zu minimalisieren und weist dabei Bedeutungsnuancen nach, die für das historische Umfeld des Frühhellenismus bei einer griechischen Zuhörerschaft von tatsächlicher Relevanz gewesen sein können, nicht notwendig jedoch für den Urtext, insbesondere angesichts dessen kaum zu bestreitender Entstehung in Ägypten, wo es wenige auch nur nominell freie griechische Städte gab.

[129] So unter besonderer Verbindung mit der Königskrönung Bergman, *Ich bin Isis*, S. 212-215.

[130] Quack, *ZPE 119*, S. 297.

[131] Müller, *Isisaretalogien*, S. 44. Kritisch dazu bereits Bergman, *Ich bin Isis*, S. 180 Anm. 2.

[132] Bergman, *Ich bin Isis*, S. 180 Anm. 2.

[133] S. P. Vleeming, *The Gooseherds of Hou (Pap. Hou)*. A Dossier Relating to Various Agricultural Affairs from Provincial Egypt of the Early Fifth Century B.C., StuDem 3 (Leuven 1991), S. 87-89; P. W. Pestman, *Les papyrus démotiques de Tsenhor (P. Tsenhor)*. Les archives privées d'une femme égyptienne du temps de Darius Ier, StudDem 4 (Leuven 1994), S. 45.

§ 29: Gerade die Zentralität des Maat-Begriffes in Ägypten macht es schwer, hier mit Festugière, dem Müller folgt,[134] an ein griechisches Konzept zu denken.[135]

§ 30: Eheverträge mit garantierter Versorgung der Frau sind so sehr für das demotische Urkundenwesen typisch,[136] daß es befremdlich erscheint, wie Festugière und Müller diese Aussage ernstlich für nicht ägyptisch halten konnten.[137] Für Isis ist zu beachten, daß wenigstens in der Ptolemäerzeit ein Hochzeitsfest der Isis Nepherses (*nfr-s.t* "mit schönem Platz")[138] gefeiert wurde, das angesichts seiner neuntägigen Dauer recht bedeutsam gewesen sein muß.[139] Eine spezifische Verbindung der Isis mit Eheverträgen dürfte sich im späten Ägypten schon daraus ergeben haben, daß Isis standardmäßig als Gemahlin (*ḥm.t*) des Osiris bezeichnet wird,[140] dieser Status aber nach damaligen Rechtsnormen die Aufsetzung eines Ehevertrages mit der ersten und wichtigsten Klausel *iri̯=y t̯=t n ḥm.t* "Ich habe dich zur Ehefrau gemacht" zwingend erfordert.

§ 31: Wie Müller richtig erkannt hat,[141] muß diese Aussage an sich aus dem Ägyptischen abgeleitet werden. Lediglich die Formulierung Ἕλλησι καὶ βαρβάροις wird so auf das Konto eines Übersetzers gehen.

§ 32: Meine Wahl des im Demotischen gerade in Verträgen

---

[134] Festugière, *Harvard Theological Review 42*, S. 213; Müller, *Isisaretalogien*, S. 53.

[135] Entschieden für ägyptischen Ursprung spricht sich Bergman, *Ich bin Isis*, S. 187-193 aus.

[136] Vgl. etwa E. Lüddeckens, *Ägyptische Eheverträge*, ÄA 1 (Wiesbaden 1960); P. W. Pestman, *Marriage and Matrimonial Property in Ancient Egypt. A Contribution to Establishing the Legal Position of the Women*, Pap. Lugd.-Bat. 9 (Leiden 1961).

[137] Festugière, *Harvard Theological Review 42*, S. 214; Müller, *Isisaretalogien*, S. 53.

[138] Zu ihr s. L. Bricault, "Isis Néphersès," in: W. Clarysse/A. Schoors/H. Willems (Eds.), *Egyptian Religion, The Last Thousand Years*, Part I, OLA 84 (Leuven 1998), S. 521-528.

[139] A. Jördens, *Griechische Papyri aus Soknopaiou Nesos (P. Louvre I)*, Pap. Texte u. Abh. 43 (Bonn 1998), S. 39 (zu Z. 52).

[140] Für die vorangehenden Göttergenerationen scheint kein gleichartiger Status angesetzt worden zu sein, auch Plutarch, *De Iside*, Kap. 12 spricht nur von Geschlechtsverkehr zwischen Rhea und Kronos, nicht von einer geregelten ehelichen Verbindung.

[141] Müller, *Isisaretalogien*, S. 54-57. Bergman, *Ich bin Isis*, S. 196-198 will in eher problematischer Weise die Aussage speziell auf eine Unterscheidung der verschiedenen ausländischen Sprachen interpretieren, kritisch dazu Müller, *OLZ 67*, Sp. 127.

häufigen *n ḥtr* "notwendigerweise" ist ein Versuch, dem in seiner Natur durchaus etwas problematisch griechischen ὑπὸ τῆς φύσεως gerecht zu werden. Zur Unterscheidung von Gutem und Schlechten in ägyptischen Quellen hat bereits Müller relevantes Material aufgeführt.[142]

§ 33: Auch in Ägypten gibt es die Konzeption, daß der Eid gefahrvoll ist. Vgl. etwa *ḥr ṯ=tn i na tȝ imy.t r pȝ ꜥnḫ n tȝ imy.t čṭ ꜥnḫ iwf čȝw* "Hütet euch, oh Leute des Weges, vor dem Eid der Katze, der lautet 'bei Fleisch und Lebensatem'" Mythus Leiden 9, 27f. Erinnert sei auch daran, daß im Königseid der Ptolemäerzeit[143] die Schlußformel beispielsweise lautet: "Es gibt keine Lüge in dem obigen Eid. Wenn ich es als Meineid mache, bin ich in der Bestrafung durch den König. Wenn ich es als wahrheitsgemäßen Eid mache, bin ich in der Gunst des Königs."[144] In diesem Eid werden aber gerade Isis und Serapis oder Osiris neben dem Königshaus angerufen.[145] Sachlich ähnliche Formulierungen finden sich schon im Neuen Reich, wo der Eid teilweise die Formulierung enthält "so wahr der Herrscher dauert, dessen Zorn schlimmer als der Tod ist."[146] Ebenso sei darauf hingewiesen, wie Amenemope 7, 18f. der Eidbrecher dem Zorn des Mondes ausgesetzt sein soll.

§ 34: Die hier angesprochene Art der Vergeltung ist in ägyptischen Texten gut belegt.[147] Eine besonders schöne Ausformulierung findet dieser Gedanke in der Fabel vom Seevogel und Hörvogel innerhalb des Mythus vom Sonnenauge, wo es heißt: "Wer tötet, den tötet man; wer zu töten befiehlt, dessen Vernichtung [befiehlt]

---

[142] Müller, *Isisaretalogien*, S. 57-59. Weitere Interpretation gerade im Zusammenhang mit dem Herzen als Organ zur Unterscheidung bei Bergman, *Ich bin Isis*, S. 194f.

[143] Zusammenstellung der einschlägigen Quellen bei M. Minas, *Die hieroglyphischen Ahnenreihen der ptolemäischen Könige. Ein Vergleich mit den Titeln der eponymen Priester in den griechischen und demotischen Papyri*, AeTr 9 (Mainz 2000), S. 163-171.

[144] Das hier zitierte konkrete Beispiel ist pLille 117, Z. 9f., ediert von F. de Cenival, *Deux textes démotiques du fonds Jouget relatifs aux cultures de blé*, Enchoria 18 (1991), S. 13-22, T. 3-6, dort S. 17, T. 4-6.

[145] Zusammenstellung der Quellen, die auch Isis und Osiris oder Serapis erwähnen, bei Minas, *Ahnenreihen*, S. 168 Anm. 643.

[146] J. F. Borghouts, "Divine Intervention in Ancient Egypt and its Manifestation (*bȝw*)," in: R. J. Demarée/J. J. Janssen (Eds.), *Gleanings from Deir el-Medîna*, EU 1 (Leiden 1982), S. 1-70, dort S. 9 u. 44 Anm. 34.

[147] Vgl. etwa A. Volten, "Aegyptische Nemesis-Gedanken," in: *Miscellanea Gregoriana. Raccolta di scritti pubblicati nel I centenario dall fondazione del pont. Museo Egizio (1839-1939)* (Vatikan 1941), S. 371-379.

man. Ich habe die besagten Dinge gesagt, damit es dir verständlich wird, daß es keine [Angelegenheit] gibt, die vor dem Gott verborgen sein könnte. Re, das Licht, der Vergelter—Variante: der Gott—der Götter nimmt Rache für alles, was auf Erden ist. ... D.h. die gute Tat und die böse Tat, die man auf Erden begehen wird—Re ist es, der es vergilt." (Mythus Leiden 15,6-12).

Gerade die Vergeltung für böse Taten hat einen spezifisch mythologischen Hintergrund, da hier immer die Aktionen des Seth gegen Osiris mitschwingen und Seth als Strafe dafür dem Osiris unterworfen wurde, z.B. in der Balsamierungshalle ihn tragen mußte.[148] In diesem Zusammenhang ist auch die Verknüpfung des Konzeptes mit Isis, die im Beistand für Osiris so prominent ist, sehr logisch. Auch in Schlachtszenen ist es üblich, daß eine Weihe bzw. auf der mythologischen Ebene Isis[149] dem Schlachttier ins Ohr flüstert, seine eigenen Taten seien für das verantwortlich, was ihm angetan worden sei.[150]

§ 35: Sofern mein Ansatz stimmt, liegt im Demotischen ein Wortspiel zwischen *btw* "Strafe" und *bty.t* "Abscheu, Frevel" vor, was ich als Stütze für meinen Versuch ansehe.

§ 36: Gegen Müller[151] besteht nicht der geringste Grund, das Bittflehen für einen unägyptischen Zug zu halten.[152] Gerade der hier von mir angesetzte Begriff *smi (n) ꜥḏi n gns* "Anzeigen wegen Unrechts" ist im Demotischen sehr häufig belegt, z.B. Setne I 5, 5. 8; pSpiegelberg 15, 16; pBerlin 13588, 2, 4. Daß man sich für solche Zwecke auch an Gottheiten wenden konnte, ist durch die demotischen "Briefe an Götter" hinreichend belegt.[153] Generell gibt es einiges Material zum Anflehen von Gottheiten um Rechts-

---

[148] S. etwa K. Sethe, *Dramatische Texte zu altägyptischen Mysterienspielen*, UGAÄ 10 (Leipzig 1928), S. 106f. u. 124-129. Zur Interpretation unter Anführung weiterer Beispiele s. J. Assmann, *Tod und Jenseits im Alten Ägypten* (München 2001), S. 60 u. 94.

[149] Zum Auftreten von Isis als Raubvogelweibchen s. M. Münster, *Untersuchungen zur Göttin Isis vom alten Reich bis zum Ende des Neuen Reiches*, MÄS 11 (Berlin 1968), S. 201f.

[150] E. Otto, *Das ägyptische Mundöffnungsritual*, ÄA 3 (Wiesbaden 1960), S. 74-76.

[151] Müller, *Isisaretalogien*, S. 60.

[152] Auf einige ägyptische Fälle im Zusammenhang mit Isis weist bereits Bergman, *Ich bin Isis*, S. 202 hin.

[153] A.-G. Migahid, *Demotische Briefe an Götter von der Spätzeit bis zur Römerzeit. Ein Beitrag zur Kenntnis des religiösen Brauchtums im alten Ägypten* (Dissertation Würzburg 1986).

entscheid (auf Orakelbasis).[154] Auf einer elementareren Ebene
wurden die Götter auch sehr häufig mit Schriftstücken um Rat
gefragt.[155] Erinnert sei ferner daran, daß es in Ägypten durchaus
institutionalisiert den Brauch des Flehens zur Gottheit gegeben hat,
wofür im Tempel ein eigener Ort *s.t sbḥ* vorhanden war, und daß
im pMag. LL 15, 9 gerade Isis als *t3e t3 s.t-sbḥ* "die vom Ort des
Flehens" bezeichnet wird.[156] Daß dies an sich keine Neuerung der
Spätzeit ist, sondern auf ältere ägyptische Traditionen zurückgeht,
zeigen etwa die "Gegentempel" im Neuen Reich mit ihrem klaren
Bezug auf die direkten Bittstellungen und das Flehen der Beter vor
dem Gott.[157] Spezifisch für Isis wird etwa im demotischen Isislob
des pTebtunis Tait 14 explizit dazu aufgefordert, in den verschie-
densten Lebenslagen Isis um Hilfe anzurufen, so heißt es: "[Oh
ihr], die ihr auf den Flüssen seid! Ruft zu Isis, dann bringt sie euch
ans [sichere] Ufer. [.....] dann bringt sie euch ins [Innere] Ägyptens. Oh ihr Tiere .[......] von allem! Ruft zu Isis! [Sie ist es], die
Reichtum entstehen läßt nach [Armut ......]".[158] In die Praxis

---

[154] J. Quaegebeur, "L'appel au divin. Le bonheur des hommes mis dans la
main des dieux," in: J.-G. Heintz (Éd.), *Oracles et prophéties dans l'antiquité* (Paris
1997), S. 15-34; Cl. Traunecker, "L'appel au divin: La crainte des dieux et les
serments de temple," in: Heintz, *Oracles*, S. 35-54. Gerade letzterer hat S. 50f.
Material zur Furcht vor dem Gott beim Eid, das im Zusammenhang der
Aretalogie (§ 33) relevant ist.

[155] S. zuletzt K.-Th. Zauzich, "Die demotischen Orakelanfragen—eine
Zwischenbilanz," in: P. J. Frandsen, K. Ryholt (Eds.), *The Carlsberg Papyri 3. A
Miscellany of Demotic Texts and Studies*, CNI Publications 22 (Kopenhagen
2000), S. 1-25. Zusammenstellung griechischer Orakelanfragen bei Totti, *Ausge-
wählte Texte*, S. 130-139, s. weiter D. Valbelle/G. Husson, *Les questions oraculaires
d'Égypte: Histoire de la recherche, nouveautés et perspectives*, in: W. Clarysse/A. Schoors/
H. Willems (Eds.), *Egyptian Religion. The Last Thousand Years, Part II*. OLA
85 (Leuven 1998), S. 1055-1071. Vergleichbares außerägyptisches Material bei
H. S. Versnel, "Beyond Cursing: The Appeal for Justice in Judicial Prayers," in:
Chr. Faraone/D. Obbink, *Magika Hiera. Ancient Greek Magic and Religion* (New
York/Oxford 1991), S. 60-106.

[156] F. de Cenival, *Les associations religieuses en Égypte d'après les documents démotiques*,
BdÉ 46 (Kairo 1972), S. 33f. Vgl. F. Kaiser, "Oreilles et couronnes. À propos des
cultes de Canope," *BIFAO 91* (1991), S. 207-217, T. 61f., wo Votive für Isis, die
den Gläubigen erhört hat, publiziert werden.

[157] W. Guglielmi, "Die Funktion von Tempeleingang und Gegentempel als
Gebetsort. Zur Deutung einiger Widder- und Gansstelen des Amun," in: R.
Gundlach/M. Rochholz, *Ägyptische Tempel—Struktur, Funktion und Programm* (Akten
der ägyptologischen Tempeltagungen in Gosen 1990 und in Mainz 1992), HÄB
37 (Hildesheim 1994), S. 55-68.

[158] Ähnlich scheint auch der schlecht erhaltene pHeidelberg 736 vs. Handlungen der Isis zugunsten verschiedenster Personengruppen zu thematisieren, s.

umgesetzt, wohl gerade unter Bezugnahme auf eben diesen Text, findet sich das Graffito Theben 3462: "Oh Leute aller Länder, ruft zu Isis! Sie hört zu jeder Zeit. Sie verläßt den, der zu ihr ruft, nicht auf dem Weg. Ich rief zu Isis und sie hörte meine Stimme und die meiner Gefährten. Sie brachte uns zu unserem großen Haus, indem wir wohlbehalten sind auf Anordnung der Isis und der Götter von Djeme."[159] Ein sehr schönes Beispiel eines Flehens speziell zu Isis zeigt sich in den demotischen Krugtexten B 9-21, wo ein ins Elend geratener Mann zu Isis fleht und sie ihn auch erhört und ihm ermöglicht, ein Goldobjekt aufzufinden—ein echter aretalogischer Text im wörtlichsten Sinne.[160]

§ 37: Eine gute Parallele findet sich im pInsinger 14, 12 *ḥr iri̯ pꜣ nčr smꜣꜥ r pꜣ i:iri̯ či̯.t pḥ btw n pꜣ ḥp* "Der Gott segnet den, der gerechte Strafe hat zukommen lassen." In der Formulierung habe ich mich stark daran orientiert. Auf der theologischen Ebene entspricht die gerechte Bestrafung dem Vorgehen des Horus gegen Seth;[161] und Isis ehrt ihn dafür zweifellos durch Proklamation als König.[162] Ein konkretes Beispiel findet sich etwa in der demotischen Setne-Erzählung des pCarlsberg 205, wo Setne mit Zustimmung des Königs im Auftrag eines Geistes diejenigen verhaften und töten läßt, die sich am Geist und dessen Eltern zu Lebzeiten vergangen haben.[163]

§ 38: Die starke Betonung der Wahrheit ist erneut, wie schon

W. Spiegelberg, "Der demotische Papyrus Heidelberg 736," *ZÄS 53* (1917), S. 30-34, dort S. 33f.

[159] Jasnow, in: *Fs Lüddeckens*, S. 91-93, T. 17f. Weitere Graffiti mit Flehen zu Isis etwa Philae 120; 255; 257; 410; 411; 412; 416; 417; 421; 449, s. Griffith, *Dodecaschoenus*, S. 65, 84f., 112-122, 129.

[160] Originaledition bei W. Spiegelberg, *Demotische Texte auf Krügen*, Dem. St. 5 (Leipzig 1912), S. 11; 18-21; T. 5-6; eine neue, erheblich verbesserte Übersetzung soll in einer gemeinsam mit F. Hoffmann vorbereiteten Anthologie der demotischen Literatur erscheinen.

[161] In diese Richtung argumentiert auch Bergman, *Ich bin Isis*, S. 103 mit Anm. 4f.

[162] Proklamation des Horus als König durch Isis z.B. pChester Beatty I, 16, 6-8 (LES 69, 6-11); gegen M. Broze, *Mythe et roman en Égypte ancienne. Les aventures d'Horus et Seth dans le Papyrus Chester Beatty I*, OLA 76 (Leuven 1996), S. 122-124 würde ich den gesamten Passus als Ausspruch der Isis ansetzen, statt einen abrupten unmarkierten Bruch im Textfluß anzunehmen; Traditionen und Gattungsgesetze der Proklamation erfordern an dieser Stelle die objektive Stilisierung "Horus, Sohn der Isis" selbst im Mund der Isis selbst.

[163] J. F. Quack/K. Ryholt, "Notes on the Setne Story. P. Carlsberg 207," in: Frandsen/Ryholt (Eds.), *The Carlsberg Papyri 3*, S. 141-163.

in § 16 u. 28, deutlich in ägyptischem Gedankengut verwurzelt.

§ 39: Die Herrschaft über die Elemente und Teilkomponenten der Welt ist für ägyptische Götter generell üblich. Häufig sind etwa Reihungen in der Art von "Herr von Himmel, Erde und Unterwelt", wobei Wind, Wasser und Berge fakultativ hinzutreten können. Speziell für Isis findet sich im Graffito Philae 417, Z. 2 die Formulierung *t3 čsy3(.t) n t3 p.t p3 t3 t3 twy.t* "Die Herrin des Himmels, der Erde und der Unterwelt".[164] Im thebanischen Graffito 3445, Z. 12 wird Isis als *t3 nb.t n p3 tw t3 nb.t n p3 ym* "Herrin des Berges, Herrin des Meeres" bezeichnet.[165] Speziell für den Wind läßt sich ein Beleg im demotischen Aufruf zum Isislob finden, wo es heißt "[Sie ist es, die] schönen Nordwind [bringt], um Tau zu erzeugen." (pTebtunis Tait 14, Z. x+4).

§ 40: Schon Müller hält diese Aussage für mehr oder weniger direkt auf ägyptischem Denken beruhend.[166] Bergman präzisiert dies im Sinne seiner Gesamtdeutung noch weiter auf die Krönungszeremonien.[167] Žabkar steuert einen guten Beleg in Philae bei.[168] Zur von mir gewählten sprachlichen Form sei auf pSpiegelberg 10,8 verwiesen, wo es speziell darum geht, daß man nichts ohne Zustimmung eines Gottes (in diesem Fall des Amun) macht.

§ 41: Müller hat diese Aussage u.a. aufgrund des Fehlens eines allgemeinen Begriffes für "Krieg" im Ägyptischen als griechisch erklärt.[169] Zumindest für das Demotische trifft diese Behauptung keinesfalls zu. Für Isis als Beistand im Kampf[170] zu vergleichen ist etwa die demotische Amazonenerzählung pWien D 6156, 2, 10. 22; 3, 35, wo jeweils die Amazonenkönigin Isis und Osiris (in dieser Reihenfolge) um Unterstützung im Kampf bittet.[171] Ein zusätzlicher Beleg für Isis als Herrin des Krieges ist wohl das in Assuan in

---

[164] Griffith, *Dodecaschoenus*, S. 110, T. LXV.

[165] Jasnow, *Fs Lüddeckens*, S. 97-99.

[166] Müller, *Isisaretalogien*, S. 69-71.

[167] Bergman, *Ich bin Isis*, S. 175f.

[168] Žabkar, *Hymns to Isis*, S. 149f.

[169] Müller, *Isisaretalogien*, S. 72.

[170] Einige Epitheta, die auf Isis als kriegerische Göttin hindeuten, stellt Žabkar, *Hymns to Isis*, S. 149 zusammen. Vgl. auch den Isishymnus des pHeidelberg 736vs., Z. 3f. (Spiegelberg, *ZÄS 53*, S. 33f.; dort dürfte Z. 3 *ḥrwy* "Feindseligkeit" statt *mi* zu lesen sein).

[171] F. Hoffmann, "Ägypter und Amazonen. Neubearbeitung zweier demotischer Papyri. P. Vindob. D 6165 und P. Vindob. D 6165 A," *MPER NS 24* (Wien 1995), S. 40f., 44 u. 60.

demotischen Graffiti belegte Epitheton ḥȝ.t pȝ mšʿ, "Anfang der Armee", Variante ḥri pȝ mšʿ "Oberhaupt der Armee".[172]

§ 42: Allgemein wird diese Aussage für eine Übertragung der Eigenschaft des Zeus gehalten.[173] Schon die Tatsache, daß es in der griechischen Isis-Litanei aus Oxyrhynchos einen Passus gibt "Du hast die Herrschaft über Winde und Donner und Blitze und Schnee" (pOxyrhynchus 1380, Z. 237-239), sollte aber zur Zurückhaltung mahnen. Selbst wenn die Herrschaft über den Donner nicht primär eine Eigenschaft der Isis ist, kann sie ebenso gut von einer anderen ägyptischen Gottheit her übernommen sein, z.B. die Übernahme der Eigenschaften des überwundenen Seth[174] zeigen.

§ 43: Im Zusammenhang mit dem Meer wird im Demotischen öfters das Wort ḫʿr "zürnen" gebraucht, s. etwa Krugtexte A 16-23; pSpiegelberg 3, 16 u. 13, 14; ähnlich pKrall 16, 13f.

§ 44 u. 45: Diese Aussagen sind, wie schon Müller gesehen hat (S. 73f.), nur auf der Grundlage ägyptischer Mythologie verständlich. Konkreter dürfte es hier um die Situation des heliakischen Frühaufganges gehen, bei dem Isis als Sothis unmittelbar vor den Strahlen der Sonne sichtbar wird. Darüber hinaus gehört Isis schon in alter Zeit zum Standard der Besatzung der Sonnenbarke.

§ 46: Der Sache nach handelt es sich um eine gut ägyptische Vorstellung.[175] Vgl. auch pInsinger 31, 11 ḫr iri̯=f ḥne n pȝ ḥȝ.ṯ irm pȝ ls ḫn nȝy=f ḥn.w "er (der Gott) steuert Herz und Zunge mit seinen Befehlen". Speziell für Isis gibt es den Beleg pMag. LL 2, 22f. = 25, 7 ink ȝs.t tȝ rḫ.t nti-iw nȝ ḏt n rʾ=y ḫpr "Ich bin Isis, die Weise, deren Aussprüche geschehen."

§ 47: Der beschriebene Sachverhalt ist kaum sonderlich kulturspezifisch.

§ 48: Eine recht gute Parallele hierzu bietet oHor 10 rt. 18f., wo es von Isis heißt tȝ nb.t nwḥ nti snḥ mtw=s ḏi̯.t w ʿn "Die Herrin des Strickes, die zuschnürt und wieder freien Lauf gibt."[176] Ebenso ein-

---

[172] E. Bresciani/S. Pernigotti, *Assuan* (Pisa 1978), S. 23 u. 122f.
[173] Müller, *Isisaretalogien*, S. 67.
[174] Zu Seth und seiner Verbindung mit dem Donner s. H. te Velde, *Seth, God of Confusion. A Study of his Role in Egyptian Mythology and Religion*, PÄ 6 (Leiden 1967), S. 25, 85 u. 132f.; ein besonders guter Beleg ist Wenamun 2, 19.
[175] Müller, *Isisaretalogien*, S. 71; Žabkar, *Hymns to Isis*, S. 150.
[176] Vgl. Ray, *Archive of Ḥor*, S. 46, 48 u. 157; das von ihm mißverstandene w (so, nicht wtn zu lesen) ist im Lichte von F. Hoffmann, "Die Lesung des demotischen Wortes für "Götterbarke"," *Enchoria 23* (1996), S. 39-51 zu verstehen, s. insbesondere S. 41f.

schlägig ist im thebanischen Graffito 3445, Z. 13 die Epithetafolge
t3 nb.t ḏṯḥ t3 nb.t plg ꜥn "Die Herrin der Haft, die Herrin auch der
Freilassung".[177] Etwas weniger vergleichbar, aber auch relevant ist
pInsinger 31, 8 *ḥr iri̯ p3 nṯr ḏi̯.t iri̯=f bnr ḥr t3 ḫ3ꜥ.t m-s3 snḥ=f* "der
Gott läßt ihn entkommen aus dem Abschlachten, nachdem er gefesselt wurde."

§ 49: Bislang wurde diese Aussage ebenso wie § 15 meist als
griechisch bewertet.[178] Mit der Schiffahrt hat Isis schon dadurch zu
tun, daß sie einerseits als "Herrin der Barke" bei der Fahrt des
Sonnengottes eine wichtige Rolle spielt,[179] andererseits gemeinsam
mit Nephthys die Fahrt auf dem See im Rahmen der Osirisfeiern
durchführt.[180] Bezeichnend für die Ausdeutung dieses Motivs in
der Spätzeit ist pMag LL. 6, 30, wo an die Erwähnung des Mittelmeers (*yꜥm n [ḥ]r*)[181] das Epitheton "auch Meer des Osiris" (*yꜥm n
Wsir ꜥn*) angehängt wird; wenig später dann explizit das Boot aus
Papyrus und Fayence genannt wird, in dem sich Osiris befindet, zu
dessen Häupten Isis und zu dessen Füßen Nephthys sich befindet.
Hier ist offenbar bereits das Verständnis vorausgesetzt, daß Osiris
aus Ägypten nach Vorderasien (Byblos) getrieben und von dort
zurückgebracht wird,[182] was eine Seefahrt der Isis zwingend voraussetzt.[183] Als Herrin zumindest der Flußschiffahrt erscheint Isis
implizit im pTebtunis Tait 14, wo es heißt: "[Oh ihr], die ihr auf

---

[177] Jasnow, *Fs Lüddeckens*, S. 97-100. Es kann nicht genug bedauert werden,
daß von diesem Text, der das Wesen der Isis in expliziten und pointierten Ge-
gensätzen zu erfassen versucht, so wenig erhalten ist; er wäre gerade im Hinblick
auf die Antithesen im Traktat "Bronte" (NH VI, 2) von höchstem Interesse.

[178] Bergman, *Ich bin Isis*, S. 198-200 versucht, über Isis als Herrin der Sonnenbarke einen ägyptischen Bezug zu finden; kritisch dazu Müller, *OLZ 67*, Sp. 127f.

[179] Darauf weist bereits Bergman, *Ich bin Isis*, S. 198-200 hin.

[180] Dies wird neben der Rolle in der Sonnenbarke auch von Castiglione,
Bulletin du Musée hongrois de Beaux-Arts 45/45, S. 40-48 u. J. G. Griffiths, *The
Egyptian Antecedents of the Isidis Navigium*, StAe 1 (Budapest 1974), S. 129-136 an-
geführt.

[181] Zur Bedeutung s. zuletzt J. F. Quack, *OLZ 97 (2002)*, *Ip. 459f.*, wo dieser
Beleg nachzutragen ist.

[182] Bislang sicher erst bei Plutarch, *De Iside* faßbar, s. J. G. Griffiths, *Plutarch's
De Iside et Osiride* (Swansea 1970), S. 319-322.

[183] Vgl. hierzu etwa Castiglione, *Bulletin du Musée hongrois de Beaux-Arts 34/35*,
S. 53-55; B. Soyez, *Byblos et la fêtes des Adonies*, EPRO 60 (Leiden 1977), bes. S.
67-72. Für eventuelle pharaonische Vorstufen s. H. Brunner, *Osiris in Byblos*, RdÉ
27 (1975), S. 37-40; wiederabgedruckt mit Ergänzung in: ders., *Das hörende Herz.
Kleine Schriften zur Religions- und Geistesgeschichte Ägyptens*, OBO 80 (Frei-
burg/Göttingen 1988), S. 230-235.

den Flüssen seid! Ruft zu Isis, dann bringt sie euch ans [sichere]
Ufer!" Tatsächlich gab es Schiffe, die konkret nach Isis benannt
wurden.[184] Ferner sei daran erinnert, daß nach Arrian, Anabasis
III, 1, 4-5 Alexander der Große bei der Gründung Alexandrias als
einzige indigene Gottheit auch Isis mit dem Bau eines Tempels
ehrt.[185] Dies zeigt einerseits die damals bereits erhebliche Bedeutung der Isis, andererseits ist es signifikativ im Hinblick darauf, daß
Alexandria seit jeher eine Stadt war, die vom Seehandel lebte.
Tatsächlich dürfte es sogar noch ein spezifischeres Zeugnis für die
Verbindung der Isis mit dem Schiff geben. In Edfu heißt es von
ihr: "die ihren Leib geheim machte in ihre Rolle als Kampfschiff,
die ihren Horus als Harpunierer auf den Knien trug" (Edfou IV
212, 14-213, 1).[186] Über Horus wird gesagt "seine Mutter verwan-
delte sich in ein Kampfschiff unter ihm, um seinen Leib vor seinen
Feinden zu schützen" (Edfou IV 18, 11 = Edfou VI 59, 6f.).[187]
Diese beiden Stellen zeigen, daß Isis sich selbst in ein Schiff ver-
wandelt hat, damit aber sozusagen archetypisch das Schiffahrts-
wesen überhaupt begründet hat und so mit Recht als Herrin der
Schiff bezeichnet werden kann.

§ 50: Gerade die Verwandlung von schiffbaren Flüssen in Festland und umgekehrt wird in ägyptischen Texten gelegentlich thematisiert.[188]

§ 51: Es ist umstritten, ob griechisches oder ägyptisches Gut
vorliegt.[189] Allerdings hat Müller seinen ursprünglichen Standpunkt
später zurückgenommen und hält offenbar eine ägyptische Herleitung für möglich.[190]

§ 52: Diese Aussage berührt sich sachlich eng mit den bereits
behandelten § 16, 28 u. 38 und hängt wie sie so sehr mit der ägyptischen Maat-Konzeption zusammen, daß nichts gegen ägyptische

---

[184] F. Dunand, *Le culte d'Isis dans le bassin oriental de la méditerranée*, II. Le culte
d'Isis en Grèce, EPRO 26 (Leiden 1975), S. 207f.

[185] Vgl. etwa P. M. Fraser, *Ptolemaic Alexandria* (Oxford 1972), S. 3 u. 260;
Dunand, *Culte d'Isis*, I, S. 33.

[186] Vgl. A. Gutbub, "Remarques sur les dieux du Nome tanitique à la basse
époque," *Kêmi 16* (1962), S. 42-75, dort S. 62.

[187] Gutbub, *Kêmi 16*, S. 62 Anm. 6.

[188] Vgl. Quack, *Ani*, S. 179.

[189] Müller, *Isisaretalogien*, S. 72f. wertet die Aussage als griechisch, Bergman,
Ich bin Isis, S. 237-240 dagegen unter Verweis auf Memphis und seine Mauer(n)
als ägyptisch.

[190] Müller, *OLZ 67*, Sp. 122 Anm. 2.

Herkunft spricht,[191] auch wenn die Wahl des sprachlichen Aus-
drucks θεσμοφόρος sicher bewußt erfolgt ist, um einem griechischen Publikum Anknüpfungsmöglichkeiten zu bieten.

§ 53: Auf der mythologischen Ebene könnte sich diese Aussage
zunächst auf die Insel von Chemmis beziehen, auf der Isis das
Horuskind zur Welt gebracht hat.

§ 54: Es gibt eine längere Diskussion darüber, ob Isis in ägyptischen Quellen, insbesondere einer Notiz auf dem Verso des mathe-
matischen pRhind, als Regengöttin verstanden werden darf.[192]
Allerdings konnte Žabkar darauf hinweisen, daß in Philae ein
Epitheton der Isis als "Regenwolke" (ıgp) belegt ist, wodurch es
zumindest nicht mehr möglich sein sollte, diese Aussage für eindeutig griechisch zu halten.

§ 55: Prinzipiell ist es typisch für ägyptische Götter, daß sie nicht
dem Schicksal unterworfen sind, sondern sich darüber erheben
können.[193] Etwa in den Orakeldekreten der Dritten Zwischenzeit[194]
wird notorisch damit gerechnet, daß einerseits Götter einen Menschen hinwegraffen können, auch wenn es nicht sein Schicksal ist,
andererseits negative Schicksalsbestimmungen auch aufgehoben
oder durch Ersatzopfer abgewendet werden können. Auch für Isis
ist dies gut bekannt,[195] z.B. wird sie auf einer kürzlich neubearbei-
teten Statuengruppe des Scheschonq als "Herrin von Geschick (š3y)
und Glück (rnn.t) bezeichnet.[196] Eine hochinteressante, wenn auch
komplexe und schwierige Quelle für die Einmischung gerade der
Isis in menschliche Angelegenheiten im Sinne einer Hoheit über
das Schicksal stellt der demotische pSaqqâra 2 rt. dar.[197] Ange-

---

[191] Vgl. ausführlich Bergman, *Ich bin Isis*, S. 205-209.

[192] Zusammenfassung der Positionen bei Žabkar, *Hymns to Isis*, S. 147-149.

[193] Vgl. generell S. Morenz/D. Müller, "Untersuchungen zur Rolle des Schicksals in der ägyptischen Religion," *ASAW 52*, 1 (Berlin 1960); J. Quaegebeur, "Le
dieu Shaï dans la religion et l'onomastique," *OLA 2* (Leuven 1975); J. Baines,
"Contexts of Fate. Literature and Practical Religion," in: Chr. Eyre/A. Leahy/
L. Montagno Leahy (Eds.), *The Unbroken Reed*, Studies in the Culture and Heritage
of Ancient Egypt in Honour of A. F. Shore, EES Occ. Publ. 11 (London 1994),
S. 35-52.

[194] I. E. S. Edwards, *Hieratic Papyri in the British Museum*, 4th Series. Oracular
Amuletic Decrees of the Late New Kingdom (London 1960).

[195] Zu Isis in Verbindung mit dem Schicksal s. ausführlich Dousa, in: *Acts
Copenhagen*, S. 175-182.

[196] O. Perdu, *Un appel à Isis* (statue Londres, BM [1162]), CdÉ 74 (1999), S.
231-239, dort S. 233f.

[197] H. S. Smith/J. Tait, *Saqqâra Demotic Papyri I*, TE 7 (London 1983), S. 70-
109, T. 4f.

sichts der erheblichen Probleme mit der Lesung und dem Verständnis des schwierigen und schlecht erhaltenen Textes kann er
leider nicht im eigentlich wünschenswerten Umfang religionsgeschichtlich ausgewertet werden.

§ 56: Dieser Satz hängt mutmaßlich eng mit dem vorangehenden zusammen, auch wenn die Einleitung mit ἐμοῦ als erstem
Wort es plausibel macht, hier einen neuen Paragraphen anzusetzen. Prinzipiell wäre es möglich, hier einfach nochmals das im
vorherigen Satz genannte "Schicksal" š3y anzusetzen. Ich habe es
riskiert, eine abweichende Formulierung, nämlich "die Vorzeichen"
zu wählen, da š3y und šḥn im Demotischen gerne als Paar auftreten; z.B. in sämtlichen Schlußformeln der Lehreinheiten des
pInsinger.[198]

§ 57: Ich habe hier eine der üblicheren Anrede- und Grußfor-
meln des Demotischen gewählt, vgl. etwa Setne I 4, 34. Alternativ
wäre zu erwägen, ob nicht eine Aufforderung zum Jubeln vorliegt,
z.B. ršy sp 2 "freue dich, freue dich!".[199]

Zum Abschluß dieses Versuches muß noch einmal ein Rückblick
fallen. Es mag nicht ohne Risiko scheinen, eine Umsetzung des
griechischen Textes der Aretalogie ins Demotische zu wagen, zumal
bislang kein einziges Fragment dieses von mir postulierten Urtextes
bekannt geworden ist. Manchem mag das hier durchgeführte Unternehmen als Muster ohne Wert erscheinen. Dennoch denke ich,
daß es seine Berechtigung hat, selbst wenn kaum zu erwarten ist,
daß der hier vorgelegte demotische Text einem real existierenden,
so er je gefunden wird, genau entspricht. Schon eine Entsprechung
in wesentlichen strukturellen Erscheinungen würde ausreichen.
Tatsächlich hängen die Ergebnisse weniger an der genauen Wortwahl als daran, ob hier Formulierungen gefunden werden konnten,
die einerseits als idiomatisch plausibles Demotisch erscheinen,
andererseits aber auch als Vorlage akzeptabel sind, von der aus der
erhaltene griechische Text als gelegentlich etwas freiere Übersetzung denkbar wäre. Damit allein wird nämlich das Argument aus

---

[198] Zum Sinn der Lexeme dort s. zuletzt den Vorschlag von H.-J. Thissen, in:
Blasius/Schipper, *Apokalyptik und Ägypten*, S. 133; ders., "Achmim und die demotische Literatur," in: A. egberts/B. P. Muhs/J. van der Vliet (Eds.), *Perspectives on
Panopolis*, Pap. Lgud.-Bat. 31 (Leiden/Boston/Köln 2002), S. 249-260, dort S.
259.
[199] In diese Richtung geht Bergman, *Ich bin Isis*, S. 141f.

den Angeln gehoben, daß man sich für wenigstens Teile des Textes eine ägyptische Vorlage schwer oder gar nicht vorstellen könne.

Ferner wurde im Kommentar zu den einzelnen Aussagen bewußt versucht, gerade Quellen vorzugsweise aus dem demotischen Bereich heranzuziehen, die bislang in der Diskussion wenig oder gar keine Beachtung gefunden haben. Sie lassen bereits in vielen Punkten eine bessere Verankerung der aretalogischen Postulate in der ägyptischen Kultur erkennen. Dabei kann sich die Beleglage, da viele demotische Texte kaum oder gar nicht erschlossen sind, tendenziell noch weiter verbessern. Prinzipiell würde ich davon ausgehen, daß die Expansion der Bedeutung der Isis in den griechischen und den späten ägyptischen (besonders demotischen) Quellen Hand in Hand geht.[200] In jedem Fall dürfte, da es sich bei Isis um eine Göttin ägyptischer Herkunft handelt, Ägypten im Schlußgruß konkret erscheint und etliche Aussagen zweifelsfrei und ausschließlich aus einem ägyptischen Hintergrund zu verstehen sind, die Beweislast inzwischen eher bei denen liegen, die einen ägyptischen Ursprung des Textes abstreiten.

Daß der Standardtext der Aretalogie, wie er in den griechischen Inschriften belegt ist, kaum anderswo als in Ägypten selbst entstanden sein kann, dürfte durch die Forschungen insbesondere von Müller und Bergman bereits hinreichend abgesichert gewesen sein. Die hier zusätzlich nachgewiesenen Punkte sollen noch etwas deutlicher machen, wie der Text in ein spätägyptisches gedankliches Milieu, insbesondere eben gerade in Memphis selbst, sehr gut hineinpaßt und dabei durchaus ursprünglich demotisch abgefaßt gewesen sein kann bzw. zumindest, selbst wenn seine sprachliche Fixierung von vornherein griechisch erfolgte, in seiner Basis ägyptisch gedacht ist. Daß eine griechische Version entweder zusätzlich oder auch als einzige als nötig empfunden wurde, kann angesichts des hohen nichtägyptischen Bevölkerungsanteils in Memphis nicht überraschen.

---

[200] Auf Detailfragen zur Chronologie kann ich hier nicht eingehen, da einerseits für die griechische Isisaretalogie nur ein *terminus ante quem* im 1. Jhd. v. Chr. auszumachen ist, andererseits von den demotischen Quellen die Papyri als Abschriften älterer Archetypen mehr den Zufällen der Erhaltung als der realen Entwicklung folgen, während die Graffiti (insbesondere die besonders wichtigen aus Theben) oft paläographisch nur sehr approximativ zu datieren sind. Angesichts der aus der 1. Hälfte des 2. Jhds. v. Chr. stammenden Ostraka Hor kann man jedenfalls davon ausgehen, daß rechtzeitig zur Zeit der Entstehung der Isisaretalogie in den ägyptischen Quellen Isis sich tatsächlich besonderer Bedeutung erfreute. pSaqqâra 2 rt. dürfte sogar schon aus dem 4. Jhd. v. Chr. stammen.

Es bleibt natürlich noch die Frage, welchem Zweck die Inschrift ursprünglich diente. Hierzu hat sich bislang Bergman am ausführlichsten geäußert. Er versucht, in den Aussagen Hinweise speziell auf Krönungszeremonien zu finden. Folgerichtig möchte er im Text den Widerhall des Krönungsdramas erkennen, bei dem entweder ein Priester oder die Königsmutter in der Rolle der Isis agiert habe.[201] Kritisch sollte man dazu bemerken, daß viele der aretalogischen Aussagen keinerlei spezifische Verbindungen zum Königtum und der Krönung haben. Es erscheint schwer vorstellbar, daß eine derart lange Selbstvorstellung der Isis im Krönungszeremoniell[202] erfolgte, wenn ihr Inhalt auf weite Strecken ohne konkreten Situationsbezug blieb.[203] Die erhaltenen Niederschriften in Isisheiligtümern außerhalb Ägyptens zeigen auf jeden Fall eine andere Lesart an, bei der das ägyptische Königtum keine Rolle spielt.

Mir scheint eine derartige Rede der Isis am besten im Rahmen einer göttlichen Epiphanie bzw. ihres rituellen Nachspiels denkbar. Auch bei Apuleius, Metamorphosen 11, 5 spricht Isis ja ihre ausführliche Selbstvorstellung in der Situation, als sie Lucius im Traum erscheint.[204] Als Vergleich, gerade für die Selbstidentifikation einer sprechenden Priesterin als Isis, kann man die Klagegesänge der Isis und Nephthys anführen, zu deren Aufführung bei Festen zwei Frauen geholt werden, die auf ihren Armen als "Isis" und "Nephthys" markiert werden (pBremner-Rhind 1, 4). In den konkreten Rufen fallen dann auch Sätze wie "Ich bin die Tochter des Geb" (pBremner-Rhind 13, 2) oder "Ich bin deine Gattin" (pBremner-Rhind 14, 2), die sich recht eng mit § 5 u. 6 der hier behandelten Isis-Aretalogie berühren.

Plausibelster Anlaß, die konkret in den griechischen Inschriften erhaltene Aretalogie vorzutragen, wäre also wohl ein Fest,[205] bei

---

[201] Bergman, *Ich bin Isis*, S. 224-240. Skeptisch zur Rolle der Isis in den Krönungsritualen ist J. G. Griffiths, *JEA 56* (1970), S. 230f. im Rahmen seiner Rezension zu Bergmans Werk.

[202] Die Mitwirkung der Isis bzw. einer sie repräsentierenden Person im Krönungsritual wird immerhin durch einige unpublizierte hieratische Texte mit Reinigungsriten mutmaßlich im Umkreis der Krönung plausibilisiert, in denen der König u.a. in der Rolle des Horus seine Mutter Isis um Beistand anruft, s. Quack, in: Assmann/Bommas (Hrsg.), *Ägyptische Mysterien*, S. 99.

[203] Gerade die von Bergman, *Ich bin Isis*, S. 227f. zitierte Inschrift aus Esna ist einerseits viel kürzer, andererseits viel direkter auf das Königtum bezogen.

[204] J. G. Griffiths, *Apuleius of Madauros, The Isis-Book* (Metamorphoses, Book 11), EPRO 39 (Leiden 1975), S. 75-77 u. 137-158.

[205] Bereits Dunand, *Culte d'Isis, I*, S. 211f. geht dahin, bei Festhymnen aretalogische Elemente anzunehmen.

dem Isis prominent erscheint, und derartige Feste sind in der Tat belegt,[206] wobei die wohl bedeutendsten die Iseia vom 17.-20. Hathyr sind.[207] Daneben sind z.B. das Hochzeitsfest der Isis in Soknopaiou Nesos, das vom 9. Choiak an 9 Tage lang gefeiert wurde,[208] oder das Geburtsfest der Isis am 26. Epiphi[209] besonders aufwendig gewesen. Man kann sich vorstellen, daß im Zweifelsfall je nach dem lokal angewandten Kultkalender der Aretalogietext auch zu unterschiedlichen Anlässen rezitiert werden konnte.

---

[206] F. Perpillou-Thomas, *Fêtes d'Égypte ptolémaïque et romaine d'après la documentation papyrologique grecque*, Studia hellenistica 31 (Louvain 1993), S. 94-100.

[207] In den römischen Kalender wurde wohl speziell dieses Fest mit einem Datum im Ende Oktober bis Anfang November aufgenommen, s. M. Malaise, *Les conditions de pénétration et de diffusion des cultes égyptiens en Italie*, EPRO 22 (Leiden 1972), S. 221-228. S. auch G. Aujac, Géminos, *Introduction aux phénomènes* (Paris 1975), S. XIX-XXI, 51 u. 140f., dessen Versuch, das einen Monat von der Wintersonnenwende entfernte Isisfest, das Geminos erwähnt, als ägyptisches Neujahrsfest aufzufassen, allerdings wenig plausibel ist, da dieses niemals ein Fest exklusiv oder in erster Linie für Isis war.

[208] Jördens, *P. Louvre* 1, S. 39.

[209] Jördens, *P. Louvre* 1, S. 43.

NAMEN IN EINER HEILIGEN STADT

Dietrich Raue

Im Verlauf jeglicher Dissertations- oder anderer Forschungsprojekte stößt man auf Einzelaspekte, die aufgrund allgegenwärtiger Zeitnot nicht ausgearbeitet werden können, die aber dennoch "im Hinterkopf" bleiben. Entstehen Arbeiten in einem Institut, in dem man durch Jan Assmann, Kommilitonen und weitere Lehrende quasi pausenlos Anregungen erhält, bleiben viele Restprojekte für kommende Jahre.

Einer dieser Gedanken war, die Auswirkung von religionsgeschichtlichen und politischen Entwicklungen im 2. Jtsd. v. Chr. auf ihre Breitenwirkung hin quantitativ zu erfassen und zwar zu einem bestimmten Zeitpunkt im Leben eines Menschen: Bei der Vergabe des Personennamens.

Prinzipiell handelt es sich um einen sehr persönlichen Moment, in dem zwar kulturelle Tabus Grenzen setzen, innerhalb derer aber die Entscheidung wohl im kleinen Kreise, im Zweifelsfalle nur durch die Eltern, entschieden wird.[1] Zu diesen kulturellen Vorgaben gehören natürlich zutreffende, aber unerwünschte Aussagen (z.B. "Schwach ist Re am Abend"). Weiterhin gehören zu den Vorgaben die generell passiv vorgesehene Rolle der Frau, die sich auch in der Namensgebung widerspiegelt. Sie läßt sich in zahlreichen Nuancen greifen und es wird letzten Endes hierauf auch zurückzuführen sein, dass innerhalb dieses Systems basilophore Namen weitestgehend nicht zulässig waren: Eine Frau des Neuen Reiches konnte offenbar nicht "Ramses-ist-im-Fest" heißen.

Als weitere Einschränkungen einer solchen Betrachtungsweise sind vor allem zwei Aspekte vorab zu erwähnen: Vereinzelte Beispiele belegen, dass Namen auch während des Lebens neu zugelegt werden konnten. Bekannt ist dies im Fall der ramessidenzeitlichen Butler. Viele von ihnen waren Ausländer, die dann im persönlichen Dienst

---

[1] Vgl. zu Beiträgen über die Vornamensforschung auch die Zusammenfassung bei M. Wolffsohn / Th. Steinbrecher, *Die Deutschen und ihre Vornamen*, (München/ Zürich 1999), 20 ff.

beim König einen basilophoren Namen wie "Ramses-ist-siegreich" annahmen.[2]

Zum anderen ist dies die Praxis der Namensverkürzungen.[3] Auf zahlreichen Denkmälern erscheinen Namen wie Hatiai, Hui oder Zati, hinter denen sich die Vollnamen *"GottNN-emhat, GottNN-hotep"* oder der Frauenname *"Zat-Ra"* verbergen. Für Grabdenkmäler, die sich an Angehörige richten, hat dies die Wiedererkennbarkeit nicht behindert. Aber es ist bezeichnend, dass der Anteil dieser Namen bei einem administrativen Dokument, wie im unten ausführlicher behandelten Papyrus Wilbour aus der mittleren 20. Dynastie noch gezeigt wird, möglichst gering gehalten werden sollte.

Sicherlich ließe die derzeitige Quellenlage schon eine detailliertere Untersuchung zu, doch konnte dies in der vorliegenden Studie nicht geleistet werden. Die im folgenden vorgetragenen Gedanken entbehren damit jenes Hintergrundes, wie ihn z.B. die Studie von M. Wolfssohn/Th. Brechenmacher auswertete und damit zu so verblüffenden Erkenntnissen kam.[4] Und um so mehr müssen die Einschränkungen gelten, die die beiden Autoren für ihr Vorgehen schon aufstellten: In vordemoskopischen Zeiten können derartige Betrachtungen lediglich eine gesellschaftliche Orientierung widerspiegeln, nicht etwa Detailinformationen im Sinne eines politischen Bekenntnisses. Auch die Zeitspannen, die hier gewählt wurden, könnten bei einer Fortsetzung dieses Ansatzes vor einer größeren Datenmenge noch kleiner gefaßt werden. Und schließlich könnte vor einem größeren quantitativen Hintergrund auch eine sozialstratigraphische Differenzierung der Fragestellungen weitergehende Aufschlüsse erzielen.[5]

Im vorliegenden Beitrag sollen hingegen nur bestimmte Phänomene, die bei der Beschäftigung mit Heliopolis auffielen, in einen

---

[2] J. Malek, "The Royal Butler Hori at Northern Saqqara" *JEA* 74, 1988, 136.

[3] Grundsätzlich hierzu Ranke, *P.N* II, 95 ff. Siehe auch M.H.T. Lopes, "Les Noms Propres au Nouvel Empire", Chr. Eyre (Ed.), *Seventh International Congress of Egyptologists*, OLA 82, (Leuven 1998), 703-711.

[4] Wolffsohn / Steinbrecher, *Vornamen.* Vgl. z.B. die Ausführungen zu dem Namen Otto während des 19. Jhds. (ibd. 110 ff.) oder zu den Vergabemustern bei unehelichen Kindern, ibd. 156 ff

[5] Die Klassifizierungen der Namen sind hier deswegen auch bewußt grob gefasst. Für eine kleinteiligere Differenzierung wäre zudem eine Einzeldiskussion vonnöten, die sich z.B. ausführlich mit dem Umstand beschäftigen müßte, daß Namen oft und sicher mehr als zufällig verschiedene Bezüge (König/Gott/Beamtenelite: vgl. z.B. Paneb; König/Militärangehöriger u.a.: Kenherchepeschef) ermöglichten.

größeren Rahmen gestellt werden und zwar anhand von drei Haupt-
datensätzen aus Heliopolis, Memphis und Mittelägypten.[6] Die hier
herangezogenen Quellen entstammen mehrheitlich aus der späteren 18. Dynastie und der Ramessidenzeit.[7]

Basilophore Namen—Heliopolis und das Königtum

Heliopolis kennt aus der 18. Dynastie mehrere Beispiele für Personen-
namen, die einen Königsnamen beinhalten: Einen Bediensteten
Nebpehtira (=Ahmose), einen Angehörigen des Lebenshauses namens
Aacheperkaraseneb (=Thutmosis I.), den Bürgermeister *Mencheper* (wohl
Thutmosis IV.), und *Khaemmaat*, einen Bediensteten des Tempels aus
der Zeit Amenophis'III.[8]
Der kleine Ausschnitt fügt sich problemlos in das bestehende Bild
Gesamtägyptens: Bestimmte, besonders charismatische oder erfolg-
reiche Herrscherpersönlichkeiten führen zu loyalitätsbezeugenden

---

[6] Heliopolis: D. Raue, "Heliopolis und das Haus des Re", *ADAIK 16*, (Berlin
1999). Angehörige der Re-Domäne außerhalb der Stadt und eindeutig anderen
Orten zuzuschreibende Personen wurden hierbei nicht berücksichtigt.
Memphis: Die Arbeit an Heliopolis parallel begleitend, wurde eine prosopographische Datensammlung zu Memphis/Saqqara angelegt. Diese umfasst bei
weitem nicht das gesamte zugängliche Material. Sie stellt im eigentlichen Sinne
eine objektive, nach dem Zufallsprinzip entstandene Strichprobe dar, die sich bei
der Durchsicht neuerscheinender Literatur ergab. Sie beinhaltet Angaben zu 751
männlichen und 255 weiblichen Personen.
Mittelägypten: Grundlage hierfür sind die Personennamen aus Mittelägypten
und dem Fayum, die im Papyrus Wilbour zur Zeit Ramses'V. belegt sind: R.
Faulkner, *The Wilbour Papyrus IV – Index*, (Oxford 1952), 1-34. Zweifelhafte Fälle,
in denen die mehrfache Nennung einer Person nicht ausgeschlossen werden konnte,
wurden nicht berücksichtigt, womit ein Datensatz von 1186 männlichen und 132
weiblichen Personen entstand.
Theben: Hier wurden die Personenkataloge der Arbeiten zu 584 männlichen
Angehörigen der Amunsdomäne der 18. Dynastie (S. Eichler, "Die Verwaltung
des "Hauses des Amun in der 18. Dynastie", *SAK Beihefte* 7, (Hamburg 2000), 236-
330) sowie zu 298 Personen aus der Verwaltung der thebanischen Millionenjahr-
häuser (B.J.J. Haring, "Divine Households – Administrative and Economic Aspects
of the NK Royal Memorial Temples in Western Thebes" *Egyptologische Uitgaven*
XII, (Leiden 1997, 419-459) herangezogen.
[7] Von daher kann z.B. auch bestimmten Erscheinungen, wie den "Mond-Namen"
(Ahmose, Kamose, Thutmosis) kein größerer Platz eingeräumt werden, da hierfür
natürlich eine ausführliche Datensammlung zur späten 17. und frühen 18. Dyn.
aus Oberägypten die Grundlage bilden müßte
[8] Auch der Name Useretkau wird in der Zeit um Thutmosis'I.—Thutmosis III.
kaum ohne einen Bezug zu Hatschepsut vergeben worden sein, siehe Raue, *Heliopolis*, 268.

Namensgebungen in der Verwaltungselite des Landes: Thutmosis I. und III. als Gründer einer Expansionspolitik von zuvor unbekanntem Erfolg, Amenophis III. als Herrscher, in dessen langer Regierung die Früchte dieses Erfolges erstmals wohl breitere Schichten innerhalb der Elite erreichen. Eine Folge hiervon ist in den vergangenen Jahren deutlich herausgearbeitet worden: Auch Beamte in Unterägypten besitzen nun mehr und mehr die finanziellen Möglichkeiten für aufwendigere Bestattungen in Saqqara.[9]

Dennoch sollte die Gelegenheit genutzt werden, auf weitere Teilphänomene der basilophoren Namensgebung hinzuweisen: Alle diese Loyalitätsbezeugungen sind innerhalb der betreffenden Regierungszeit anzusiedeln, eine bewußte Rückerrinnerung scheint es in der 18. Dynastie in der Regel nicht gegeben zu haben bzw. wurde wohl eher als unpassend und möglicherweise Unwillen erregend empfunden. Hiervon ausgenommen waren offensichtlich Fälle, die mehrere Deutungsmöglichkeiten eröffneten, wie z.b. Personennamen mit Erscheinungsformen des Mondes, die sich mit den Dynastienamen Ahmose und Thutmosis deckten. In Heliopolis kann ein weiter Fall mit dem Bediensteten Nebpehtire, der also den Thronnamen Ahmoses als Eigenname führte, aus der Zeit Thutmosis'IV. aufgeführt werden: in diesem untersten, steinerne Denkmäler hinterlassenden sozialen Stratum stellte offenbar die unzweideutige Benennung nach einem König vergangener Tage kein Problem dar.

Weiterhin bestätigt Heliopolis den gesamtägyptischen Befund, dass einige Herrscher, zugegebenermaßen solche mit kürzeren Regierungszeiten, nicht Objekt dieser Namensvergabe werden: Insbesondere die Zeit Amenophis II. fällt hier ins Auge, da gerade aus dieser Zeit aus Theben eine ausreichende Datenmenge vorliegt. Dennoch: Extrem selten findet man einen *Aacheperureseneb*,[10] Namen wie *Amenophisseneb* oder *Thutmosisanch* fehlen. Für seinen Nachfolger, Thutmosis IV., können immerhin noch die zahlreicheren *Menchepers* in Anspruch genommen werden, so auch der Bürgermeister von Heliopolis, der

---

[9] B. Gessler-Löhr, "Bemerkungen zur Nekropole des Neuen Reiches von Saqqara vor der Amarna-Zeit – II. Gräber der Bürgermeister von Memphis", OMRO 77, 1997, 31-71 mit Verweis auf weitere Beiträge zu diesem Thema.

[10] Mit hiervon abweichenden, für mich (z.B. bezüglich Anenophis II., Sethnacht u.a.) nicht nachvollziehbaren Einschätzungen, siehe M. Lopes, "Les Noms Propres au Nouvel Empire",: Chr. Eyre (Ed.), *Seventh International Congress of Egyptologists*, OLA 82,(Leuven 1998), 706.

möglicherweise den Thronnamen dieses Königs aufnimmt. Doch auch hier fällt auf, dass eine "anonymere" Kurzfassung vorliegt: Kein Beamter der Zeit heißt *Mencheperuraseneb*, und auch der Name Thutmosis wird zumindest in keinem auffallenden Maße vergeben. Es liegen keine Indizien vor, dass sich hier ein Grad der Unzufriedenheit mit dem Herrscher ablesen ließe—auch wenn dies natürlich nicht auszuschließen ist.[11] Wahrscheinlicher ist eher ein Verhaltensmuster, welches Wolfsohn/Steinbrecher für die bayerischen Verhältnisse im Bürgertum zu Beginn des 19. Jhds. aufzeigten: Die Benennung nach dem Herrscher hat rückläufige Tendenz, wenn ein gewisser Sättigungsgrad erreicht ist, d.h. bestimmte Interessensgruppen bereits ihre Ziele erreicht haben.[12] Der von Amenophis III. zelebrierte Prunk hingegen hat möglicherweise weiteren Schichten, in Heliopolis z.B. den einfacheren Tempelbediensteten, neue materielle Möglichkeiten eröffnet, vergleichbar mit den Feldzügen Thutmosis'I. und Thutmosis'III., oder noch deutlicher unter Ahmose zu Beginn der 18. Dynastie. In diesem Kreis ist denn auch in Heliopolis der Name *Khaemmaat*, identisch mit einem Horusnamen Amenophis'III., bezeugt.

Zu den Phänomenen, die mit der Nachamarnazeit verbunden werden können, gehört das Fehlen von Königsnamen in der Namensgebung der Beamten: Heliopolis kennt bis in die Zeit Ramses'II. keine basilophoren Namen. Immerhin 6 Könige wurden von zeitgenössischen Eltern von dieser Möglichkeit nicht berücksichtigt. Auch hierin stimmt der heliopolitanische mit dem gesamtägyptischen Befund überein.

Die tiefgreifende Verunsicherung der ägyptischen Gesellschaft durch das "Amarna-Experiment", die sich schon früh wohl auch in dem Fehlen basilophorer Namen unter Echnaton äußert und seinem Scheitern, hinterläßt hier deutliche Spuren: der zunächst schleichende, schließlich aber offenkundige Griff nach der Macht durch die Militärführer, die zunächst noch mit Zwischenlösungen wie der Inthronisation Tutenchamuns operierten, scheint ein Klima hergestellt zu haben, in dem Eltern ihre Kinder nicht durch eine bestimmte Fixierung auf einen potentiell schnell wieder abgesetzten, dynastisch fragwürdig legitimierten Herrscher belasten wollten.[13] Augenscheinlich

---

[11] Vgl. z.B. W. Helck, "Das Grab Nr. 55 im Königsgräbertal" *SDAIK* 29, (Mainz 2001), 2 mit Anm. 3.

[12] Wolffsohn / Steinbrecher, *Vornamen*, 166 ff.

[13] Psychologisch mag hier auch eine Herrschaftsernüchterung eine Rolle spielen. So wurden beispielsweise in Deutschland die Namen der regierenden Politi-

führten auch gemeinhin als erfolgreich angesehene Herrschaftszeiten
wie die des Haremhab noch nicht zur Rückkehr der Praxis der basilophoren Namensgebung. Haremhab erscheint in der memphitischen
Stichprobe lediglich in einer, mindestens zwei Generationen jüngeren Quelle.[14]

Noch überraschender ist, dass der militärisch wie politisch erfolg-
reiche und damit prädestinierte Kandidat für basilophore Namen,
Sethos I. mit seinem Thronnamen Menmaatre weder in Heliopolis,
noch andernorts in Ägypten einen auffallenden kontemporären Eingang in die Namensgebung fand.[15] Der Name Sethi ist gleichfalls
zuvor schon belegt, und die Regierungszeit des namensgleichen Königs
führt keinen Anstieg in der Dokumentation herbei.

Wie auf vielen anderen Ebenen ist erst von der langen Regierungszeit Ramses'II. an wieder ein Herrschaftsvertrauen auf breiter Basis
durch zahlreiche Belege für basilophore Namen zu finden, so auch
in Heliopolis.

Wenn hiermit wohl in erster Linie tagespolitische Tendenzen erfaßt
werden, so läßt ein größerer Rahmen die Sonderstellung von Heliopolis unter den Städten Ägyptens deutlich werden: So klein die heliopolitanische Stichprobe auch ist, so auffallend sind die 9,4% explizit
basilophoren Namen in der Stadt während des Neuen Reiches.
Die memphitische Stichprobe hingegen weist in derselben Gruppe
lediglich 2,8% auf.[16] In beiden Datengruppen ist die Voramarnazeit
wie auch die 20. Dynastie schwächer vertreten. Dennoch zeigt ein
Blick auf das Mittelägypten der Zeit Ramses'V., dass sich die Tendenz bestätigt: Dort führen lediglich 1,7% der Männer Namen des

---

ker nach 1945 nur noch ausnahmsweise vergeben. Konrad und Helmut wurden
weder während noch nach der Amtszeit gleichnamiger Kanzler beliebtere Vornamen, Wolffsohn / Steinbrecher, *Vornamen*, 264.

[14] Es handelt sich um den Sohn eines Totenpriesters im memphitischen Beamtengrab des späteren Königs mit dem Namen Haremhabemnetjer, s. G.T. Martin,
"Tomb of Horemheb I", *EEF* 55, (London 1989), 57. Der Name ist eindeutig durch
die Tätigkeit des Vaters als Ritualist des "zu Gott gewordenen Haremhab" während der 19. Dyn. zu erklären.

[15] Die wenigen Ausnahmen entstammen der 20. Dynastie, in der aber zudem
auch Ramses XI den Bestandteil "Menmaatre-" im Thronnamen führt, vgl. Ranke, *PN* I, 150.

[16] Nimmt man im weiteren Sinne dynastische Namen, die jedoch meistens auch
der gängigen Namensvergabe entsprechen, hinzu, so verändert sich das Bild nur
unwesentlich: Heliopolis 12,5% vs. Memphis 5,7%. In vielen Fällen kann der
dynastische Bezug allerdings nur als mittelbar eingestuft werden. So ist in der späteren
18. Dynastie weiterhin die Tendenz zur Namensvergabe mit Bezug auf den Mond
und seine Erscheinungsformen (Thutmosis, Kamose, Ahmose) zu beobachten.

Schemas KönigNN-ist-siegreich/-im-Fest/—u.a. Und auch in einem Datensatz der 18. Dynastie, wie in der Verwaltung des Amuntempels von Karnak, liegt der Anteil fast mit Memphis identisch bei 2,7%. Selbst wenn man in den Bereich der königlichen Totentempel geht, in welchem man zahlreiche Belege erwarten könnte, erreicht man zwar einen deutlichen Anstieg auf 5,6%, der jedoch in der Ramessidenzeit auch schon wieder auf 3,8% absinkt.

Dem kann sofort entgegengehalten werden, die Stichproben seien viel zu klein. Dies ist grundsätzlich sicher richtig, aber: Um denselben Anteil wie im memphitischen Material zu erreichen, müßten immerhin auf neu zu findenden Denkmälern 375 Heliopolitaner belegt werden, unter denen sich kein Ramsesnacht o.ä. befinden darf. Oder man müßte eine Zusatzakte zum Papyrus Wilbour finden, in der 91 Personen ausschließlich explizit-basilophore Namen tragen, um den heliopolitanischen Anteil zu erreichen.

Es kann angesichts dieser Zahlen kaum ein Zweifel daran bestehen, dass sich die Sonderstellung der Stadt Heliopolis bis in die Namensgebung hinein niederschlug: Der primäre Ort der Namensvergabe an den König am Isched-Baum von Heliopolis, die ununterbrochene Präsenz durch Bauten am Platz der Schöpfung des Gottkönigs Atum mit seinem Stellvertreter Horus/König in der 5. Generation und der auffallenden Häufung von Belegen der königlichen Familie in der Stadt[17] sind die Rahmenbedingungen, in der es zu dieser Häufung explizit-basilophorer Namen kam.

Hierfür ist dann auch weniger erheblich, ob es sich um Geburtsnamen oder im Dienst später angenommene Zweitnamen handelt. Wenn beispielsweise in der Ramessidenzeit derartige Namen häufig bei Butlern und anderen zu Ehren gelangten Ausländern mit unmittelbarem Königsbezug erscheinen, so ist es in diesem Fall deren Präsenz, die weit über dem üblichen Anteil liegt.

Theophore Namen und das Stadtgottprinzip Ägyptens

Kennzeichnend für die ägyptische Religion sind parallel existierende Konzepte. Am deutlichsten wird dies auf verhältnismäßig engem Raum in 35 km Distanz mit den Metropolen Heliopolis und Memphis und ihren divergierenden Schöpfungslehren. Die Ausschließlichkeit eines Gottesbegriff ist Ägypten fremd, der einzige Versuch

---

[17] Raue, *Heliopolis*, 49 ff.

dieser Art in der Amarnazeit war nicht konsequent genug zu Ende
gedacht, setzte sich über zu viele vorhandene Grundbedürfnisse an
Religion hinweg[18] und scheiterte schließlich.

Sehr wohl aber gibt es die Vorstellung einer Vorrangstellung, die
sich lokal in Gestalt des Prinzips eines Stadtgottes und überregional
mit der Vorstellung eines Primats verbinden läßt: Dies ist der Namensgebung im Alten Reich noch weitgehend fremd, die Götter
sind zufrieden/ruhend (*NN-hotep*), ihre wesentlichen Handlungen wie
z.B. der Sonnenaufgang werden beschrieben (*NN-khaef*) oder Wesens-
züge wie die Vollkommenheit des Antlitzes werden formuliert (*Nefer-
heren-NN*).

Dies ändert sich an der Wende zum 2. Jahrtausend vor Chr. und
wird im Mittleren Reich vor allem im thebanischen Raum mit primat-
beanspruchenden Namen überdeutlich: *Amun-ist-an-der-Spitze* =
Amenemhat, *Amun-ist-Groß/Bedeutend* (d.h. der Größte/Bedeutendste)
= *Amunaa*. Im Neuen Reich setzen sich all diese Tendenzen fort, begleitet durch die nun äußerst verstärkt hervortretende Bedeutung der
Götter im Fest (*NN-m-heb*) oder in festbegleitenden Situationen (*NN-
m-wia* "in der Barke") und Lokalitäten (*NN-m-inet* "im Tal (=Talfest)").

Wie wirkt sich nun die in den Texten allgegenwärtige Vorstellung eines Stadtgottes bei der Entscheidung über einen Namen aus?
Seine explizite Nennung[19] ist überraschenderweise quantifizierbar
und liegt bei etwas über 10% der Namen: In der Gruppe uns bekannter Heliopolitaner erreicht der Anteil von Re und Atum in den
Personennamen bei Männern zusammen 11,2%, bei Frauen 8,7%.

Dass trotz des kleinen Umfangs des heliopolitanischen Materials
schon ein annähernd stabiler Wert erreicht ist, zeigt der Vergleich
mit Memphis: In der Nekropole am Rand der Stadt des Ptah, nahe
der Wüste des Sokar erhielten in der Stichprobe des Neuen Reiches
10,9% der männlichen Bevölkerung Namen mit diesen beiden
Göttern. Hierbei ist in Rechnung zu stellen, dass die Nekropole von
Saqqara neben der Palast-, Militär- und Tempeladministration aus
Memphis auch der Bestattungsplatz für die Residenzelite der Ramessidenzeit aus Piramesse, vor allem während der Regierungszeit Ramses'II., gewesen ist. Der Anteil der beiden Gottheiten in den Perso-

---

[18] J. Assmann, "Exodus und Amarna—Der Mythos der "Aussätzigen" als
verdrängte Erinnerung der Aton-Religion", E. Staehelin / B. Jaeger (HRSG.), *Ägypten-
Bilder*, OBO 150, (Friburg/Göttingen 1997), 27 ff.
[19] Zu dem Problem der Namensverkürzungen siehe oben.

nennamen dürfte also unter der memphitischen Stadtbevölkerung etwas höher anzusetzen sein.

Unter den Namen mit einem expliziten Bezug zur Stadtgottheit (*Atumhotep, Ramose, Merira*, etc.) fällt weiterhin auf, dass die Festeinbindung des Re in Heliopolis von marginaler Bedeutung für die Namensgebung ist. Es kann lediglich vermutet werden, dass gerade in Heliopolis die als allgegenwärtig empfundene Natur des Sonnengottes hierfür verantwortlich ist, denn andernorts sind Namen wie *Paraemhab* oder *Raemwia* gut bezeugt.

Selten wird in der Stadt dem Primat der Stadtgottheit Rechnung getragen. Die wenigen Beispiele aber, "Re ist an der Spitze" und "Herr ist Re", gehören wohl nicht zufällig in die Zeit der "Neuen Sonnentheologie" bzw. der Auseinandersetzung mit dem Gegenmodell des Echnaton: Nur in der Regierungszeit Amenophis' II und während der Amarnazeit wurden in den zur Verfügung stehenden Quellen Namen wie *Hatra* und *Nebra* vergeben.

Ganz anders stellt sich die Situation in Theben und Memphis dar: Ein Name, der das Primat des Gottes herausstellt wie *"Amunemhat"* wird alleine schon von 5% der Domänenangehörigen der 18. Dynastie in Theben getragen, während der 18. Dynastie trägt jeder vierte Angehörige der Tempelverwaltung des Amun "seinen Gott" direkt im Eigennamen. Seine Erscheinung im Fest nimmt breiten Raum in der Prosopographie ein (*Amunemusekhet, Amunemhab, Amuneminet*), sein siegreicher Charakter wird vielerorts herausgestellt (*Qenamun, Amunnacht,*...). Alle drei Kategorien sind in Heliopolis Randerscheinungen.

In Memphis liegt der Fall graduell anders: Die Festerscheinung des Gottes (*Ptahemhab, Ptahemwia*), ist schon unter Amenophis III. belegt.[20] Einer Primat-Vorstellung wird hingegen erst in der Ausnahmesituation der unmittelbaren Nachamarnazeit Ausdruck verliehen, als in Memphis der Name *"Ptahemhat"* auftritt und zwar im Namen des memphitischen Hohepriesters des Ptah.[21]

Eingangs war von Tabus die Rede gewesen, von Namen, die "man" nicht regelhaft vergab. So war es schlichtweg unüblich, in Memphis

---

[20] Ptahemhab, Zt. Amenophis' III.: M. Jorgensen, *Egypt II – Catalogue Ny Carlsberg Glyptothek*, (Kopenhagen 1998), 118f. No. 39, Stele AEIN 134 ; Ptahemuia, sp. 18. Dyn.: Chr. M. Zivie, "À propos de quelques reliefs du nouvel empire", *BIFAO* 76, 1976, 20 .

[21] *PM* III², 711 f.

wie in Gesamtägypten den Gott Tatenen einem Kind in den Namen zu geben, dies bleibt auf Titulaturteile des Königs, besonders
während der Ramessidenzeit, beschränkt. Das Gleiche gilt für Chepri,
der in keinem Namen der Datengruppen auftaucht.

Diese Scheu scheint aber etwas unerwartet auch gegenüber dem
Schöpfungsgott Atum bestanden zu haben: In der memphitischen
Stichprobe erscheint er überhaupt nicht, im spätramessidischen
Mittelägypten des Papyrus Wilbour lediglich einmal, kein Beamter
des Amuntempels von Karnak trägt ihn während der 18. Dynastie
im Namen, und auch in der Millionenjahrhausverwaltung des Neuen
Reiches taucht er nicht auf.[22] Sicherlich, es gibt insgesamt betrachtet einige Personen während des Neuen Reiches, die Meriatum oder
ähnlich heißen, aber von einer regelhaften Vergabe kann keine Rede
sein, lediglich im Königshaus ist er häufiger anzutreffen.[23] Sogar in
Heliopolis beschränkt sich der Name in der Ramessidenzeit mit zwei
Gottesväter-Priestern der Re-Domäne auf die höhere Priesterschaft.
Allerdings ist festzuhalten, dass der Beleg der 18. Dynastie sozial-
stratigraphisch sehr viel niedriger, nämlich in der Handwerkerschaft
der Re-Domäne in der Zeit Thutmosis'III./Amenophis'II. anzusiedeln ist.

Eine weitere Eingrenzung bezüglich des Erscheinens männlicher
Stadtgötter in den Personennamen wird beim Blick auf die Namen
der Frauen des Neuen Reiches offenkundig: Bislang liegt kein weib-
licher Personenname mit Atum aus Heliopolis vor. Wenn man angesichts des Namensteils Atum noch Zweifel haben könnte, so zeigt
ein Blick nach Memphis und Mittelägypten, dass sich hier ein syste-
mischer Kern verbirgt: In der Stadt des Ptah erhalten nur 3,1% der
Frauen dessen Namen.

Der Stadtgottvorrang erscheint also vornehmlich bei Männernamen.[24] Die quantitative Lücke bei den Namen der Frauen, bei
denen ja zudem auch noch der Anteil explizit-königsbezogener Namen

---

[22] Zu den wenigen Belegen, vgl. RANKE, *PN* I, 421.19 und unten, Anm. 39.

[23] Zaatum, siehe A. Dodson, "Crown Prince Djhutmose and the Royal Sons
of the Eighteenth Dynasty", *JEA* 76, 1990, 95; in Heliopolis: Meriatum, Sohn Ramses'II. und Hohepriester des Sonnengottes; Ramses-Meriatum, Sohn Ramses'III.
und Hohepriester des Sonnengottes.

[24] Zu Fällen eines unterschiedlichen Aussagemusters bei Männer- und Frauennamen vgl. z.B. Wolfsohn/Steinbrecher, *Vornamen*, 145: dort kann eine größere
Innovationsfreudigkeit bei der Vergabe von Frauennamen festgestellt werden,
während die Namen der "Stammhalter" sich deutlich stärker an den Traditionen
anlehnen.

entfällt (siehe oben), wird durch Hathor, Isis und Mut aufgefüllt. Sie prägen in Heliopolis mit 22% der Personennamen das Bild, die explizit heliopolitanische Hathor-Nebethetepet ist mit 8,7% vertreten und kommt damit dem "Stadtgottanteil" sehr nahe. Andernorts scheint das Schwergewicht bei der Göttin Mut zu liegen: Ihr Anteil beträgt in Heliopolis 4,3%, dagegen erreicht sie bei den Frauen in Memphis mit 10,2% und in Mittelägypten mit 9,8% als einzige den "Stadtgottanteil".

Insgesamt erscheint die eigentliche Stadtgottheit, der Sonnengott, mit 11% deutlich im Befund. In Heliopolis hieß damit in etwa jede 9.-10. Person Meritra, Ramose, Parahotep o.ä., in Memphis unggefähr jede 11. Person Ptahemhat, Ptahmose oder vergleichbar. Andererseits zeigen diese Zahlen, wie unzuverlässig Personennamen bei der Zuweisung eines Denkmals zu einer bestimmten Region oder gar Stadt sind.[25]

Und die verbleibenden 80-90%? Die Hauptgruppe stellt dort die Kategorie "Ohne expliziten Gottesbezug", der sich in Heliopolis, Memphis und Mittelägypten gleichfalls in einem vergleichbaren Rahmen bewegt: Die Werte liegen zwischen 35–48%, innerhalb der thebanischen Datensätze, die ausschließlich innerhalb von Tempelinstitutionen aufgenommen wurden, bei 31-35%. Vor dem Hintergrund einer vollständigen Datenerhebung könnten hieraus gleichfalls weitergehende Schlüsse gezogen werden, denn neben weiteren Gottheiten (siehe unten) thematisiert ein hoher Anteil dieser Namen das Königtum (z.B. Panebenkemet "Herr von Ägypten") oder den persönlichen Bezug des Namensträgers zum Herrscher und seinen Erwartungen an ihn, z.B. den Herrscher als Retter (Paheqaemnekhu).

Tempel, Stadt und das Land

Innerhalb der Namensgebung des Neuen Reiches läßt sich in Erweiterung der klassischen Reichsgottheiten Amun, Re und Ptah ein Kernbereich an Gottheiten feststellen, die für eine explizite Erwähnung im Namen in Frage kamen. Ihr Anteil unter den Privatnamen

---

[25] So ist die Vorstellung, daß man in der Kaiserzeit als Mann hauptsächlich Wilhelm oder Friedrich, in Bayern Ludwig oder Maximilian hieß, unzutreffend. In den ersten 10 Jahren des 20. Jahrhunderts lag der Anteil all dieser Namen in München beispielsweise bei 7%, 1889 wurden 9% der männlichen Berliner Kinder auf den Namen Wilhelm/Willi getauft, siehe Wolfsohn/Steinbrecher, Vornamen, 189, 207 Abb.26.

liegt bei etwa 15-25% (Heliopolis: 14,6%; Memphis: 17,3%; Mittelägypten: 23,6%).

Unter den Männern umfaßt diese Gruppe in Heliopolis 10, im
Karnak-Tempel der 18. Dynastie 15, in den Millionenjahrhäusern
der 18. Dynastie wie auch der Ramessidenzeit 12 Gottheiten. Anders
dagegen liegt der Fall in der Großstadt Memphis, in deren Friedhof
auch die Residenzelite von Piramesse erscheint: Hier kann eine eher
"kosmopolitischere Streuung" von 23 Götternamen belegt werden.
Eine ähnliche Bandbreite liegt, wohl aufgrund des großen topographischen Rahmens mit einer Vielzahl von Lokalkulten, auch in den
Angaben des Papyrus Wilbour für Mittelägypten mit 25 Namen vor.

Dieser Vergleich deckt sich mit anderen Erscheinungsformen des
"heiligen Platzes" Heliopolis: Obwohl aus dem Stadtgebiet alle
bekannten Personen berücksichtigt wurden, ergibt sich eine Verteilung, die eher mit einer Tempeldomäne als mit einer Region oder
Großstadt vergleichbar ist!

Die Werte für eine größere Anzahl an Göttern sind überraschenderweise weitgehend vergleichbar: So pendeln die Werte unter den
Männernamen für Horus, Thot und Sobek zwischen 1-3%, ein
weiterer Kreis mit Onuris, Chnum und Month erreicht nur bezüglich der letzten Gottheit in Theben einmal deutlich mehr als 1%.

Mittelägypten zeigt unter zwei Gesichtspunkten während der späteren Ramessidenzeit interessante Abweichungen. Die postulierte
"Stadtgott-Quote" wird hier, obwohl es ja um eine ganze Region
geht, gleich von zwei Gottheiten erreicht: Seth (9,6%) und Amun
(10,3).

114 Männer tragen in den Aufstellungen des Papyrus Wilbour einen
Namen, der mit der kriegerischen/gewalttätigen Gottheit Seth gebildet wird. Die überwiegende Mehrzahl dieser Personen ist dem
Militär oder aus dem Militär stammenden Koloniesiedlern zuzurechnen. Der Grund für den hohen Anteil (der kaum allein auf das Heiligtum des Seth in den Ortschaften Sepermeru und Perwaina
zurückgeführt werden kann) muß wohl in einem direkten Pendant
zum Stadtgott-Begriff, dem "Berufsgott-Prinzip" erkannt werden, welches bemerkenswerterweise den gleichen Wert erreicht.

Zu Amun ist hingegen zweierlei zu vermerken: Papyrus Wilbour
stammt aus Theben, seine Endredaktion wird gleichfalls in der "Stadt
des Amun" vorgenommen worden sein. Der Umstand, dass lediglich
5% des Gebietes der Region in den Flächen des Dokumentes erfaßt

sind, deutet darauf hin, dass der gemeinsame Nenner der Liegenschaften ein mittelbarer oder ganz direkter Bezug zur Domäne des Amun besaß.[26] Vor diesem Hintergrund kann man also auch im mehrere hundert Kilometer entfernten Fayum und Mittelägypten den Stadtgott-Anteil des Amun verstehen.

Die Verteilung des Gottesnamens Amun in den Datengruppen deutet auch auf einen weiteren Aspekt hin: Den Effekt einer "theologischen Arbeit",[27] mittels derer nach der unmittelbaren Gründungsphase und den ersten erfolgreichen Expansionen des Neuen Reiches die Primatstellung des Reichgottes Amun-Re herausgearbeitet wurde. Diese Vorrangstellung, die auch in Konstellationen wie dem ramessidenzeitlichen Weltgott Amun-Re-Harachte-Ptah mit seinen drei Städten Theben, Heliopolis und Memphis gewahrt bleibt, hat sich auch weit außerhalb des thebanischen Bereiches in der Bevölkerung durchgesetzt, wie ein Blick auf die Tabelle zeigt: Wenig verwunderlich ist der Anteil innerhalb thebanischer Institutionen, der in der Hauptverwaltung während der 18. Dynastie bei 27%, in den Millionenjahrhäusern bei 20% liegt. Auffallender hingegen ist in Memphis wie in Heliopolis, dass nach der Stadtgottheit in der Beliebtheit vergebener Männernamen unmittelbar Amun folgt: In Heliopolis mit 5% (vgl. Ptah: 1,8%), und in Memphis mit 9,6% (vgl. Re: 6,3%). Trotz der topographischen Nähe zueinander liegt Amun in der Beliebtheitsskala in beiden Orten vor der unmittelbar benachbarten Hauptgottheit. Auf dem mittelägyptischen Land der späteren Ramessidenzeit schließlich hat sich Amun noch eindrucksvoller durchgesetzt und nimmt dort die "Stadtgott-Position" ein, gefolgt von Re (4,8%) und Ptah (2,7%). Die Namensvergaben an den hier besprochenen Orten belegen eindrucksvoll, wie erfolgreich die Vorstellung eines Primates des Amun Verbreitung gefunden hat.

Parallel verhält es sich offensichtlich bei den Frauennamen mit Mut: Unter den expliziten Gottesnennungen in Personennamen führt ihre Erwähnung in Memphis und im Papyrus Wilbour weit vor der breiten Streuung weiterer Namen. Trotz der geringen Anzahl aus Heliopolis bekannter Frauen gehört Mut auch hier in die Gruppe der zweithäufigsten Erwähnungen. Im Gefolge der erfolgreichen überregionalen Verbreitung der Amunkonzepte ist wohl auch die besonders in Memphis zu beobachtende Beliebtheit zu sehen. All-

---

[26] S.L.D. Katary, *Land Tenure in the Ramesside Period*, (London / New York 1989) 101.

[27] J. Assmann, *Re und Amun*, *OBO* 51, (Friburg/Göttingen 1983), 154.

eine an der von der Gesellschaft den Frauen zugewiesenen Rolle als Mutter bzw. dem Ideal der Schönheit kann dies nicht liegen, wäre doch so der deutliche Abstand an allen Orten zu Hathor und Isis nicht zu erklären.

Ein weiterer Grund für die Entscheidung zugunsten des Amun kann in dem Umstand begründet liegen, dass Ptah und Re offensichtlich weniger für Namensbildungen geeignet waren, die das Thema Kraft und Stärke ausdrücken sollten. Für derartige Charakterisierungen wurden gemeinhin Amun oder Month herangezogen. Die Konzeption des politisch siegreichen, bei Bedarf gewalttätigen Amun, die auch solche Namenswünsche ermöglichte, wird sicherlich auch ihren Teil zu dieser weiten Verbreitung beigetragen haben.

Nur wenige Beispiele bezeugen in Heliopolis einen kampfbereiten, aggressiven Sonnengott. Bei ihnen ist nicht auszuschießen, dass im ausgehenden Neuen Reich äußere Bedrohungen durch Libyer und Seevölker, wie sie das Land 400 Jahre lang nicht mehr gekannt hatte, solche Akzentverschiebungen hervorriefen. So heißt ein Reinigungspriester in Heliopolis *Tjelpara* "Re ist kühn".[28] Sogar der Schöpfer- und Königsgott Atum kann nun "stark/siegreich" sein, wie ein Stallungsoberst namens Atumnacht aus dem Mittelägypten der 20. Dyn. oder ein Butler der Zeit Ramses' IV. zeigen.[29]

Von kurzen, langen und unpassenden Namen

Jede prosopographische Datensammlung Ägyptens muß mit der Praxis der Namensverkürzung kämpfen. Wie sehr die meisten altägyptischen Privatdenkmäler auf einen engen Kreis von Personen hin konzipiert waren, zeigt der Vergleich der Daten aus Städten wie Heliopolis und Memphis mit einer Verwaltungsakte wie dem Papyrus Wilbour: Gesicherte Verkürzungen (z.B. *Amenhotep > Hui*) machen in Heliopolis bei den Männern des Neuen Reiches einen Anteil von 11,9% aus. Erstaunlich nahe liegt dieser Wert damit an dem memphitischen Befund von 14%. Der Wert auf dem "Land" liegt in einer Verwaltungsakte bei lediglich 2,4%! Nun wäre es kaum anzunehmen, dass man sich auf dem Land regelhafter mit dem Vollnamen ansprach als unter den Eliten, die in der Nekropole von Memphis

---

[28] Vgl. den Namen auch in Memphis: Bediensteter des Ptah-Tempels, *KRI* VII, 129.
[29] Faulkner, *Index*, 32; J. Malek, in: *JEA* 74, 1988, 135 Anm. 40; vgl. auch Qenra, Ranke *PN* I, 335.9.

ihren Bestattungsplatz erhielten. Es zeugt vielmehr für den Charakter einer Verwaltungsakte, soweit als möglich eindeutige Identifizierungen durch die Namensnennung zu gewährleisten. Gleichzeitig jedoch zeigt es sich, welche Namen hinter der Vielzahl von *Tjia*, *Tui*, *Tataja* und *Tji* verbergen: bei Männern z.B. Personen wie *Ptahemhat*, bei Frauen die zahllosen Möglichkeiten der mit dem Artikel beginnenden Namen.[30] In Städten wie Heliopolis dagegen richten sich die Denkmäler an einen verhältnismäßig kleinen Kreis von Rezepienten, Personen der näheren Umgebung, die wußten, dass mit Zati eine Frau namens Zatre gemeint war.

Unter den Personen, die in Heliopolis lebten oder die während ihrer Laufbahn mit der Domäne erkennbar in Kontakt traten, setzt in der Amarnazeit ein deutliches Übergewicht "verkürzter Namen" ein, und man geht sicher nicht zu weit, dies als eine erzwungene Zurückhaltung bezüglich der traditionellen Götterwelt zu werten. Diese muß gerade auf der Namens- und Rufebene im Alltag den Revolutionsbestrebungen des Echnaton im Wege gewesen sein. In El-Amarna war ein ägyptischer König auf einmal vorwiegend von Beamten wie *Mai*, *Pentu*, *Hutu*, *Huja*, *Merire* und *Ramose* umgeben. Und so heißt denn auch in Heliopolis ein Domänenvorsteher oder eine einfache titellose Person *Mai*, königliche Tischschreiber nennen sich *Khay* (statt *Khaemwaset*?), Skulpteure heißen *Bak* (statt *Bakenamun*?), Gärtner und Schreiber erscheinen in Urkunden und Weingefäßaufschriften als *Hatiai* (statt *Amunemhat*?), Brauer nennen sich auf ihrer Stele *Menu*. Nur anstoßfreie Namen werden in Heliopolis und seiner Domäne in ihrer vollständigen Form beibehalten, wie z.B der Hohepriester *Pawah*, der Herdenvorsteher *Panehsi*, der Gärtner *Nebnacht* oder der Sänger *Neferrenpet*.

Die konzeptuellen Begleitumstände der Einführung der absoluten Aton-Verehrung werden zurecht oftmals für ihr Scheitern verantwortlich gemacht, so z.B. der Wegfall der großen Prozessionsfeste aus dem Leben der Bevölkerung abseits der Residenz. Wirtschaftlich müssen die Umbuchungen vorhandener Liegenschaftsverhältnisse auf die neuen Aton-Domänen allerorten gravierende Eingriffe dargestellt haben.

Aber ganz individuell, sicher auch überraschend und in der psychologischen Befindlichkeit nicht zu unterschätzen, standen auch weite Teile der Bevölkerung vor einem ungeahnten Problem: In ihren

---

[30] Faulkner, *Index*, 30 ff.

Namen befanden sich unerwünschte Elemente! Wer z.B. in Heliopolis nicht das Glück hatte, "Re ist der Herr" oder "Re hat ihn geboren" zu heißen, oder keinen Gott in seinem Namen zu führen, mußte wohl damit rechnen, in offiziellen Dokumenten seinem bisherigen Namen eine akzeptierte Form zu geben oder sich eine neue Unterschrift zuzulegen.[31]

Retter, Feste und der Übergang in das 1. Jtsd v. Chr.

Der kleine heliopolitanische Datensatz spiegelt eine weitere Entwicklung des neuen Reiches repräsentativ wider: Es kommen in der Ramessidenzeit neue Nuancen in den Namensaussagen hinzu, so werden zum einen Götter nun explizit als Retter angesprochen: Das Thema des in der Not beistehenden Amun aus den Kadesch-Texten Ramses'II. findet, da es wohl auch einem Lebensgefühl breiterer Massen entspringt, Eingang in die Namensgebung.[32] So wird Re zum "Retter" (*Paraemnekhu*) und weitere Wege werden gefunden, die Beziehung zu Gott noch intensiver als bisher auszudrücken: Zunächst ist es von der unmittelbaren Nachamarnazeit an das Muster "Der dem GottNN zugehörige" (Pn-GottNN).[33] Während der 20. Dynastie werden inhaltlich vergleichbar erstmalig Namen des Schemas Nes-GottNN, welches dann in den folgenden Dynastien häufig vergeben wird. Der Beginn ihrer Verbreitung jedoch liegt in der späteren Ramessidenzeit.

Diese Tendenz, in Heliopolis mit einigen Beispielen greifbar,[34]

---

[31] Kurioserweise ist der einzige, während der Amarnazeit neben Re in Heliopolis erscheinende Göttername des traditionellen Weltbildes der Götterfeind höchstpersönlich: Seth.

[32] Allgemein hierzu Ranke *PN* II, 237 ff. und Lopes, "Les Noms Propres au Nouvel Empire" Chr. Eyre (Ed.), *Seventh International Congress of Egyptologists*, OLA 82, (Leuven 1998), 707; s. auch in der 20. Dyn.: Amunemhatmescha "Amun ist an der Spitze des Heeres", Faulkner, *Index*, 2. Schon seit dem Mittleren Reich wird aber schon der Schützerrolle einer Gottheit Ausdruckverliehen, vgl. z.B. Sobekemsaf u.a.

[33] Beispiele der sp. 18. Dyn. aus Saqqara/Memphis: Penamun, Oberhandwerkeraufweher (T. G. H. James, *Corpus of Hieroglyphic Inscriptions in the Brooklyn Museum* I, (New York 1974), 177 No. 434, Pl. XIII); Penneith, Schatzhausschreiber (Urk. IV, 2166.11), Penonuris, Schatzhausschreiber der Aton-Domäne (H. Schneider et al., "The Tomb of Iniuia: Preliminary Report on the Saqqara Excavations", 1993, *JEA* 79, 1993, 7).

[34] In diesen Kontext gehören auch die Namen der Bildung GottNN-herkhepeschef seit Ramses'II. und wohl auch der seit der unmittelbaren Nachamarnazeit häufige Konstruktion "GottNN ist mit mir" (NN-mai).

ist in dem größeren memphitischen Datensatz etwas deutlicher: Aus der Ramessidenzeit liegen dort z.B. ein "Der unter dem Schutze Amuns befindliche",[35] "Min ist sein Retter"[36] und "Thot ist seine Stärke"[37] vor. Noch deutlicher tritt dieses Phänomen in der mittelägyptischen Provinz während der 20. Dynastie in Erscheinung: "Amun ist der Schutz" (*Amunemzau*), "Der Retter ist im Fest" (*Panekhuemheb*), "Mein Retter ist in der Stadt" (*Painekhuemniut*), "Seth errettet ihn" (*Sethschedsu*), u.a.[38]

Ein anderes, neu variiertes Thema ist der König im Fest und seine Präsenz in den Heiligtümern der Reichstriade Amun-Re-Ptah: Anders als die Beispiele der 18. Dyn (z.B. *Khaemipet* "Erscheinend in Opet=Luxor", u.a.) wird der König namentlich an diesen Orte erwähnt: "Ramses ist im Haus des Re". In der memphitischen Stichprobe und in Mittelägypten erscheint dieser Name gleichfalls, in Saqqara ist zudem ein "Ramses ist im Haus des Amun", belegt.[39] Der Anlaß seiner Anwesenheit ist mit einer neuen Namenskreation greifbar: KönigNN-emhab. Die Präsenz beim Fest, die zeitgleich auch in den Wünschen der Opferformeln der Privatleute auftritt,[40] bildet den Rahmen für diese Erscheinung. Was schon zuvor die Pflicht des Königs war, wird nun auf neue Weise im Privatnamen fixiert.

Ihrer Anzahl nach fallen diese Beispiele im Spektrum des Neuen Reiches nicht ins Gewicht. Es ist vielmehr die Kenntnis der folgenden Entwicklungen, die diese jeweiligen Entscheidungen bei der Namensfindung zu einem interessanten Symptom auf dem Weg zu den Gottesstaat-Konstellationen der 3. Zwischenzeit machen.

Heliopolitanische Privatnamen scheinen auch in der Folgezeit einer Regel zu folgen, die mit der eines heiligen Ortes übereinstimmt: Getreu der Gleichung "alt = richtig = heilig" finden sich von der 21. – 26. Dynastie auffallend viele klassisch (z.B. *Ramose, Tjanefer* u.a.), ja

---

[35] Paiemzauamun, Graffito im memphitischen Grab des Haremhab, Martin, *Horemheb I*, 157 No. 5.

[36] H. Schneider, "The Memphite Tomb of Horemheb II", *EEF* 60, (London 1996), No. 4.

[37] Djehutitaiefnakhtu, s. *KRI* III, 194.3

[38] Die Bildung Nes-GottNN ist hier für Amun und Thoeris belegt. Vgl. auch die Variante zu den Schemata GottNN-mose und Zat-GottheitNN, die für Frauen im Papyrus Wilbour mit der Vorform Taidi-GottNN belegt ist und in der Folgezeit weite Verbreitung finden wird.

[39] KRI II, 896; vgl. Ramessuemperatum, RANKE *PN* I, 218.10.

[40] J. Assmann, "Geheimnis, Gedächtnis und Gottesnähe: zum Strukturwandel der Grabsemantik und der Diesseits-Jenseitsbeziehungen im Neuen Reich", *Thebanische Beamtennekropolen*, SAGA 12, 1995, 284 ff.

archaisch (*Nianchra*) anmutende Namen sowie auch wieder basilophore Namen.[41] Dies jedoch genauer darzulegen muß einer anderen Untersuchung vorbehalten sein.

---

[41] Ramose: H. Gauthier, "À travers la Basse-Égypt", *ASAE* 21, 1921, 197 ff;
Tjanefer : Maspero, *Le Musée égyptien II*, (Le Caire 1907), 77 f., Pl. XXXIIB, XXXIV;
Nianchra : H. Gauthier, in: op. cit., 32 f. ; basilophore Namen: siehe z.B. H. Gauthier,
"Découvertes récentes dans la nécropole saite d'Héliopolis", *ASAE* 33, 1933, 27
ff.

Tabelle 1.

Männliche Personennamen	Heliopolis 18.-20.Dyn. (n=160) n	%	Memphis 18.-20.Dyn. (n=751) n	%	Wilbour Mitte 20.Dyn. (n=1186) n	%	Theben Amundomäne 18.Dyn. (n=584) n	%	Thebanische 18. Dyn. (n=142) n	%	Millionenjahrhaus verwaltung sp.18.-20.Dyn. (n=156) n	%
Re	15	**9,4**	47	6,3	57	4,8	13	2,2	5	3,5	3	1,9
Atum	3	**1,8**			1	0,1						
Amun (mit Umschreibungen)	8	5	72	9,6	122	**10,3**	159	27,2	29	20,4	29	18,6
Ptah (mit Umschreibungen)	3	1,8	79	**10,5**	32	2,7	5	0,9	5	3,5	3	1,9
Horus	2	1,2	16	2,1	36	3	9	1,5	2	1,4	14	9
Hapi	2	1,2	2	0,3	5	0,4					2	1,3
Wrl	2	1,2	1	0,15	3	0,3						
Seth	2	1,2	6	0,8	114	9,6	2	0,3			4	2,6
Thot	2	1,2	16	2,1	17	1,4	23	3,9	3	2,1	3	1,9
Sobek	2	1,2	2	0,3	34	2,9	3	0,5	2	1,4	2	1,3
Wrt	1	0,6			13	1,1					2	1,3
Month	1	0,6	2	0,3	7	0,6	2	0,3	3	2,1	4	2,6
Chnum	1	0,6			2	0,2	1	0,15			2	1,3
Onuris (mit Umschreibungen)	1	0,6			10	0,8	1	0,15	1	0,7	1	0,6
Chons (mit Umschreibungen)			9	1,2	15	1,3	12	2,1	3	2,1	3	1,9
Min			9	1,2	1	0,1	8	1,4	2	1,4	3	1,9
Sokar/Henu			3	0,4	1	0,1						
Upuaut			3	0,4	5	0,4						
Sachmet			2	0,3								
Isis			2	0,3			2	0,3			2	1,3
Neith			2	0,3								
Anat			2	0,3								
Bastet					2	0,2						

Männliche Personennamen	Heliopolis 18.-20.Dyn. (n=160)		Memphis 18.-20.Dyn. (n=751)		Wilbour Mitte 20.Dyn. (n=1186)		Theben Amundomäne 18.Dyn. (n=584)		Thebanische 18. Dyn. (n=142)		Millionenjahrhaus verwaltung sp.18.-20. (n=156)		Dyn.
	n	%	n	%	n	%	n	%	n	%	n	%	%
Wadjit					1	0,1							
Mut							8	1,4	1	0,7			
Renenutet			1	0,15	7	0,6							
Nefertem			1	0,15									
Baal					2	0,2							
Herischef					1	0,1							
Wenennefer (Osiris)					5	0,4			1	0,7			
Umschreibungen (Nebnetjeru,...)	3	1,8	13	1,7	64	5,4	15	2,6	2	1,4	4		2,6
Maat			1	0,15	3	0,3	2	0,3	1	0,7			
Netjerui			1	0,15									
Nebui	1	0,6											
Aton			3	0,4			1	0,15					
Anti					1	0,1							
Nemtj			3	0,4									
Monder-scheinungen (Ka, Iah)			9	1,2	4	0,3	15	2,6	2	1,4			
Bata					5	0,4							
Verkürzungen (Mehu, Ipi,...)	19	11,9	105	14	29	2,4	50	8,6	14	9,9	14		9
Verkürzungen? (Iri, ...)	15	9,4	40	5,3	8	0,7	32	5,5	10	7	6		3,8
Ohne expliziten Gottesbezug	60	37,5	273	36,4	555	46,8	205	35,1	47	33,1	49		31,4
Name der Städte Jwnw,	2 (Jwnw)	1,2	3 (2x Jwnw, 1x Mn-nfr)	0,3	4 (Jwnw)	0,3			1 (W3st)	0,7			
Mn-nfr oder W3st				0,15									
explizit-basilophor	**15**	**9,4**	**21**	**2,8**	**20**	**1,7**	**16**	**2,7**	**8**	**5,6**	**6**		**3,8**

Tabelle 2.

Weibliche Personennamen	Heliopolis 18.-20.Dyn. (n=46)		Memphis 18.-20.Dyn. (n=255)		Wilbour Mitte 20.Dyn. (n=132)	
	n	%	n	%	n	%
Re / Atum	4	**8,7**	7	2,7	4	3
Amun	1	2,2	3	1,2	1	0,8
Ptah			8	3,1	1	0,8
Hathor (Heliopolis, mit Umschreibung)	4	**8,7**	6	2,4	1	0,8
Hathor (mit Umschreibung)	2	4,3	8	3,1	9	6,9
Mut	2	4,3	26	**10,2**	13	**9,8**
Isis	2	4,3	7	2,7	2	1,5
Wrl			5	2	1	0,8
Wrt			10	3,9	12	9,1
Wsrt			4	1,6		
Seth			3	1,2	2	1,5
Sobek					1	0,8
Anat					1	0,8
Sachmet	1	2,2	4	1,6	1	0,8
Renenutet			2	0,8	1	0,8
Neith					1	0,8
Onuris (mit Umschreibung)					1	0,8
Umschreibungen (Takhat,...)	2	4,3	9	3,5	1	0,8
Monderscheinungen (Ka, Jah)			1	0,4		
Verkürzungen (Zati,...)	7	15,2	22	8,7	1	0,8
Verkürzungen?	9	19,6	25	9,8	2	1,6
Ohne expliziten Gottesbezug	12	26,1	103	40,4	76	57,6
Nennung der Stadt			2	0,8		

Tabelle 3.

Personennamen (männlich/weiblich)	Heliopolis 18.-20.Dyn. (n=206)		Memphis 18.-20.Dyn. (n=1006)		Wilbour Mitte 20.Dyn. (n=1318)	
	n	%	n	%	n	%
Re / Atum	22	**10,7**	54	5,4	62	4,7
Amun (mit Umschreibungen)	9	4,4	75	7,5	123	**9,3**
Ptah	3	1,5	87	**8,6**	33	2,5
Seth	2	1,0	9	0,9	116	8,8
Mut	2	1,0	26	2,6	13	1,0
Isis	2	1,0	9	0,9	2	0,2
Hathor (Heliopolis, mit Umschreibung)	6	2,9	14	1,4	1	0,1
Weitere Gottheiten	18	8,7	116	11,5	179	13,5
Umschreibungen (Nebnetjeru,...)	5	2,4	22	2,2	65	4,9
Verkürzungen (mit Zweifelsfällen)	50	24,3	192	19,1	40	3,0
Ohne expliziten Gottesbezug	72	35,0	381	37,9	630	47,8
Explizit basilophore Namen	15	**7,3**	21	**2,1**	20	**1,5**

HERMES UND PLOTIN
MÖGLICHE BERÜHRUNGEN ZWISCHEN DEM HERMETISCHEN ASKLEPIUSTRAKTAT[1] UND PLOTINS SCHRIFT *GEGEN DIE GNOSTIKER* (ENNEADEN II, 9)[2]

Benedikt Rothöhler

In dieser kleinen Schrift will ich eine Beobachtung vorstellen, die sich als interessant erweisen könnte. Weitere Schlußfolgerungen können an dieser Stelle nur angedacht werden.

Wer Jan Assmann kennt, der hat sicher schon einmal bemerkt, daß zu seinen Lieblingstexten jener hermetische Traktat gehört, der als "Asklepius" oder "Der perfekte Dialog" bekannt ist.[3] Weder für Jan Assmann noch für einen anderen Leser mit ähnlichen Interessen ist es notwendig, den Text noch einmal vorzustellen. Für alle übrigen sei hier eine knappe Einführung vorangestellt:

Der Asklepius ist auf Latein in verschiedenen Quellen[4] vollständig erhalten. Der Codex Nag Hammadi VI, S. 75 ff bietet einen langen Ausschnitt auf Koptisch (im Folgenden "koptischer Exzerpt" genannt). Es gilt als sicher, daß beide Fassungen Übersetzungen eines griechischen Originals sind (wobei die koptische wohl um einiges näher an diesem Original bleibt). Fragmente der griechischen Version sind als Zitate bei mehreren Autoren[5] überliefert.

Die früheste Erwähnung bei Laktanz[6] bietet mit dem *Anfang des*

---

[1] Für den koptischen Asklepius beziehen sich die Zitatangaben auf die originale Paginierung in Nag Hammadi Codex VI. Paragraphen beziehen sich auf die klassische Zählung im *lateinischen* Asklepius.

[2] Ich zitiere Plotin durchgehend und ohne dies jedesmal anzumerken nach: Richard Harder (Übers) *Plotins Schriften* (überarbeitet von R. Beutler & W. Theilen, Hamburg 1964), Bd. III, S. 104 ff.

[3] Der (wahrscheinliche) griechische Originaltitel ist bei Laktanz, Divinae Institutiones II 15, 7 et al. überliefert als: "λογος τελειος".

[4] Gesammelt bei: R. Klibansky & F. Regen, *Die Handschriften der philosophischen Werke des Apuleius. Ein Beitrag zur Überlieferungsgeschichte* (Göttingen 1993) und P. Lucentini, "Glosae super Trismegistum—un commento medievale all' Ascelpius Ermetico", *Archives d'histoire doctrinale et littéraire du Moyen Age* 62, 1995, S.189-293. Die ältesten erhaltenen Handschriften stammen meist aus dem 12, einige aus dem 11. und eine möglicherweise schon aus dem 9. Jhd.

[5] Laktanz, Ps. Anthimus, Cyrill, Stobaios, Johannes Lydos, Pap. Mimaut.

[6] Div. Inst. II, 15, 7; VII 18, 3f und an etlichen weiteren Stellen dieses Werkes.

vierten Jhd. n. Chr. gleichzeitig den Terminus ante quem, denn alle erhaltenen Exemplare des Textes selbst sind jünger. Das ganze dritte Jahrhundert ist für die Hermetik und verwandte Strömungen eine Blütezeit, daher läßt sich die Zeit der Abfassung (oder Kompilation) des *Asklepius* meines Erachtens kaum genauer bestimmen.

Der Text war durch das ganze Mittelalter bis in die Neuzeit bekannt und in Benutzung und hat die europäische Geistesgeschichte in vielen Punkten mitgeprägt.

Die Handlung wird im wesentlichen, wie in fast allen hermetischen Texten, durch einen Dialog zwischen Hermes Trismegistos und einem seiner Schüler[7] über kosmologische, philosophische und religiöse Fragen bestimmt.

Der Asklepios besteht (im Groben) aus fünf Teilen:

1– Einleitung:		Hermes trifft Asklepius, Tat und Ammon zum "heiligen Gespräch".	§ 1
2– Unterweisung über verschiedene Themen der allgemeinen Philosophie und Kosmologie:	das Eine, Gott, Welt, Mensch etc.	Alles = Eines = Gott; G. Urheber der 4 Elemente; Gattungen und Einzelformen; Mensch gute Mischung; Körper und Geist; Aufgaben des Menschen: Gott preisen u. Welt betreuen; 3 Formen Gottes; Frömmigkeit; Lohn nach d. Tod; Niedergang d. Philosophie; Pneuma und Materie gebärfähig; Contra Theodizee; Kosmos und Hades; Geist erleuchtet Seele;Urheber d. Götter u. Sphären; Namenlosigkeit Gottes; Mysterium der Fortpflanzung; Nur wenige Fromme; Nur Menschen haben (und brauchen) Verstand; Menschen machen "Götter"; *Ägypten Tempel der Welt*	§ 2 § 4 § 5 § 8 § 10 § 11 § 14 § 17 § 19 § 21 § 22

---

[7] Laut Rahmenhandlung sind drei Schüler anwesend, doch nur Asklepius nimmt aktiv am Gespräch teil.

§ 23
§ 24

		...und doch...	⇩
3– Die ägyptische Apokalypse:	Vorhersage einer konkreten Katastro- phen- zeit für Ägypten	Die Menschen wenden sich gegen die Religion, d. h. auch gegen Kosmos; Die Götter ziehen sich zurück; Naturkatastrophen; Der ägypt. Kult ist zerstört; daher der Kosmos gestört;	§ 24 § 25
		KoptischNH VI,8, 75 ff⇩	
		Wiederherstellung der Ordnung durch den 1. Gott (leitet zum folgenden über).	§ 26
4– Noch einmal Fragen des allgemeinen Welt-bildes (wie in Teil 2).	Teilweise Themen aus Teil 2 wieder aufgegriffen	Der vollkommene Gott und die gute Schöpfung; Der Tod und das Jenseitsgericht;	§ 27 ⇲
		Frömmigkeit führt zu Erleuchtung durch Intellekt;	§ 29
		Sonne ist zweiter Gott; Ewigkeit – Gott, Zeit—Kosmos;	§ 30
		Allgeist <> Menschengeist; Intelligenz ist Erinnerung;	§ 32
		Es gibt kein Vakuum; Raum, geistiger u. sinnl. Kosmos;	§ 33
		Gattungen und Einzelwesen;	§ 35
		Der Mensch macht Götter;	
		Schicksal und Weltordnung	§ 39
5- Schlußgebet			§ 41

Die Ägyptische Apokalypse ist ein ungewöhnlicher Abschnitt. Naturge-mäß bietet sie nicht so tiefe Einblicke in die hermetische "Lehre" wie die philosophischen Gespräche. Dennoch ist sie, gerade wegen ihrer Außergewöhnlichkeit und ihres schwer faßbaren Sinnes, vielleicht der interessanteste Teil. Auch der Schreiber[8] von Nag Hammadi hielt

[8] Durch die sog. "Schreibernotiz" NH VI, 8, 65, Z. 8-14 wissen wir, daß der

die Apokalypse offensichtlich für besonders wichtig, jedenfalls macht
sie bei weitem den größten Teil des von ihm gewählten Exzerptes
aus.

Die allgemeine Themenstellung der Apokalypse läßt sich so
umreißen:

Hermes beklagt neue herrschende geistige (vor allem: religiöse)
Zustände, und zwar speziell in Ägypten, die er ganz klar als *negativ*
definiert, und die die althergebrachte positiv konnotierte Frömmigkeit verdrängen. Er kritisiert auch scharf die Träger dieser neuen
religiösen (oder "antireligiösen") Strömung, die zumindest teilweise
als Ausländer beschrieben werden (es wird später aber auch gesagt,
daß die Ausländer die Ägypter nun an Religiosität überträfen).

Als Folge der herrschenden Gottlosigkeit entfernen die Götter sich
aus Ägypten und es treten dann auch physische Katastrophen auf:

ⲚⲦⲞⲔ ⲆⲈ Ⲱ ⲠⲒⲈⲢⲞ ⲞⲨⲚ	Du aber, oh Fluß—ein Tag wird
ⲞⲨⲘⲞⲞⲨ ⲚⲀϢⲠⲈ ⲚⲄⲢⲈϮⲈ ⲚⲤⲞϤ	kommen, indem du mehr Blut als
ⲈⲠⲘⲞⲞⲨ·	Wasser bist.
ⲀⲨⲰ ⲚⲤⲰⲘⲀ ⲈⲦⲘⲞⲞⲨⲦ	Und die Körper der Toten,
ⲤⲈⲚⲀϢⲠⲈ ⲈⲨⲬⲞⲤⲈ ⲚϨⲞⲨⲞ	sie werden höher sein als
ⲀⲚⲦⲎⲚⲈ·	die Deiche. (71, 17 ff).

Die geschilderten Zustände haben mit Sicherheit einen symbolischen
Bedeutungshorizont. Dies muß aber nicht heißen, daß sie "rein
symbolisch gemeint" sind und nicht auch eine real beschreibende
Erzähleb ene haben.

Ihre metaphysische Bedeutung soll hier nicht behandelt werden.
Es scheint jedoch interessant zu fragen, ob der Text auch auf reale
Zustände im zeitgenössischen Ägypten Bezug nimmt. Wir hätten es
dann mit einer in die Vergangenheit verlegten Prophezeiung zu tun,
die die gegenwärtigen Ereignisse betrifft. Solche Texte sind bekannt.[9]
Die offensichtlich eingetroffenen Vorhersagen stärken die Autorität
des Textes, doch der eigentliche Hintergrund solcher Passagen ist
es wohl, die Gegenwart aus einer bestimmten Perspektive sinnstiftend
zu interpretieren.

Das hieße also, daß in Ägypten die althergebrachte Religion von

---

Abschreiber den dortigen Asklepiusexzerpt mit Absicht ausgewählt und seinem
Auftraggeber, dem mutmaßlichen Besitzer der Sammlung von Nag Hammadi,
zugesandt hat.

[9] In Ägypten z.B. die Vorhersagen des Djedi im Pap. Westcar, die *Demotische
Chronik* und das *Lamm des Bokchoris*.

neuen Vorstellungen abgelöst wurde, die der Verfasser des Textes als negativ empfand. Die "althergebrachte" ist dabei offensichtlich die klassische, altägyptisch-pagane Religion. Hermes klagt:

ⲦⲬⲰⲢⲀ ⲈⲦⲈ ⲚⲢⲘⲚⲚⲞⲨⲦⲈ ⲠⲀⲢⲀ ⲚⲬⲰⲢⲀ ⲦⲎⲢⲞⲞⲨ ⲤⲚⲀⲰⲠⲈ ⲈⲤⲈ Ⲛ ⲀⲚⲤⲈⲂⲎⲤ·

Das Land, das mehr als alle Länder fromm ist, es wird gottlos werden

"Das frömmste aller Völker" spielt natürlich auf Herodot II 37 an, und dieser beschreibt zu seiner Zeit selbstverständlich die autochthone ägyptische Religion (in ihrer späten Form).

Diese alte Glaubenswelt wird nun nach Hermes Trismegistos' Darstellung durch verschiedene neue Strömungen verdrängt. Dies entspricht den historischen Tatsachen in seiner Zeit (der Spätantike). Die klassischen Volksreligionen waren durch die intensiven interkulturellen Kontakte und die Fortschritte der Philosophie[10] relativiert worden und schließlich nicht mehr tragfähig. Das allgemein verbreitete Weltbild war (grob vereinfacht gesagt) eine "aufgeklärte", deistische Philosophie auf neoplatonischer Grundlage, erweitert um astrologischen Schicksalsglauben und eklektisch ausgewählte Versatzstücke der verschiedenen alten und neuen Kulte. Die Menschen waren ganz deutlich "auf der Suche". Das gesamte Imperium Romanum wurde "überschwemmt" von einer Vielzahl neuer Heilslehren und Glaubenssysteme:

– Das Christentum war im 3. Jhd. im größten Teil des Reiches eindeutig die stärkste dieser Strömungen. Für Ägypten muß man wohl an die spezifisch ägyptische, stark vom Mönchstum bestimmte Form denken.
– Der ägyptisierende Mysterienkult um Isis (der aber in der ägyptischen Chore, wo Isis in der traditionellen Form verehrt wurde, wohl kaum Verbreitung fand).
– Die Gnosis in ihren verschiedenen Formen.
– Der Manichäismus.
– Die Hermetik.
– Die "Soldatenkulte" um Mithras und andere (wie etwa Jupiter Dolichenus), die allerdings ihren klaren Schwerpunkt im europäischen und asiatischen, nicht aber im afrikanischen Reichsteil hatten.

Alle diese Kulte wurden von der römischen gebildeten Schicht

---

[10] Wertneutral, im Sinne von "stetig fortschreitender Entwicklung".

(nicht immer richtig) als "orientalisch" betrachtet und stellten sich auch selbst so dar.

In Ägypten war das "Volk" von der traditionellen Religion bereits durch mehrere Jahrhunderte der Fremdherrschaft, der kulturellen und wirtschaftlichen Depression und schließlich der Hellenisierung stark entfremdet worden. Ganz wie Hermes es beschreibt, wurde tatsächlich gerade in Ägypten die althergebrachte Religion sehr schnell von den neuen Konkurrenten verdrängt. Von den oben aufgeführten waren dies in Ägypten das Christentum, die Gnosis, der Manichäismus und die Hermetik. Letztere scheidet freilich aus, da sie kaum in einer hermetischen Schrift kritisiert würde. Christentum und Gnosis standen dagegen dem Hermetismus als konkurrierende Bewegungen gegenüber.

Es scheint vor allem die Gnosis zu sein, die im Asklepius angegriffen wird. Gnosis, obwohl allgemein verbreitet und eigentlich ein Produkt griechischen Denkens, war durchaus auch als spezifisch ägyptisches Phänomen bekannt (Basilides und Valentinian waren selbst Ägypter).

Der wichtigste Punkt ist hier der Vorwurf des Hermes, man würde den—doch so schönen—Kosmos nicht mehr hoch schätzen (s.u.). Dies ist eine der grundsätzlichsten Gemeinsamkeiten innerhalb der vielen verschiedenen Richtungen des Gnostizismus: *Der materielle Kosmos und sein Schöpfer*[11] *werden stets als schlecht angesehen.*

Genau das wird den Gnostikern auch von ihren Kritikern vorgeworfen, sowohl von den Kirchenvätern[12] als auch von Philosophen klassischer Prägung, insbesondere Plotin in seiner Schrift "*Gegen die Gnostiker*".

Bei näherer Untersuchung zeigen noch weitere Teile des Asklepios eine Verwandtschaft zu diesem Text. *Diese Stellen sollen hier zusammengestellt werden.*

Zu den neuen, "gottlosen" Zuständen in Ägypten, die Hermes beklagt, gehört auch, daß *die Welt*, dieses wunderbare Werk Gottes, verachtet wird:

---

[11] Dagegen lobt Hermes den Demiurgen ausdrücklich (Asklepius Nag Hammadi, 73, 26).
[12] Z.B. Hippolyt, Wiederlegung aller Häresien VII, 30 f; Irenäus, adv. haer. I, 17 und besonders I, 29, 4. Hauptkritikpunkt bleibt freilich immer, daß die Gnostiker "nur von den klassischen (heidnischen!) Philosophen abgeschrieben" haben.

Et tunc taedio hominum non admirandus uidebitur mundis	ⲁⲭⲱ ⲙ̄ⲫⲟⲟⲩ ⲉⲧⲙ̄ⲙⲉⲩ ⲥⲉⲛⲁⲣ̄ⲑⲁⲩⲙⲁ ⲁⲛ ⲙ̄ⲡⲕⲟⲥⲙⲟⲥ	Und an diesem Tag werden sie den Kosmos nicht (mehr) bewundern,
nec adorandus. Hoc totum bonum, quo melius nec fuit nec est nec erit quod uideri possit	[ ] ⲙⲛ̄ ⲧ[ⲙⲛⲧ ⲁⲧ] ⲛⲟⲩ[ⲧⲉ] ⲟⲩ[ⲧⲉ ⲥ]ⲉⲛⲁⲗⲟⲅⲟ [ ]ⲉ ⲁⲛ[ ].ⲉⲛϫⲱ ⲙ̄ⲙ[ⲟⲥ ϫ]ⲉ ⲛⲁⲛⲟⲩ¹³[ϥ ⲛⲥ]ⲱϥ ⲁⲛ· ⲟ̄ⲩⲧ[ⲉ]ⲙ ⲡⲉϥϣⲱ[ⲡⲉ] ⲛ̄ⲟⲩⲁ ⲛⲟⲩⲱⲧ ⲟⲩⲧⲉ [ⲛ̄]ⲑⲉⲱ[ⲣ]ⲓⲁ	Mit gottloser Art, und sie werden [ihn] auch nicht anbeten;Während wir sagen:Es ist nicht (etwas) besser oder schöner, nicht ein Einziges, nichts Sichtbares (Θεωρια).¹⁴
Periclitabitur eritque graue hominibus ac per hoc contemnetur nec diligetur totus hic mundus dei opus inimitabile...	ⲁⲗⲗⲁ ϥⲣ̄ⲕⲓⲛⲇⲩⲛⲉ[ⲩ]ⲉ ⲉⲧⲣⲉϥϣⲱⲡⲉ ⲛ̄ⲃⲁⲣⲟⲥ ⲛ̄ⲛⲣⲱⲙⲉ ⲧⲏⲣⲟⲩ· ⲁ̄ⲓⲁⲧⲟⲩⲧⲟ ⲥⲉⲛⲁⲕⲧⲁⲫⲣⲟⲛⲓ ⲙ̄ⲙⲟϥ· ⲡ̄ⲕⲟⲥⲙⲟⲥ ⲉⲧⲛⲉⲥⲱϥ ⲛ̄ⲧⲉ ⲡⲛⲟⲩⲧⲉ· ⲫⲱⲃ ⲉⲙ̄ⲛ ⲛⲉⲧⲛ̄ⲧⲱⲛ ⲉⲣⲟϥ·	Doch er ist in Gefahr, zu einer Last zu werden für alle Menschen. Deshalb werden sie ihn verachten, Gottes Kosmos, den Schönen, das Werk, dem nichts gleicht.
§ 25	71, 35	

(NB: hier und in den folgenden "dreisprachigen" Zitaten folgt die Übersetzung der koptischen Version.)

Dieses Verhalten wirft Plotin auch den Gnostikern vor: "Es kann aber auch nicht zugegeben werden, daß der Kosmos schlecht geraten sei, weil es in ihm viel Widriges gibt. Denn es hieße ihm zu hohen Anspruch aufbürden, wollte man verlangen, daß er mit der geistigen Welt gleich sei, und nicht bloß ein Abbild von ihr. Denn ein Abbild der oberen Welt, welches schöner wäre als dieser Kosmos, kann man sich nicht vorstellen. Welches andere Feuer wäre ein besseres Ab-

---

¹³ Lesung unsicher (Rekonstruktion hier nach dem wahrscheinlichsten Inhalt).

¹⁴ Dies entspricht ziemlich genau der lateinischen Fassung "(Alles dies Gute), wovon etwas Besseres nicht war, ist, oder sein wird, was gesehen werden kann". Das Koptische benutzt hier den Elativ im komparativen Sinn. Dies ist bei fehlendem Bezugswort durchaus möglich und war wohl in den Augen des antiken Übersetzers der einzige Weg, den Abschnitt halbwegs wortgetreu wiederzugeben. Für heutige Leser wird der Sinn dadurch freilich schwer verständlich. Holzhausen übersetzt: "⟨...⟩, und wovon wir sagen (müssen), daß es nicht gut (und nicht) schön ist, ist nun weder etwas Einmaliges, noch etwas, was schön anzusehen ist...". In: C. Colpe & J. Holzhausen, *Das Corpus Hermeticum Deutsch* (Stuttgart—Bad Cannstatt 1997). S. 554

bild des oberen Feuers als das irdische, oder welche andere Erde außer der unseren soll es nach der oberen noch geben? Und welche Weltkugel, welche genauer umrissen und erhabener in ihrem Lauf geregelt wäre, nach jenem Insichselbstenthaltensein der geistigen Welt? Welche andere Sonne, die nach jener oberen und vor unserer sichtbaren wäre?" (4, 23);

"Indes, unsere Schöpfung und unsere Erde wollen sie nicht ehren..." (5, 23).

Letzterer Satz entspricht recht genau dem "ⲥⲉⲛⲁⲁⲡⲟⲑⲁⲭⲙⲁ ⲁⲛ ⲙⲡⲕⲟⲥⲙⲟⲥ".

Plotin selbst preist dagegen die Vollkommenheit der Schöpfung, *gerade als Abbild*: Die Elemente (Feuer), die Erde und die astralen Sphären (Sonne) in ihrem geregelten Zusammenspiel.

So auch in 8, 17-33: "Daß er [der Kosmos] aber ein unähnliches Abbild sei, ist falsch; es fehlt ihm nichts an allem, was einem schönen, naturgeschaffenen Nachbild offensteht. ... Wenn nun notwendig ein Kosmos existieren muß, ein anderer aber nicht vorhanden ist, so ist es unserer hier, der das Abbild des oberen bewahrt. Ist doch die ganze Erde von mannigfachen Lebewesen voll, und mit unsterblichen ist alles bis zum Himmel hinauf angefüllt; und die Gestirne, die in den unteren Sphären, wie die am obersten Himmel, was spricht dagegen, daß sie Götter sind, wo sie doch nach Regeln sich bewegen und in schöner Ordnung ihre Bahn ziehen?"

Ebenso bezeichnet auch Hermes den Kosmos als ein *Abbild* des *Guten* (das Gute ist bei Plotin mit dem Ersten gleichzusetzen), und, in direktem Anschluß, dh. *in seiner Eigenschaft als Abbild*, auch ihn selbst als gut:

Hoc est autem deus eius imago mundus, bonus.	ⲁⲩⲱ ⲡⲕⲟⲥⲙⲟⲥ ⲛⲁⲅⲁⲑⲟⲥ ⲉϥϣⲟⲟⲡ ⲛϩⲓⲕⲱⲛ ⲙⲡⲁⲅⲁⲑⲟⲥ·	Und der gute Kosmos ist ein Abbild des Guten.[15]
– Bonus, o Trismegiste?	ⲱ ⲡⲧⲣⲓⲥⲙⲉⲅⲓⲥⲧⲉ ϩⲓⲉ ⲟⲩⲁⲅⲁⲑⲟⲥ ⲡⲉ ⲡⲕⲟⲥⲙⲟⲥ·	– Oh Trismegistos, ist der Kosmos etwas Gutes?
– bonus, o Asklepi, ut ego te docebo.	ⲱ ⲁⲥⲕⲗⲏⲡⲓⲉ ⲟⲩⲁⲅⲁⲑⲟⲥ ⲡⲉ·ⲛⲑⲉ ⲉ ⲉⲓⲛⲁ† ⲑⲃⲁ ⲛⲁⲕ·	– Oh Asklepius, er ist etwas Gutes, in der Art, wie ich dich belehren werde.
§ 26–27		74, 31

---

[15] Wörtl: "als Abbild des Guten geworden". Lat: "Dies ist Gott, sein Abbild der Kosmos, Abbild des Guten".

Obwohl bei Asklepius der (physische) Kosmos eindeutig gut ist, so sind es doch die "Leidenschaften der Materie", die die Seele in Gefahr bringen:

Ex intellectu enim rationis diuinae, quae constituta sunt omnia, contemptus medelaque nascitur uitiorum mundi totius.	ⲧⲅⲛⲟⲥⲓⲥ ⲅⲁⲣ ⲛ̄ⲛⲉⲧⲉⲙⲟⲛⲧ̄ ⲛⲁⲙⲉ ⲛ̄ⲧⲟⲥ ⲡⲉ ⲡⲧ̄ⲁⳟⲟ ⲛ̄ⲙⲡⲁⲑⲟⲥ ⲛ̄ⲑⲉⳙⲩⲗⲏ· ⲉⲧⲃⲉ ⲡⲁⲓ ⲧⲉⲡⲓⲥⲧⲏⲙⲏ ⲟⲩⲉⲃⲟⲗ ϩ̄ⲛ̄ⲧⲅⲛⲱⲥⲓⲥ ⲧⲉ·	Die Erkenntnis dessen aber, was wirklich feststeht, sie ist die Heilung der *Leidenschaften der Materie.* Deshalb ist das Verstehen etwas aus der Erkenntnis.
Perseuerante autem inperitia atque inscientia,	ⲉϣⲱⲡⲉ ⲇⲉ ⲟⲩⲛ̄ ⲟⲩ ⲙⲛ̄ⲧⲁⲧⲥⲟⲟⲩⲛ ⲙⲛ ⲟⲩ ⲉⲡⲓⲥⲧⲏⲙⲏ ϣⲟⲟⲡ ⲁⲛ ϩ̄ⲛ ⲧϥⲩⲭⲏ ⲙ̄ⲡⲣⲱⲙⲉ·	Wenn aber Unwissenheit da ist und Verstehen fehlt in der Seele des Menschen,
uitia omnia conualescunt uulnerantque animam insanabilius uitiis,	ϣⲁⲣⲉⲙ̄ⲡⲁⲑⲟⲥ ⳟⲱ ⲛ̄ϩⲏⲧⳞ̄ ⲉⲙⲛ̄ⲧⲉⳙ ⲧⲁⳟⲟ·	pflegen die Leidenschaften in ihr zu bleiben,die kein Heilmittel haben.
quae infecta isdem atque uitiata quasi uenenis tumescit...	ⲛ̄ⲧⲧⲉⲧⲕⲉⲕⲁⲕⲓⲁ ϣⲱⲡⲉ ⲛⲙ̄ⲙⲁⲩ ⲙ̄ⲡ̄ⲥⲙⲟⲧ ⲛ̄ⲟⲩⲥⲁϣ ⲉⲙⲛ̄ⲧⲉⳟ ⲧⲁⳟⲟ·	Und auch die Schlechtigkeit ist dort in Form einer Wunde, die kein Heilmittel hat
§ 22	66, 9 ff	

Doch auch Plotin gibt zu, "daß aber die Gemeinschaft mit dem Körper für unsere Seele nicht zum Besten ist" (7, 3).

Weiter macht Plotin den Gnostikern den Vorwurf, daß sie "...sich bedenkenlos ein Ansehen zu geben suchen, indem sie Männer, deren Rang seit alter Zeit von ernsten Beurteilern anerkannt ist, bekritteln..." (6, 49).

Auch die ägyptischen "Gottlosen" im Asklepius tun Ähnliches:

Religiosus pro insano ... putabitur...	ⲉⲡⲣ̄ⲙ̄ⲛⲛⲟⲩⲧⲉ ⲇⲉ ⲥⲉⲛⲁⲟⲡ̄ⳟ ⲑⲱⲥ ⲣⲉⳟⲗⲟⲃⲉ·	... den Frommen aber wird man als Verrückten ansehen.[16]
§ 25	72, 20	

Die "Abbilder":

---

[16] ⲱ—"machen", ϩⲱⲥ (ως)—"als ob".

Latin:

Statuas dicis,
Trismegiste?
Statuas, o Asclepi?
Uides quantenus tu
ipse diffidas?

Statuas animatas
sensu et spiritu plenas
tantaque facientes et
talia, statuas
futurorum praescias...

Coptic:

ⲱ ⲧⲣⲓⲥⲙⲉⲅⲓⲥⲧⲉ ⲙⲏ
ⲉⲕϣⲁϫⲉ ⲁⲛⲧⲟⲩⲱⲧ·
ⲱ ⲁⲥⲕⲗⲏⲡⲓⲉ ⲉⲕϣⲁϫⲉ
ⲛⲧⲟⲕ ⲛⲧⲟⲩⲱⲧ· ⲕ̄ⲛⲁⲩ
ϫⲉ ⲛⲧⲟⲕ ϩⲱⲱⲕ ⲟⲛ
ⲱ ⲁⲥⲕⲗⲏⲡⲓⲉ ⲕⲉ
ⲛⲛⲁⲧⲛⲁⲑⲧⲉ
ⲉⲡϣⲁϫⲉ·

ⲉ̄ⲕϣⲁϫⲉ ⲉⲛⲉⲧⲉ ⲟⲩⲛ
ⲯⲩⲭⲏ ⲙⲙⲟⲟⲩ ⲑⲓ
ⲛⲓϥⲉ ϫⲉ ⲛⲧⲟⲩⲟⲧⲉ·
ⲛⲁⲓ ⲉⲧⲣⲉⲛⲉⲣⲅⲉⲓ
ⲉⲛⲉⲓⲛⲟϭ ⲛϩⲃⲏⲟⲩⲉ·
ⲉⲕϣⲁϫⲉ ⲉⲛⲁⲓ ⲉⲧϯ
ⲛϩⲉⲛⲡⲣⲟⲫⲏⲧⲓⲁ ϫⲉ
ⲛ̄ⲧⲟⲩⲟⲧⲉ·

German:

Oh Trismegistos, du sprichst nicht etwa (μη) über $\frac{\text{Statuen}}{\text{Abbilder}}$?- –Oh Asklepius, du sprichst, du, über $\frac{\text{Statuen}}{\text{Abbilder}}$. Du siehst, wie auch du selbst, oh Asklepius, ungläubig bist (gegenüber) dem Wort.

Du sagst zu denen, die Seele haben und Atem "$\frac{\text{Statuen}}{\text{Abbilder}}$", jene, die diese großen Taten bewirken. Du sagst zu jenen, die Prophezeiungen geben "$\frac{\text{Statuen}}{\text{Abbilder}}$".

§ 24   69, 27 ff

Hier ist zu fragen, welches griechische Wort mit "ⲧⲟⲩⲟⲧⲉ" bzw. "statuas" übersetzt wurde. Die nächstliegende Möglichkeit wäre εἴδωλοι. Dies kann "Statuen" oder "Kultbilder" bedeuten, aber auch allgemein "Abbilder", genau wie äg. *twt* = kopt. ⲧⲟⲩⲱⲧ. Die koptische Übersetzung wäre in diesem Fall, wie auch sonst meist, originalgetreuer als die lateinische.

Wie Hermes dem Asklepios, so wirft Plotin den Gnostikern vor, unbedacht von "Abbildern" ("εἴδωλοι") zu sprechen: "... infolge davon soll dann ein 'Abbild' in der Materie entstanden sein; darauf formen sie ein Abbild des Abbildes hienieden irgendwo vermöge der Materie oder der Materialität oder wie sie es denn nennen wollen (denn sie machen einen Unterschied zwischen den beiden und führen auch sonst eine Fülle von Termini ein, ihre Meinung nur recht zu verdunkeln), und lassen auf diese Weise das, was sie Schöpfer nennen, entstehen; den lassen sie von seiner Mutter abfallen und dann die Welt aus ihm hervorgehen und zerren ihn bis zum letzten Abbild des Abbildes. Es wollte eben, wer so schrieb, nur recht lästern". (10, 26)

Die beiden Stellen stimmen inhaltlich insofern überein, daß auch
Hermes es für unangebracht hält, die lebenden und atmenden Götter
"ειδωλοι" (? = ⲧⲟⲩⲟⲧⲉ) zu nennen. Er wirft es konkret seinem Schüler
Asklepius vor, doch der Ausdruck "ⲛⲧⲟⲕ ϩⲱⲱⲕ ⲟⲛ"—*Auch* du selbst"
zeigt, daß diese Unsitte allgemein verbreitet ist. Plotin hält diese
Bezeichnung ebenfalls für nicht angemessen für den *Schöpfer*. Der
eigentliche Sinn der ειδωλοι, einmal als kosmische Hypostasen und
einmal als Kultbilder, ist natürlich ein völlig anderer. Die Parallele
ist nur "assoziativ" (vgl. dazu unten).

Auch die Bemerkung:

... ne uulgo inridentibus inperitis utriusque naturae diuinitates ex commixtione sexus cogatur erubescere, multo magis etiam si uisibus inreligiosorum hominum subiciantur.[17]	ϩⲁϩ ⲉⲩϫⲟⲛⲧ̄ ⲁⲛ ⲙ̄ⲫⲱⲃ ⲉⲧⲙ̄ⲙⲁⲩ· ⲡⲟⲩⲁ ⲅⲁⲣ ⲡⲟⲩⲁ ⲙ̄ⲙⲟⲩ ϥ̄ϯ ⲙ̄ⲡⲉϥϫⲡⲟ· ⲛⲉⲧⲉ ⲅⲁⲣ ⲛ̄ⲛⲁⲧⲥⲟⲟⲩⲛ ⲙ̄ⲡⲓϩⲱⲃ ⲉϣϫⲉ ϥϣⲟⲟⲡ ⲛ̄ⲛⲁϩⲣⲁⲩ ⲛ̄ⲥⲱⲃⲉ ⲁⲩⲱ ⲛ̄ⲛⲁⲧⲛⲁϩⲧⲉ·	... Viele, die diese Sache nicht versuchen. Aber jeder einzelne von ihnen gibt seine Zeugung. Die aber, die diese Sache nicht verstehen, wenn sie bei ihnen geschieht, als Scherz und unglaublich (ist sie für sie).
§ 21 Ende	67, 29 ff	

bezieht sich ziemlich deutlich auf die Gnostiker, die ja bekanntlich
die Geschlechtlichkeit ablehnten (sie "probierten diese Sache nicht
aus") und deshalb auch nicht ihren positiven Sinn erkennen konnten: sie erschien ihnen "lächerlich und glaubensfeindlich".

Die bisher zitierten Stellen haben inhaltlich einen gemeinsamen
Nenner: Im Asklepius werden "gottlosen" oder "unwissenden" Menschen bestimmte Dinge nachgesagt, die Plotin auch den Gnostikern
vorwirft.

Aber auch ganz unabhängig vom anti-gnostischen Ansatz finden
sich in den beiden Texten oft verblüffend parallele Formulierungen:

Den schönen Grundsatz des Hermes:

---

[17] Der lateinische Text weicht hier deutlich von der koptischen Version ab:
"...(damit) nicht die Unwissenden öffentlich spotten und die Göttlichkeit beider
Naturen aus der Vermischung der Geschlechter gezwungen ist, zu erröten, um so
mehr, als sie den Blicken unfrommer Menschen ausgesetzt sind".

| De uitiosos uero nihil dicendum est, ne sanctissimus sermo eorum contemplatione uioletur. | ⲚⲈϢⲞⲨⲈⲒⲦ ⲆⲈ ⲈⲚⲀⲒ Ⲛ̄Ⲱ̄ϢⲈ ⲀⲚ ⲈⲦⲢⲈⲚⲬⲈ ⲀⲀⲨ Ⲙ̄ⲪⲀⲨⲖⲞⲚ ϨⲰⲤ ⲈⲚϢⲞⲞⲠ Ⲛ̄ⲐⲈⲒⲞⲤ ⲈⲚⲬⲈⲒ ⲈϨⲞⲨ ⲈϨⲈⲚϢⲀⲬⲈ ⲈⲨⲞⲨⲀⲀⲂ· | Die aber nichtiger sind als diese, es steht uns nicht zu, daß wir irgend etwas Schlechtes (über sie) sagen, da wir göttlich sind und heilige Worte bekommen. |

§ 23   68, 15 ff

teilt auch Plotin: " ... um die Lehre jener anderen ist es in allen Stücken ganz entgegengesetzt bestellt, darum möchte ich nichts weiter dazu sagen. Denn so über sie zu sprechen dürfte uns angemessen sein". (14, 45)

Plotin denkt dabei an die Gnostiker, Hermes spricht hier von den Menschen, die Verstehen und Erkenntnis *noch nicht* erlangt haben— im Gegensatz zu den Hermetikern, den

ⲚⲢⲰⲘⲈ ⲱ ⲀⲤⲔⲀⲎⲠⲒⲈ ⲚⲀⲒ Ⲛ̄ⲦⲀϨⲘⲈⲦⲈ ⲈⲦⲈⲠⲒⲤⲦⲎⲘⲎ ⲘⲚ̄ ⲦⲄⲚⲰⲤⲒⲤ·
die Menschen, oh Asklepius, diejenigen, die das Verstehen und die Erkenntnis erlangt haben.

Diese Unterscheidung kennt auch Plotin: "er hat die Einsicht erlangt, daß es auf Erden zweierlei Leben gibt, eines für den Weisen und eines für die Masse der Menschen; das Leben der Weisen ist auf das höchste Gut, nach oben gerichtet; das der gewöhnlichen Menschen ist wiederum ein zwiefaches...".

Creatio Continua

Wenn gesagt wird:

| Haec enim mundi genitura: cunctarum reformatio rerum bonarum et naturae ipsius sanctissima et religiosissima restitutio peracta temporis cursu,[18] quae est fuit sine initio sempiterna. | ⲀⲨⲰ ⲠⲀⲒ ⲠⲈ ⲠⲬⲠⲞ Ⲙ̄ⲠⲔⲞⲤⲘⲞⲤ ⲦⲀⲠⲞⲔⲀⲦⲀⲤⲦⲀⲤⲒⲤ Ⲛ̄Ⲧ ⲪⲨⲤⲒⲤ Ⲛ̄ⲚⲈⲨⲤⲈⲂⲎⲤ ⲈⲦⲚⲀⲚⲞⲨⲞⲨ ⲈⲤⲚⲀϢⲰⲠⲈ ϨⲚ̄ ⲞⲨⲠⲈⲢⲒⲞⲆⲞⲤ Ⲛ̄ⲬⲢⲞⲚⲞⲤ ⲈⲘⲠⲈⲤⲬⲒ ⲀⲢϨⲎ ⲈⲚⲈϨ· | Und dies ist die Geburt der Welt, die Wiederherstellung der Natur, der Frommen, die gut sind. Das wird in einem Umlauf der Zeit geschehen, der keinen Anfang nimmt in Ewigkeit. |

§ 26   (74, 6)

---

[18] Mit Holzhausen, a.a.O, S. 291, Anm 159, nach Kroll. Sonst: "restitutio per-coacta temporis cursu, sed uoluntate, quae est fuit...".

dann ist dies wohl Ergänzung zu ⲠϪⲠⲟ ⲘⲠⲔⲟⲤⲘⲟⲤ. Hermes warnt, den Ausdruck "Geburt der Welt" nicht als einmaligen Schöpfungsakt mißzuverstehen. Vielmehr ist die Erneuerung der Welt (d.h. hier das Ausmerzen des Übels durch Gott) ein ständiger, "ewiger" Vorgang.

Die gleiche Aussage findet sich auch bei Plotin: "Es muß also alles in solcher Stufenfolge einander untergeordnet sein, und zwar von Ewigkeit. Wenn nun die Erdenwelt 'geworden' ist, so nur in dem Sinne, als sie ihr Sein von Anderen empfängt; was als ,geworden' bezeichnet wird, ist nicht ein einmal Gewordenes, sondern war werdend und wird. werdend sein..." (3, 11);

"Daß diese unsere Welt nicht begonnen hat und nicht aufhören wird, sondern ewig da ist, solange die obere Welt da sein wird, wurde schon gesagt" (7, 1).

Der Kosmos wird in der und durch die Ewigkeit "geschaffen", in sich "schafft" er zeitliches Leben:

Ipse mundus uitae dispesantor est his omnibus, quae in se sunt, et locus est omnium, quae sub sole gubernantur, et commotio mundi ipsius ex duplici constat effectu; ipse extrinsecus uiuificatur ab aeternitate uiuificatque ea, quae intra se sunt, omnia, differens numeris et temporibus statuis atque infixis cuncta per solis effectum stellarumque discursum	Nicht im kopt. Exzerpt[19]	Der Kosmos selbst ist der Verteiler des Lebens aller, die in ihm sind, und ist der Raum aller, die unter der Sonne gelenkt werden, und die Bewegung des Kosmos selbst besteht aus einer zweifachen Wirksamkeit: er selbst wird von außerhalb belebt von (der?) Ewigkeit, und belebt (selbst) die, die in ihm sind, und wechselt alles gemäß den Zahlen und Zeiten, die bestimmt und festgelegt sind durch das Wirken der Sonne und den Umlauf der Sterne...
§ 30		

---

[19] Es ist jedoch auffällig, daß die Stelle unmittelbar auf den Bereich des kopt. Exzerptes folgt. Dieser bricht ab mit S. 78, was dem Anfang von § 29 der lateinischen Fassung entspricht.

Dies stimmt fast "eins zu eins" mit Plotins Beschreibung überein (die teilweise schon weiter oben zitiert wurde): "Denn es ging nicht an, daß das Geistige die unterste Stufe der Welt sein sollte; es mußte eine doppelte Wirksamkeit entfalten, die eine in sich selbst, die andere auf ein anderes gerichtet; so mußte es noch etwas nach ihm geben; denn wenn es allein existiert, so gibt es nichts nach unten hin, was von allem das Unmöglichste ist. Dort oben aber webt wundernswerte Kraft; so hat sie denn auch die Schöpfung [des Kosmos] bewerkstelligt. Wenn aber ein anderer Kosmos besser ist als unserer, was ist das für einer? Wenn nun notwendig ein Kosmos existieren muß, ein anderer aber nicht vorhanden ist, so ist es unserer hier, der das Abbild des oberen bewahrt. Ist doch die ganze Erde von mannigfachen Lebewesen voll, und mit unsterblichen ist alles bis zum Himmel angefüllt; und die Gestirne, die in den untern Sphären, wie die am obersten Himmel, was spricht dagegen, daß sie Götter sind, wo sie doch nach Regeln sich bewegen und in schöner Ordnung ihre Bahn ziehen?" (8, 21).

Hermes und Plotin lehnen beide Klagen in Richtung einer Theodizee (bei Plotin eher "Kosmodizee") ab: das scheinbare Böse liegt in der Verantwortung der Menschen, die es durch Erkenntnis vermeiden sollen:

Nec ergo dixi, o Asclepi et Hammon, quod a multis dicitur: "non poterat deus incidere atque auertere a rerum natura malitiam?"	Nicht im kopt. Exzerpt	Ich sage nämlich nicht, oh Asklepius und Ammon, was viele sagen: "Konnte nicht Gott die Schlechtigkeit verringern und von der Natur fernhalten?"
Quibus responderum nihil omnino est; uestri tamen causa et haec prosequar, quae coeparam, et rationem reddam.		Jenen sollte gar nicht geantwortet werden, aber euretwegen will ich sowohl weiterführen, was ich begonnen habe, als auch die Erklärung dazu geben.
Dicunt enim ipsi deum debuisse omnifariam mundum a malita liberare; ita enim in mundo est ut quasi membrum ipsius esse uideatur.		Jene sagen nämlich, daß Gott die Welt in jeder Hinsicht vom Schlechten hätte befreien müssen; dies ist nämlich so in der Welt, daß es gleichsam als Teil von ihr erscheint.

Prouisum cautumque est, quantum rationabiliter potuisset a summo deo, tunc cum sensu, disciplina, intellegentia mentes hominum est munderare dignatus.	Es ist vorgesorgt und sichergestellt, wie es vernünftigerweise beim höchsten Gott nur sein konnte, als damals mit Geist, Können und Erkenntnis die Seelen der Menschen zu beschenken entschieden wurde:
Hisce enim rebus, quibus ceteris antestamus animalibus, solis possumus malitiae fraudes, dolos uitiaque uitare.	Durch diese Sache (die wir den anderen Lebewesen voraushaben) nur können wir die Fallen, die Listen, die Verderbnisse des Bösen vermeiden.

§ 16

Plotin sagt: "Auf der anderen Seite darf man auch nicht verlangen, daß alle Menschen gut seien, und weil das nicht möglich ist, gleich mit Vorwürfen bei der Hand sein und nun verlangen, daß das Irdische sich in nichts vom Oberen unterscheide; man darf im Bösen nichts Anderes sehen, als etwas, dem es noch an größerer Einsicht fehlt..." (13, 25).

Sowohl Hermes als auch Plotin kennen die Vorherrschaft des Feuers über die anderen drei Elemente. Auch hier ist die Parallele nur "assoziativ": das gleiche Motiv wird in beiden Texten verwendet, der gemeinte Sinn im Kontext dagegen könnte gegensätzlicher nicht sein: Plotin sieht hier einen Fehler, den er den Gnostikern vorwirft, während Hermes die Sonderrolle des Feuers als Tatsache beschreibt —allerdings ganz am Anfang des Traktats und damit weit entfernt von seiner eigenen Gnosiskritik in der Apokalypse.

De caelo cuncta in terram et in aquam et in aëra; ignis solum, quod sursum uersus fertur, uiuificum; quod deorsum, ei deseruiens.	Nicht im kopt. Exzerpt	Vom Himmel (kommt) all das auf Erden und im Wasser und in der Luft; das Feuer allein ist es, was nach oben strebt, lebensschaffend; das, was hinabsteigt, dient ihm.

§ 2

Dagegen Plotin: "Aus welcher Veranlassung soll er zuerst das Feuer geschaffen haben? Weil er meinte, daß dies zuerst entstanden sein müsse? Aber warum denn nicht etwas Andres? Und wenn er das Feuer zu schaffen vermochte dadurch, daß er das Feuer dachte, warum hat er nicht, als er die Welt dachte—denn zuerst mußte er das Ganze denken—, die Welt mit einem Schlag geschaffen?" (12, 12).

(Vorläufige) Schlußfolgerungen

1. Wer hat hier abgeschrieben?

Die Hermetik steht allgemein der neuplatonischen Philosophie sehr nahe. Die Parallelen zwischen dem Asklepius-Traktat und Plotins *Gegen die Gnostiker* können sicher zum Teil darauf zurückgeführt werden. Dennoch zwingen ihre Häufigkeit, auch und gerade bei marginalen Themen, und vor allem die Ähnlichkeit der Formulierungen zu dem Schluß, daß es eine—wie auch immer geartete—Abhängigkeit zwischen den beiden Texten geben muß.

Richtung der Abhängigkeit

Man möchte intuitiv zunächst davon ausgehen, daß der eher esoterisch denkende Autor des Asklepius vom seriösen Gelehrten Plotin beeinflußt war und nicht umgekehrt. Dadurch würde der zeitliche Rahmen für die Abfassung auf die zweite Hälfte des dritten Jahrhunderts beschränkt.[20] Ein echter Fortschritt gegenüber der üblichen, recht ungenauen Datierung ins "zweite oder dritte Jahrhundert".[21]

Ganz so einfach ist die Lage aber leider nicht. Hermes Trismesgistos wurde durchaus ernst genommen und dient schon bei Laktanz als uralter (und damit den anderen Philosophen überlegener) Zeuge. Wenn auch Plotin die hermetische Philosophie sicher nicht befürworten konnte,[22] so muß man doch davon ausgehen, daß er die

---

[20] Nach dem Zeugnis des Porphyrius begann Plotin erst 253, seine Gedanken schriftlich niederzulegen. Der größte Teil soll in den Jahren von 263 bis 268 entstanden sein. Dazu muß wohl auch II, 9 gehören, der von den 54 Texten in den Enneaden chronologisch an 33. Stelle steht (wieder nach Porphyrius).

[21] So noch Holzhausen, a.a.O, S. 233.

[22] Inhaltlich gab es durchaus Übereinstimmungen, wie die Hermetik ja überhaupt in etlichen Bereichen auf dem Neuplatonismus aufbaut. Auch Plotin hat dies sicher erkannt. Die stark religiös geprägte Umsetzung durch die Hermetiker, die die Erkenntnis dieser Inhalte eher auf göttliche Offenbarung als auf eigene Geistesarbeit zurückführte, und allgemein die schwärmerische und wortreiche

Schriften gelesen hat (soweit sie schon existierten). Und dies genügt, denn die Übernahmen sind nicht direkt, sondern nur "assoziativ" (siehe unten).

Nicht zuletzt bleibt auch noch die Möglichkeit, daß Plotin und der Asklepiusautor aus der gleichen (unbekannten) Quelle geschöpft haben.

Die Parallelen sind auch nicht eng genug, um durch die Mittel der Textkritik die "Richtung" der Abhängigkeit zu ermitteln. Somit muß diese Frage hier offen bleiben.

Art der Abhängigkeit

Nehmen wir der Einfachheit halber kurz an, daß Hermes tatsächlich der empfangende Part war.

Die wichtigsten Anspielungen auf Plotin finden sich—erwartungsgemäß—in der ägyptischen Apokalypse, aber insgesamt sind die Stellen über den ganzen Asklepios verteilt.

Keine der Parallelen ist "direkt": Man findet keinen einzigen Satz, der wörtlich übernommen wurde (selbst wenn man mit Fehlern oder Anpassungen rechnet). Die Wortwahl ist völlig unterschiedlich und auch die Formulierungen auf Satzebene entsprechen sich nur an zwei oder drei Stellen, die auch als Zufälle erklärt werden können.[23] Keines der gewöhnlichen Merkmale paralleler Texte (und damit der Indizien für eine historische Abhängigkeit) ist vorhanden. Und doch ist die Ähnlichkeit der Stellen in Inhalt und Ausdruck unverkennbar. Man gewinnt den Eindruck, daß der Autor den Quelltext "im Sinn", aber nicht im Wortlaut vorliegen hatte.

Daher möchte ich von *assoziativer Parallele* sprechen.

Man muß sich wohl vorstellen, daß der Autor oder Kompilator des Asklepios (oder einer Quelle des Asklepios) in seinem hermetischen Traktat eine (in passende Form gebrachte) Kritik an der mächtigen rivalisierenden Bewegung, der Gnosis, anbringen wollte. Dabei verwendete er *nicht* direkt Plotins *Gegen die Gnostiker*. Vielleicht stand ihm die Schrift zu diesem Zeitpunkt nicht zur Verfügung, oder er hatte die Absicht, eine eigenständige Polemik zu entwickeln. Den-

---

Auschmückung waren seinem Philosophieverständnis jedoch direkt entgegengesetzt (freilich ist dies hier zu pauschal gesagt. Das Verhältnis von Plotin zur Hermetik im allgemeinen erfordert eignetlich eine eigene, umfangreiche Untersuchung).

[23] Dies kann zum Teil freilich auch auf die Übersetzer des Asklepius zurückgehen.

noch muß man annehmen, daß er, entsprechend seiner Gesinnung, auch die Gnosiskritik des berühmten Plotin gelesen hatte, und nun (bewußt oder unbewußt) auf dieses Wissen zurückgriff. Dabei verwendete er die Stellen so, wie sie ihm in den Kopf kamen (weshalb er meist eher sinngemäß als wörtlich zitierte). Daher weist die Verteilung der Parallelstellen in *Gegen die Gnostiker* keine Regelmäßigkeiten auf, während sie im Asklepiustraktat einen eindeutigen Schwerpunkt auf den Paragraphen um 25 hat (die Apokalypse). Da der Autor Plotins Text bei der Arbeit im Hinterkopf hatte, gelangten unbewußt auch andere Stellen aus Plotin in den Asklepios, die mit der Gnosis-Kritik nichts zu tun hatten.

Im umgekehrten Fall, wenn Plotin den *Asklepius* verwendet hat, gilt—cum grano salis—das gleiche. Er hatte ihn (wenn er zu dieser Zeit schon existierte) sicher gelesen, und bei der Niederschrift der Polemik gegen die Gnostiker kam ihm der verwandte Text in den Sinn (auch dies muß nicht bewußt geschehen sein).

Oder ein hermetischer Autor schrieb einen (verlorenen) Traktat, der auch eine Gnosiskritik beinhaltete, die sich stark an Plotin orientierte. Teile dieses Traktats wurden in andere hermetische Schriften übernommen und so "hermetisches Allgemeingut", von dem dann Bruchstücke auch in den Asklepios gelangten (wobei zu fragen wäre ob der antignostische Charakter dabei noch verstanden wurde). Dieses Szenario ist allerdings unwahrscheinlich, denn es hätte sich in extrem kurzer Zeit abspielen müssen.

Es wäre in jedem Fall falsch, eine echte geistige Verwandtschaft von Asklepios und *Gegen die Gnostiker* anzunehmen. Der jeweils Andere wird herangezogen, da es um einen "gemeinsamen Feind" geht, doch tatsächlich könnten die beiden Texte kaum unterschiedlicher sein. Der mystische Ansatz der Hermetiker steht in krassem Gegensatz zur nüchternen Logik Plotins. Tatsächlich könnte die Schrift *Gegen die Gnostiker* in vielen Teilen ebensogut gegen die Hermetiker gerichtet sein—die den Gnostikern vorgeworfene Weltfeindlichkeit ist einer der wenigen Punkte, in dem die beiden Texte tatsächlich auch in ihrem Gehalt übereinstimmen.

2. *Gegen die Gnostiker*

Hermes greift im Asklepiustraktat die Gnostiker an. Dies ließe sich auch dann nicht leugnen, wenn man die Verbindung zu Plotin ablehnen würde. Die scharfe Kritik an der mangelnden Hochachtung für den Kosmos mußte jedenfalls jeder Gnostiker als Affront verstehen.

Dies erscheint seltsam, denn bei allen Unterschieden im Detail gelten Gnosis und Hermetik doch als zwei sich nahe stehende Lehren. Der *Poimandres* wird sogar immer wieder als "gnostischer" Text zitiert.[24]

Ob die im *Asklepius* festgestellte Gnosiskritik für weitere Teile der Hermetik repräsentativ ist, kann im Rahmen dieses Artikels nicht festgestellt werden, aber vielleicht ist es an der Zeit, das Verhältnis dieser beiden Schulen neu zu bestimmen.

Die 1945 in Nag Hammadi gefundene Schriftensammlung enthält zum Großteil gnostische (genauer wohl: sethianische) Texte. Tatsächlich stellte sie die Gnosisforschung auf eine völlig neue Basis, nachdem bis dahin so gut wie keine Primärquellen vorhanden waren.

Es wird daher allgemein[25] angenommen, daß die Bibliothek einer gnostischen Kultgemeinde gehörte und zum praktischen Gebrauch bestimmt war. Daneben gibt es andere Möglichkeiten: So könnte es sich auch um eine Privatsammlung zu Studienzwecken, oder gar um den "Giftschrank" des nahen Klosters von Chenoboskion gehandelt haben.

Wenn es stimmt, daß im Asklepios der Gnostizismus angegriffen wird, so stellt sich die Frage, wie ein solcher Text in die Bibliothek einer gnostischen Gemeinde gelangen konnte. Auch eine solche Gemeinde (oder eine gläubig gnostische Einzelperson) kann freilich "feindliche" Schriften besessen haben. Auch die Kirchenväter hatten ja die gnostischen (und anderen häretischen) Texte, die sie in ihren Werken kritisierten, zuvor gelesen, also wohl auch in ihrem Besitz. Zum Gebrauch im täglichen Kult war dieser Text aber gewiß nicht bestimmt.

---

[24] Auch Holzhausen, a.a.O, S. 6, schreibt noch: "Der Taktat 'Poimandres' gehört also nur in einem weiteren Sinn zu den gnostischen Schriften...".
[25] So etwa noch sehr dezidiert J. M Robinson, "Introduction", in: *The Nag Hammadi Library in English* (3. Aufl, Leiden 1988), S. 1.

WHAT MEANS THE WORD "RELIGIOUS" IN REINHOLD'S "RELIGIOUS FREEMASONRY"?

Jan A.M. Snoek

In 2001, Jan Assmann republished Carl Leonhard Reinhold's *Die Hebräische Mysterien, oder die älteste religiöse Freymaurerey*. It was originally published as "Ueber die Mysterien der alten Hebräer" and "Ueber die größern Mysterien der Hebräer" in the *Journal für Freymaurer* 3.1 (1786) 5-79 resp. 3.3 (1786) 5-98. In 1787, the two articles were republished together as a booklet under the title mentioned.[1] Modern readers will be inclined to interpret Reinhold's language as if it were today's. I will try to show, that this leads to a misunderstanding of his intentions. Before we can answer the posed question, however, it is necessary to look at the context in which Reinhold wrote his text. In the first place, we must have an idea about the masonic landscape in the German speaking countries in his time. Then we must focus on the lodge "Zur Wahren Eintracht" in Vienna, which published the *Journal für Freymaurer* and of which Reinhold was a member. It is in the *Journal für Freymaurer* (*JfF*) that we will then find the keys which we are looking for.

1. *Freemasonry in the German speaking countries in the 1780's*

Freemasonry in Germany and Austria was in the 1780's a highly complex phenomenon. In the first place, the "blue" lodges, working the three basic degrees of Entered Apprentice, Fellow Craft and Master Mason, were organised in a large number of mutually independent Grand lodges. These Grand lodges would typically distinguish themselves by the different rituals they used for these degrees. The most important were probably "Die drei Weltkugeln" (Berlin), the "Strict Observance", and the "Große Landesloge" (working the Swedish Rite). Each of these names indicate both an organisation and a Rite, i.e. a ritual system.

---

[1] The titelpage states 1788, but see Jan Assmann: "Nachwort" in idem (ed.): *Carl Leonhard Reinhold: Die Hebräischen Mysterien oder die älteste religiöse Freymaurerey*, Edition Mnemosyne, (Neckargemünd 2001), note 8b, 193/4.

What complicates the picture considerably, is the fact that an
equally large number of "high degree systems" flourished as well.
Sometimes these were worked by the same organisations as the "blue"
degrees, sometimes they were organised in independent organisations. The three Grand lodges mentioned each worked in a number of "high degrees". Other ones are the "Gold und Rosenkreuzer" and Johann August von Starck's "Klerikat der Tempelherren".
Some of these systems play a significant role in our story, and must
therefore be presented somewhat more extensive here.

The "Gold und Rosenkreuzer"[2] were originally an independent
organisation, which had since 1710 developed in central Europe
before Freemasonry spread there. From at least 1747 onwards it
reorganised itself as a matter of principle every ten years. In 1757
or 1767 it transformed itself into a masonic high degrees system of
ten degrees, the earliest printed rituals of which date from 1777. It
was explicitly alchemical and particularly popular in Russia, Poland,
Prusia, Hungary and Austria.

The "Strict Observance" (SO)[3] was from 1751 onwards developed
by Karl Gotthelf, Reichsfreiherr von Hund und Altengrotkau.[4] Von
Hund would have been initiated in Paris in 1743 by Charles Ed-
ward Stuart into the High Order of the Holy Temple of Jerusalem.
Above the "blue" ones, the SO had three degrees: Scottish Master,
Novice, and Knight of the Temple. In 1770, a seventh degree, Eques
Professus, was added. In 1772, the SO fused with the "Klerikat der
Tempelherren", which Starck had developed since 1767. The
"Klerikat" functioned after this fusion as two extra degrees on top
of the SO. In 1778, the two organisations broke away from each
other again. Shortly before 1782, the SO had c. 10,000 members
in its "blue" lodges, c. 1375 of which had also some of its high
degrees. Thereby it was by far the largest masonic organisation in
the German speaking countries. In 1782, at the Convent of Wilhelmsbad, the claim that Freemasonry had developed from the Order
of the Temple was explicitly declined, the SO erased, and succeed-
ed by the Rectified Scottish Rite (RSR). This Rite was developed
by Jean-Baptiste Willermoz and Bernard-Frédéric de Türckheim. Be-

---

[2] See on the "Gold und Rosenkreuzer" e.g. Chr. McIntosh: *The Rose Cross and
the Age of Reason*, (Brill, Leiden etc. 1992).
[3] See on the Strict Observance a.o. A. Bernheim: "La Stricte Observance",
Acta Macionica 8 (1998) 67-97.
[4] On the political aims of the SO, see Schüttler, op. cit. 331/2.

fore 1782, this Rite had the same structure as the combined SO and "Klerikat", but in 1782 the two highest degrees (Profès and Grand Profès) were dropped, so that the RSR as adopted in 1782 reflected the same structure which the now abolished SO had since 1778 and before 1770. Not all SO lodges, however, would follow the Wilhelmsbad decisions.

On May 1st, 1776, Adam Weishaupt founded the Order of the Illuminati (of Bavaria). In 1779, this system, which had a quite rationalistic character, had three degrees: Novice, Minerval, and Illuminated Minerval. From 1780 to 1784, Adolf F.F.L., Freiher von Knigge—one of the most prominent and influential Freemasons of his time, well acquainted with the different systems, inclined to the more mystical forms of Freemasonry, and opposed to the decisions of the Convent of Wilhelmsbad—developed a new, non-rationalistic, system for the Order. He and Bode attracted a large number of prominent members, among which Goethe, Herder, Von Born, Schröder, and possibly Mirabeau.[5] All in all, the Order of the Illuminati had during its whole existence of about ten years some 1100 members.

Knigge's system had three classes. The first class comprised the three degrees developed by Weishaupt, together with an additional fourth: Illuminatus minor. The second class started with the three masonic "blue" degrees, followed by two more: Illuminatus major = Scottish Novice, and Illuminatus dirigens = Scottish Knight. The third class should get four degrees, but only two were completed: Priest and Regent.[6] On top of that came the "higher mysteries", with as its first class the Philosophi—not a ritual degree, but a lecture in which the Order's ideology was exposed—designed by Weishaupt.[7] In 1784 Knigge left the Order after a fight over power with Weishaupt, before he could finish the implementation of the system. Nevertheless, it should be clear that the reputation of the Illuminati as a rationalistic movement, only holds for its first few years (1776-1780).

---

[5] See Hermann Schüttler: "Karl Leonhard Reinhold und die Illuminaten im Vorfeld der Französischen Revolution" in Helmut Reinalter (ed.): *Der Illuminatenorden (1776-1785/87)*, Peter Lang, (Frankfurt am Main 1997), 323-350, esp. 337.

[6] See e.g. Eugene Lennhoff & Oskar Posner: *Internationales Freimaurerlexicon, Unveränderter Nachdruck der Ausgabe 1932*, Amalthea, (Wien & München 1975), *sub* Illuminaten.

[7] Schüttler, op. cit. 334, 335. On the political aims of this Order: idem 336-8.

It is not quite clear if the Illuminati worked the masonic "blue" degrees within its own organisation, or that at that point its members would be initiated in a "blue" lodge, belonging to another system. At least some cases seem to point into the latter direction. For example, in April 1783, Reinhold was initiated in the lodge "Zur Wahren Eintracht" in Vienna. He also became a member of the Illuminati in about that year (with Decius as *nom de l'Ordre*, which name he used as *nom de plume* for his *Hebräischen Mysterien*), but no precise date is known, so that we don't know what came first. However, the Master of "Zur Wahren Eintracht" at that time was Ignace von Born, at that time also a prominent member of the Illuminati. It seems most logical, then, to assume that Reinhold had joined the Illuminati, and had met Von Born there, who then, at the appropriate time, introduced him in his "blue" lodge.

2. *Reinhold as member of the Illuminati and Freemasons*

Reinhold,[8] born in 1757, became a Jesuit Novice when he was 15, but joined only a year later, so even before the *Societas Jesu* had been abolished by pope Clemens XIV in 1773, the Barnabites, where he studied philosophy and theology, and became a priest (1780), lector, and master of novices. Somewhere in or shortly before 1783 he joins the Illuminati, where he becomes an "Illuminatus minor" the same year yet; in April that year he is initiated as a Freemason; two months later he is a Fellow Craft, and early October he is raised as a Master Mason. November 3rd, when the *Journal für Freymaurer* is founded, he reads his "Ueber den Hang zum Wunderbaren, und von dem Ursprung und Würkungen dieses Hangs". A week later he flees to Leipzig, because of a love affaire. From here he moves on to Weimar, where he converts in 1784, with Herder, to the Lutheran church. In the same period, he becomes one of the leaders of the Illuminati. This is the context in which he writes, according to Assmann in 1784 or 85, his contributions about the Hebrew Mysteries for the *Journal für Freymaurer*.[9] In 1785, the Order of the Illu-

---

[8] On Reinhold see e.g. Assmann, op. cit. 157-160; Schüttler, op. cit. esp. 325-327; Hans-Josef Irmen: *Beethoven in seiner Zeit*, Prisca, (Zülpich 1996), note 31 to p. 318, Eugene Lennhoff & Oskar Posner: *Internationales Freimaurerlexicon, Unveränderter Nachdruck der Ausgabe 1932*, Amalthea, (Wien & München 1975), *sub* Reinhold.

[9] Assmann, op. cit. 159.

minati, being brought into discredit, is abolished in Bavaria and Weishaupt, who has to flee, dismissed as head of the Order. Outside Bavaria, the Order continues under the guidance of a team of leaders, among which Reinhold and Bode. That same year, Joseph II of Austria issues his "kaiserliches Handbillet", also known as his "Freimaureredikt", and one year later both the lodge "Zur Wahren Eintracht" and the *Journal für Freymaurer* are abolished. In 1787 the Order of the Illuminati is officially abolished generally, but then Bode starts a reform of the Order, from 1790 under the name "Deutsche Freimaurerbund". In 1793 Bode dies and Reinhold takes over the general leadership. The name of the Order is transformed now into "Bund des Einverständnisses" or "Moralischen Bund der Einverstandenen". One of his closest associates in this project, which aims at the reform of the masonic ritual system, is Schröder. This reform, next organised within the 1793/4 founded "Engbund", whereby all higher degrees are abolished, is now known as Schröders, but the team working on it also included Reinhold (and Herder). In 1809, Reinhold becomes a member of the lodge "Amalia" in Weimar and in 1820 he participates in the revival of the lodge "Luise zur gekrönten Freundschaft" in Kiel, of which he remains the Master until his death in 1823.

What we see, then, is that Reinhold was first a faithful member of the Roman Catholic Church, yes, even a Jesuit and priest, but that shortly after 1783 he changes sides. Since 1787 a professor in philosophy in Jena, he teaches Kant and becomes one of the prominent thinkers of the Enlightenment. It is this new Reinhold which writes the *Hebräischen Mysterien*. Te Lindert describes this break in Reinhold's life as follows:

"Nach seiner Aufnahme in die Freimaurerei können wir wohl feststellen, daß er sich des öfteren mit der Beziehung Vernunft—Glaube beschäftigt und wiederholt behauptet, daß Philosophie und Katholizismus sich miteinander vereinigen ließen. Die Kirche könne sogar einen Vorteil von der Aufklärung haben. Er hatte anscheinend ein wachsendes Bedürfnis, die Vereinbarkeit von Vernunft und Glaube zu betonen, aber zu keiner Zeit geht er dabei so weit, die Kirche der Philosophie unterzuordnen. Maßgeblich bleibt der Glaube, und die Vernunft ist in dessen Dienst gestellt.
   Nach seiner Flucht hat Reinhold einige Zeit nichts veröffentlicht. Seine erste Schrift danach datiert vom Juni des Jahres 1784 und ist die ... Rede über das Verhältnis zwischen Mönchstum und Freimaurerei. In dieser Rede kommt schon der Umschlag in seinen Anschauungen

zum Ausdruck. Dieser Umschlag hat zwei Elemente. Zum einen hat
er der katholischen Lehre abgeschworen und ist zur lutherischen Kirche
übergetreten. Letzteres übrigens ohne die Dogmen dieser Kirche zu
akzeptieren. ... Zum anderen ist in seinen Anschauungen jetzt der
Einfluß des Illuminismus wiederzufinden."[10]

3. *How rational was "Zum wahren Eintracht"?*

At this point it is necessary to point out that the traditional assumption that the 18th century would have been extremely rational, "the
age of enlightenment", and that mystical currents represent an in-
significant countermovement, is incorrect.[11] Enlightenment and Il-
luminism aimed at the same goal: to know God. It really did not
matter much if this knowledge was reached by reading in one of the
two books in which He had expressed Himself: the Bible or the Book
of Nature, or by striving for a mystical experience. After all, God
could only be one, and thus all these roads must of necessity lead to
the same result. Often, therefore, those most active in one direction
were the same to be found among the most prominent ones working in the other ways. They would not have regarded that as incom-
patible at all. Seeing the rational and the mystical paths as incom-
patible only becomes the prevailing view in the 19th century. The
first publication I know, posing this opposition, is Schiller's *Über die
ästhetische Erziehung des Menschen* of 1795. Here Schiller reproaches the
18th century with being too rationalistic, with the French Revolution as its disastrous result. This argument would become a basic
one in defence of Romanticism. It is, however, alien to the 18th
century world view. We have seen that the rationalist Weishaupt and
the mystic Knigge cooperated well in the Order of the Illuminati.
It was not over that difference that they split, but over a struggle
for power.

It is against this background, that we should see the activities of
the lodge "Zur Wahren Eintracht" in Vienna. These are definitely
stressing the enlightenment aspect, but in a way which we might find
rather curious now. The *Journal für Freymaurer* makes clear what the
basic ideas were which were held in, and propagated by, this lodge.

---

[10] Wilgert te Lindert: *Aufklärung und Heilserwartung: Philosophische und religiöse Ideen
Wiener Freimaurer (1780-1795)*, Peter Lang, (Frankfurt am Main 1998), 199/200.
[11] See on this issue my: "Rationeel en irrationeel: over de bloei van esoterie in
de achttiende eeuw", *De Achttiende Eeuw* 32 (2000) 131-141.

These ideas were in the first place formulated in a series of long articles by several of its members, about the ancient mysteries. The first one of these was Von Born's text on the Egyptian mysteries,[12] in which he made clear that these were the source and origin of Freemasonry. Crucial were the texts by the professor in philosophy Anton Kreil. In his contribution on Neoplatonism, Kreil referred to the true Freemasonry (i.e. *à la* Von Born) as "wissenschaftliche Maurerey", and he attacked the principles of the "religiöse Maurerey" in his review of *Des erreurs et de la vérité*.[13] There was even an anonymous article with the title "Ueber die wissenschaftliche Maurerey".[14] About this "wissenschaftliche Maurerey" Kreil wrote a.o.:

"Der Neuplatonismus] enthält lehrreichen Stoff zu den tiefsten Betrachtungen ... für Maurer ... weil die wissenschaftliche Maurerey ... sich von dem jüngeren Platonismus herschreibt.
... noch erhält es sich siegreich unter unsern Brüdern. (5/6)
Ich sagte in der Einleitung zu dieser Geschichte, daß der neue Platonismus unter unsern Brüdern, die in der Maurerey wissenschaftliche Kenntnisse suchen, noch herrsche. (46)
Ich finde zwischen der scientifischen Maurerey ... und dem neuen Platonismus auffallende Aehnlichkeit. (47)
Leiten nicht sowohl Platoniker als Maurer ihre Ueberzeugung mehr von einem innern Lichte, das sie erleuchten soll, als von der Einsicht des Verstandes her? Ist nicht beyder Erkenntnißquelle eine Art von traditioneller Mystik, vermengt oder vielmehr übertüncht mit Religion und Philosophie; ehrwürdig durch das Alterthum, das sie selber zuschreiben? (48/9)
Sprechen nicht beyde von der hermetischen Wissenschaft als einer Sammlung geheimer Kenntnisse, die Natur in unsere Gewalt zu bringen, und den Geistern zu gebieten? Weisen nicht Maurer und Platoniker aus ihrem Mittel Männer auf, die Gott von Angesicht zu Angesicht gesehen haben wollen? Die Erleuchtung von innen, die Entsinnlichung und der nähere Umgang mit höheren Geistern machen sie nicht bey beyden wichtige Kapitel ihrer Systeme aus? Glauben nicht beyde an die Kraft der Worte (nämlich der Ursprache, wodurch der Mensch auch in den Büchern der Zukunft lesen kann) an die Magie und Theurgie?" (49)

---

[12] Ignaz von Born: "Ueber die Mysterien der Aegyptier", *Journal für Freymaurer* 1 (1784) 17-132.

[13] Anton Kreil: "Geschichte der Neuplatoniker", *JfF* 2.2 (1785) 5-51, resp. "Ueber das Buch: *Des Erreures* & *de la Verité*", *JfF* 1.4 (1784) 55-164. The author of the French book was "le Philosophe inconnu" *nom de plume* of Louis Claude de Saint-Martin. Thus, in this review, Kreil denounces the Christian mysticism, known as Martinism.

[14] Anon: "Ueber die wissenschaftliche Maurerey", *JfF* 2.3 (1785) 49-78.

"Ich ... habe mich ... über alle meine philosophische und religiöse
Grundsätze hinweggesetzt, um die Fakta reiner schauen, und mit den
Neuplatonikern sympathisiren zu können. Ich thats; und ich sah in
den Neuplatonikern meine Brüder." (51)

Here we have then, what Kreil refers to as "wissenschaftliche" or
"scientifische Maurerey". Not quite what we, as modern readers,
would expect. As we see, rationalism and mysticism are freely combined, with mysticism rather dominating; the author clearly does not
experience this as in any way problematic. So, we have to be careful not to interpret the expression "wissenschaftliche Maurerei" in
the way we would be inclined to understand it today. The same holds
true for the expression "religiöse Freymaurerei". Let us try to de-
code what Reinhold means by it.

4. Reinhold's concept of the "religiöse Freymaurerey"

The key is in the final, highly ironic, pages of the second lecture from
his text, which, for the modern reader, belong to its most cryptic
passages, but which must have been readily understood by the contemporary audience:

"Ich finde in den öffentlich gedruckten Geschichten unsrer hohen *Ordens-
konvente* die Geschichte des *großen Sanhedrims* der *Hebräer* wieder. Auch
dieses hatte in den spätern Zeiten den *Schlüssel* zu den *Geheimnissen der
Theokratie verloren*, den ihre *Vorfahren* zu *Moses Zeiten* besessen haben, und
den man, nachdem das *System einmal im Gange war, den Layen unbemerkt
aus den Händen zu winden für gut befunden haben mag.* ...
So wie die *Prophetenschule* mit den *größern Geheimnissen der alten Hebräer* in
einem viel *nähern Verhältnisse* gestanden hat, als selbst das *hohe Sanhedrim
und seine weltlichen Beysitzer*, so, meine Brüder, giebt es auch ein *maurerisches
Institut*, welches den *Besitzern der geheimen Kunst* viel näher liegt, als selbst
die *Versammlung unsrer Ordenshäupter* auch noch in den Zeiten, als sie aus
Verfechtern des Tempels bestanden hatte. *Dieses Institut ist die eigentliche* und
wahre Prophetenschule der Freymaurerey. Man lernt in derselben ([Berlinische
Monatschrift. August 1785. N.2.]) die Vernunft "als einen schwachen
mit gar zu vielen stürmenden Meynungen des thierischen Menschen
umnebelten Lichtfunken kennen und für die Rechnung des Glaubens
gefangen nehmen,—*Pater Storchenaus Religionsphilosophie* fleißig lesen,—
den von Gott eingesetzten Obern blind und ohne Untersuchung
gehorchen. ...""[15]

---

[15] Quoted from Assmann's edition, p. 118/9.

The note in this text refers to an anonymous article "An meine würdigen und geliebten Brüder D[es] H[eiligen] O[rdens] D[es] G[old] U[nd] R[osen] C[reuzes], besonders an diejenigen, welche der ächten evangelischen Lehre zugethan sind", *Berlinische Monatschrift* 6 (Julius bis December 1785) 107-164. This turns out to have been written by a Protestant member of the Gold und Rosenkreuzer, which is rather upset about what he has found in that Order: as he sees it, it has as its goal to proselytise for the Roman Catholic Church among Protestant Freemasons. In other words, this passage argues against both the Gold und Rosenkreuzer and the Strict Observance / Rectified Scottish Rite (see the reference to "die *Versammlung unsrer Ordenshäupter* auch noch in den Zeiten, als sie aus *Verfechtern des Tempels* bestanden hatte", i.e. before the Convent of Wilhelmsbad of 1782), accusing them of teaching (1) against reason (Vernunft), and (2) blind submission to "von Gott eingesetzten Obern" (i.e. the Pope and his clergy). Reinhold continues:

"Wer kann zweifeln, meine Brüder, daß *jene fromme Schule der Propheten und Wundermänner* nicht der *würdigste und wichtigste Gegenstand von der väterlichen Sorgfalt des großen unbekannten Obern* seyn müsse, der im *innern Orden die Stelle Aarons* und *seiner Nachfolger* vertritt und den der *bekannte Archimedes ab Aquila fulva* unsern Brüdern mit eben so viel *Eifer* als *Behutsamkeit* gepredigt hat? Indessen finden sich unter den merkwürdigen Aktenstücken, welche die *Berlinische Monatschrift* besonders im *Julius d[ieses] J[ahres]* geliefert hat, Beweise genug, wie sehr jener *große Meister* und sein *verdecktes Kapitel* auch die *maurerische Layenwelt* seiner Aufmerksamkeit gewürdiget hat. Durch diese Beweise wissen wir gegenwärtig mit aller historischen Zuverlässigkeit, daß man unserem *Orden Grade der Würde* und der *Geheimnisse* aufdringen wollte, und hin und wieder wirklich aufgedrungen hat, von denen unsre *höchsten bekannten Oberen* selbst nichts wußten, und nichts wissen sollten,—"daß es ein *verdecktes Kapitel* der *Kleriker* gab, oder *noch giebt*, welches die *höchsten Grade* in der *Freymaurerey* besaß ..."—endlich daß das *innere Werk* für den Orden ... sich allein in *klerikalischen* Händen befunden habe, *dem innersten Orden als ein ihm gehöriges Depositum anvertraut war, dessen das Volk nie theilhaftig werden konnte ... sondern nur allein die, welche Eifer und Geduld zu jenem dreymal gesegneten Vater durch einen gütigen Führer bringt.*"[16]

The reference here is to another anonymous article: "Noch etwas über Geheime Gesellschaften im protestantischen Deutschland", *Berlinische Monatschrift* 8 (Julius bis December 1786) 44-100. This argues against Starck's "Klerikat", which would have been created

---

[16] Idem 120.

by the Jesuits in order to proselytise for the Roman Catholic Church
among Protestant Freemasons.

> "Wer übrigens diesen *dreymal gesegneten Vater*, dessen *Urim Unfehlbarkeit*
> und dessen *Thummim das große J.* ist, noch näher kennen lernen will,
> den muß ich an die Worte und Handlungen seiner *Abgesandten, Apostel*
> und *Propheten* anweisen, die gegenwärtig der Welt vor Augen liegen.
> Die *Hauptmissionen* [der Papst] an die *teutsche vereinigte Maurerey* geschahen
> 1767 durch Fr. *Archimedes ab Aquila fulva*, Presbyt[er]. Cler[icus]. h[ujus]
> o[rdinis] T[emplariorum], 1776 durch Fr. Theophilus a cygno
> triumphante Presbyterum tertii Novitiatus ducem decem millium
> confoederatorum etc. und 1782 durch W.. und H.. und V... Mehrerer
> anderer nicht zu gedenken. Man wird an jedem derselben den *Geist
> der Nachfolger Aarons* und *ihrer Zunft* wiederfinden ..."[17]

The infallible "dreymal gesegneten Vater" is no doubt the Pope.[18]
"Fr. *Archimedes ab Aquila fulva*, Presbyt[er]. Cler[icus]. h[ujus] o[rdinis]
T[emplariorum]" is de *nom de l'Ordre* of Starck. "Fr. Theophilus a
cygno triumphante Presbyterum tertii Novitiatus ducem decem
millium confoederatorum etc." is the *nom de l'Ordre* of Baron von
Gugumos. "W.." is Carl Eberhardt Waechter; "H.." is Graf Christian August Heinrich Kurt von Haugwitz; and "V.." is Jean Bap-
tiste Vuillermoz = Willermoz. So, Reinhold here vulminates against
Starck's "Klerikat"; against Gugumos, who was a masonic swindler
who admitted in 1780 that the Jesuits had instigated his fraud; against
Waechter and Von Haugwitz, representatives of a Christian Freemasonry with mystical and Pietistic elements, as well as prominent
members of the Strict Observance who played a major role at the
Convent of Wilhelmsbad; and Willermoz, who replaced in 1782 the

---

[17] Idem 121.

[18] Te Lindert writes about "das große J": "damit ist wahrscheinlich der
Jesuitenorden gemeint" (op cit. note 54, p. 210), but I am not so sure about that.
Reinhold repeatedly refers to the Name of God, and does so at least once in the
same words: "... ich erwähne hier nur derjenigen [aus der hebräischen Religions-
geschichte entlehnten Sinnbildern], die wir in unsern Johannis Logen immer vor
Augen haben; der *zwey Säulen* aus dem *Salomonischen Tempel*, ... und besonders jenes
in der *jüdischen Theologie* so merkwürdigen Wortes [i.e. Jehovah, JS], wovon die
Maurerey unter dem Namen des *Meister-Wortes* einen nicht weniger geheimnißvollen
Gebrauch macht. (Wie einige Altmeister behaupten: so soll sich das *eigentliche Geheimniß*
in den *Anfangsbuchstaben* dieses Wortes—oder wie es in einem gewissen Ordensgrade
heißt—in das *große J*—zurück gezogen haben.)" (Assmann's edition, p. 21). In my
opinion, this formulation does not show any sign of rejection on the side of Reinhold,
on the contrary. On this theme see also my "Influence of Kabbalism on Freemasonry?" in: Wouter J. Hanegraaff & Jan A.M. Snoek (eds): *Western Esotericism and
Jewish Mysticism; Selected Papers presented at the 18th Congress of the International Associa-
tion for the History of Religions, Durban 2000* (forthcoming).

Strict Observance with the Rectified Scottish Rite, which is strong-
ly influenced by Martinist mysticism.[19] All of them he regards as heirs
of the "Hebräischen Mysterien": "Man wird an jedem derselben den
Geist der Nachfolger Aarons und *ihrer Zunft* wiederfinden". In other words:
the "religiöse Freymaurerey" is that variety of Freemasonry, which
tries to imitate the Roman Catholic Church, replacing the true
insights and knowledge of the "wissenschaftliche Freymaurerey" as
heir of the Egyptian mysteries, by the suppressive power and false
dogmas of the Church as heir of the Hebrew mysteries, which cor-
rupted the true Egyptian ones. It is significant, I think, that Reinhold quotes in these pages (also in the version in the *JfF*) the *Berlinische Monatschrift* of July to December 1786. That means that, even
if he wrote the main body of the text of these articles in 1784 or 85,
as Assmann assumes (cf. supra), at least these final pages were not
written before 1786, thus clearly after the break with his Catholic
past. And it was even one year later that he added the subtitle "die
älteste religiöse Freymaurerey" to the title, adopting Kreil's expression for this form of Freemasonry which he—now one of the leaders of the Illuminati—despised thoroughly. This is fully in line with
his participation in Schröders project of the purification of the
German masonic Rites and rituals. I therefore agree with Te Lindert,
when he writes:

> "[Die] "Obern" sollen auch mittels halbreligiöser geheimer Orden mit
> schwärmerischen Anschauungen gegen die Aufklärung vorgehen. Hinter
> dieser Verschwörung gegen die Vernunft sieht [Reinhold] den Jesuiten-
> orden, der, obwohl er aufgelöst worden war, im Geheimen seine Bekeh-
> rungsaktivitäten fortsetzen soll. Reinhold stand mit dieser Überzeugung
> nicht alleine. Viele in Deutschland mißtrauten den Ex-Jesuiten und
> schrieben ihnen geheime Machenschaften gegen die Aufklärung zu.
> Diese Überzeugung knüpfte auch an den Illuminismus an. Für Reinhold
> waren die mit dem Illuminismus konkurrierenden Orden und / oder
> freimaurerischen Systeme Werkzeuge dieser geheimen "Obern" und
> damit der Jesuiten. Diese Orden und Systeme, zu denen unter andern
> die Strikte Observanz und die Rosenkreuzer gerechnet werden müssen,
> müßten bekämpft werden.[20]
>
> Für [Reinhold] ist die wahre Freimaurerei die Nachfolgerin der ägyp-
> tischen Mysterien. Diese Freimaurerei nennt er dann die "wissenschaft-
> liche Freimaurerei". Sie ist auf die Vernunft gegründet und macht sich
> nicht der Schwärmerei oder des religiösen Enthousiasmus schuldig.

---

[19] Cf. e.g. Te Lindert, op. cit. note 54, p. 210.
[20] Idem 205.

Dieser wissenschaftliche Freimaurerei stellt er die "religiöse Freimaurerei" gegenüber. Ihre Ursprung sieht er in den hebräischen Mysterien
begründet.[21]

Unter [der "religiöse Freimaurerei"] versteht er alle Systeme, die
die Freimaurerei auf Irrwege des Okkultismus, der Geisterbeschwörung,
der Alchemie, der Theosophie oder des Pietismus geführt hatten. Er
benennt diese Auswüchse auch: es sind unter andern die Strikte Obser-
vanz, das Klerikat von Johann August Starck und die Rosenkreuzer.
Hinter diesen Richtungen verbirgt sich der "dreymal gesegnete Vater",
womit der Papst gemeint ist. Er habe versucht Einfluß auf die Freimaurerei zu gewinnen und sei für die Verfolgung der Illuminaten in
Bayern mitverantwortlich. ... [Die] historische Interpretation der antiken
Mysterien [hatte] eine weitaus größere Bedeutung ... als die Suche nach
dem Ursprung der Freimaurerei. Die Interpretationen hingen eng mit
dem aktuellen Streit innerhalb der Freimaurerei zusammen, mit dem
Aufklärungsbegriff und mit der Einstellung zur christlichen Lehre.[22]

[Reinhold hatte] behauptet, am Christentum festzuhalten. In Wahrheit betrachtete er diese Religion ... als einen Glauben, der in der
jüdischen Tradition stand, mit all seinen negativen Konsequenzen.
Verschiedene Male bemerkt er, daß der Untergang der ägyptischen
Mysterien vorwiegend den christlichen Kaisern zuzuschreiben sei. ...
Das wahre Christentum wäre nichts weiter als die wahre Naturreligion
der ägyptischen Mysterien gewesen. Und die Vernunft, und nur sie,
könne bestimmen, was christlich und wahr sei."[23]

In one point one has to correct Te Linderts description of Reinhold's
position: the opposition between the "wissenschaftliche" and the
"religiöse Freymaurerey" is not the one between rationality (Vernunft) and irrationality (Schwärmerei), but that between one's self
acquired (experiential and other) knowledge and insight on the one
hand, and blindly accepted imposed dogmatics on the other. The
"wissenschaftliche Freymaurerey", therefore, does include one's own
mystical experiences; very much so, indeed! It was to this kind of
Freemasonry that Reinhold remained faithful all his life, an active
and passionate Freemason to his death.

Of course, all this is history of ideas; Reinhold's ideas about Jesuit influences on certain developments in German and Austrian
Freemasonry are now generally regarded as misinformed. However,
it is necessary to know these ideas in order to understand what he
meant when he gave his booklet the title of *Die Hebräische Mysterien
oder die älteste religiöse Freymaurerey*.

---

[21] Idem 206.
[22] Idem 209/10.
[23] Idem 211.

GÄRTEN IN THEBANISCHEN GRABANLAGEN

Harco Willems

1984 publizierte Jan Assmann einen Artikel, in dem er zeigte, dass sich in der Architektur ägyptischer Felsgräber während der späten 18. Dynastie tiefgreifende Änderungen vollzogen. Er versuchte dann den konzeptuellen Hintergrund dieser Entwicklung zu deuten.[1] Nach seiner Darstellung erscheinen ab der Regierung Amenophis III. plötzlich Anlagen, in denen die unterirdischen Bereiche nicht durch Grabschächte erreicht werden konnten, sondern durch tief in den Fels gehauenen, gewundenen Korridoren. Diesen als 'Grab mit gewundenem Abstieg' bezeichneten Gräbertyp wäre dann in der Ramessidenzeit maßgebend geblieben und begegnet sich in noch weit komplexerer Form in den Grabpalästen, die in der 26. Dynastie im Assasif errichtet wurden. Bemerkenswerterweise konnte er feststellen, dass diese Abstiege nicht dazu gedient haben können, die Erreichbarkeit der Grabkammer durch Grabräuber zu erschweren. In den Korridoren finden sich ja keine Verzweigungen, so dass der Weg zur Grabkammer leicht zu finden ist. Zudem wurden die Gänge auch gar nicht blockiert. Nach der Bestattung konnte man die unterirdischen Grabräume also weiterhin betreten, bis man, tief unter der Erde, vor der vermauerten Grabkammer halt machen musste. Unzugänglichkeit, wie Assmann es treffend formuliert, wird durch Distanz ersetzt.[2]

Im zweiten Teil seiner Betrachtung fragt sich Assmann nach dem Warum dieses Wandels. Die Feststellung, dass der unterirdische Grabbereich auch nach der Beisetzung noch zugänglich bleiben musste, lässt nur den Schluss zu, dass hier wiederholt Ritualhandlungen vollzogen wurden. Er argumentiert, dass so großartige Baumaßnahmen nur erklärbar sind, wenn es sich um bedeutende Rituale handelte. Es ist deshalb sehr wahrscheinlich, dass die betreffenden Handlungen im Festkalender im Grab des Neferhotep (TT 50) aus

---

[1] J. Assmann, 'Das Grab mit gewundenem Abstieg. Zum Typenwandel des Privat-Felsgrabes im Neuen Reich', *MDAIK* 40 (1984), S. 277-290.

[2] a.a.O., S. 282.

der späten 18. Dynastie irgendwo vermerkt worden sind.[3] (Eine Tatsache, auf die Assmann nicht hinweist, jedoch nicht ohne Bedeutung sein dürfte, ist, dass auch dieses Grab wahrscheinlich einen gewundenen Abstieg besaß[4]). Nun finden sich im Kalender einige Ritualvermerke, die hierfür nach Assmann in Betracht kommen: Die Feierlichkeiten des 'Anfeuchtens des Malzes'.[5] Die diesbezüglichen Texte beziehen sich auf die Herstellung einer Kornmumie, d.h. einer mumien- oder Osiris-förmigen Gestalt aus mit Getreidekörnern vermischter Erde.

Die bekannteste Informationsquelle zu diesen Kornmumien bilden die spätptolemäischen Texte zum Khoiakfest in der östlichen Dachkapelle des Denderatempels.[6] Aus diesen und anderen Texten geht hervor, dass während des Khoiakfestes in einem Steinbecken eine Kornmumie angefertigt wurde, die dann über einen Zeitraum

---

[3] Die beste Veröffentlichung dieses Textes ist immer noch G. Bénédite, *Le tombeau de Neferhotpou, fils d'Amenemanit*, in: G.A. Bénédite-U. Bouriant-G. Maspero-É. Chassinat, *Tombeaux thébains*, MIFAO V (Le Caire, 1890), S. 489-450. Vgl. auch die rezentere Monographie von R. Hari, *Le tombe du père divin Neferhotep (TT 50)* (Genève, 1985) und L. Manniche, 'The Beginning of the Festival Calendar in the Tomb of Neferhotep (No. 50) at Thebes', in: *Mélanges Gamal Eddin Mokhtar* II, BdE XCVII/2 (Le Caire, 1985), S. 105-108. Ihre Fehlinterpretation des Relieffragments in der Sammlung Bankes wurde berichtigt von H. Altenmüller, *OLZ* 83 (1988), S. 398-402 (freundlicher Hinweis von Chris Arijs). M. Raven hat bestritten, dass dieser Festkalender Feierlichkeiten am Grab beschreibt ('Corn Mummies', *OMRO* 63 [1982], S. 15), aber er gibt hierfür eigentlich keine Begründung. Nach Assmanns Ausführungen erweist sich diese Ansicht als überholt. Zu den Kornmumien siehe nebst dem gerade erwähnten Artikel M.J. Raven, 'Four Corn-Mummies in the Archaeological Museum at Cracow', *Materialy Archeologiczne* 30 (1997), S. 5-11.

[4] Vgl. L. Collins, 'The Private Tombs of Thebes: Excavations by Sir Robert Mond 1905 and 1906', *JEA* 62 (1976), S. 32. Der Abstieg ist jetzt nicht mehr erkennbar, siehe F. Kampp, *Die thebanische Nekropole. Zum Wandel des Grabgedankens von der XVIII. bis zur XX. Dynastie* I, Theben 13 (Mainz am Rhein, 1996), S. 255.

[5] Assmann übersetzt *bš3* hier als 'Gerstenkörner', aber diese Lesung erweist sich nach den Ausführungen von D. Faltings als falsch ('*bš3* und *zwt*—zwei ungeklärte Begriffe der Getreidewirtschaft im AR', *GM* 148 [1995], S. 35-44). Faltings zieht die Möglichkeit in Betracht, dass *bš3* nicht Malz, sondern Bulgur sei. Da Bulgur aus gekochtem und gemahlenem Getreide besteht, scheidet diese Möglichkeit aufgrund unseres Textes aus.

[6] Für die Datierung der Dachkapellen, siehe E. Aubourg, 'Le date de conception du zodiaque du temple d'Hathor à Dendera', *BIFAO* 95 (1995), S. 1-10; E. Aubourg und S. Cauville haben argumentiert, dass der denderitische Tierkreis den 'Himmel über Dendera' am 28. Dezember 47 v.Chr. verewigt ('En ce matin du 28 Décembre 47 ...', in: W. Clarysse-A. Schoors-H. Willems (Hrsg.), *Egyptian Religion. The Last Thousand Years* II, OLA 85 (Leuven, 1998), S. 767-772. Für die Kapellen, siehe jetzt S. Cauville, *Le temple de Dendara* X. *Les chapelles osiriennes* (Le Caire, 1997); für die Khoiaktexte siehe pl. 25-30; S. 26-50 und E. Chassinat, *Le mystère d'Osiris au mois de Khoiak* (Le Caire, 1966-1968).

von acht Tagen mit Wasser begossen wurde. Gleichzeitig wurde aus anderen Materialien auch eine Sokarfigur angefertigt.[7] Als nach dieser Zeit aus der Kornmumie, also aus dem Körper des Osiris, Getreide entsprossen war, wurde dies als Zeichen der Regeneration des Totengottes betrachtet. Seine Mumie war zu neuem Leben gekommen, genau so, wie es die Balsamierungsriten mit einer echten Mumie beabsichtigten. Nachher wurde die Kornmumie 'bestattet', d.h. sie wurde in der westlichen Dachkapelle, welche als Osirisgrab galt, beigesetzt. Diese Beisetzung dauerte allerdings nur ein Jahr: beim nächsten Khoiakfest wurde ja eine neue Kornmumie hergestellt, die auch wieder zur Westkapelle gebracht wurde. Die alte Kornmumie wurde entfernt und an einen anderen Ort endgültig bestattet. Solche endgültige Grabstätten sind in Dendera noch nicht gefunden worden, dafür wurden jedoch in anderen Teilen Ägyptens, wo ähnliche Rituale wie in Dendera ausgeführt wurden, mehrere solcher Friedhöfe gefunden.[8]

Es ist klar, dass sich die Vermerke des 'Anfeuchtens des Malzes' im Festkalender des Neferhotep auf ähnliche Vorgänge beziehen, d.h. dass im Kontext des Grabkultes Kornmumien hergestellt wurden. Dieser Prozess ist, wie wir gesehen haben, eine Nachahmung der Mumifizierung, und Assmann zeigt, dass die liturgischen Texte, die im Festkalender beigefügt sind, tatsächlich Totenliturgien entstammen, die im Zusammenhang mit der Balsamierung rezitiert wurden.[9] Dazu kommt, dass die diesbezüglichen Szenen des Festkalenders eine Mumie auf der Totenbahre zeigen. Assmann ist nun der Meinung, dass die Herstellung der Kornmumie am Ende des gewundenen Abstiegs des Grabes vonstatten ging, also direkt vor der Tür der Grabkammer. In diesem Zusammenhang sei darauf hingewiesen, dass die Grabkammer selbst häufig als ewigwährende Balsamierungsstätte gedeutet wurde. Eine Funktion des gewundenen Abstiegs wäre also,

---

[7] Möglicherweise könnte diese aus Ton gemacht worden sein, siehe M. Raven, 'A New Type of Osiris Burials', in: W. Clarysse *e.a.* (Hrsg.), *Egyptian Religion. The Last Thousand Years* I, OLA 84 (Leuven, 1998), S. 227-239. Raven hält es allerdings auch für möglich, dass in der Praxis nicht immer zwischen Osiris- und Sokarfigur unterschieden wurde, und dass in Varianten des Rituals statt Kornmumien mumienförmige Gegenstände aus anderen Materialien benutzt wurden.

[8] Eine allgemeine Übersicht bietet M. Raven, *OMRO* 63 (1982); siehe jetzt auch die Osiriskatakomben in Karnak (L. Coulon-F. Leclère-S. Marchand, '"Catacombes" osiriennes de Ptolémée IV à Karnak', in: *Cahiers de Karnak* X [Paris, 1995], S. 205-251; F. Leclère, 'A Cemetery of Osirid Figurines at Karnak', *Egyptian Archaeology* 9 1996], p. 9-12).

[9] a.a.O., S. 287-288.

es den Ritualisten zu ermöglichen, in das Grab hinunterzusteigen,
um in einem Raum, der quasi als Duplikat der Grabkammer galt,
eine symbolische Wiederholung der Balsamierung zu vollziehen.

Ein wichtiges Argument in seiner Betrachtung ist, dass die Vermerke der drei[10] Feierlichkeiten, bei denen der Malz angefeuchtet
wurde, auch das Ritual des *sš ḥnky.t* erwähnen. Dieser Ausdruck ist
leider mehrdeutig. Er kann, wie auch Assmann gesehen hat, einerseits
als 'das Ausbreiten der Totenbahre' übersetzt werden, und diese Lesung würde gut zur Vignette passen, welche ja eine Mumie auf einem Balsamierungsbett zeigt. Andererseits aber ist die Deutung 'Das
Öffnen der Sargkammer' möglich. In allen drei Vermerken wird das
Wort *ḥnky.t* mit dem 'Haus'-Zeichen determiniert, das bei Räum-
lichkeiten, aber kaum bei einem Bett benutzt wird.[11] Diese zweite
Lösung wird von Assmann bevorzugt, und sie impliziert einen Zusammenhang mit der Eröffnung eines Raumes. Das würde sich auf
die Eröffnung der Kammer am Ende des gewundenen Anstiegs
beziehen.[12]

Ich habe große Bewunderung für die Art, wie es Assmann immer
wieder gelingt, theologisches Textgut im Zusammenhang mit seinem
archäologischen Kontext zu betrachten, und wie er daraus lebhafte

---

[10] Allerdings erwähnt Assmann deren nur zwei: die Feierlichkeiten des Wagfestes
und die des Khoiakfestes. Auch das Fragment der Sammlung Bankes enthält aber
die Bezeichnung 'anfeuchten des Malzes', siehe L. Manniche, a.a.O., S. 107 und
pl. I. Es ist klar, dass dieses Fragment nicht dort eingefügt werden kann, wo Manniche
es haben möchte: es ist breiter als der Wandvorsprung, wo sie es einordnet. Der
Text bildet aber die Fortsetzung der Inschrift in Z. 20 nach der Hari'schen Num-
merierung (R. Hari, a.a.O., Pl. XXVIII), vgl. H.H. Nelson, "Certain Reliefs at
Karnak and Medinet Habu and the Ritual of Amenophis I", *JNES* 8 (1949), S.
337-339. Das bedeutet, dass diese Erwähnung die Balsamierungsszene im oberen
Register des Festkalenders begleitet. Direkt darauf folgt eine Erwähnung des
Wagfestes. Im Bankes-Fragment ist die Datierung leider nur unvollständig erhalten. Ich nehme an, dass es sich auf die Produktion einer Kornmumie bezieht, die
während des Wagfestes bestattet werden sollte. Der Anfang der Befeuchtungsperiode
läge dann acht Tage vor dem Wagfest.

[11] J. Assmann, *MDAIK* 40 (1984), S. 285, Anm. 36.

[12] K.J. Seyfried hat öfters eine andere Deutung der 'sloping passages' vorgeschlagen. Seines Erachtens wären diese Abbildungen der Topographie der Unterwelt, wie sie Amduat Kapitel 4 und 5 beschreiben (K.J. Seyfried, "Zweiter Vorbericht
über die Arbeiten des Ägyptologischen Instituts der Universität Heidelberg in
thebanischen Gräbern der Ramessidenzeit", *MDAIK* 40 [1984], S. 268-275; Idem,
"Bemerkungen zur Erweiterung der unterirdischen Grabanlagen einiger Gräber
des Neuen Reiches in Theben—Versuch einer Deutung", *ASAE* 71 [1987], S. 229-
249). Es ist natürlich nicht ausgeschlossen, dass gleichzeitig komplementäre Deu-
tungen der selben architektonischen Struktur gültig sind.

Rekonstruktionen der ehemaligen religiösen Praxis hervorruft. Die gerade besprochene Studie ist dafür ein ausgezeichnetes Beispiel. Es steht außer Zweifel, dass er hier große Fortschritte gemacht hat, erstens dadurch, dass er wichtige und völlig neue Fragen nach dem Sinn der funerären Architektur aufgeworfen hat. Zweitens hat er eine Lösung vorgebracht, die, auch wenn sie mir jetzt etwas überholt erscheint, immer noch richtungsweisend ist.

Dass die Sachen anders interpretiert werden können, hat auch Assmann selbst gesehen. Einige Jahre nach Erscheinung des besprochenen Artikels bemerkte er beiläufig, dass die 'Osirisbeete', also die Gärtchen in den Vorhöfen einiger thebanischer Gräber, beim Khoiakfest eventuell auch eine Rolle gespielt haben könnten, allerdings ohne zu verdeutlichen, wie er diese Rolle genau sah.[13] Auf jedem Fall scheint er zu dieser Zeit den weiteren Gedanken entwickelt zu haben, dass die Rituale, die sich während des Khoiakfestes im gewundenen Abstieg abspielten, auch eine überirdische Komponente besaßen.

Ähnliches wurde schon früher von K.J. Seyfried im Vorbericht über die Grabung im thebanischen Grab des Amenmose (TT 373) vorgeschlagen. Im oberen Bereich des gewundenen Abstieges dieses Grabes fand er "mehrere "Nilschlammklumpen", die von Keimlingen—vermutlich Gerste—durchbohrt sind". Diese Klumpen, welche von Seyfried zu Recht (siehe unten) mit den Kornmumien in Verbindung gebracht werden, sollten seines Erachtens im Vorhof oder in der Querhalle des Grabes angesetzt worden sein, da für das Keimen der Körner Sonnenlicht nötig sei.[14] Obwohl die Nach-

---

[13] J. Assmann, *BiOr* 48 (1991), Kol. 493. Eine andere Deutung der Grabgärten gibt derselbe Autor (*Tod und Jenseits im alten Ägypten* [München, 2001], S. 302-307), indem er die Grabgärten mit Totenbuchsprüchen in Verbindung bringt, in denen der Wunsch geäußert wird, dass der Tote im Schatten der Bäume Erquickung finden möge. Es ist durchaus möglich, dass auch dieser Sinngehalt auf unsere Gärten zutrifft. Allerdings ist das einzige archäologische Beispiel, das Assmann zitiert (der Garten im Tempel des Amenhotep Sohn des Hapu) kein Grabgarten. Die Riten im Teichgarten, die er hier auch zitiert, spielen m.E. nicht auf Ereignisse im Grab an, sondern in den Gärten der Villen in Städten des Neuen Reiches. Das kann hier nicht im Einzelnen gezeigt werden, aber die Privatgärten in Amarna, und solche, die in thebanischen Gräbern der 18. Dynastie häufig dargestellt werden, sind sich in hohem Maße ähnlich. Auffallenderweise befinden sich hier häufig funeräre Kapellen.

[14] K.J. Seyfried, *MDAIK* 40 (1984), S.274. Der Fund wurde vollständig publiziert in Idem, *Das Grab des Amonmose (TT 373)*, Theben 4 (Mainz am Rhein, 1990), S. 224 (Obj. Nr. 561, 775); S. 227; S. 280 (Obj. Nr. 2341); Taf. LV, Abb. 102-104.

frage bei Landwirtschaftlern der Universität Löwen gelehrt hat, dass
letztere Unterstellung nicht zutrifft, ist natürlich nicht auszuschließen, dass die Phase der Anfeuchtung der Kornmumie tatsächlich
oberirdisch stattfand.

Ziel dieses Artikels ist es, dieser Vermutung nachzugehen, vor allem
in Bezug auf die schon von Assmann erwähnten Grabgärten.

Dass es bei thebanischen Gräbern Bepflanzung gegeben hat, ist schon
auf Grund von Darstellungen nachzuweisen. Ich habe keine besonders
umfangreichen Forschungen nach der ikonographischen Beleglage
ausgeführt, aber in Totenbuchmanuskripten des Neuen Reiches findet
man jedenfalls gelegentlich Vignetten, die einen vor dem Grab
wachsenden Baum oder andere Pflanzen zeigen.[15] Archäologisch sind
derartige Gärten schon seit Anfang des 20. Jahrhunderts bekannt.
Manchmal handelt es sich um einigermaßen aufwendige Becken, die
von Steinplatten oder Lehmziegelmauern umgeben sind. Häufiger
aber sind es kleinere oder größere Löcher im Vorhof des Grabes,
die nur als Pflanzenbecken erkennbar sind, weil sie mit Nilschlamm
gefüllt sind, in dem darüber hinaus öfters Pflanzenwurzeln festgestellt worden sind.[16] Leider liegt nur für die Pflanzenbeete im Grab

---

[15] So z.B. in den Totenbuchpapyri des Ani (P. BM 10470) und des Nacht (P.
BM 10471); gute Abbildungen bei R.O. Faulkner, *The Ancient Egyptian Book of the
Dead* (London, 1985), S. 72 (Kapitel 72); 89 (Kapitel 91); 112 (Kapitel 117); 186-
187 (Kapitel 186).

[16] Nilschlamm wurde festgestellt in den Vorhöfen der Gräber TT 80; TT 106;
TT 27 (S. Donadoni, 'Relazione preliminare sulla II campagne di scavo nella tomba
di Šešonq all'Asasif', *Oriens Antiquus* 12 [1973], S. 20). TT 26: Im Garten im Vorhof des Grabes des Chnumemhab meint D. Eigner noch den "Wurzelstrunk einer
Palme" erkennen zu können (*Die monumentalen Grabbauten der Spätzeit in der thebanischen
Nekropole*, Untersuchungen der Zweigstelle Kairo der Österreichischen Archäologischen Institutes 6 [Wien, 1984], S. 170). Als ich 1999 den Garten besuchte, war
davon nichts mehr zu erkennen. Prof. Erhart Graefe hat mir freundlicherweise
mitgeteilt, dass im Lichthof von TT 196 eine Wurzel gefunden wurde, die leider
nicht näher bestimmbar war. Die botanische Untersuchung hat weiter noch nichts
ergeben. Ähnliches gilt für TT 36 (K. Kuhlmann-W. Schenkel, *Das Grab des Ibi.
Theben Nr. 36* I, AV 15 [Mainz am Rhein, 1983], S. S. 129). Winlock tomb 801
(H.E. Winlock, *BMMA,* part II [December 1922], p. 32 and fig. 27-28) hat Reste
einer Palme ergeben. In Bezug auf TT 410 erwähnt die Publikation ohne weitere
Spezifikation den Fund eines "längliche<n> Pflanzenbecken<s>" (J. Assmann, *Das
Grab der Mutirdis*, AV 13 [Mainz am Rhein, 1977], S. 9). Während der Grabungen
Lord Carnarvons im Assasif wurden die Reste zweier Anpflanzungen gefunden,
von denen zumindest eine zu einem Grab gehörte (The Earl of Carnarvon-H. Carter,
Five Years' Explorations at Thebes. A Record of Work Done 1907-1911 [London-New
York-Toronto-Melbourne, 1912], S. 27 and S. 28-29, pl. XIX.2). Nil schlamm

des Anchhor (TT 414) eine botanische Analyse vor.[17] Besonders die nur ausgehöhlten 'Gärten', die manchmal recht klein sind,[18] sind nicht immer deutlich erkennbar. Auch dürften viele Anpflanzungen in Fällen, wo die Becken während der Ausgrabung schon leer waren oder in der Umgebung von Lehmziegelarchitektur standen, häufig unbemerkt geblieben sein. Im nachhinein lässt sich dann nicht mehr feststellen, ob es sich um 'Gärten' handelt oder beispielsweise um Vertiefungen, in denen Wasserbehälter gestellt wurden. Dennoch kann in mehreren Fällen wenigstens vermutet werden, dass es sich ursprünglich um Pflanzenbecken gehandelt haben muss, z.B. wenn sie sich vor dem Grabeingang in der Mitte des Vorhofes finden, oder wenn sie, was bei Gärten häufig der Fall ist, paarweise vorkommen. Darüber hinaus ist es denkbar, dass Pflanzen nicht nur in festen Becken gepflanzt wurden, sondern dass sie manchmal auch in großen Töpfen in den Vorhof gestellt wurden, von deren ehemaliger Existenz archäologisch nichts mehr nachweisbar ist. Diese Möglichkeit lässt sich zwar nicht beweisen, kann aber auch nicht kategorisch abgelehnt werden.

Die Problematik der Grabgärten wurde zum ersten Mal von D. Eigner im Rahmen seiner Studie der Architektur der Spätzeitgräber im Assasif erforscht.[19] Er argumentiert, dass diese Gärten mit der Vegetation auf den Osirisgräbern[20] verglichen werden können, eine

---

und Wurzeln wurde auch in einigen Beeten in den Gräbern westlich von Medinet Habu gefunden (H.H. Nelson-U. Hölscher, *Work in Western Thebes*, OIC 18 [Chicago, 1934], S. 105-106; U. Hölscher, *Medinet Habu IV. The Mortuary Temple of Ramses III*, OIP 55 [Chicago, 1951], S. 24-25). Gärten sind hier festgestellt worden in den Gräbern No. 1, IV, VI und VII.

[17] H. Liese-Kleiber-H. Schichterle, in: M. Bietak-E. Reiser-Haslauer, *Das Grab des 'Anch-Hor* II, Untersuchungen der Zweigstelle Kairo der Österreichischen Archäologischen Institutes 5 (Wien, 1982), S. 290. Es handelt sich um Getreidekörner.

[18] In der Grabkapelle I zum Westen von Medinet Habu fanden sich z.B. 'Gärten' mit einem Diameter von nur 70 Zentimeter. Dass es sich hier um Pflanzenbecken handelt, steht aber außer Zweifel, weil die Löcher mit Erde gefüllt waren, in denen die Ausgräber noch "carbonized remains of rootstocks" erkannten (H.H. Nelson-U. Hölscher, *Work in Western Thebes*, S. 105-106).

[19] D. Eigner, *Die monumentalen Grabbauten der Spätzeit in der thebanischen Nekropole*, S. 169-174.

[20] Hierzu jetzt zusammenfassend P. Koemoth, *Osiris et les arbres. Contribution à l'étude des arbres sacrés de l'Egypte ancienne*, Aegyptiaca Leodensia 3 (Liège, 1994). Im Kontext der Osirisgärten abydenischer Tempel verweist er S. 165-166 auf ein interessantes Privatgrab der Spätzeit in Abydos, dem ein Garten vorgelagert ist. Es ist äußerst wahrscheinlich, dass dieser abydenische Grabgarten osirianisch zu deuten ist, und seine Lokalisierung, gerade vor dem Grabeingang, ist dem in diesem Artikel besprochenen thebanischen Befund sehr gut vergleichbar.

Bewachsung, die wie die aufkeimenden Körner der Kornmumien als Symbol der Regeneration des Totengottes gesehen werden kann. An einer Stelle behauptet er sogar, man könne "die Pflanzenbecken unserer Gräber auch als Ersatz für den Kornosiris" werten.[21] Letzteres geht wahrscheinlich einen Schritt zu weit, wie Eigner auch sonst öfters zu wenig Argumente hervorbringt, um die von ihm unterstellten religiösen Hintergründe der Architektur der Spätzeitgräber zu untermauern.[22] Dennoch hat die Annahme, der künstlichen Anpflanzung in Gräbern sei (auch) die Bedeutung eines symbolischen Osirisgrabes zuzuschreiben, nichts unwahrscheinliches. Es ist bestimmt kein Zufall, dass die Grabkammer im Grab des Ibi direkt unter dem Pflanzenbeet angelegt wurde. Die Pflanzen im zugänglichen Lichthof des Grabes hatten hier zweifellos (auch) die Bedeutung der Vegetation, die aus dem Körper des darunter bestatteten Osiris (eigentlich: des mit Osiris gleichgesetzten Toten) hervorspross.[23] Seit der Publikation von Eigners Studie werden die Gärten in Grabvorhöfen im deutschen Sprachbereich jedenfalls allgemein als 'Osirisbeete' bezeichnet. Der osirianische Charakter dieser Anlagen scheint also kaum bezweifelt zu werden.

Osirisbeete gibt es nun nicht nur in den Assasifgräbern der Spätzeit, sondern auch in weit älteren Grabanlagen. Nach F. Kampp treten sie wiederholt in Gräbern des Neuen Reiches in Erscheinung.[24] Sie erwähnt vierzehn Beispiele, von denen sie selbst zwei als zweifelhaft einstuft. Auch der Fall von TT 189 ist nicht klar; jedenfalls sind mir keine Informationen bekannt, die dafür sprechen, dass dieses Grab einen Garten besessen hat. Aus der chronologischen Verteilung ihres Materials leitet sie ab, dass "das 'Osirisbeet' erst im Laufe der Ramessidenzeit zunehmend an Bedeutung gewinnt, bis es dann in der Spätzeit zum festen Bestandteil der Lichthöfe gehört".

Mir sind zur Zeit achtundzwanzig thebanische Gräber mit Gärten bekannt. Eins davon ist höchst interessant, weil es weit älter ist als die von Kampp und Eigner akzeptierten Beispiele. Es findet sich im Vorhof des Grabes des Djari aus der späten XI. Dynastie (TT 366). Es handelt sich um ein *saff*-Grab, von dessen Grabkapelle aus man die Grabkammer über einen sanft ablaufenden Gang erreichen

---

[21] D. Eigner, a.a.O., S. 170.

[22] Einschlägige Kritik z.B. bei Chr. Leitz, "Die obere und die untere Dat", *ZÄS* 116 (1989), S. 41-57.

[23] D. Eigner, a.a.O., S. 143; 170.

[24] F. Kampp, *Die thebanische Nekropole. Zum Wandel des Grabgedankens von der XVIII. bis zur XX. Dynastie*, S. 77.

konnte. Anders als in den Gräbern mit gewundenem Abstieg macht dieser Gang keine Kurven. Es ist aber ohne Zweifel ein 'sloping passage'—ein Begriff, den Assmann auch für die gewundenen Abstiege des Neuen Reiches benutzt.

Ob es sich hier tatsächlich um einen Garten handelt, ist allerdings umstritten. Es handelt sich um eine rechteckige Lehmziegelstruktur, die in der Mitte von einer Quermauer in zwei Hälften unterteilt ist. D. Arnold sieht in ihr einen Altar, eine Ansicht, die F. Kampp ohne weiteren Kommentar übernimmt.[25] Kampp verweist dabei auf den rezenten Vorbericht der Forschungen von C. Roehrig, welche die Publikation des Grabes vorbereitet. Auf dem Roehrig'schen Plan wird das 'Ziegelaltar' aber als Garten bezeichnet.[26] Im Anbetracht der Tatsache, dass Roehrig anhand der Originaldokumentation der Ausgräber arbeitet, ist ihre Deutung der Fundlage vorzuziehen.

Auch die meisten Gräber des Neuen Reiches, für die ein Garten nachweisbar ist, besitzen einen 'sloping passage'.[27] Nur TT 343 (aus der Zeit Thuthmose III.) und TT 8 (Zeit Amenhotep III.) haben Grabschächte. In dieser Epoche, als die Anlage von Grabgärten anscheinend einen Aufschwung erlebte, hat es also vielleicht einen Zusammenhang zwischen den 'Osirisbeeten' und den 'sloping passages' gegeben.

In späterer Zeit ist diese Korrelation weniger klar. Viele der Gräber, die westlich von Medinet Habu angelegt wurden, hatten Pflanzenbeete, aber alle waren Schachtgräber. Die Datierung dieser Beete ist nicht eindeutig. Manche der Gräber wurden anscheinend während der XX. Dynastie gebaut, andere datieren erst aus der XXII. bis XXV. Dynastie. Zudem wurden alle in letzterer Periode neu benutzt. Es ist also möglich, dass alle Gärten in diesem Bereich erst dann angelegt wurden.[28]

---

[25] D. Arnold, *Das Grab des Jnj-jtj.f. Die Architektur*, AVDAIK 4 (Mainz am Rhein, 1971), S. 42; F. Kampp, *Die thebanische Nekropole* II, S. 592.

[26] C. Roehrig, "The Early Middle Kingdom Cemeteries at Thebes and the Tomb of Djari", in: J. Assmann-E. Dziobek-H. Guksch-F. Kampp (Hrsg.), *Thebanische Beamtennekropolen. Neue Perspektiven archäologischer Forschung. Internationales Symposium Heidelberg 9.-13.6.1993*, SAGA 12 (Heidelberg, 1995), S. 264, Abb. 3.

[27] Es handelt sich um TT 80 (Zeit Thuthmose III.), TT 93 (Zeit Amenhotep II.—mit Garten?), TT 120 (Amenhotep III.), TT 41 (post-Amarna Periode), TT 106 und 194 (Ramses II.), TT 26 (späte XIX. Dynastie), TT 158 (zwischen Seti II. und Ramses III.). Für Einzelheiten zu diesen (und den meisten der später zu zitierenden) Gräbern, siehe F. Kampp, *Die thebanische Nekropole*.

[28] H.H. Nelson-U. Hölscher, *Work in Western Thebes*, S. 101-106; U. Hölscher, *Medinet Habu* IV, S. 22-25; Taf. 42; D. Eigner, a.a.O., S. 93.

In der XXVI. Dynastie, als die Grabarchitektur im Assasif anscheinend auf Modelle der Ramessidenzeit[29] zurückgriff—Modelle
die allerdings erheblich abgeändert und erweitert wurden—, finden
sich beide Möglichkeiten. In manchen Gräbern mit Gärten finden
sich Grabschächte, und keine gewundenen Abstiege (TT 401, TT
196, TT 414, vielleicht TT 411).[30] Andererseits finden sich in den
Gräbern TT 36 und TT 279 sowohl Gärten als auch gewundene
Abstiege—im letzteren Fall wird die Grabkammer über einen Schacht
am Ende des Abstiegs erreicht.[31] Hierher gehört auch die riesige
Grabanlage des Montuemhat (TT 34), in der es im ersten Lichthof
nicht nur Vertiefungen gibt, die eventuell als Pflanzenbecken gedeutet
werden könnten, sondern auch die Wände mit großen, hochragen-
den Papyrusdolden dekoriert sind.[32] Wenn in diesem Grab auch kein
echter Garten nachgewiesen ist, scheint die Idee sich wenigstens in
der Ikonographie des Lichthofes niedergeschlagen zu haben.

Ein Garten findet sich vielleicht auch im Vorhof von TT 190.
Unklar ist, ob der Garten aus der Zeit Ramses II. stammt, als das
Grab gebaut wurde, oder ob es in die Spätzeit oder ptolemäische
Epoche zu datieren ist, als es wiederbenutzt wurde. Obwohl das Grab
einen Grabschacht hat, welches wohl aus der späteren Benutzungs-
zeit der Anlage stammt, ist es möglich, dass der ramessidische Grab-
zugang noch verborgen ist.[33] Ob der Garten mit einem gewundenen
Abstieg korreliert, lässt sich also nicht feststellen. Gleiches gilt für
TT 27, das während der XXVI. Dynastie errichtet wurde. Im Lichthof

---

[29] J. Assmann, *MDAIK* 40 (1984), S. 277.

[30] Ausführliche Dokumentation über alle diese Gräber bei D. Eigner, a.a.O.
Für TT 401, siehe auch J. Assmann, *Das Grab der Mutirdis*, für TT 414, siehe auch
M. Bietak-E. Reiser-Haslauer, *Das Grab des ʿAnch-Hor* II. TT 411 besaß ein Pflanzenbecken, aber es ist nicht klar, ob es aus derselben Zeit datiert wie das Grab selbst.
Es ist auch möglich, dass es erst während der 30. Dynastie angelegt wurde, als
auch die Opferplatte des ꜣ-pḥ.ty, deren Ausguss über den Garten endete, errichtet wurde (siehe D. Eigner, a.a.O., S. 118; 189, Anm. 393, mit weiteren Literatur-
hinweisen).

[31] Nebst der Dokumentation bei Eigner, siehe für TT 36 K. Kuhlmann-W.
Schenkel, *Das Grab des Ibi. Theben Nr. 36* I, S. 129 und Taf. 2-4; 112-113; E. Graefe,
*Das Grab des Ibi, Obervermögensverwalters der Gottesgemahlin des Amun (Thebanisches Grab
Nr. 36)* (Bruxelles, 1990), Abb. 19; Abb. 21, und für TT 279, A. Lansing, *BMMA*
part II, July 1920 (fig. 10—plan); 14, fig. 14, wo der Garten abgebildet ist (so D.
Eigner, a.a.O., S. 118-119, Abb. 93-94 und 169-170, Abb. 133).

[32] D. Eigner, a.a.O., Taf. 16. Vgl. die Totenbuchvignette in P. BM 10470 (R.O.
Faulkner, *The Ancient Egyptian Book of the Dead*, S. 186-187 [Kapitel 186]).

[33] F. Kampp, *Die thebanische Nekropole* I, S. 480.

dieses Großgrabes wurden drei Baumanpflanzungen vorgefunden.[34] Mir ist nicht bekannt, welche Art von Grabzugang hier vorliegt. Auch die Lage im Vorhof von TT 35 und TT 160 ist nicht eindeutig. Möglich scheint, dass die hier gefundenen Vertiefungen im Boden zu Grab 35 (Neues Reich, mit gewundenem Abstieg) gehören, und wie F. Kampp vorschlägt, dürfte es sich hier um Gärten handeln. Es erscheint aber gleichfalls möglich, dass diese Gärten dem Spätzeitgrab TT 160 zugerechnet werden sollten. Der Grundplan dieses Grabes ist nicht vollständig bekannt, und es ist dadurch unklar, ob es mit einem gewundenen Abstieg versehen ist oder nicht.[35]

Es ist nicht ausgeschlossen, dass diese Gärten—der Bepflanzung europäischer Friedhöfe vergleichbar—auch einen ästhetischen oder gefühlsmäßigen Sinn hatten. Ich möchte auch nicht darüber spekulieren, ob ein solcher Aspekt wichtiger oder weniger bedeutend war als der religiöse. Dass es einen solchen religiösen Sinn gegeben haben muss, bezweifle ich aber genauso wenig wie die meisten Ägyptologen, die diese Gärten als 'Osirisbeete' bezeichnen. Die Frage ist aber, ob man sich die Beete schlicht als Abbild von Osiris vorzustellen hat, oder ob irgend ein Verhältnis zur restlichen Grabanlage besteht. Diese Frage lässt sich letztendlich nicht mit Sicherheit beantworten, aber es gibt dennoch einige Hinweise, dass letztere Interpretation die größere Wahrscheinlichkeit hat. Man denkt dabei zunächst an die schon oben gemachte Beobachtung, dass, besonders in der früheren, vielleicht 'produktiven' Phase die Tendenz besteht, Gräbergärten und gewundene Abstiege in einer Anlage zu kombinieren. Es gibt keinen Beweis, dass dies auf mehr als Zufall beruht, aber das kann nicht dazu führen, der Korrelation eine wenigstens mögliche Signifikanz abzusprechen. Man bedenke, dass Jan Assmann in seinem anfangs besprochenen Beitrag aufgrund völlig anderer Erwägungen wahrscheinlich gemacht hat, dass Rituale um den Kornosiris, die eindeutig einen vegetativen Aspekt haben, mit den Abstiegen in Beziehung standen. Dass die Gärten etwas damit zu tun haben könnten, ist nicht von vorne herein von der Hand zu weisen.

Zweitens fällt auf, dass die beiden Hauptepochen, für die Osirisbeete bekannt sind—die Ramessidenzeit und die XXVI. Dynastie—. durch

---

[34] S. Donadoni, *Oriens Antiquus* 12 (1973), S. 20.
[35] D. Eigner, *Die monumentalen Grabbauten*, S. 58-59; F. Kampp, *Die thebanische Nekropole* I, S. 225-227; 451.

eine auffallende Verstärkung religiöser Themen in der Grabdekoration gekennzeichnet werden.[36] Das spricht dafür, dass die Gärten jedenfalls in diesen Fällen als Teil der theologischen Dimension der Gesamtanlage betrachtet werden können.

Dass der Vorhofbereich für Rituale benutzt wurde, ist auch nichts Neues. F. Kampp hat gezeigt, dass ab der Regierung Amenophis III.—also genau in der Zeit, als die Gärten an Bedeutung gewannen—die Dekoration und Infrastruktur der Vorhöfe offensichtlich stärker auf die Ritualpraxis bezogen wurde.[37] Das muss nicht bedeuten, dass der Vorhofbereich erst dann eine rituelle Funktion bekam; es mag auch sein, dass für schon länger bestehende Praktiken eine spezielle Infrastruktur entwickelt wurde.

Osirianische Rituale, die für unsere Betrachtung von großer Bedeutung sind, gibt es auf alle Fälle schon viel früher. Ein wichtiger Fund wurde von D. Arnold in einem Nebengrab im Saff el-Dawaba in al-Târif gemacht. Dieser Befund datiert aus der Ersten Zwischenzeit. Vor dem Eingang dieses Grabes fand sich eine große Gruppe von Vorratsbehältern, in deren Mitte eine kalottenförmige Schale gestellt worden war. Diese Schale war mit Erde gefüllt, in dem Gerstenkörner gesät worden waren. Die Analyse dieses Befundes hat gezeigt, dass die Gerstenkörner aufgekeimt waren.[38]

Ähnliches hat W.M.F. Petrie am Eingang der Pyramide Sesostris II. in Lahun entdeckt. Er fand eine Gruppe von Schlammklumpen mit aufgekeimtem Getreide, die alle in nicht mehr vorgefundenen Töpfen gestanden haben müssen. Nach Petrie handelte es sich dabei um Weizen.[39] Worauf sich diese Identifizierung stützt, und ob sie zutrifft, wird allerdings nicht klar. Wahrscheinlicher ist vielleicht, dass es sich um Gerste handelt. Aller Wahrscheinlichkeit nach haben wir es mit Vorläufern oder Varianten der Kornmumien zu tun, wie auch schon von den Ausgräbern vermutet wurde.[40]

---

[36] Für die Ramessidenzeit, siehe J. Assmann, "Priorität und Interesse: Das Problem der ramessidischen Beamtengräber", in: J. Assmann-G. Burkard-V. Davies [hrsg.], *Problems and Priorities in Egyptian Archaeology*, S. 31-41. Bekanntlich sind die unterirdischen Räume der Saïtengräber völlig mit religiösem Textgut dekoriert, und es finden sich solche Texte auch in großem Umfang im Lichthof.

[37] F. Kampp, a.a.O., S. 75-77.

[38] Do. Arnold—A. Hopf, 'Eine Tonschüssel als "Osiris-Bett" in der 11. Dynastie', in: Do. Arnold (hrsg.), *Studien zur altägyptischen Keramik* (Mainz am Rhein, 1981), S. 85-87.

[39] F. Petrie-G. Brunton-M.A. Murray, *Lahun* II, BSAE 26 (London, 1923), S. 14 und Pl. XV.

[40] M. Raven hat zwar bezweifelt, ob dieser Vergleich erlaubt ist, weil Korn-

In beiden Fällen ist klar, dass diese Ritualgegenstände vor dem Eingang zurückgelassen wurden, also an einer Stelle, die mit den Vorhöfen der oben behandelten thebanischen Gräbern vergleichbar ist.

Diese vereinfachte Form der Kornmumien ist nun auch aus letzteren Gräbern bekannt. Wie schon oben bemerkt wurde, hat man ähnliche Klumpen, die ursprünglich auch in Töpfen gestanden haben, ja im Einstieg zum gewundenen Abstieg des Grabes 373 angetroffen, sowie in einem Stollen am Ende des gewundenen Abstieges des "Grabes C" unter Grab TT 373 (siehe Anm. 14). Ein weiteres Beispiel kenne ich aus der Sammlung der Koninklijke Musea voor Kunst en Geschiedenis in Brüssel (ohne Nummer). Leider ist über die Fundumstände dieses Objekts nichts bekannt.

Es geht natürlich zu weit, diese vereinfachten Kornmumien direkt mit den Gräbergärten gleichzusetzen. Aber es fällt jedenfalls auf, dass der Vorhof, wo einige Gräber ein Osirisbeet besitzen, in anderen Gräbern für Rituale benutzt wurde, die den vegetativen Aspekt der Regeneration des Osiris betonen.

Der Festkalender des Neferhotep enthält eine Stelle, wo ein Garten erwähnt wird und wo anscheinend ein Zusammenhang mit Osiris besteht. Zeilen 104 bis 117 dieser Inschrift besagen, dass in den acht Tagen, die dem *nṯr.yt*-Fest (einem Teil des Sokarfestes) vorangehen, 'der Malz angefeuchtet' werden soll.[41] Nachdem diese Frist vorbei ist, wird dann beschrieben, wie das eigentliche *nṯr.yt*-Fest gefeiert werden soll. Leider wird hier weiter nichts über den fertiggestellten Kornosiris gesagt, aber es steht natürlich außer Frage, dass man diesen, nachdem die Körner aufgekeimt waren, nicht einfach hat liegen lassen. Für uns ist nicht mehr nachzuvollziehen, was weiter mit dem Kornosiris gemacht wurde, aber andere Begleithandlungen werden beschrieben. In Zeilen 125 *ff.* erfahren wir, dass der für das Sokarfest kennzeichnende Zwiebelkranz angelegt wurde. Im Anschluss daran wird der Tote aufgerufen, alle möglichen Pflanzen zu sich zu nehmen. Die Stelle lautet folgendermaßen:

---

mumien so früh noch nicht existiert hätten (*OMRO* 63 [1982], S. 10-11), aber die Grabungen des Centre Franco-Egyptien d'Etude des Temples de Karnak haben gezeigt, dass diese Gegenstände zumindest bis in die Zweite Zwischenzeit zurückgehen (F. Leclère, a.a.O., S. 12), weit früher als Raven es noch für möglich hielt.
[41] R. Hari, *Le tombe thébaine du père divin Neferhotep (TT 50)*, Pl. XXXIII.

Möge dein Mund sich öffnen für die *s3r.t*-Pflanze, die aus dem Garten kommt, für die *šsp.t*-Pflanzen, die Ptah hat wachsen lassen, für die *šmšm.t*-Pflanze, die Re gemacht hat, mögest du deinen Mund wohlduftend machen mit dem Gewächs des Gartens ...[42]

Varianten des Textes, die aus anderen Gräbern bekannt sind, geben eine andere Version der abschließenden Bemerkung: "Man überweist dir den Garten, voller *š3w.t*-Gewächs".[43]

Es sieht also danach aus, als ob man zunächst eine Kornmumie für den Toten herstellt und ihm dann, am Anfang des *ntr.yt*-Festes, eßbare Pflanzen aus 'dem' Garten' bringt. Leider erfahren wir nicht, ob mit dem Garten ein Osirisbeet gemeint ist[44] und auch nicht, was die Kornmumie hiermit zu tun hat. Man kann höchstens feststellen, dass sowohl die Riten um die Kornmumie als auch die erwähnten Opfer mit Pflanzenwachstum zu tun haben.

Eine andere Quelle ist vielleicht aufschlussreicher: Die schon erwähnten Khoiaktexte in Dendera. Zunächst könnte es riskant erscheinen, diese späten Tempeltexte heranzuziehen, um weitaus ältere Gegebenheiten in Privatgräbern zu klären. Seitdem J. Quack aus sprachhistorischen Gründen bewiesen hat, dass große Teile der Khoiaktexte schon im späten Mittleren Reich zusammengestellt wurden und nur Kapitel 7 spätzeitlich ist,[45] scheint es aber geradezu angebracht, diese Texte in die Diskussion einzubeziehen.

Es führt hier zu weit, das ganze denderitische Khoiakritual in allen Einzelheiten zu besprechen. Für uns ist vor allem von Bedeutung, dass die Feierlichkeiten in zwei Hauptphasen unterteilt werden können: Die Phase der Herstellung der Kornmumie und der Sokarmumie in der Ostkapelle, und die Phase der Bestattung der Mumien in der Westkapelle. Wir beschränken uns in den nachfolgenden Betrachtungen auf die der Kornmumie betreffenden Handlungen.

Die erste Phase besteht laut Denderatexte darin, dass man in eine goldene Osirisfigur, die aus zwei Hälften bestand, eine Mischung aus Schlamm und Erde presste. Die mit Erde gefüllte Goldfigur, die durchlöchert war, wurde dann während einer achttägigen Periode

---

[42] R. Hari, a.a.O., Pl. XXXIV.

[43] R. Hari, a.a.O., S. 47-48.

[44] Denkbar ist auch, dass die Gärten, die zu den Großvillen gehörten, und in denen m.E. auch Totenfeier gefeiert wurden, gemeint sind (siehe Anm. 12).

[45] J. Quack, "Sprach- und Redaktionsgeschichtliche Beobachtungen zum Choiak-Text von Dendera", in: Chr. Eyre (hrsg.), *Proceedings of the Seventh International Congress of Egyptologists. Cambridge, 3-9 September 1995*, OLA 82 (1998), S. 921-930.

bewässert. Nachher, als die Körner aufgekeimt waren, wurde die Kornmumie aus der Form herausgenommen, getrocknet, und in Leinen eingewickelt. Das Interessante ist nun, dass die Goldform mit Mumie während der Keimperiode in ein Steinbecken gelegt wurde, das an der Außenseite mit 'der Arbeit des Gartens, mit den Schutzgöttern des Osiris im Ga<rt>en" dekoriert war. Der Text beschreibt das Bassin im Detail und gibt auch sein Name: ḥsp.t, 'Garten'.[46] Solch eine 'Gartenwanne' wurde im Tempelbereich von Koptos gefunden.[47]

Nachdem die Mumie getrocknet und eingewickelt worden war und einige Feierlichkeiten stattgefunden hatten, auf die hier noch nicht eingegangen werden kann, wurde sie in den hinteren Raum der Westkapelle gebracht, wo sie auf eine Sandschicht 'beigesetzt' wurde. Wie schon oben bemerkt, wurde die Mumie des vorangegangenen Jahres aus dem Osirisgrab weggenommen, und sonst wo endgültig bestattet.

Für unsere Fragestellung ist vor allem die erste Phase wichtig, als die Kornmumie acht Tage lang in einem Steinbassin lag. Der Name des Bassins, 'Garten', ist befremdend, denn obwohl u.a. mit Pflanzen dekoriert, sieht die Wanne natürlich überhaupt nicht wie ein Garten aus. Es ist vielmehr ein Ritualgegenstand, der einen Begriff aus einem anderen Kontext stilisiert und für den zeremoniellen Gebrauch verwendbar macht. Die Khoiaktexte geben keine Hinweise darauf, auf welchen Originalkontext das Objekt verweist.[48] Theoretisch könnte natürlich auf ein mythologisches Beispiel verwiesen werden, aber soweit mir bekannt ist, gibt es kein geeignetes mythologisches Präzedent, keine Mythe, nach der Osiris in einem Garten mumifiziert worden sei. Möglich ist auch, dass die denderitische 'Gartenwanne' einen Begriff aus der Realwelt stilisiert, also einen wirklichen Garten. Bei einem derartigen Garten in osirianischem Kontext denkt man nach dem Vorhergehenden natürlich sofort an

---

[46] Choiaktext, Kol. 14-16, siehe *Dendara* X, S. 28,6-11; É. Chassinat, *Le mystère d'Osiris au mois de Khoiak* I, S. 196; S. Cauville, *Dendara. Les chapelles osiriennes* II, S. 17-19.

[47] J. Yoyotte, *Annuaire Ecole Pratique des Hautes Etudes* Vᵉ 86 (1977-1978), S. 163-172; 88 (1979-1980), p. 194-197 (*non vidi*); 90 (1981-1982), p. 189-195 (*non vidi*).

[48] C. Thiers scheint der Meinung zu sein, dass eine Beziehung zum Tempelgarten besteht, aber dadurch wird das Problem der Interpretation nicht gelöst, sondern verschoben ("Les jardins de temple aux époques tardives", in: S. Aufrère [Hrsg.], *Encyclopédie religieuse de l'Univers végétal*, Orientalia Monspeliensia X [Montpellier, 1999], S. 118).

die Bewachsung bei Osirisgräbern, aber auch an unsere Osirisbeete.

Dass das Khoiakritual aus Dendera hierauf anspielt, ist letztendlich nicht beweisbar, aber scheint nicht unwahrscheinlich. Das würde also meinen, dass—wie schon Assmann vermutete—die Gärten tatsächlich eine Rolle beim Khoiakfest gespielt haben könnten, und zwar als die Stelle, wo die Kornmumie angefertigt wurde. Die zweite Phase des Khoiakrituals, also die Beisetzung der Kornmumie, könnte dann in den gewundenen Abstiegen erfolgt sein, wo ja auch tatsächlich einige Erdklumpen mit gekeimter Gerste (oder Malz?) gefunden worden sind (siehe Anm. 14). Wir haben gesehen, dass die bei Gräbern angetroffenen 'Kornmumien', soweit bisher bekannt, nie wie Mumien aussehen, sondern dass es sich hier bloß um Erdklumpen mit Getreide handelt, die in einen Topf gestellt wurden. Es ist gut vorstellbar, dass solche Töpfe am Anfang der Feierlichkeiten einfach mit Erde aus den Osirisbeeten gefüllt wurden, und dass bei der Feier des nächsten Jahres die alte 'Kornmumie' in den Garten zurückgekippt wurde. So kann man jedenfalls erklären, dass nur wenige Beispiele dieser Art von Kornmumien bekannt geworden sind. Es dürfte auch erklären, warum in der Erde des Osirisbeetes im Grab des Anchhor Getreidekörner gefunden wurden (siehe Anm. 17).

Die hier vorgeschlagene Hypothese impliziert, dass die Ostkapelle auf dem Dach des Denderatempels mit den Gärten thebanischer Grabanlagen vergleichbar ist, und die Westkapelle mit der unterirdischen Kammer am Ende des gewundenen Abstiegs, direkt vor dem Grabraum.

In den Gräbern des Neuen Reiches sind die 'sloping passages' undekoriert. Das bedeutet, dass neben der schon behandelten Indizien keine Hinweise bestehen, um den Ritualkontext aus Dendera mit dem der Gräber zu parallelisieren. In den Assasifgräbern der 26. Dynastie ist die Lage aber etwas günstiger. Die Gräber von Montuemhat und Petamenope sind dabei am wichtigsten.

Beide Gräber besitzen einen monumentalen gewundenen Abstieg, von dem Abb. 1 einen Teil darstellt. Bei Montuemhat endet der Abstieg in einem großen Raum (ST 48), der mit Opferlisten dekoriert ist. Es ist deshalb wahrscheinlich, dass hier wenigstens Opferriten ausgeführt wurden. In der Wand, hinter der sich die Grabkammer verbirgt, befindet sich eine Nische, die nach D. Eigner für eine Statue gedient haben soll, aber wo nichts mehr gefunden wurde.

Die Anlage des Petamenope ist in noch größerem Stile angelegt
worden. Hier verzweigt sich der gewundene Abstieg. Ein Korridor-
system führt zur Grabkammer, das andere zu einer Kammer (XI),
wo noch ein Steinsockel steht. D. Eigner vermutet, dass auch dieser
Sockel eine Statue—und zwar eine Osirisstatue—getragen haben soll,
aber wiederum fehlen zuverlässige Angaben.

Bevor diese beiden Endräume erreicht werden, passiert man in
beiden Gräbern Kammern, deren Wände mit Texten dekoriert sind:
Die Kapitel 137 und 144 aus dem Totenbuch.[49]

Kapitel 144 handelt von sieben Toren, die von Türhütern über-
wacht werden. Auf seiner Reise will der osirianische Verstorbene
diese Durchgänge passieren, um zu Osiris zu gelangen. Die Türhüter sind die Schutzgötter, die Osiris gegen seine Feinde schützen sollen.

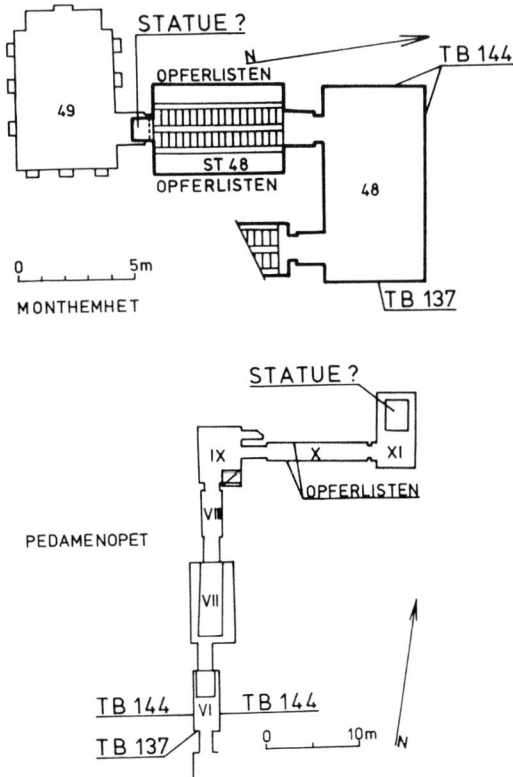

Abb. 1. die Kammersysteme am Ende der gewundenen Abstiege in den Gräbern
des Montuemhat und Petamenope (nach D. Eigner, a.a.O., S. 181).

[49] D. Eigner, a.a.O., S. 180-182.

Obwohl der Text also eindeutig einen mythologischen Hintergrund
hat, geht aus der Nachschrift hervor, dass er nicht nur einen ideellen Sinn hatte, sondern auch einen praktischen Benutzungskontext.
Hier wird nämlich dargelegt, dass dieser Text über ein 'Abbild' des
Verstorbenen rezitiert werden soll, um zu vermeiden, dass er von
den Schutzgöttern abgewehrt wird. Das Ritual soll bei jedem in
Malerei dargestellten Tor wiederholt werden. Das lässt erahnen, dass
der Ritualist ein Abbild des Verstorbenen durch eine Räumlichkeit
getragen hat, wo die Toren und ihre Hüter dargestellt waren.

Spruch 137 hat einen ähnlichen Hintergrund. Dieser Spruch soll
rezitiert werden, indem mit vier Fackeln die Feinde des Toten abgewehrt werden. Aus der Nachschrift geht hervor, dass man diesen
Spruch rezitierte "jedes Mal, wenn man sein (also des Toten) Bild
zu einem der Tore gelangen lässt, von diesen sieben Toren des
Osiris".[50] Für 'Bild' wird hier der Terminus *twt*, also 'Statue' benutzt.

Der Anbringungsort dieser Texte in den Gräbern des Montuemhat
und Petamenope macht wahrscheinlich, dass ähnliche Riten ausgeführt wurden, als ein Abbild des Verstorbenen im gewundenen Abstieg
hinuntergetragen wurde. Was für Abbild man hierbei benutzt hat,
bleibt allerdings unklar. Es ist nicht ausgeschlossen, dass unterschiedliche Gegenstände benutzt werden konnten, und es scheint mir
durchaus denkbar, dass auch Kornmumien in diesem Zusammenhang Verwendung fanden.

Interessanterweise kommt Totenbuchkapitel 144 auch in den
Dachkapellen in Dendera vor. Der Text findet sich hier (zusammen
mit anderen Sprüchen, die die osirianischen Schutzgötter zum Thema
haben) in 'chapelle ouest no. 2', also in dem Raum, der dem denderitischen Osirisgrab vorgelagert ist. Auch hier werden die Schützer
der sieben Toren eingeladen, den Toten (also hier: Osiris) vorbeige-
hen zu lassen. Dem geht aber ein neuer Textabschnitt voran:

> Ach Götter dieser sieben Tore des schönen Westens! Eröffnet den Weg
> für Osiris Khontamenti, der große Gott, der in Dendera verbleibt,
> eröffne für ihn die verborgenen Höhlen, eröffne ihm die Tore des Tales,
> riegele ihm die Türe der Dat[51] auf, ziehe für ihn die Riegel der heiligen

---

[50] E.A.W. Budge, *The Book of the Dead. The Chapters of Coming Forth by Day* I (London,
1898), p. 309. Diese Passage ist auch im Grab des Petamenope erhalten (J. Dümichen,
Der Grabpalast des Patuamenap in der thebanischen Nekropolis III [Leipzig, 1894], Abb.
II, Kol. 34-35).

[51] S. Cauville übersetzt hier 'Grab', was nicht unmöglich ist, und zu unserer
Hypothese noch besser passt (*Dendara. Les chapelles osiriennes* I, S. 186).

Türflügel weg, ihr Türhüter der Wüste, eröffnet ihm die schönen Wege im Verborgenen Reich!

Es sind die ꜥꜣ-Priester, die für ihn die Türflügel des Westens eröffnen, damit er eintrete in [....][52]

Im denderitischen Kontext ist ganz klar, dass die Schutzgötter in diesem Raum die Kornmumie (die auch Khontamenti heißt!) Eintritt in das Osirisgrab in 'chapelle ouest 3' gewähren sollen.

Der Befund in Dendera und der in der Saitengräbern im Assasif scheinen also gut zusammenzupassen. Das Vorkommen von Totenbuchspruch 144 in Dendera beweist, dass dieser Text im rituellen Kontext der Bestattung einer Kornmumie Verwendung fand. Das unterstützt unsere Hypothese, dass sich im gewundenen Abstieg in den Gräbern von Montuemhat und Petamenope ähnliches abgespielt haben kann. Es ist natürlich gut möglich, dass dieselbe Erklärung auch für weit ältere Gräber mit gewundenem Abstieg zutrifft.

Umgekehrt liefern diese Gräber, von denen viele mit Grabgärten versehen sind, eine mögliche Erklärung für den Ursprung der 'Gartenwanne'. Natürlich wäre es verfehlt, eine direkte Beziehung zwischen den thebanischen Gräbern und die Architektur des Denderatempels vorauszusetzen. Es gibt vielleicht noch viele 'missing links' in unserer Geschichte. Denkbar ist z.B., dass die Grabanlagen den Aufbau osirianischer Tempelkomplexe reflektieren. Es ist aber sehr wohl denkbar, dass auf dem ersten Blick so unterschiedliche Anlagen wie thebanische Privatgräber aus dem zweiten und ersten Jahrtausend und die griechisch-römischen Osiriskapellen in Dendera auf der Basis eines einzigen Konzeptes errichtet wurden.

---

[52] *Dendara* X, 344,14-345,3.

INDEX: TEMPLE OF THE WHOLE WORLD—GODS